Louise Toupin

Lohn für Hausarbeit

UNRAST

Band 4 in der Reihe
»Theorien und Kämpfe der sozialen Reproduktion«,
herausgegeben von Friederike Beier

Louise Toupin, Aktivistin der *Front de libération des femmes du Québec* (1969–1971) und Mitbegründerin des Verlags *Éditions du remue-ménage*, ist pensionierte Dozentin der Université du Québec à Montréal und unabhängige Forscherin. Sie befasst sich in erster Linie mit der Geschichte und Entwicklung der Frauenbewegung und ihren Theorien und Strömungen. Toupin setzt sich insbesondere mit dem Konzept der Anerkennung der unsichtbaren Arbeit auseinander, die typischerweise von Frauen geleistet wird.

Ilse Lenz ist Professorin em. für Soziologie (Geschlechter- und Sozialstrukturforschung) an der Ruhr-Universität-Bochum. Schwerpunkte in Forschung und Lehre sind u.a. Globalisierung, Geschlecht und Arbeit, Frauenbewegungen im internationalen Vergleich; komplexe soziale Ungleichheiten (Klasse, Ethnizität, Geschlecht, Begehren). Veröffentlichung zum Thema etwa: *Die Neue Frauenbewegung in Deutschland. Abschied vom kleinen Unterschied. Eine Quellensammlung.* 2. Auflage 2010. Wiesbaden: VS Verlag.

Friederike Beier forscht, lehrt und publiziert zu materialistischem Feminismus, sozialer Reproduktion und globaler Gouvernementalität. Als Politologin arbeitet und promoviert sie an der Freien Universität Berlin über die globale Regierung und Quantifizierung sozialer Reproduktionsarbeit. Sie hat eine Tochter und lebt in Berlin. Bei Unrast ist zuletzt der Sammelband *materializing feminism. Positionierungen zu Ökonomie, Staat und Identität* (Beier, Haller, Haneberg 2018) erschienen.

Louise Toupin

Lohn für Hausarbeit

Chronik eines internationalen Frauenkampfs (1972–1977)

Aus dem Französischen übersetzt von Marie Treperman

mit einem Vorwort von Ilse Lenz

UNRAST

Bibliografische Information der Deutschen Bibliothek
Die Deutsche Bibliothek verzeichnet diese Publikation in der Deutschen Nationalbibliografie; detaillierte bibliografische Daten sind im Internet über https://www.dnb.de abrufbar.

Louise Toupin
Lohn für Hausarbeit
Chronik eines internationalen Frauenkampfs (1972–1977)
1. Auflage, Oktober 2022
ISBN 978-3-89771-344-4

Titel der Originalausgabe:
Le salaire au travail ménager
Chronique d'une lutte féministe internationale (1972-1977)

Übersetzt und gedruckt mit freundlicher Unterstützung des
Canada Council for the Arts | Conseil des arts du Canada

www.unrast-verlag.de – kontakt@unrast-verlag.de
Mitglied in der assoziation Linker Verlage (aLiVe)

Umschlag: Felix Hetscher, Münster
Satz: Andreas Hollender, Köln
Druck: Multiprint, Kostinbrod

Inhalt

Eine Zeitreise entlang einer Spirale: Von der Hausarbeit zur Fürsorge für alle Geschlechter?

Ein Vorwort von Ilse Lenz

Dies Buch lädt zu einer Zeitreise ein: Von der Erschöpfung, dem Perfektionsdruck und der Selbstoptimierung, die Frauen im globalisierten Kapitalismus im Norden heute erleben (Schutzbach 2021), begleitet es uns zu dem *Internationalen Feministischen Kollektiv* (IFK), das in den 1970er-Jahren die internationale Kampagne für Lohn für Hausarbeit (KLH) vorantrieb. Dieses Netzwerk lehnte damals den klassischen linken Weg zur Emanzipation über die Lohnarbeit ab, der »Frauen [...] letztlich nur anbietet, doppelt so viel zu arbeiten« (S. 151). Stattdessen entwickelte es einen offenen Raum für Frauen, die in ihrem Alltagsleben die Unterdrückung durch das Patriarchat, das Kapital und den Staat angehen und für ihre Autonomie kämpfen wollten. In diesen Raum traten *weiße* und Schwarze Aktivistinnen, Hausfrauen, Lesben, Sexarbeiterinnen, Forschende und viele andere ein. Schon ehe es den Begriff der Intersektionalität gab, arbeitete das IFK intersektionale Ungleichheiten heraus und dekonstruierte dadurch implizit die Vorstellung einer einheitlichen ›Frau‹. Auch die weltweite Bewegung für eine solidarische Care-Ökonomie (Winker 2021) leitet sich letztlich von dieser radikalen Kritik von Hausarbeit im Kapitalismus ab.

Dieses Buch von Louise Toupin zur internationalen Kampagne Lohn für Hausarbeit (KLH) erscheint in einem wichtigen Moment. Ausgehend von den multiplen Krisen von heute, die sie zu Beginn anspricht, können wir mit ihm in mehrere Zeiten zugleich blicken: In ein transnationales Netzwerk in der Vergangenheit, das die Hausarbeit oder in heutigen Worten die Sorgearbeit aus dem gesellschaftlich Verdrängten herausholte und damit das feministische Denken weltweit in nur in wenigen Jahren grundlegend veränderte. Zugleich beobachten wir die Krisen der Reproduktion, des Kapitalismus und des Naturverhältnisses in der Gegenwart. Schließlich regt es auch Visionen für die Zukunft an: Wie kann ein gutes Leben aussehen, in dem Fürsorge für alle, Gleichheit und Frieden verwirklicht wären? Deswegen führt für mich diese Zeitreise von damals über die lange Spirale der Veränderungen hin in die Gegenwart zurück zur gleichen Grundfrage: Was bedeutet die Sorgearbeit für die Kritik der Geschlechterungleichheit im Kapitalismus und für transformative Ansätze, die Gleichheit, Gewaltfreiheit, Sorge und Zuwendung unabhängig vom Geschlecht für alle umfassen?

Ich habe all diese Zeiten miterlebt und schreibe sowohl aus der nichtidentifikatorischen Distanz einer Wissenschaftlerin, die zu Ungleichheit, Geschlecht und Feminismus forscht, als auch einer Teilnehmerin, die noch die heftigen Auseinandersetzungen um »Lohn für Hausarbeit« im Ohr und im Gedächtnis hat, die von den Arbeitskonferenzen bis zu dem Glas Wein spät nachts gingen.

Ich habe also eine doppelte Sicht auf die Geschichte, die Louise Toupin so detailliert und respektvoll aufgearbeitet hat. Zunächst möchte ich zusammenfassen, wie ich ihre komplexe Rekonstruktion der internationalen Kampagne für Lohn für Hausarbeit gelesen habe. Mir geht es vor allem um ihre langwirkenden Potenziale, aber auch die Grenzen der Kampagne werden nicht ausgespart. Daraufhin frage ich nach der Bedeutung dieses Ansatzes in der gegenwärtigen sozialen Transformation, die durch den flexibilisierten Kapitalismus und die Pluralisierung von Geschlecht vorangetrieben wird (Lenz 2017).

Das IFK hatte den hohen Anspruch, eine Befreiungsbewegung für die meisten Frauen zu begründen, die sich von ihren alltäglichen Erfahrungen von Unterdrückung und Gewalt herleitet. Dazu entfalteten ihre Vordenkerinnen eine damals revolutionäre Gesellschaftstheorie, die die Frage des Lebens und der Versorgung von und Sorge um Menschen in den Mittelpunkt stellte und von einer Geschlechterperspektive her neu untersuchte. Sie definierten den Begriff der menschlichen oder sozialen Reproduktion, also der (Wieder-)Herstellung von Menschen, für die Gesellschaftstheorie um. Sie lehnten sich an die Theorien von Karl Marx und Friedrich Engels an und hinterfragten sie zugleich radikal. In ihren Frühschriften hatten Marx und Engels zwar eine Vorstellung der geschlechtlichen Arbeitsteilung beim Erzeugen von Kindern formuliert, führten diese aber auf den natürlichen (männlichen) Trieb der Lohnarbeiter zurück. Die bürgerliche Geschlechter- und Familienideologie schob die ökonomische Bedeutung der unbezahlten Versorgungsarbeit im Haus vollends beiseite und fasste die Hausarbeit als Ausdruck der weiblichen Natur und insbesondere der Liebe der Hausfrau. Das Essen auf dem Tisch, die saubere Wäsche und die Pflege am Krankenbett wurden nicht mehr als unbezahlte Leistungen wahrgenommen, die für die Hauswirtschaft wie auch die Volkswirtschaft relevant waren. Sondern sie erschienen als Liebesdienste, die von der Hausfrau erwartet und eingefordert wurden und nach denen sie bewertet wurde.

Die feministischen Theoretikerinnen der KLH hielten demgegenüber fest, dass Menschen zu gebären und versorgen (Hausarbeit) kein Ausfluss von Natur, biologischer Körperlichkeit oder der natürlichen Liebe der Frau ist, sondern unbezahlte Arbeit für andere Menschen und die Gesellschaft darstellt. Sie erfassten diese Arbeit mit dem Begriff der menschlichen oder sozialen Reproduktion neu und setzten ihn in unmittelbaren Bezug zum Kapitalismus, zum Patriarchat und zum Staat. Sie stellten fest, dass den Frauen die unbezahlte Hausarbeit wie einer Kaste qua Geschlecht aufgeherrscht wurde. Danach leisten sie unbezahlt die Erhaltung der Menschen, die das Kapital als Arbeitskräfte vernutzt. Die Männer in ihrer Zwischenstellung zwischen Kapital und Familie profitieren davon und disziplinieren ihre Ehefrauen, auch unter Einsatz häuslicher Gewalt.

Louise Toupin ruft die damaligen Geschlechterverhältnisse in westlichen kapitalistischen Gesellschaften wieder ins Gedächtnis, die heute im Zeitalter hoher Frauenerwerbsquoten kaum mehr vorstellbar sind. Damals war die große Mehrheit der Frauen Hausfrauen und höchstens vor der Ehe oder dem ersten Kind erwerbstätig. In manchen Ländern musste der Ehemann ihrer Erwerbtätigkeit zustimmen und hatte die Entscheidung über das Familienvermögen, teils auch über ihren Lohn. Hausfrauen waren wirtschaftlich von dem Ehemann abhängig und häusliche Gewalt wurde weder gesellschaftlich als relevantes Problem wahrgenommen, noch ernsthaft sanktioniert. Zudem wirkten auch die kulturellen Normen und Institutionen durchgreifend auf die Subjektivitäten und Lebenswege ein. Die Ehe bildete die anerkannte Lebensform der Frau. Alleinstehende Frauen wurden als ›vertrocknete alte Jungfern‹ ausgegrenzt. Weibliche Homosexualität war tabuisiert und männliche strafrechtlich verboten. Zweigeschlechtlichkeit und Heteronormativität existierten als Begriffe noch nicht, sondern wurden später durch die queer-feministische Kritik eingebracht. Aber eben als unbewusste Leitnormen bewirkten sie, dass die heteronormative Ehe rechtlich wie sozial die hegemoniale Lebensform für Frauen wie Männer darstellte. Dass die KLH die materiellen Grundlagen der Abhängigkeit von Frauen im Zusammenhang von Patriarchat und Kapitalismus kritisierte, kann zur Erklärung beitragen, warum sich bald auch Lesben und Schwarze Frauen in ihr engagierten, wie Toupin nachzeichnet.

Der Theorieansatz entwarf entlang der unbezahlten Arbeit eine Wirkungskette von Ungleichheit und Gewalt, in der Geschlechterungleichheit (Patriarchat), Kapitalismus und bald auch Rassismus verkoppelt waren. Ich fasse diese folgenreiche Kette nochmals knapp zusammen: Der Kapitalismus umfasst über die Sphäre der Produktion (Lohnarbeit) hinaus auch die Sphäre der Reproduktion der Arbeitskraft (nicht entlohnte Arbeit). Die unbezahlten Arbeiter*innen sind dem Kapitalismus vermittelt über das Lohnverhältnis unterworfen. Für die Hausfrau bedeutet das: Der Ehemann und Lohnarbeiter hat die Macht, ihre Arbeit zu Hause zu kommandieren und zu kontrollieren und er befindet sich in diesem Kontext in der Position des Unterdrückers. Frauen sollten sich deswegen nicht mit den Unterdrückern organisieren, sondern vielmehr autonom, mit anderen Frauen, ausgehend von ihrem eigenen Unterdrückungsverhältnis: der Hausarbeit. Die Forderung nach Lohn für Hausarbeit wird so zu einem Hebel, um Autonomie und Gemeinschaft mit Frauen in verschiedenen Lebenslagen zu verlangen.

Die Vordenkerinnen der KLH wandten diesen Ansatz an, in den sie ihre verschiedenen Erfahrungen und Sichtweisen zur Analyse des weltweiten Kapitalismus einbrachten. Danach sind alle Gruppen von Nicht-Lohnarbeitenden Teil der Arbeiterklasse, die nicht länger als auf die Lohnarbeitenden begrenzt gesehen wird. Vielmehr werden nun die »Lohnlosen der Erde« (Selma James, vgl. S. 89) einschließlich der Kolonialisierten, der Bäuer*innen des Südens, der Arbeitslosen, der Gefängnisinsass*innen, der Zwangsarbeiter*innen usw. in die hierarchische Organisation des kapitalistischen Produktionszyklus eingereiht und somit können auch sie den Prozess der Akkumulation unterlaufen. »Das eröffnet jeder dieser Gruppen von Menschen die Möglichkeit für einen autonomen Kampf.« (S. 90) Wie zunächst die Hausfrauen werden auch sie als handelnde Subjekte mit der Fähigkeit zum gesellschaftlichen Umsturz in die Geschichte eingeführt. »Sie müssen sich autonom organisieren, um ihre eigene Autonomie und ihre eigene Macht zu entwickeln.« (ebd.)

Das Erbe dieses radikalen Ansatzes ist bis heute in den feministischen und kritischen Diskursen wirkmächtig und zugleich in Fragmenten verstreut. Deswegen ist es sinnvoll, seine drei langfristig wirksamen Pfeiler nochmals zu konturieren: Zum Ersten wird die Hausarbeit als gesellschaftliche Arbeit anerkannt, die wir heute als Care-Arbeit oder Sorgearbeit bezeichnen. Um sie werden im Kapitalismus Ausbeutungsverhältnisse nach Geschlecht, Klasse, Sexualität und ›Rasse‹ organisiert. U. a. Veronika Bennholdt-Thomsen, Maria Mies und Claudia von Werlhof haben diese Verbindungen dann weltweit erforscht und offengelegt (vgl. Werlhof 1983; Mies 2015). Zum Zweiten arbeitete das IFK die Verbindung von Sexismus und Rassismus im Kapitalismus heraus, also das, was heute Intersektionalität heißt. Zum Dritten schuf es so die Grundlage für ein intersektionales Bündnis von Frauen, dessen Leit- und Zauberwort Autonomie lautete. Das intersektionale Bündnis beruhte eben auf der Autonomie der Kämpfe für geteilte Anliegen und einer gemeinsamen Vorstellung von Gerechtigkeit. Kurz gesagt: Alle Frauen sind dem Kapital und dem Patriarchat untergeordnet, aber je nach Klasse, ›Rasse‹ und Sexualität in unterschiedlichen Formen, und sie entwickeln ihre Kämpfe autonom in einem übergreifenden Bündnis für den Umsturz der Gesellschaft (Dalla Costa 1973).

Klasse, ›Rasse‹ und Geschlecht wurden bereits in den 1970er-Jahren im Feminismus intensiv diskutiert, was die heutige Debatte um Intersektionalität weitgehend vergessen hat. Toupin etabliert hier die Bedeutung der KLH als eigenständigen Theorieansatz zu dieser Frage. Daneben standen zwei weitere Entwicklungslinien: Viele *weiße* und Schwarze Begründerinnen des radikalen Feminismus waren in der Schwarzen Befreiungsbewegung insbesondere dem Student *Nonviolent Coordinating Committee* (SNCC) und dem SDS aktiv gewesen, in denen sie Sexismus und Rassismus zusammen kritisierten (Evans 1979). Weiterhin hatten sich viele Feministinnen mit der *Black Panther Partei* und der Vorstellung eines autonomen Schwarzen Befreiungskampfs auseinandergesetzt. Im *Combahee River Collective* organisierte Schwarze lesbische Frauen forderten dann 1977 in ihrer Erklärung eine Schwarze feministische Bewegung und kritisierten den Rassismus der Frauenbewegung wie auch den Sexismus der Schwarzen männlich zentrierten Gruppen. Es ist wichtig, die Vielfalt der Wurzeln der heutigen intersektionalen Ansätze und besonders den Beitrag des KLH dazu wahrzunehmen, anstatt in einen essenzialisierenden Dualismus von *weiß* und Schwarz zu verfallen. Denn das IFK, in dem sich *weiße* und Schwarze Aktivistinnen gemeinsam und in autonomen Gruppen organisierten, hatte einen konkreten Ansatz zu einer nach wie vor zentralen Fragestellung entwickelt, nämlich wie Bündnisse unter Respektierung der Autonomie verschiedener Gruppen möglich sind.

In diese Konzeption der Autonomie gingen die Theoretisierungen der Vordenkerinnen des IFK ein, etwa von Mariarosa Dalla Costa, Selma James oder Wilmette Brown. Sie brachten ihre unterschiedlichen theoretischen Vorstellungen und aktivistischen Erfahrungen mit. Zu Recht arbeitet Toupin die Bedeutung des marxistischen Operaismus in Italien für Mariarosa Dalla Costa heraus, der von den Gruppen *Lotta Continua* und *Potere Operaio* praktiziert wurde und die Neue Linke jenseits der dogmatischen kommunistischen Parteien weltweit beeinflusste und belebte. Die kommunistischen Parteien folgten damals noch weithin dem Leninismus, nach dem die Partei aufgrund ihrer objektiven Analyse die Linie der Massenbewegung vorgibt. Der Operaismus setzte die Kämpfe demgegenüber am Ort der Unterdrückung an – für die Lohnarbeiter in der Fabrik – und verstand die Autonomie dieser Kämpfe als radikalen Lernprozess. Dementsprechend bildete »Lohn für Hausarbeit« für Dalla Costa einen Hebel, damit Frauen autonom am Ort ihrer Unterdrückung durch den Ehemann und die Familie kämpfen konnten. Dass dieser Kampf als potenzielles Bündnis von Arbeitenden und nicht identitätspolitisch gedacht war, lässt sich daran ersehen, dass in heutiger Sprache ›alle Geschlechter‹ – damals Männer wie Frauen – diesen Lohn erhalten sollten.

Das Verständnis von Autonomie bei Selma James wiederum kam vor allem aus ihrer langjährigen Erfahrung antirassistischer Kämpfe. Sie wuchs in einer jüdischen Arbeiterfamilie in einer Umgebung auf, in der Schwarze, *weiße* und Lateinamerikaner*innen nah beieinander lebten. Mit fünfzehn Jahren trat sie einer kleinen trotzkistischen Gruppe bei, die der Schwarze Historiker C.L.R. James (1901–1989) leitete. Sie folgte James 1955 nach London und setzte sich mit ihm in Trinidad und Tobago für die Unabhängigkeit ein. Danach engagierte sie sich in der »Campaign Against Racial Discrimination« in England, deren erste organisierende Sekretärin sie war. Aus dieser Erfahrung der Schwarzen-, Armen- und Frauenbewegung an der Basis heraus betonte sie die Bedeutung von Autonomie und Kreativität für soziale Kämpfe: Autonomie war für sie erforderlich, um eigenständige Diskurse und Handlungsmacht zu entfalten.

Wilmette Brown schlug die Brücke vom Ansatz von »Lohn für Hausarbeit« zum Schwarzen lesbischen Feminismus wie auch zu Kämpfen von Sexarbeiterinnen. Die rassifizierte ›heterosexuelle Arbeitsdisziplin‹ schrieb vor, dass Frauen unbezahlte oder schlecht bezahlte Reproduktionsarbeit leisten müssen (ob in ihrem eigenen Heim, im Haushalt *weißer* und reicher

Familien, als Sexarbeiterinnen oder als Mütter mit Sozialhilfe) (Brown 1976 nach Capper 2018: 448). Brown führte aus, was Autonomie für afroamerikanische, rassifizierte und lesbische Frauen bedeutet. Sie müssen ihre Autonomie auf drei Ebenen umsetzen: gegenüber afroamerikanischen Männern, gegenüber weißen Frauen und gegenüber Schwarzen heterosexuellen Frauen (vgl. S. 111 f.).

Die Theoretikerinnen der IFK waren zugleich Aktivistinnen und sie zeichneten sich durch eine packende und verständliche Sprache aus. Sie brachten viele sinnliche Bilder aus dem Alltag ein, um ihre Theorien nachvollziehbar zu machen. Damit unterschieden sich die Texte von den oft formelhaften Texten der Neuen Linken.

So lässt sich das Erbe der KLH an die Neuen Frauenbewegungen in der kreativen Herausforderung zusammenfassen, die Wechselverhältnisse von bezahlter und unbezahlter Arbeit, von Klasse, ›Rasse‹, Sexualität und Geschlecht mit der Autonomie verschiedener Gruppen zusammenzudenken. Weiterhin schlossen diese Gruppen ein Bündnis, das eben nicht auf einer Addition von Identitätspolitiken, sondern auf einem geteilten Anliegen, dem Verlangen nach Gerechtigkeit für alle, beruhte.

Das IFK sah sich als internationale Bewegung, die Frauen an der Basis ansprechen und mitreißen wollte. Ihre internationale Ausrichtung und Organisation verschaffte ihr nach der weltweiten Jugend- und Studierendenrebellion eine besondere Legitimation und verlieh ihr einen globalen Blick, der sich in der Care-Debatte bis heute fortsetzt. Aber die internationale Ausrichtung brachte auch hohe Barrieren für eine gleiche Beteiligung. Denn letztlich war die Vernetzungsarbeit vor der Zeit des Internets auf Kerngruppen in den verschiedenen Ländern beschränkt, die Briefe schrieben, telefonierten, koordinierten und die Leitlinien debattierten.

Wie lässt sich die KLH in heutiger Sicht insgesamt beurteilen? Sie war vieles zugleich – ein transnationales aktivistisches Netzwerk, das revolutionäre feministische Theorien einbrachte und Frauen zu intersektionalen Bündnissen zusammenbrachte. Sie setzte auf eine Massenbewegung von Frauen, aber diese Hoffnung erfüllte sich nicht. Ihre Bedeutung liegt vor allem darin, dass sie ein *transnationales epistemisches Netzwerk* bildete, das die Kategorie der Reproduktionsarbeit als analytische Suchperspektive in die feministische Kritik einbrachte und neues Wissen dazu produzierte und weltweit verbreitete. Dieses Wissen bezog sich auf verkörperte vergeschlechtlichte Erfahrungen und Praktiken, die aus dem Kontext des

Natürlichen in das Reich des sozialen Handelns von Menschen überführt und also der kritischen Reflektion zugänglich gemacht wurden. In anderen Worten hat die KLH die reflexive Macht und das analytische Arsenal der Feminismen grundlegend um den Reproduktionsbegriff und verkörperte Arbeit erweitert und das macht ihre fortwirkende Brisanz und Relevanz mit aus.

Toupin hebt hervor, dass die KLH weitgehend abgelehnt und ihre Themen marginalisiert wurden. Das mag für die liberalen Genderwohlfahrtsregime in Großbritannien und den USA zutreffen. In der Bundesrepublik Deutschland mit ihrem konservativen Genderwohlfahrtsregime war die KLH jedoch ab Mitte der 1970er-Jahre ein grundlegender Impuls für Debatten zur Zukunft der Arbeit und des Wohlfahrtsstaats in der Neuen Frauenbewegung (vgl. insgesamt Lenz 2010). Auf der Sommeruniversität für Frauen 1976 trugen Gisela Bock und Barbara Duden ihre bahnbrechende historische Kritik an Hausarbeit im Kapitalismus vor, die dann zu einem Grundtext der feministischen Debatte wurde. Alice Schwarzer, die radikale Gleichheitsfeministin, wandte sich gleich danach gegen den ›Hausfrauenlohn‹, der Frauen in der Familie halten würde. Lesben, Mütter, Sexarbeiterinnen standen der Forderung weitgehend positiv oder offen gegenüber. Differenzfeministinnen begründeten mit der Vorstellung von weiblicher Fürsorge in der Hausarbeit ihre Vorstellung eines grundlegenden Geschlechtsunterschieds. Auf den stark besuchten Tagungen des Vereins *Sozialwissenschaftliche Forschung und Praxis für Frauen* (ab 1978) und in seiner Zeitschrift wurde die alleinige Fokussierung auf die Lohnarbeit heftig kritisiert und die unbezahlte Arbeit als unverzichtbare Grundlage feministischer Analysen aufgenommen. Das kennzeichnete auch noch die große Tagung zur Zukunft der Frauenarbeit 1985 und die Tagungen zu Arbeit, Wohlfahrtstaat und globalem Kapitalismus, die Feminist*innen zusammen mit dem *Arbeitskreis Frauenpolitik* der *Grünen Partei* organisierten. In Ostdeutschland mit seiner staatlich gestützten Vollzeiterwerbstätigkeit von Frauen stießen Ansätze der KLH nach 1989 auf Skepsis und Ablehnung. Bei aller Kritik am Staatspatriarchat der DDR sahen die ›Ostfrauen‹ Frauenlohnarbeit und gesellschaftliche Infrastruktur für die Reproduktionsarbeit weiterhin als zentral und sie erlebten voller Zorn die Abschaffung des in der DDR geltenden Rechts auf Abtreibung.

Auch die sich herausbildende Frauenforschung übernahm das Leitparadigma von bezahlter und unbezahlter Arbeit zwischen kapitalistischem

Arbeitsmarkt und ungleichen Familienstrukturen. Die geschlechtliche Arbeitsteilung in Produktion und Reproduktion bildete die Grundlage, um geschlechtliche Ungleichheit zu ermitteln, und sie wurde in vielen Analysen auf den globalen Kapitalismus und das kapitalistische Weltsystem erweitert (Mies 1988; Lenz 2010, 2017).

Was ist seitdem geschehen? Ich kann hier nur knapp einige Linien nachzeichnen. Zunächst gelang es den globalen Frauenbewegungen, die unbezahlte und schlecht bezahlte Reproduktionsarbeit auf UN-Ebene als zentrale Frage zu verankern. In der Vierten Weltfrauenkonferenz von Beijing wurde die unbezahlte Arbeit als eines der zwölf strategischen Handlungsfelder aufgeführt, in denen die nationalen Regierungen tätig werden sollten. Der Einsatz der Frauennetzwerke vor allem aus dem Süden wie etwa DAWN (*Development Alternatives with Women for a New Era*) und vieler Frauen an der Basis war wesentlich dafür. Ich kann der distanzierten Einschätzung von Silvia Federici zu dieser Entwicklung in dem Interview zum Schluss nicht folgen.

Zum anderen hat der Care-Ansatz über den zweigeschlechtlichen Denkrahmen des heteronormativen Haushalts hinausgedacht und wird nun für die Vielfalt von Geschlecht und Lebensformen weitergeführt, die sich seit den 1980er-Jahren entwickelt hat. Die KLH war in dem Denken der Zweigeschlechtlichkeit im Sinne von ›Frauen‹ und ›Männern‹ verhaftet, auch wenn sie Frauen tendenziell intersektional dachte und so implizit dekonstruierte. Die konstruktivistische Wende von 1990 leitete eine dynamische Pluralisierung von Geschlecht ein, die sich international im globalen Norden, Süden und Osten fortsetzt (vgl. Gevisser 2021; Lenz 2017). Unter ›queer‹ werden nun Lesben, Schwule, Trans*, Inter*, Nichtbinäre und weitere Gruppen verstanden. Sie alle brauchen irgendwann *Care* und geben sie anderen. Sorgearbeit wird nicht mehr nur mit der ›Hausfrau‹ verbunden, die als Leitfigur verblasst ist. Menschen leben in einer Vielfalt von geschlechtlichen Beziehungs- und Lebensentwürfen und für sie alle ist die Sorgearbeit existentiell, wenn auch in verschiedenen Formen. Aber wie die Coronapandemie zeigte, bleibt Care-Arbeit für Kinder weiterhin tendenziell Müttern zugeordnet, auch wenn sich Väter mehr beteiligen.

Weiterhin haben der alltägliche Einsatz für reproduktive und sexuelle Rechte wie auch die Öffnung des Arbeitsmarkts für die Mehrheit der Frauen, auch der Mütter, die Bedeutung von Kinderversorgung und Hausarbeit seit der KLH grundlegend verändert. Die reale Massenbewegung für reproduktive und sexuelle Selbstbestimmung und gegen das strafrechtliche Verbot der Abtreibung ab den späten 1960er-Jahren setzte ebenfalls an der Reproduktion an. Leider kommt sie in diesem Buch kaum vor, obwohl ein Vergleich interessant wäre. Hunderttausende Frauen und viele Männer gingen auf die Straßen, machten fantasievolle Aktionen und leisteten zivilen Widerstand durch damals riskante Selbstbezichtigungen im Sinne von »Ich habe abgetrieben« (vgl. Lenz 2010). Sie erreichten entweder die Aufhebung des Abtreibungsverbots für die ersten Monate der Schwangerschaft oder Straffreiheit unter bestimmten Bedingungen wie in Westdeutschland. Ein wachsendes feministisches Bewusstsein und Wissen über Verhütung sowie der Zugang zur Pille ermöglichten, dass nun Frauen selbst über ihre Sexualität und über Kinder entscheiden konnten. Mutterschaft wurde tendenziell vom weiblichen Kollektivschicksal zur persönlichen Wahl und die Kinderversorgung eher zu einer Lebensphase. In den kapitalistischen Gesellschaften sanken die Geburtenzahlen rasch. Frauen, auch Mütter, gingen mehrheitlich auf den Arbeitsmarkt und handelten sich damit ein, »doppelt zu arbeiten«, wie die KLH vorhergesagt hatte. »Eines ist zu wenig – beides ist zuviel« hatten feministische Soziologinnen schon in den 1980ern in einer dichten, bis heute weiterführenden Untersuchung zu Fabrikarbeiterinnen festgestellt (Becker-Schmidt 1984). Der Weg aus der Erschöpfung führt nicht zurück in den Haushalt, sondern zu der Suche nach gesellschaftlichen Lösungen, die auch die Reproduktionsarbeit zugrunde legen müssen.

Denn die Gesellschaft und die Geschlechterverhältnisse haben sich seit der KLH grundlegend verändert. Dazu haben sowohl der Wandel des Kapitalismus und des Wohlfahrtsstaats wie auch die Auswirkungen des Feminismus beigetragen. Ich möchte hier kurz auf vier Entwicklungen verweisen (vgl. ausführlich Lenz 2017): Erstens ist weltweit eine Pluralisierung und Flexibilisierung von Geschlecht zu beobachten, auch wenn die Gegenbewegungen mächtig und die Konflikte darum heftig sind. Zweitens führten der demografische Wandel und die Vielfalt von Lebensformen zu rasch sinkenden Kinderzahlen und einem steigenden Anteil von alten Menschen, die der Fürsorge bedürfen. Drittens beruht der globale flexibilisierte Kapitalismus auf einer Ökonomisierung von Arbeitskraft, die nun qualifizierte Frauen wie auch Migrant*innen einbezieht, auf einer Flexibilisierung und Prekarisierung einer internationalisierten Beschäftigung entlang globaler Wertschöpfungsketten und auf einer erneuten Privatisierung der Reproduktion als individuelles Lebensrisiko. Der Autonomiebegriff wird tendenziell in die kapitalistischen Strategien eingereiht. Setzt doch der globalisierte, flexibilisierte Kapitalismus auf die autonome Subjektivierung seiner hochqualifizierten Arbeitskräfte aller Geschlechter und ethnischer Herkünfte – während die Arbeiter*innen in den unteren Rängen in Dienstleistung und Produktion irregulärer und prekärer Beschäftigung ausgesetzt sind und sich auch angesichts des Umbaus des Wohlfahrtsstaats weitgehend autonom reproduzieren sollen. Überleben können sie teils nur durch mehrere Jobs und gepoolte Einkommen. Der Familienlohn, der dem ›Versorger‹ eine real sorgende Hausfrau zur Verfügung stellen würde, wird zum Privileg der Reichen und der oberen Mittelschicht. Viertens haben sich die geschlechtlichen Machtverhältnisse verändert: Gleichheit wurde zur globalen, durch die UN bekräftigten Norm. Frauen müssen nicht mehr die Revolte in Küche, Bett und Kinderzimmer anstreben, um Macht auszuüben. In den meisten demokratischen Gesellschaften werden sie an politischen und gesellschaftlichen Machtpositionen beteiligt, wenn auch weiterhin als Minderheit. Dasselbe gilt auch für Lesben und Schwule und beginnt, wenn auch langsam, für Trans*personen. Diese Teilhabe lässt sich als grundlegender Demokratisierungsprozess einschätzen. Sie bedeutet aber auch eine Differenzierung innerhalb der bisher nach Geschlecht und ›Rasse‹ Ausgeschlossenen (vgl. Lenz 2020).

Meine These lautet, dass sich gegenwärtig eine Transformation zu einer flexibilisierten Geschlechterordnung abzeichnet, deren Ausgang offen ist. Ihre Entwicklungen sind zutiefst widersprüchlich: Die Vorstellungen von Geschlecht werden pluralisiert und flexibilisiert, aber zugleich in Diversitätsstrategien eingebunden, die auf erhöhte Effektivität und Legitimität der herrschenden Systeme hinauslaufen können. Frauen haben eigene Lohnarbeit und eigenes Geld, aber nach wie vor sind sie es, die überwiegend für Sorgearbeiten zuständig sind, und so stehen sie am Rand von Überarbeitung und Erschöpfung. Der Zutritt der bisher Ausgeschlossenen zu politischen Machtpositionen wirkt im Sinne einer Demokratisierung, aber er kann auch zu einer Vereinnahmung von Feminismen für den Kapitalismus, Rassismus oder Imperialismus führen. Angesichts der neoliberalen ökonomistischen Leitideologien droht, dass die menschliche Reproduktionsarbeit erneut privatisiert und verdrängt wird.

So bringt uns der mögliche Übergang zu einer flexibilisierten Geschlechterordnung in einer großen Spiralbewegung zurück zur Frage der

Reproduktion und Care. Deshalb ist dies ein Buch zur rechten Zeit, das ich mit großer Spannung und Freude gelesen habe. Die Grundtexte von Vordenkerinnen der KLH wie Mariarosa Dalla Costa (2022) und Silvia Federici (2021) wurden bereits im Unrast Verlag veröffentlicht. Darum freue ich mich besonders, dass nun das transnationale Netzwerk für Lohn für Hausarbeit sichtbar und zugänglich wird, das bis heute inspirierend wirkt.

Zitierte Literatur:

Becker-Schmidt, Regina; Knapp, Axeli Gudrun; Schmidt, Beate (1984): *Eines ist zuwenig – beides ist zuviel: Erfahrungen von Arbeiterfrauen zwischen Familie und Fabrik*. Bonn: Verlag Neue Gesellschaft.

Bock, Gisela / Duden, Barbara (1976): Arbeit aus Liebe – Liebe als Arbeit. Zur Entstehung der Hausarbeit im Kapitalismus. In: *Berliner Dozentinnen (Hg.): Frauen und Wissenschaft. Beiträge zur Berliner Sommeruniversität für Frauen*. Berlin: Courage-Verlag. S. 118–199.

Capper, Beth; Austin, Arlen (2018): »Wages for housework means wages against heterosexuality«: On the Archives of Black Women for Wages for Housework and Wages Due Lesbians. In: *GLQ: A Journal of Lesbian and Gay Studies*, 24, 4, S. 445-466

Dalla Costa, Mariarosa (1973). *Frauen und der Umsturz der Gesellschaft* Neuauflage 2022. Münster: Unrast Verlag.

Evans, Sarah (1979). *Personal Politics: The Roots of Women's Liberation in the Civil Rights Movement and the New Left*. New York: Alfred Knopf.

Federici, Silvia (2021). *Revolution at Point Zero: Hausarbeit, Reproduktion und feministischer Kampf*. Münster: Unrast Verlag.

Gevisser, Mark (2021): *Die pinke Linie. Weltweite Kämpfe um sexuelle Selbstbestimmung und Geschlechtsidentität*. Frankfurt am Main: Suhrkamp.

Lenz, Ilse (2010): *Die Neue Frauenbewegung in Deutschland. Abschied vom kleinen Unterschied. Eine Quellensammlung*. 2. Auflage. Wiesbaden: VS Verlag.

Lenz, Ilse (2017): Genderflexer? Zum gegenwärtigen Wandel der Geschlechterordnung. In: Evertz, Sabine; Lenz, Ilse; Ressel, Saida (Hg.) (2017): *Geschlecht im flexibilisierten Kapitalismus. Neue UnGleichheiten*. Wiesbaden: VS Verlag, S. 181-222.

Lenz, Ilse (2020): Globaler flexibilisierter Kapitalismus und prozessuale Intersektionalität: Die Veränderungen nach Geschlecht und Migration in den Berufsrängen in Deutschland. In: *Österreichische Zeitschrift für Soziologie*, 2020, 45, S. 403 – 425. https://link.springer.com/article/10.1007/s11614-020-00432-x (10.8.2022).

Mies, Maria (1988): *Patriarchat und Kapital*. Neuauflage 2015. München: bge-verlag.

Schutzbach, Franziska (2021): *Die Erschöpfung der Frauen. Wider die weibliche Verfügbarkeit*. München: Droemer.

Werlhof, Claudia von; Mies, Maria; Bennholdt-Thomsen, Veronika (1983): *Frauen, die letzte Kolonie.* Technologie und Politik; 20. Reinbek: Rowohlt.

Winker, Gabriele (2021): *Solidarische Care-Ökonomie. Revolutionäre Realpolitik für Care und Klima*. Bielefeld: transcript.

In Erinnerung an meine Mutter und meine Tanten, Hausfrauen, die sich ihr Leben mit einem Lohn zweifellos anders hätten vorstellen können.

EINFÜHRUNG:
Eine politische und eine persönliche Geschichte

> »Unser Platz in den Geschichtsschreibungen der Frauenbewegung und den antikapitalistischen Kämpfen im Allgemeinen ist uns nun sicher. Alle Texte, die innerhalb der letzten Jahre zur Frauenbewegung geschrieben wurden, kamen nicht umhin, ›Lohn für Hausarbeit‹ zu erwähnen […]. Wir stehen für die Absicht, eine neue Frauenbewegung aufzubauen, die international organisiert ist und auf einer Perspektive basiert, welche revolutionäre Implikationen für den gesamten antikapitalistischen Kampf hat. Was wir mit dieser politischen Perspektive machen werden – wie wir sie entwickeln und organisieren – sollte von nun an unser wichtigstes Anliegen sein.«
>
> *Montreal Power of Women Collective,* April 1975[1]

> »Du solltest dein Buch ›Die *Desaparecidos* der feministischen Bewegung‹ nennen.«
>
> Mariarosa Dalla Costa, 1994[2]

In diesem Buch geht es um eine aus dem Bewusstsein des gegenwärtigen Feminismus fast gänzlich verschwundene Bewegung. Diese entstand zu Beginn der sogenannten ›zweiten Welle‹ des westlichen Feminismus und wurde »Lohn für Hausarbeit« oder, je nach Land »salaire pour/contre le travail ménager«, »wages for housework« oder »salario al lavoro domestico« genannt. Was es mit dieser Bewegung auf sich hatte, mit ihren Texten und Kämpfen, möchte ich in diesem Buch näher beleuchten und werde sie hierzu von ihrem Ursprung mit der Gründung des *Internationalen Feministischen Kollektivs* (IFK, 1972) bis hin zu ihrem Höhepunkt (1977), in dessen Folge einzelne Strömungen des Netzwerks eigene Aktivitäten unter anderen Namen fortsetzten, zurückverfolgen.

Die dieser feministischen Strömung zugrunde liegenden Ideen und Handlungsstrategien entsprangen zunächst Mariarosa Dalla Costas bahnbrechendem Text »Frauen und der Umsturz der Gesellschaft«.[3] Sie befassten sich nicht nur mit den rein materiellen Aufgaben der ›Hausarbeit‹ oder der ›häuslichen Arbeit‹ und ihrer Entlohnung, sondern thematisierten die Vielschichtigkeit, Unsichtbarkeit und Missachtung jener Arbeit in Familien und Gemeinschaften, die mehrheitlich von Frauen geleistet wird und ebenso notwendig wie wertschöpfend ist. Diese lange vor allem unter den Gesichtspunkten der Unentgeltlichkeit, der Liebe und der angeblich frauenspezifischen Selbsthingabe betrachtete Tätigkeit wurde dank der zweiten Welle des Feminismus[4] und seiner Theoretikerinnen erstmals als tatsächliche Arbeit, mehr noch, als Gegenstand der Ausbeutung betrachtet. Die Strömung »Lohn für Hausarbeit« identifizierte genau diese Art der Arbeit zum ersten Mal als das verborgene Gesicht der Lohngesellschaft und als ihre nicht entlohnte Seite. Als Arbeit, die mit dem Aufkommen der Industriegesellschaft und dem Kapitalismus entstand und den Platz von Frauen in der gesellschaftlichen Organisation und in der geschlechtsspezifischen Arbeitsteilung definiert. Somit hat diese feministische Strömung zum ersten Mal das Problem der sozialen Reproduktion und den Platz, den Frauen in ihr einnehmen, konkret thematisiert.

Die Anerkennung der Hausarbeit als tatsächliche Arbeit und dazu als Gegenstand der Ausbeutung war von Beginn an eines der wichtigsten theoretischen Anliegen westlicher Denkerinnen des neuen Feminismus der ›zweiten‹ Welle, und die mit ihr verbundenen Fragen führten zu einer beträchtlichen Menge unterschiedlichster Analysen und Diskussionsbeiträge. Die Idee, Frauenkämpfe auf das konkrete Thema der Hausarbeit und ihrer Entlohnung zu fokussieren, ist jedoch spezifisch auf die Gruppen der Bewegung »Lohn für Hausarbeit« zurückzuführen.[5]

Überraschenderweise findet man allerdings trotz des Aufschreis, mit dem die Debatte sowohl in der akademischen als auch in der aktivistischen feministischen Welt in den 1970er- und frühen 1980er-Jahren begleitet wurde, heute nur wenige Spuren ihrer Existenz. Umso schwieriger gestaltete sich die Suche nach der für den Anstoß der Debatte verantwortlichen Strömung. Betrachtet man den wissenschaftlichen Diskurs, wird »Lohn für Hausarbeit« hier fast vollkommen übergangen. In nur wenigen historiografischen Berichten findet die Debatte überhaupt Erwähnung; der Beitrag, der von ihr für die Kritik und Dekonstruktion des Arbeitsbegriffs ausging, wird in keiner der relevanten Untersuchungen oder Literaturstudien erwähnt. Auch das Thema Hausarbeit an sich findet bei Wissenschaftler*innen kaum noch Anklang.[6]

Eine transnationale Bewegung mit einzigartiger Zusammensetzung …

Die Denkströmung bestand aus einer aktivistischen Bewegung, die sich als transnational verstand, was ein Novum für die zweite Welle des westlichen Feminismus war. Ab 1972 umfasste sie aktive Gruppen in Italien, England, den Vereinigten Staaten und Kanada (vor allem im englischsprachigen Teil Kanadas) sowie in der Schweiz und in Deutschland. Nicht wenige bezeichneten die Bewegung sogar als »Keimzelle einer Fraueninternationale«.[7]

Das mit ihr entstehende Netzwerk umfasste ein breites Spektrum an Aktivistinnen, was auch ein eher ungewöhnlicher Umstand für die damalige Zeit war. Ihre Perspektiven und Betrachtungsweisen waren so breit gefasst, dass sich nicht nur *weiße* heterosexuelle Frauen in ihnen wiederfanden. Auch Lesben, rassifizierte Frauen, Sozialhilfeempfängerinnen, Arbeiterinnen aller Art – wie Kellnerinnen, Krankenschwestern, Pflegepersonal und selbst Sexarbeiterinnen – wurden von ihnen angesprochen: Einige unter ihnen gründeten sogar eigene Gruppen innerhalb des Netzwerks und entwickelten individuelle Grundausrichtungen mit sehr originellen und eindringlichen Analysen aus ihren jeweiligen Positionen heraus. In manchen Ländern entwickelten sich zudem eigene Männer-Arbeitsgruppen um diesen Ansatz herum.

All diese Gruppen formten zusammen das Netzwerk *Internationales Feministisches Kollektiv* (IFK). In den Ländern, in denen die Gruppen in unterschiedlichen Größen entstanden, waren sie in mehreren Bereichen des Frauenkampfs zugleich aktiv: unsichtbare Seiten der Arbeit im Haushalt sowie der bezahlten Arbeit von Frauen, aber auch Abtreibung, medizinische Praktiken, Sterilisationen, Gebärbedingungen, Frauengesundheit, Sexualität, Sozialhilfe, Familienbeihilfen, Wohnverhältnisse, Bildung, häusliche Gewalt, Prostitution/Sexarbeit, usw.

In jedem dieser Bereiche stellten die Aktivistinnen Verbindungen zur unsichtbaren und unbezahlten Arbeit von Frauen her. Die Kämpfe rund um die Arbeit im Haushalt und in der Familie wurden hierdurch auf andere Kämpfe im Bereich der sozialen Reproduktion im Allgemeinen ausgedehnt, die so zu weiteren Anwendungsfeldern für die Idee von »Lohn für Hausarbeit« wurden. »Zum ersten Mal wurde das fragmentierte Leben der Frauen als ein Ganzes gesehen«, erklärte eine der Aktivistinnen, die ich interviewte. Die unbezahlte Hausarbeit war ein Prisma, durch das man die vielen Facetten der Machtlosigkeit von Frauen über ihr eigenes Leben als gesellschaftliches Ganzes betrachten, verstehen und neu zusammensetzen konnte. Frauen werden zu großen Teilen nicht für die Arbeit bezahlt, die sie unaufhörlich für die Familie ausüben: Das ist der ›kleinste gemeinsame Nenner‹ aller Frauen auf der Erde in einer kapitalistischen Gesellschaft, auch wenn er sich je nach Klassenzugehörigkeit, Ethnisierung oder Rassifizierung der jeweiligen Person stark unterscheidet. Die Arbeit der Hausfrau ist gemäß der Definition der Bewegung »Lohn für Hausarbeit« die der Produktion und Reproduktion der Arbeitskraft.

… und umstrittenen Strategien

Obwohl viele Frauen und Frauengruppen einen Großteil der Analyse teilten, welche die Theoretikerinnen von »Lohn für Hausarbeit« entwickelten, waren nur wenige von ihnen bereit, eine konkrete Kampagne zur Forderung eines solchen Lohns durchzuführen. Tatsächlich löste die Forderung nach einem Lohn überall, wo sie diskutiert wurde, hitzige Debatten innerhalb der Frauenbewegung aus und es lässt sich ohne Übertreibung sagen, dass diese Frage auf die eine oder andere Weise die gesamte westliche feministische Bewegung der 1970er-Jahre betraf.

Gleichzeitig lehnte die Frauenbewegung im Westen insgesamt die Strategie von »Lohn für Hausarbeit« ab. Man sah in ihr einen Rückschritt gegenüber der Forderung der Frauen nach Gleichberechtigung und nicht ihre eigentliche Voraussetzung, wie die Begründerinnen und Aktivistinnen der Strömung argumentierten. Die Strategie, eine Entlohnung von Hausarbeit zu fordern, wurde von der Frauenbewegung als Abkehr vom Ziel der Vergesellschaftung von Hausarbeit angesehen (Kindertagesstätten, öffentliche Dienstleistungen etc.). Die Frauenbewegung entschied sich entgegen dieser Strategie dazu, all ihre Anstrengungen darauf zu verwenden, den Arbeitsmarkt für Frauen zugänglich zu machen, ihre Arbeitsbedingungen zu verbessern, Elternzeit zu erhalten und öffentliche Dienstleistungen zu schaffen, um den Zugang zu Lohnarbeit zu erleichtern. Das Aushandeln der Zuständigkeiten für die Arbeiten im Haushalt und in der Familie wurde privaten Absprachen zwischen den Partner*innen, der ›Aufgabenteilung‹, überlassen. Kurzum, die strategische Ausrichtung der Frauenbewegung ließ die Sphäre der sozialen Reproduktion außen vor, damals wie heute. Stattdessen lautete ihr strategisches Ziel: Vereinbarkeit von Familie und Beruf.

Einwände gegen den Lohn für Hausarbeit

- Eine Entlohnung hätte den Effekt, Frauen im Haus zu halten oder, je nach Fall, sie erneut ans Haus und noch stärker an ihre Verantwortlichkeiten zu binden. Das würde zu einem Rückschritt in der Befreiung der Frau führen.
- Die Entlohnung der Hausarbeit würde jeden Ansatz einer Aufgabenteilung zwischen den Partner*innen zunichtemachen und die Praxis der häuslichen Kinderbetreuung untermauern.
- Aufgrund der geringen Familiengröße (2–3 Kinder) ist diese Forderung überholt.
- Mit der Entlohnung der Hausarbeit würde der Staat sich nicht mehr verpflichtet fühlen, öffentliche Dienstleistungen einzurichten. Wahrscheinlich würden Frauen aufgrund der Entlohnung die Pflege von kranken, behinderten und alten Menschen übernehmen müssen. Es bestünde die Gefahr, dass Pflegeheime für ältere und behinderte Menschen geschlossen werden. Somit wären die Auswirkungen hinsichtlich der gesellschaftlichen Forderungen von Frauen eventuell verheerend.
- Einmal entlohnt, würde die Hausarbeit in Hinblick auf Stundenanzahl, Qualität der Arbeit usw. kontrolliert werden. Wer würde diese Kontrolle ausüben? Der Ehepartner? Der Staat? Und unter welchen Bedingungen?
- Der Lohn für Hausarbeit würde die geschlechtliche Rollenteilung festschreiben und Frauen in ihrer traditionellen Rolle als Ehefrau und Mutter halten.
- Ein Lohn würde Frauen von der Gemeinschaft isolieren.
- Ein Lohn würde die Unterdrückung, der sie zum Opfer fallen, festschreiben.
- Ein Lohn würde keinerlei Auswirkungen auf die Armut haben.
- Die Entlohnung der Hausarbeit würde wahrscheinlich nicht zur Aufwertung derselben führen. Man denke nur an einige andere von Frauen ausgeübte Berufe, die nicht durch Entlohnung aufgewertet wurden (Putzfrauen, Kellnerinnen, Wäschereiarbeiterinnen, etc.).

- Im Rahmen der sich aktuell vollziehenden Dezentralisierung von Arbeitsplätzen werden heute viele Lohnarbeiten von zu Hause aus ausgeübt. Wie würde sich dann die Aufteilung zwischen bezahlten Tätigkeiten der Reproduktion und der Produktion gestalten?
- Ein Lohn für Hausarbeit würde diejenigen diskriminieren, die außerhalb des Hauses arbeiten und die Hausarbeit vor und nach ihrer bezahlten Arbeitszeit erledigen. So würden diejenigen, die ›die doppelte Arbeit‹ erledigen (die mehr an einem Arbeitstag leisten), bestraft werden.
- Ein Lohn für Hausarbeit würde Frauen jede Chance nehmen, ihr Recht auf gesellschaftliche Arbeit klar anerkannt zu bekommen.
- Ein solcher Lohn würde Frauen nahelegen, dem Arbeitsmarkt fernzubleiben, und wäre der Verbesserung ihrer Situation in der Gesellschaft abträglich.

Diese Liste an Einwänden gegen einen Lohn für Hausarbeit stammt wortwörtlich aus Dokumenten der drei bedeutendsten Gewerkschaften von Québec.[8]

Angesichts der Entwicklung der Haus- und Care-Arbeit heute kann man rückblickend hinterfragen, ob dies eine erfolgreiche Strategie war. Was sind heute konkrete Ergebnisse dieser Strategie? Mitnichten soll es darum gehen, die enormen Anstrengungen in Abrede zu stellen, die in den letzten Jahrzenten von Frauenbewegungen unternommen wurden, um die Implementierung verschiedener Maßnahmen zu erreichen, die in vorbildlicher Weise etwa in Nordamerika umgesetzt und Teil der öffentlichen Politik wurden.[9] Doch eine kurze Bilanz weist einige Trends auf, die einer genaueren Diskussion bedürfen.

Vereinbarkeit von Familie und Beruf: Eine Erfolgsstrategie?

In den Ländern unserer Hemisphäre scheinen junge berufstätige Mütter sich heute in einem ›doppelten Arbeitstag‹ zu befinden und zu verausgaben: Sie rennen nicht nur ständig von der Kindertagesstätte zum Arbeitsplatz und wieder zurück, sondern erledigen zusätzlich noch einen Großteil der häuslichen Arbeit; die häusliche Aufgabenteilung mit dem Partner (sofern es einen gibt) ist nicht immer selbstverständlich. Aktuelle Zahlen belegen dies: »Trotz wichtiger Fortschritte im Bereich der häuslichen Aufgabenteilung zwischen den Partnern*innen bleiben Frauen immer noch die Hauptverantwortlichen für die Kinderbetreuung, da sie dieser nach den Daten der allgemeinen Umfrage von 2010 im Schnitt 50 Stunden pro Woche und damit doppelt so viel wie Männer widmen.«[10] Ganz zu schweigen von der Tatsache, dass erwerbstätige Mütter immer noch weniger verdienen als erwerbstätige Frauen ohne Kinder, denn das »Mutterschafts- oder Elterngeld gleicht die Hälfte des Lohnverlusts aus«.[11]

Stress, Erschöpfung im Beruf, psychische Belastung, Vervielfachung der im eigenen Verantwortungsbereich liegenden Aufgaben, Leistungsdruck, all dies scheint zum Schicksal vieler Frauen mit Kindern zu gehören. Gleichzeitig werden die Kriterien, was eine ›gute Mutter‹ ausmacht, konstant schwerer zu erfüllen. Interviews mit jungen feministischen Müttern zeigen, dass sie dieser Tendenz nicht entgehen. Sie bleiben »die Hauptverantwortlichen für die Arbeit der sozialen Reproduktion, also für die Betreuung von Kindern und pflegebedürftigen Angehörigen, die Hausarbeit und die Familienorganisation«. Junge Feministinnen beklagen den Umstand, dass »die Arbeit der sozialen Reproduktion weder anerkannt noch wertgeschätzt wird, sie stellen Ungleichheiten bei der Arbeitsteilung und den Elternrollen fest und bemerken zudem, dass Geschlechterrollen sich nicht so schnell ändern, wie man meinen würde«.[12] Sie schlussfolgern: »Die Vereinbarkeit von Beruf und Familie ist derzeit nicht gegeben.« Daher »glauben [sie], dass es notwendig ist, in der Frauenbewegung wieder eine Debatte über die Frage der sozialen Reproduktion anzustoßen.«[13]

Auch heute noch sind es vor allem Frauen, die für die soziale Reproduktionsarbeit verantwortlich sind. Neben Webseiten, die in Québec entstanden, damit junge Mütter sich über die Herausforderungen der Arbeit im Haushalt und der Familie austauschen können, feiern zeitgleich Blogs über ›Rabenmütter‹ große Erfolge.[14] Wenn die finanziellen Mittel vorhanden sind, wird häufig entschieden, andere, meist ärmere Frauen für bestimmte Aufgaben im Haushalt und in der Pflege einzustellen; viele von ihnen kommen hierfür von weit her.

Direkte Ausbeutungsverhältnisse zwischen Frauen: Ein Novum

Somit nimmt die Reproduktionsarbeit heute ein weltweites Ausmaß ohnegleichen an. Frauen am anderen Ende der Erde verlassen ihre eigenen Familien und lassen diese von Frauen in ihrem Umfeld pflegen, um dem Aufruf wohlhabenderer westlicher Frauen zu folgen, sie ›zu retten‹ und zu unschlagbaren Preisen häusliche Arbeit und familiäre Sorgearbeit anzubieten. Es ist von einer »Krise der Reproduktion«[15] die Rede.

Dieses Phänomen wird auch als »Globalisierung mütterlicher Liebe«, als »neues Gold der Welt« oder aber als »Pflegeschwund« (*care drain*) bezeichnet.[16] Es heißt sogar, wir erlebten die Entstehung eines neuen Phänomens in der Geschichte des Kapitalismus: die ›Verdopplung weiblicher Arbeit‹, welche jegliche feministische Aufmerksamkeit der Welt verdient hätte.

> »Parallel zur zunehmenden Prekarisierung und Verarmung einer wachsenden Zahl von Frauen [...] erleben wir demnach eine Steigerung des ökonomischen, kulturellen und sozialen Kapitals eines bedeutenden Anteils berufstätiger Frauen. So sehen wir zum ersten Mal in der Geschichte des Kapitalismus die Entstehung einer Schicht von Frauen, deren direkte Interessen (nicht, wie zuvor, vermittelt durch die Männer: Vater, Ehegatte, Liebhaber...) fundamental den Interessen derer entgegengesetzt sind, die von der Zunahme der Teilzeitarbeit und schlecht bezahlter und gesellschaftlich nicht anerkannter Dienstleistungsjobs sowie allgemein von Prekarität betroffen sind.«[17]

Einige Theoretikerinnen der Bewegung »Lohn für Hausarbeit« verstehen diesen Rückgriff auf weibliche Arbeitskraft aus armen Ländern heute als »eine neokoloniale Lösung der ›Hausarbeits-Frage‹« und als Teil der neuen geschlechtsspezifischen und internationalen Arbeitsteilung.[18] Ist dies das (natürlich unbeabsichtigte) Ergebnis oder einer der ›absurden Effekte‹ der Strategie der Vereinbarkeit von Beruf und Familie und der Aufgabenteilung?

Die Bedeutung, die heutzutage der Frage der Reproduktionsarbeit auf globaler Ebene für den Feminismus zukommt, könnte an sich schon eine ausreichende Motivation sein, die von »Lohn für Hausarbeit« entwickelten Analysen erneut zu lesen. Es ist eine Gelegenheit, wertvolle intellektuelle und aktivistische Ressourcen (wieder) zu entdecken, die uns heute noch als Werkzeuge dienen können, mit deren Hilfe wir die Problematik der sozialen Reproduktion und ihre Entwicklungen verstehen können, ebenso wie die zentrale Rolle, die die Mehrheit der Frauen auf der ganzen Welt noch immer in ihr einnehmen.

Seit jene Texte geschrieben wurden, haben sich die Erklärungsansätze und das Vokabular für die Benennung der Dinge und Kontexte, in denen Frauen sich entwickeln, stark verändert. Aber die Revolte gegen die Ungerechtigkeit der anwachsenden Last, die die Reproduktionsarbeit für Frauen repräsentiert und zu der nun auch noch die Pflege abhängiger Angehöriger hinzukommt,[19] ist immer noch präsent. Junge Feminist*innen halten es sogar für notwendig, »die Debatte über die Frage der sozialen Reproduktion innerhalb der Frauenbewegungen erneut zu beleben«. Auch einige (wenige) Akademiker*innen kehren zu dieser Frage zurück: »Regierungsprogramme, aber auch die Prämisse der Frauenbewegung, dass die Frau sich durch die Arbeit verwirklicht, müssen überdacht werden.«[20] Dieses Buch kann diese Debatte durch einen historischen Kontext und interessante Quellen bereichern. Gleichzeitig gab es in meinem Fall auch andere, persönliche Gründe, die Texte von Neuem zu lesen und dieses Buch zu schreiben.

Zu Beginn eine große Frustration

Obwohl ich Mitte der 1970er-Jahre ein Alter erreicht hatte, das es mir ermöglicht hätte, an einer der Kollektive von »Lohn für Hausarbeit« beteiligt zu sein, blieb mir dies aus einem anderen einfachen Grund verwehrt: Ein solches Kollektiv existierte im französischsprachigen feministischen Québec nicht, und dies obwohl in anderen anglophonen Provinzen Kanadas und sogar eine Zeit lang im englischsprachigen feministischen Montreal zeitgleich einige Kollektive entstanden. In Québec entstand keines der Kollektive, weil die frankophone Frauenbewegung in Québec dies sehr mehrheitlich ablehnte.

Daher konnte ich an dieser feministischen ›Internationale‹ nicht teilhaben, obwohl eine Mehrheit der Frauen aus meiner eigenen damaligen Bezugsgruppe, dem feministischen Verlag *Editions du remue-ménage*, die Forderungen von »Lohn für Hausarbeit« unterstützte. Das Gründungsteam der *Editions du remue-ménage* hatte den Verlag sogar mit dem expliziten Ziel gegründet, Texte der Bewegung zu übersetzen und zu veröffentlichen! Das erste Buch, das 1976 in diesem neuen Verlag erschien, *Moman travaille pas, a trop d'ouvrage* (Mama arbeitet nicht, hat zu viel zu tun), ein vom

Kollektiv *Théâtre des cuisines* verfasstes und aufgeführtes Theaterstück, warf die Frage nach der Hausarbeit und ihrer Anerkennung auf.[21] Das Stück wurde in ganz Québec aufgeführt und trug wesentlich (wenn auch nicht ohne Schwierigkeiten) zur Diskussion über die Perspektive von »Lohn für Hausarbeit« bei.[22]

Die Affinität des ersten Teams von *Remue-ménage* zu diesem Kampf hatte sogar dazu geführt, dass einige von uns im Oktober 1975 in Toronto an einer der internationalen Konferenzen des *Internationalen Feministischen Kollektivs*, wie sich das Netzwerk der Gruppen von »Lohn für Hausarbeit« nannte, teilnahmen. Wir partizipierten an der Konferenz als Zuhörerinnen und Sympathisantinnen, da wir als solche keine Lohn-für-Hausarbeit-Gruppe bildeten. Wir konnten dort nichtsdestotrotz, auf Französisch, die besondere Situation und Geschichte der frankophonen Frauen in Québec schildern.

Der Umstand, diese feministische ›Internationale‹ und ihre politische und philosophische Tragweite zwar antizipiert, aber nicht wirklich an ihr teilgehabt zu haben, ist für mich bis heute Quelle einer großen Frustration. Ich habe tatsächlich lange mit dem Gefühl gelebt, an etwas Bedeutsamem für den feministischen Kampf, etwas Zentralem für das Verständnis der Rolle der Frauen in der Gesellschaft, im Norden wie im Süden, sowie der Wege, diese zu ›unterwandern‹, vorbeigeschlittert zu sein.[23]

Eine intersektionale Perspektive *avant la lettre*

»Frauen und der Umsturz der Gesellschaft«, von Mariarosa Dalla Costa und Selma James,[24] sowie »Zum Verhältnis von Geschlecht, Rasse und Klasse«,[25] »Lohn gegen Hausarbeit«,[26] und weitere im *Le foyer de l'insurrection*[27] (dt.: Der Brennpunkt des Aufstands) übersetzte Texte waren für mich allesamt große intellektuelle Entdeckungen, die zum Aktivismus anregten. In diesen Texten der ersten radikalen Feministinnen erschien das Patriarchat endlich nicht mehr als ein ewiges und zeit- wie geschichtsloses System – im Gegenteil! Ohne zu behaupten, den ›Ursprung‹ des Patriarchats zu erklären, schrieben diese Analysen ihm jedoch eine konkrete historische Gestalt zu. Die Hausarbeit, in der Art, wie sie verrichtet wird, wurde als eine historische Form der sozialen Reproduktion gesehen, die der kapitalistischen Gesellschaft inhärent ist. Sie wurde nicht länger als ›rückständiges Anhängsel‹ der Lohnarbeit analysiert, sondern stellte die eigentliche Form der vom Kapitalismus etablierten geschlechtsspezifischen Arbeitsteilung dar. Der Kapitalismus erneuere und reorganisiere das Patriarchat auf dieser Grundlage. Mit anderen Worten: Das Patriarchat wird nach diesen Analysen in der kapitalistischen Lohngesellschaft durch die den Frauen zugewiesene kostenlose Hausarbeit verkörpert.

Die Analysen der Bewegung »Lohn für Hausarbeit« erschienen mir damals als die bedeutsamste Artikulation des Zusammenhangs von Patriarchat und Kapitalismus – als eine vielversprechende Verknüpfung einer (unorthodoxen) Marx'schen Analyse der Produktionsweise mit einer feministischen Analyse der Reproduktion auf internationaler Ebene. Was damals als ›antipatriarchalische und antikapitalistische‹ Perspektive bezeichnet wurde, heißt im heutigen soziologischen Vokabular ›Benennung der Geschlechterverhältnisse bzw. Klassenverhältnisse‹. Das Trio *sex, race and class* leitete ein, was heute als ›intersektionale‹ Analyse bezeichnet wird, der Vorläufer zu einer übergreifenden Analyse von Herrschaftsverhältnissen. Diese Analyse von Unterdrückungen und ihrer Interdependenz sowie die Solidarität zwischen Frauen trotz ihrer Unterschiede, die wir damals so sehr anstrebten, wurde durch die Strategie von »Lohn für Hausarbeit« vorgebracht.

Diese Perspektive bot Anfang der 1970er-Jahre in der Tat völlig neue Analysen und ein umfassendes Verständnis der verschiedenen Aspekte der Unterdrückungssituation, die die Mehrheit aller Frauen erleben. Sie bot einen roten Faden, der die diversen, ansonsten unverständlichen Aspekte dieser Situation miteinander verband: Frauen wurden nicht für die gesamte von ihnen geleistete Arbeit bezahlt, obwohl sie die zentrale Säule der Reproduktion der Gesellschaften darstellten.

Dieser Fokus auf die Arbeit hat für das Thema der (heterosexuellen) Liebe komplett neue Analysen hervorgebracht, die in vielerlei Hinsicht sogar revolutionär waren, besonders was das Lesbisch-Sein und die Sexarbeit angeht. »Lohn für Hausarbeit« hat im Hinblick auf Letztere eine ganz neue Perspektive entwickelt. Sexarbeiterinnen organisierten sich daraufhin in Gruppen, um für ihre Rechte einzustehen, luden uns ein, sich mit ihrem Kampf solidarisch zu zeigen, und gingen mit den Gruppen von »Lohn für Hausarbeit« selbst überraschende, ›widernatürlich‹ anmutende Allianzen ein, was eine starke symbolische Wirkung hatte. Derselbe Fokus gab auch auf Sozialhilfe angewiesenen Frauen ihre Würde zurück. Afroamerikanische Frauen haben innerhalb der Lohn-für-Hausarbeit-Bewegung Texte entworfen, die den Ursprung des ›Schwarzen Feminismus‹ bilden.[28] Die Perspektive von »Lohn für Hausarbeit« nahm jene Debatten vorweg, die heute über die Realität der Care-Arbeit geführt werden, wie jene über die Lohngerechtigkeit, die Anerkennung von Errungenschaften und Kompetenzen oder über die Anerkennung der unsichtbaren Arbeit von Frauen in der Landwirtschaft und in kleinen, von Ehepaaren geführten Unternehmen. Und nicht zu vergessen: Diese Perspektive führte zum Paragraf 120 der finalen Deklaration der UN-Weltfrauenkonferenz in Nairobi im Jahre 1985, der sich für eine Anerkennung des Beitrags der Frauen (ob entlohnt oder nicht) in allen Entwicklungssektoren aussprach und dessen Berücksichtigung bei der Berechnung des Bruttoinlandsprodukts der Länder befürwortete.[29] Diese Perspektive ermöglichte es, Unterschiede zwischen Frauen zu überwinden, indem sie ihnen die Möglichkeit gab, Allianzen zu schmieden, ohne sich einem gleichmachenden Standard zu unterwerfen.

Auf einer persönlicheren Ebene bedeutete diese Idee für manche unter uns, was eine Aktivistin des Kollektivs *L'Insoumise* (auf Deutsch etwa: die Aufständige/Widerspenstige) folgendermaßen beschrieb: »Eine Art, das Schicksal unserer Mütter zu ›rächen‹, der Arbeit vergangener, gegenwärtiger und zukünftiger Generationen von Müttern und Großmüttern wieder Würde zu verleihen.«[30] Ja, die Perspektive von »Lohn für Hausarbeit« bedeutete auch dies.

Diese Ausführungen sollen verdeutlichen, dass mein Feminismus in erster Instanz durch diese unvergleichliche Perspektive geprägt wurde. Ich hielt stets an der tiefen Überzeugung fest, dass es wichtig ist, dass heutige Generationen von Frauen und Feministinnen den Reichtum dieses Denkens kennenlernen, das zur Zeit des *Internationalen Feministischen Kollektivs* erarbeitet worden ist und von manchen seiner Haupttheoretikerinnen seither angewandt und im Zuge der Reorganisation der Weltwirtschaft weiterentwickelt wird.

Ein Buch mit langem Werdegang

Jedes Geschichtsbuch hat seine eigene Geschichte, die seines Entstehungskontexts. Hier also die Geschichte dieses Buches. Selbst wenn die Idee zu diesem Forschungsvorhaben schon lange in meinem Kopf reifte, nahm sie erstmals im Rahmen eines Post-Doc-Projekts, finanziert durch den *Conseil de Recherche en sciences humaines du Canada*, zwischen 1994 und 1996 Gestalt an, welches mich im Herbst 1994 tatsächlich nach Italien, um genauer zu sein, an das *Europäische Hochschulinstitut* in Florenz führte. Eines seiner Forschungszentren, das europäische Forum, untersuchte in jenem Jahr die Frage der Arbeitszeit aus einer geschlechtsspezifischen Perspektive. Die unsichtbare Reproduktionsarbeit der Frauen stand im Mittelpunkt dieser Thematik.

Das Forschungsvorhaben über die Geschichte des *Internationalen Feministischen Kollektivs* der Lohn-für-Hausarbeit-Bewegung, welches ich den Verantwortlichen des Instituts vorlegte, sollte es mir ermöglichen, den europäischen Teil des Netzwerks zu untersuchen. Da Norditalien gewissermaßen die ›Wiege‹ der Strategie von »Lohn für Hausarbeit« ist, war das *Europäische Hochschulinstitut* in Florenz ideale Basis und optimaler Ausgangspunkt meiner Forschung in Italien, aber auch in Deutschland und der Schweiz (und in Großbritannien, wie ich mir zu Beginn erhofft hatte). Der intellektuelle, akademische und materielle Rahmen, den mir das Institut bot, sowie die Forschungsaktivitäten des europäischen Forums (Workshops, Seminare, Konferenzen) würden für den Erfolg dieses Projekts von großer Bedeutung sein.

So kam es, dass ich in Italien Mariarosa Dalla Costa, Leopoldina Fortunati und Giovanna Franca Dalla Costa von der italienischen Lohn-für-Hausarbeit-Gruppe sowie Gisela Bock von der deutschen Gruppe kennenlernte. Auch Genéve Viviane Luisier, Alda De Giorgi und Suzanne Lerch von dem Lohn-für-Hausarbeit-Kollektiv *L'Insoumise* habe ich kennengelernt. Ich konnte ihre persönlichen Archive einsehen, zu denen sie mir alle spontan Zugang gewährten, sowie die Archive der Dokumentationszentren in Italien, insbesondere in Mailand und Bologna. In Paris traf ich zudem Marie-Christine Gaffory, Aktivistin und ›Waisenkind‹ der Bewegung (weil es in Frankreich keine Lohn-für-Hausarbeit-Gruppen gab[31]). Trotz mehrerer Versuche war es mir jedoch nicht möglich, Selma James zu treffen.[32]

Als ich nach Nordamerika zurückkehrte, traf ich mich in Brooklyn mit Silvia Federici von der New Yorker Lohn-für-Hausarbeit-Gruppe und Hauptinitiatorin der anderen amerikanischen Gruppen. Judy Ramirez, die Schlüsselfigur der Gruppe in Toronto, konnte ich damals nicht ausfindig machen. Jedoch konsultierte ich das Archiv der kanadischen Frauenbewegung an der *Universität Ottawa*, in dem eine Aktivistin der Gruppe *Wage for Work* aus Toronto (Francie Wyland, der ich sehr dankbar bin) das Archiv der Gruppe hinterlegt hatte. Dieses Dokumentationsmaterial war für mich sehr wertvoll, weil es viele Dokumente der anderen Gruppen des internationalen Netzwerks enthält.

Aufgrund des beispiellosen Charakters dieser Forschung, der Verstreutheit und Mehrsprachigkeit der entsprechenden Dokumente sowie der Entfernungen, die mit einer solchen internationalen Suche verbunden sind, konnte ich sie in den zwei Jahren, die das Postdoc-Stipendium umfasst, nicht abschließen. Als Dozentin und unabhängige Forscherin konnte ich nur sporadisch an dem Thema weiterarbeiten, was die lange Zeitspanne zwischen dem Beginn dieses Geschichtsprojekts und seiner Fertigstellung erklärt. Letztlich konnte ich mich dank eines Stipendiums der *Universität von Québec* in Montreal 2012 und 2013 ganz der Fertigstellung und dem Schreiben dieses Buches widmen.

Davon abgesehen gab es noch andere Faktoren, die eine Rolle gespielt haben. Insbesondere Silvia Federici, die mich davon überzeugte, die Recherche abzuschließen und zu veröffentlichen. Wir hatten im Laufe der Jahre immer wieder E-Mail-Kontakt und uns versprochen, uns wiederzusehen, um ein Interview über ihren intellektuellen Werdegang abzuschließen, das zu diesem Zeitpunkt noch nicht beendet worden war. Eine Konferenz in Montreal im März 2012, zu der sie eingeladen war, bot uns die Gelegenheit zu einem Treffen. Sie überzeugte mich davon, dass ich das gesamte in meinem Besitz befindende Material dringend so vielen Menschen wie möglich zur Verfügung stellen müsse, bevor ich mich ... sozusagen ... gen Himmel verabschieden würde.

Im Endeffekt wurde mir klar, dass diese Forschung in gewisser Weise und in vielerlei Hinsicht ein Rendezvous mit meiner eigenen intellektuellen und kämpferischen Geschichte ist – eine Art Kreis, den es zu schließen galt, zwischen Jugend und Weisheit ... Mich motivierte aber vor allem auch der Wunsch, der heutigen Jugend feministisch-historische Denkwerkzeuge zur Verfügung zu stellen, um die Frage der geschlechtsspezifischen Arbeitsteilung und der sozialen Reproduktion und ihre neuen Formen im Zeitalter der neoliberalen kapitalistischen Globalisierung anzugehen. Und schließlich habe ich den drängenden Wunsch, das reiche intellektuelle Erbe, das die Perspektive von »Lohn für Hausarbeit« ausmacht, durch dieses Buch der Vergessenheit zu entreißen, damit es in der Geschichte des feministischen Denkens und der heutigen feministischen Bewegung eine herausragende Rolle spielen kann. Dieses Buch ist in diesem Sinne eher ein Versuch – der von anderen vollendet werden kann.

Warum 1972–1977?

Das Netzwerk der Gruppe »Lohn für Hausarbeit« hat im Laufe seines Bestehens unterschiedliche Phasen durchlebt. Zunächst eine Phase der Entstehung und Organisierung in den Jahren 1972 bis 1977 unter dem Namen *Internationales Feministisches Kollektiv*. Darauf folgte eine Periode der Reorganisation, die um 1977 und 1978 anfing und von einem Rückzug mancher Gruppierungen, der Ankunft neuer sowie der Weiterführung von Aktivitäten älterer Gruppen geprägt war. Der Name *Internationales Feministisches Kollektiv* wurde ab diesem Moment nicht mehr verwendet, auch wenn manche der Gruppen ihre Aktivitäten unter anderem Namen fortführten.[33]

Der Zeitraum der Studie ist somit zeitlich auf das Bestehen des *Internationalen Feministischen Kollektivs* begrenzt. Dies ist die Phase der Entstehung des Netzwerks, der Debatten über seine Zusammensetzung, über die Definition seiner Grundlagen, über die Organisation der Kampagne »Lohn für Hausarbeit« und über die theoretische Perspektive, die der Kampagne zugrunde liegt. Es ist die Phase der internationalen Konferenzen. Es ist für jedes nationale Kollektiv eine intensive Phase des Schaffens und der Publikation von Zeitschriften, Broschüren und Flugblättern jeglicher Couleur, die die diversen Demonstrationen begleiteten. Kurz, es ist eine Zeit des Aufbruchs auf allen Ebenen, die eine wichtige Materialsammlung hinterlassen hat.

Es ist auch die Phase vor den großen Zerwürfnissen und der Abtrennung mancher Gruppierungen von dem ursprünglichen Netzwerk. Mir schien es praktisch unmöglich, die letzteren Ereignisse auf eine für die feministische Geschichte sinnvolle Weise zu behandeln. Selbst nach 25 Jahren[34] hatten die damaligen Aktivistinnen immer noch Mühe, über diese Zeit zu sprechen, und wollten dies auch nicht einfach so tun. Es schien mir daher sinnvoll, die Rekonstruktion dieses Teils der Geschichte des Netzwerks anderen zu überlassen.

Die von mir befragten Aktivistinnen sprachen am liebsten über die Zeit des Bestehens des IFK, also der Zeit von 1972 bis 1977. Für viele war es ein entscheidender Moment in ihrem Leben. Manche sprachen rückblickend sogar von einem »verlorenen Paradies«. Es war die Zeit der großen feministischen Mobilisierungen, als, wie Silvia Federici es beschreibt, »wir das Gefühl hatten, Teil einer großen historischen Transformation zu sein«.

Diese »erste Phase des neuen Feminismus«, wie sie die Historikerin Gisela Bock (Initiatorin der Berliner Lohn-für-Hausarbeit-Gruppe) in einem Interview bezeichnete, war in den Erinnerungen der von mir befragten Gründungsaktivistinnen der verschiedenen nationalen Kollektive eine Zeit, in der Frauen gemeinsam das Gefühl hatten, sich in einer Position der *Macht* zu befinden.

»Wir bildeten eine Gemeinschaft, wir konnten uns leicht mobilisieren, wir hatten Wind in den Segeln und wir fühlten, dass wir die Fähigkeit hatten, das Leben sofort zu verändern«, erklärte eine der Insoumises der Genfer Gruppe. Diese Aussage wurde von einer anderen Insoumise bestätigt, die mir von »der immensen Macht der Frauen zu jener Zeit« erzählte, »die vereint die Fähigkeit hatten, die Herrschaft zurückzudrängen«. »Wir fühlten uns gefährlich«, fuhr sie fort, »wir spürten, dass wir gemeinsam, vereint für eine Sache, Macht hatten.« Ja, erinnert sie sich, »wir hatten durchaus Macht in der Stadt Genf«.

Das Ende dieses Zeitraums fällt historisch gesehen auch mit dem Ende der Ära des Feminismus der zweiten Welle zusammen. Dieser neue Abschnitt, der, zumindest in Europa, je nach Land zwischen 1978 und 1979 begann, war das Ende der großen feministischen Mobilisierungen. Die Jahre 1978/79 läuteten das Ende einer historischen Phase ein, indem vor allem in mehreren europäischen Ländern repressive Gesetze erlassen und durchgesetzt wurden (insbesondere in Italien, aber auch in Deutschland und sogar in der Schweiz).

Von diesem Zeitpunkt an erlebten die meisten aktivistischen Gruppen, auch die der westlichen Frauenbewegung, eine Phase der Krise, in der viele Teile der Frauenbewegung aufgerufen waren, sich neu zu definieren, sich neu zu orientieren oder gegebenenfalls ihre Aktivitäten zu unterbrechen. Über die weitere Entwicklung der Genfer Frauenbewegung seit diesen Jahren sagte eine andere Insoumise: »Wir richteten mehr und mehr Energie auf die Schaffung von Dienstleistungen. Nach und nach ging die Dimension der MLF (*Mouvement de libération des femmes*) verloren und nach und nach nannte sich niemand mehr MLF«.[35] Die Zeit des Bestehens des *Internationalen Feministischen Kollektivs* von 1972 bis 1977 überschneidet und deckt sich mit dieser Phase des neuen Feminismus.

Genauer gesagt …

Zur Vervollständigung dieser Untersuchung habe ich mich auf verschiedene Quellen gestützt: die Veröffentlichungen der nationalen Kollektive (Bücher, Zeitungen, Broschüren, Pressemitteilungen, Flugblätter und Presseberichte), die Veröffentlichungen des IFK, die persönlichen Archive von Aktivistinnen, die ich getroffen habe, mein eigenes und das meiner Freundinnen, insbesondere das von Nicole Lacelle,[36] die *Canadian Archives of the Women's Movement*, die an der *Universität Ottawa* aufbewahrt werden, verschiedene Dokumentationszentren in Italien, insbesondere in Bologna und Mailand, sowie auf Informationen, die mir einige der führenden Persönlichkeiten der nationalen Kollektive von »Lohn für Hausarbeit« zur Verfügung stellten, die ich auf meinem Weg traf und mit denen ich mich auch im weiteren Verlauf austauschte.[37]

Da wir uns hier auf nahezu unerforschtem Terrain bewegen, muss diese Arbeit über das *Internationale Feministische Kollektiv* und die von ihm vertretene Vision als historische ›Skizze‹ mit den ihr innewohnenden Interpretationsmängeln betrachtet werden. Dies umso mehr, als dass ich mich hauptsächlich auf das konzentriert habe, was mich an der Bewegung interessiert und was meiner Meinung nach für heutige feministische Fragen relevant ist, insbesondere ihre theoretischen Beiträge und einige ihrer Kämpfe.

Dieses Buch rekonstruiert daher in bescheidener Weise Fragmente der Geschichte dieses Netzwerks. Es konzentriert sich auf die Verbreitung der Denkströmung, die es ausgelöst hat, und auf ihre Verkörperungen in bestimmten Kämpfen. Im ersten Kapitel dieses Buches wird zunächst der Kontext der Veröffentlichung des Manifests »Frauen und der Umsturz der Gesellschaft« zu Beginn der 1970er-Jahre beleuchtet. In welchem theoretischen und aktivistischen Universum ist diese Perspektive von »Lohn für Hausarbeit« entstanden? Was brachte sie der feministischen Theoretisierung und dem feministischen Aktivismus zu Beginn dessen, was später als ›zweite feministische Welle‹ bezeichnet wurde?

Das zweite Kapitel ist Werken gewidmet, die die Grundlage des Denkens von »Lohn für Hausarbeit« bilden und zwischen 1972 und 1977, der Zeit des *Internationalen Feministischen Kollektivs*, entstanden.

Das dritte Kapitel vermittelt eine allgemeine Vorstellung davon, was das IFK als Netzwerk von Gruppen und als internationale Instanz war: Wie es gegründet wurde und wie es funktionierte.

Das vierte und das fünfte Kapitel befassen sich mit der Umsetzung der Perspektive »Lohn für Hausarbeit« in einigen der von den Gruppen des Netzwerks organisierten oder unterstützten Mobilisierungen. Diese Handlungsmomente werden anhand der verschiedenen Dokumente analysiert, die anlässlich der Mobilisierungen veröffentlicht wurden.

Im sechsten Kapitel werden Beispiele von Kämpfen vorgestellt, die von Gruppen aus dem Umfeld des Netzwerks initiiert wurden, nämlich von der Gruppe »Lohn für Hausarbeit« in Berlin und vom Genfer Lohn-für-Hausarbeit-Kollektiv, *L'Insoumise*, sowie ihre politische Perspektive.

In der Schlussfolgerung wird versucht, den Hintergrund der Entwicklung der Frage der sozialen Reproduktion in der häuslichen und privaten Sphäre zu skizzieren. Ein Epilog, der zwei Interviews mit zwei führenden Persönlichkeiten der Lohn-für-Hausarbeit-Perspektive, Mariarosa Dalla Costa und Silvia Federici, enthält, wird dasselbe Thema im größeren Rahmen der neoliberalen Globalisierung behandeln und dadurch einen Überblick über die intellektuellen Werdegänge der beiden Gesprächspartnerinnen seit 1977 geben.

Schließlich glaube ich, dass es möglich ist, die Kapitel dieses Buches unabhängig voneinander zu lesen: Das erste Kapitel ist für das Verständnis der intellektuellen Atmosphäre der Anfänge der zweiten feministischen Welle zu empfehlen; das zweite Kapitel für die Theorie und die Denkrichtung von »Lohn für Hausarbeit«; für Geschichtsfragmente einer potenziellen feministischen ›Internationale‹ das Kapitel drei; und für Beispiele von Mobilisierungen und Kämpfen von Gruppen der Lohn-für-Hausarbeit-Bewegung in sechs Ländern (Italien, England, USA, Kanada, Deutschland, Schweiz) sind die Kapitel vier, fünf und sechs zu empfehlen. Und wenn man sich besonders für die Entwicklung der Perspektive der Lohn-für-Hausarbeit-Bewegung und der sozialen Reproduktionsarbeit bis heute interessiert, sollte man den letzten Teil (Fazit und Epilog) lesen. All diese Kapitel nacheinander zu lesen ist natürlich auch nicht verboten!

ERSTER TEIL

Das Internationale Feministische Kollektiv: Historische Übersicht und politische Perspektive

NOTICE TO ALL GOVERNMENTS

The women of the world are serving notice. We clean your homes and factories. We raise the next generation of workers for you. Whatever else we may do, we are the housewives of the world. In return for our work, you have only asked us to work harder.

We are serving notice to you that we intend to be paid for the work we do. We want wages for every dirty toilet, every painful childbirth, every indecent assault, every cup of coffee and every smile. And if we don't get what we want, then we will simply refuse to work any longer.

We have brought our children to be good citizens and to respect your laws and you have put them in factories, in prisons, in ghettos and in typing pools. Our children deserve more than you can offer and now we will bring them up to EXPECT more.

We have borne babies for you when you needed more workers, and we have submitted to sterilization when you didn't. Our wombs are not government property any longer.

We have scrubbed and polished and oiled and waxed and scoured until our arms and backs ached, and you have only created more dirt. Now you will rot in your own garbage.

We have worked in the isolation of our homes when you needed us to and we have taken on a second job too when you needed that. Now we want to decide WHEN we work, HOW we work, and WHO we work for. We want to be able to decide NOT TO WORK AT ALL --like you.

We are teachers and nurses and secretaries and prostitutes and actresses and childcare workers and hostesses and waitresses and cooks and cleaning ladies and workers of every variety. We have sweated while you have grown rich. Now we want back the wealth we have produced.
WE WANT IT IN CASH, RETROACTIVE AND IMMEDIATELY. AND WE WANT ALL OF IT.

THE CAMPAIGN FOR WAGES FOR HOUSEWORK

»An alle Regierungen.«
Flugblatt, das bei mehreren Demonstrationen verteilt wurde, die von den Lohn-für-Hausarbeit-Gruppen organisiert wurden. Zeichnung: Jacquie Ursula Caldwell. Text: Judy Quinlan, *Toronto Wages for Housework Committee*

EINS
1972: Der Lohn für Hausarbeit in der Welt des Feminismus

Wie kann nach so vielen Jahren noch auf eine angemessene Art und Weise wiedergegeben werden, was jene feministische Denkrichtung und die ihr zugrunde liegende Bewegung ausmachte? Wie kann Denken und Handeln dieser Bewegung sinnvoll und verständlich erklärt werden, wenn uns der politisch-kulturelle Kontext und das intellektuelle Klima dieser Zeit heute völlig fremd sind? Wie kann diese Bewegung – wie mit diesem Buch von mir intendiert – heute noch Resonanz erzeugen und somit relevante Analyseinstrumente für die Auseinandersetzung mit der geschlechtsspezifischen Arbeitsteilung und für die Kritik an den herrschenden Systemen und den durch sie hervorgebrachten gesellschaftlichen Beziehungen zur Verfügung stellen?

Wir brauchen uns nur daran zu erinnern, wie realitätsfern und in vielerlei Hinsicht veraltet uns zu Beginn der 1970er-Jahre Simone de Beauvoirs 1949 erschienenes Werk *Das andere Geschlecht* und insbesondere der zweite Band über die *Gelebte Erfahrung* erschienen – uns, die wir in jenen Nachkriegsjahren zur Welt gekommen waren und die wir nun eifrig nach einer theoretischen Grundlage für unseren neuen Feminismus suchten. Zwanzig Jahre waren seit dem Erscheinen von *Das andere Geschlecht* vergangen, in der Zeitvorstellung Jugendlicher also eine halbe Ewigkeit! Heute sind es aber nicht zwanzig Jahre, sondern doppelt so viele, nämlich vierzig Jahre – vermutlich ein gefühltes Jahrtausend für die heutigen jungen Menschen! –, die uns von der Denkströmung und Bewegung trennen, um die es hier gehen soll.

Ich will damit deutlich machen, wie notwendig es ist, zunächst den sozialen, intellektuellen und aktivistischen Horizont des Feminismus zu kontextualisieren sowie den Alltag von Frauen von vor vierzig Jahren darzustellen, um die Welt zu verstehen, in der ein Buch wie *Die Macht der Frauen und der Umsturz der Gesellschaft* 1972 erscheinen konnte, und um verdeutlichen zu können, welche neuen Impulse es der Ideenlandschaft der zweiten feministischen Bewegung und ihrem Aktivismus gab, die nun auf der westlichen politischen Bühne in Erscheinung traten.

Einblick in den Alltag der Frauen Anfang der 1970er-Jahre

In den meisten westlichen Ländern, also dort, wo das entstand, was man gemeinhin als ›zweite feministische Welle‹ bezeichnet, war die rechtliche Gleichstellung der Frauen noch lange nicht erreicht. So war es, um Québec als Beispiel zu nehmen, Frauen etwa nicht erlaubt, Geschworene zu werden, und die Zivilehe und die Scheidung waren gerade erst legalisiert worden, genauso wie die »einvernehmliche Homosexualität zwischen Erwachsenen«.[38] Zur gleichen Zeit wurde das Abtreibungsrecht ein Stück weit liberalisiert, Abtreibungen waren jedoch nach wie vor nur sehr eingeschränkt und in Abhängigkeit vom Wohlwollen des jeweiligen Arztes verfügbar.[39] Was die Verhütung anging, so war jegliche Werbemaßnahme verboten. Der Zugang zur Pille war ebenfalls begrenzt, man musste erst einen Arzt finden, der einverstanden war, diese überhaupt zu verschreiben.

Die Lohnparität war eine Illusion: Frauen verdienten im Allgemeinen halb so viel wie Männer und Beschwerden, die Frauen in dieser Hinsicht einreichen konnten, hatten häufig Entlassungen zur Folge. Vergewaltigungen wurden bestraft, jedoch nicht, wenn es sich um die Ehefrau handelte. Hinzu kam, dass im Falle einer Vergewaltigung, im Gegensatz zum geltenden Recht in Bezug auf jegliche andere kriminelle Handlung, zunächst die vergewaltigte Frau für schuldig befunden wurde, die erst ihre Unschuld beweisen musste. Ebenso musste jede Frau, die der ›Prostitution‹ verdächtigt wurde, anders als jede andere Person, auf einfache polizeiliche Aufforderung hin ihre Präsenz an einem öffentlichen Ort erklären. 1970 war die Prostitution im kanadischen Strafgesetzbuch ein ›Statusverbrechen‹: Es bestrafte Frauen für das, was sie waren, und nicht für das, was sie taten.[40] Zur gleichen Zeit waren die in ›Reservaten‹ lebenden autochthonen Frauen von noch größerer Diskriminierung betroffen: Sie verloren ihren Status und ihre Rechte, wenn sie einen nicht-autochthonen Mann heirateten.[41]

Zu Beginn der 1970er-Jahre gab es keine bezahlbaren Kindertagesstätten. Der Anteil der weiblichen Arbeitskräfte (Arbeitnehmerinnen) an der weiblichen Gesamtbevölkerung lag je nach Land bei einem Viertel bis zu einem Drittel (in einigen europäischen und nordamerikanischen Ländern lag er bei 40 %).[42] Das bedeutet, dass der Anteil der Frauen, die in Vollzeit als Hausfrau tätig waren, bei etwa zwei Dritteln lag: zwischen 60 % in Québec und 72 % in Italien. Die Hälfte der Ehefrauen von Migranten hingegen arbeitete in Kanada außerhalb des eigenen Haushalts.[43]

Die weiblichen Beschäftigten waren kaum gewerkschaftlich organisiert und fanden sich vorwiegend in ›Beschäftigungsghettos‹ für Frauen wieder (in Einklang mit ihren familiären Aufgaben). In der Praxis sah das Bild der Frauenerwerbstätigkeit demnach so aus: Angestellte Frauen schieden mit der Geburt des ersten Kindes aus dem Arbeitsmarkt aus und traten wieder ein, wenn die Kinder ›erwachsen‹ waren. Der Arbeitsalltag von Frauen wurde wie folgt beschrieben: »Jene, die außer Haus arbeitet, als auch jene, die zwei oder mehr Kinder hat und zu Hause bleibt, arbeitet wahrscheinlich mehr als elf Stunden am Tag. Die Industrie würde einen regulären elfstündigen Arbeitstag nicht tolerieren.«[44]

Die Situation verheirateter Hausfrauen war im Jahr 1970 wenig attraktiv. Um wieder auf das Beispiel Québec, Erbe des Code Napoléon und des französischen Zivilrechts, zurückzukommen: Hier wurde die Frau vom Gesetz lange Zeit als ›nicht geschäftsfähig‹ betrachtet, genauso wie Minderjährige und ›Geistesschwache‹. Die eheliche und väterliche Macht war somit in jeglicher Hinsicht sichergestellt und Frauen und Kinder waren ihr unterworfen. 1964 schaffte das Gesetz über die Rechtsfähigkeit der verheirateten Frau teilweise Abhilfe (eingebracht wurde es durch Claire Kirkland-Casgrain, die erste in die gesetzgebende Versammlung von Québec gewählte Frau). Jedoch war diese Änderung bis zum Ende des Jahrzehnts noch weit davon entfernt, sich tatsächlich in der Gesellschaft durchzusetzen.

Öffentliche Behörden waren vor dem Aufkommen der zweiten Welle des Feminismus Veränderungen gegenüber abgeneigt. In Kanada brachte die auf Druck von Frauengruppen errichtete Königliche Kommission, die zur Untersuchung der Situation der Frau in Kanada eingesetzt wurde und der Regierung immerhin Maßnahmen zur Förderung der Gleichberechtigung von Frauen empfehlen sollte, ebenfalls kaum eine Verbesserung der Lage der Hausfrauen. Bis auf eine wichtige Empfehlung, den »Anspruch auf eine persönliche Rente nach dem kanadischen Rentenplan oder dem Rentenplan von Québec«, und einige kleinere Empfehlungen resümierte die Untersuchungskommission: »Abgesehen von einigen wenigen Ausnahmen muss sich die Hausfrau auf ihren Mann verlassen, um über Geld zu verfügen. [...] Wir haben leider keine umfassende Lösung, um die finanzielle Abhängigkeit der Hausfrau zu beheben.«[45]

Erst durch das Wiederaufkommen des Feminismus in Québec um 1971–1972 kam es zur Durchführung einer ersten umfangreichen Studie über die Situation der Hausfrauen durch ein Kollektiv feministischer Aktivistinnen, von denen manche dem ehemaligen *Front de libération des femmes du Québec* (1969–1971) angehörten.[46] Dieser erste Versuch einer umfassenden Datenerhebung über die Situation von Frauen, die ganztags zu Hause arbeiten, diente in den Folgejahren der Meinungsbildung und als Argumentationshilfe für viele Aktivistinnen in feministischen, gemeinschaftlichen und gewerkschaftlichen Bewegungen sowie für politische Parteien.

Als schließlich Mariarosa Dalla Costa und Selma James im Frühling 1973 nach Montreal kamen, um jene Ideen vorzustellen, die sie in *Die Macht der Frauen und der Umsturz der Gesellschaft* zum Ausdruck brachten, fühlten sich viele Frauen von ihrer Rede angesprochen, in der es hieß: »Alle Frauen sind Hausfrauen.« Die Frage lag bereits in der Luft. Politische Parteien der Opposition, von rechts bis links, erwogen die Idee, die Haus*frau* zu entlohnen (jedoch nicht die Haus*arbeit* an sich, wer auch immer diese erledigt). Der *Conseil national du Bien-être social*, eine unabhängige Organisation zur Beratung der kanadischen Regierung, empfahl ein solches Gehalt in seinem Bericht von 1972.[47] So auch manche Autor*innen, wie Marcelle

»Alle Frauen sind zuerst Hausfrauen«. Foto: Raymonde Lamothe

Dolment und Marcel Barthe, die 1973 die Schaffung einer »neuen Kategorie von Arbeitern« vorschlugen, und zwar die der »Heimerziehenden«.[48] Sie schlugen vor, diesen Anteil der Arbeit zu entlohnen: ein Vollzeit-Gehalt für die Eltern von Kindern von null bis sechs Jahren und ein Teilzeit-Gehalt für Eltern von Kindern von sechs bis 13 Jahren. Das Gehalt sollte dem Elternteil ausgezahlt werden, das in dieser Lebenszeit der Kinder zu Hause bleibt. Unter den Frauenvereinen war es der vor allem Hausfrauen vereinende Verein AFEAS (*Association féminine d'éducation et d'action sociale*), der seit 1968 ein »Hausfrauengeld« in Anerkennung der Arbeit verlangte, die die Frau »bei der Erziehung von Kleinkindern leistet«.[49]

Die Perspektive, die von Mariarosa Dalla Costa und Selma James in *Die Macht der Frauen und der Umsturz der Gesellschaft* zum Ausdruck gebracht wurde, war jedoch eine andere. Wie die meisten Forderungen der zweiten feministischen Bewegung war sie mit einer Gesellschaftskritik verknüpft:

> »Was die neuen Feministinnen allerdings an Neuem hervorbrachten, war, dass sie diese Forderungen in eine Gesellschaftsanalyse integrierten, die die traditionelle Rolle der Frau in der Familie komplett infrage stellt und gegen die eigentlichen Ursachen der besonderen Unterdrückung ankämpft, der [Frauen] zum Opfer fallen […]«[50]

… in der kapitalistischen Gesellschaft, würde ich hinzufügen, um dem Zeitgeist treu zu bleiben. Denn die zweite feministische Bewegung war Teil der Bewegung der Neuen Linken.

Die zweite feministische Bewegung: In der Bewegung der Neuen Linken

Ein gemeinsames soziales und intellektuelles Klima vereinte im Großen und Ganzen die autonomen Frauengruppen,[51] denen es zu verdanken ist, dass die westliche zweite feministische Bewegung das Licht der Welt erblicken konnte.[52] Das gilt zumindest für die Anfangsjahre, als *Die Macht der Frauen und der Umsturz der Gesellschaft* erschien. Manche Texte der entstehenden zweiten Welle des Feminismus versuchten, die Haltungen des aufkommenden Feminismus zu benennen. Man unterschied hierbei generell drei große Strömungen, die sich unter dem Banner des autonomen Frauenkampfes vereinten:[53] eine reformistische (oder liberale) Strömung, die Strömung der ›Neuen Linken‹ (der sich die ›revolutionären Feministinnen‹, bzw. die ›Politischen‹ oder unorthodoxen Sozialistinnen/Marxistinnen zuordneten), und eine kulturelle Strömung zur Befreiung der Frau (Women's lib), die als radikal galt, zumal sie auch Feministinnen der radikalen Linken umfasste.[54] Ich werde mich für die Zwecke dieses Buches auf das intellektuelle Universum der zwei letzten Kategorien fokussieren, da die radikale Strömung und die der Neuen Linken hier relevanter sind. Da es sich hier um keine geschützten Bezeichnungen handelte, zumindest zu Beginn, müssen sie näher erklärt werden.

Die Neue Linke

Die Neue Linke, der sich viele Aktivistinnen der sich aufbauenden zweiten Welle des Feminismus zuordneten, entpuppte sich als ein ideologisches Sammelsurium sehr unterschiedlicher Denkansätze – je nach Herkunftsland der Aktivistinnen und entsprechend ihrer Denktraditionen in Bezug auf gesellschaftliche Transformation.

In den Vereinigten Staaten etwa wurden die aktivistischen Feministinnen der *New Left* von den Ideen der antirassistischen Kämpfe der Bürger-

Erste Ausgabe der Zeitung *Québécoises Deboutte!* (auf Deutsch in etwa: Québecerinnen erhebt euch!) Illustration: Francine Jean

rechtsbewegung inspiriert. Sie waren weit weniger durch die sozialistische und marxistische Denktradition geprägt und beeinflusst, als dies beispielsweise bei einigen der feministischen Aktivistinnen der ersten Stunde in Frankreich, Italien oder Großbritannien der Fall war.

In Québec, einer ›kolonisierenden-kolonisierten‹ Gesellschaft, waren die Schriften der Vordenker*innen der damaligen Dekolonialisierungs- und nationalen Unabhängigkeitsbewegungen (Fanon, Memmi und Césaire, deren Ideen in den 1960er-Jahren vor allem von der sozialistischen und dekolonialistischen Zeitschrift *Parti-pris* verbreitet wurden) wichtige Quellen für einen Großteil der frankofonen Aktivistinnen dieser Neuen Linken, die die Reihen der zweiten feministischen Bewegung bilden sollten.[55]

In all den verschiedenen Ländern kam es Ende der 1960er-Jahre zu sozialen Unruhen ohnegleichen, es gab Aufstände der Arbeiter*innen und Student*innen, der Afro-Amerikaner*innen, der Schwulen und Lesben, der Autochthonen, usw. Jede dieser Mobilisierungen war, in dem einen oder anderen Maße und entsprechend der kulturellen, rassistischen oder identitären Problemlage, ein antiautoritärer Kampf, ein Wille zu sozialem Wandel und zum Umsturz der kapitalistischen Verhältnisse. Es galt, »das Leben zu verändern«, eine andere Welt zu schaffen, in der jene Hierarchien, die Ungerechtigkeit und Ausbeutung produzieren, von Grund auf zerstört werden mussten. Die neue Frauenbefreiungsbewegung entstand im Kontext dieser Kämpfe.

Wer daran teilhatte, verstand sie als eine wirkliche Freiheitsbewegung, die sich solidarisch mit den damaligen antikolonialen und antiimperialistischen nationalen Befreiungsbewegungen (der Afro-Amerikaner*innen, der Latino-Amerikaner*innen, der Autochthonen, der Afrikaner*innen und der Vietnames*innen) und den Frauen in diesen Bewegungen zeigte. Der autonome Kampf der Frauen war Teil dieser politischen Auseinandersetzungen!

Um ihre neue Form der politischen Intervention und Aktion (den *autonomen* Kampf der Frauen) zu legitimieren, suchten die Aktivistinnen nach einer Erklärung für die untergeordnete Stellung der Frau in der Gesellschaft, die viele von ihnen auch innerhalb der Gruppen der Neuen Linken, in denen sie aktiv waren, am eigenen Leib erfuhren. Wir sprechen hier von jener seit jeher bestehenden Schwierigkeit weiblicher Aktivistinnen, sich in gemischtgeschlechtlichen progressiven Räumen Platz und Gehör zu verschaffen. Das war damals so[56] und gilt wahrscheinlich auch heute

»Weißt du, der Feminismus überdeckt etwas Konkreteres für mich, wie zum Beispiel den Klassenkampf, den Widerstand, den Antifaschismus.« – Illustration: Guliana M. (Abgedruckt in Louise Vandelac (Hrsg.), *L'Italie au féminisme*, Paris, Tierce, S. 231).

noch[57] – nur waren die Schwierigkeiten damals vermutlich noch größer, da der Beitritt und das Engagement von Frauen in diesen gemischten Gruppen noch neu waren.

Die Tatsache, dass Männer der Neuen Linken die Reden und Vorwürfe der Aktivistinnen nicht zur Kenntnis nahmen und sich weigerten, die Frauenfrage innerhalb ihrer (antikolonialen, sozialistischen oder marxistischen) Bezugstheorien als vorrangig und nicht als ›zweitrangig‹ zu berücksichtigen, sowie der den Aktivistinnen gegenüber geäußerte Vorwurf, ›die Arbeiterklasse zu spalten‹, und nicht zuletzt die Demütigung, zu Sekretärinnen der Aktivisten degradiert worden zu sein, führten schlussendlich dazu, dass einige der feministischsten Aktivistinnen sich zurückzogen und die gemischten Gruppen verließen. Sie waren gezwungen, ›ihre‹ Revolution anders zu denken: So wurde schließlich der Frauenkampf zu einer eigenständigen politischen Frage und einem autonomen politischen Kampf, der ihnen in den Gruppen der Neuen Linken verwehrt worden war.[58] Einige entschieden sich, dafür diese progressiven gemischtgeschlechtlichen Orte zu verlassen und sich der im Entstehen befindlichen feministischen Bewegung anzuschließen oder sie, in manchen Fällen, von Grund auf zu erschaffen.

Die Frauenbewegung

Unter ihnen und an ihrer Seite gab es jene Aktivistinnen, die später als ›radikal‹ bezeichnet wurden: Gemäß der ursprünglichen Bedeutung, die diesem Begriff innewohnt, sind hiermit Aktivistinnen gemeint, die vorhatten, an die ›Wurzel‹ der Ausbeutung der Frauen zu gehen. Sie kamen aus der Bewegung der Neuen Linken der 1960er-Jahre und/oder aus der Hippie-Bewegung, die eine ›Gegenkultur‹ und ›sexuelle Befreiung‹ begründen wollte, aus der Bewegung für die Rechte der Homosexuellen oder aus der Studentenbewegung, die gerade aufkam. Auch sie suchten nach Erklärungen für die Entfremdung der Frau. Im Gegensatz zu Feministinnen sozialistischer Strömungen der Neuen Linken suchten die ›radikalen‹ Aktivistinnen diese jedoch eher jenseits bisheriger Erklärungsansätze. Man müsse die Denksysteme, die von Männern und für Männer entwickelt wurden, über Bord werfen. Ein neues Vokabular, neue Konzepte, neues Wissen müssten entwickelt werden, um die einzigartige Herrschaft über Frauen erklären zu können. Für sie mussten die Werte der alten Welt unterwandert und die Lebensstile, Sitten, Kultur und Repräsentationssysteme komplett neu zusammengesetzt werden. Manche widmeten sich zu diesem Zweck noch einmal der Lektüre von Freud oder auch von Wilhelm Reich und Herbert Marcuse.

Das Patriarchat, diese uralte Macht der Männer über Frauen, erschien als Zentrum der Erklärung und als ›Wurzel‹ der Unterdrückung von Frauen. Kate Millett wird 1969 in *Sexus und Herrschaft* verkünden, dass allen uns bekannten Gesellschaften ein Ungleichheitsverhältnis zugrunde liegt, von dem die Klasse der Männer profitiert – ein Verhältnis, das den Ursprung aller weiteren Herrschaftsverhältnisse, ob wirtschaftlicher oder politischer Natur, bildet. Das System, das dieses primäre Ungleichheitsverhältnis begründet, heißt Patriarchat. Es drückt sich vor allem und zunächst in der

Familie aus, in der Sexualität und in der Reproduktion. Dieses Ungleichheitsverhältnis ist ein politisches Verhältnis, da es sich um ein Machtverhältnis handelt. Das ›Persönliche‹ wurde ›politisch‹! Das bedeutet, dass das, was als ›privates‹ Problem galt (etwa die Verhältnisse zwischen Frauen und Männern, die Sexualität, etc.) in Wirklichkeit ein kollektives Problem war, das, erst einmal als solches benannt, ›sichtbar‹ und dadurch ›politisch‹ wurde.

Zu Beginn der zweiten Welle des Feminismus wollte man verstehen, wie die Unterdrückung der Frauen mit dem Kapitalismus zusammenhing. Daher war es wichtig, sich anzusehen, wie die Analyse des Patriarchats mit diesem Wirtschaftssystem in Verbindung gebracht werden konnte. Diese Fragestellung wurde von der ›radikalen‹ Strömung mit Fortschreiten der 1970er-Jahre jedoch vernachlässigt,[59] während für die sozialistisch orientierten Feministinnen feststand, dass die Erklärung des Patriarchats nie gänzlich von der des Kapitalismus getrennt werden konnte.

Ich beschreibe hier natürlich nur in Kürze, welche Entwicklungen die ›radikalen‹ und sozialistischen/marxistischen Strömungen und ihre entsprechenden Dunstkreise nahmen, ohne dabei auf die vielen Ausprägungen eingehen zu können, die im Weiteren erfolgten. Diese Entwicklungen sind an anderer Stelle seit mindestens drei Jahrzehnten ausführlich untersucht worden und es ist nicht Ziel dieser Arbeit, sich weiter mit ihren Einzelheiten zu befassen. Ich habe mich hier auf die ersten Schriften aus den 1970er-Jahren beschränkt, in denen versucht wurde, die Strömungen der aufkommenden zweiten Welle des Feminismus aus der Sicht der damaligen Aktivistinnen zu erfassen.

Auch bei der Beschreibung der Entstehung des Themas Hausarbeit innerhalb dieser zweiten feministischen Bewegung laufe ich Gefahr, zu sehr zu verallgemeinern. Ich werde jedoch im Laufe meiner Ausführungen denjenigen, die ihre Überlegungen vertiefen möchten, einige weiterführende Schriften empfehlen.

Auf der Suche nach der ›spezifischen‹ Unterdrückung der Frau

Zu Beginn der 1970er behandelten nur sehr wenige Bücher die Frauenfrage als politische Frage. Die akademische feministische Forschung existierte entweder gar nicht oder sie steckte noch in den Kinderschuhen, und dies auch nur in einigen wenigen Ländern.[60] Als erster Schritt mussten also einige Theorien, die die Situation der Frauen erklärten, neu gelesen und auf sexistische Verzerrungen hin untersucht werden. Dazu gehörten die Theorien von Freud und Engels, deren Grundlagen entweder infrage gestellt oder deren Denktraditionen aktualisiert und weitergedacht wurden. Andere entschieden sich für eine Position außerhalb bestehender Traditionen.

Zu dieser Zeit waren die neuen feministischen Aktivistinnen aller Richtungen begierig darauf, *die* Quelle der Unterdrückung, die von *allen* Frauen geteilt wird, zu finden. Die Unterdrückung schien, je mehr man darüber diskutierte und je mehr die wenige verfügbare Literatur durchforstet wurde, allgemein verbreitet zu sein und bis zu den Anfängen der Menschheit zurückzureichen. Die Begeisterung für die Geschichte der Frauen und Frauenkämpfe und die Suche nach den ›Ursprüngen‹ geht ebenfalls auf die frühen 1970er-Jahre zurück. Es gab damals keine überlieferte Geschichte der bisherigen feministischen Kämpfe, d.h. der ›ersten Welle‹.[61]

Die zweite feministische Bewegung hatte sich ursprünglich zum Ziel gesetzt, die ›spezifische‹ Unterdrückung (den ›Hauptgegner‹) der Frauen zu bestimmen und kollektive Strategien zu ihrer Beseitigung zu entwickeln. Anfang der 1970er-Jahre waren wir auf der Suche nach einem neuen Verständnis der Gesellschaft, nach einem neuen Denksystem, um die Welt zu verstehen. Dazu mussten wir zunächst feststellen, wo die Unterdrückung von Frauen zu verorten war, worauf sie beruhte und auf welche Machtstrukturen sie sich stützte. Die zweite feministische Bewegung musste diese *frauenspezifische* Unterdrückungsstruktur finden, um die Legitimität des *autonomen* Kampfes der Frauen zu begründen.

Die Suche nach den Ursprüngen brachte einige Aktivistinnen, die die Schriften von Engels kritisch diskutierten, dazu, nach einem ›ursprünglichen Matriarchat‹ zu suchen, das vor dem Patriarchat existierte. Andere wiederum wollten die Ursachen der untergeordneten Stellung der Frau in der Gesellschaft verstehen, indem sie ihre Forschung stärker auf die Untersuchung und Bestimmung der männlichen Herrschaft ausrichteten. Einige erkannten in dieser Hinsicht eine sexistische Kultur, machistische Vorstellungen und eine machistische Ideologie als Herrschaftsfaktoren. Andere bestimmten die Herrschaft als Kontrolle der Männerklasse über den Körper der Frauen, insbesondere über Mutterschaft und Sexualität. Wieder andere richteten ihre Recherchen auf die wirtschaftliche Ausbeutung von Frauen und entschieden, hierfür die Ökonomie und die Formen der geschlechtsspezifischen Arbeitsteilung in der Industriegesellschaft zu untersuchen.

Die Hausarbeit: Von der Arbeit ›aus Liebe‹ zur Arbeit ›als Ausbeutung‹

Bezüglich der geschlechtsspezifischen Arbeitsteilung in der Industriegesellschaft identifizierte eine wichtige Gruppierung neuer aktivistischer Theoretikerinnen die unsichtbare Arbeit, die zu Hause von Frauen verrichtet wird, als Dreh- und Angelpunkt. Die Unterdrückung der Frauen sei zuallererst zu Hause zu finden, gerade dort, wo sie unsichtbar ist.

Bis zu diesem Zeitpunkt wurde die Hausarbeit, Heimarbeit oder Care-Arbeit (wie sie später genannt werden würde) nicht als wirkliche Arbeit, die mit anderen Formen der Arbeit vergleichbar wäre, angesehen. Man sprach stattdessen von ›Arbeit aus Liebe‹! Die Familie galt als Ort des Konsums und der Befriedigung persönlicher Bedürfnisse. Mit dem Aufkommen des Kapitalismus und der Lohngesellschaft verlor sie nach und nach die vorindustrielle produktive Rolle, die sie als wirtschaftliche Einheit innegehabt hatte. Im neuen industriellen Kontext wurde die Familie als außerhalb der Produktion liegend angesehen, als Privatzone, Hafen der Erholung und als Ort der Regeneration der körperlichen und mentalen Kräfte, an dem Betreuung, Intimität und Konsum stattfanden. Die Frauen, die im Mittelpunkt dieser Darstellung standen, konnten also keine wirklichen Arbeiterinnen sein. Ihre Tätigkeiten wurden als

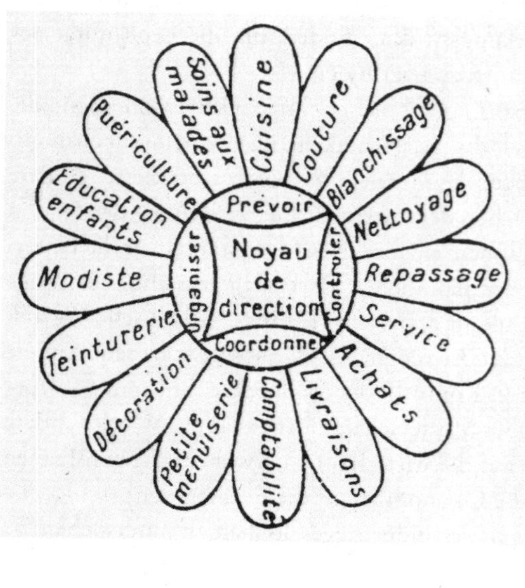

»Die Hausarbeit ist ein ganzer Organisierungszusammenhang« (Auszug aus La Méthode Ménagère, von Paulette Bernège, Paris, Édition Dunod, 1928).

natürliche verstanden, die aufgrund von Selbsthingabe und als Folge ihrer biologischen Fähigkeit, Leben zu gebären, erfolgten, was erklärte, warum sie kostenlos verrichtet wurden. Die *wahre* Arbeit war diejenige, die draußen vollbracht wurde, in der Welt der entlohnten Produktion. Um sich loszulösen und zu ›befreien‹, mussten Frauen einfach aus dem Haus gehen, ›draußen‹ arbeiten und so in den Arbeitsmarkt eindringen. Dies war der vorgeschlagene Weg in die Emanzipation, die Voraussetzung für die Gleichstellung.

Das entsprach in etwa dem, was reformistische Frauenverbände und auch die traditionelle sozialistische Bewegung und ihre Theoretiker*innen in Bezug auf die Situation von Frauen vorschlugen. Für Engels[62] und Bebel[63] beispielsweise war der Befreiungskampf der Frauen ein Kampf der Arbeiterklasse (der einzig revolutionären Klasse) und erfolgte somit durch den Kampf an der Front der Lohnarbeit, Seite an Seite mit den männlichen Genossen. Die Haus- und Heimarbeit wurde in diesem Rahmen als eine ›rückständige‹ Form der Arbeit betrachtet, als ein Überbleibsel aus einer vorkapitalistischen Welt, die mit der Diktatur des Proletariats in einer kommunistischen Welt vergesellschaftet werden sollte. In der Zwischenzeit war es der Arbeitsmarkt, der den Frauen als Lösung angeboten wurde.

Das Aufkommen der zweiten Welle des Feminismus auf der politischen Bühne stellte diesen Mythos der Befreiung und Gleichstellung durch die Lohnarbeit infrage und erschütterte ihn in seinen Glaubensgrundsätzen. Zwischen 1968 und 1972 wurden zeitgleich in den USA, in (dem damaligen West-)Europa, Kanada und Québec Analysen von Aktivistinnen der zweiten Welle des Feminismus veröffentlicht, in denen sie versuchten, die Gründe für die Abhängigkeit von Frauen in der Gesellschaft zu verstehen.

Indem ihr Blick sich auf das Haus und die von Frauen geleistete Arbeit richtete, erkannten die feministischen Theoretikerinnen, dass die wirtschaftliche Abhängigkeit von Frauen in Haushalten nicht darauf zurückzuführen war, dass sie nicht arbeiteten, sondern vielmehr darauf, dass die Arbeit, die sie in den Haushalten leisteten, nicht bezahlt wurde. Sie schlossen daraufhin darauf, warum die Löhne von Frauen auf dem Arbeitsmarkt so niedrig waren: Sie konstatierten zum Beispiel, dass die von Frauen auf dem Arbeitsmarkt ausgeübten Tätigkeiten (Krankenschwestern, Erzieherinnen, Kellnerinnen, Friseurinnen, Köchinnen, Haushälterinnen, etc.), ›Erweiterungen‹ oder ›Weiterführungen‹ der Aufgaben waren, die sie unbezahlt in ihren Haushalten ausübten. Hierin lag also der eigentliche

Grund für die schlechte Bezahlung von Frauen: Die von ihnen ausgeübten Tätigkeiten werden im Rahmen der Familie unentgeltlich ausgeführt.

Diese Feministinnen erkannten letztlich, dass die Hausarbeit in Wirklichkeit den Platz und die Situation der Frauen in der Arbeitsorganisation und in der gesamten Gesellschaft determiniert. Sie verstanden die geschlechtsspezifische Arbeitsteilung nicht als eine komplementäre, wie man sie hatte glauben machen, sondern als eine hierarchische zwischen Männern und Frauen, die einer Einteilung zwischen Macht und Machtlosigkeit entspricht und in der Frauen benachteiligt werden. Und diese geschlechtsspezifische Arbeitsteilung hatte nicht etwa ›natürliche‹ Wurzeln, sondern historische, sprich gesellschaftliche.

Ausgehend von der frühen Literatur, die sich auf das Haus und den Umfang der von Frauen in der Familie geleisteten Arbeit konzentrierte,[64] entdeckten die Feministinnen der zweiten Welle, dass Frauen, ob mit oder ohne bezahlte Arbeit, in der Familie einer ›spezifischen‹ Unterdrückung ausgesetzt sind: dass sie dort völlig unentgeltlich materielle und auch ›immaterielle‹ (emotionale) Versorgungsarbeit für ihre Angehörigen und oft auch für die erweiterte Familie leisten. Aber was sind die Gründe und Grundlagen dafür, dass diese Arbeit kostenlos ist – was von vielen als Ausbeutung und schlicht als Erpressung bezeichnet wird?

Viele der Autorinnen der frühen 1970er-Jahre wandten sich zur Beantwortung dieser Frage dem Marxismus zu. Tatsächlich werden sich die meisten Feministinnen der zweiten Welle in ihren Texten und Aktionen auf die marxistische Denktradition berufen, um sie infrage zu stellen und zu überarbeiten oder sich von ihr abzugrenzen. Warum?

Der Marxismus: Eine unumgängliche Referenztheorie der zweiten feministischen Bewegung

In dieser Aufbruchszeit, die von den Idealen der Emanzipation und Gerechtigkeit geprägt war, ging es den Feministinnen darum, die soziale Krise jener Jahre zu verstehen und zu erklären und Handlungsstrategien zu finden, um das herrschende soziale und wirtschaftliche System zu verändern. Die Rückbesinnung auf Marx schien also angebracht, denn der Marxismus galt zu dieser Zeit als Theorie des sozialen Wandels und der umfassenden Umgestaltung der Gesellschaft. Es war *die* Theorie, um Unterdrückung und Ausbeutung zu erklären, wenn auch nicht die spezifische Unterdrückung von Frauen. Der Marxismus, neu interpretiert und aktualisiert, schien auf den ersten Blick die besten Werkzeuge zu bieten, um über diese Form der Unterdrückung nachzudenken und eine feministische Analyse vorzunehmen.

Dies galt umso mehr, als dass Friedrich Engels, Marx' Alter Ego, einer der wenigen Denker*innen war, der einen revolutionären Essay über die Familie verfasste,[65] in dem das Schicksal der Frauen innerhalb der Familie in seinen historischen und gesellschaftlichen Dimensionen analysiert wurde.[66] Dieses Buch aus dem späten 19. Jahrhundert war um die Wende zu den 1970er-Jahren in linken Kreisen sehr beliebt. Engels argumentierte, dass es geschichtliche Faktoren waren, die die Situation der Frauen in den Familien herbeiführten. Man erfuhr, dass Frauen nicht immer in der Familie eingekapselt gewesen waren und einen untergeordneten Status gehabt hatten, sondern dass dies auf die Entstehung des Privateigentums, die »weltgeschichtliche Niederlage des weiblichen Geschlechts«, zurückzuführen war. Der Status der Frauen folgte aus der Entwicklung des Privateigentums und der Institution der Familie.

Demzufolge wurden Frauen mit dem Aufkommen des Kapitalismus aus der gesellschaftlichen Produktion herausgelöst und in der Privatsphäre der Familie unter die Kontrolle und den Einfluss der Ehemänner gestellt. Der Ursprung der Unterdrückung der Frauen lag laut Engels in der geschlechtsspezifischen Arbeitsteilung, die mit dem Aufkommen des Privateigentums geschaffen wurde: Männern fiel die gesellschaftliche Produktion und die Lohnarbeit zu, Frauen die häusliche und mütterliche, unentgeltliche, außerhalb der gesellschaftlichen Produktion liegende Arbeit. Engels schrieb also, dass die Unterdrückung der Frauen in der Familie nichts ›Natürliches‹ sei. Das Problem war ökonomisch und musste auch ökonomisch gelöst werden, was ausschließlich in einer sozialistischen Gesellschaft der Fall sein würde.

Ein anderer Faktor, der den Reiz des Marxismus unter den Aktivistinnen der zweiten feministischen Bewegung erklären könnte, ist die wichtige Stellung, die herausragenden weiblichen Denkerinnen in der internationalen sozialistischen Bewegung eingeräumt wurde, darunter insbesondere Rosa Luxemburg[67], Clara Zetkin und Alexandra Kollontai. Während die erste unter anderem Lenin für seine Imperialismustheorien kritisierte, hatten die beiden letzteren um die Wende zum 20. Jahrhundert zahlreiche Schriften zur Situation der Frauen verfasst.[68] Kollontais Analysen über die Beziehungen zwischen den Geschlechtern und die ›neue Frau‹, die fast 50 Jahre lang von den kommunistischen Parteigremien zensiert worden waren, wurden in den 1970er-Jahren in Übersetzungen zugänglich gemacht.

Zudem gab es, insofern es jene Anziehungskraft des Marxismus gab, auch das Bedürfnis, sich von einem seiner armseligen Ausläufer abzugrenzen, verkörpert von linksradikalen Splittergruppen, die eine sehr dogmatische ideologische Linie in Bezug auf die Frauenfrage vertraten und die neuen autonomen feministischen Gruppen kontrollieren wollten. Diese Gruppierungen bekämpften den Feminismus und widersetzten sich dem selbstbestimmten Kampf der Frauen, den sie als Einmischung in den sozialen Kampf, den sie als ihr eigenes Betätigungsfeld ansahen, wahrnahmen. Sie kritisierten den Feminismus, den sie auf eine rein »individualistisch-bürgerliche« Bewegung reduzierten, die gegen die Interessen der Arbeiterklasse agiere und diese nur spalten würde.[69] Die zweite feministische Bewegung und die autonomen Frauengruppen sollten entweder bekämpft oder aber eingehegt werden. Die Feindseligkeit, die diese linksradikalen Gruppierungen gegenüber der aufkommenden zweiten feministischen Bewegung an den Tag legten, übertraf an Vehemenz alle anderen Formen der Opposition, denen die Bewegung ausgesetzt war.[70] Um das Recht auf die Autonomie ihres Kampfes gegenüber dieser Opposition zu verteidigen, griffen feministische Aktivistinnen auf die Werkzeuge der marxistischen Analyse zurück. Die Beziehung der zweiten feministischen Bewegung zur Linken war, gelinde gesagt, herausfordernd.

Der damalige Widerstand dieser Gruppen gegen den autonomen Kampf der Frauen zeigte sich in Québec und fast überall in Europa. Viele Texte der anfänglichen zweiten feministischen Bewegung tragen daher in dem Versuch, sich von der Orthodoxie dieser Linken zu distanzieren und ein eigenständiges feministisches Denken zu präsentieren und damit die Berechtigung eines autonomen Frauenkampfes zu verteidigen, Spuren dieses ›Kalten Krieges‹, den jene Gruppierungen gegen den Feminismus führten.

Einige wegweisende Texte zum Thema Hausarbeit

Um die theoretische und aktivistische Landschaft der frühen zweiten feministischen Bewegung zum Thema Hausarbeit besser verständlich zu machen, werde ich die Hauptaussagen von drei wegweisenden Texten vorstellen. Sie wurden in der Frühphase der zweiten feministischen Bewegung in den Jahren 1969, 1970 und 1971 verfasst und hatten einen prägenden

Einfluss auf das, was in den 1970er-Jahren über Hausarbeit geschrieben wurde. Alle drei bedienen sich der theoretischen Werkzeuge des Marxismus, um diese bis dahin unsichtbare Art der Arbeit zu konzeptualisieren.

Chronologisch gesehen (obwohl sie fast alle gleichzeitig erschienen), ist zunächst der bahnbrechende Aufsatz »The Political Economy of Women's Liberation«[71] von Margaret Benston, Chemikerin und Assistenzprofessorin an der *Simon Fraser University* in British Columbia zu nennen. Im Anschluss gehe ich auf den Aufsatz »L'ennemi principal« (»Der Hauptfeind«) von Christine Dupont ein (ein Pseudonym, später veröffentlichte sie unter ihrem Klarnamen Christine Delphy),[72] eine feministische Aktivistin der ersten Stunde und Forscherin am *Centre national de la recherche scientifique* in Frankreich. Und schließlich auf den Aufsatz »Donne e sovversione sociale« (»Frauen und der Umsturz der Gesellschaft«)[73] von Mariarosa Dalla Costa, eine feministische Aktivistin, die an der *Universität Padua* in Italien lehrt. Diese Texte wurden von Feministinnen verfasst, die kilometerweit voneinander entfernt wohnten und offenbar »keinerlei Kontakt untereinander hatten«.[74] Sie gelten als Vorläuferinnen einer ganzen Legion weiterer Schriften über Haus- und Heimarbeit, die in den 1970er-Jahren entstanden.

Margaret Benston: Hausarbeit definiert alle Frauen (1969)

Margaret Benston ist dafür bekannt, als eine der ersten der zweiten feministischen Bewegung die Unzulänglichkeiten der allgemeinen Überzeugungen und Theorien über die unbezahlte und wirtschaftlich wertlose Hausarbeit aufgedeckt zu haben. Nach der weitverbreiteten marxistischen Interpretation hat die Hausarbeit nur einen Gebrauchswert und keinen Tauschwert. Das heißt, aus dieser Perspektive haben die in der Familie produzierten Güter und Dienstleistungen keinen wirtschaftlichen Wert als solchen, sondern nur einen unmittelbaren Gebrauchswert. Nur Waren und Dienstleistungen, die auf dem Markt gehandelt und verkauft werden können, sind Teil der wirtschaftlichen Produktion. Die Energie, die für die Produktion der in der Familie angebotenen Güter aufgewendet wurde, konnte in dieser Perspektive nicht als ›echte‹ Arbeit angesehen werden, da diese Produktion außerhalb des Marktes und des Handels stattfand.

Margaret Benston übernahm diese Aufteilung teilweise, machte jedoch folgende wichtige Feststellung: Auch wenn Frauen durch ihre Haus- und Familienarbeit Güter und Dienstleistungen produzieren, die einen Ge-

Titelbild einer Hommage an Margaret Benston in *Canadian Women Studies/Les Cahiers de la femme*, Vol. 13, Nr. 2, Winter 1993, »Women in Science and Technology. The Legacy of Margaret Benston«.

brauchs- und keinen Tauschwert haben, sind diese Tätigkeiten, zusammen mit der Kindererziehung, dennoch von entscheidender Bedeutung für die Wirtschaft und den Kapitalismus. Es handelt sich um eine »gesellschaftlich notwendige Produktion«. Diese Arbeit ist also keineswegs »marginal«, wie die übliche marxistische Theorie behauptete. Nein, wird Margaret Benston später sagen, »sie wird nur nicht entlohnt«.

Die Tatsache, dass Frauen, trotz all ihrer Unterschiede, massiv für diese Arbeit eingesetzt werden, mache sie zu einer *Gruppe* mit einem *spezifischen* Verhältnis zur Produktion. Benston schreibt: »Ausgehend von der Annahme, dass die Wurzeln des niedrigeren Status der Frau in der Tat wirtschaftlicher Natur sind, kann man zeigen, dass Frauen als Gruppe tatsächlich eine klar definierte Beziehung zu den Produktionsmitteln haben, und dass diese Beziehung anders ist als die der Männer.«[75]

Für Benston ist Hausarbeit »die Arbeit, die Frauen vorbehalten ist, und von der man ausgehen muss, um Frauen zu definieren«. Dies tut sie, indem sie Frauen als »die Gruppe von Menschen, die für die Produktion einfacher Gebrauchswerte bei Tätigkeiten im Zusammenhang mit Haus und Familie verantwortlich [sind]« definiert. Und sie fügt hinzu: »In dieser Definition von Frauen ist die wirtschaftliche Grundlage für ihren Status als Frauen zu suchen [...], unabhängig davon, ob sie verheiratet, alleinstehend oder

Familienoberhaupt sind oder nicht.«[76] Ihre Schlussfolgerung ist eindeutig: »Der Status der Frauen hat eine materielle Grundlage; wir werden nicht nur diskriminiert, sondern auch ausgebeutet.«[77]

Sie ist der Ansicht, dass die ›Lösung‹ nicht darin liegt, Frauen in den Arbeitsmarkt, so wie er derzeit existiert, zu integrieren, denn »solange die Arbeit zu Hause eine Angelegenheit der privaten Produktivität bleibt, für die Frauen verantwortlich sind, werden sie schlichtweg mit Doppelarbeit belastet«.[78] Wie die meisten klassischen Marxist*innen setzt sie ihre Hoffnung jedoch auf die Vergesellschaftung der Hausarbeit und den gleichberechtigten Zugang zum Arbeitsmarkt.

Margaret Benston überarbeitete die marxistische Analyse der Situation von Frauen im Haushalt und entwickelte hier die Grundlagen einer materialistischen Theorie der Unterdrückung und Ausbeutung von Frauen sowie der ›Reproduktion‹. Während in den bisherigen Analysen und Erklärungen die soziale Reproduktion nur im Zusammenhang mit Mutterschaft oder Biologie betrachtet worden war, stellte Benston sie in den allgemeineren Kontext der Hausarbeit und des Verhältnisses zwischen Hausarbeit und dem Wirtschaftssystem.

Man warf ihr vor, nicht weit genug gegangen zu sein. Zum Beispiel habe sie die Kategorisierungen der Produktion in Gebrauchs- und Tauschwerte selbst nicht infrage gestellt. Obwohl die Hausarbeit für Benston eine im Kapitalismus »notwendige Arbeit« ist, verbleibt sie bei ihr außerhalb der kapitalistischen Ökonomie, und damit, wie einige ihrer Kritiker*innen sagen werden, in einer Art Unschärfe.[79] Man warf ihr auch vor, keine ›spezifische‹ Analyse der Beziehungen von Männern und Frauen vorgenommen zu haben. Dieser Aufgabe nahm sich unter anderem Christine Delphy an.

Christine Delphy: Häusliche Dienstleistungen – eine Form der Produktion (1970)

Der im folgenden Jahr, 1970, von Christine Delphy (unter dem Pseudonym Christine Dupont) veröffentlichte Text möchte eine »radikale feministische Analyse, die sich auf marxistische Grundsätze stützt«[80] liefern. Delphy unterstützt implizit eine von Benstons Schlussfolgerungen, jene, dass die Familie »Ort einer ökonomischen Ausbeutung ist: derjenige[n] der Frauen«, und dass Letztere an diesem Ort eine gesellschaftlich notwendige, produktive Arbeit leisten.[81] Sie erinnert uns außerdem daran, dass die wirtschaftliche Bedeutung dieser Produktion seit Langem durch zahlreiche ethnologische Dokumente belegt ist.

Jedoch widerspricht Delphy der Argumentation von Benston, die die marxistische Trennung zwischen Gebrauchswert und Tauschwert übernimmt. Für Christine Delphy ist die Unentgeltlichkeit der Arbeit von Frauen in der Familie nicht durch die Art dieser Arbeit bedingt; sie ist unentgeltlich, weil sie innerhalb der Familie und der Institution der Ehe verrichtet wird. Sobald die von Frauen erbrachten Waren und Dienstleistungen außerhalb des Familienrahmens produziert werden, werden sie verwertbar. »So besitzen die Erzeugnisse der Frauen immer einen Tauschwert – sie können von ihnen getauscht werden –, nur nicht innerhalb des Familienzusammenhangs.«[82]

Darüber hinaus bleibt die Arbeit der Frauen (der Wert der aufgewendeten Energie, ihrer Arbeitskraft), die im Rahmen der Ehe und Familie geleistet wird, auch dann kostenlos, wenn ihre Erzeugnisse kommerzialisiert werden. Delphy nennt als Beispiele die Arbeit von Frauen in der Landwirtschaft, im Kunsthandwerk oder im Kleingewerbe, die im Rahmen der familiären Produktion ausgeführt wird. Dies führt sie zu der Schlussfolgerung, dass die Frau »nicht über ihre Arbeitskraft [verfügt]«.[83] Sie wird vom Ehemann angeeignet.[84] Es handele sich um ein »Leibeigenschaftsverhältnis«. Diese Aneignung der Arbeit von Frauen und ihre Ausbeutung im Rahmen der Ehe »macht die allen Frauen gemeinsame Unterdrückung aus«[85] und konstituiert sie als Klasse. »Wenn sie an der kapitalistischen Produktion teilhaben, stehen sie darüber hinaus in anderen Produktionsverhältnissen.« Die außerhäusliche Lohnarbeit befreit sie jedoch nicht von ihren »familiären Verpflichtungen«, und diese Doppelarbeit zeigt die »statusbedingte Aneignung ihrer Arbeitskraft«. Das unentgeltliche Ausüben von Hausarbeit kann daher nicht mehr mit dem Argument gerechtfertigt werden, dass sie als Gegenleistung für den Unterhalt der Ehefrau erbracht wird. Die Klassenanalyse von Delphy sieht also wie folgt aus:

> »In unserer Gesellschaft lassen sich zwei Produktionsweisen feststellen:
>
> – der größte Teil der Waren wird im Rahmen der industriellen Produktionsweise hergestellt;
>
> – die häuslichen Dienstleistungen, die Kinderaufzucht und eine bestimmte Anzahl von Waren werden im Rahmen der familialen Produktionsweise erzeugt.
>
> Die erste Produktionsweise führt zur kapitalistischen Ausbeutung, die zweite zur familialen Ausbeutung oder, genauer: zur patriarchalischen Ausbeutung.«[86]

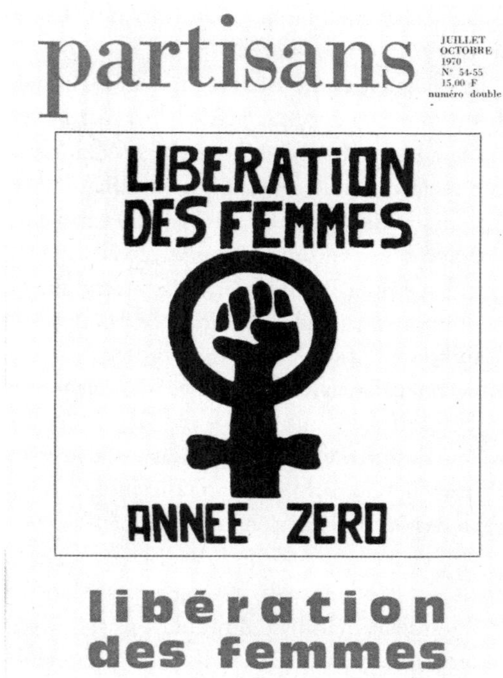

Die Zeitschrift Partisans, Nr. 54–55, Juli/Oktober 1970, in der die erste Fassung von Christine Duponts »L'ennemi principal« (dt.: Der Hauptfeind) erschien.

Das Patriarchat ist nach der Analyse von Delphy »theoretisch unabhängig vom Kapitalismus«. Das bedeutet: »Nur ein solches Verständnis wird es erlauben, sich die historisch konstatierte Unabhängigkeit der beiden Systeme klarzumachen.«[87]

Christine Delphy schließt mit der Feststellung, dass es ihr im Rahmen ihres Aufsatzes nicht möglich war, den Zusammenhang zwischen der Ausbeutung der produktiven Arbeit und der Ausbeutung der reproduktiven Arbeit der Frauen zu untersuchen, die beide »zugleich Ursache und Mittel der [...] sexuelle[n] Ausbeutung, [...] die zweite Seite der Unterdrückung der Frauen« sind. Sie folgert daraus, dass »[...] eines der ersten theoretischen Ziele der Frauenbewegung sein [muss], festzustellen, warum und wie diese beiden Ausbeutungsformen sich wechselseitig bedingen und verstärken, und zwar im selben Rahmen und durch dasselbe Mittel: die Familie«.[88] Dies ist eine der Absichten des Textes »Donne e sovversione sociale« (»Frauen und der Umsturz der Gesellschaft«), der im Laufe des Jahres 1971 verfasst wurde.

Es ist wichtig, die Bedeutung von Delphys Text für die feministische Theoretisierung der Frauenarbeit hervorzuheben. Denn ihr Text wird zumindest in der französischsprachigen feministischen akademischen Welt breit rezipiert und großen Einfluss haben.[89] Damit bereitet er die Grundlagen des radikalen materialistischen Feminismus.

Delphys Feminismus ist *radikal*, weil er die unbezahlte Hausarbeit zur Grundlage einer Produktionsweise macht, die sich von der kapitalistischen Produktionsweise unterscheidet. Es handelt sich um die patriarchalische Produktionsweise. Der ›Hauptfeind‹ ist also nicht mehr der Kapitalismus, sondern das Patriarchat, welches Männer und Frauen in unterschiedliche Geschlechterklassen einteilt: die Klasse der Männer und die Klasse der Frauen. Es sind die Männer als Klasse, die in erster Linie von der Hausarbeit profitieren, und nicht die Kapitalisten. Der feministische Kampf muss sich gegen das Patriarchat richten.

Und er ist *materialistisch*, weil Delphy zur Theoretisierung von Hausarbeit die Konzeptualisierungen des Marxismus (Klassenverhältnisse, Produktionsverhältnisse, Produktionsweise) verwendet, ihnen aber einen anderen Inhalt gibt. Sie entdeckt in der unentgeltlichen Hausarbeit von Frauen für ihre Familien, welche die materielle Grundlage für die wirtschaftliche Ausbeutung aller Frauen unabhängig von ihrer Klasse bildet, ein besonderes gesellschaftliches Verhältnis. Nicht das gesellschaftliche Verhältnis zwischen Bourgeoisie und Proletariat, sondern das gesellschaftliche Verhältnis zwischen den Geschlechtern, das Verhältnis zwischen Männern und Frauen. Ebenso entdeckt sie ein besonderes Produktionsverhältnis, ein patriarchalisches Produktionsverhältnis, das parallel zu den kapitalistischen Produktionsverhältnissen verläuft. Die besondere Form der Ausbeutung von Frauen ist nicht die kapitalistische, sondern die patriarchale Ausbeutung. Kapitalismus und Patriarchat sind zwei getrennte Systeme. Mit dieser Theoriebildung legt Christine Delphy den Grundstein für den französischsprachigen materialistischen radikalen Feminismus.[90]

Ihre Theoretisierung der Hausarbeit als eine Produktionsweise, die »theoretisch unabhängig vom Kapitalismus« ist, wurde einer Reihe von Vorwürfen ausgesetzt. Nehmen wir, den neben weiteren[91] formulierten Vorwurf, dass Delphy die Hausarbeit als »neben, außerhalb des kapitalistischen Raums« definiert und somit »die Idee [nahelegt], dass die kapitalistische Produktionsweise definiert werden könne, ohne die geschlechtsspezifischen Dimensionen der Produktionsverhältnisse zu berücksichtigen«.[92] Man verstehe zudem nicht, wie das patriarchale System, das in der häuslichen Produktionsweise verkörpert ist, »Bereiche beeinflusst, die scheinbar nicht mit ihm verbunden sind«, wie es sich also z.B. in der kapitalistischen Produktionsweise ausdrückt.[93] Laut dieser Kritik ist »das, was wir ›Hausarbeit‹ nennen [...] eine besondere historische Form der reproduktiven Arbeit, eine Form, die untrennbar mit der Lohngesellschaft verbunden ist«.[94]

Darüber hinaus ist die Arbeitsteilung zwischen den Geschlechtern nach Ansicht dieser Kritiken nicht spezifisch für den Bereich der Familie, sondern erscheint vielmehr als »eines der konstitutiven Elemente kapitalistischer Arbeitsteilung«. Dies mache es erst »möglich, im gleichen Zug eine Analyse des Kapitalismus und der doppelten Klassen- und Geschlechterdimension der gesellschaftlichen Beziehungen zu entwickeln, die die kapitalistische Form der Familie aufweist«.[95]

Dies ist, unter anderem, das Ziel Mariarosa Dalla Costas Text »Donne e sovversione sociale«, in dem eine Marx'sche Analyse der Produktion mit einer feministischen Analyse der Reproduktion verknüpft wird.

Mariarosa Dalla Costa: Der Lohn für Hausarbeit als Machthebel für alle Frauen (1971)

Während Christine Delphy die unentgeltliche Hausarbeit als eine dem Patriarchat immanente Produktionsweise begreift, theoretisiert der Text von Mariarosa Dalla Costa sie als eine mit dem Kapitalismus verbundene Produktions- und Reproduktionsweise.[96] Welche neuen Aspekte brachte dieser Text in die intellektuelle und aktivistische Landschaft der frühen zweiten feministischen Bewegung ein? Und aus welchen Gründen löste das Buch, das ihren Artikel enthielt, so enorm viele Kontroversen aus, die bis ans Ende der 1970er anhielten?[97]

Neuartigkeit der Analyse

Mariarosa Dalla Costa und Selma James bezeichnen sich selbst als marxistische Feministinnen. Nichtsdestotrotz überprüfen sie ernsthaft die Annahmen der marxistischen Theorie hinsichtlich der Stellung der Frau in der Gesellschaft und unterziehen diese einer feministischen Kritik. Man spricht von einem marxistischen Analysehorizont, d.h. sie nehmen eine

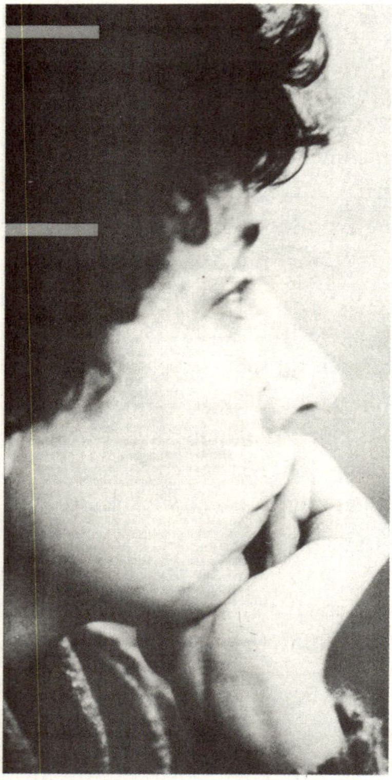

Mariarosa Dalla Costa. Foto: Fausta Daldini, erschienen in der Zeitschrift der *Centrale de l'enseignement du Québec Mouvements*, Frühjahr 1985, S. 23.

Klassenperspektive ein, die jedoch neu definiert wird. Der Text von Mariarosa Dalla Costa bietet eine theoretische Erklärung für die Ausbeutung von Frauen in der heutigen Gesellschaft sowie einen politischen Vorschlag für Veränderungen und Vorgehensweisen. Was steht in diesem Text?

»Zwar hat die Unterdrückung der Frau bekanntlich keineswegs mit dem Kapitalismus begonnen. Aber was mit dem Kapitalismus begann, war die noch intensivere Ausbeutung der Frauen *als Frauen* – und schließlich die Möglichkeit ihrer Befreiung« (S. 39). Es ist in der Tat so, dass »der Kapitalismus die moderne Familie und in ihr die Hausfrau geschaffen« und »die vorangegangenen Formen der Großfamilie und der Gemeinden zerstört hat. Dieser Prozess ist keineswegs schon abgeschlossen« (S. 37). Das Ergebnis ist, dass heute »alle Frauen Hausfrauen sind; auch diejenigen, die außerhalb des Hauses arbeiten, sind weiterhin Hausfrauen. Im Weltmaßstab wird die Lage der Frau, wo immer sie ist und zu welcher Klasse auch immer sie gehört, genau durch das bestimmt, was typisch ist für die Hausarbeit, nämlich nicht nur die Anzahl der Stunden und die Art der Arbeit, sondern die Qualität des Lebens und die Qualität der Beziehungen, die durch die Hausarbeit geschaffen werden« (S. 36).

Diese drei Zitate aus den ersten Seiten von Dalla Costas Text stellen die Hausarbeit in einen bestimmten historischen Kontext (die Entstehung des Kapitalismus), machen aber gleichzeitig deutlich, dass die Unterdrückung der Frau (das Patriarchat) bereits vor dem Kapitalismus existierte und nicht

Schweizer Ausgabe (französischsprachig) des Buchs *Die Macht der Frauen und der Umsturz der Gesellschaft*, 1973.

aus ihm hervorgeht. Was hier verdeutlicht wird, ist also die historische Bedingtheit der allen Frauen zugewiesenen ›Hausfrauenrolle‹, die ihren Platz in der gesellschaftlichen Organisation seither definiert und bestimmt.

Wie hat das Kapital die moderne Kleinfamilie und die Rolle der Frau in dieser geschaffen? Im Wesentlichen, indem es die Produktionsstätte, die sich in der vorkapitalistischen Gesellschaft in der Familieneinheit befand, in die Fabrik verlagerte. Diejenigen, die in der Fabrik arbeiten, erhalten einen Lohn, die anderen nicht. Darin sieht Dalla Costa die Entstehung der Lohngesellschaft. Durch die Zerstörung der Familie und der Gemeinschaft als Produktionsstätte verloren laut Dalla Costa Frauen, Kinder und ältere Menschen ihre – relative – Macht, da die Familie von ihrer Arbeit abhängig gewesen war. Das Kapital hat also »den Mann im Wesentlichen von der Familie entfernt, indem es ihn zum Lohnarbeiter gemacht hat« und ihm

»die Last der finanziellen Verantwortung für Frauen, Kinder, Alte und Kranke, mit einem Wort all diejenigen, die keinen Lohn erhalten, aufgebürdet [hat]« (S. 39). Diese sahen sich nun ausgeschlossen, vom Produktionssystem abgetrennt, folgert sie. Die Frauen seien in der Familieneinheit isoliert, völlig abhängig vom Mann und abgeschnitten, »[...] weil sie nicht direkt an der gesellschaftlichen Produktion teilnehmen« (S. 44). Auf dieser Grundlage, so Dalla Costa, wurde der Mythos von der weiblichen Unfähigkeit begründet.

Der daraus resultierende Familientyp, die Kernfamilie, ordne die Frau dem Mann unter, wodurch die Frau jeglicher Möglichkeit zur Autonomie beraubt werde, insbesondere von allen »Möglichkeiten sexueller, psychologischer und emotionaler Autonomie«. Ihre Sexualität werde gelenkt und zur »Reproduktion der Art« und der Arbeitskraft umfunktioniert (S. 48). »Auf dieser umfassenden Verstümmelung der Gestalt der Frau hat das Kapital die ›Frauenrolle‹ aufgebaut [...]« (S. 49). Der Mann, der zum Familienoberhaupt und Lohnarbeiter wurde, wurde laut Dalla Costa auch zum »spezifischen Instrument derjenigen spezifischen Ausbeutung, welche die Ausbeutung der Frau darstellt« (S. 49 f.).

Eine der Neuheiten in Dalla Costas Analyse besteht insbesondere in der Dekonstruktion der Vorstellung, dass die Arbeit der Frauen in den Familien keinen wirklichen Wert produziere und nur einen einfachen Gebrauchswert habe, weil sie außerhalb der Lohnarbeit und »außerhalb des gesellschaftlich organisierten Produktionszyklus stehe« (S. 50). Für Mariarosa Dalla Costa ist die Hausarbeit »produktiv«. Sie ist »Quelle gesellschaftlicher Produktivität [...] vor allem innerhalb der Familie«. »[Man denke] nur an die enorme Menge sozialer Dienstleistungen, welche die kapitalistische Organisation in private Tätigkeit umwandelt, indem sie sie der Hausfrau aufbürdet [...]. Dies sind soziale Dienstleistungen, insofern sie der Reproduktion der Arbeitskraft dienen« (S. 51). Den Prozess der Reproduktion der Arbeitskraft erklärt sie folgendermaßen:

> »Und das Kapital hat eben durch die ihm eigene Familienstruktur den Mann von solchen Funktionen ›befreit‹, um ihn vollständig ›frei‹ zu machen für die direkte Ausbeutung – nämlich frei, genug zu verdienen, damit die Frau ihn als Arbeitskraft reproduzieren kann [...]. Das Kapital hat Lohnarbeiter in dem Maß geschaffen, in dem es ihm gelungen ist, diese Dienstleistungen der Frau im Haushalt aufzuladen, und durch diesen Prozess kontrolliert es, wie viele weibliche Arbeitskräfte dem Arbeitsmarkt einverleibt werden.« (S. 52)

Frauen seien Produzentinnen von kostenlosen sozialen Dienstleistungen in der Familie, aber auch »Sicherheitsventil für die gesellschaftlichen Spannungen« (S. 61) und vor allem Produzentinnen des wertvollsten Gutes, des Menschen selbst; dies sind Beispiele für die gesellschaftliche Produktivität von Frauen in der Familie. Sie produzieren und reproduzieren Arbeitskräfte.

Die Familie ist laut Dalla Costa also nicht nur ein Ort des Konsums, sondern auch eine gesellschaftliche Produktionsstätte und ein Ort, an dem die Arbeitskraft produziert und reproduziert wird. Und diese Arbeit werde in größter Unentgeltlichkeit und Abhängigkeit ausgeführt. Die Familie sei ein Ort der Ausbeutung von Frauen und somit die verborgene Quelle der Kapitalakkumulation, ja sogar »die hauptsächliche Stütze der kapitalistischen Organisation der Arbeit« und ihre eigentliche Grundlage. Die unbezahlte Hausarbeit wird in diesem Rahmen als »eine verschleierte Form der produktiven Arbeit« beschrieben, als die verborgene Seite der Lohngesellschaft. Und weil die Hausarbeit nicht lohnabhängig ist, »verbirgt sich die Gestalt des Kapitalisten hinter der des Ehemannes« (S. 54).

Denn, was bisher noch nie hervorgehoben wurde, ist,

> »[d]ass gerade durch den Lohn die Ausbeutung der Nicht-Lohnarbeiter organisiert wird, der unbezahlten Arbeiterinnen und Arbeiter. Diese Form der Ausbeutung war noch effektiver, weil das Fehlen eines Lohns sie verschleierte, mystifizierte. Das heißt also, der Lohn kommandiert mehr Arbeitsleistung, als die Tarifverträge in der Fabrik erkennen lassen. *Daher erscheint, was Frauen betrifft, ihre Arbeit als persönliche Dienstleistung außerhalb des Kapitals.*« (S. 44 f.)

Mit anderen Worten: Die Hausarbeit sei nicht außerhalb der wirtschaftlichen Produktion angesiedelt. Sie werde nur nicht entlohnt, sondern aus dem Lohn des Ehemannes bezahlt. Das führe dazu, dass der Arbeitgeber die Arbeitskraft von zwei Personen zum Preis von einer erhält.

Die Familie wird also als die »andere«, die »gesellschaftliche« Fabrik beschrieben, in der die Arbeitskraft produziert und reproduziert wird, was einen wirtschaftlichen Wert darstellt, einen Mehrwert für das Kapital. Daher trage die Arbeit der Frauen in den Familien zur Akkumulation von Kapital bei und bilde die Stütze, auf der dieses ruht. Frauen seien der Dreh- und Angelpunkt dieser gesellschaftlichen Fabrik. »Es ist klar, dass die besondere Form der Ausbeutung, die die Hausarbeit darstellt, eine besondere Form des Kampfes erfordert, nämlich des Frauenkampfes, *innerhalb der Familie*« (S. 54).

Strategische Bedeutung

Eine weitere Neuheit in Dalla Costas Text ist die politische Schlussfolgerung, die sie aus dieser Form der Ausbeutung, der kostenlosen Hausarbeit, zieht: Wenn die Familie eine Produktionsstätte ist, die für den Kapitalismus und das Leben selbst unerlässlich ist, kann sie auch Ausgangsort für den Umsturz sein – insbesondere dann, wenn Frauen sich weigern, dort zu arbeiten. Wenn sie die Rolle der Hausfrau und »die ›Weiblichkeit‹ selbst, die man ihnen übergestülpt hat« (S. 57) ablehnen, wenn sie sich weigern zu arbeiten und anfangen, gemeinsam mit anderen Frauen »gegen alles anzukämpfen, was die Anwesenheit der Frauen im Haus zur Voraussetzung hat« (S. 60), können sie »den Hauptpfeiler der gegenwärtigen kapitalistischen Organisation« untergraben, »nämlich die Familie« (S. 69). Sie können »die Hausfrauenrolle« zerstören (S. 55).

»Bereits das Verlassen des Hauses ist eine Form des Kampfes, weil dann die gesellschaftlichen Dienstleistungen, die wir zuvor erbracht haben, nicht länger unter diesen Bedingungen ausgeführt werden; notwendig würden dann alle, die außer Haus arbeiten, fordern, dass die Last, die bis jetzt von uns getragen wird, genau dahin verlagert wird, wo sie hingehört – auf die Schultern des Kapitals« (S. 60). Die Hausarbeit muss abgelehnt werden »als Frauenarbeit, als uns aufgezwungene Arbeit, die Frauen niemals erfunden haben, die niemals bezahlt worden ist, die man uns unter unsinnigen Arbeitszeiten von zwölf oder dreizehn Stunden täglich aufgezwungen hat, um uns ja den ganzen Tag an das Haus zu fesseln« (S. 60). »Denn wir haben schon genug gearbeitet« (S. 70).

Der Kampf um die Wiedererlangung ihrer Individualität, die Wiedererlangung »ihrer elementaren physischen Funktionen [...], in erster Linie die sexuellen, die ihr zuerst zusammen mit der produktiven Kreativität geraubt worden sind«, die Forderung nach dem Recht auf Abtreibung, der Widerstand gegen Verhütungsexperimente am Körper armer Frauen in der Dritten Welt, die Verknüpfung all dieser Kämpfe mit dem Kampf gegen die Mutterschaft, »die als ausschließliche Verantwortlichkeit der Frauen verstanden wird, gegen die Hausarbeit, verstanden als Frauenarbeit [...], – das ist der Kampf gegen die Teilung der Organisation der Arbeit« (S. 69).

> »Fassen wir zusammen: die Rolle der Hausfrau [...] muss zerstört werden [...]. Bisher ist der Mythos von der Unfähigkeit der Frau [...] nur durch eine einzige Alternative aufgebrochen worden: die Frau, die sich einen eigenen Lohn

> verschafft. [...] *Das Aufkommen der feministischen Befreiungsbewegung ist die Ablehnung dieser Alternative* [...] – die Ablehnung ihrer traditionellen Stellung durch Millionen von Frauen [...]. Schon durch ihre bloße Existenz bringt die Frauenbewegung zum Ausdruck [...], dass die Frauen den Mythos der Befreiung durch die Arbeit ablehnen.
>
> Denn wir haben schon genug gearbeitet. [...] Jedes Mal wenn man uns den Zugang zu einer traditioneller Hochburg der Männer geöffnet hat, hat man uns eine neue Ebene der Ausbeutung eröffnet [...]. (S. 70)
>
> Frauen müssen ihre eigenen Möglichkeiten vollständig entdecken [...]. (S. 71)«

Die Verweigerung der Hausarbeit, die Verweigerung der Hausfrauenrolle, die Verwandlung dieser Verweigerung und dieses Widerstands in einen Hebel und eine Machtstrategie für Frauen bedeutet, um mit Maria Mies zu sprechen, die Wiedereinführung der Frauen in die Geschichte als Subjekt und, was noch wichtiger ist, als revolutionäres Subjekt.[98] Frauen können so zu aktiven historischen Subjekten mit subversiver Macht werden und ihre Situation und damit das System, das diese Situation bedingt, verändern. Diese Interpretation des möglichen Widerstands von Frauen und der Macht von Nicht-Lohnarbeitenden, das gesellschaftliche und wirtschaftliche System zu unterwandern, war in der feministischen Bewegung bis dahin einzigartig. Die Theorie wurde zur Aktion.

Bevor wir zu der von Dalla Costa vorgeschlagenen Kampfstrategie kommen, möchte ich noch auf einige der Unterschiede eingehen, die zwischen ihrem und den Texten von Margaret Benston und Christine Delphy bestehen.

Für Mariarosa Dalla Costa hat die Hausarbeit, die außerhalb des Arbeitsmarktes verrichtet wird, nicht nur einen Gebrauchswert, wie es Benston in der Tradition orthodoxer Marxist*innen vorschlägt. Für Dalla Costa ist sie tatsächlich ›produktiv‹: Sie produziert und reproduziert die Arbeitskraft. Die Strategie, die sie vorschlägt, besteht also nicht darin, das Haus zu verlassen und in den bezahlten Arbeitsmarkt einzutreten, was nur weitere Arbeit (eine weitere Ausbeutungsform) bedeuten würde, die sich zu der von Frauen bereits geschulterten hinzuaddieren würde. »Es ist klar, dass die besondere Form der Ausbeutung, die die Hausarbeit darstellt, eine besondere Form des Kampfes erfordert, nämlich des Frauenkampfes, *innerhalb der Familie*« (S. 54).

Was hingegen den Essay von Mariarosa Dalla Costa von dem von Christine Delphy unterscheidet, ist insbesondere die Analyse der Grundlagen der Unentgeltlichkeit der Hausarbeit. Warum sind die Hausarbeit und die Dienstleistungen, die Frauen innerhalb der Familien erbringen, unentgeltlich?

Für Christine Delphy sind sie unentgeltlich, weil sie innerhalb der Familie und im Rahmen der Ehe ausgeführt werden; die Arbeit der Frauen wird somit von den Nutznießern dieser Erpressung, der Klasse der Männer, angeeignet, was zu »patriarchaler Ausbeutung« führt. Für Mariarosa Dalla Costa wird die Arbeit der Frauen innerhalb der Familien aufgrund der kapitalistischen Form der Familie nicht entlohnt. Diese Arbeit hat die Funktion, die Arbeitskraft der Lohnarbeitenden (Männer und Frauen) und ihrer Familien zu produzieren, zu reproduzieren und zu erhalten. Sie ist die verborgene Quelle der Kapitalakkumulation, das eigentliche Fundament, auf dem das Kapital ruht, und ein Ort der Ausbeutung von Frauen. In diesem Kontext werden die Zusammenhänge zwischen der Ausbeutung von Frauen und den wirtschaftlichen Funktionen der geschlechtsspezifischen Arbeitsteilung in der Familie unter kapitalistischen Bedingungen analysiert.

Christine Delphy konzipiert die kostenlose Hausarbeit also als eine Produktionsweise innerhalb des Patriarchats, Mariarosa Dalla Costa hingegen versteht sie als Ort gesellschaftlicher Produktion und Reproduktion innerhalb des Kapitalismus. Damit wird Christine Delphy als eine der Gründerinnen des radikalen materialistischen Feminismus (französische Version) und Mariarosa Dalla Costa als »marxistische« Feministin eingestuft, wobei die Anführungszeichen für einen neu interpretierten Marxismus stehen, der Marxismus und Feminismus verbindet.[99]

Die Strategie »Lohn für Hausarbeit«

Für Dalla Costa »ist klar, dass die besondere Form der Ausbeutung, die die Hausarbeit darstellt, eine besondere Form des Kampfes erfordert, nämlich des Frauenkampfes *innerhalb der Familie*« (S. 54). Der Lohn für Hausarbeit wird dafür als politische Strategie vorgebracht.

Es sei am Rande erwähnt, dass die Strategie »Lohn für Hausarbeit« nicht in der italienischen Version von Mariarosa Dalla Costa aus dem Jahr 1971[100] enthalten war, sondern erst im Jahr darauf in der italienischen und englischen Ausgabe und in den folgenden Ausgaben in anderen Sprachen aufgegriffen wurde. Der Geist der Forderung wird von ihr wie folgt beschrieben:

> »[...] es ist auf jeden Fall klar, daß die Forderung nach Lohn für Hausarbeit lediglich eine Grundlage ist, eine Perspektive, deren Verdienst im Wesentlichen

die Verbindung von Unterdrückung, Unterordnung und Isolierung der Frauen mit ihrer materiellen Grundlage ist: mit der Ausbeutung der Frau. Heute ist die wichtigste Funktion der Forderung nach Lohn für Hausarbeit vielleicht dies: einen Hinweis auf den Kampf zu geben und zugleich auf seine organisatorische Ausrichtung, in der Unterdrückung und Ausbeutung, die Situation von Kaste und Klasse[101] unlösbar verbunden sind. Die praktische, kontinuierliche Umsetzung dieser Perspektive ist die Aufgabe, der die Bewegung in Italien und anderswo gegenübersteht.« (S. 55, Fußnote 16)

Die Forderung wird in späteren Texten der Bewegung »Lohn für Hausarbeit« weiter ausgeführt, auf die wir in den nächsten Kapiteln näher eingehen werden.

Das Buch von Mariarosa Dalla Costa und Selma James löste im Laufe des Jahrzehnts heftige Debatten unter feministischen Theoretikerinnen und Aktivistinnen aus. Bei den Aktivistinnen drehte sich die Debatte vor allem um die Frage, ob die Forderung nach Lohn für/gegen Hausarbeit zielführend ist.[102] Auf der Seite der Theoretikerinnen löste sie zur gleichen Zeit auch die sogenannte ›Hausarbeitsdebatte‹ aus. Dabei handelt es sich hauptsächlich um eine Debatte unter anglophonen marxistischen Theoretikerinnen. Das Niveau der marxistischen Exegese[103] erreichte einen so hohen Grad an Komplexität, dass kaum eine Aktivistin daran teilnahm, was sie zu einer Debatte marxistischer Akademikerinnen machte, deren Anliegen laut einiger Kritikerinnen eher die »Rettung von Marx« als die Förderung der Frauenbefreiung war.[104]

Christine Roche

»Ich habe noch nicht die Zeit gefunden, es zu lesen …«. Karikatur der Domestic Labour Debate, von Christine Roche, *Feminist Review*, Nr. 6, 1980, S. 51.

Demonstration der *Welfare Mothers*, 1968. *Safire*, Vol. 1, Nr. 1, Herbst 1977, S. 1.

Die Hausarbeitsdebatte kam in den 1980er-Jahren zum Erliegen, auch wenn die Debatte um die Entlohnung von Hausarbeit selbst in der Frauenbewegung noch ein paar Jahre länger anhielt. In Québec beispielsweise veranlasste die Organisation, die die Regierung in Sachen *condition féminine* (der Frauenfrage) berät, der *Conseil du statut de la femme* (Rat für die Stellung der Frau), eine umfassende Studie zu diesem Thema, die 1985 zu der Veröffentlichung des Buches *Du travail et de l'amour. Les dessous de la production domestique* (Von der Arbeit und der Liebe. Der Unterbau der häuslichen Produktion) unter der Leitung der Soziologin Louise Vandelac führte. Die Studie lehnte die Strategie der Entlohnung von Hausarbeit ab, und man kann festhalten, dass sie damit das Ende der Diskussion in Québec nach einem Jahrzehnt der Debatten markierte.[105]

Feministische Vordenkerinnen von »Lohn für Hausarbeit«

Zum Abschluss dieses Kapitels sei darauf hingewiesen, dass die Forderung nach einem Lohn oder einer Vergütung für die von Frauen geleistete Hausarbeit keine spezifische Neuheit der ›zweiten Welle‹ des Feminismus ist. Es handelt sich hierbei um eine wichtige Kontinuität zwischen der ersten und der zweiten Welle des Feminismus.

Die Formulierung der politischen Perspektive von »Lohn für Hausarbeit« geht zwar auf das Manifest *Die Macht der Frauen und der Umsturz der Gesellschaft* zurück, aber in den Veröffentlichungen der Gruppen von »Lohn für Hausarbeit«[106] und des *Internationalen Feministischen Kollek-*

Dolores Hayden, *The Grand Domestic Revolution*, Cambridge, The MIT Press, 1982.

tivs[107] wird anerkannt, dass die Idee eines Lohns schon viel früher vorgebracht wurde. In diesem Zusammenhang wird auf die Kämpfe des *Welfare Movement* verwiesen, die in den 1960er-Jahren in den USA hauptsächlich von (überwiegend afroamerikanischen) *Welfare Mothers* geführt wurden, oder auf die *Unsupported Mothers* in England, die die *Claimants' Unions* gründeten, um vom Staat einen Ausgleich für die Arbeit zu erhalten, die sie zu Hause leisteten. Diese Frauen weigerten sich, sich Partner zu suchen oder mit ihnen zusammenzubleiben, nur weil sie Kinder hatten, und sie lehnten auch die ›Wohltätigkeit‹ des Staates ab: Sie forderten stattdessen ein Gehalt vom Staat, weil sie arbeiteten.[108]

Gisela Bock und Barbara Duden von der deutschen Gruppe »Lohn für Hausarbeit« veröffentlichten 1977 einen bahnbrechenden Aufsatz über die Geschichte der Hausarbeit. Sie schreiben darin auch über die historisch feministische Tradition der Forderung nach einer Entlohnung von Haus- und Erziehungsarbeit, die bis zur Wende zum 20. Jahrhundert zurückreicht und deren Vorläufer im 19. Jahrhundert bei den utopischen Sozialistinnen zu finden sind, wie z. B. in den fourieristischen Gemeinschaften.[109]

Dolores Hayden hat ihren Text *The Great Domestic Revolution*[110] einer feministischen Strömung gewidmet, die sie als »material feminism« bezeichnet und die vom Ende des Amerikanischen Bürgerkriegs bis zum Beginn der Weltwirtschaftskrise über drei Generationen hinweg eine radikale Kritik an der unentgeltlichen Haus- und Sorgearbeit von Frauen übte. Diese Feministinnen brachten ebenso radikale Lösungen vor, darunter einen Lohn für die unbezahlte Arbeit, die Frauen im Haushalt leisteten, und das bereits seit ihren ersten Kampagnen im Jahr 1868.[111]

Gisela Bock[112] hat die Analyse dieser »maternalistischen« Strömung, die von 1890 bis in die 1930er-Jahre im Westen das Thema der »gesellschaftlichen Funktion der Mutterschaft« zum Ausgangspunkt ihrer wichtigsten Forderung machte, weiter vertieft. Die Autorin nennt nicht weniger als dreißig Feministinnen oder Gruppen, die in diesem Zeitraum eine tatsächliche Anerkennung der mütterlichen Tätigkeit in der einen oder anderen Form forderten, und dies allein in Europa und den Vereinigten Staaten.[113]

Eleanor Rathbone, Foto aus Dies., *The Disinherited Family*, Bristol, Falling Wall Press, 1986, S. 121.

Eine Kontinuität zwischen den feministischen ›Wellen‹ des 20. Jahrhunderts

Der Kampf um das Kindergeld ist ein Beispiel für die Kontinuität zwischen den beiden feministischen Wellen, die in der Geschichtsschreibung des Feminismus der zweiten Welle nur selten hervorgehoben wird. In diesem Zusammenhang ist die Kampagne zu nennen, die Eleanor Rathbone zwischen 1924 und 1945 in England für die Einführung eines staatlichen Kindergeldsystems für Mütter führte. Sie ebnete den Weg für die Mobilisierungen der Lohn-für-Hausarbeit-Gruppen in England und Kanada, die 27 Jahre später das Zepter übernehmen und für die Weiterführung und Stärkung dieser Forderung kämpfen würden.

Die irische Sozialarbeiterin Eleanor Rathbone (1872–1945) war die treibende Kraft hinter der Forderung eines staatlichen Kindergelds für Mütter, das in England und Kanada in der unmittelbaren Nachkriegszeit eingeführt wurde. Sie hatte die entsprechende Theorie in ihrer 1924 veröffentlichten Abhandlung *The Disinherited Family* entwickelt[114] und betrachtete solche Sozialleistungen als Vergütung für die Leistungen, die Frauen für die Familie erbrachten. In der Zwischenkriegszeit im 20. Jahrhundert im Londoner Parlament war sie es, die sich aktiv und hartnäckig für deren Einführung einsetzte – selbst wenn daraufhin in den Geschichtsbüchern über den Wohlfahrtsstaat Lord Beveridge als der große Architekt des britischen Wohlfahrtsstaates genannt wurde.

Eleanor Rathbone, eine führende Vertreterin des britischen Feminismus, hat mit *The Disinherited Family* eine Wirtschaftstheorie verfasst, in der das Kindergeld als Alternative zum Familienlohn, der auf dem männlichen Lohn basiert, betrachtet wird. Ein solches Lohnsystem des *bread-winner*, des männlichen Ernährers, wird von ihr als Ausgangspunkt der weiblichen Abhängigkeit innerhalb der Familie und der Gesellschaft angesehen. Es ist laut Rathbone von zentraler Bedeutung für die Abhängigkeit der Frauen, weil es kein ausdrückliches Gesetz gibt, welches garantiert, dass der Mann die Verpflegung seiner Familie gewährleistet.

Eleanor Rathbone ist der Meinung, dass Frauen die Arbeit wählen können sollten, die sie für sich als am besten geeignet erachten: die Arbeit im Haus oder außer Haus. Entscheidet sie sich für die Arbeit zu Hause, so sollte sie für diese Arbeit auch bezahlt werden. Das Kindergeld, das der Staat ausnahmslos allen Müttern monatlich zahlt und das nach der Anzahl der Kinder gestaffelt ist, stellt laut Rathbone eine Vergütung für ihre familiären Dienste dar. Diese und ähnliche Sozialleistungen sieht sie als ein Mittel, um die finanzielle Unabhängigkeit von verheirateten Frauen und Müttern zu erweitern.[115] Gleichzeitig sollten sie jedoch nicht die Ausweitung der kollektiven Dienstleistungen einschränken.

Eleanor Rathbone veröffentlichte ihren Aufsatz im Jahr 1924, gründete eine Lobbygruppe (die *Family Endowment Society*) und ließ sich 1929 als unabhängige Abgeordnete in das Londoner Parlament wählen, um sich aus einer besseren Position heraus für die Beihilfen einsetzen zu können. Erst 15 Jahre später, im Jahr 1945, wurde schließlich ein Gesetzesentwurf über das allgemeine Kindergeld verabschiedet. Dieses Modell wurde in eben dieser Zeit nach Kanada und Quebec exportiert.

Der Kampf von Eleanor Rathbone war lang und mühsam bis zur letzten Minute. Der ursprünglich vorgelegte Gesetzesentwurf sah vor, dass Sozialleistungen an Väter und nicht an Mütter ausgezahlt werden sollten. Eleanor Rathbone musste ihr ganzes Gewicht in die Waagschale werfen (ein Jahr vor ihrem Tod): Sie drohte den Abgeordneten mit einer beispiellosen Mobilisierung der Frauen, wenn sie den Gesetzentwurf nicht dahingehend änderten, dass die Zahlungen direkt an Mütter erfolgen.

Schließlich wurde der Gesetzesentwurf zugunsten der Mütter geändert und in einer freien Abstimmung im Parlament (ohne Fraktionszwang) angenommen. Das System des allgemeinen Kindergeldes, das den Müttern auf ihren eigenen Namen per Post ausgezahlt wurde, ist zu eben dieser Zeit, also 1945, nach Kanada exportiert worden.[116]

27 Jahre später, 1972, als die zweite feministische Welle an ihrem Höhepunkt angelangt war, plante die konservative Regierung Großbritanniens, das allgemeine Kindergeld abzuschaffen und es durch eine Steuergutschrift für unterhaltsberechtigte Kinder zu ersetzen. Das bisher vom Lohn unabhängige Kindergeld sollte nun an den Lohn gekoppelt werden, d.h. an den Lohn des Ehemannes, wenn dieser der Alleinverdiener war. Die Antwort der Frauen auf jene Pläne der Regierung entlud sich in einer enormen Mobilisierung. Im Zuge dessen bildete sich 1973 die Gruppe *Power of Women*, das englische Lohn-für-Hausarbeit-Kollektiv, welches wiederum zu einem Pfeiler des *Internationalen Feministischen Kollektivs* heranwuchs, das im Juni 1972 in Padua gegründet worden war.[117]

Ein Streitpunkt unter Feministinnen

Am Ende dieses Kapitels möchte ich noch auf eine interessante Beobachtung hinweisen: Die Mobilisierung für das Kindergeld zur Zeit von Eleanor Rathbone und die Mobilisierung der Gruppen von »Lohn für Hausarbeit« fast 30 Jahre später beförderten immer wieder dieselben Widersprüche und Polarisierungen innerhalb der feministischen Bewegung in ihren jeweiligen Kampfepochen.

Eine ähnliche Art des Widerstands gegen den Kampf für Kindergeld wie auch gegen die Forderung nach einem Lohn für Hausarbeit in den 1970er-

Jahren konnte beispielsweise in England während der Zwischenkriegszeit beobachtet werden: Beide Forderungen wurden von dem Gleichheitsfeminismus als Widerspruch zur Forderung nach Gleichheit eingeschätzt.[118] Die Bezahlung von Frauen für ihre Haus- und Mutterarbeit, so wurde argumentiert, würde lediglich ihren Abhängigkeitsstatus innerhalb der Familie aufrechterhalten und sie letztlich auf eine Stufe mit Kindern stellen. Stattdessen forderte man gleiche Löhne, ein stärkeres Engagement der Väter in der Erziehung und die Aufteilung und Vergesellschaftung der Hausarbeit nach dem Vorbild Russlands.[119] Die damaligen Gegenargumente wurden etwa 30 Jahre später fast wortwörtlich wiederholt, als man sich in den 1970er-Jahren gegen die Strategie der Bezahlung von Hausarbeit aussprach,[120] sowie erneut Ende der 1990er-Jahre, als gegen jede Form finanzieller Unterstützung für Eltern, die zu Hause bleiben, argumentiert wurde.[121] Dies war also tatsächlich ein wichtiger Streitpunkt unter den Feministinnen ... auf den ich in meiner Abschlussbetrachtung noch eingehen werde.

Doch worin genau bestanden die in den 1970er-Jahren erhobenen Einwände? Wie sah die politische Perspektive von »Lohn für Hausarbeit« eigentlich aus? Tatsächlich handelte es sich um nicht mehr und nicht weniger als um eine neue feministische Denkschule.

ZWEI
Der Lohn als machtpolitischer Hebel: Die politische Perspektive

> »Frauen auf der ganzen Welt arbeiten für nichts.«[122]

> »Die Forderung nach einem Lohn (für Hausarbeit) ist die politische Forderung par excellence, weil sie unserem Bedürfnis nach gesellschaftlicher Wirkungsmacht entspricht.«[123]

In den 1970er-Jahren wurde »Lohn für Hausarbeit« vor allem unter dem Aspekt des von der Bewegung eingeforderten Geldes eingestuft und bewertet. So wurde häufig argumentiert, es gehe dabei nur um Geld, es handele sich um eine im Wesentlichen materielle, reformistische Forderung, die zudem dazu führen würde, Frauen an das Haus zu fesseln. In der damaligen – und heutigen – Frauenbewegung galt und gilt die Forderung daher allgemein als reaktionär. Sie wurde – und wird noch immer – als Widerspruch zur angestrebten gesellschaftlichen Gleichberechtigung von Frauen gesehen, da Frauen ihre ökonomische Befreiung durch die entlohnte Arbeit außerhalb des Hauses erreichen würden.

Das fasst im Wesentlichen den Eindruck zusammen, den die Theorie von »Lohn für Hausarbeit« und das ihr zugrundeliegende Buch, *Die Macht der Frauen und der Umsturz der Gesellschaft*, hinterlassen haben. In den folgenden Kapiteln soll aufgezeigt werden, dass es sich bei »Lohn für Hausarbeit« nicht nur um eine einzelne Forderung, sondern um eine umfassende Perspektive bzw. Denkweise handelte und dass durch die Reduzierung der Idee auf eine monetäre Forderung die gesamte politische Analyse und ihre subversive Kraft untergraben wurden. Denn im Zentrum dieser Denkrichtung stehen in Wirklichkeit, ausgehend von den intellektuellen Werkzeugen und der sich erst in ihren Anfängen befindlichen feministischen Forschung der damaligen Zeit, eine Analyse der weltweiten geschlechtsspezifischen Teilung der reproduktiven Arbeit, die als »weiblich« konstruiert wird,[124] sowie eine Strategie zu ihrer Dekonstruktion und

Bekämpfung. »Diese Forderung ist keine partielle und reformistische Forderung. Sie stellt die gesamte kapitalistische Organisation der Arbeit und die traditionelle Familienstruktur umfassend infrage«, erklärten Mariarosa Dalla Costa und Selma James 1973 in Montreal gegenüber der feministischen Zeitung *Québécoises Deboutte.*[125] »Unser Kampf zielte darauf ab, den Kapitalismus zu unterminieren, und nicht, sich in ihn einzuschreiben«, wird Silvia Federici ihrerseits sagen.[126] Letztere problematisiert damit die Forderung nach einem Lohn für Hausarbeit in Bezug auf ihre politische Perspektive:

> »Die Schwierigkeiten und Unsicherheiten, die bei vielen Frauen zutage treten, wenn sie den Lohn für Hausarbeit diskutieren, kommen daher, dass sie den Lohn auf eine Sache reduzieren, auf einen Haufen Geld, anstatt diesen als politische Perspektive zu begreifen. Der Unterschied zwischen diesen beiden Standpunkten ist enorm. Lohn für Hausarbeit als eine Sache und nicht als eine Perspektive zu betrachten, bedeutet, das Endergebnis unseres Kampfes vom Kampf selbst zu trennen und nicht zu verstehen, welche Bedeutung ein solcher Lohn für die Entmystifizierung und Schwächung der Rolle, die Frauen in kapitalistischen Gesellschaft[en] beigemessen wird, innehat.«[127]

Federici verdeutlicht ferner die dialektische Verbindung zwischen der Forderung und dem Kampf um ihre Durchsetzung:

> »Wenn wir Lohn für Hausarbeit derart reduziert verstehen, fragen wir uns: Welchen Unterschied würde mehr Geld für unser Leben bedeuten? […] Das Problem mit dieser Position besteht darin, dass wir für gewöhnlich in unserer Vorstellung diesem Leben im Elend, das wir führen, ein wenig Geld hinzufügen und dann fragen: ›Na und?‹. Und das unter der falschen Prämisse, dass wir dieses Geld jemals bekommen könnten, ohne gleichzeitig – im Prozess des Kampfes darum – all unsere familiären und sozialen Beziehungen zu revolutionieren. Wenn wir aber den Lohn für Hausarbeit als politische Perspektive verstehen, dann sehen wir, dass der Kampf um diesen Lohn eine Revolution in unserem Leben und der gesellschaftlichen Macht von Frauen hervorrufen wird.«[128]

In Wirklichkeit ist ein Lohn weitaus mehr als nur ein Geldbetrag. Er muss politisch verstanden werden, d. h. als Lohn*verhältnis*, als Machtverhältnis, das die Gesellschaft organisiert. Um zu veranschaulichen, wie eng die Forderung nach einem Lohn für Hausarbeit mit einer politischen Perspektive verknüpft war, werde ich in den letzten drei Kapiteln dieses Buches untersuchen, wie sich diese Forderung in verschiedenen Kämpfen ausdrückte, die von den Gruppen von »Lohn für Hausarbeit« zwischen 1972 und 1977, d.h. zur Zeit des *Internationalen Feministischen Kollektivs* geführt wurden.

Zunächst möchte ich die Forderung nach einem Lohn für Hausarbeit skizzieren, wie sie in den Schriften einiger Theoretikerinnen und in verschiedenen Dokumenten dieser Bewegung aus der Zeit von 1972 bis 1977 zum Ausdruck kommt. Dieses Kapitel wird einen theoretischen Korpus, der einen vollkommen originellen Beitrag zur Geschichte des feministischen Denkens darstellt, allgemein verständlich erklären und zusammenfassen. Zu diesem Zweck möchte ich zunächst das ihm zugrunde liegende Denksystem und seine zentralen Achsen vorstellen: Der Lohn als Machthebel für alle Frauen (Mariarosa Dalla Costa), der Lohn zur Denaturalisierung ›weiblicher‹ Arbeit (Silvia Federici), Heterosexualität als Bestandteil von Hausarbeit (*Wages Due Lesbians*), die spezifische Beziehung afroamerikanischer Frauen zur Hausarbeit (Wilmette Brown), die Schule und ihre Verbindung zur Hausarbeit (Maria Pia Turri), die disziplinierende Funktion häuslicher Gewalt (Giovanna Franca Dalla Costa) und Nicht-Lohnarbeitende weltweit sowie Reproduktionsarbeit (Selma James). Im Zentrum dieses Denkens stehen Frauen – ihre Organisations- und Handlungsautonomie, die sie zu handelnden historischen Subjekten mit subversiver Macht werden lassen. Zur Kontextualisierung all dessen werde ich vorab den Gedankenhorizont beschreiben, in dem diese feministische Perspektive angesiedelt war.

Eine neu aufgelegte marxistische Vision

Wie am Ende des ersten Kapitels dargestellt, bildete die politische Analyse von »Lohn für Hausarbeit« eine Schnittstelle zwischen einer unorthodoxen und überarbeiteten Version des Marxismus, die einige Konzepte aus der italienischen operaistischen Strömung[129] entlehnt, einerseits und den Kämpfen der antikolonialen, feministischen, Studierenden- und Bürgerrechtsbewegung andererseits. Den Widersachern, die ihnen vorwarfen, »Kategorien aus der marxistischen Welt [zu] leihen«, antworteten die Lohn-für-Hausarbeit-Aktivistinnen, dass Marx ihnen Analyseinstrumente an die Hand gegeben hat, die bis heute unersetzlich sind, wenn es darum geht, zu verstehen, wie wir in der kapitalistischen Gesellschaft funktionieren und unseren Platz zugewiesen bekommen.[130] Gleichzeitig sind es ebendiese Werkzeuge, mit deren Hilfe sie den Platz, den Marxist*innen Frauen in der Familie zuweisen, anfechten.

Für klassische Marxist*innen ist die Kleinfamilie lediglich ein Ort des Konsums und der Vermittlung von Werten, nicht aber eine Produktionsstätte an sich. Und was Hausfrauen betrifft, so werden diese als Arbeitskraftreserve für die Bedürfnisse des Kapitalismus betrachtet, was von den Theoretikerinnen von »Lohn für Hausarbeit« infrage gestellt wird. Die Familie wird von ihnen als »Institutionalisierung unserer unbezahlten Arbeit und unserer daraus resultierenden Abhängigkeit von den Männern, also die Institutionalisierung einer ungleichen Machtverteilung« betrachtet, »die uns, aber auch die Männer, disziplinierte«.[131] Sehen wir uns also diese erneuerte Sicht des Marxismus im Überblick an, die von den Theoretikerinnen von »Lohn für Hausarbeit« entwickelt wurde.

Am Anfang war das Haus, die ›gesellschaftliche Fabrik‹

Für jene Theoretikerinnen existiert neben der Fabrik, dem Ort der Lohnarbeit, eine weitere »Fabrik«, die von ersterer verdeckt wird und aus der Familie und ihrer Gemeinschaft besteht. Sie ist der Ort, an dem die Arbeitskraft produziert und reproduziert wird. Diese andere Fabrik ist »die andere Hälfte der kapitalistischen Organisation, der andere verborgene Bereich kapitalistischer Ausbeutung, *die andere, verborgene, Quelle der Mehrarbeit*«.[132] Das kapitalistische Wirtschaftssystem geht für die Theoretikerinnen weit über die klassische Sphäre der Produktion (Lohnarbeit) hinaus und umfasst auch die Sphäre der Reproduktion des Kapitals selbst, die Sphäre der Reproduktion der Arbeitskraft (nicht entlohnte Arbeit).

> »Ob mit Lohn oder ohne, wir verbringen 24 Stunden täglich in der gesellschaftlichen Fabrik damit, für das Kapital zu schuften. Entlohnte Arbeiter verwenden ihre arbeitsfreie Zeit darauf, sich zu reproduzieren, damit sie danach wieder zur Arbeit gehen können. Essen, schlafen, trinken, ins Kino gehen, Sex haben – all dies sind elementare von uns ausgeübte Tätigkeiten, um für die Arbeit am nächsten Tag wieder fit zu sein. […] Frauen spielen eine entscheidende Rolle in der gesellschaftlichen Fabrik.«[133]

Der Kapitalismus ist in Wirklichkeit eine »gesellschaftliche Fabrik«, in der jeder Moment unseres Lebens in den gesamten Produktionszyklus integriert ist. Mariarosa Dalla Costa und andere Theoretikerinnen von »Lohn für Hausarbeit« waren maßgeblich daran beteiligt, den Begriff

Titelseite der wichtigsten Anthologie französisch-sprachiger Texte der Bewegung »Lohn für Hausarbeit« (1977).

der »gesellschaftlichen Fabrik«[134] auf das Haus und die häusliche und reproduktive Arbeit von Frauen auszuweiten.

> »Traditionell wurde zunächst die Fabrik als der Ort der Produktion betrachtet. In Wirklichkeit ist jeder Moment im Leben von jedem Arbeiter ein Moment der Produktion. Als wir verstanden haben, dass unsere Arbeit im Haus und in der Gemeinschaft darin besteht, Arbeitskräfte zu reproduzieren, begannen wir zu verstehen, dass die Gesellschaft als Ganzes ein Fließband ist, das von der Fabrik zur Gemeinschaft und von der Gemeinschaft wieder zur Fabrik führt. Das Kapital wird durch den kollektiven Arbeiter geschaffen: Der eine ist in der Fabrik eingesperrt und der andere ist von der Fabrik ausgeschlossen, und damit auch vom Lohn.«[135]

Die Arbeit von Frauen in Familien ist somit der Dreh- und Angelpunkt dieser gesellschaftlichen Fabrik – bestehend aus der Familie, der Nachbarschaft, der Community und dem sozialen Gefüge –, die es der »ökonomischen Fabrik« ermöglicht, zu funktionieren. Sie trägt zur Akkumulation von Profit bei und bildet das Fundament des kapitalistischen Systems, das am meisten von der Unentgeltlichkeit dieser Arbeit profitiert. Die kostenlose – unbezahlte – Arbeit von Frauen ist erzwungene Arbeit.

Für die Theoretikerinnen von »Lohn für Hausarbeit« wurde diese von Frauen geleistete Reproduktionsarbeit nie als Arbeit verstanden und als das gesehen, was sie ist, weil sie unter dem Deckmantel der Liebe getarnt und unter dem Vorwand, dass die Familie kein Ort der Kapitalproduktion, sondern des Konsums ist, verklärt wurde. Diese Theoretikerinnen zeigten, dass die klassische marxistische Sicht der Familie den in der Familie stattfindenden Konsum in Wirklichkeit unterbeleuchtet, weil sie nicht erkennt, dass »dieser Konsum eine Arbeit voraussetzt«. Und »diese Arbeit ist die von Frauen geleistete Hausarbeit«, die »nie gesehen wurde, gerade weil sie nicht entlohnt wird«.[136]

Fehlen eines Lohnes als Grundlage der Unterdrückung, entlohnte Männer als Unterdrücker

Es ist demnach die Unentgeltlichkeit der Reproduktionsarbeit, die laut den Theoretikerinnen dazu beiträgt, diesen essenziellen Teil des Produktionszyklus unsichtbar zu machen. Mariarosa Dalla Costa veranlasste dieser Umstand zu der Aussage, dass »gerade durch den Lohn die Ausbeutung der Nicht-Lohnarbeiter organisiert wird, der unbezahlten Arbeiterinnen und Arbeiter. Diese Form der Ausbeutung war noch effektiver, weil das Fehlen eines Lohns sie verschleierte, mystifizierte. [...] *Daher erscheint, was Frauen betrifft, ihre Arbeit als persönliche Dienstleistung außerhalb des Kapitals*«.[137]

Die Forderung nach einem Lohn für Hausarbeit decke somit die Beziehung der Frauen zum kapitalistischen System auf. Die Arbeit der Frau sei die Reproduktionsarbeit, d.h. die Vermehrung sowie die materielle und emotionale Versorgung der Arbeitskraft. Diese Arbeit sei Teil des kapitalistischen Produktionszyklus und eine Quelle von Mehrwert, ohne entlohnt zu werden. Die reproduktive Arbeit der Frauen ist laut den Denkerinnen der »andere Pol der Produktion«. Wenn Frauen einen Lohn fordern, beanspruchen sie den Reichtum, der durch ihre unentgeltliche Arbeit geschaffen und ihnen weggenommen wird.

Eine weitere Neuerung von »Lohn für Hausarbeit« gegenüber dem bisherigen Marxismus bestand darin, dass sich Frauen nicht zwangsläufig der Arbeiterklasse an den Arbeitsplätzen anschließen und Seite an Seite mit ihren Genossen kämpfen müssen, um ihre Situation zu ändern. Sie können sie ändern, indem sie autonom, ausgehend von ihrer eigenen Arbeit kämpfen. Sie können ausgehend von ihrem eigenen Verhältnis zur Produktion kämpfen, auf ihrem eigenen Terrain – dem des Hauses, der Nachbarschaft, der Community, die Teil der gesellschaftlichen Fabrik der Reproduktion sind. Die männlichen Lohnarbeiter nehmen hier eine Unterdrückungsposition gegenüber den Frauen ein.

Da die kapitalistische Gesellschaft eine Lohngesellschaft ist, regiert der Kapitalismus uns alle über den Lohn. Die relative Macht der einzelnen Klassen wird durch ihre jeweilige Position in der Lohnhierarchie bestimmt: Mann/Frau, *weiß*/Schwarz, jung/alt. Das heißt, dass die Lohnungleichheit mit einer sexistischen, rassistischen und ageistischen Hierarchie korrespondiert.

Da die Hausfrau ihrerseits keinen Lohn erhält, ist sie folgendem Lohnverhältnis unterworfen: Der Mann, der den Lohn erhält, hat die Macht, ihre Arbeit zu Hause zu kommandieren und zu kontrollieren, und, da sie von seinem Lohn abhängig ist, handelt es sich hierbei um ein Abhängigkeits- und Dienstleistungsverhältnis. Die männlichen Versorger befinden sich in diesem Kontext in der Position der Unterdrücker. Um aus ihrer Unterdrückung auszubrechen, sollten sich die Frauen nicht mit den Unterdrückern organisieren, sondern vielmehr autonom, mit anderen Frauen, ausgehend von ihrem eigenen Unterdrückungsverhältnis: der Hausarbeit.

Daher entwickelten Theoretikerinnen von »Lohn für Hausarbeit« eine neue Definition von Klasse, die im Mittelpunkt des Gründungsmanifests des *Internationalen Feministischen Kollektivs* 1972 stand: »Diese neue Definition basiert auf der Unterordnung der Nicht-Lohnarbeitenden unter die Lohnarbeitenden, hinter der sich die Produktivität verbirgt, d.h. die Ausbeutung der Arbeit von Frauen zu Hause, die für ihre noch größere Ausbeutung außerhalb des Hauses verantwortlich ist.«[138] Dieser neuen Perspektive zufolge sind alle Gruppen von Nicht-Lohnarbeitenden Teil der Arbeiterklasse, der nicht länger, wie im klassischen Marxismus, nur ›produktive‹ Lohnarbeitende angehören. Alle Lohnlosen der Erde[139] einschließlich der Kolonialisierten, der Bäuer*innen des Südens, der Arbeitslosen, der Gefängnisinsass*innen, der Zwangsarbeiter*innen usw. sind Teil

Titelseite der wichtigsten Anthologie englischsprachiger Texte der Bewegung »Lohn für Hausarbeit« (*Falling Wall Press*, 1975).

des kapitalistischen Produktionszyklus und können somit den Prozess der Akkumulation unterlaufen. Das eröffnet jeder dieser Gruppen von Menschen die Möglichkeit für einen autonomen Kampf. Dieser führt Hausfrauen wieder als handelnde Subjekte mit der Fähigkeit zum gesellschaftlichen Umsturz in die Geschichte ein. Sie müssen sich autonom organisieren, um ihre eigene Autonomie und ihre eigene Macht zu entwickeln.

Die umstürzlerische Funktion der Forderung nach einem Lohn für Hausarbeit

Im Vorwort zur italienischen Ausgabe von *Die Macht der Frauen und der Umsturz der Gesellschaft* im Jahr 1972 schrieb Mariarosa Dalla Costa:

> »Als die vorgenannten ›Marxisten‹ sagten, dass die kapitalistische Familie nicht für den Kapitalismus produziere, dass sie kein Teil der gesellschaftlichen Produktion sei, lehnten sie offensichtlich die potenzielle gesellschaftliche Macht der Frauen ab. [...] Wenn deine Produktion für den Kapitalismus lebenswichtig ist, ist die *Verweigerung der Produktion*, die Verweigerung *der Arbeit*, ein grundlegender Hebel gesellschaftlicher Macht.«[140]

An dieser Stelle kommt die subversive Rolle der Forderung nach einem Lohn für Hausarbeit ins Spiel, die einen Machthebel für Frauen in den verschiedensten Lebensumständen darstellt, um gegen ihre ökonomische Ausbeutung zu kämpfen. Wenn kostenlose reproduktive Arbeit für den Produktionszyklus des Kapitals notwendig ist, dann bedeutet die Forderung nach einem Lohn, diesen Prozess herauszufordern und stillzustellen. Die Forderung bedeutet, das Lohnsystem des Kapitalismus anzugreifen und die traditionellen Maßstäbe für Lohn und Arbeit auf den Kopf zu stellen. Sie ist ein Angriff auf die hierarchische Organisation der Arbeit zwischen entlohnten und nicht entlohnten Arbeiter*innen, zwischen der Arbeit zur Produktion von Gütern (überwiegend von Männern ausgeführt) und der Arbeit zur Produktion und Reproduktion der Arbeitskraft (überwiegend von Frauen ausgeführt). Sie zielt darauf ab, die hierarchische Trennung zwischen Männern und Frauen, die Trennung in Macht und Machtlosigkeit, die der Lohnverteilung innewohnt, anzugreifen. Sie zielt darauf, sowohl das Unterdrückungssystem der Geschlechterverhältnisse als auch das Klassenverhältnis anzugreifen. Sie politisierte die Frage der Hausarbeit.

Die Forderung nach einem Lohn für Hausarbeit ist daher eine Strategie, die von der historischen Stellung der Frauen in der Arbeitsorganisation ausgeht, tatsächlich ein *Counterplanning aus der Küche.*[141] Mariarosa Dalla Costa zufolge ist diese Forderung in vielerlei Hinsicht ein Machthebel: Um »die Bedingungen der Hausarbeit auszuhandeln«, um die Bedingungen der Arbeit draußen auf dem Arbeitsmarkt zu verbessern, um die Hausarbeit zu den Bedingungen der Frauen zu vergesellschaften, um die Bedingungen »der Fortpflanzung und unserer Gesundheit insgesamt« sowie in Bezug auf die Sexualität auszuhandeln. Kurzum: Die Forderung nach einem Lohn für Hausarbeit ist ein Machthebel, um Verhandlungen über die *Bedingungen der Reproduktion* zu eröffnen.

Ich werde auf diese Aspekte zurückkommen, gehe nun aber zunächst auf die neue Definition der Kategorie ›Frauen‹ ein, auf der sowohl die

Perspektive als auch die Strategie von »Lohn für Hausarbeit« beruht – eine Definition, welche die Verhandlungen über »die Gesamtheit unserer Lebensbedingungen« ermöglichen wird.

Eine neue Definition des Frauseins auf Grundlage der Hausarbeit[142]

Bisher galten Frauen als »unwichtig«. Ideologisch und de facto wurden sie vor allem als Anhängsel von jemand anderem wahrgenommen: entweder als »Mutter von«, »Ehefrau von«, »Tochter von«, »Verlobte von« oder als »Alleinstehende«. Die Basis, auf der diese verschiedenen Rollen konstruiert wurden, wurde jedoch nicht näher untersucht, und so war nicht klar, auf welcher Grundlage diese spaltenden Kategorisierungen erfolgten.

Die Aktivistinnen und Theoretikerinnen von »Lohn für Hausarbeit« identifizierten die Hausarbeit als Grundlage, auf der die verschiedenen Rollen aufbauten. Denn jede dieser Rollen basiert auf einer unterschiedlichen Quantität und Qualität der Hausarbeit, die Frauen zu Hause leisten müssen, mit allem, was diese Arbeit in der jeweiligen Rolle mit sich bringt. Die Hausarbeit mit der »höchsten Produktivität« wird von Ehefrauen und Müttern erbracht. Schwestern, Töchter oder Verlobte befinden sich in der »Ausbildung«, sie erlernen diese Arbeit, bis sie Ehefrauen und Mütter werden. Wir sprechen hier von einem *Zyklus der Hausarbeit*, der bestimmte Rollen während der Ausbildung erfordert (Töchter, Schwestern, Verlobte usw.) und wieder andere während der Zeit erhöhter Produktivität (Ehefrauen und Mütter).

Es wird also eine Hierarchisierung von Frauen mit hoher Produktivität in der Hausarbeit und Frauen, die sich weigern, sich in den Zyklus der Hausarbeit zu begeben, vorgenommen. Man denke hier an die Ehefrau, die sich weigert, Kinder zu gebären; an die Frau, die zwar Kinder hat, aber keine Ehefrau werden will; an die Frau, die weder Ehefrau noch Mutter sein möchte, usw. Diese Frauen weisen eine recht niedrige Produktivität in der Hausarbeit vor ... Kurz gesagt, diese Aufteilung von Frauen basiert auf den unterschiedlichen Produktivitätsniveaus der Hausarbeit, die ihnen auferlegt werden. Diese Hierarchisierung wurde bisher noch nie hinterfragt und trägt somit dazu bei, die Hierarchie unter Frauen festzuschreiben.

Darüber hinaus werden Frauen — als Ehefrauen, Mütter, Töchter oder Schwestern — in der Regel über ihre Klassenzugehörigkeit definiert: Entweder als Arbeiterin, wenn der Lohn des Mannes ein Proletarierlohn ist, oder als bürgerlich, wenn das Einkommen ihres Mannes auf diesem Niveau liegt. Aber niemand denkt daran, dass die Frauen in keinem Fall ein eigenes Geld für die Arbeit erhalten, die sie alle verrichten. Das ist es, was vor allem anderen die Machtlosigkeit der Frauen bedingt. Frauen werden daher im Allgemeinen (auch von klassischen Marxist*innen) entsprechend der Klasse ihrer Ehemänner und der Hierarchie der Männer innerhalb der Klassen definiert. Die Theoretikerinnen von »Lohn für Hausarbeit« werden sie anders definieren.

»Potere femminile e sovversione sociale« (»Die Macht der Frauen und der Umsturz der Gesellschaft«), Padua, März 1972. (Archiv des Verlags Éditions du remue-ménage)

»Arbeiterinnen des Hauses«

Während andere zeitgenössische feministische Strömungen die Grundlage für die Unterdrückung der Frau in ihrer Biologie (Shulamith Firestone), in ihrer sexuellen Unterdrückung (Kate Millett) oder im Sexismus der patriarchalen Kultur sahen, definierten die Theoretikerinnen von »Lohn für Hausarbeit« die Kategorie ›Frauen‹ und ihre Ausbeutung in der kapitalistischen Gesellschaft auf der Grundlage der von ihnen allen ausgeübten und geteilten Arbeit:

> »Wenn wir hingegen Frauen ausdrücklich auf Basis *ihrer* Arbeit definieren, dann müssen wir zugeben, dass alle Frauen, die in großem Umfang Hausarbeit verrichten und deren Arbeitskraft in den Prozess der Produktion und Reproduktion der Arbeitskräfte einfließt, Arbeiterinnen sind: Sie sind die *Arbeiterinnen des Hauses*. Sie sind Arbeiterinnen ohne eigenen Lohn, aber dennoch Arbeiterinnen. Die Tatsache, dass Frauen in großem Umfang Arbeiterinnen ohne Lohn sind, hat

> dazu geführt, dass Frauen aus der Arbeiterklasse massiv an Macht einbüßen – aber auch bürgerliche Frauen. In der Tat profitiert die Ehefrau eines mächtigen Mannes sicherlich von der Macht ihres Mannes, aber sie selbst hat keine eigene Macht. Die Ehefrau eines Mannes mit wenig Macht hat demnach selbst wenig Macht, und zu diesem niedrigen Niveau an Macht kommt ihre eigene Machtlosigkeit noch hinzu.« (S. 2, Hervorhebungen im Original)

Die konstruierten Unterscheidungen zwischen Frauen schmälerten ihre Fähigkeit, ein gemeinsames Kampffeld zu schaffen. Dazu gehörten zudem: Unterteilungen basierend auf »ästhetischen« Kriterien (schön/hässlich) und moralischen Bewertungen (Heilige/Prostituierte). Hier ist hervorzuheben, dass eine höhere Produktivität in der Hausarbeit immer auch moralisch positiv bewertet wurde (diejenige, die sich abrackert, ist eine Heilige), während die Verweigerung der oder Rebellion gegen die Hausarbeit immer sehr negativ bewertet wurde (diejenige, die sich weigert, ihre Arbeit zu tun, ist keine gute Frau).

Eine weitere Trennung wurde zwischen derjenigen, die »nicht arbeitet«, (die Hausfrau) und derjenigen, die »arbeitet«, (die Frau, die einer anderen – bezahlten – Arbeit außerhalb des Hauses nachgeht) vorgenommen. In dieser letzten Kategorie sind Frauen noch einmal unterteilt in diejenigen, die »saubere Arbeit« leisten, (Angestellte, Arbeiterinnen, Sekretärinnen usw.), und diejenigen, die »schmutzige Arbeit« leisten, wie die »Prostituierten«. Diese Unterteilung soll verschleiern, dass es sich bei beiden Kategorien von Frauen um Hausfrauen handelt und dass »Prostitution nichts anderes ist als vergesellschaftete Hausarbeit«.[143]

> »[Linke Gruppierungen] haben Frauen immer entlang der hierarchischen Trennungen wahrgenommen, die das Kapital unternommen hat, und diese Spaltungen als ›natürlich‹ und ›unvermeidlich‹ betrachtet. Linke haben ›Hausfrauen‹ immer als ›zu schwach‹, ›nicht organisierbar‹, ›rückwärtsgewandt‹ oder als ›als Arbeiterinnen inexistent‹ eingestuft, was Frauen daran gehindert hat, sich auf dieser Grundlage zu organisieren. Dabei sind bekanntlich alle Frauen in Wirklichkeit grundsätzlich ›Hausfrauen‹ d.h. ›Hausarbeiterinnen‹, und die Hausarbeit ist die einzige Front, an der wir alle zusammenkommen und die jeden Aspekt unseres Lebens bestimmt.« (S. 3)

»Keiner hat diese Erkenntnis bisher zum Ausgangspunkt genommen«, bemerken die Theoretikerinnen. Deshalb konnte bisher auch niemand »sehen«, dass die Hausarbeit in der Organisation des gesamten Lebens der

Frauen ein entscheidender Faktor ist, der alle Aspekte ihrer Lage bedingt. Daraus folgt:

> »[...] Niemand hat jemals versucht, eine organisatorische Kontinuität zwischen Frauen, die zu Hause arbeiten, und Frauen, die außerhalb des Hauses arbeiten, herzustellen. [...] Ebenso wenig zwischen den Frauen, die in der großen, und jenen, die in der kleinen Fabrik arbeiten, zwischen Frauen, die auf dem Land arbeiten, und denen, die in der Stadt arbeiten [...].
> Wir vom Komitee [Gruppe »Lohn für Hausarbeit« in Venezien] beginnen am anderen Ende des Weges, indem wir davon ausgehen, dass die hierarchischen Spaltungen, die das Kapital geschaffen hat, zerstört werden müssen. [...] Als Frauen können wir unsere Macht nur dann vergrößern, wenn wir uns von der Front aus organisieren, an der wir alle zusammenkommen, nämlich der Hausarbeit. Nur so wird es möglich sein, immer und überall die gesamte Arbeit, die wir verrichten, zu verhandeln – zunächst die Hausarbeit und darüber hinaus unsere zweite Arbeit – und so über unser gesamtes Einkommen, unsere gesamte Arbeitszeit und alle unsere Lebensbedingungen zu verhandeln, mit einem Wort: über unsere darauf aufbauende gesellschaftliche Macht.« (S. 3)

Wie alle Faktoren, die unsere Situation bedingen, zusammenhängen

Wie können ›Arbeiterinnen des Hauses‹ politisch aktiv werden? Zunächst, indem sie die Isolation der Frauenkämpfe beenden: Die Isolation innerhalb der vier Wände des Hauses, die Isolation der Lohnarbeitenden gegenüber den Hausfrauen, die Isolation von Aktivistinnen für Kindertagesstätten von einem Stadtteil zum anderen. Aber auch die Isolation der Patientin einer Arztpraxis, die sich nicht bewusst darüber ist, dass die anderen sich im Wartezimmer befindenden Patientinnen eine genauso schlechte Behandlung erhalten wie sie. Und die Isolation der Frauen in Krankenhäusern – die nicht ahnen, dass ihr individueller Aufstand mit dem der anderen verbunden werden könnte.

Es galt, sich im Folgenden genauer anzusehen, wie alle Aspekte unserer Lage als Frauen zusammenhängen: Die Hausarbeit ist »nicht nur die Arbeit, die uns allen zugewiesen wird, sondern es ist auch die Arbeit, die alle Aspekte unseres Lebens bestimmt«. »Jeder Moment unseres Lebens ist Arbeit für das Kapital, um die Arbeitskraft zu reproduzieren.« Wenn man sich etwa für die Arbeit schön macht – dann profitiert der Kapitalismus davon. »Wir meinen: Für alles, was man uns zu tun auferlegt, sollte man uns auch bezahlen.« (S. 6)

»Unser Kampf für einen Lohn für Hausarbeit endet nicht bei einem bestimmten Lohnniveau, sondern mit der Zerstörung ihrer Macht über uns, also der Macht, uns zur Arbeit zu zwingen. [...] Wenn unsere Zeit nicht mehr von anderen bestimmt wird, wenn unser Raum nicht mehr von anderen begrenzt wird, dann erst werden wir in der Lage sein, all unsere Fähigkeiten zu entwickeln: Die Fähigkeit zu verstehen, zu erfinden, zu handeln und unsere sozialen Beziehungen auf eine völlig andere Art und Weise zu gestalten.« (S. 6)

In der Tat eröffnete die Forderung nach einem Lohn für Hausarbeit Frauen eine neue Handlungsperspektive und »die Möglichkeit, ihr Leben mit neuen Augen zu sehen«.

Ein Lohn als Machthebel[144]

In dem 1975 in Padua, Italien, veröffentlichten Text *Le operaie della casa* analysiert Mariarosa Dalla Costa zunächst die Grenzen der Strategien der damaligen Frauenbewegung und erklärt und präzisiert daraufhin sehr anschaulich die subversive Dimension der Forderung nach einem Lohn für Hausarbeit.

Die wenig erfolgreichen Strategien der Frauenbewegung

Im Großen und Ganzen seien es drei Themen, die seit den Anfängen der Frauenbewegung Gegenstand ihrer Kämpfe sind: die Arbeit außerhalb des Hauses und diesbezügliche Diskriminierungen, die Vergesellschaftung von Dienstleistungen und die Bedingungen der Fortpflanzung und der Sexualität insgesamt. Obwohl die Frauenbewegung fast einstimmig die Hausarbeit als das erste Glied in der Kette der Ausbeutung von Frauen benannte und anprangerte, »sprang sie von der Anprangerung der fehlenden Entlohnung für Hausarbeit zum Kampf an der Front der Arbeit außerhalb des Hauses und zum Kampf für Kindertagesstätten« (S. 22). Tatsächlich fokussierten die bisherigen Lösungsansätze der Frauenbewegung, wenn es darum ging, die Kette der Ausbeutung zu durchbrechen, auf die ›Alternative‹ der außerhäuslichen Arbeit. Und diejenigen, die bereits außerhalb des Hauses arbeiteten und unzufrieden waren, wurden auf den Kampf um öffentliche Dienstleistungen wie Kinderbetreuung verwiesen. Für Mariarosa Dalla Costa bilden diese beiden Kämpfe für Frauen keine erfolgsversprechenden Strategien, weil sie »nicht auf die Interessen von Frauen eingehen und es nicht schaffen, ihre Lebensqualität insgesamt zu verbessern« (S. 20).

Darüber hinaus wurden diese beiden Kampfterrains als getrennt und voneinander unabhängig betrachtet. Man schien nicht zu sehen, dass die Hausarbeit die »gemeinsame Wurzel dieser Kampfterrains« ist. In der Folge war man nicht in der Lage, »ein kollektives Kräfteverhältnis zu organisieren, das all diese Felder miteinander verbinden kann und durch diese Verbindung über mehr Macht verfügt, was zu einer realen Möglichkeit des Sieges führen könnte« (S. 20).

Die Frauenbewegung habe eine gewisse Macht aufgebaut, insbesondere in ihren Kämpfen gegen die Diskriminierung im Bereich der Lohnarbeit und für die Bereitstellung von qualitativ hochwertigen öffentlichen Dienstleistungen, die Frauen Freizeit und ein Sozialleben ermöglichen würden. Dies seien allerdings partielle und kleine Erfolge: Indem sich große Teile der feministischen Bewegung darauf beschränkten, die Hausarbeit anzuprangern, ohne weiterzugehen, bedeute das implizit, dass sie die Unentgeltlichkeit dieser Arbeit akzeptierten.

> »Von der Unentgeltlichkeit auszugehen bedeutet [...], den Schlüssel zum Verständnis aller anderen Aspekte [der Unterdrückung] zu besitzen. [...] Von einem der vielen Aspekte der Hausarbeit auszugehen und über ihre Unentgeltlichkeit hinwegzusehen hingegen bedeutet, nicht grundlegend anzuerkennen, dass es sich um Arbeit handelt [...]. Wir haben noch nie den Kampf gegen die Unentgeltlichkeit aufgenommen, gegen das Fehlen einer Entlohnung der Hausarbeit, und das, obwohl die Organisation der Arbeit außerhalb des Hauses auch für die Arbeit innerhalb des Hauses eine immer intensivere Verdichtung bedeutete. In der Folge mussten wir mitansehen, wie die Ergebnisse unserer Kämpfe ständig verpufften.« (S. 29)

Die Hausarbeit, erinnert uns Mariarosa Dalla Costa, ist für Frauen weltweit die vorrangige Arbeit und sie bestimmt die Lebensbedingungen und die Lebensqualität jeder einzelnen Frau. »Der Kampf muss also von dieser Front ausgehen, von der Hausarbeit, die wir einstimmig als den primären Bereich unserer Ausbeutung und Unterdrückung anprangern. [...] Bis zum heutigen Tag war die Hausarbeit kostenlos. Von heute an sollten wir darum kämpfen, dass sie entlohnt wird« (S. 23).

Sehen wir uns an, inwiefern diese Forderung als konkreter Machthebel gemeint war. Die Sichtweise in *Le operaie della casa* ist, wie wir sehen werden, an einer gewerkschaftlichen Strategie angelehnt, die auf den Bereich der sozialen Reproduktion und der reproduktiven Arbeit zugeschnitten wird. Es geht darum, die *Bedingungen der sozialen Reproduktion auszuhandeln* und »über den gesamten Bereich unserer individuellen Freiheit zu verhandeln, wie Individuen und als Individuen« (S. 39). Der Lohn spielt dabei eine zentrale Rolle in einer Lohngesellschaft: »Im Kapitalismus ist es uns nur dann, wenn wir über eigenes Geld verfügen, sicher möglich, als Individuen aufzutreten und als solche in unserem eigenen Interesse frei zu kämpfen.« (S. 28)[145]

Ein Machthebel, um die Bedingungen der Hausarbeit auszuhandeln

Einen Lohn zu fordern hieß zunächst, den Glauben zu entmystifizieren, Hausarbeit sei keine richtige Arbeit. Es bedeutete, dass Frauen begannen, sich als Arbeitnehmerinnen wahrzunehmen. Von dieser Position aus könnten sie zum Beispiel dafür kämpfen, den Umfang dieser Arbeit zu begrenzen: die Länge des Arbeitstages und die zu erbringenden Dienstleistungen festzulegen und den Arbeitstag zu erleichtern und zu entzerren. Unzumutbare Arbeitsbedingungen würden damit nicht länger als normal erscheinen. »Wir haben, wie alle Arbeitnehmer, das Recht, gegen solche Arbeitsbedingungen zu kämpfen.« (S. 34)

Einen Lohn auszuhandeln würde Frauen auch mehr Kraft verleihen, sich gegen den Missbrauch durch den Ehemann zu wehren. Wenn Frauen einen Lohn erhielten, wäre es schwieriger, von ihnen »unbegrenzte und bedingungslose Knechtschaft [zu verlangen]. Wir haben das Recht, uns hinzusetzen, eine Zigarette zu rauchen, uns Zeit für uns selbst zu nehmen, ins Kino zu gehen oder in den Urlaub zu fahren.« (S. 35) Und im Falle einer Auseinandersetzung oder eines Streits ermöglichte der Lohn den Frauen, sich zu widersetzen, und böte ihnen die Mittel, um ggf. zu gehen.

Ein Machthebel zur Verbesserung der Arbeitsbedingungen außerhalb des Hauses

Ein Lohn für Hausarbeit würde es Frauen zudem ermöglichen, die Bedingungen der Arbeit außerhalb des Hauses zu verbessern.[146] »Der grundlegende Markt für weibliche Arbeitskraft ist die Familie, der Arbeitsvertrag ist die Ehe. Der Markt für die Beschäftigung von Arbeitskräften außerhalb der Familie hängt stark vom Heiratszyklus und den Bedingungen der Hausarbeit ab«, so Mariarosa Dalla Costa. In der Tat basiert die Art von Arbeit, die Frauen in der Regel auf dem Lohnarbeitsmarkt angeboten wird, auf den Erfahrungen und dem Wissen, die sie bei der Hausarbeit erworben haben.

Dokument, das die Aktivitäten aufzeichnet, die die erste öffentliche Demonstration für den Lohn für Hausarbeit in Italien (Mestre, 8.-9.-10. März 1974) kennzeichneten, die vom *Comitato Triveneto per il salario al lavoro domestico* [Komitee der drei Venetien für den Lohn für Hausarbeit] organisiert wurde.

Diese Arbeitsplätze reproduzieren im Wesentlichen die Rollen, die Frauen zu Hause innehaben (Kellnerin, Friseurin, Telefonistin, Kinderbetreuerin usw.). Aus diesem Grund werden sie auch so schlecht bezahlt. Warum sollten Arbeitgeber*innen mehr bezahlen, für Aufgaben, die im Haushalt kostenlos erledigt werden?[147]

Je mehr Frauen für alle Aufgaben, die die Hausarbeit umfasst, und für das, was damit einhergeht (lächeln, sanft sein, trösten, alle möglichen kleinen Gefallen tun, auf die Bedürfnisse der Umgebung eingehen usw.), einen Preis verlangen, und je höher dieser Preis ist, »umso stärker werden wir sein, wenn wir mit den Arbeitgebern über die Kosten unserer Arbeit außerhalb des Hauses verhandeln« (S. 36). In der Tat hat die Frauenbewegung verborgene Aufgaben entdeckt und angeprangert, wie zum Beispiel das Lächeln. »Wer hätte gedacht, dass Lächeln eine Arbeit ist? Und doch muss man es sagen: Lächeln ist Arbeit« (S. 37). Lächeln ist eine der Anforderungen vieler von Frauen ausgeübter Berufe.

> »Sie wollten uns zum Lächeln zwingen und uns auf diese Weise degradieren? Nun gut. Wir werden sie für dieses erzwungene Lächeln bezahlen lassen. Je mehr sie jedes Lächeln kostet, desto weniger werden wir gezwungen sein, weiter zu lächeln. Bis der Tag kommt, an dem wir in der Küche, im Kaufhaus und im Büro nur noch lächeln werden, wenn uns danach ist!« (S. 37)

Wenn Frauen für ihre Arbeit im Haushalt einen Lohn erhielten, könnte kein Chef seinen Angestellten einen niedrigeren Lohn und schlechtere Arbeitsbedingungen als die der Hausarbeit anbieten.

> »Das heißt, wenn wir für einen Lohn für die Hausarbeit kämpfen, beginnen wir einen Kampf, der sich unmittelbar auf die Arbeit außerhalb des Hauses auswirkt. [...] Indem wir auf dem Gebiet der Hausarbeit kämpfen, verändern wir die Bedingungen der Ehe und des weiblichen Arbeitsmarktes und damit auch die Bedingungen des Marktes für männliche Arbeitskraft.« (S. 38 f.)

Das bedeutet auch, dass der Kampf für einen Lohn für Hausarbeit neue Machtebenen eröffnet, die weit über das Haus hinausgehen. Die Theoretikerinnen und Aktivistinnen von »Lohn für Hausarbeit« sind also nicht »gegen die Arbeit außer Haus« in dem Sinne, dass sie »für die Arbeit zu Hause« wären:

> »Wir sind gegen beide – aufgrund dessen, was sie bis heute für Frauen bedeuten, und wir wollen einen Machthebel haben, um neue Bedingungen für beide Arten von Arbeit zu bestimmen, Bedingungen, die unserem Interesse an einem weniger anstrengenden und gesellschaftlicheren Leben entgegenkommen. Der Kampf um den Lohn für Hausarbeit erschließt uns die Machtebene, auf der wir über die Hausarbeit selbst verhandeln können, und damit auch über die Arbeit außerhalb des Hauses.« (S. 39)

Ein Machthebel zur Vergesellschaftung der Hausarbeit zu unseren Bedingungen

Sollten wir nicht anstatt eines Lohns für Hausarbeit die Vergesellschaftung der Hausarbeit fordern? Das ist oft der Einwand, der in der Frauenbewegung gegen die Forderung nach einem Lohn für Hausarbeit vorgebracht wurde und wird. Doch die Forderung nach einem Lohn für Hausarbeit beruhe auf der Tatsache, dass eine vollständige Vergesellschaftung von Hausarbeit gar nicht möglich sei, da Hausarbeit nicht nur eine Reihe von materiellen Aufgaben umfasse, sondern auch eine »Produktion von nichtmateriellen Dingen, wie Zuneigung oder Trost«.

Was die bereits vergesellschafteten Haushaltsdienstleistungen betrifft, so spiegelten die Unterversorgung und ihr miserabler Zustand unsere Ohnmacht wider: Da Frauen nie über einen Vertrag über die Haushaltsarbeit als solche verfügten, »verfügten wir über keine Verhandlungsmacht, um die Qualität und Quantität dieser Dienstleistungen, die bestimmte Leistungen der Haushaltsarbeit in vergesellschaftete Strukturen hätten übertragen sollen, vorzugeben« (S. 42). Dies gelte zum Beispiel für die Alten- und Kinderbetreuung, die traditionellerweise unentgeltlich von Frauen zu Hause geleistet wird. Für den Staat sei es daher naheliegend, solche Dienstleistungen nicht zu etablieren oder die Qualität der angebotenen Leistungen nicht zu verbessern. In der Folge, so Mariarosa Dalla Costa, ist in Italien in diesem Bereich die Kirche federführend, und dies wurde »gerade aufgrund unserer Ohnmacht [ermöglicht]. Die verzögerte Etablierung der Dienstleistungen erfolgte auf unsere Kosten« (S. 43).

> »Wenn wir die Bedingungen für irgendeine Art von Dienstleistung diktieren wollen (wann, wo und wie usw.), müssen wir die dazu erforderliche Macht aufbauen. Und diese Macht bauen wir auf, indem wir die Arbeit, die wir teilweise in eine Dienstleistung umwandeln wollen, mit einem Preisschild versehen und so umgehend den Kampf um einen Lohn für die Hausarbeit beginnen. Dann können wir nicht nur die Quantität, sondern auch die Qualität der Dienstleistungen bestimmen, die wir in Anspruch nehmen wollen.« (S. 44)

Die Forderung nach einem solchen Lohn sei ein »notwendiger Zwischenschritt«, um noch viel weiterzugehen und beispielsweise einen Kampf rund um die Frage der Mieten aufnehmen zu können – »nicht nur, um gegen Erhöhungen zu kämpfen, sondern auch, um zu fordern, dass das Wohnen kostenlos« (S. 49) ist und von guter Qualität: an Orten, die weit von Verschmutzungsquellen entfernt sind und in der Nähe von öffentlichen Einrichtungen und Grünflächen.

Der Kampf um einen Lohn für Hausarbeit eröffne zudem in einer Art Schneeballeffekt eine neue politische Perspektive für den Kampf auch aller anderen Gruppierungen der nicht entlohnten Arbeiter*innen und stelle somit einen Machthebel für Nicht-Lohnarbeitende insgesamt dar – insbesondere für diejenigen, die auf die kostenlose und unsichtbare Arbeit von Frauen angewiesen sind und von ihren Diensten profitieren, wie z. B. ältere Menschen, Jugendliche, Kranke und Behinderte. Der Kampf der Frauen um ihre Autonomie als gesellschaftliche Individuen »katalysiert eben diesen Willen und den gleichen Kampfprozess bei denjenigen, die von der Arbeit der Frauen abhängig sind. [...] Die Situation unserer Macht auf die Tagesordnung zu setzen, bedeutet auch, die Situation jeder ausgebeuteten und unterdrückten Schicht, die von uns abhängt, auf die Tagesordnung zu setzen« (S. 44 und 47).

Der Kampf für einen Lohn für Hausarbeit verleihe den Kämpfen all dieser Gruppierungen machtloser Menschen neuen Schwung und eröffne ihnen einen neuen, autonomen Raum.

Ein Machthebel, um die Bedingungen der Fortpflanzung, unserer Gesundheit insgesamt und der Sexualität auszuhandeln

Auch die Bedingungen der Fortpflanzung und der allgemeinen Gesundheit von Frauen würden durch ihren Mangel an Geld und Macht bestimmt. In diesem Bereich würde der Kampf für einen Lohn für Hausarbeit »die Bedingungen, unter denen wir gebären, die Qualität der Verhütungsmittel und die Bedingungen unserer Gesundheit insgesamt verändern«. Auch in dieser Hinsicht könne der Lohn als Machthebel fungieren:

»– Um unsere Bedürfnisse in der Gesundheitsforschung durchzusetzen, damit wir sichere und gesundheitlich unbedenkliche Verhütungsmittel haben; damit unsere Krankheiten, wie z. B. Scheidenentzündungen [...], gut behandelt werden; um die Bedingungen für die Geburt zu verbessern: schmerzfreie und sichere Geburten für uns und unsere Kinder;
- Um den Staat dazu zu bringen, uns allen eine umfassende und verständliche Sexualaufklärung zu bieten;
- Um den Staat dazu zu bringen, uns eine kostenlose und von uns selbst bestimmte medizinische Versorgung zu gewähren. Wir wollen unsere Krankenkasse wie alle anderen Arbeiter*innen auch;
- Um so viele Kinder bekommen zu können, wie wir wollen, mit der Garantie, dass wir sie gut versorgen können;
- Um ab sofort freie und kostenlose Abtreibungen durchzusetzen, aber auch, dass niemand zur Abtreibung gezwungen wird, eine Form von Gewalt und Risiko, die unserem Frausein implizit ist.« (S. 51)

Dieser Kampf um einen staatlich finanzierten Lohn für Hausarbeit sollte dazu beitragen, die Abhängigkeit vom Mann zu durchbrechen und Kapazitäten für Kämpfe in anderen Bereichen, darunter die Sexualität, zu schaffen. Tatsächlich ermöglichten diese kämpferischen Auseinandersetzungen, »ein neues Terrain für die Manifestation der Sexualität selbst zu entdecken« (S. 53). Wir werden später darauf zurückkommen.

Ein Lohn gegen die Natürlichkeit der Hausarbeit[148]

Die Forderung nach einem Lohn für Hausarbeit hatte spezifische Ziele: Finanzielle Autonomie zu erlangen, aus dem Zustand der ›Machtlosigkeit‹ auszubrechen, in die Lage versetzt zu werden, Dauer und Ausmaß der reproduktiven Arbeit zu reduzieren, sie gegebenenfalls auch ablehnen zu können und die Vergesellschaftung der Arbeit zu gestalten. Es ging also keineswegs darum, »die Rolle der Hausfrau zu etablieren«, wie die Gegner*innen dieser Strategie glaubten, sondern im Gegenteil darum, diese Rolle als angeblichen Bestandteil der ›Natur‹ der Frauen zu zerstören. Das Unterfangen von »Lohn für Hausarbeit« bestand gewissermaßen darin, die biologische Definition von Frauen zu zerschlagen, die der Kapitalismus hervorbrachte, indem er sie auf die Rolle der Hausfrau festlegte. »Die Tatsache, dass die Hausarbeit unbezahlt ist, verlieh diesem gesellschaftlich durchgesetzten Zustand den Anschein der Natürlichkeit, der ›Weiblichkeit‹, und das betrifft uns bei allem, was wir tun.«[149]

Ein Lohn für die Trennung von ›Natur‹ und Arbeit

Diesem wichtigen Aspekt der Perspektive von »Lohn für Hausarbeit« widmet sich unter anderem ein Text von Silvia Federici, Mitbegründerin der New Yorker Gruppe von »Lohn für Hausarbeit« . Es handelt sich um »Wages Against Housework« (»Lohn gegen Hausarbeit«), der 1975 geschrieben wurde, in dem Jahr, in dem das *Internationale Feministische Kollektiv* am aktivsten war.

> »Hausarbeit wurde in ein natürliches Attribut umgewandelt, anstatt als Arbeit anerkannt zu werden, weil sie dazu bestimmt war, nicht bezahlt zu werden. Das Kapital musste uns davon überzeugen, dass sie eine natürliche, unvermeidliche und sogar erfüllende Tätigkeit ist [...]. Dieser Betrug, der als Liebe und Heirat daherkommt, betrifft uns alle, sogar dann, wenn wir nicht verheiratet sind, denn wenn die Hausarbeit gänzlich naturalisiert und vergeschlechtlicht ist und zu

einem Attribut der Frauen wird, dann werden wir alle als Frauen dadurch bestimmt.« (S. 39 und 41).

Dadurch, dass es »natürlich« für Frauen ist, bestimmte Aufgaben auszuführen, erklärt Federici, wird erwartet, dass alle Frauen diese Aufgaben ausführen, selbst diejenigen, die die Mittel haben, sich ihnen zu entziehen. Alle Frauen leben unter diesem Gesetz der ›Natur‹. »Vielleicht dienen wir nicht einem Mann, aber wir stehen gegenüber der gesamten Männerwelt in einem dienenden Verhältnis« (S. 41).

Diese Analyse ermöglicht es Silvia Federici, die ausgesprochen subversiven Implikationen der Aussicht auf einen Lohn für Hausarbeit in den Blick zu nehmen: »*Durch diese Forderung ist Schluss mit der Natur und es beginnt unser Kampf, denn allein dadurch, dass wir Lohn für Hausarbeit verlangen, weisen wir es zurück, dass diese Arbeit als Ausdruck unserer Veranlagung gesehen wird,* und damit verweigern wir uns der Rolle, die das Kapital für uns vorgesehen hat.« (S. 42, Hervorhebungen im Original)

Der Bezug eines Lohns schafft eine Trennung zwischen einer Person und der Arbeit, die sie verrichtet: Die Person ist von diesem Zeitpunkt an Vertragspartner eines Gesellschaftsvertrags. »So ausgebeutet man sein

salario contro
il lavoro domestico
di silvia federici

- lo chiamano amore, noi lo chiamiamo lavoro non pagato
- la chiamano frigidità, noi la chiamiamo assenteismo
- ogni volta che restiamo incinte contro la nostra volontà è un incidente sul lavoro
- l'omosessualità e l'eterosessualità sono entrambe condizioni di lavoro... ma l'omosessualità è il controllo degli operai sulla produzione, non la fine del lavoro
- più sorrisi più denaro, niente sarà più efficace per distruggere le virtù di un sorriso
- nevrosi, suicidi, desessualizzazione: malattie professionali delle casalinghe

a cura del Collettivo Femminista Napoletano
per il Salario al Lavoro domestico

WAGES
AGAINST
HOUSEWORK

They say it is love. We say it is unwaged work.
They call it frigidity. We call it absenteeism.
Every miscarriage is a work accident.
Homosexuality and heterosexuality are both working conditions . . . but homosexuality is workers' control of production, not the end of work.
More smiles? More money. Nothing will be so powerful in destroying the healing virtues of a smile.
Neuroses, suicides, desexualisation: occupational diseases of the housewife.

by Silvia Federici

Titelseiten der italienischen und englischen Ausgabe von *Wages Against Housework* von Silvia Federici.

mag, man ist diese Arbeit nicht.« (S. 39) »Die Forderung nach Lohn für Hausarbeit untergräbt von sich aus schon die Erwartungen, die von der Gesellschaft an uns gestellt werden [...]. Wenn wir [...] um Lohn für die Hausarbeit kämpfen, kämpfen wir ganz unmittelbar und uneindeutig gegen unsere gesellschaftliche Rolle.« (S. 42) Und es bedeutet keineswegs, dass »wir, wenn wir dafür bezahlt werden, diese Arbeit dann weiterhin verrichten werden. Es bedeutet genau das Gegenteil.« (Ebd.) Es ist »der erste Schritt, um diese zu verweigern, denn die Forderung nach einem Lohn macht sie zu allererst sichtbar, und das ist der erste und unerlässliche Schritt, um gegen sie kämpfen zu können, sowohl in ihrer unmittelbaren Bedeutung als Hausarbeit, als auch in ihrem hinterhältigen Charakter als Weiblichkeit.« (S. 42 f.)

Der Lohn sei daher von entscheidender Bedeutung, nicht nur um die Reproduktionsarbeit sichtbar zu machen, sondern auch um »unsere Weiblichkeit als Arbeit«, die Rolle der Frauen sichtbar zu machen. Das bedeute, dass Frauen sich damit weigern, ihre Arbeit als biologisches Schicksal zu akzeptieren. Das Fehlen eines Lohns hingegen rücke sie in die Unsichtbarkeit. Die Botschaft der Forderung ist eindeutig:

> »Von nun an müssen sie uns bezahlen, denn als Frauen garantieren wir für nichts mehr. Wir wollen das Arbeit nennen, was Arbeit ist, damit wir irgendwann wieder entdecken, was Liebe ist, und unsere Sexualität gestalten, die wir bisher nicht kennenlernten. [...] Von nun an wollen wir für jeden einzelnen Moment Geld haben, damit wir einen Teil davon und vielleicht sogar alles verweigern können. In dieser Hinsicht kann nichts wirksamer sein, als vor Augen zu führen, dass unsere weiblichen Tugenden bereits einen berechenbaren Geldwert haben: bislang nur für das Kapital, umso mehr, je größer unsere Niederlage war, aber von jetzt an gegen das Kapital, für uns, in dem Maße, in dem wir unsere Macht organisieren.« (S. 43 f.)[150]

»Die blaue Arbeitskluft verleiht nicht mehr Macht als die Kochschürze«

Warum sollte man die Hausarbeit nicht gegen einen Job auf dem Arbeitsmarkt eintauschen? Weil die Arbeit außerhalb des Hauses, so Federici, die Rolle der Frau nicht verändert: »Der zweite Job vergrößert nicht nur unsere Ausbeutung, sondern reproduziert einfach unsere Rolle in verschiedenen Formen.« (S. 44) Tatsächlich sind die für Frauen vorgesehenen Arbeitsplätze in der Regel ›weibliche‹ Arbeitsplätze: Frauen werden Kellnerinnen,

Lehrerinnen, Sekretärinnen, Krankenschwestern, d.h. es handelt sich um eine Ausweitung der Haus- und Reproduktionsarbeit, es sind »alles Aufgaben, für die wir schon zu Hause trainiert wurden.« (Ebd.)

> »So betrachtet hat der Lohn für Hausarbeit einen viel größeren erzieherischen Wert, als wenn wir versuchen, [den Männern] zu beweisen, dass wir wie sie arbeiten können und dieselben Jobs machen können. Das können wir getrost den ›Karrierefrauen‹ überlassen [...]. Und wir müssen nicht beweisen, dass wir uns auch den ›Blaumann‹ überziehen können. Das haben viele von uns schon längst getan, nur um festzustellen, dass uns die blaue Arbeitskluft nicht mehr Macht verlieh als die Kochschürze, sehr oft verloren wir sogar an Macht, weil wir dann beide Uniformen tragen mussten und damit weniger Zeit und Energie zur Verfügung hatten, um dagegen zu kämpfen.« (S. 46)

Laut Silvia Federici »werden wir niemals eine echte Veränderung erreichen, wenn wir unsere weibliche Rolle nicht an der Wurzel angreifen. Unser Kampf für soziale Dienstleistungen, das heißt für bessere Arbeitsbedingungen, wird immer in einer Enttäuschung enden, wenn wir nicht vorher schon durchsetzen, dass unsere Arbeit Arbeit ist. Solange wir nicht gegen das Ganze kämpfen, werden wir zu keinem Zeitpunkt kleine Siege davontragen.« (S. 44)

Heterosexualität als Bestandteil der Hausarbeit

Eine weitere wichtige Dimension der theoretischen Perspektive von »Lohn für Hausarbeit« ist die Analyse von Heterosexualität als Bestandteil der Definition von Hausarbeit.

> »Sie sagen, es ist Liebe. Wir sagen, es ist unbezahlte Arbeit.
>
> Sie nennen es Frigidität. Wir nennen es Arbeitsverweigerung.
>
> Jede Fehlgeburt ist ein Arbeitsunfall.
>
> Homosexualität und Heterosexualität sind beides Arbeitsbedingungen ... doch Homosexualität ist die Kontrolle der Arbeiter*innen über die Produktion, nicht das Ende der Arbeit.
>
> Mehr lächeln? Mehr Geld. Nichts wird mächtiger sein, um die heilenden Tugenden eines Lächelns zu zerstören.
>
> Neurosen, Selbstmorde, Ent-Sexualisierung: Berufskrankheiten der Hausfrau.« (S. 37)

Sexualität durch das Prisma der Hausarbeit zu betrachten, war damals ein skandalöser Zugang. Sex in der Folge als Klausel im Arbeitsvertrag der Frauen, dem Ehevertrag, zu betrachten – wobei die Einhaltung dieser Klausel Voraussetzung für ihren materiellen Unterhalt war – das war noch skandalöser.[151] Eine Verbindung zwischen der wirtschaftlichen Abhängigkeit der Frauen im Haushalt von den Männern einerseits und ihrer geringen Macht über ihre Sexualität andererseits herzustellen, war jedoch folgerichtig in der Perspektive von »Lohn für Hausarbeit« .

»Wir sind die einzigen Wesen, bei denen es so gründlich gelungen ist, die Sexualität und die Gefühlssphäre zu unterdrücken und in eine ›Dienstleistung‹ umzuwandeln«, schreibt Mariarosa Dalla Costa. Für viele Frauen ist »die Sexualität der Punkt, an dem sie mit ihrer unterdrückten und ausgebeuteten Situation brechen, und damit das erste Feld ihrer Rebellion«.[152] Die ›Untreue der Frau‹, die eine der Erscheinungsformen dieser Rebellion ist, wurde jedoch historisch gesehen auf eigene Gefahr ausgeübt und war für viele von ihnen mit einem hohen Preis verbunden, analysiert Federici.

Die Sexualität wurde unterdrückt und kanalisiert und so zu einem Instrument zur Produktion und Reproduktion von Menschen und ihrer Arbeitskraft sowie zu einer sexuellen Dienstleistung für Männer. Sexuelle Beziehungen seien, so betrachtet, Arbeit, Teil der Hausarbeit, und deren wichtigste Voraussetzung sei die Heterosexualität.

Silvia Federici erläutert: »Indem unsere Sexualität der Reproduktion der Arbeitskraft unterworfen wurde, wurde uns die Heterosexualität als das einzig akzeptable Sexualverhalten aufgezwungen«.[153] Die Sexualität sei damit ein Ort von Machtbeziehungen zwischen Männern und Frauen. Lesbischsein werde daher gesellschaftlich verwerflich, da es sich um eine ›unproduktive‹, ›nicht fortpflanzungsfähige‹ Form der Sexualität handele: »Lesbischsein muss als eine Form der Delinquenz verurteilt werden, da es sich um einen direkten Angriff auf die Disziplin der Sexarbeit handelt, die Frauen in der kapitalistischen Gesellschaft auferlegt wird.«[154] Mariarosa Dalla Costa schreibt in »Frauen und der Umsturz der Gesellschaft«: »In diesem Sinn ist die Schwulenbewegung der größte Versuch auf Massenebene, Sexualität und Macht voneinander zu lösen.«[155] Dieser Aspekt der Theorieproduktion der Lohn-für-Hausarbeit-Strömung wurde innerhalb des *Internationalen Feministischen Kollektivs* insbesondere von den Gruppen *Wages Due Lesbians*[156] weiterentwickelt.

Ab 1975 beschlossen lesbische Frauen, die sich innerhalb der Lohn-für-Hausarbeit-Gruppen engagierten, sich in autonomen Gruppen zu organisieren, ohne dabei die Strategie von »Lohn für Hausarbeit« aufzugeben. Sie nannten sich *Wages Due Lesbians.*[157] Das ›Coming-out‹ der ersten Wages-Due-Lesbians-Gruppe, der Gruppe aus Toronto, erfolgte auf der Montrealer Konferenz des *Internationalen Feministischen Kollektivs* im Februar 1975,[158] und zwar durch die Lancierung eines Textes namens »Fucking is Work«. Ich gebe im Folgenden die Grundzüge einiger der von *Wages Due Lesbians* verfassten Texte wieder, um die Originalität ihrer Analysen und ihren Beitrag zur multidimensionalen Perspektive von »Lohn für Hausarbeit« hervorzuheben.[159]

Heterosexualität liegt nicht in unseren Genen

Die Theoretikerinnen der Lohn-für-Hausarbeit-Perspektive haben die Familie als Produktionszentrum, in dem die Arbeit von Frauen erzwungen wird, gedacht. *Wages Due Lesbians* trieben diese Analyse der Familie noch weiter voran, indem sie feststellten, dass dieses familiäre Produktionszentrum, das die Arbeit von Frauen erpresst, heterosexuell ist.

Heterosexualität ist ihnen zufolge ein Bestandteil der Hausarbeit und somit »Teil der Definition von Hausarbeit«.[160] Die Heterosexualität ist eine »Arbeitsmoral«, die vorschreibt, dass alle Frauen »›von Natur aus‹ den Männern sexuell (sowie emotional, physisch etc.) dienen. Wir wissen, dass viele Frauen lesbisch, ledig oder ›frigide‹ sind, also wissen wir auch, dass Heterosexualität nicht ›natürlich‹ ist, dass sie nicht ›in unseren Genen‹ liegt«.

Heterosexualität ist vielmehr »Teil der Ausbildung für die Arbeit, die wir zu erledigen haben. Wir reproduzieren und versorgen weltweit die Arbeiter, uns selbst eingeschlossen. Dass es Lesben gibt, zeigt, dass es sich bei sexuellen Diensten um ARBEIT handelt«.[161]

> »Die Existenz des Lesbentums hilft, die sexuellen Bedürfnisse von Frauen zu benennen. Es ist Ausdruck des Bedürfnisses aller Frauen, über unsere eigene Sexualität selbst zu bestimmen, genauso wie die Forderung nach gemeinschaftlich organisierter Kinderbetreuung ein Ausdruck unseres Bedürfnisses ist, weniger hart zu arbeiten. Es ist keine Lösung für unsere sexuellen Bedürfnisse. Es ist an sich noch kein Sieg. Aber es ist dennoch ein Kampf gegen die kapitalistische Institutionalisierung unserer Sexualität.«[162]

Weiter heißt es im Text, dass das Lesbischsein eine Weigerung sei, Männern sexuell und emotional zu dienen, und aufgrund dessen ein Kampf gegen diese Arbeit darstelle. Sich um sich selbst und eine andere Frau zu kümmern – die lesbische Beziehung – stelle »eine Art der Kontrolle der Arbeiter*innen über ihre Produktionsmittel« dar. Alle Frauen kämpften auf die eine oder andere Weise gegen die Hausarbeit, und das Lesbischsein sei eine dieser Arten, die insbesondere deutlich mache, dass »der Heterosexualität Arbeit zugrunde liegt«.[163]

Indem Lesben sichtbar werden, heißt es weiter, machen sie deutlich, dass sie gegen die Institutionalisierung weiblicher Sexualität ankämpfen. Lesbischsein werde von der Gesellschaft am häufigsten als Drohung benutzt, um Frauen auf dem ›rechten Weg‹ zu halten – der Vorwurf, keine ›richtige Frau‹ zu sein, ist genau so zu verstehen. Anstatt sich von dieser Bedrohung lähmen zu lassen, könnten Lesben sie nutzen, so *Wages Due Lesbians*, indem sie die Möglichkeit einer sexuellen Wahl verdeutlichen. Selbst in ihrer individuellen Beziehung mit einem Mann könnte eine Frau, falls nötig, immer noch die Möglichkeit des Lesbischsein in Erwägung ziehen. Es sei eine Art Machthebel für Frauen, und deshalb wichtig, dass Lesben in der Bewegung »Lohn für Hausarbeit« sichtbar sind. Die Kraft, die wir als Lesben in der Bewegung »Lohn für Hausarbeit« gewonnen haben, schreiben *Wages Due Lesbians*, ist etwas, das wir mit allen Frauen teilen wollen.

»Warum Lesben einen Lohn für Hausarbeit wollen«[164]

Viele glaubten, dass alleinstehende Frauen, insbesondere Lesben, von der Hausarbeit befreit seien. Dies entspricht laut den Theoretikerinnen nicht der Wahrheit, so seien doch alle Frauen zur Hausarbeit verpflichtet: Es sei eine aufgezwungene Rolle. Häufig, so die *Wages Due Lesbians*, mögen wir es nicht, uns als Hausfrauen zu identifizieren, und dies sei absolut verständlich, da Hausfrauen wenig Macht haben, während wir selbst Macht anstreben. Es sei jedoch ein Fehler zu glauben, dass wir uns dieser Arbeit entziehen könnten, solange es den Kapitalismus gibt:

> »Manchmal wird behauptet, dass alleinstehende Frauen keine Hausarbeit machen (vor allem Lesben). ALLE Frauen machen Hausarbeit. Das ist unsere Rolle. Das ist es, was man von uns allen erwartet. […] Wenn wir außerhalb des Hauses arbeiten, ist ein großer Teil dieser Arbeit unbezahlte Hausarbeit. Uns allen wurde beigebracht, anderen in den Arsch zu kriechen, Kaffee zu kochen, weiblich zu sein, still zu sein, usw. Aber diese Arbeit ist nicht in unserer Stellenbeschreibung enthalten. Diese Qualifizierung findet sich nicht in unserem Gehalt wieder […]

> Und wenn wir unsere Arbeit beendet haben, gehen wir nicht nach Hause zu einer Frau. Wir müssen uns unser eigenes Abendessen kochen, unsere eigene Wäsche waschen, aufräumen, die Rechnungen bezahlen, usw. Wir reproduzieren uns selbst als Arbeitnehmerinnen, und auch das ist unbezahlte Arbeit. Ebenso wie unsere gelegentliche Vergewaltigung; ob wir nun lesbisch sind oder nicht, es wird davon ausgegangen, dass wir heterosexuell sind, auch wenn wir versucht haben, die Arbeit des Fickens zu verweigern.«[165]

Das Lesbischsein sei in diesem Sinne »die organisierte Form des Kampfes der Frauen gegen Ficken-als-Arbeit«.[166] Die *Wages Due Lesbians* organisierten sich in autonomen Gruppen innerhalb der Lohn-für-Hausarbeit-Bewegung, weil sie daran zweifelten, dass Heterosexuelle für die Interessen der Lesben kämpfen und diese verteidigen würden. Sie hielten es trotzdem für wichtig, innerhalb der Bewegung »Lohn für Hausarbeit« zu kämpfen, nicht nur, um ihren Stimmen Gehör zu verschaffen, sondern auch, weil alle Frauen, lesbische wie heterosexuelle, gesellschaftlich als Hausfrauen identifiziert würden. Deshalb hielten sie es für zwingend erforderlich, sich zu organisieren, um ihre Ausbeutung als Frauen zu beenden, und dieser Kampf verlief über die Forderung nach einem Lohn für Hausarbeit.

Wages Due Lesbians zeigte, dass die Lesbenbewegung nicht nur eine Bewegung war, die sich mit ›Lifestyle‹ und verschiedenen sexuellen Optionen befasste, sondern auch eine Bewegung gegen die Arbeit, die Frauen in der kapitalistischen Arbeitsorganisation abverlangt wird, und gegen die Spaltung der Frauen untereinander. *Wages Due Lesbians* wollte, dass die Bewegung »mehr Kraft aus diesen Gegensätzen« zieht, ohne »die jeweilige Autonomie der Frauen, deren Interessen nicht unmittelbar übereinstimmen, zurückzuweisen«.[167]

Die Entlarvung der Unnatürlichkeit von Heterosexualität und die Analyse von (hetero-) sexuellen Beziehungen als ›Arbeit‹, die in der Ehe unentgeltlich geleistet und von den Frauen in dieser Beziehung erpresst wird, war 1975 eine revolutionäre theoretische Innovation. Das Lesbischsein war bis dahin noch nie durch ein solches Prisma analysiert worden. Die Einordnung des Lesbenkampfes in einen Marx'schen Denkhorizont innerhalb der Perspektive von »Lohn für Hausarbeit« war ein völlig neues Phänomen, selbst innerhalb der damaligen lesbischen Denkströmungen.[168]

Ein Poster der Gruppe *Black Women for Wages for Housework* und des *New York Wages for Housework Committee*

Die Lohn-für-Hausarbeit-Perspektive war offensichtlich so weit gefasst, dass Frauen vielfältiger Identitäten und in verschiedensten Situationen darin nebeneinanderstehen, mobilisiert werden und zusammengeführt werden konnten. Sie war auch breit und inklusiv genug, um einer anderen Gruppe von Frauen die Möglichkeit zu geben, ihre einzigartigen Stimmen und Kampfanliegen zu Gehör zu bringen: rassifizierten Frauen, in diesem Fall afroamerikanischen Frauen.

Das besondere Verhältnis afroamerikanischer Frauen zur Hausarbeit

Das integrative Potenzial der Perspektive von »Lohn für Hausarbeit« wird uns insbesondere in dem Text »The Autonomy of Black Lesbian Women« von Wilmette Brown von der Gruppe *Black Women for Wages for Housework* aufgezeigt. Diese Gruppe entstand, wie wir im nächsten Kapitel sehen werden, im Anschluss an die »Welfare Conference«, die von der New Yorker Gruppe für »Lohn für Hausarbeit« im April 1976 organisiert wurde. Im Folgenden werden die inhaltlichen Schwerpunkte dieses Essays erläutert,[169] der später zu den Gründungstexten der Wissenschaftsdisziplin *Black Feminist Criticism* in den USA gehören wird.[170]

Auf der Konferenz von *Wages Due Lesbians* in Toronto, auf der dieser Text erstmals vorgestellt wurde, sollte geklärt werden, was lesbische Autonomie in verschiedenen Hinsichten bedeutet. Wilmette Brown diskutierte in ihrem Vortrag, was Autonomie für afroamerikanische, rassifizierte und lesbische Frauen bedeutet. Die Autonomie musste ihrer Meinung nach auf drei Ebenen umgesetzt werden: gegenüber afroamerikanischen Männern, gegenüber *weißen* Frauen und gegenüber Schwarzen heterosexuellen Frauen. Laut Wilmette Brown wird anhand der Situation und Kämpfe Schwarzer Frauen ersichtlich, was Rassismus und Sexismus sind.

Wilmette Brown, 1977. (CWMA)

Multidimensionalität des Kampfes um Autonomie

Rassismus führt laut Brown dazu, dass Schwarze Männer im Vergleich zu *weißen* Männern einen geringeren Zugang zu Löhnen haben. Diese Geldknappheit und fehlenden Löhne in der afroamerikanischen Community bedeuten mehr Arbeit für Schwarze Frauen, da sie gezwungen sind, jede verfügbare Arbeit anzunehmen. Doch auch wenn Schwarze Männer deutlich weniger Macht haben als *weiße* Männer – weniger Zugang zu Bildung, Ausbildung und angemessenen Löhnen –, sei die »Macht des männlichen Lohns« auch in der afroamerikanischen Community ungebrochen. Kurzum: Schwarze Männer haben Macht über Schwarze Frauen.

Tatsächlich stellte die *Black Liberation* der 1960er-Jahre keine Befreiung für afroamerikanische Frauen dar, denn die Organisationen, die diese Bewegung vorantrieben, basierten auf der »Ideologie der sexuellen Überlegenheit des Schwarzen Mannes« (S. 3). Mehrere Frauen verließen Ende der 60er diese Organisationen, was häufig das Aus für Letztere bedeutete, denn »sie waren auf dem Rücken Schwarzer Frauen gegründet, die die Hausarbeit übernahmen. ... Wir waren das Rückgrat dieser Organisationen« (S. 4). Schwarze Frauen mussten sich von da an unabhängig von Schwarzen Männern organisieren – ebenso wie von *weißen* Frauen.

Weiße Frauen haben einen privilegierten Zugang zum Lohn des *weißen* Mannes. Sie genießen, was man als ›Lohnschutz‹ bezeichnen könnte (auch wenn dieser Schutz je nach Klasse sehr unterschiedlich ist). Schwarze Frauen hatten historisch keinen Zugang zu diesem Schutz, vor allem, weil es ihnen in der Zeit der Sklaverei nur schwer möglich war, eine Ehe einzugehen und damit den Schutz durch einen Lohn zu erhalten.

In den USA entstand ausgehend von der Sklaverei eine Arbeitsteilung, die *weiße* Frauen als *Ladies* definierte: Schönheit, Weiblichkeit, ein Liebesobjekt auf einem Podest – das waren die Merkmale des Objekts ›*weiße* Frau‹. Für Schwarze Frauen gab es keine derartigen Weiblichkeits- und Schönheitskriterien. Den *Ladies* standen die *Mammies* gegenüber: Dienerinnen der *weißen* Frauen, aber auch ›Prostituierte‹, die Zugang zu Männerlöhnen suchten, und unverheiratete Mütter. Angesichts dieser Arbeitsaufteilung zwischen *weißen* und Schwarzen Frauen, angesichts dieser – wenn auch nur relativen – Macht *weißer* Frauen über Schwarze Frauen müssen sich letztere unabhängig von *weißen* Frauen organisieren, schlussfolgert Brown:

> »Wir organisieren uns auf der Grundlage unserer spezifischen Lebensbedingungen als Schwarze Frauen und auf der Grundlage der spezifischen Natur unseres Kampfes – ein ständiger Kampf gegen Mangel, Entwürdigung und Selbsthass. Und wir organisieren uns autonom, um für einen Lohn für Hausarbeit zu kämpfen, und zwar ausgehend von unserer spezifischen Situation, um unsere Arbeit als Schwarze und unsere Arbeit als Frauen zu beenden.« (S. 5)

Abschließend kommt Wilmette Brown auf die Notwendigkeit der Autonomie von Schwarzen Lesben gegenüber Schwarzen heterosexuellen Frauen zu sprechen und auf die zusätzliche Herausforderung, die es bedeutet, sich in der afroamerikanischen Community als Lesbe zu definieren. Die Geschichte der US-amerikanischen Sklaverei und der Kapitalismus haben Brown zufolge Schwarze als besonders sexuell potent konstruiert. Der Schwarze Mann wird sexuell definiert. Bei Schwarzen Frauen hat sich diese Definition in der Darstellung der Schwarzen Frau als Sexarbeiterin niedergeschlagen. In diesem Zusammenhang ist

> »[die] Schwarze Lesbe, die die sexuelle Arbeit ablehnt, die die Beziehung zu Männern bedeutet, die die Arbeitsbedingungen der Weiblichkeit ablehnt, die damit einhergehen, Männern sexuell zu dienen, diese Schwarze Lesbe ist wirklich ein *Superfreak*. Sie ist nicht nur ein *Freak* im Vergleich zu anderen Frauen – weil sie heterosexuelle Arbeit ablehnt –, sondern sie ist auch ein *Freak*, weil sie Schwarz ist. Denn Schwarzsein wird im Kapitalismus sexuell definiert. Und die Schwarzen Aktivisten, die Schwarzen Männer, übernahmen in den 1960er-Jahren diese Definition ihrer selbst als sexuelle Wesen, weil dies eine Möglichkeit war, ihre eigene männliche Macht zu stärken – die der Heterosexualität. Daher müssen sich Schwarze Lesben autonom von heterosexuellen Schwarzen Frauen organisie-

ren, weil wir die *Freaks* sind; und solange wir unsere Bedürfnisse nicht an erste Stelle setzen, wird es niemand für uns tun und keiner wird dafür kämpfen. [...]

Wir müssen sichtbar sein. Und das können wir nur sein, wenn wir uns autonom organisieren. Denn nicht alle Schwarzen Frauen sind heterosexuell. [...] Um mit anderen Schwarzen Lesben in Kontakt zu treten, um unsere Interessen und unsere singuläre Sicht auf unseren Kampf zum Ausdruck zu bringen, müssen wir sichtbar sein.« (S. 6)

Die Herausforderung multipler Identitäten afroamerikanischer Frauen

Als Frau Schwarz und lesbisch zu sein, stellt laut Wilmette Brown also eine Herausforderung dar: »eine Herausforderung für unser sexuelles Selbstverständnis, für unser Selbstverständnis als Frauen, und eine Herausforderung für unser Selbstverständnis als Schwarze« (S. 7). Frau, Schwarz und lesbisch: Dies sind die multiplen Identitäten vieler afroamerikanischer Frauen.[171]

Der von Wilmette Brown vorgeschlagene Weg, diese Herausforderung zu meistern, sieht so aus:

»Die Perspektive von ›Lohn für Hausarbeit‹ ermöglicht es lesbischen Schwarzen Frauen, sich autonom zu organisieren, mit der Aussicht, etwas zu erreichen, indem sie sich organisieren. Indem sie Geld erhalten, wird es ihnen möglich, für ihr Lesbischsein zu kämpfen, und viele andere Schwarze Frauen, die in Ehen gefangen sind, erhalten die Macht, sich als Lesben zu outen. [...] Die Perspektive von ›Lohn für Hausarbeit‹ ermöglichte es Schwarzen lesbischen Frauen wie mir erstmals, sich wirklich mit heterosexuellen Schwarzen Frauen zu verbinden. [...] Diese Perspektive ermöglichte es, über diesen scheinbaren Unterschied zwischen Frauen hinauszugehen, angesichts der Tatsache, dass alle Schwarzen Frauen gegen die Hausarbeit und für Geld zum Überleben kämpfen. Diese Perspektive ermöglichte es uns zu sehen, dass Schwarze Frauen mit zehn Kindern, die für Sozialhilfe kämpfen [...], darum, Geld direkt vom Staat zu bekommen, denselben Kampf kämpfen wie ich, den Kampf für Geld gegen die Abhängigkeit von der Macht der Männer. Diese Perspektive – die Perspektive von ›Lohn für Hausarbeit‹ – hat es mir zum ersten Mal in meinem Leben möglich gemacht, mich mit anderen Schwarzen Frauen, unabhängig von ihrer Situation, zu verbünden, weil wir alle gegen die Hausarbeit, gegen die heterosexuelle Disziplin, gegen die heterosexuelle Arbeitsdisziplin, für Geld kämpfen – um unabhängig zu werden.« (S. 7f.)

Um sichtbar zu werden, müssten Schwarze lesbische Frauen autonome Organisationen gründen. Es sei dringend notwendig, sich mit anderen

Schwarzen lesbischen Frauen zu solidarisieren, damit sie aus der Isolation herauskommen und sich outen können. Die Perspektive von »Lohn für Hausarbeit« ermögliche diese notwendige Solidarität mit allen Schwarzen Frauen und allen anderen Frauen: »Da die Löhne aller Frauen niedriger sind als die Löhne aller Männer, sind alle Frauen von allen Männern abhängig« (S. 9). Wilmette Brown ist der Ansicht, dass die in ihren Augen notwendige autonome Organisierung von Frauen nicht dazu führen darf, dass die Macht der Frauen aufgesplittet wird, sondern vielmehr dazu beitragen sollte, ihre Reichweite zu vergrößern – was durch die Strategie von »Lohn für Hausarbeit« möglich werde.[172]

Hausarbeit: Vor, nach und in der Schule

Eine der vielfältigen Dimensionen des Denkansatzes von »Lohn für Hausarbeit« beinhaltete völlig neuartige feministische Reflexionen und Strategien in Bezug auf die Schule. Mariarosa Dalla Costa hatte bereits 1972 »die Beziehung, die Frauen zum Haus und draußen mit der gesamten Organisation der Arbeit verbindet, also die Beziehung, die aus unserer Sicht das Viertel mit der Schule und der Fabrik verbindet«, untersucht.[173] Ihr zufolge müssen Frauenbewegungen in ihren Kämpfen zunächst alle Orte aufdecken, an denen bisher nicht sichtbar wird, wie viel häusliche Arbeitskraft der Frauen dort verausgabt wird, um das gesamte Ausmaß der kostenlosen reproduktiven Arbeit zu erfassen. Eine weitere Theoretikerin der Lohn-für-Hausarbeit-Bewegung, Maria Pia Turri, Mitglied der Gruppe »Lohn für Hausarbeit« in Padua, hat diese Überlegungen hinsichtlich der Schule vertieft.[174]

Für Turri haben Frauen ein spezifisches Arbeitsverhältnis zur Schule. Diese Besonderheit betrifft diejenigen, die in der Schule arbeiten (ob sie dort unterrichten oder nicht), diejenigen, die dort lernen, sowie Hausfrauen, »die – als Mütter, Schwestern, Großmütter – der Schule einen Teil ihres Arbeitstages widmen« (S. 173). Kurz gesagt: Frauen arbeiten »in, außerhalb und um die Schule herum«. Wie und auf welcher Grundlage, fragt Turri, können »die gemeinsamen Interessen aller Frauen [neu gefasst werden], um eine feministische Strategie für die Schule zu entwickeln«?

Bisher habe niemand, einschließlich der Linken, die Komplexität der Ausbeutung von Frauen in der Institution Schule erkannt, weil niemand von der häuslichen Arbeit ausgegangen sei, um sie zu erfassen. Maria Pia

Cover von Louise Vandelac (Hrsg.), *L'Italie au féminisme*, Paris, Tierce, 1978, mit einer Sammlung verschiedener Texte über die italienische Frauenbewegung.

Turri ist der Ansicht, dass es eine »Interdependenz zwischen Hausarbeit und Schularbeit« gibt, da beide einen »großen Anteil unentgeltlicher Arbeit« beinhalten. »Frauen in der Schule sind in erster Linie Hausfrauen, egal ob sie Schülerinnen, Lehrerinnen, Betreuerinnen oder anderes sind« (S. 175).

> »Als wir von unserem Standpunkt als Frau aus die Besonderheit der Arbeit innerhalb des Schulapparats analysierten, erschienen uns die Ähnlichkeiten (und wir können sagen ›die Homogenität‹) zwischen dieser Arbeit und der Arbeit zu Hause als äußerst bedeutsam. *In beiden Fällen handelt es sich um eine Reproduktionsarbeit, die hauptsächlich von Frauen geleistet wird und viele ehrenamtliche Aufgaben umfasst.* [...] In der Tat bedient sich das Unterrichten, ebenso wie die Reproduktionsarbeit von anderen, direkt der hohen Spezialisierung von Frauen, die sie durch einen langen Lernprozess erwerben, der mit der Geburt beginnt.« (S. 176, Hervorhebungen im Original)

In der Tat lernen kleine Mädchen durch ihre Spiele die Hausarbeit kennen. Die Arbeit der Frauen erweist sich als ein kontinuierlicher Zyklus, »der in der Kindheit beginnt und sich das ganze Leben lang fortsetzt«. Frauen unterrichteten in großem Umfang in der Grundschule, eine Form des Unterrichtens, »die viele unbezahlte Funktionen beinhaltet, die ihre Entsprechung in der Hausarbeit haben: emotionale und psychologische Aufgaben, ›Geduld haben‹, ›die Schüler*innen liebevoll behandeln‹, sie trösten, sie ermutigen, wenn es nötig ist, usw.« (S. 176 f.). Denjenigen, die nicht unterrichten, wie z. B. Hausverwalterinnen,[175] würden ›Frauenaufgaben‹ zugewiesen; von Sekretärinnen beispielsweise würden ständig häusliche Dienste verlangt. Es gebe eine Besonderheit der Arbeitsbedingungen von Frauen in der Schule, die auf die reproduktive Arbeit im Haushalt verweise.

Zu Hause müssten die Mütter dann als Lehrerinnen fungieren, um die Schularbeit der Kinder zu ergänzen, und sich um ihre Freizeit kümmern, was »den Rhythmus der Hausarbeit intensiviert«. Die Schule bestimme auch den Rhythmus des Arbeitstages der Mütter. Da es keine geeigneten Transportmöglichkeiten gebe, müssten die Mütter die Kinder zur Schule bringen und wieder abholen, und zudem entsprechend dem Schulrhythmus des jeweiligen Kindes die Mahlzeiten zubereiten und servieren.

Maria Pia Turri fasst zusammen: »Hinter dem Schulkind, das sauber, mit gewaschenen und gebügelten Kleidern und einem vollen Bauch in die Schule kommt, steht eine Frau, die bereits eine beträchtliche Menge an Arbeit geleistet hat. Diese unentgeltliche Arbeit wird jedoch nie anerkannt.« So kann man sagen, dass die Hausarbeit »vor, nach und in der Schule« stattfindet:

> »Denn auch wenn wir die Schule als einen der wichtigsten Orte der Reproduktion der Arbeitskraft begreifen, bleibt der zentrale Ort dieser Reproduktion das Haus. *Es ist die Hausarbeit, die letztlich die Reproduktion der Arbeitskraft sicherstellt, und auf dieser Arbeit baut dann die Arbeit in der Schule auf.*« (S. 174, Hervorhebung im Original)

Für Maria Pia Turri eröffnet diese Zentralität der Hausarbeit in der Schule völlig neue Kampfmöglichkeiten, da sie »die gemeinsamen Interessen der Frauen [...] verdeutlicht, indem sie die grundlegende Trennung zwischen bezahlten und unbezahlten Frauen aufbricht« oder auch einen Kampf zur schrittweisen Zerstörung der die Frauen trennenden Rollen einleitet, sowohl in der Familie als auch in der Schule (S. 176). Sprich, »indem sie die Schule zu einem Ort der Organisation und des Kampfes mit anderen Frauen machen, lehnen sich die Frauen dagegen auf, dass die Schule weiterhin die auf unentgeltlicher Arbeit basierende weibliche Rolle herausbildet und aufrechterhält« (S. 178).

Um diesen Gedanken in die Tat umzusetzen, organisierte das nationale Koordinierungskomitee der Kampagne für »Lohn für Hausarbeit« in Italien einen ersten feministischen Schulkongress, der im November 1976 in Florenz stattfand und an dem Frauen aus verschiedenen Städten Italiens teilnahmen. Turri schreibt hierzu:

> »Die Organisation des Kongresses spiegelte die Bemühungen der Lohn-für-Hausarbeit-Gruppen wider, die sich in der Schule entwickelnden Kämpfe aus unserer Sicht als Frauen zu interpretieren, zu verknüpfen und bekannt zu machen, und den gesamten Schatz an Informationen, Beobachtungen, Erfahrungen und Widersprüchen zu nutzen, den wir in Bezug auf die Schule erleben, ob wir nun Schülerinnen, Hausverwalterinnen, Mütter, Lehrerinnen oder anderes sind.« (S. 179)

Der Kongress wollte eine Debatte über die Schule anregen und Frauen zusammenbringen, die an verschiedenen, weit auseinander liegenden Orten arbeiten, um einen Austausch ihrer Erfahrungen zu ermöglichen und damit »anzufangen, über kollektive Aktionen nachzudenken«. Aus diesem feministischen Schulkongress gingen Vorschläge für den Kampf hervor, an denen sich diese Aktionen orientierten.[176]

Die disziplinierende Funktion häuslicher Gewalt

Zu den vielfältigen Komponenten der politischen Denkschule, die von verschiedenen Theoretikerinnen von »Lohn für Hausarbeit« entwickelt wurden, gehört auch eine tiefgründige Auseinandersetzung mit häuslicher Gewalt gegen Frauen, analysiert durch das Prisma der Hausarbeit. Diese Überlegungen stießen Kämpfe gegen Gewalt an, darunter Demonstrationen bei Prozessen gegen Frauen wegen Abtreibung oder Vergewaltigung. »Der Kampf gegen die Bedingungen der Hausarbeit ermöglicht die Entwicklung von Kämpfen, die die Grundlagen organisierter Gewalt gegen Frauen angreifen«, schrieben Aktivistinnen, die sich von dieser Analyseperspektive inspirieren ließen.[177]

Giovanna Franca Dalla Costa hat diesen Strang der Denkrichtung »Lohn für Hausarbeit« in ihrem Essay *Un lavoro d'amore*[178] genauer

Deckblatt des Buches *Un Lavoro d'amore* (Eine Arbeit aus Liebe) von Giovanna Franca Dalla Costa

theoretisiert. Nachdem in »Frauen und der Umsturz der Gesellschaft« die Familie als Ort der Produktion und Reproduktion der Arbeitskraft und die Hausarbeit als Handlung zur Produktion und Reproduktion dieser Arbeitskraft definiert worden war, bestand für G. F. Dalla Costa nun die Notwendigkeit, die Bedingungen der Hausarbeit genauer zu definieren.

Was sind die Besonderheiten dieser Arbeit? Die damalige feministische Bewegung hatte die Gewalt in den Geschlechterbeziehungen bereits angeprangert und ihre vielfältigen Erscheinungsformen benannt. Laut Giovanna Franca Dalla Costa musste man jedoch weitergehen und versuchen, »die Besonderheit dieser Gewalt zu definieren, um die Ursachen und Mechanismen, die sie hervorrufen, zu identifizieren und ihre bedeutendsten Formen zu untersuchen« (S. 33). Sie sucht die Erklärung für diese Art der Gewalt in der Natur der Beziehung von Frauen zur Hausarbeit.

Einige Gruppen der Frauenbewegung betrachteten Frauen im Haushalt als eine Art Sklavinnen, die im Rahmen von Ehe und Familie tatsächlich in einem sklavenähnlichen Verhältnis arbeiten. Selbst unsere Mütter riefen oft aus, erinnert sich G.F. Dalla Costa, »Ich lebe das Leben einer Sklavin!« oder »Er behandelt mich wie eine Sklavin!« oder auch »Man arbeitet hier wie eine Sklavin!« (S. 34). Von dieser Idee der Sklaverei ausgehend, kommt sie zu dem Schluss, dass, auch wenn es zwar einige Ähnlichkeiten gibt (undefinierte und unbegrenzte Arbeitszeiten und -aufgaben, keine monetäre Entlohnung, lebenslanger Verkauf der Arbeitskraft in der Ehe usw.), die Hausfrau ihrer Meinung nach eher in die Kategorie der Arbeiter*innen fällt – genauer gesagt ist sie eine Arbeiterin, die der Familie stets und unbezahlt zu Diensten steht: »Um ihren Zustand zu beschreiben, wird ein neuer Begriff benötigt. Sie ist [...] eine Hausarbeiterin« (S. 44).

Unter der ›Immunität der Liebe‹ verdeckte häusliche Gewalt

Als eine konkrete Besonderheit dieser Arbeit nennt G. F. Dalla Costa zunächst ihre ideologische Rechtfertigung: Es handele sich um eine Arbeit aus Liebe. Die Beziehung zu dieser Arbeit erwachse aus der Liebe: Da Liebe nicht messbar sei, sei auch die Arbeit aus Liebe nicht messbar.[179] Und da Liebe keinen Preis habe, sei auch die Arbeitskraft der Frauen ohne Maß und ohne Preis. Deshalb erhalten Hausfrauen auch keinen Lohn, welcher ihnen zumindest eine gewisse Unabhängigkeit garantieren würde.

Die Tatsache, dass die Arbeit der Hausfrau eine »Liebesarbeit« für einen Mann und die ganze Familie ist, zwinge sie – was bereits einer ersten Nötigung gleichkomme –, den Chef, den Ehemann, zu lieben, der der erste Nutznießer ihrer Arbeit ist, da sie von seinem Lohn abhängig ist, so Dalla Costa. Folglich »kommt ihm die Rolle zu, die Arbeit der Frau zu disziplinieren«. Und das Instrument dieser disziplinarischen Kontrolle über die Bedingungen der Haus- und Reproduktionsarbeit, das Mittel der Durchsetzung, ist physische Gewalt oder ihre Androhung (S. 53).

Da der Mann die Macht habe, solche Dienste zu befehligen (da die Frau von seinem Lohn abhängig ist),

> »[...] ist er berechtigt, ständigen Druck auszuüben, den wir mit Sicherheit als psychologische Gewalt beschreiben können. [...] Und jedes Mal, wenn der ›Liebesvertrag‹ von der Ehefrau gebrochen wird, darf er physische Gewalt anwenden, denn ›er liebt seine Frau‹ und hat daher das Recht zu verlangen, dass seine Frau ihn ›zurückliebt‹.« (S. 54)

Die Haus- und Reproduktionsarbeit beinhalte also in diesem Kontext Zwang, d. h. die Kontrolle über die Arbeit und die Bedingungen, unter denen sie ausgeübt wird, sowie die Androhung von Gewalt. Aber, so Giovanna Franca Dalla Costa, im Gegensatz zu allen anderen Herren anderer Formen von Ausbeutungsverhältnissen, ist der Herr des Hauses – in der Rolle des Vorarbeiters – »durch die Immunität der Liebe gedeckt«. Dies berechtige ihn dazu, körperliche Gewalt gegen seine Frau anzuwenden. Wenn der »Liebesvertrag« gebrochen wird, werde die disziplinarische Funktion des Mannes offensichtlich und »die Liebe schlägt in physische Gewalt um. [...] Der Ehemann übernimmt die Position des Richters [...] über die Vollkommenheit oder Unvollkommenheit der Hausarbeit. [...] Nachdem er geurteilt und das Strafmaß festgelegt hat [...], ist er es, der die Strafe anwendet und damit die Position des Polizisten einnimmt.« (S. 55)

Vorarbeiter, Richter und Polizist: So werden üblicherweise weltweit die Funktionen, die Ehemänner gegenüber ihren Frauen übernehmen, aufgefasst, schreibt Giovanna Franca Dalla Costa. Einige Sprichwörter belegen dies (etwa: »Schlage deine Frau dreimal am Tag: Auch wenn du nicht weißt, warum, sie weiß es.«). Und diese drei Funktionen garantieren in der kapitalistischen Gesellschaftsorganisation, dass diese Aufgaben erfüllt werden.

G. F. Dalla Costa untersucht auch, was die verschiedenen Situationen und Formen von Gewalt, denen Ehefrauen ausgesetzt sein können, unterscheidet, darunter sexuelle Gewalt. Da die sexuelle Verfügbarkeit der Ehefrau Teil des Ehevertrags sei, werde die Ausübung von Nötigung, die auf eine Verweigerung folgt, nicht als Gewalt oder Vergewaltigung angesehen. Die wirtschaftliche Abhängigkeit der Frauen sorge dafür, dass diese Art von Gewalt ungelöst blieb und unlösbar bleibt.

Straffreiheit für Ehemänner und Kriminalisierung von »Familienflüchtigen« (Lesben und Prostituierte)

Ein weiterer innovativer Schwerpunkt der Analyse in *Un lavoro d'amore* betrifft die Rolle des Staates bei häuslicher Gewalt. So legitimiere der Staat durch die Kodifizierung des Ehevertrags das Machtverhältnis innerhalb der Familie, das auf der unbezahlten Arbeit der Frauen beruht – und Gewalt miteinschließt. Auf diese Weise gewährleiste der Staat die Straffreiheit des Täters. Der Ehemann, der seiner Frau gegenüber gewalttätig ist, wisse, dass er von der Polizei nicht belangt oder auch nur behelligt wird, da er nicht der Vergewaltigung oder gegebenenfalls des Inzests angeklagt wird – die Gesetze, die Gewalttaten kriminalisieren, gelten nicht für eheliche Beziehungen. Der staatliche Ansatz zur Bekämpfung der Gewalt gegen Frauen ist laut der Autorin als *Laisser-faire* zu bezeichnen und ermögliche es dem Ehemann, im häuslichen Rahmen kontinuierlich die Arbeit der Frau zu disziplinieren. Doch dies, so G. F. Dalla Costa, ändere sich gerade durch den Druck der Frauenbewegung.[180]

Es gebe jedoch Fälle, in denen sich diese Überwachung durch den Mann als unzureichend erweise und der Staat seine Autorität direkt durch seine eigenen repressiven Institutionen ausüben müsse. G. F. Dalla Costa definiert zwei Kategorien von »Abweichlerinnen« bezüglich des Familienmodells: Lesben und ›Prostituierte‹. Diese beiden Kategorien von Frauen stellen die geschlechtsspezifische Arbeitsteilung des Hausarbeitsvertrags infrage, brechen den »Liebesvertrag« und widersetzen sich den sich den von ihnen erwarteten Rollen als Ehefrau und Mutter: Sexarbeiterinnen, indem sie Geld für sexuelle Beziehungen erwarten, und Lesben, indem sie sich der Verpflichtung entziehen, diese Dienste im Rahmen des heterosexuellen Austauschs zu erbringen. In beiden Fällen erfahren sie Kriminalisierung und Stigmatisierung.

Die staatliche Gewalt gegen sie bestehe darin, das Risiko, vom Pfad der institutionalisierten Familie abzuweichen, hervorzuheben – das Risiko, von dem abzuweichen, was von einer ›guten‹ Frau erwartet wird, und den Preis, den es kostet, abzuweichen und eine ›schlechte‹ Frau zu werden. Die Sexarbeiterin stellt demnach die schlechte Frau *par excellence* dar,

> »weil sie diejenige ist, die durch ihre Weigerung, ›aus Liebe‹ zu tun, was die zentrale Klausel des Hausarbeitsvertrags ist, das Herz der Liebesideologie angreift, auf der die Hausarbeit beruht. Sie widerspricht damit der Gewissheit, dass Hausarbeit eine Arbeit aus Liebe ist. […] Aus diesem Grund stellt sie eine Bedrohung für die Reproduktion der Familie dar. Sie verlangt eine direkte Bezahlung, außerhalb der familiären Disziplin. Sie kontrolliert ihre Arbeitszeit und die Formen ihrer Arbeit.« (S. 90)

Eine einfache gesellschaftliche Verurteilung reiche im Fall der Sexarbeiterinnen jedoch anscheinend nicht aus, so Giovanna Franca Dalla Costa. Um ihr Leben als »schrecklich« zu brandmarken, werde vielmehr eine ganze »ideologische Orchestrierung« in Gang gesetzt. Die Massenmedien zeichnen ein furchtbares Bild von Sexarbeiterinnen, es werde immer wieder betont, welchen Preis Frauen für ein solches Leben zu zahlen haben, um Frauen davon abzuhalten, den gleichen Weg einzuschlagen. Die direkte staatliche Gewalt gegen Sexarbeiterinnen bestehe darin, sie zu kriminalisieren und ihnen zu drohen, ihnen ihre Kinder aufgrund »unmoralischen Verhaltens als Mütter« wegzunehmen.[181]

Lesben seien in ähnlicher Weise »Familienflüchtige«, die für die Familie und die Liebesarbeit beinahe genauso gefährlich sind wie Sexarbeiterinnen, da sie gegen die Grundregel der Reproduktion der Familie verstoßen: Lesben »stellen ebenfalls eine erhebliche Bedrohung dar, weil sie den Mythos durchbrechen, dass die Heterosexualität die einzige Sexualität sei, auf der eine Familie aufbauen kann« (S. 93). Und genau wie Sexarbeiterinnen können auch ihnen ihre Kinder aufgrund eines angeblich unmoralischen Lebenswandels weggenommen werden.

Seit den 1970er-Jahren gebe es jedoch eine organisierte Bewegung von Lesben und Sexarbeiterinnen, die gegen die staatliche Kriminalisierung ihrer Aktivitäten kämpft, wobei sie die Linke außen vorlasse, die diese Art von Kampf ignoriert und diskreditiert habe. In beiden Fällen handele es sich um Bewegungen der Verweigerung von Hausarbeit. Giovanna Franca Dalla Costa stellt fest, dass diese Bewegungen damit jener Frauenbewegung zur Bekämpfung von physischer Gewalt gegen Frauen und vor allem von sexueller Gewalt ähneln, an deren Aufbau sie beteiligt sind und die auf internationaler Ebene Organisationsfähigkeit erlangt. Für die Autorin handelt es sich bei allen diesen Kämpfen um Kämpfe gegen die Hausarbeit, da diese Arbeit und das, was sie beinhaltet, alle Aspekte des Lebens von Frauen bestimmt.

G. F. Dalla Costa nennt als Beispiel für eine derartige Mobilisierung das *Internationale Tribunal zu Gewalt gegen Frauen*, das 1976 in Brüssel unter dem Vorsitz von Simone de Beauvoir abgehalten wurde. Auf der Abschlussplenarversammlung wurden nicht nur die verschiedenen Gewalttaten gegen Frauen auf der ganzen Welt angeprangert, sondern auch Strategien für Veränderungen diskutiert. Unter den Resolutionen, die von den 2.000 teilnehmenden Frauen aus 40 Ländern fast einstimmig verabschiedet wurden, befand sich auch eine vom *Internationalen Feministischen Kollektiv* eingebrachte Resolution, die »einen Lohn für Hausarbeit für alle Frauen, der von allen Regierungen der Welt gezahlt wird«, forderte.[182]

G. F. Dalla Costa beobachtet eine explosive Zunahme der Kämpfe von Frauen gegen Hausarbeit als Schicksal, welches ihr zufolge dazu führt, dass Frauen sich als Klasse begreifen. Dieser Kampf sprenge die Trennlinien zwischen ›guten‹ und ›schlechten‹ Frauen, zwischen ›Frauen im Haus‹ und ›Frauen, die außerhalb arbeiten‹, zwischen ›Entwicklung‹ und ›Unterentwicklung‹ – Trennlinien, die vom kapitalistischen System auf internationaler Ebene und mithilfe der verschiedenen Staaten etabliert worden waren. Die Strategie von »Lohn für Hausarbeit« ist ihr zufolge der entscheidende Faktor, der diese Neuzusammensetzung der Kategorie Frau ermöglicht hat, indem diese Strategie auf der autonomen Organisierung jeder Schicht der Kategorie ›Frau‹ beruht.[183] Es ist laut G. F. Dalla Costa der einzige politische Ansatz, der keine Frau im Stich lässt. Es sei dieser Strategie zu verdanken, dass sich große Teile der Frauenbewegungen der Sexarbeiterinnen und Lesben neu formieren konnten.

Die Lohnlosen und reproduktive Arbeit: Geschlecht, ›Rasse‹, Klasse

Die Perspektive von »Lohn für Hausarbeit« war inklusiv genug, als dass Frauen vielfältiger Identitäten und in verschiedensten Situationen darin nebeneinanderstehen, mobilisiert werden und zusammengeführt werden konnten. Dies galt auch für lesbische und rassifizierte Frauen in einigen Metropolen westlicher Länder. In der Folge wurde die Perspektive von »Lohn für Hausarbeit«, mit der zentralen Figur der Hausfrau und ihrer Reproduktionsarbeit, die das Funktionieren der kapitalistischen Lohnökonomie ermöglicht, zu einer Analyse der internationalen Arbeitsteilung ausgeweitet.

Wie bereits erwähnt besteht einer der wichtigsten Beiträge dieser Denkrichtung in der Entdeckung, dass die unentgeltliche Arbeit der Frauen für die Akkumulation von Kapital, von Profit, zentral ist. Wenn diese Arbeit also unsichtbar ist, dann deshalb, weil sie in einer Lohngesellschaft nicht entlohnt wird. Es ist die Unentgeltlichkeit dieser Arbeit, die diesen wesentlichen Teil des Produktionszyklus der Wirtschaft unsichtbar macht. Die reproduktive Arbeit der Frauen ist in Wirklichkeit eine Quelle des Mehrwerts und bildet den anderen Pol der kapitalistischen Akkumulation.

Die verborgene Seite der internationalen Arbeitsteilung

Diese Entdeckung der Theoretikerinnen und Aktivistinnen der Lohn-für-Hausarbeit-Bewegung führte zu einer weiteren: »Wir haben es also mit zwei Teilen der Arbeiterklasse zu tun, deren jeweilige Tätigkeit – die eine im Haushalt, die andere in der Schule – außerhalb des kapitalistischen Lohn-

Spätere Auflage von *Sex, Race and Class*, London, *Housewives in Dialogue*, 1986 (Originalausgabe: Falling Wall Press, 1975)

verhältnisses zu liegen *scheint*, weil sie nicht entlohnt wird. In *Wirklichkeit* ist sie Teil der kapitalistischen Produktion und ihrer Arbeitsteilung«, sagt Selma James, eine langjährige antikoloniale Aktivistin und Mitbegründerin des *Internationalen Feministischen Kollektivs* und der Londoner Lohn-für-Hausarbeit-Gruppe *Power of Women*, in *Sex, Race and Class,* ein Text, der damals und bis heute weit verbreitet ist.[184]

Zu diesen Personengruppen, zu diesen »Schichten der Hierarchie der Arbeitskräfte«, gehören Kolonisierte, die bäuerliche Bevölkerung des Südens, Studierende, rassifizierte Personen, Arbeitslose, Gefängnisinsass*innen oder Menschen, die unter sklavenähnlichen Bedingungen arbeiten. All diese Lohnlosen der Erde seien Teil des weltweiten kapitalistischen Produktionszyklus und tragen zu seiner Mehrwertproduktion bei:

> »Rasse, Geschlecht, Alter, Nationalität, alle sind unentbehrliche Elemente der internationalen Arbeitsteilung. *Unser Feminismus basiert auf einer bisher unsichtbaren Schicht in der Hierarchie der Arbeitskräfte – der Hausfrau –, der überhaupt keine Lohnstufe zugeordnet wird* […].«[185]

Mit anderen Worten: Die verborgene Quelle des Mehrwerts des Kapitalismus im Weltmaßstab liegt in der ausgebeuteten Arbeit all dieser Kategorien von Nicht-Lohnarbeitenden und der Reproduktionsarbeit von Frauen weltweit. Die deutsche Feministin Claudia von Werlhof sagte daher: »Wenn wir die Hausarbeit verstanden haben, haben wir die Ökonomie verstanden.«[186]

»Die sozialen Kräfteverhältnisse zwischen den Geschlechtern, Rassen, Nationen und Generationen sind also nichts anderes als bestimmte Formen von Klassenbeziehungen«, so Selma James.[187] Da diese Schichten auf die eine oder andere Weise Teil des kapitalistischen Produktionszyklus seien, können sie den Akkumulationsprozess auch untergraben. Dies eröffne jeder dieser Schichten, die von der traditionellen marxistischen Definition der Klasse (reduziert auf die Lohnarbeitenden) ausgeschlossen sind, einen autonomen Kampfraum, ausgehend von dem Ort, an dem sie ausgebeutet werden.

In den 1960er-Jahren »war die Bewegung der Schwarzen der erste Schritt eines Teils der Klasse, sich aus diesen Organisationen zu lösen und sich aus der Begrenzung des Kampfs auf die Fabrik zu befreien [...]. Die Frauenbewegung war die nächste größere Klassenbewegung in den Metropolen, die sich außerhalb wie innerhalb der Fabriken eine Macht schuf«.[188]

> »Wie schon vorher die Schwarzen, mußten die Frauen, um organisatorisch vom Kapital und seinen Institutionen autonom zu bleiben, auch autonom von dem Teil der ›Hierarchie der Arbeitskräfte‹ bleiben, den das Kapital besonders gegen sie einsetzte. Für die Schwarzen waren das Weiße. Für Frauen Männer. Für schwarze Frauen beide.«[189]

Selma James würdigt die Bewegung der Schwarzen dafür, den Weg für andere Menschen ohne Lohn in der Welt geebnet zu haben, indem sie es ihnen ermöglicht hat, sich gemäß ihren spezifischen Interessen als Ausgebeutete zu organisieren. »[...][D]ie auf der untersten Ebenen der Hierarchie müssen selbst den Schlüssel zu ihrer Schwäche finden, müssen selbst die Strategie entwickeln, die diese Schwäche angreifen und zerstören kann, müssen ihre eigene Art zu kämpfen entwickeln.«[190]

Die Bezugnahme auf die Bewegung der Schwarzen soll, so Selma James, nicht dazu dienen, falsche Parallelen zu ziehen oder »die am meisten Ausgebeuteten« zu definieren:

»Wir bemühen uns, die komplexen Wechselwirkungen darzustellen, die die Arbeiterklasse ausmachen. Wir bemühen uns, die Machtverhältnisse unter uns abzubauen, auf denen die Herrschaft des internationalen Kapitals basiert. Denn kein Mann kann uns als Frauen vertreten – ebensowenig wie Weiße nicht die Unterdrückung der Schwarzen wirklich diskutieren oder gar beheben können. Wir versuchen auch nicht, die Männer von unserem Feminismus zu überzeugen. Sie werden am Ende durch unsere Macht ›überzeugt‹ werden. Wir bieten ihnen das an, was wir den privilegiertesten Frauen anzubieten haben: Macht über ihre Feinde. Der Preis dafür ist das Ende ihrer Privilegien uns gegenüber.«[191]

Die »Perspektive geht von den machtlosesten Personen aus, von denen, die keinen Arbeitslohn bekommen«,[192] d. h. von denjenigen, die Teil der globalen ›Reproduktionsfabrik‹ sowohl in den westlichen Metropolen als auch in den Ländern des Südens sind, wie Hausfrauen, Arbeitslose, rassifizierte und ethnische Minderheiten, die Bauernschaft etc. Alle diese unentlohnten Arbeiter*innen werden, so Selma James, nicht nach der Hierarchie der gesellschaftlichen Klassen, sondern nach den unterschiedlichen Machtniveaus, die sie in den verschiedenen Segmenten der Gesellschaft innehaben, voneinander getrennt.

Diese 1973 verfasste Schrift ist ein Vorläufer der heutigen intersektionalen Analysen, in denen die Verflechtung verschiedener Herrschaftssysteme wie ›Rasse‹, Geschlecht, Klasse und Sexualität untersucht wird, ohne diese – zumindest im Prinzip – zu hierarchisieren.

Die globale Reproduktionsfabrik

In »Wageless of the World«[193] veranschaulicht Selma James, auf welche Weise die durch den Lohn hergestellte Geschlechterhierarchie international ist, »überall dort, wo es Lohn gibt«, und obwohl »jede Situation natürlich einzigartig ist«:

»Die Reproduktion der Arbeiter*innen der Bergwerke, Mühlen oder Fabriken wird überall durch die unbezahlte Arbeit der Frauen gesichert. […] In einigen Teilen Afrikas ist es oft die große Stammesfamilie, in der Frauen diese unbezahlte Arbeit für das Kapital verrichten. In Sambia haben Unternehmen in ihrer Großzügigkeit in zunehmendem Maße um die Kupferminen herum Zwei- bis Drei-Zimmer-Bungalows erbaut. Dasselbe passiert in der Industriestadt Mexico City […]. Wie praktisch ist es doch, wenn die täglich verschlissenen Arbeiter vor Ort von anderen Arbeitern (eines anderen Geschlechts) reproduziert werden!

> [...] Auch in Caracas [...] hängt die Ölproduktion definitiv von der Hausarbeit der Frauen ab.«[194]

James macht deutlich, dass die Arbeit von Frauen oft nicht über den Umweg des Männerlohns erzwungen wird, sondern durch »die patriarchalische Struktur, die der kapitalistischen Gesellschaft vorausgeht«, und die »bis heute der kapitalistischen Neuordnung des Patriarchats entgangen ist«.[195]

Allerdings, so fügt sie hinzu, ist es das Lohnverhältnis, das auf internationaler Ebene die verschiedenen Arten von Arbeit dominiert. So auch die bäuerliche Arbeit: Die Arbeit auf dem Land und die Arbeitskraft, die hier eingesetzt wird, um zu kultivieren, zu unterhalten, zu bepflanzen und zu ernten, werde durch den unentlohnten Charakter dieser Arbeit verdeckt. So wie auch die Reproduktion der Arbeitskraft in bäuerlichen Verhältnissen und die von Frauen durchgeführte Verarbeitung der Agrarprodukte verdeckt bleiben.

In diesem Zusammenhang geht sie näher auf das Beispiel indigener oder von Indigenen abstammender lateinamerikanischer Frauen ein, die von der Subsistenzlandwirtschaft leben und damit zwei Arten unentlohnter Arbeit übernehmen: Einerseits als Landarbeiterinnen (*Jornaleras*), Besitzerinnen von Landparzellen (*Minifundistas*) oder Arbeiterinnen auf Kollektivfarmen (*Ejiditarias*), andererseits als Hausarbeiterinnen. Die Produktionseinheit ist hier also die Familie. Die Arbeit der Frauen zu Hause, wo sie Rohstoffe in Nahrung und Kleidung umwandeln, sei ein grundlegender Aspekt der Produktion der Familieneinheit.

Selbst dann, wenn Frauen ein Einkommen in Form eines Lohns erzielen, z. B. als *Jornaleras*, indem sie ihre Ernte verkaufen, sei es meist der Mann, der diesen Lohn erhält. Frauen und Kinder arbeiten so vermittelt durch die Autorität des Mannes für das Kapital. Aber zumindest werde die Arbeit von Frauen und Kindern nicht verdeckt: Sie wird als Arbeit anerkannt, im Gegensatz zu der Arbeit der Hausfrauen in den Städten, die direkt vom Lohnverhältnis beherrscht werden und deren Familienarbeit nicht als echte Arbeit angesehen wird, weil sie nicht entlohnt ist.

»Ohne Lohn zu sein bedeutet also nicht notwendigerweise, außerhalb des kapitalistischen Lohnverhältnisses zu stehen; alle heute existierenden Arbeitsformen müssen daher erneut untersucht werden, um das gesellschaftliche Verhältnis zu bestimmen, das sie reproduzieren«, ebenso wie die spezifische Art der Ausbeutung von Frauen (und Kindern), die sich daraus ergibt, schreibt Selma James.[196] Und:

> »Unsere Erfahrungen als ausgebeutete Frauen, ob in der Stadt oder auf dem Land, in den Metropolen oder in der Dritten Welt, sind jeweils einzigartig. *Unsere Bedürfnisse und Wünsche sind jedoch international und universell*: frei zu sein, sich nicht mehr zu Tode zu arbeiten, wie es seit Jahrhunderten der Fall ist, sich von der Dominanz und Abhängigkeit der Männer zu befreien [...]. Es ist an der Zeit, für unsere Arbeit bezahlt zu werden [...]. Wir fordern Lohn für Hausarbeit, egal in welcher Form: von uns verwaltete Kindertagesstätten, kostenlose Verhütung und Abtreibung, die uns weder krank machen, noch sterilisieren oder töten, die Vergesellschaftung unserer Arbeit zu unseren eigenen Bedingungen, um Zeit für jede von uns zu schaffen, und, was am wichtigsten ist, Geld, das wir unser eigen nennen können.«[197]

Dies sind einige der wichtigsten theoretischen Beiträge von Selma James zur Perspektive von »Lohn für Hausarbeit« während des Bestehens des *Internationalen Feministischen Kollektivs.*

Dieses Kapitel über die theoretischen und politischen Perspektiven von »Lohn für Hausarbeit«, die von den genannten Theoretikerinnen erarbeitet und während des Bestehens des *Internationalen Feministischen Kollektivs* (1972–1977) veröffentlicht wurden, sollte aber lediglich einen Überblick über einige Facetten der Denkrichtung bieten. Selbstverständlich konnte ich nicht den gesamten Ideenreichtum der Theoretikerinnen darstellen, zumal die hier von mir beleuchteten Aspekte das Ergebnis meiner eigenen Auswahl sind.[198] Mit dieser Auswahl wollte ich Aspekte der Denkschule der frühen zweiten feministischen Bewegung herausstellen, die ich im Hinblick auf heutige feministische Fragen für wichtig halte.

Doch wie wurden diese theoretisch-gedanklichen Auseinandersetzungen letztlich in die Tat umgesetzt? Diesem Thema widmen wir uns in den Kapiteln vier, fünf und sechs. Zunächst wollen wir uns damit befassen, wie das *Internationale Feministische Kollektiv*, welches diese Perspektive vertrat, gegründet wurde und wie jene ›Keimzelle einer Fraueninternationale‹ aufgebaut war.

DREI

Das Internationale Feministische Kollektiv, 1972–1977

> »Wenn von ›Netzwerk‹ die Rede ist, dann geht es um das ›organisatorische Netzwerk‹, das von Land zu Land existiert, oder, wenn man so will, um die Keimzelle einer Fraueninternationale für den Lohn für Hausarbeit. Tatsächlich sind vor allem Frauen aus Italien, England, den USA und Kanada beteiligt. Darüber hinaus gibt es Lohn-für-Hausarbeit-Gruppen, die es ausdrücklich ablehnen, Teil dieses Netzwerks zu sein.«
>
> Kollektiv *L'Insoumise*[199]

Das *Internationale Feministische Kollektiv* (IFK) war ursprünglich ein Netzwerk von Gruppen in Ländern der nördlichen Hemisphäre, die sich mit der politischen Analyse von »Lohn für Hausarbeit« identifizierten und für diese Strategie kämpften. Es war auch ein Ort zur Koordination und Begegnung, ein Ort des Informationsaustauschs über die laufenden Mobilisierungen des Netzwerks, des Nachdenkens und der Diskussion über die aktuelle Situation sowie der konzertierten Aktion. Man wollte ausgehend von der politischen Perspektive von »Lohn für Hausarbeit« eine internationale feministische Mobilisierung in Gang setzen und gemeinsam handeln. Mit einem Wort: Es war eine feministische ›Internationale‹ vor ihrer Zeit. In diesem Kapitel werden wir uns die folgenden beiden Aspekte des IFK näher ansehen: erstens das IFK als ein Netzwerk von Gruppen und zweitens als eine Instanz für Treffen, zum Austausch, zur Organisation und zur Koordination.

Ein Netzwerk von Gruppen

Im Juli 1972 trafen sich etwa 20 Aktivistinnen für zwei Tage in Padua, Norditalien. Die meisten von ihnen kamen aus Italien, andere aber auch aus der neuen Frauenbefreiungsbewegung, die aus der heterodoxen marxistischen Bewegung in England, den Vereinigten Staaten und Frankreich hervorgegangen war und die sich an den Dekolonisierungsbewegungen, Bürgerrechtsbewegungen, der Studentenbewegung und den operaistischen Bewegungen in Italien orientierte.[200] In einem gemeinsamen Manifest legten sie den Grundstein für das zukünftige internationale Netzwerk von »Lohn für Hausarbeit«, welches sich in den folgenden Jahren in verschiedenen Ländern entwickeln sollte. Das *Internationale Feministische Kollektiv/Collectif féministe international/Collettivo internazionale femminista/International Feminist Collective* war geboren.

Die Unterzeichnerinnen des Manifests – und Mitgründerinnen des IFK – waren für Italien Mariarosa Dalla Costa von der *Movimento di Lotta Femminile* (kurz darauf *Lotta Femminista*); für England Selma James von der *Notting Hill Group of The London Women's Liberation Workshop* und langjährige antikoloniale Aktivistin; für die USA Silvia Federici, eine Italienerin, die erst vor Kurzem in die USA eingewandert war und in der New Yorker Gruppe *Women's Bail Fund* mitwirkte; und für Frankreich Brigitte Galtier, eine Pariser Aktivistin der Arbeiterautonomie, die in der gemischten Gruppe *Matériaux pour l'intervention* mitarbeitete.

Das Gründungsmanifest

Das im Juli 1972 veröffentlichte Manifest des IFK orientierte sich weitgehend an Mariarosa Dalla Costas Text »Donne e sovversione sociale«, der zuvor bei einem Treffen im Juni 1971 von Aktivistinnen aus Italien diskutiert worden war.[201] Zum Zeitpunkt des Gründungstreffens des IFK war Mariarosa Dalla Costas Text gerade auf Italienisch unter dem übergreifenden Titel *Potere femminile e sovversione sociale* zusammen mit einem Text von Selma James, »Il posto della donna« (»A Woman's Place«, ursprünglich 1953 in den USA veröffentlicht) erschienen. Auch eine Einleitung von Selma James war ihm vorangestellt.[202]

In dem Manifest bekräftigen die Unterzeichnerinnen die Notwendigkeit der Autonomie der Frauenbewegung sowie ihre revolutionäre Rolle und lehnen jegliche Unterordnung des Feminismus unter den Klassenkampf ab. Sie identifizieren sich als marxistische Feministinnen und präzisieren die Bedeutung dieser Zuordnung, indem sie eine Neudefinition von ›Klasse‹ vornehmen. Diese neue Definition beruht auf der Koexistenz von Lohnarbeiter*innen und Nicht-Lohnarbeiter*innen im kapitalistischen Wirtschaftssystem und der Unterordnung der Nicht-Lohnarbeiter*innen unter die Lohnarbeiter*innen. Jene Unterordnung, so heißt es weiter, verdecke die Ausbeutung der Frauenarbeit zu Hause, was wiederum zu einer noch stärkeren Ausbeutung außerhalb des Hauses führe.

Diese neue Definition eröffne Frauen ein neues Kampffeld: nicht nur in der Welt der klassischen Arbeit – in der Fabrik und dem Büro –, sondern auch in der Welt des Hauses, der Nachbarschaft und der Community, die als »andere« Fabrik, als »gesellschaftliche Fabrik« bezeichnet wird. Dieses neue Kampffeld mache schließlich die Autonomie der Frauenbewegung möglich. So wurde klargestellt, dass etwaige Verbindungen zur Linken »zweitrangig und dieser Autonomie stets untergeordnet« bleiben würden.

Das Manifest nennt als Ziel des neuen Kollektivs, »unsere eigenen internationalen Kontakte und eigenen Publikationen und deren Übersetzungen sowie einen gegenseitigen Austausch zu pflegen und auszubauen, was letztlich zu grenzüberschreitenden Massenaktionen führen soll«. Dies war das Ziel, das sich das IFK seit seiner Gründung im Jahr 1972 gesetzt hatte. Ausgehend von diesem Gründungsmoment entstanden auf beiden Seiten des Atlantiks die meisten Initiativen und Mobilisierungen im Zusammenhang mit »Lohn für Hausarbeit«.

In der Einleitung des Manifests – verfasst von der Londoner Zeitung *Power of Women*, die es in ihrer ersten Ausgabe abdruckte – heißt es, dass das Manifest sich speziell an linke Frauen und Frauengruppen richtet, die befürchten könnten, ihr Beitritt zur Frauenbewegung bedeute die Aufgabe einer Klassenperspektive. Das Manifest des IFK wollte solchen Sorgen begegnen, indem es die feministische Perspektive mit der Klassenperspektive verknüpfte. Was gleichheitsfeministische Forderungen anging (gleicher Lohn, gleicher Zugang zu Bildung und gleiche Chancen wie für Männer, Kindertagesstätten, Recht auf Abtreibung und Empfängnisverhütung), so wurden diese im selben Absatz als Sackgasse dargestellt. Für das IFK spiegeln solche Forderungen lediglich die illusorische Vorstellung wider, die Befreiung der Frauen liege in der außerhäuslichen Arbeit.

Gründungskontext des Internationalen Feministischen Kollektivs

Wie kam es zur Gründung des IFK? Aus meinen Recherchen geht hervor, dass mindestens zwei der vier Unterzeichnerinnen des IFK, Mariarosa Dalla Costa und Selma James, und ihre jeweiligen Bezugsgruppen bereits an der Bildung einer autonomen Frauenbefreiungsbewegung in ihren jeweiligen Ländern arbeiteten, die sich auf Mobilisierungen rund um das Thema der unentlohnten Hausarbeit als allen Frauen gemeinsame Form der Ausbeutung konzentrierten. Die Entlohnung von Hausarbeit stand bereits auf der Liste ihrer Forderungen.

In Italien

So war im norditalienischen Padua ein Jahr zuvor, 1971, die *Movimento di Lotta Femminile* (später *Lotta Femminista*) auf der Grundlage von Mariarosa Dalla Costa Text »Donne e sovversione sociale« gegründet worden. Eine erste Version dieses Textes war seit Juni dieses Jahres im Umlauf. Die Gruppe hatte auch ein Dokument mit dem Titel »Materintà e aborto« (Mutterschaft und Abtreibung) verteilt, um »die Bedingungen unserer Beteiligung am Kampf für die Abtreibung«, der damals im Gange war, zu klären.[203]

Diese Gruppe verteilte im folgenden Monat auch das »Manifesto programmatico per la lotta della casalinga nel quartiere« (Programmatisches Manifest für den Kampf der Hausfrauen in der Nachbarschaft).[204] In diesem Manifest-Programm für den Kampf der Hausfrauen in den Nachbarschaften wird offensiv eine Entlohnung der Hausarbeit gefordert. Der Lohn sollte sowohl Frauen als auch Männern gezahlt werden, vom Staat oder von der Gemeinde. Die Idee war, in den Nachbarschaften Wäschereien, Kantinen, kostenlose Kinderkrippen, die jederzeit geöffnet waren, sowie kostenlose Gesundheitszentren für chronisch Kranke und ältere Menschen, die von Fachkräften und bei Bedarf von Familienmitgliedern betrieben wurden, einzurichten. Außerdem wurden Operationszentren und die kostenlose Abgabe von Medikamenten (einschließlich Verhütungsmitteln) gefordert.

Da das Manifest-Programm auf die Kämpfe der Frauen in den Nachbarschaften abzielte, wurden allgemeinere Maßnahmen wie garantierte Löhne unabhängig von Produktivität und Arbeitsstunden, Arbeitszeitverkürzung, Lohngleichheit und Zugang von Frauen zu allen Arbeitsplätzen gefordert. Weitere Forderungen waren die Abschaffung von gesundheitsschädlicher Arbeit und Nachtarbeit sowie kostenloser Wohnraum, Transport und Schulen für alle. Zum Zeitpunkt der Gründung des IFK war das Thema Lohn für Hausarbeit also bereits in der italienischen Frauenbewegung aufgekommen und im Laufe des Jahres 1971 diskutiert worden.

Aus den ersten veröffentlichten Dokumenten geht hervor, dass *Lotta Femminista* ab dem Jahr 1972 in mehreren italienischen Städten präsent war, insbesondere in Padua, dem ersten Kern der Lohn-für-Hausarbeit-

Gruppen, aber auch in Venedig, Ferrara, Triest und Modena.[205] Ihre Mitglieder sprachen an verschiedenen Schauplätzen und zu unterschiedlichen Kampffeldern, die mit der »anderen Fabrik«, der »gesellschaftlichen Fabrik«, assoziiert sind: das Haus, die Nachbarschaft und die Community. *Lotta Femminista* hat zu diesem Zeitpunkt bereits eine umfangreiche theoretische Arbeit nicht nur zur Hausarbeit, sondern auch zu Fragen der Schule, des Wohnens, der Prostitution, der Abtreibung, der Probleme mit der Linken usw. vorzuweisen. Auch Schlüsseltexte aus der Anfangszeit der zweiten Welle des Feminismus (über Lesbentum, Gewerkschaften usw.) wurden ins Italienische übersetzt. Mariarosa Dalla Costa schreibt dazu im Jahr 1996:

> »Die Analyse, die *Lotta Femminista* vornahm, und die daraus abgeleitete Perspektive bewirkten, dass die Kämpfe neu formuliert wurden, sodass der vollständige Arbeitstag von Frauen darin Eingang fand. Das konnte zum Beispiel bedeuten, die Kinder ins Büro zu bringen, oder für Sekretärinnen, sich zu weigern, all die zusätzlichen Aufgaben zu erledigen, die von ihnen verlangt wurden, nur weil sie Frauen waren. Darüber hinaus wurde unsere Forderung nach einem Lohn für Hausarbeit in Verbindung mit der Forderung nach einer Verkürzung des Arbeitstages für alle vorgebracht. In unseren ersten Dokumenten forderten wir eine Arbeitswoche von 20 Stunden.«[206]

Die wichtigsten Dokumente im Zusammenhang mit der Perspektive von »Lohn für Hausarbeit« wurden in Italien beim Verlag Marsilio veröffentlicht, als Bestandteil einer eigenen Reihe mit dem Titel »Salario al Lavoro Domestico: Strategia Internazionale Femminista« und unter dem Label des IFK. In dieser Reihe wurden in den 1970er-Jahren sowohl Dokumente der italienischen Lohn-für-Hausarbeit-Bewegung als auch des IFK veröffentlicht.

In England

Selma James, eine weitere Unterzeichnerin des Manifests des IFK, war Aktivistin in England, nachdem sie mehrere Jahre lang in zahlreichen antirassistischen Kämpfen in den USA und in Trinidad aktiv gewesen war.[207] Die Forderung nach einem Lohn für Hausarbeit im Rahmen der zweiten Welle des Feminismus soll in England erstmals bei der »British National Women's Liberation Conference« im März 1972 in Manchester aufgetaucht sein. Es wird berichtet, dass ein mit den Initialen S. D. unterzeichneter Text mit dem Titel »Women, the Unions and Work« von Selma James[208] von der *Notting Hill Women's Liberation Workshop Group*[209] in Umlauf gebracht wurde, der sich angeblich wie geschnitten Brot verkaufte.[210] In ihm wurden sechs Forderungen der Bewegung vorgestellt, darunter auch die nach einem Lohn für Hausarbeit. Gefordert wurde:

1. Das Recht, weniger zu arbeiten (Warum sollte irgend jemand mehr als 20 Stunden pro Woche arbeiten?).
2. Ein garantiertes Jahreseinkommen für Frauen und Männer, unabhängig davon, ob sie arbeiten oder nicht, ob sie verheiratet sind oder nicht ... Wir fordern einen Lohn für Hausarbeit. Alle Hausarbeiter*innen haben ein Recht auf Lohn, auch Männer.
3. Kontrolle über unsere Körper (kostenlose Verhütungsmittel, kostenlose Abtreibungen auf Wunsch). Wir fordern das Recht, Kinder zu haben oder nicht zu haben.
4. Gleicher Lohn für alle.
5. Ein Ende der Preissteigerungen.
6. Kostenlose selbstverwaltete Kindergärten.[211]

Dieser Text löste eine heftige Debatte aus, da er den traditionellen Handlungsstrategien der Linken in Bezug auf Frauen zuwiderlief. Der Text argumentiert, dass die Gewerkschaften – entgegen den Behauptungen der Linken – nicht der bevorzugte Ort für den Kampf der Frauen sind und dass Frauen nicht unbedingt Lohnarbeiterinnen sein müssen, um Teil der Arbeiterklasse zu sein und ihre eigenen Kämpfe zu initiieren.

Die Gewerkschaften werden somit für ihre Rolle bei der Aufrechterhaltung der Diskriminierung und Ausgrenzung von Frauen angeklagt. Indem Gewerkschaften den Kampf der Frauen auf den Ort der Lohnarbeit beschränken, so Selma James, isolieren sie sich von allen Lohnlosen (Arbeitslosen, Alten, Kranken, Kinder und Hausfrauen). Der Kampf müsse vielmehr auf der anderen Seite des Lohns, der Nicht-Lohnseite, organisiert werden, sprich ein Kampf der Lohnlosen. Es sollte eine eigene Analyse der spezifischen Situation von Frauen entwickelt werden. Der Text zielte darauf ab, ein neues Kampffeld gegenüber dem gewerkschaftlichen Kampf, der Frauen bisher als alternativlos dargeboten worden war, zu eröffnen. Selma James schrieb 1974: »[Das gewerkschaftliche Kampffeld] spiegelte die in der Frauenbewegung immer noch dominante Vorstellung wider, dass die Befreiung der Frauen durch außerhäusliche Arbeit erfolgen sollte. [...] Schluss damit!«[212]

Vor allem die Forderung nach einem Lohn für Hausarbeit führte zu einer hitzigen Debatte,[213] so auch auf einer anderen Konferenz der Frauenbewegung, die im November desselben Jahres in Acton, London, stattfand. Auch wenn die Forderung schließlich abgelehnt wurde, fand sie die Unterstützung von alleinerziehenden Müttern und Sozialhilfeempfängerinnen.[214]

Einige Analysen[215] bezeichnen den Text von Selma James als »Schlussfolgerung« aus dem zum Zeitpunkt der Konferenz noch nicht ins Englische übersetzten Text von Mariarosa Dalla Costa, »Frauen und der Umsturz der Gesellschaft«. Tatsächlich zitiert Selma James ausführlich den Text von Dalla Costa, darauf hinweisend, dass es sich um einen noch zu veröffentlichenden Text handelt. Die beiden Texte wurden als komplementär betrachtet: Dalla Costa zeichnet ein allgemeines Bild der Situation der Frauen und ihrer Rolle als Hausfrauen in der kapitalistischen Gesellschaft und zeigt Handlungsperspektiven auf, die sich aus dem Haus als Arbeitsplatz ergeben. James betont, dass Frauen nicht außerhalb des Hauses arbeiten müssen, um sich gegen ihre Situation aufzulehnen, und dass die Gewerkschaften nie »revolutionäres Bewusstsein« besaßen.

Die englische Gruppe von »Lohn für Hausarbeit«, *Power of Women*, wurde im folgenden Jahr gegründet. Nicht zuletzt aufgrund der Diskussionen, die durch den Text von Selma James ausgelöst wurden, und vor allem aufgrund einer massiven Kampagne gegen Kürzungen des Kindergeldes, die im März 1973 von Vereinigungen alleinerziehender Mütter und Sozialhilfeempfängerinnen durchgeführt wurde. Die Gruppe *Power of Women* forderte ab diesem Zeitpunkt öffentlich einen Lohn für Hausarbeit,[216] und zwar nicht nur für Mütter, sondern für die Arbeit, die tagtäglich zu Hause von wem auch immer geleistet wird. Diese Mobilisierung markiert den Beginn der internationalen Kampagne für einen Lohn für Hausarbeit, eines der ursprünglichen Ziele des IFK. Das *Power of Women Collective* war ab 1973 ein sehr aktives Mitglied des IFK.

Ab diesem Zeitpunkt veröffentlichte die Gruppe ihre Materialien im Verlag Falling Wall Press in Bristol, dank der Arbeit einer frühen Aktivistin des *Power of Women Collective*, Suzie Fleming, und ihres Partners Jeremy Mulford.[217] *Power of Women* publizierte hier viele ihrer Dokumente, aber auch die des IFK. Falling Wall Press wurde das größte Zentrum für die Verbreitung der Perspektive von »Lohn für Hausarbeit« in der englischsprachigen Welt, so wie Marsilio Editori maßgeblich für seine Bekanntmachung in Italien verantwortlich war.

In den Vereinigten Staaten

Silvia Federici schreibt über das Gründungstreffen des IFK im Juli 1972 in Padua Folgendes:

> »Ich kam mitten in das Treffen, das zur Gründung des IFK führen sollte. Ich kannte niemanden, außer Rosa [Mariarosa Dalla Costa] durch ihren Artikel [›Frauen und der Umsturz der Gesellschaft‹] [...]. Ich erinnere mich an die fieberhafte Aufregung, die ich empfand, und ich verließ Padua in dem Wissen, dass dies von diesem Moment an mein Kampf sein würde.«[218]

Es war die Lektüre des Essays »Frauen und der Umsturz der Gesellschaft« von Mariarosa Dalla Costa, der seit 1971 in den USA kursierte, der sie davon überzeugte, sich in der feministischen Bewegung zu engagieren:

> »Als ich auf der letzten Seite angekommen war, wusste ich, dass ich mein Zuhause, meinen ›Stamm‹ und mein eigenes Selbst gefunden hatte, als Frau und als Feministin. Daraus resultierten auch mein Engagement für die Kampagne ›Lohn für Hausarbeit‹, die Mariarosa Dalla Costa und Selma James in Italien und Großbritannien bereits organisierten, und meine Entscheidung, 1973 auch in den USA mit der Gründung von entsprechenden Gruppen zu beginnen.«[219]

Nach ihrer Rückkehr aus Padua im Sommer 1972 unterbrach die damalige Philosophiestudentin Silvia Federici die Arbeit an ihrer Dissertation.[220] Sie berichtete bei jeder politischen Versammlung und bei allen Frauengruppen, in denen sie sich zu dieser Zeit engagierte (u. a. dem *Women's Bail Fund*), von dieser für die Frauenbewegung neuen Perspektive. Im Herbst lernte sie Nicole Cox kennen,[221] die ein aktives Mitglied der späteren New Yorker Lohn-für-Hausarbeit-Gruppe werden sollte, und sie beschlossen, zusammenzuarbeiten.

Zur gleichen Zeit (Herbst 1972) korrespondierte Silvia Federici mit den italienischen und englischen Gruppen des IFK und begann, ihre Materialien zu verteilen und Texte aus dem Italienischen ins Englische und aus dem Englischen ins Italienische zu übersetzen. Den entscheidenden Impuls für die Gründung der ersten US-amerikanischen Lohn-für-Hausarbeit-Gruppe, das *New York Wages for Housework Committee*, gab jedoch im März

1973 eine Vortragsreise von Mariarosa Dalla Costa und Selma James durch mehr als ein Dutzend Städte in den USA und Kanada. Silvia Federici organisierte die meisten Treffen in den USA mithilfe ihrer eigenen Kontakte und der Kontakte, die Mariarosa Dalla Costa und Selma James bereits in den USA hatten.

Die Nordamerika-Tournee von Mariarosa Dalla Costa und Selma James

Um die Tournee zu finanzieren, sammelte Federici Spenden bei Universitäten und anderen Organisationen ein, die Interesse daran gezeigt hatten, Mariarosa Dalla Costa oder Selma James als Referentinnen zu gewinnen. Die Gage belief sich auf 200 bis 300 US-Dollar pro Vortrag.[222] Die Unterbringung erfolgte durch Aktivistinnen in den Städten, in denen sie sich aufhielten. Die weiteren Kosten wurden zum Teil von Aktivistinnen und zum Teil von den Referentinnen selbst getragen.

So reisten Mariarosa Dalla Costa und Selma James zunächst durch die USA, wo sie unter anderem San Francisco, Boston und New York besuchten. Danach ging es weiter nach Kanada, wo ein Team unter der Leitung von Judy Ramirez (Schlüsselfigur des späteren *Toronto Wages for Housework Committee*) mit Hilfe von Kontakten vor Ort die Tour durch ein Dutzend Städte organisierte. Im Anschluss an ihren Besuch begannen sich Gruppen zu bilden, die Teil des Netzwerks wurden.

Am 29. und 30. April 1973 waren James und Dalla Costa in Montreal. Das *Centre des femmes*[223] organisierte anlässlich ihres Besuchs »ein Treffen mit Frauenaktivistinnen aus verschiedenen (frankophonen) Kreisen sowie eine öffentliche Konferenz, an der über 100 Personen teilnahmen«.[224] Die vom *Centre des femmes* herausgegebene feministische Zeitung *Québécoises Deboutte!* veröffentlichte ein ausführliches Interview mit den beiden Aktivistinnen, in dem sie die Perspektive von »Lohn für Hausarbeit« erläuterten. Da die französische Übersetzung von »Frauen und der Umsturz der Gesellschaft« noch nicht in Québec erschienen war, erfuhren französischsprachige Feministinnen dank dieses öffentlichen Vortrags und des anschließenden Interviews in der Zeitung *Québécoises Deboutte!* von der Perspektive von »Lohn für Hausarbeit«. *Québécoises Deboutte!* gab jedoch zu bedenken, dass sie die Analyse nicht bedingungslos unterstützte.[225]

Da Dalla Costa wegen des Abtreibungskampfes dringend nach Italien zurückkehren musste, führte James die Tournee an der kanadischen

Westküste alleine fort[226] und kehrte Anfang Juni für das »Feministische Symposium«, den Endpunkt der Tournee, nach Montreal zurück.

Das »Feminist Symposium féministe« in Montreal, Juni 1973

»A change is about to come/Au seuil d'un jour nouveau« (Ein Wandel steht bevor) – unter diesem Motto wurde am Freitag, den 1. Juni 1973, das »Feminist Symposium« an der McGill University eröffnet. Das 800-Personen-Amphitheater des Leacock-Pavillons platzte aus allen Nähten. Selma James war als Ehrengast geladen. Das Ganze fand in englischer Sprache statt, was die Abwesenheit französischsprachiger feministischer Gruppen erklärt.[227]

Dank des Archivmaterials, welches die Organisation und, was eher ungewöhnlich ist, die Debatten des Symposiums dokumentiert, können wir heute einen genaueren Blick auf das Symposium werfen. Der Inhalt des Symposiums ermöglicht einen Einblick in das intellektuelle und aktivistische Klima dieser Epoche der anglophonen zweiten feministischen Bewegung und veranschaulicht die Komplexität der Beziehungen zwischen anglophonen und frankophonen Feministinnen in Montreal.[228] Zudem verdeutlichen die Debatten nicht nur die Originalität der Strategie von »Lohn für Hausarbeit« im Vergleich zu den damals in der zweiten Welle des Feminismus gängigen Strategien und die Einwände, die der Vorschlag von Anfang an hervorrief, sondern auch die Neuheit einer solchen Konferenz selbst, die von der Vorsitzenden der Vorbereitungsgruppe als »Montreals erste Frauenkonferenz« bezeichnet wurde.[229] In der Tat war eine solche Veranstaltung eine Premiere für die englischsprachige zweite feministische Bewegung in Montreal.

Die Vorbereitungsgruppe des Symposiums entstand aus einem Treffen einer kleinen Gruppe englischsprachiger Frauen aus Montreal heraus, das im Januar 1973 im *YWCA Women's Center* auf Initiative von Anne Cools abgehalten wurde. Anne Cools war eine junge Studentin von den Westindischen Inseln und »eine der lautesten Stimmen« des *Caribbean Conference Committee* in Montreal.[230] Festgenommen während der ›Sir George Williams University Affair‹ (heute Concordia University),[231] wurde sie im April 1971 in einem Prozess zu sechs Monaten Gefängnis mit Geldstrafe verurteilt. Zum Zeitpunkt der Konferenz befand sie sich in Berufung gegen das Urteil. Sie hatte Selma James in England kennengelernt, die damals als Fürsprecherin einer autonomen und radikalen Frauenbewegung galt.

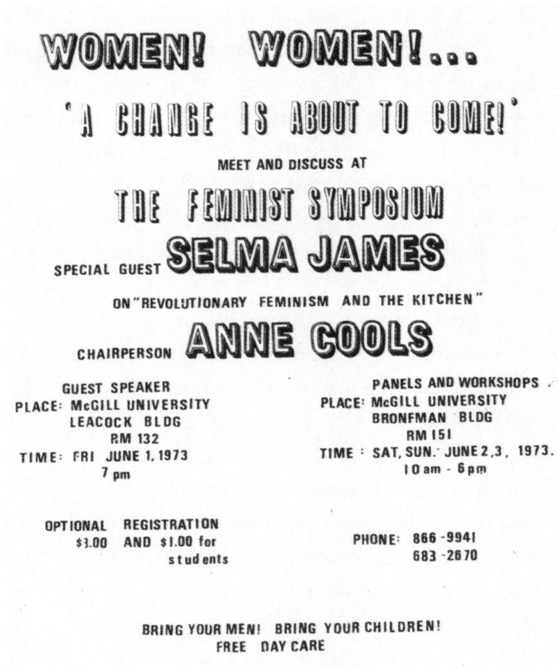

Einladungsplakat zum *Feminist Symposium* in Montreal, 1.–3. Juni 1973 (CWMA, Box 151).

Anne Cools zufolge war das Konferenzsymposium, mit Selma James als Ehrengast, »das geeignetste organisatorische Projekt für eine Gruppe von Frauen, die sich als Frauen autonom organisieren wollen«.[232]

Die Vorbereitungsgruppe ersuchte bei verschiedenen Organisationen um Fördergelder. Unter anderem waren die Kosten für die Reise und die Unterbringung von Selma James, die Honorare für Letztere und die 25 geplanten Podiumsteilnehmerinnen, die Kosten für Werbung und Administration, die Anmietung von Räumen und verschiedenes Equipment zu zahlen. Das Gesamtbudget betrug 8.279 $, eine für die damalige Zeit nicht unerhebliche Summe, zumal es sich um die erste Veranstaltung dieser Art handelte, die obendrein feministisch war! Insbesondere große Banken, Treuhandgesellschaften und andere große englischsprachige Unternehmen beteiligten sich finanziell.[233]

Im Zwischenbericht des Symposiums erfährt man, dass das Publikum aus englischsprachigen Frauengruppen aus Montreal, Toronto, Windsor,

Ottawa, St. John, New York, Boston und Washington bestand, die »sich in der gesamten Bandbreite der Frauenfragen engagierten«.[234] Manche Teilnehmer*innen nahmen individuell, ohne eine Gruppe zu repräsentieren, an dem Symposium teil, um sich über Frauenfragen zu informieren. Die Protokollantin notierte die Anwesenheit von »vielen Grauhaarigen [und] nicht wenigen Schwarzen«.[235] Französischsprachige Aktivistinnen waren weder an der Organisation noch an der Durchführung des Symposiums beteiligt, mit einer Ausnahme, »aber sie sprach Englisch«, heißt es in dem Bericht.[236]

Dass keine französischsprachigen Aktivistinnen an dem Symposium teilnahmen und auch Mariarosa Dalla Costa abwesend war, die Französisch sprach und nach Italien zurückkehren musste, trug sicherlich dazu bei, dass es zunächst schwierig war, die Perspektive von »Lohn für Hausarbeit« in Québec zu verbreiten. Erst als die Texte der Bewegung ins Französische übersetzt wurden, kam die Debatte dort in Gang.

Die Vorbereitungsgruppe unternahm zwar keine großen Anstrengungen, um die französischsprachigen Frauen in Québec zu erreichen,[237] doch es gelang ihr, eine beeindruckende Anzahl von Podiumsteilnehmerinnen zu gewinnen – fast dreißig Frauen aus verschiedenen Regionen Kanadas und der USA. In den eingesehenen Unterlagen ist von 800 bis 1.000 teilnehmenden Personen die Rede. »Das Wunder dieser Konferenz bestand darin, dass eine so große Vielfalt an Frauengruppen Selmas Perspektive begrüßte«, schrieb die Protokollantin der Konferenz.[238] Das Programm für das Wochenende sah folgendermaßen aus:

Freitagabend: Eröffnungsvortrag von Selma James

Samstag: 3 Podiumsdiskussionen:
Die Identität der Frau – das »Ich« (4 Diskutantinnen)
(über die Identitätssuche heutiger Frauen)
Medizin – eine gesellschaftliche Frage
(4 Diskutantinnen)
Die Sackgasse des Bildungssystems
(5 Diskutantinnen).

Sonntag: 2 Podiumsdiskussionen:
Der Arbeitsmarkt (4 Diskutantinnen).
Das Gesetz und die Menschenrechte
(4 Diskutantinnen).

Besonders interessieren mich die Reaktionen auf den Vortrag von Selma James.[239] Ein Lohn für Hausarbeit als organisatorische Perspektive, um die herum alle anderen einzelnen Forderungen der Frauen (Abtreibung, Kinderbetreuung, Lohngleichheit) gruppiert werden können: Das war 1973 ein absolutes Novum in der Frauenbewegung! Der Vorschlag warf dementsprechend viele Fragen auf: Welchen Platz lässt er für Frauen, die keine Hausfrauen sind? Wird dadurch nicht die Rolle der Hausfrauen verfestigt? Ist diese Idee überhaupt umsetzbar? Und wie? Woher soll das Geld kommen? Die Diskussion war mit Beginn des feministischen Symposiums eröffnet. Die Argumente gegen einen Lohn für Hausarbeit, die damals vorgebracht wurden, machten bereits deutlich, welche Opposition sich während des Bestehens des IFK und noch lange danach entwickeln sollte.

Ein erstes Argument wurde von Frauen vorgebracht, die interessanten und gut bezahlten Berufen nachgingen und entgegneten, dass sie sich selbst nicht als Hausfrauen sähen. Sie hätten sich von dieser Rolle entfernt und waren der Meinung, dass Frauen die Freiheit haben sollten, außer Haus zu arbeiten. Es gab mehrere Entgegnungen auf diesen Einwand. Zunächst hätten sie vergessen, dass für die überwiegende Mehrheit der Frauen eine Arbeit außer Haus oftmals Arbeit am Fließband bedeute. Sehe so etwa Befreiung aus? Außerdem hätten sie die Tatsache vergessen, dass die meisten weiblichen Beschäftigten Ehefrauen, Mütter und Schwestern, also Hausfrauen seien, wenn sie nach Hause kommen. Drittens solle der Kampf der Frauen nicht aus der Position einer Minderheit von ›befreiten‹ Frauen geführt werden, deren Privilegien es ihnen ermöglichen, fast ›wie ein Mann‹ zu leben, sondern aus der Position der großen Mehrheit der Frauen, die Hausfrauen sind und deren Status als Nicht-Lohnarbeitende die sexistischen Einstellungen hervorbringe, denen alle Frauen ausgesetzt seien. Jede Ärztin, Anwältin oder Journalistin könne bezeugen, dass sie letztlich ›Assistentinnen‹ seien, selbst auf den höchsten beruflichen Ebenen. Die Position der Frau werde stets durch die der Hausfrau bestimmt.

Das zweites Gegenargument lautete, dass die Bezahlung von Frauen für Hausarbeit sie in dieser Rolle belassen und sogar zur Institutionalisierung derselben beitragen würde. Diesem Argument wurde entgegengehalten, dass die Rolle der Hausfrau bereits seit Urzeiten institutionalisiert sei und niemand jemals behauptet habe, dass Arbeitnehmende ihre Rolle institutionalisieren, indem sie höhere Löhne fordern. Ein Lohn ermögliche es, mehr Unabhängigkeit und mehr Freiheit zu erlangen, um das Haus zu verlassen,

Freiheit, um für Kinderbetreuung und für die ›Vergesellschaftung‹ der Hausarbeit zu kämpfen. Ein Lohn gebe Frauen die Macht, die Bedingungen der Vergesellschaftung ihrer Arbeit selbst zu bestimmen. »Lohn für Hausarbeit« sei eine Strategie, eine Denkweise, mit der die Situation von Frauen in allen möglichen Lagen verändert werden könne.

Ein drittes Argument verwies darauf, dass ein solcher Lohn aus erhöhter Steuerlast finanziert werden müsse, also aus dem Einkommen der Menschen, und nicht aus Gewinnen. Darauf wurde erwidert, dass sowohl das Geld aus Steuern als auch Gewinne denjenigen zugutekomme, die arbeiten.

Anne Cools brachte schließlich den Vorschlag ein, über die Forderung nach einem Lohn für Hausarbeit abzustimmen. Die Diskussion über den Vorschlag dauerte drei Stunden. Laut der Protokollantin war es eine strukturierte und rigoros geführte Debatte. Zwanzig Frauen und drei Männer ergriffen das Wort. Zwei oder drei Personen sprachen sich gegen den Vorschlag aus. Nach der dreistündigen Diskussion blieb nur noch die Aufgabe, den Beschluss so zu gestalten, dass er möglichst viele Menschen zufriedenstellte. Laut Protokollantin war es Marlene Dixon,[240] der dieses Unterfangen gelang. Man stritt sich über die Wortwahl: ›Arbeitskraft‹ (männlich? Arbeiterschaft?), ›Hausangestellte‹ (Hausfrauen? Hausarbeit?), ›Staat‹ (die Regierung? die Bundesregierung? die Provinzregierung?). Schließlich einigte man sich auf eine Formulierung und ging zur Abstimmung über. Nach fünf Stunden Debatte war die folgende Erklärung beschlossen:

> »Da die Arbeit zur Produktion und Reproduktion der Arbeitskraft hauptsächlich auf den Frauen lastet;
>
> da die Arbeit des Austragens und des Aufziehens der Kinder (zu der oft noch die Arbeit außerhalb des Hauses hinzukommt) eine gesellschaftliche Aufgabe ist;
>
> da die Arbeit im Haus nicht bezahlt wird;
>
> SEI BESCHLOSSEN, dass der Staat den Hausarbeiterinnen einen Lohn zu zahlen hat.«

Die Erklärung wurde einstimmig angenommen. In der Zeitung *The Other Woman*, die über die Veranstaltung berichtete, hieß es dazu: »Jeder empfand diese Resolution als einen Neuanfang, als eine neue positive Richtung für die Bewegung, vielleicht sogar als ein historisches Ereignis.«[241] Damit war der Grundstein für die neue Strategie der Frauenbewegung gelegt.

Die Einmütigkeit, die in den Protokollen des Symposiums beschrieben wird, überdeckt jedoch so manche Zerwürfnisse und Differenzen. *The Montreal Gazette*, eine der beiden englischsprachigen Tageszeitungen in Montreal, veröffentlichte am 15. Juni einen Artikel, in dem zwei zurückgetretene Mitglieder des Vorbereitungsgruppe und Podiumsteilnehmerinnen Vorwürfe formulierten, allerdings nicht bezüglich der Frage des Lohns für Hausarbeit, sondern angesichts der »ökonomischen und revolutionären Ideologien, die auf dem Symposium vertreten wurden«.[242] In diesem Artikel wurden die Organisatorinnen beschuldigt, »ein feministisches Treffen zu nutzen, um revolutionäre Ideologien zu verbreiten«. Eine Person bedauerte, dass es nicht mehr gute und energische Sprecherinnen gegeben habe, »die sich mit den traditionelleren Aspekten des Feminismus beschäftigen«. Eine andere gab zu bedenken, dass die Marxistinnen in der Vorbereitungsgruppe stärker politisiert gewesen seien, mehr Feministinnen kannten und daher auch stärkeren Einfluss auf die Organisation der Podiumsdiskussionen hatten als andere. Eine weitere Person sprach von einer »Klassenspaltung innerhalb der Bewegung«. Angesichts der finanziellen Unterstützung des Symposiums und der Art der Spendengeber ist es nicht verwunderlich, dass eine solche Spaltung stattfand.

Die Zeit nach dem Symposium und die Entstehung des Netzwerks

Das IFK an sich ist, meines Wissens nach, bis heute nicht Gegenstand historischer Untersuchungen gewesen. Alle Informationen über die Entstehung der das Netzwerk bildenden Gruppen stammen aus Dokumenten, die ich gesammelt und eingesehen habe, sowie aus Interviews mit einigen Aktivistinnen der Gruppen. Da es sich also um eine erste Chronologie zu der Thematik handelt, kann ich nicht garantieren, dass das hieraus resultierende Bild vollständig sein wird. Es soll lediglich eine allgemeine Vorstellung von der Größe des IFK als Netzwerk von Gruppen vermitteln und Anhaltspunkte für zukünftige Recherchen über das Netzwerk darbieten.

In Italien bildeten sich die ersten Lohn-für-Hausarbeit-Gruppen. Darauf folgten die englischen Gruppen, wie schon anfangs des Kapitels erwähnt. Nach Selma James und Mariarosa Dalla Costas Nordamerika-Tour im Frühjahr 1973 gründete sich zwischen März und Herbst 1973 auf Initiative von Silvia Federici die Lohn-für-Hausarbeit-Gruppe in New York. Kontakte zu Frauen aus allen Bundesstaaten wurden geknüpft. Anfang 1974 wurde Silvia Federici nach Philadelphia eingeladen und auch dort bildete sich eine

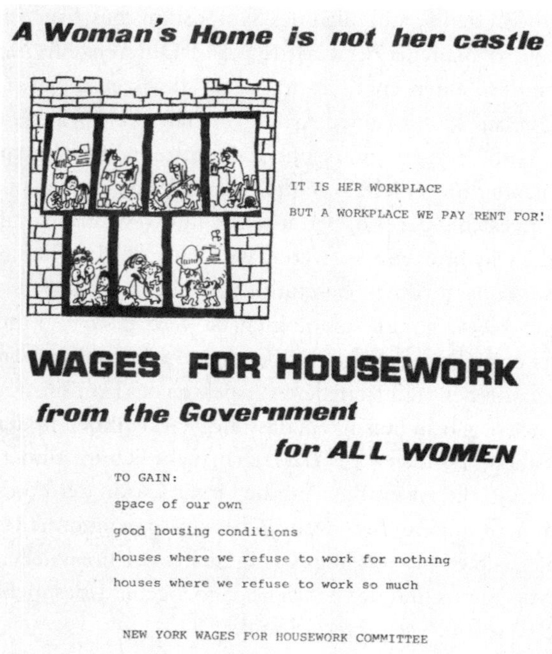

Broschüre des *New York Wages for Housework Committee* zum Thema Wohnen, nicht datiert. (Silvia Federici Archiv.)

Lohn-für-Hausarbeit-Gruppe. Etwa zur gleichen Zeit wurde die Gruppe in Cleveland gegründet.[243] Diese drei Gruppen, aus New York, Cleveland und Philadelphia, bildeten den amerikanischen Teil des Netzwerks auf der ersten Konferenz des IFK, die im Herbst 1974 in New York stattfand.

Die meisten amerikanischen Gruppen gründeten sich im Jahr 1975: in Oberlin, Boston, Chicago und New Orleans. An der Westküste, auf Anregung von Beth Ingber und Sidney Ross (zuvor in der Gruppe in Cleveland), bildeten sich die Gruppen in Los Angeles und San Francisco (letztere 1976). Die Gruppe *Black Women for Wages for Housework* entstand im Anschluss an eine Konferenz über Sozialhilfekürzungen, die im April 1976 in New York vom *New York Wages for Housework Committee* veranstaltet wurde, auf das später noch eingegangen wird. In diesen Jahren bildete sich auch eine Lesbengruppe namens *Wages Due Lesbians* als eigenständige Einheit innerhalb der Gruppe in Philadelphia. Die aktivsten Gruppen in den USA waren laut Silvia Federici die Gruppen in New York und Los Angeles. Sie stellten ›Referenzpunkte‹ für die anderen Gruppen dar.

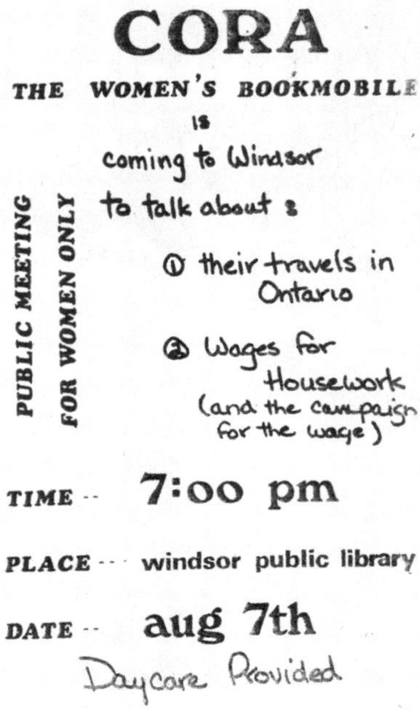

Ankündigung eines Treffens, das 1974 vom *Women's Bookmobile* (Cora) des *Toronto Wages for Housework Committee* (CWMA, Box 625.2) organisiert wurde.

In Kanada entstand im Frühjahr 1973 eine erste Gruppe in Toronto. Im Sommer 1974 gründete sich ebenfalls in Toronto eine zweite Gruppe.[244] Dabei handelte es sich um das Toronto *Wages for Housework Committee*, eine Frauengruppe, die sich von einer gemischten Gruppe, der *New Left Tendency*, abspaltete. Judy Ramirez war bis in die 1980er-Jahre hinein die zentrale Figur und Hauptrednerin dieser Gruppe.[245]

Eine der ersten Initiativen dieser neuen Gruppe in Toronto war mehr als originell. Um die Perspektive von »Lohn für Hausarbeit« bekannt zu machen und das Netzwerk der Gruppen in der Provinz Ontario zu erweitern, erwarb die Gruppe einen alten Bus, das *Women's Liberation Bookmobile*, genannt ›Cora‹ (in Erinnerung an Cora Hind, eine Journalistin und Pionierin im Kampf für das Wahlrecht in Manitoba). Der Bus, der sich als »Frauenzentrum, Buchhandlung und Rednerinnenpool auf Rädern«[246] verstand, fuhr ab dem 1. Mai 1974 mit Materialien von »Lohn für Hausarbeit« und mit Texten über die Befreiung der Frau durch Ontario. Die Aktivistinnen stellten den Bus an verschiedenen Orten ab, sprachen Frauen

Titelseite der Zeitung *Le operaie della casa*, Nr. 2–3 (September–Dezember 1976) des *Comitato per il Salario al Lavoro Domestico di Padova*.

an, um mit ihnen über einen Lohn für Hausarbeit zu diskutieren und Materialien zu verteilen. Auf Anfrage hielten sie auch Vorträge.[247]

Das *Toronto Wages for Housework Committee* war während der gesamten Zeit des IFK und selbst danach noch sehr aktiv. Von Juli 1976 bis in die frühen 1980er-Jahre veröffentlichte es eine eigene Zeitung, das *Wages for Housework Campaign Bulletin*. Es organisierte und unterstützte einige bedeutsame Kämpfe[248] und stellte innerhalb des IFK einen wichtigen »Bezugspunkt« dar.[249] Aus dieser Gruppe ging im Februar 1975 die autonome Lesbengruppe *Wages Due Lesbians* hervor, eine eigene Gruppe innerhalb des *Toronto Wages for Housework Committee*, deren besondere Position bereits Gegenstand des vorherigen Kapitels war.

Auch in einigen anderen Provinzen Kanadas, darunter Regina in Saskatchewan und Winnipeg in Manitoba, bildeten sich Lohn-für-Hausarbeit-

Titelseite der Zeitung *Power of Women*, Vol. 1, Nr. 1, März–April 1974, des *Power of Women Collective* aus London.

Gruppen. In Québec gründeten englischsprachige Frauen im Dezember 1974 eine Gruppe, das *Montreal Power of Women Collective*.

In Lateinamerika gab es in Mexiko-Stadt eine Zeit lang eine auf Initiative von Marta Acevedo gegründete Lohn-für-Hausarbeit-Gruppe. Acevedo übersetzte auch »Frauen und der Umsturz der Gesellschaft« sowie andere Texte der Lohn-für-Hausarbeit-Bewegung ins Spanische. Auch in Argentinien gab es über einen längeren Zeitraum eine Lohn-für-Hausarbeit-Gruppe.[250]

Für Italien zählte ein Verzeichnis der Kampagne im Jahr 1976 Lohn-für-Hausarbeit-Gruppen in den folgenden Städten auf: Padua, Mestre-Venedig, Triest, Trentino, Varese, Bologna, Ferrara, Modena, Ravenna, Reggio Emilia, Florenz, Rom, Neapel, Pescara.[251] In der Gruppe in Padua gab es sogar eine eigene Musikgruppe, die *Gruppo Musicale del Comitato per il Salario al Lavoro Domestico di Padova*,[252] eine Theatergruppe, die *Gruppo Teatrale*, sowie eine alle zwei Monate erscheinende Zeitung, *Le operaie della casa*. Zudem veröffentlichten sie mehrere Werke bei Marsilio Editori.

Auch die englische Gruppe *Power of Women Collective* gab während des Bestehens des IFK eine eigene Zeitung, *Power of Women*, heraus. Zudem bildeten sich innerhalb dieses Kollektivs eigene und autonome Gruppen heraus. Dazu gehörten unter anderem die *Wages Due Lesbians* (London) und das *English Collective of Prostitutes*.[253] Einige der Kämpfe des *Power of Women Collective* wurden in den Kapiteln vier und fünf vorgestellt.

Während des Bestehens des IFK machten also eine Vielzahl unterschiedlicher Gruppen das Netzwerk aus.[254] Unumstritten ist gleichzeitig, dass sich in dem Netzwerk fünf zentrale »Bezugsgrößen« herauskristallisierten: Mariarosa Dalla Costa von der Gruppe in Padua, Selma James von der Gruppe in London, Silvia Federici von der Gruppe in New York, Beth Ingber von der Gruppe in Los Angeles und Judy Ramirez von der Gruppe in Toronto. Was ist mit »Bezugsgrößen« gemeint? Silvia Federici interpretiert diesen Ausdruck folgendermaßen: »Es handelte sich um Personen, die über mehr theoretische und politische Erfahrung verfügten« als die anderen. Sie waren Bezugspersonen »aufgrund ihrer Fähigkeit zur politischen Analyse«.[255] Eigentlich, so lässt sie uns wissen, bedeutete dieser Ausdruck »Führungspersönlichkeit«. Ich werde im zweiten Teil dieses Kapitels darauf zurückkommen.

»Keimzelle einer Fraueninternationale«

Die Bezeichnung »Keimzelle der Fraueninternationale« für das *Internationale Feministische Kollektiv* stammt von der Schweizer Lohn-für-Hausarbeit-Gruppe, dem Kollektiv *L'Insoumise*.[256] Die Bezeichnung ›Internationale‹ könnte aufgrund der historischen Konnotationen (Internationale der Arbeiterbewegung, Frauen- oder feministische Internationale des späten 19. Jahrhunderts[257]) und vor allem aufgrund der Tatsache, dass das IFK nie die Größe einer Massenbewegung erreichte, übertrieben erscheinen (die Anzahl der Mitglieder blieb während seiner gesamten Existenz relativ gering). Die Bezeichnung mag auch dahingehend zu groß scheinen, als dass der Aufschrei angesichts der zentralen Forderung des Netzwerks in der Frauenbewegung gewaltig, die Forderung selbst also weit davon entfernt war, international einhellig anerkannt zu werden. Auch existierte das Netzwerk nicht lange genug, um eine wirkliche ›Internationale‹ zu sein.

Ich habe mir trotzdem erlaubt, es also solche zu bezeichnen, weil dies meiner Meinung nach treffend wiedergibt, welche Absichten und Ziele das Netzwerk verfolgte: ausgehend von einer gemeinsamen Perspektive zahlreicher Gruppen in verschiedenen Ländern einen Prozess feministischer Mobilisierung auf internationaler Ebene in Gang zu setzen und konzertiert zu handeln. Und dies mit einer Perspektive, die in eine ganz andere Richtung ging als die Handlungsstrategien der damaligen Frauenbewegungen in Bezug auf die Arbeitswelt. Diese bezogen sich vor allem auf den Zugang von Frauen zu Lohnarbeit und die Beseitigung der dort herrschenden Diskriminierungen. Das IFK stellte diese Art von Befreiung, die Frauen aus seiner Sicht letztlich nur anbietet, doppelt so viel zu arbeiten, infrage. In diesem Kontext zu Beginn der zweiten feministischen Bewegung einen internationalen feministischen Mobilisierungsprozess anhand der Perspektive von »Lohn für Hausarbeit« einzuleiten, war eine große Herausforderung.

Um zu veranschaulichen, inwiefern das IFK eine internationale Struktur und ein Ort der Verständigung war, habe ich mich dafür entschieden, auf sein organisationspolitisches Verständnis einzugehen, d.h. darauf, wie das Kollektiv die Perspektive und die Forderung nach Lohn für Hausarbeit bekannt machen wollte. Anschließend werde ich auf einige Fragen eingehen, die auf den internationalen Konferenzen zwischen 1974 und 1977 diskutiert wurden, welche Schlüsselorte jener feministischen ›Internationale‹ darstellten. Zunächst aber ein paar Worte zu den Bedingungen, unter denen diese Konferenzen stattfanden.

Das IFK als Epizentrum

Zunächst muss darauf hingewiesen werden, dass alle Personen, die zwischen 1974 und 1977 in diesen Gruppen für einen Lohn für Hausarbeit kämpften, Aktivistinnen im eigentlichen Sinne des Wortes waren, d.h. Freiwillige, die für ihre Arbeit in der politischen Gruppe nicht bezahlt wurden (ihr Einkommen stammte entweder aus ihrer bezahlten Arbeit oder sie lebten von Arbeitslosengeld oder der Sozialhilfe). Aktivitäten der Frauenbewegung wurden damals noch nicht gefördert. Erst mit dem 1975 von den Vereinten Nationen ausgerufenen Internationalen Jahr der Frau wurde dies möglich.[258] Die Organisation von Aktivitäten internationalen Charakters, wie die IFK-Konferenzen, war demnach keine leichte Aufgabe. In der Tat bestand eine der größten Herausforderungen in der Finanzierung, meist kam man nicht um Selbstfinanzierung umhin. Da es sich um internationale Konferenzen handelte, musste man Mittel finden, um die Reisen der Teilnehmerinnen – die in mehreren Fällen aus Übersee anreisten – finanzieren zu können. Diese mussten einen Teil ihrer Ausgaben selbst tragen. Ein weiterer Teil wurde durch die Einnahmen aus öffentlichen Vorträgen von Selma James und Mariarosa Dalla Costa an Universitäten gedeckt oder durch Spenden, die bei von verschiedenen regionalen Frauengruppen organisierten Treffen gesammelt wurden (z. B. wurden die Teilnehmerinnen gebeten, einen Dollar zu spenden, um einen Teil der Reisekosten der eingeladenen Frauen zu erstatten). Manchmal, wie bei der internationalen IFK-Konferenz in Toronto, wurden die Teilnehmerinnen auch um einen bestimmten Beitrag (fünf US-Dollar) gebeten, um die Kosten für die Anmietung von Räumen zu decken. Auch die bei diesen Gelegenheiten aufgestellten Verkaufstische für IFK-Publikationen trugen zur Finanzierung bei.

Die Beschaffung der Mittel lag in der Verantwortung der gastgebenden Gruppe der jeweiligen internationalen Konferenz. Silvia Federici erinnert sich daran, was die Organisation dieser Konferenzen für eine solche Gruppe bedeutete: »Eine internationale Konferenz in einer Stadt abzuhalten, in der eine Gruppe des Lohn-für-Hausarbeit-Netzwerks ansässig ist, war für den Prozess des Aufbaus und der Konsolidierung dieser Gruppe von großer Bedeutung.« Dieser Prozess hatte ihrer Meinung nach tatsächlich etwas Dialektisches: Die Gruppe musste die Fähigkeit haben, die Konferenz zu organisieren, d.h. sie musste über genügend Ressourcen und organisatorische Erfahrung verfügen. Wenn dies der Fall war, half die Konferenz der Gruppe, sich zu vernetzen und zu wachsen. »Diese Zeit bot die Gelegenheit, viel über politische Bildung zu lernen«, betont Federici.

Da es noch kein Internet gab, waren die Kommunikationsmittel rudimentär, zumindest nach heutigen Maßstäben. Die Aktivistinnen und Gruppen auf den zwei Kontinenten kommunizierten daher hauptsächlich über den Postweg oder gelegentlich über (damals sehr teure) Ferngespräche. Solche internationalen Aktivitäten zu organisieren war also kein Zuckerschlecken. Silvia Federici erinnert sich: »Es kostete viel Energie, mit dem internationalen Netzwerk in Kontakt zu bleiben. Zu dieser Zeit schrieben wir uns sehr häufig Briefe, zwei- oder dreimal im Monat, in denen wir unsere Gedanken, Neuigkeiten über die politische Lage in der Welt, organisatorische Probleme usw. mitteilten.«

Die Arbeit des IFK als Epizentrum – als verbindender Kern der Mitgliedsgruppen aus den verschiedenen Ländern – umfasste eine weitere wichtige Komponente: politische Bildung und die Verbreitung von theoretischen Texten und Informationen innerhalb des Netzwerks. Die Aktivistinnen zeigten ein außergewöhnliches und daher hervorzuhebendes Bestreben, ihre politische Analyse zu vertiefen und zu verfeinern und sich politisch fortzubilden. Die Qualität und Vielfalt der in Umlauf gebrachten Texte und Materialien ist beeindruckend, vor allem wenn man bedenkt, dass kaum finanzielle und technische Mittel zur Verfügung standen, um diese zu produzieren und zu vervielfältigen, zu übersetzen und in mehreren Ländern zu verbreiten. Das Ganze wurde bei diesen Voraussetzungen allein durch das große Engagement der Aktivistinnen ermöglicht – ein Kraftakt oder Ergebnis eines enorm starken Willens.

Das IFK war für eine große Anzahl an Publikationen verantwortlich. Dazu gehören *Women in Struggle*, eine 1975 veröffentlichte Reihe von drei Sammelbänden über verschiedene internationale Kämpfe und die unterschiedlichen Aspekte des Lebens von Frauen. Sie enthielten Analysen der Kämpfe, einschließlich derer der Gruppen des Netzwerks in ihren jeweiligen Ländern, sowie Stellungnahmen, Flugblätter und andere Materialien. Jede dieser Ausgaben wurde von einer IFK-Gruppe vorbereitet und produziert: Die ersten beiden von dem *Toronto Wages for Housework Collective* und die dritte, eine Sonderausgabe zu Italien, von dem *Comitato Triveneto per il Salario al Lavoro Domestico* (übersetzt und herausgegeben vom Torontoer und New Yorker *Wages for Housework Committee*).

Andere Veröffentlichungen, die *Wages for Housework Notebooks*, Sammlungen von eher theoretischen Dokumenten, gingen ebenfalls von den verschiedenen Gruppen des Netzwerks aus. Meines Wissens wurden zwei davon 1975 veröffentlicht und mit dem Siebdruckverfahren vervielfältigt, die erste durch das *Montreal Power of Women Collective* und die zweite vom *New York Wages for Housework Collective*. Diese Dokumente richteten sich in erster Linie an die Gruppen des Netzwerks selbst.

Im Laufe des Jahres 1975 kam ein interner Newsletter des Netzwerks hinzu, der *Wages for Housework International Network Newsletter*, der über die Aktivitäten der verschiedenen Kollektive des internationalen Netzwerks berichtete. Der erste *Newsletter* wurde wahrscheinlich im Frühsommer 1975 veröffentlicht, ein zweiter war für Ende September geplant, also im

Vorfeld der vierten Konferenz des Netzwerks, die im Oktober 1975 in Toronto stattfand.[259]

Diese Publikationen, die zunächst zur Bildung und Information der Gruppen des IFK-Netzwerks gedacht waren, sollten die politische Perspektive von »Lohn für Hausarbeit« und die Verbreitung der Kampagne in den verschiedenen Ländern unterstützen. Sie wurden vor internationalen Konferenzen oder als Referenztexte nach den Konferenzen zur Lektüre empfohlen.

Die IFK-Konferenzen selbst verfolgten unterschiedliche Ziele, von denen das wichtigste laut Silvia Federici darin bestand, »die Organisierungspolitik [des Netzwerks] zu diskutieren«, d.h. die Kampagne »Lohn für Hausarbeit«.

Eine Kampagne zur Förderung von »Lohn für Hausarbeit«: Die Organisierungsperspektive[260]

Wie konnte es gelingen, möglichst viele Frauen zu erreichen, angesichts der besonderen Bedingungen der Hausarbeit? Die Hausarbeit unterscheidet sich von allen anderen Arbeitstypen: In ihrer Gesamtheit umfasst sie nicht mehr und nicht weniger als die Produktion und Reproduktion von Menschen; sie ist unbezahlt und wird daher nicht als Arbeit angesehen; sie wird isoliert verrichtet; der Arbeitstag ist unbegrenzt und daher ausdrücklich nicht definiert. Frauen haben daher nur sehr begrenzt Zeit für politische Aktivitäten. Daraus folgt, dass man, um eine neue Art politischer Aktion zu entwickeln, mit der Hausfrauen erreicht und eingebunden werden können, tatsächlich bei null anfangen musste.

Hausfrauen arbeiten nicht nur isoliert voneinander, sondern auch getrennt von Frauen in anderen Situationen, wodurch die Illusion entsteht, sie teilten keine gemeinsamen Interessen – etwa dass junge und ältere Frauen weder geteilte Bedürfnisse noch gemeinsame Interessen hätten. Es gibt Frauen, die auf dem Arbeitsmarkt aktiv sind und sich die Hausarbeit (kostenfrei oder entlohnt) mit anderen teilen, diejenigen, die sich weigern, mit einem Mann zusammenzuleben, Sexarbeiterinnen, die für ihre sexuellen Dienste Geld verlangen, Frauen mit Kindern, die Geld vom Staat verlangen: All diese Frauen verrichten Hausarbeit unter unterschiedlichen Bedingungen, was zur Folge haben kann, dass das, was sie vereint, letztlich verborgen bleibt.

Es war also wichtig, zunächst aufzuzeigen, was die einzelnen Frauen in ihren jeweiligen Situationen miteinander verbindet: Sie alle sind Haus-

Broschüre des *Toronto Wages for Housework Committee*, ohne Datum (persönliches Archiv)

frauen, auch wenn ihre ›Produktivitäts‹-Niveaus variieren (z.B. indem sie Kinder haben oder nicht, eines oder mehrere, sich um kranke Verwandte kümmern oder nicht usw.). Wie konnte es gelingen, Frauen auf dieser Grundlage für einen Kampf zu mobilisieren? Das IFK entschied sich für das folgende Vorgehen: Eine umfassende Werbe-, Informations- und Verbreitungskampagne[261] für einen Lohn für Hausarbeit sollte den Aufbau einer Massenbewegung befördern, die in der Lage ist, einen solchen Lohn zu erkämpfen. Wie kam es zu dieser Entscheidung?

»Die Wahl der Kampagne wird von unserer politischen Perspektive bestimmt«, heißt es in »Notes on Organization«, einem der Dokumente über die Organisierungspolitik. Und diese politische Perspektive beinhaltete den Kampf gegen die Hausarbeit in ihrer Gesamtheit und nicht nur gegen einige ihrer Bedingungen. Hier wichen die Lohn-für-Hausarbeit-Gruppen des IFK von den traditionellen Strategien der Frauenbewegung ab, die in der Regel auf einzelne Forderungen (*single issues*) abzielten. »Wir werden keine Teilsiege erringen, solange wir nicht die Gesamtheit dieser Arbeit bekämpfen.« Ein häufig genanntes Beispiel dafür ist der Kampf für Kindertagesstätten: »Wir werden es nicht schaffen, Kindertagesstätten zu erkämpfen, die auf unsere Bedürfnisse zugeschnitten sind – d. h. die unsere Hausarbeitszeit reduzieren helfen –, solange die Betreuung von Kindern nicht als Arbeit anerkannt wird.« Es bedurfte also einer internationalen Kampagne, denn alle Frauen auf der Welt leisten Hausarbeit, manche mehr, manche weniger, aber alle leisten sie in dem einen oder anderen Ausmaß.

Eine internationale Kampagne wurde aus mehreren Gründen von den IFK-Gruppen bevorzugt: Um die Gemeinsamkeit der unterschiedlichen Situationen hervorzuheben, um Hausarbeiterinnen aus der Isolation und Unsichtbarkeit herauszuholen sowie um die Spaltungen zu überwinden, die die kapitalistische Organisation unter den Frauen schafft (bezahlte und unbezahlte Arbeit, verheiratete und nicht verheiratete Frauen, *weiße*, Schwarze und indigene Frauen, junge und ältere Frauen, lesbische und heterosexuelle Frauen, Frauen in den Metropolen und Frauen in den Ländern des Südens). Eine Kampagne ermöglicht es auch, Kämpfe miteinander zu verbinden, die bereits im Gang sind, aber voneinander isoliert bleiben. Das bedeutet, in der Lage zu sein, diese Kämpfe zu unterstützen und eine Ver-

wages for housework
campaign bulletin july 1976 vol. I no. I

Hands Off the Family Allowance

It was a cold and windy day on May 1, but in Toronto and Windsor women from the Wages for Housework Campaign took to the streets to protest the federal freeze in the baby bonus. A series of neighborhood rallies were held in both cities in local supermarkets, playgrounds, and parks. We went to places where women were busy going about their work because, although May 1 is an international workers' holiday, we women keep our noses to the grindstone.

We went with music, banners, speech-

Erste Ausgabe der Zeitung *Wages for Housework Campaign Bulletin* des *Toronto Wages for Housework Committee*, Juli 1976.

bindung zwischen ihnen und der Hausarbeit aufzuzeigen. Die Kampagne ist auch ein Instrument, um Informationen über Kampferfahrungen zu verbreiten, von denen man sonst nie hören würde, und um voneinander zu lernen, Ideen zu sammeln, Fehler nicht zu wiederholen – kurzum: »Unsere Macht zu erkennen.«

Wie kann man eine solche Kampagne aufbauen? Wie kann man Frauen, die nie zuvor erreicht wurden, zusammenbringen? Eine Reihe von Vorgehensweisen wurden zu diesem Zweck während des Bestehens des IFK empfohlen und umgesetzt, manche davon sind noch heute Teil des Werkzeugkastens vieler politischer Gruppen.

Medien

Im Bereich der Medien waren besonders das Radio und Fernsehen bedeutsam, »weil Frauen Nachrichten hören können, während sie ihre Hausarbeit erledigen«, und auch Zeitungen, vorzugsweise solche, die Frauen lesen. Pressekonferenzen und Medienauftritte mussten organisiert werden.

Zunächst war es jedoch wichtig, die Existenz der Bewegung in der Community, auf nationaler und internationaler Ebene, erfahrbar zu machen, um für Frauen zu einem Bezugspunkt zu werden. Dazu wurden verschiedene Vorgehensweisen gewählt und diverse Instrumente eingesetzt.

Information

Es musste Informationsmaterial zur Verfügung stehen, das in mehreren Sprachen und in verständlicher Sprache in großer Zahl und kostenlos verteilt werden konnte, um die Ziele der Forderung nach Lohn für Hausarbeit zu erläutern. Hierzu sollten die Publikationen der IFK-Gruppen genutzt werden: Broschüren, Faltblätter, Flugblätter und auch periodische Zeitschriften wie *Power of Women* der Londoner Gruppe, *Le operaie della casa* der Gruppe aus Padua und das *Wages for Housework Campaign Bulletin* der Gruppe aus Toronto.

Öffentliche Treffen

Um die Kampagne aufzubauen, mussten in den Stadtteilen öffentliche Treffen organisiert werden, mit dem Ziel, neue Gruppen zu bilden und neue Mitglieder zu gewinnen. Zu diesem Zweck sollten Flyer, Buttons, Poster, Videos, Lieder, Filme, Theaterstücke usw. erstellt werden. Zudem sollten öffentliche Informationsveranstaltungen und Lesungen organisiert

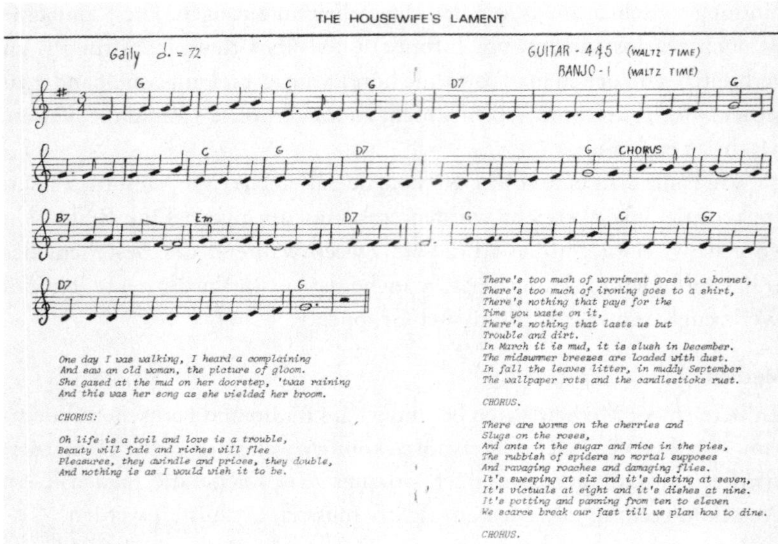

***The Housewife's Lament* (Das Klagelied der Hausfrau) von Boo Watson.**
(*Women Speak Out: May Day Rally Toronto,* 1. Mai 1975, S. 20-21).

werden und es mussten Personen gefunden werden, die bereit waren, auf verschiedenen Podien zu sitzen und an Diskussionen teilzunehmen.

Werkzeuge der Mobilisierung

Unter den Mobilisierungswerkzeugen, die in den Kämpfen der Lohn-für-Hausarbeit-Gruppen eingesetzt wurden, sind besonders die zahlreichen Lieder hervorzuheben. So nahm die *Gruppo Musicale del Comitato per il Salario al Lavoro Domestico di Padova* zwei Schallplatten auf.[262] Erwähnenswert sind auch die Lieder von Boo Watson von der Gruppe *Wages Due Lesbians*, die der Gruppe für »Lohn für Hausarbeit« in Toronto angeschlossen war. Auch sie hat mehrere Lieder über Hausarbeit produziert.[263] Diese Lieder spielten eine große Rolle bei diversen Mobilisierungen des IFK. Das Gleiche gilt für die Theateraufführungen der *Gruppo Teatrale del Comitato per il Salario al Lavoro Domestico di Padova* (siehe weiter unten *Straßenveranstaltungen*).

Im französischsprachigen Québec – obwohl es dort an sich keine Lohn-für-Hausarbeit-Gruppe gab – spielte ein Theaterstück eine wichtige Rolle

les ouvrières du trottoir

Nous sommes ici, dehors
A travailler
Nous sommes tellement
Nous sommes la mesure...

Nous sommes tellement à travailler dehors
Nous sommes tellement toute la nuit
A donner sur la rue nos corps pour de l'argent
Nous sommes en fait les «ouvrières du trottoir»

Vendre à rabais, bras, utérus et sourire
C'est la condition, la condamnation de chaque femme
Assurant gratuitement le service général du foyer
Comme dur prix de la respectabilité.

Chœur

L'amour, chaque femme l'a cherché
Mais l'amour ils en ont fait un travail
Notre corps est pour l'État
Machine à enfants et à plaisir

Les patrons cruels nous ont achetées
Les maris et les pères nous ont vendues
Notre corps est anesthésié
Notre cœur rempli de mépris

Hors des rangs contre l'État
Nous aussi, nous avons marché
Contre ceux qui nous veulent
Esclaves et méprisables,
par milliers, nous nous sommes rebellées

Hors des rangs contre l'État
Nous avons aussi lutté pour de l'argent
Cette autonomie nous a coûté
Ame et vie
Bas les mains État et Police !

Chœur

L'amour, chaque femme l'a cherché
Mais l'amour ils en ont fait un travail
Nous sommes la mesure.
De ce que signifie
Etre femme.

Vervielfältigt in Louise Vandelac (Hrsg.), *L'Italie au féminisme*, Paris, Tierce, 1978, S. 164.

bei der Verbreitung der Perspektive von »Lohn für Hausarbeit«, wo auch immer es aufgeführt wurde. Es handelt sich um ein Stück des Théâtre des cuisines: *Moman travaille pas, a trop d'ouvrage* (Mama arbeitet nicht, hat zu viel zu tun).[264]

Frauenzentren

Um eine kontinuierliche Präsenz unter den Frauen zu gewährleisten, mussten Informationszentren eröffnet werden, die den Frauen offenstanden und in denen sie Literatur finden, andere Frauen treffen und diskutieren konnten. Silvia Federici erzählt uns von einem konkreten Beispiel aus New York:

»Wir waren auf verschiedenen Ebenen aktiv. In erster Linie lag unser Fokus auf Bewusstseinsbildung. Dazu mussten wir unsere Ziele publik machen, den Lohn für Hausarbeit auf das politische Tableau setzen, in den Medien präsent sein, an Konferenzen teilnehmen, mit Frauengruppen sprechen, bei Straßenveranstaltungen wie Festivals und Demonstrationen (z. B. am Internationalen Frauentag, am Muttertag, auf Buchmessen, Nachbarschaftsfesten usw.) präsent sein.

Um ein breiteres Spektrum an Frauen zu erreichen, eröffneten wir im November 1975 in einem Arbeiterviertel in Brooklyn, wo viele von uns wohnten, ein Ladenlokal, das zum Zentrum unserer Treffen wurde und in das Frauen kamen, um sich mit uns auszutauschen, unsere Publikationen einzusehen oder sich an uns zu wenden, wenn sie Fragen hatten, die die Situation von Frauen im Allgemeinen betrafen. Die Eröffnung unseres Lokals, in die wir viel Zeit und Geld investiert hatten, wurde in den Medien breit besprochen, sogar in der *New York Times*!«[265]

Solche Zentren wurden unter anderem in London vom *Power of Women Collective* und auch in Italien von Lohn-für-Hausarbeit-Gruppen gegründet. Auch das *Bookmobile*, eine Art fahrendes Frauenzentrum, diente den Aktivistinnen, die später das *Toronto Wages for Housework Committee* gründeten, dazu, die Forderung nach einem Lohn für Hausarbeit von Stadt zu Stadt zu tragen und Informationsmaterial über die Situation von Frauen zu verbreiten.

Eröffnung des Lokals des *New York Wages for Housework Committee*, Brooklyn, November 1975. Die drei Frauen auf dem Bürgersteig sind Mariarosa Dalla Costa, Mary Capps und Silvia Federici. In der Mitte, auf dem letzten Foto, Silvia Federici. (Archiv Silvia Federici.)

Straßenveranstaltungen

Um die Sichtbarkeit der Kampagne zu erhöhen, fanden zudem Straßenveranstaltungen statt. Beispielsweise organisierte das *Comitato Triveneto per il Salario al Lavoro Domestico*[266] am 8., 9. und 10. März 1974 auf der Piazza Ferreto in Mestre drei Tage lang Aktivitäten, um die Kampagne für den Lohn für Hausarbeit in Italien öffentlich anzukurbeln. Das Programm umfasste Demonstrationen, Reden, Gespräche mit Passant*innen, feministische Lieder, Theaterstücke, Fotoausstellungen, Banner, Vorführungen feministischer Filme, Verteilung von Flugblättern, Broschüren, Poster und Dokumentationen. Die Zeitung *Bollettino delle donne*, die von den Komitees für den Lohn für Hausarbeit in Padua und Venedig produziert wurde, wurde verteilt und die erste Version von Mariarosa Dalla Costas »Le operaie della casa« angeboten.[267]

Die lokalen Gruppen konnten selbst über Form und Art der verschiedenen Straßenveranstaltungen entscheiden. Zum Beispiel wurden Flashmobs, Fackelzüge, Hausbesetzungen, Platzbesetzungen, Sit-ins usw. organisiert.

Darüber hinaus entschied sich das IFK für eine Straßenveranstaltung als konzertierte Aktion, um den Kampf um Lohn für Hausarbeit auf die öffentliche Bühne zu bringen. Der gewählte Zeitpunkt war der 1. Mai 1975, der Internationale Tag der Arbeit.[268] An diesem Tag fand die erste internationale Demonstration des IFK gleichzeitig in allen Städten statt, in denen es Lohn-für-Hausarbeit-Gruppen gab. Warum der 1. Mai? Weil »auf der ganzen Welt [...] Gesellschaften auf die Arbeit von Frauen angewiesen sind und wir, wie alle anderen Arbeiter, einen Lohn brauchen, um gegen unsere Ausbeutung zu kämpfen«:[269]

> »Weil wir Frauen sind, werden wir alle mit der Aufgabe identifiziert, anderen zu dienen, ihre physischen und emotionalen Bedürfnisse zu erfüllen und der Gesellschaft Menschen zur Verfügung zu stellen, die Tag für Tag funktionieren, denn wir sind dafür da, ihre Arbeitskraft durch unsere Arbeit zu erneuern und wiederherzustellen.«[270]

Der *Wages for Housework International Network Newsletter* von 1975 gibt uns eine Idee von den Aktivitäten, die von den unterschiedlichen Gruppen des Netzwerks zu diesem Anlass organisiert wurden.

Das neu gegründete Lohn-für-Hausarbeit-Komitee in Los Angeles beschloss mit seinen drei Mitgliedern, einen klar erkennbaren Block in-

8-9-10-MARZO-'74
BOLLETTINO DELLE DONNE
n 1

DOBBIAMO ROMPERCI UNA GAMBA O ESSERE INVESTITE DA UN'AUTOMOBILE PER VEDERCI RICONOSCIUTO E PAGATO IL LAVORO CHE FACCIAMO?
ALCUNI GIUDICI CI HANNO VALUTATE 120.000 LIRE AL MESE......
QUESTA SENTENZA HA FISSATO IL NOSTRO SALARIO MINIMO.

COMITATO VENETO
PER IL SALARIO AL LAVORO DOMESTICO

sede PADOVA: CENTRO DELLE DONNE: p.za Eremitani 9 bis
aperto mercoledì dalle 17 alle 19
venerdì dalle 15,30 alle 19
Telefono: 36384-615119 (dalle ore 16 alle 20)

sede VENEZIA: CENTRO DELLE DONNE: S.Pantaleon 3700
aperto lunedì 17-19
mercoledì 10-12
venerdì 17-19
Telefono: 83345-34674 (dalle ore 16 alle 20)

Erste Ausgabe der Zeitung *Bollettino delle donne (Comitato Veneto per il Salario al Lavoro Domestico)*, die am 8./9./10. März 1974 verteilt wurde, um die Kampagne für Lohn für Hausarbeit in Italien in Mestre zu starten.

nerhalb einer von der Chicano-Community organisierten Demonstration zu bilden. In den Flugblättern des Komitees (auf Spanisch und Englisch) wurden Verbindungen zwischen den Kämpfen von Frauen ohne Lohn zu Hause und den Kämpfen von Immigrant*innen hergestellt.[271] »[U]nser Flugblatt zum 1.Mai […] ist sehr gut angekommen«, kommentierte eine *Newsletter*-Redakteurin.

Das *Toronto Wages for Housework Committee* (bestehend aus 15 Frauen) organisierte eine Versammlung zur Mittagszeit auf dem Rathausplatz.[272] 250 Personen nahmen teil und folgten den Berichten von acht Aktivistinnen des Komitees über verschiedene Situationen, die Frauen erleben: als Krankenschwestern, Kellnerinnen, Fabrik- und Büroarbeiterinnen, Vollzeithausfrauen, von Sozialhilfe abhängige Mütter und Lesben. Insgesamt sollen während der anderthalb Stunden dauernden Reden 500 Personen auf dem Rathausplatz angehalten haben; 5.000 Flugblätter (auf Italienisch, Spanisch, Portugiesisch, Englisch – aber offenbar nicht auf Französisch …) wurden vor und während der Kundgebung verteilt.

Titelseite von *Women Speak Out. May Day Rally Toronto*, 1. Mai 1975, eine vom *Toronto Wages for Housework Committee* organisierte Veranstaltung.

Die Medienaufmerksamkeit war groß, sie berichteten nicht nur vor der Veranstaltung, sondern auch währenddessen und danach, selbst die nationalen Fernsehnachrichten widmeten der Versammlung drei Minuten.[273] Die Veranstaltung wurde vom Komitee selbst zu Bildungszwecken auf Video aufgezeichnet.[274] Später wurde eine Broschüre mit dem Titel »Women Speak Out. May Day Rally Toronto« herausgegeben, in der die an diesem Tag gehaltenen Reden und die Flugblätter enthalten waren, die von den anderen Gruppen des Netzwerks in ihren jeweiligen Ländern verteilt wurden.

Laut des *Newsletter*-Berichts über die Aktivitäten des Toronto-Komitees zum 1. Mai 1975, der von der Koordinatorin Judy Ramirez verfasst wurde, hatte die Kundgebung am 1. Mai einen enormen Einfluss auf die Sichtbarkeit der Toronto-Gruppe und der Perspektive von »Lohn für Hausarbeit«:

»Der Erste Mai war die ›Ankündigung‹, dass wir jetzt in der Öffentlichkeit stehen und uns für den Lohn für Hausarbeit organisieren. Das Ereignis verschaffte

> dem »Lohn für Hausarbeit« die öffentliche Sichtbarkeit, die er brauchte, um ein Bezugspunkt für Frauen in allen Lebenslagen in Ontario und ganz Kanada zu sein.«[275]

Eine kurz darauf durchgeführte landesweite Gallup-Umfrage ergab, dass 49 Prozent der kanadischen Bevölkerung einen Lohn für Hausarbeit befürworteten.[276]

In London organisierte das *Power of Women Collective* zum 1. Mai die erste Demonstration für einen Lohn für Hausarbeit in England: Die 25 demonstrierenden Frauen skandierten, begleitet von der Polizei, Slogans und trugen Banner, Flugblätter und verschiedene Symbole der Frauenarbeit wie Pfannen, Besen, Töpfe usw. mit sich. Das Verteilen der Flugblätter wurde verhindert und den Demonstrantinnen wurde mit Verhaftung gedroht. Die Demonstration endete mit einer Rede vor dem Amtssitz des Premierministers.[277]

In Bristol bauten sechs Aktivistinnen vor dem größten Einkaufszentrum der Stadt einen Stand mit Slogans für einen Lohn für Hausarbeit auf, an dem auch Flugblätter von anderen Demonstrationen der Gruppen des Netzwerks ausgelegt wurden. Das Flugblatt der Gruppe aus Bristol nannte den Betrag, den Kinderbetreuer*innen erhalten, und fragte, was Mütter und Hausfrauen für die gleiche Arbeit erhalten. Weiter hieß es: »Und wenn du die ganze Hausarbeit erledigt hast, welche Jobs werden dir dann außerhalb des Hauses angeboten? Kochen, putzen, pflegen, tippen und ungelernte Fabrikarbeit.«[278] Über die Veranstaltung wurde in den beiden lokalen Fernsehsendern intensiv berichtet. Die Lokalzeitung widmete der Frage des Lohns für Hausarbeit einen großen Artikel, was laut Suzie Fleming zeigte, »welche Wirkung eine kleine Aktion haben kann«.[279]

Natürlich fanden auch in Italien Demonstrationen zum 1. Mai statt. Das *Comitato Triveneto per il Salario al Lavoro Domestico* beschloss, ab der Mittagszeit auf der Piazza Ferretto in Mestre zu demonstrieren und Frauen zu einem Streiktag gegen die Hausarbeit einzuladen. Bei dieser Gelegenheit wurde die erste Ausgabe der Zeitung *Le operaie della casa* herausgegeben. Es gab Plakate, Lieder und Theaterstücke der *Gruppo Teatrale del Comitato per il Salario al Lavoro Domestico di Padova*, die Zeitung wurde verkauft und Flugblätter, die die Demonstration am Abend des Tages ankündigten, wurden verteilt.[280]

Internationaler Kampftag für den *Lohn für Hausarbeit*, 1. Mai 1975, Mestre (Venedig). In der Mitte: Mariarosa Dalla Costa. (Archiv Mariarosa Dalla Costa)

Auch andere Straßenveranstaltungen wurden von den verschiedenen IFK-Gruppen im Laufe ihres Bestehens organisiert, z.B. am Internationalen Frauentag und anlässlich verschiedener Kämpfe und Mobilisierungen.[281]

Die internationalen Tribunale

Um auf sich aufmerksam zu machen, nahmen die IFK-Gruppen auch an öffentlichen Veranstaltungen wie Buchmessen, Stadtteilfesten und sogar an internationalen Tribunalen, etwa am *Internationalen Tribunal zu Gewalt gegen Frauen* teil, das vom 3. bis 8. März 1976 in Brüssel stattfand. Das *Internationale Tribunal zu Gewalt gegen Frauen* bot die Möglichkeit, die Gewalt anzuprangern, die weltweit alle Frauen erfahren, und Strategien zur Veränderung zu diskutieren. Simone de Beauvoir eröffnete das Tribunal. Rund 2.000 Frauen aus 40 Ländern nahmen daran teil.

Das IFK war durch die Gruppen der Lohn-für-Hausarbeit-Bewegung aus Italien (insbesondere durch die Gruppen aus Mestre und Ferrara; letztere prangerte die barbarischen Entbindungspraktiken im Krankenhaus in Ferrara an), Kanada (Schreiben an das Tribunal) und *Wages Due Lesbians*

Titelbild des Buches *The Proceedings of the International Tribunal on Crimes Against Women*. Das Tribunal fand vom 3. bis 8. März 1976 in Brüssel statt.

aus der Londoner Gruppe vertreten. Erinnern wir uns daran, dass das IFK auf der Abschlussversammlung des Tribunals, auf der die Strategien zur Veränderung diskutiert wurden, eine Resolution für die Bezahlung von Hausarbeit vorlegte, die von den Teilnehmerinnen »fast einstimmig« verabschiedet wurde. Sie lautete wie folgt:

> »Die Lohn-für-Hausarbeitsgruppen aus Italien, England, Kanada, der Schweiz und den Vereinigten Staaten erklären: dass unbezahlte Hausarbeit ein Diebstahl unter Gewaltandrohung ist; dass diese Arbeit und das Fehlen eines Lohns ein Verbrechen darstellt, aus dem alle anderen Verbrechen hervorgehen; dass diese Arbeit uns lebenslang als schwaches Geschlecht brandmarkt und uns machtlos den Bossen, Regierungsbeamten und Gesetzgebern ausliefert, den Ärzten, der Polizei, den Gefängnissen und psychiatrischen Einrichtungen sowie den Männern, für ein Leben in Knechtschaft und Gefangenschaft. Wir fordern einen Lohn für

> Hausarbeit für alle Frauen, der von allen Regierungen der Welt gezahlt wird. Wir organisieren uns international, um uns unsere Würde wiederanzueignen, die uns in jedem Land geraubt wird, und den Verbrechen, die täglich gegen uns begangen werden, ein Ende zu setzen.«[282]

Die Anwesenheit mehrerer IFK-Gruppen bei diesem Tribunal hat die internationale Dimension der Forderung nach einem Lohn für Hausarbeit zwangsläufig verstärkt.

Eine Kampagne, um Frauen Macht zu verleihen

Der einfachste Weg, Frauen zu erreichen, bestand laut den Texten zur Organisierungsperspektive der Bewegung jedoch darin, Orte aufzusuchen, an denen die Hausarbeit bereits, in gewisser Weise, ›vergesellschaftet‹ worden war. Das waren etwa Waschsalons und Supermärkte, aber auch Arbeitslosen- und Sozialämter sowie Krankenhäuser – Orte, an denen sich Frauen oft stundenlang aufhalten und warten müssen. Oft ist es einfacher, mit Frauen in Verbindung zu treten, sie zu unterstützen und gemeinsame Aktivitäten zu organisieren, wenn sie bereits selbst aktiv geworden sind und sich dadurch ein gewisses Maß an Einflussnahme verschafft haben. Das gilt insbesondere für Frauen, die Sozialhilfe beziehen, und für bestimmte Gruppen von Frauen in abhängigen Beschäftigungsverhältnissen, die Kämpfe zur Verbesserung ihrer Arbeitsbedingungen organisiert haben.

Das Wichtigste jedoch, unabhängig davon, ob man den Stadtteil oder den Lohnarbeitsplatz als Ort der Organisierung wählte, war die Mobilisierung rund um die Haus- und Reproduktionsarbeit, die Grundlage für die Ausbeutung von Frauen. Es war wichtig, die Frauen auf dieser Grundlage zu mobilisieren, egal ob sie zu Hause, in Fabriken, Büros, Krankenhäusern, Schulen oder anderswo arbeiteten. Das war das Hauptziel der Lohn-für-Hausarbeit-Kampagne und ihre vereinende Kraft.

Die Kampagne sollte Gelegenheiten schaffen, um die Macht von Frauen und ihren Einfluss zu demonstrieren. Die Versammlungen und Demonstrationen sind Beispiele hierfür. Diese Veranstaltungen vorzubereiten, mit Hunderten von Menschen in Kontakt zu treten, die Ideen und Forderungen von »Lohn für Hausarbeit« zu erläutern, mit den Medien in Kontakt zu treten und sich auf Interviews vorzubereiten, Informationsmaterial zu entwerfen und zu verteilen – all dies waren Lernprozesse, die dazu beitrugen, Frauen zu ermächtigen.

Weitere wichtige Aspekte der organisatorischen Arbeit des IFK waren der Aufbau und die Pflege von Kontakten zu Frauen aus der ganzen Welt. Die vom IFK produzierten Dokumente sollten in mehreren Sprachen erscheinen, außerdem mussten Treffen organisiert werden, damit entsprechende Kontakte geknüpft und Aktionen abgestimmt werden konnten. Eine internationale Kampagne zu führen hieß, dass man nicht nur für Frauen verschiedener Communitys Verantwortung trug, sondern auch für Frauen aus anderen Teilen der Welt. Wie konnten Strategien und Aktionsformen umgesetzt werden, welche Formen des Kampfes sollten in den Vordergrund gestellt werden? All diese Fragen mussten je nach Situation unterschiedlich beantwortet werden.

Um eine solche Kampagne zu verfolgen, »braucht es Organisierung«, heißt es in den IFK-Dokumenten zur Organisierungsperspektive. Damit war keine »Avantgarde«-Partei gemeint, wie sie in einigen linken Kreisen diskutiert wurde:

> »Wir lehnen eine Partei als politische Form ab, weil sie impliziert, dass die ›Arbeiterklasse‹ homogen sei, dass es in ihr keine Machtverhältnisse gebe und dass eine einzige Organisation das ›allgemeine Interesse‹ der Klasse zum Ausdruck bringen könne. Eine solche Organisation basiert in Wirklichkeit auf der Unterdrückung der Interessen der schwächsten Teile der Arbeiterklasse, in erster Linie von Frauen und Schwarzen.«[283]

So wie sich Frauen in von Männerorganisationen getrennten autonomen Gruppen zusammenschlossen, hielt man es auch für richtig, dass Frauen – insbesondere rassifizierte und lesbischen Frauen – sich auch innerhalb des IFK in autonomen Einheiten zusammenfinden konnten. Der Zusammenschluss in autonomen Gruppen war die einzige Möglichkeit, sicherzustellen, dass die Interessen der verschiedenen Kategorien von Frauen zum Ausdruck kommen und Kampfformen gefunden werden konnten, die am besten zu ihrer jeweiligen Lage passten.

Die Entscheidung für eine Kampagne, die den gemeinsamen Aspekt der unterschiedlichen Lebenssituationen von Frauen hervorhebt, um Hausfrauen aus der Isolation und Unsichtbarkeit zu befreien, die Spaltungen zwischen Frauen zu überwinden und einen Lohn für Hausarbeit zu fordern, erforderte Organisierung, eine Priorisierung von Aktionen und ein Netzwerk. Welche Rolle sollte das Netzwerk spielen? Wie sollte über Prioritäten entschieden werden? Wie konnten lokale Aktionen mit der internationalen

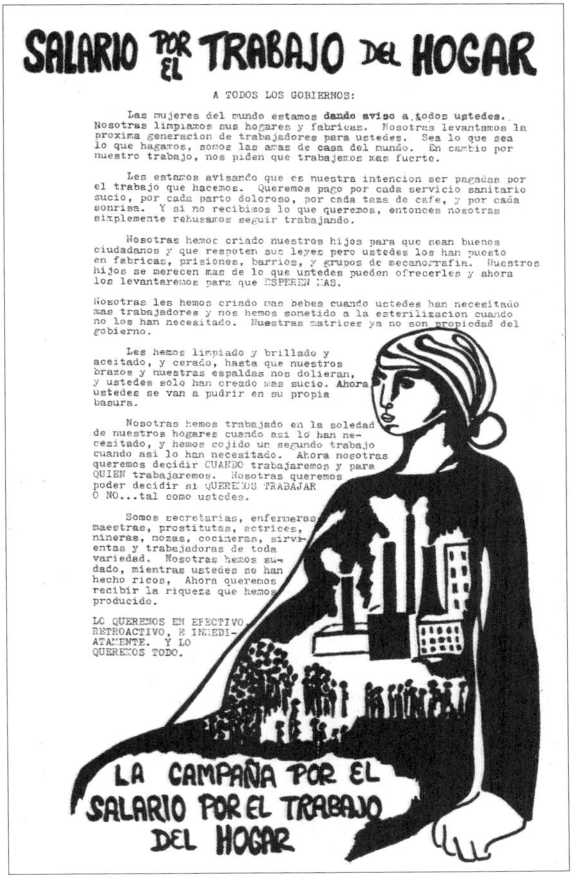

SALARIO POR EL TRABAJO DEL HOGAR

A TODOS LOS GOBIERNOS:

Las mujeres del mundo estamos dando aviso a todos ustedes. Nosotras limpiamos sus hogares y fabricas. Nosotras levantamos la proxima generacion de trabajadores para ustedes. Sea lo que sea lo que hagamos, somos las amas de casa del mundo. En cambio por nuestro trabajo, nos piden que trabajemos mas fuerte.

Les estamos avisando que es nuestra intencion ser pagadas por el trabajo que hacemos. Queremos pago por cada servicio sanitario sucio, por cada parto doloroso, por cada taza de cafe, y por cada sonrisa. Y si no recibimos lo que queremos, entonces nosotras simplemente rehusamos seguir trabajando.

Nosotras hemos criado nuestros hijos para que sean buenos ciudadanos y que respeten sus leyes pero ustedes los han puesto en fabricas, prisiones, barrios, y grupos de mecanografia. Nuestros hijos se merecen mas de lo que ustedes pueden ofrecerles y ahora los levantaremos para que ESPEREN MAS.

Nosotras les hemos criado mas bebes cuando ustedes han necesitado mas trabajadores y nos hemos sometido a la esterilizacion cuando no los han necesitado. Nuestras matrices ya no son propiedad del gobierno.

Les hemos limpiado y brillado y aceitado, y cerado, hasta que nuestros brazos y nuestras espaldas nos dolieran, y ustedes solo han creado mas sucio. Ahora ustedes se van a pudrir en su propia basura.

Nosotras hemos trabajado en la soledad de nuestros hogares cuando asi lo han necesitado, y hemos cojido un segundo trabajo cuando asi lo han necesitado. Ahora nosotras queremos decidir CUANDO trabajaremos y para QUIEN trabajaremos. Nosotras queremos poder decidir si QUEREMOS TRABAJAR O NO...tal como ustedes.

Somos secretarias, enfermeras, maestras, prostitutas, actrices, nineras, mozas, cocineras, sirvientas y trabajadoras de toda variedad. Nosotras hemos sudado, mientras ustedes se han hecho ricos, Ahora queremos recibir la riqueza que hemos producido.

LO QUEREMOS EN EFECTIVO, RETROACTIVO, E INMEDIATAMENTE. Y LO QUEREMOS TODO.

LA CAMPAÑA POR EL SALARIO POR EL TRABAJO DEL HOGAR

Salario por el Trabajo del Hogar, **Spanische Übersetzung des Flugblatts** ***Avertissement à tous les gouvernements*** **(Archiv Silvia Federici).**

Organisierung in Einklang gebracht werden? Die Antworten der verschiedenen Gruppen des Netzwerks fielen zu Beginn sehr unterschiedlich aus und auf den internationalen Konferenzen des IFK, den Schlüsselmomenten seiner Existenz, wurden diese Diskussionen über die Form der Organisierung des internationalen Kollektivs geführt.

Einige der auf den internationalen Konferenzen geführten Debatten[284]

Diese internationalen Konferenzen waren der ideale Ort für den Austausch von Informationen, die Präsentation von Reflexionen und Analysen, für Diskussionen über Strategien und Entscheidungen über gemeinsame Aktionen. Bis 1977 wurden sie in den von mir eingesehenen Dokumenten als »International Feminist Collective's Meetings« bezeichnet. Ich werde mich hier auf bestimmte Debatten und Überlegungen konzentrieren, die auf der einen oder anderen der fünf internationalen Konferenzen des IFK aufgeworfen wurden.

Zwei Konferenzen fanden in den USA statt, zwei weitere in Kanada und eine in England. Die Konferenz in New York, organisiert vom *New York Wages for Housework Committee*, fand im Oktober 1974 statt. Die Konferenz in Montreal im Februar 1975 wurde vom *Montreal Power of Women Collective* organisiert, die Konferenz in London, im Juli 1975, vom *London Power of Women Collective*. Das *Toronto Wages for Housework Committee* veranstaltete die Konferenz in Toronto im Oktober 1975 und die Konferenz in Chicago, im April 1977, wurde von der Chicagoer Gruppe organisiert, die vom *Toronto Wages for Housework Committee* beraten und begleitet wurde.

Andere Konferenzen wurden ebenfalls als ›international‹ bezeichnet. Hierbei handelte es sich um Treffen, die von autonomen Untergruppen der Lohn-für-Hausarbeit-Gruppen organisiert wurden. Ich werde später näher auf eine dieser Konferenzen eingehen, die im Juli 1976 in Toronto von der Gruppe *Wages Due Lesbians* organisiert wurde, die mit dem *Toronto Wages for Housework Committee* vernetzt war.

Wie kann eine internationale Kampagne die organisatorische Autonomie teilnehmender Gruppen wahren?

Eine der ersten großen Debatten, die das IFK auf seinen ersten Konferenzen führte, drehte sich um die vom IFK gewählte Aktionsform – die internationale Kampagne – und die organisatorische Kohärenz, die innerhalb des Netzwerks geschaffen werden musste, um diese Kampagne erfolgreich umzusetzen. Die Teilnehmerinnen fragten sich: Was bedeutet eine internationale Kampagne auf der organisatorischen Ebene? Braucht man eine gemeinsame Strategie? Wie kann dabei die lokale Autonomie der Gruppen des Netzwerks gewahrt werden? Erfordert eine internationale Kampagne zwingend eine politische Kohärenz? Kann zum Beispiel die Perspektive von »Lohn für Hausarbeit« von der Forderung nach einem Lohn für Hausarbeit getrennt werden? Kann eine Gruppe in ihren Kämpfen die Perspektive von »Lohn für Hausarbeit« als Mittel zur Bewusstseinsbildung nutzen, ohne an sich einen Lohn für Hausarbeit zu fordern? Anders gesagt, würde die internationale Kampagne als Organisierungsstrategie die lokale Autonomie der Gruppen beschneiden? Welche Art von Leitung benötigt eine internationale Kampagne? Was genau bedeutet organisatorische Autonomie für die ›autonomen‹ Gruppen innerhalb des IFK? Und schließlich: Welche Beziehungen sollten zu den Lohn-für-Hausarbeit-Gruppen aufgebaut werden, die sich am Rande des Netzwerks positionierten?

Man bedenke, dass wir uns in der Mitte der 1970er-Jahre befinden, in denen es in der feministischen Tradition nur sehr wenige (wenn überhaupt irgendwelche) Anhaltspunkte gab, an denen man sich in der Diskussion über solche organisatorischen Fragen orientieren konnte, abgesehen vielleicht von den von damaligen linken Gruppen entworfenen Ideen, die nicht nur autonomes Handeln von Frauen und eine feministische Perspektiven aus ihrer Gedankenwelt ausschlossen, sondern meist zentralisierte, auf der Idee einer Avantgarde basierende Aktionsstrategien vorschlugen – welche in den IFK-Dokumenten über die Organisierung der Kampagne abgelehnt wurden. Diese Dokumente benannten, wie wir gesehen haben, die Schwierigkeit, ganz »bei null anzufangen«, um eine Form der politischen Aktion auf Grundlage der Hausarbeit zu erfinden. Das IFK gründete sich aus dem Nichts heraus, ohne Vorläuferorganisation, was bedeutete, dass die erste Zeit von Wagnissen, Fehlschlägen und internen Zerwürfnissen geprägt war.

Die Debatte über die Organisierungspolitik kam wohl auf der ersten IFK-Konferenz in New York im Oktober 1974 auf. Auf der nächsten Konferenz in Montreal im Februar 1975 entflammte sie erneut und im Sommer 1975 wurde sie in einem Austausch von Briefen und Stellungnahmen, welcher als »Post-Montreal Conference Debate« bezeichnet wurde, vertieft. Die Diskussion drehte sich um die Frage, wie relevant und bedeutsam die Organisation einer internationalen Kampagne für die Gruppen des Netzwerks war, und endete mit dem Rauswurf einer der beiden Gruppen in Toronto und dem Austritt der Gruppe aus Montreal. Ich konnte Folgendes über die Diskussionen zusammentragen:

Während den ersten beiden IFK-Konferenzen, im Oktober 1974 und im Februar 1975, gab es in Toronto zwei Lohn-für-Hausarbeit-Gruppen: Gruppe 1, die manchmal auch als »Book Group« bezeichnet wurde, war eine Studiengruppe, die im Sommer 1973 gegründet worden war. Gruppe 2, die sich später »Toronto Wages for Housework Committee« nannte, entstand im Herbst 1974, nachdem sie sich von einer gemischten politischen Gruppe abgespalten hatte.[285] Gruppe 2 erstellte nach der New Yorker

Konferenz ein Dokument, in dem sie ihre Meinungsverschiedenheiten mit der Gruppe 1 darlegte.[286]

Laut Gruppe 2 bestand die Meinungsverschiedenheit insbesondere in der Frage der Leitung und der Bedeutung des internationalen Aspekts der Perspektive von »Lohn für Hausarbeit«. Ihrer Darstellung zufolge vertrat Gruppe 1 die Ansicht, ein internationales Netzwerk mit gemeinsamen politischen Positionen würde der lokalen Autonomie der einzelnen Kollektive zuwiderlaufen. Gruppe 1 wollte angeblich, im Gegensatz zu Gruppe 2, dass jedes dieser Kollektive dafür verantwortlich ist, seine eigene Sichtweise auf einen Lohn für Hausarbeit für sein ›Territorium‹ zu entwickeln, daher würde jede Beteiligung an einem internationalen Netzwerk die lokale Autonomie seiner Mitglieder beeinträchtigen.[287] Diese Fragen tauchten erneut in den Debatten auf der zweiten Konferenz des internationalen Netzwerks auf, die im Februar 1975 in Montreal stattfand.

Plakat-Einladung zur Konferenz des *Internationalen Feministischen Kollektivs* in Montreal, die vom 22.–23. Februar 1975 an der McGill University, Leacock Building, abgehalten wurde (Archiv Mariarosa Dalla Costa).

Die Konferenz in Montreal wurde von dem jungen *Montreal Power Women Collective* organisiert, das erst zwei Monate zuvor gegründet worden war. Zu Anfang gab es einige Missverständnisse über die Erwartungen an die Teilnehmerinnen. Die Montrealer Gruppe hatte die Konferenz als offene Veranstaltung konzipiert und breit dafür geworben, dass sie für alle zugänglich ist. Es war nicht deutlich kommuniziert worden, dass es sich um ein internationales Treffen speziell für die Gruppen der Lohn-für-Hausarbeit-Bewegung handelte und dass es sich nur an Frauen richtete. Zu diesen anfänglichen Missverständnissen kamen unterschiedliche Erwartungen an die zweite internationale IFK-Konferenz hinzu.

Für die meisten Gruppen innerhalb des Netzwerks war die Perspektive von »Lohn für Hausarbeit« bereits gesetzt und die Konferenz sollte sich mit der Organisation der internationalen Kampagne befassen. Die Konferenz sollte daher einen eher internen Charakter haben, in dem Männer keinen Platz hatten und auch die Frage nach der Berechtigung der Forderung nach einem Lohn und der Kampagne an sich nicht zur Debatte standen. Es war nach Ansicht dieser Gruppen nun an der Zeit, den nächsten Schritt zu unternehmen und eine Kampagne zu organisieren. Es war an der Zeit, aktiv zu werden.

Für die neu gegründete Gruppe in Montreal und auch für die Gruppe 1 in Toronto hingegen sollte auf dieser Konferenz die politische Perspektive von »Lohn für Hausarbeit« geklärt und umfassend diskutiert werden; es sollten auch die Berechtigung der Lohnforderung und die Vor- und Nachteile abgewogen werden – daher die Idee einer öffentlichen Konferenz.[288] Dieses Missverständnis überlagerte und erweiterte die Differenzen zwischen den beiden Lohn-für-Hausarbeit-Gruppen in Toronto. Diese Differenzen waren von Gruppe 2 in der bereits angesprochenen Erklärung für das Netzwerk, die vor der zweiten Konferenz in Umlauf gebracht worden war, verschriftlicht worden.[289]

Die unterschiedlichen Erwartungen an die Konferenz und an das, was diskutiert werden sollte und was nicht, kristallisierten sich anhand der folgenden Fragen: Ist der Lohn für Hausarbeit ein Instrument zur Bewusstseinsbildung oder eine materielle Forderung? Handelt es sich um eine Art, die Welt zu sehen und damit den Platz der Frauen darin zu begreifen, oder um einen politischen Kampf um eine Entlohnung?

Die Gruppe in Montreal bezeichnete diese Meinungsverschiedenheiten als unterschiedliche »Akzentuierungen« oder Tendenzen innerhalb derselben Perspektive,[290] während die anderen von verschiedenen politischen Perspektiven sprachen. Für Letztere war es nicht möglich, »in einer Organisation zu sein, die sich gleichzeitig in zwei entgegengesetzte Richtungen bewegt«.[291] Die Montrealer Gruppe (und wahrscheinlich auch die Gruppe 1 in Toronto) wandte sich gegen die angeblich »autoritäre Richtung, die das Netzwerk einschlägt«,[292] während einige andere Gruppen des Netzwerks die Montrealer Gruppe (und die Gruppe 1) beschuldigten, »liberal« zu sein.

Beth Ingber, Leiterin der Gruppe in Los Angeles, fasste die Differenzen, die sie »politische Tendenzen« nannte, zusammen: Die eine Tendenz – die des Netzwerks – ging von der internationalen Natur des Kapitals und der daraus folgenden Notwendigkeit, auf internationaler Ebene zu handeln, aus. Sie hielt organisatorische Kohärenz für erforderlich, um einen Lohn für Hausarbeit zu erkämpfen. Die andere Tendenz begriff die Perspektive von »Lohn für Hausarbeit« eher als ein Werkzeug zur Bewusstseinsbildung, als etwas, das an einzelnen Orten verbreitet werden kann, mit einer Organisation, die eher eine Agglomeration lokaler Gruppen darstellt, die jede ihre eigenen lokalen Perspektiven haben. Letztere Tendenz favorisierte die Idee internationalen Austauschs gegenüber der Idee einer internationalen Strategie. Die Mehrheit der Gruppen im Netzwerk war jedoch der Ansicht, dass es mehr als internationalen Austausch braucht, um einen Lohn für Hausarbeit zu erkämpfen.

Insgesamt nahmen 85 Personen an der Konferenz in Montreal teil, die meisten von ihnen aus den USA, Kanada, Italien und England. Nachdem über sechs Stunden lang heftig diskutiert worden war, waren die Gruppen, die zur Tat schreiten wollten, der Meinung, dass eine internationale Organisierung nicht in zwei verschiedene Richtungen wirken könne. Die theoretische Perspektive von »Lohn für Hausarbeit« könne nicht von der Kampagne für die Forderung nach einem solchen Lohn getrennt werden. Man stimmte daraufhin darüber ab, ob die Gruppe 1 aus Toronto im Netzwerk verbleiben sollte. Von den 65 Personen, die an der Abstimmung teilnahmen, stimmten 43 dagegen, 2 dafür und 20 enthielten sich der Stimme.

Die hohe Enthaltungsrate, die große Frustration seitens der Ausgeschlossenen und das allgemeine Unbehagen führten in den folgenden Monaten zu einer Flut von Diskussionen über diese Themen, die von der Montrealer Gruppe angestoßen wurden und später als »Post-Montreal Conference Debate« bezeichnet wurden. Die Gruppen des Netzwerks tauschten sich den ganzen Frühling und Sommer 1975 über die Legitimität des Ausschlusses aus; einige der Texte, die für die Kampagne argumentierten, wurden als offizielle Position des Netzwerks angesehen und bestätigten die Richtung, die das Abstimmungsergebnis auf der Montrealer Konferenz angezeigt hatte.[293]

Letztendlich wurde auch die Montrealer Gruppe nicht zur Konferenz in Toronto eingeladen, die im Oktober 1975 stattfinden sollte. Es wurde beschlossen, für diese Konferenz genauere Kriterien für die Teilnahme festzulegen und eine Tagesordnung, die Diskussionen über die Berechtigung der Lohnforderung ausschloss. Der nächste Schritt war die Organisierung und Konsolidierung der internationalen Kampagne für einen Lohn für Hausarbeit auf internationaler Ebene.[294]

Die Frage der Leitung und der zentralen Persönlichkeiten

Im Zentrum dieser Debatten, die aus heutiger Sicht haarspalterisch anmuten könnten, stand die schwierige Frage der Leitung. Welche Art von Leitung erfordert eine internationale Kampagne? Wie kann eine Leitung funktionieren, ohne die klassische Hierarchie der Machtverhältnisse zu reproduzieren? In den Positionspapieren des IFK war zu lesen, dass die Frauen sich nicht wohl dabei fühlten, sich mit dieser Frage auseinanderzusetzen. Vor allem diejenigen, die aus der Linken kamen, hatten die Erfahrung gemacht, dass die Ausübung von Führung in der Praxis der klassischen Machtausübung von Männern über Frauen entsprach. Die Leitung in einer Gruppe wurde oft als hierarchische Autorität gesehen, die der aktivistischen Basis Handlungsspielraum und Autonomie nimmt. Sie wurde auch oft als Äquivalent einer Avantgarde verstanden, was viele dazu veranlasste, jegliche Führung abzulehnen. Hinzu kam, dass die Ausübung von Macht durch Frauen im Bereich der Politik Mitte der 1970er-Jahre eine relativ neue Erscheinung war, wofür auf kein bewährtes ›Rezept‹ zurückgegriffen werden konnte.

Die Frage der Leitung wurde innerhalb des IFK unter dem Begriff »Bezugsgrößen« (»points of reference«) diskutiert. Diese Bezeichnung wurde für Personen verwendet, die über mehr politische Erfahrung (und damit eine größere Klarheit über die politische ›Vision‹ der Kämpfe) verfügten, und somit innerhalb des Netzwerks zu Referenzpunkten für politische Haltungen und Vorgehensweisen wurden. Es waren Frauen, die die Gründung des IFK initiiert hatten, seit Langem politisch aktiv waren und über besondere Fähigkeiten zur politischen Analyse verfügten: Mariarosa Dalla Costa in Italien, Selma James in England, Silvia Federici in den USA, Judy Ramirez in Kanada und später Beth Ingber an der Westküste der USA. Diese fünf Frauen wurden während des Bestehens des IFK in ihrem jeweiligen geografischen Gebiet als zentrale Persönlichkeiten für die Organisation und Durchführung der internationalen Kampagne für »Lohn für Hausarbeit« anerkannt. Insbesondere Mariarosa Dalla Costa, Selma James und Silvia Federic waren zudem die führenden Theoretikerinnen, die die Perspektive von »Lohn für Hausarbeit« weiterentwickelten.

Die Dokumente über die Organisierung waren diesbezüglich eindeutig: Leitung an sich stellte kein Problem dar, jedoch bestand die Herausforderung darin, zu definieren, wie diese Leitung aussehen sollte, auf welcher Grundlage und mit welchen Zielen sie operieren sollte.[295] Ein guter Test lag darin zu prüfen, inwiefern es gelingen würde, sicherzustellen, dass andere Personen die Möglichkeit haben, Führungspositionen einzunehmen, Verantwortung zu übernehmen und Handlungsinitiativen zu verfolgen. »Eine ›gute‹ Führung«, schreibt Federici, »stellt sicher, dass andere Frauen wachsen können. Der Erfolg unserer politischen Tätigkeit hängt davon ab, dass mehr und mehr Frauen Führungspositionen einnehmen können.«[296]

Waren diese Empfehlungen ausreichend, um eine ›gute‹ Führung innerhalb des IFK zu gewährleisten? Wahrscheinlich nicht. Dennoch war das IFK hinsichtlich seiner Organisierung innovativ, wenn man es mit den feministischen Bewegungen jener Zeit vergleicht: Keine andere feministische Gruppierung hatte es sich zum Ziel gesetzt, nicht weniger als eine Massenmobilisierung von Frauen in Gang zu bringen, zudem in einem bisher noch nie organisierten Bereich, der Hausarbeit. Das IFK musste also in jeder Hinsicht experimentierfreudig sein.

Was bedeutete die organisatorische Autonomie der lesbischen Gruppen und der Gruppen rassifizierter Frauen innerhalb des Netzwerks?

Die Organisierungspolitik war auch Gegenstand weiterer Debatten während der internationalen IFK-Konferenzen. Was bedeutete zum Beispiel die organisatorische Autonomie der ›autonomen‹ Gruppen innerhalb der verschiedenen Lohn-für-Hausarbeit-Gruppen, wie *Wages Due Lesbians* und *Black Women for Wages for Housework*? Die Frage der Autonomie von Lesbengruppen wurde auf mindestens drei IFK-Konferenzen diskutiert: in

Montreal im Februar 1975, in London im Juli und in Toronto im Oktober desselben Jahres.

Die Konferenz in Montreal war geprägt vom Coming-out lesbischer Frauen innerhalb des Netzwerks, die sich als *Wages Due Lesbians* organisierten. Bis dahin Teil der Gruppen in Toronto und London, beschlossen sie, eine neue Organisationsform anzunehmen und autonome Gruppen innerhalb des Netzwerks zu bilden:

> »Diese Trennung war das Ergebnis langer Diskussionen über unser Bedürfnis, uns innerhalb des Netzwerks autonom zu organisieren, aber auch eng mit den nicht lesbischen Frauen zusammenzuarbeiten. Wir sollten betonen, dass es sich um eine autonome Organisationsform handelt und nicht um eine separate oder andere Strategie. ›Lohn für Hausarbeit‹ ist unsere Perspektive und unsere Strategie. Das Lesbischsein ist einer der Wege unseres Kampfes.«[297]

Das einflussreiche Manifest »Fucking Is Work«, das auf der Konferenz in Montreal vorgestellt wurde, war zuvor heftig diskutiert und mehrmals überarbeitet worden. Es lieferte die theoretische Grundlage für die eigenständige Beteiligung von Lesben am Netzwerk. Es war von Lesben aus der Toronto-Gruppe geschrieben worden, die ursprünglich in der (aufkommenden) Lesbenbewegung organisiert waren und in der Bewegung »Lohn für Hausarbeit« eine kollektive Stärke fanden, die ihrer Sichtbarmachung und ihrem eigenen Kampf förderlich war.

Diese Frage stand auch auf der Tagesordnung der Londoner IFK-Konferenz, die vom 24. bis 26. Juli 1975 stattfand. Dort wurde ein Text von Ruth Hall gelesen und diskutiert, der die Position der *Wages Due Lesbians* verdeutlichte. In der Einleitung heißt es:

> »[Der Text] ist das Ergebnis von Diskussionen, die unter den Mitgliedern der Wages-Due-Gruppen aus London und Toronto stattgefunden haben. [...] Ihm voraus gingen die Aussagen von drei lesbischen Frauen, die über ihre eigenen Erfahrungen und Kämpfe jeweils als Mutter, als Schwarze Frau und als Büroangestellte in London und unter noch repressiveren Bedingungen in Belfast berichteten. Darauf folgten eine Präsentation und eine Diskussion darüber, was eine autonome Organisierung von Lesben im Netzwerk ›Lohn für Hausarbeit‹ bedeutet.«[298]

Der Text präsentierte also »einige der Schlussfolgerungen, zu denen wir als lesbische Frauen im Kampf für den Lohn für Hausarbeit gekommen sind«:

Links: Londoner Konferenz des IFK, 24. bis 26. Juli 1975. Von links nach rechts: Ruth Hall (*Wages Due Lesbians London*), Silvia Federici (*New York Wages for Housework Committee*), Judith Ramirez (*Toronto Wages for Housework Committee*); von hinten: Suzie Fleming (*Power of Women*, London). (Archiv Silvia Federici)
Rechts: Silvia Federici und Ruth Hall bei derselben Veranstaltung. (Archiv Silvia Federici)

in Bezug auf »die Stellung und Ausbeutung von Lesben, die Stellung und Ausbeutung aller Frauen, das Kräfteverhältnis zwischen Frauen, die sich als lesbisch bezeichnen, und Frauen, die sich als heterosexuell bezeichnen, und wie dieses Kräfteverhältnis im Kapitalismus und in der Bewegung funktioniert. Mit anderen Worten, wir wollen über Lesbentum und Macht sprechen.«[299]

Diese organisatorische Autonomie von Lesben wurde auch auf der Konferenz in Toronto im Oktober 1975 diskutiert. Die Wages-Due-Gruppen aus Toronto und London hatten eine Präsentation geplant, in der die Frage »Was ist Lesbentum und was nicht«[300] diskutiert werden sollte.

Die Frage der Autonomie der Wages-Due-Lesbians-Gruppen stand natürlich auch auf der Tagesordnung der internationalen Wages-Due-Lesbians-Konferenz, die am 24. und 25. Juli 1976 in Toronto stattfand. Auf dem Aufruf zur Konferenz wurde das Treffen als Gelegenheit beworben, die zentralen Fragen zum Thema Lesben, Lohn-für-Hausarbeit-Bewegung und Frauenbewegung zu diskutieren.

Wages Due Lesbians (Toronto) Invites All Women To A Conference On Lesbians And The Wages For Housework Campaign

TOWARD A STRATEGY FOR THE LESBIAN MOVEMENT

INTERNATIONAL SPEAKERS: WILMETTE BROWN - FROM SAFIRE: BLACK WOMEN'S GROUP (NEW YORK)
RUTH HALL - FROM WAGES DUE LESBIANS (LONDON, ENGLAND)

TORONTO JULY 24-25, 1976

IT WILL BE AN OPPORTUNITY TO CONFRONT THE MOST CRITICAL QUESTIONS NOW FACING US AND OUR MOVEMENT:

WHY WE WANT AUTONOMY

An international panel of lesbian women from Canada, England and the United States, on why we need autonomy from men - including gay men, and from straight women, so we don't subordinate our own interests to those who have more power than us. Our own organizations are necessary in order to guarantee that we won't have to hide our lesbianism, and that more and more women will have the power to choose whether to be lesbian or not. Lesbian autonomy is in the interest of everyone fighting for sexual choices and full human liberation.

SEXUALITY

Our fight as lesbian women for control over our sexuality, within the context of all women's fight for sexual choices.

What does it do to our sex lives to always be thinking about having to go to work in the kitchen, the typing pool, or on the assembly line the next morning?

Is it our fault if our sex lives aren't what we think they should be?

How the state organizes our sexuality through abortion laws, population control, and wagelessness, and how our fight against it explodes the separation between "personal" and "political".

OUR LIVES AS LESBIANS

Informal rap sessions on areas like:
Closets: Problems of coming out and staying out -- What's at stake?
Lesbians in smaller towns
Younger lesbians, older lesbians
Relationships
Conflict with straight women

CHILD CUSTODY / THE CUTBACKS

To be "a fit mother" a woman is supposed to sleep with and depend financially on a man. One of the most important fights we are making is to be able to be lesbian without losing either our children or the possibility of having children.

The government cutbacks, by imposing more poverty on women, threaten to impose the status of unfit mother on any woman who is struggling for her independence, especially lesbian women, prostitutes, women on welfare, native women, and women prisoners.

How can we organize against our poverty for the power:
To have and keep the children we might want
To live where and with whom we wish
To no longer have to hide our lesbianism

We urge individuals and groups to write statements for the conference on any or all of the above areas, for the discussion which we hope will be as open and as full as possible. These papers, and any other materials, should be sent to:

Wages Due Lesbians
P.O. Box 38, Station E
Toronto, Ontario (416-466-7457 / 465-6822)

Einladungsplakat zur *International Conference on Lesbianism and the Wages for Housework*, Toronto, 24. bis 25. Juli 1976 (CWMA, Box 625.36). Man bemerke die Verwendung des von Lise Nantel entworfenen Logos der *Éditions du remue-ménage* ohne Quellenangabe, was damals eine gängige Praxis war.

Laut der Zeitung *The Body Politic*, die über die Konferenz berichtete, nahmen 80 Frauen daran teil, Kanadierinnen, Amerikanerinnen und Engländerinnen, Schwarze und *weiße* Lesben und heterosexuelle Frauen.[301] Drei Referentinnen verdeutlichten in Vorträgen die Bedeutung der lesbischen Autonomie. Es handelte sich um Ruth Hall von der Gruppe *Wages Due Lesbians* aus England, Wilmette Brown von der Gruppe *Black Women for Wages for Housework* aus New York (die sich im Anschluss an die »Welfare Conference« gebildet hatte, die im April desselben Jahres von der Gruppe *Wages for Housework* aus New York ausgerichtet worden war) und Francie Wyland von der Gruppe *Wages Due Lesbians* aus Toronto. Alle diese

Rednerinnen schrieben der Lohn-für-Hausarbeit-Bewegung die Fähigkeit zu, alle Frauen zu vereinen, ohne dass diese ihre Unterschiede negieren mussten, weil innerhalb der Lohn-für-Hausarbeit-Bewegung Schwarze und lesbische Frauen ihre eigenen autonomen Organisationen hatten, die ihre spezifischen Bedürfnisse berücksichtigten. Wilmette Browns Vortrag auf dieser Konferenz war ein wichtiger Beitrag zu dem, was später als ›intersektionale‹ Perspektive bezeichnet wurde. Ich habe ihren Beitrag im vorherigen Kapitel dargestellt.

Die Abschlusserklärung der New Yorker Konferenz

Die Debatten über die organisatorische Autonomie, welche auf den bisher erläuterten internationalen Konferenzen stattfanden, vermitteln bei Weitem keine Vorstellung von der Bandbreite der Themen, die besprochen, der Vorträge, die gehalten, und der Punkte, die diskutiert wurden. Jede IFK-Konferenz hatte zudem das Ziel, die politische Perspektive von »Lohn für Hausarbeit« voranzutreiben und zu untermauern. So wurde auf der ersten internationalen Konferenz im Oktober 1974 in New York beispielsweise eine Abschlusserklärung verfasst, die die theoretische Perspektive von »Lohn für Hausarbeit« verfeinerte und die Bedeutung des Kampfes von Nicht-Entlohnten näher erläuterte:

> »Traditionell wurde die Produktion immer in der Fabrik verortet. In Wirklichkeit findet Produktion in jedem Moment im Leben aller Arbeitenden statt. In dem Moment, in dem wir entdeckten, dass unsere Arbeit im Haus und in der Gemeinschaft Arbeitskraft reproduziert, begannen wir zu verstehen, dass die Gesellschaft als Ganzes ein Fließband ist, das von der Fabrik zur Gemeinschaft und von der Gemeinschaft zur Fabrik läuft. Das Kapital wird durch das Kollektiv der Arbeiter*innen geschaffen: Der eine ist in der Fabrik eingesperrt und die andere ist von der Fabrik und damit vom Lohn ausgeschlossen.«[302]

Wenn Frauen ohne Lohn in der Küche stehen, dann deshalb, weil es für die kapitalistische Wirtschaftsproduktion profitabel sei. Wenn Frauen diesen Zustand ablehnen, würden sie den Plan, den das kapitalistische System der internationalen gesellschaftlichen Fabrik für sie entwickelt hat, unterlaufen.

Dieser Zustand der Lohnlosigkeit, so die Abschlusserklärung weiter, halte Frauen abhängig vom Lohn des Mannes und in diesem Abhängigkeitskontext werden alle ihre persönlichen Beziehungen, ihre Sexualität und ihre Emotionen zu erzwungener Arbeit. Heterosexualität werde so zu einer Form der Disziplinierung. Der Kampf der Frauen sei ein Kampf gegen die Heterosexualität als Disziplinierung. Das Lesbentum fordere durch seine bloße Existenz die sexuelle Arbeitsteilung und Sexualität als Machtverhältnis heraus. Der Kampf für einen Lohn für Hausarbeit für jede Frau ohne Lohn oder in einer proletarischen Situation untergrabe die Trennung zwischen homo- und heterosexuellen, zwischen alleinstehenden Frauen und Frauen mit Männern, zwischen Frauen mit Kindern und Frauen ohne Kinder.

Die Forderung nach einem Lohn für Hausarbeit, heißt es in der Schlussbemerkung der Konferenz,

> »[...] stellt Hausarbeit als Arbeit heraus und weist sie als Liebesarbeit zurück. Einen Lohn für Hausarbeit zu fordern und sie nicht länger als Liebesarbeit zu begreifen, ist bereits [ein Ausdruck von] Macht.
>
> Einen Lohn für Hausarbeit zu fordern bedeutet, eine Identität im Kampf um unsere eigenen Bedürfnisse zu finden und die uns aufgezwungene Identität abzulehnen. Die Weiblichkeit, wie sie der Kapitalismus geformt hat, abzulehnen, ist bereits [ein Ausdruck von] Macht;
>
> Einen Lohn für Hausarbeit zu fordern bedeutet, die Vergesellschaftung der Hausarbeit zu unseren eigenen Bedingungen zu fordern, damit wir über freie Zeit verfügen können;
>
> Einen Lohn für Hausarbeit zu fordern bedeutet, das Recht zu fordern, Kinder zu haben oder nicht zu haben, wann, wie und mit wem wir wollen;
>
> Einen Lohn für Hausarbeit zu fordern bedeutet, ein Kräfteverhältnis zu entwickeln, um die Arbeits- und Lohnbedingungen außerhalb des Hauses auszuhandeln;
>
> Einen Lohn für Hausarbeit zu fordern bedeutet, die Macht einzufordern, eine zweite Arbeit außerhalb des Hauses ablehnen zu können.
>
> Einen Lohn für Hausarbeit zu erhalten bedeutet, damit anzufangen, die Machtverhältnisse innerhalb der Arbeiterklasse abzuschaffen, die auf der Aufteilung in Arbeiter mit und Arbeiter ohne Lohn aufbauen.
>
> Die Machtverhältnisse innerhalb der Arbeiterklasse abzuschaffen bedeutet, das Kapital abzuschaffen.«

Diese abschließende Stellungnahme benannte also zum ersten Mal, im Kontext dieses neuen Zusammenschlusses als Netzwerk, das, was die Perspektive von »Lohn für Hausarbeit« so besonders machte: die Fähigkeit der Strategie von »Lohn für Hausarbeit«, sich mit anderen Forderungen zu verbinden, die bis dahin von verschiedenen Gruppen der Frauenbewegung einzeln aufgestellt worden waren.

Die Strategie von »Lohn für Hausarbeit« stellte in dieser Hinsicht einen essenziellen Machthebel dar, einen Ansatzpunkt, um zahlreiche Aspekte des Zustands von Frauen zu verändern – vor allem die Machthierarchie zwischen Entlohnten und Nichtentlohnten, zwischen Männern und Frauen. Sie hätte somit die Macht, die kapitalistische gesellschaftliche und wirtschaftliche Organisation und ihre Grundlagen, die auf der Spaltung zwischen Entlohnten und Nichtentlohnten beruhen, zu unterminieren.

Die Fragen der Toronto-Konferenz

Etwa hundert Delegierte wurden zu der internationalen Konferenz erwartet,[303] die vom 17.–20. Oktober 1975 in Toronto stattfand, und zwar, in den Worten des *Toronto Star*: »hinter verschlossenen Türen [...], um eine internationale Kampagne zur Entlohnung von Hausfrauen zu planen«.[304] Man wollte verhindern, dass sich die Probleme, die es bei der Montrealer Konferenz aufgrund ihres ›öffentlichen Charakters‹ gegeben hatte, wiederholten. Diesmal wollte man sich auf den eigentlichen Zweck der Konferenz konzentrieren: »Die grundlegende Strategie verfeinern und die Kampagne für den Lohn für Hausarbeit organisieren«, wie Beth Ingber von der Gruppe in Los Angeles es formulierte. Man hatte sich darauf geeinigt, dass die Konferenz in Toronto netzwerkintern, also nur für Mitgliedsgruppen, und auf Frauen beschränkt sein sollte. Sympathisantinnen sollten ebenfalls zugelassen werden, aber nur als Beobachterinnen. Ihnen sollte Zeit eingeräumt werden, um von der jeweiligen Situation in ihrem Umfeld zu berichten.[305]

Der Inhalt der Konferenz geht aus dem Programm hervor, das den Teilnehmerinnen einen Monat zuvor vorgestellt worden war. Die Konferenz begann am Freitag, dem 17. Oktober, mit einer Eröffnungsfeier, auf der es Zeit gab, sich anzumelden, auf der das Video der *May Day Rally*, die von der Gruppe in Toronto am 1. Mai des Vorjahres organisiert worden war, gezeigt wurde, und Lieder zum Thema Lohn für Hausarbeit vorgetragen wurden, die von zwei Mitgliedern des Kollektivs in Toronto, Boo Watson und Lissa Donner, komponiert worden waren. Auch ein Heft mit Liedern und Musik von Boo Watson wurde verteilt.[306]

Am Samstag, den 18. Oktober, begann die eigentliche Arbeit der Konferenz. Auf dem Programm standen ein Rückblick auf die letzte Konferenz,

Mariarosa Dalla Costa auf der Konferenz in Toronto, Oktober 1975. (Archiv Mariarosa Dalla Costa)

internationale Politik und die Wirtschaftskrise. Der Sonntag war Überlegungen über die Organisierung vorbehalten: über die Strukturen des Netzwerks, interne Kommunikation und Ressourcen, die Kampferfahrungen der Gruppen, über die Entwicklung und den Einsatz von Mobilisierungsinstrumenten und die Kampagne selbst.[307] Der letzte Tag, der Montag, war zwei Themen gewidmet: Sexualität und Dritte Welt (u. a. mit einer Präsentation von Wilmette Brown und Margaret Prescod-Roberts, die die Gruppe *Black Women for Wages for Housework* gründen sollten).[308]

Am letzten Tag war zudem Zeit für die eingeladenen französischsprachigen Sympathisantinnen reserviert. Dort präsentierten wir (auf Französisch) die Geschichte und die Situation der französischsprachigen Frauen in Québec sowie die Besonderheiten und die Schwierigkeiten des Kampfes für einen Lohn für Hausarbeit. Indem wir unsere Präsentation auf Französisch hielten, wollten wir den Mitgliedern des Netzwerks auch verdeutlichen, dass die französische Sprache zu unseren ›lokalen Besonderheiten‹ gehört.

Wenn man das detaillierte Programm liest, kann man nur staunen über den Umfang und die Bandbreite der Themen, die während dieser drei Tage

Québecer Aktivistinnen von *Remue-ménage*, die zur Konferenz des IFK in Toronto eingeladen wurden, 17.–20. Oktober 1975. Von links nach rechts: sitzend, Sylvie Dupont, Lise Nantel, Louise Toupin, Nicole Lacelle an der Gitarre. Foto: Raymonde Lamothe.

diskutiert werden sollten. Sie lassen uns erahnen, wie viel organisatorische Energie es angesichts der damaligen Mittel gekostet haben muss, die Veranstaltung durchzuführen.[309] Dieses imposante Konferenzprogramm gibt uns einen guten Einblick in den Reichtum, die Breite und die Konsistenz der Themen, die in dieser Keimzelle einer Feministischen Internationale diskutiert wurden. Silvia Federici erinnert sich:

»Die zufriedenstellendste Konferenz war die in Toronto. Zu dieser Zeit [1975] hatten wir ein großes Netzwerk. Wir waren davon überzeugt, dass wir ein neues Level erreichen konnten. Deshalb war diese Konferenz wichtig. Auf dieser Konferenz wurde lange Zeit über die internationale Politik, die internationale Wirtschaftslage und den Sinn der Wirtschaftskrise diskutiert. Wir konnten auf diese Diskussionsebene übergehen, weil wir besser verstanden, welche politische Bedeutung »Lohn für Hausarbeit« innerhalb der Frauenbewegung hatte. Wir erkannten, dass die Perspektive von »Lohn für Hausarbeit« nicht nur eine politische Perspektive für Frauen war. Wir begannen, die globale Dimension des Lohns, seine Implikationen, die Verbindungen zwischen den Metropolen und den Ländern der ›Peripherie‹ zu entdecken, all diese Themen wurden allmählich

> diskutiert. Ich erinnere mich, dass wir auf der Konferenz in Toronto sahen, wie wichtig und nützlich eine öffentliche Präsenz in den Medien war. Die Medien hatten an unserer Konferenz teilgenommen.«[310]

Aus dieser Aussage lässt sich schließen, dass nicht die gesamte Konferenz »hinter verschlossenen Türen« stattfand, wie eine Zeitung berichtete, sondern dass die Medien zu einigen der Aktivitäten eingeladen wurden und über die Veranstaltung berichteten. Letztlich lässt sich nur hoffen, dass weitere Nachforschungen und persönliche Berichte die Bandbreite der Debatten dieser Konferenz sichtbarer machen werden.

Das Ende des Internationalen Feministischen Kollektivs

Mitte April 1977 fand in Chicago die fünfte Konferenz des IFK statt.[311] Allerdings fehlten zwei der wichtigsten Komponenten des Netzwerks, die Gruppe von Padua, der Kern der italienischen Gruppen, und das New Yorker *Wages for Housework Committee*, worauf später näher eingegangen wird. Die Existenz des Netzwerks unter dem Namen »Internationales Feministisches Kollektiv« neigte sich dem Ende zu. Der Name scheint ab 1978 nicht mehr verwendet worden zu sein. Stattdessen entstand der Name »International Wages for Housework Campaign«, unter dem die Kampagne ab diesem Zeitpunkt mit einigen der bereits gegründeten Gruppen und weiteren, die hinzukamen, fortgeführt wird.[312] Einer der Tagesordnungspunkte der Konferenz in Chicago stellte tatsächlich die Frage nach der Berechtigung des IFK: »Warum ein Internationales Feministisches Kollektiv?«.[313]

Die Konferenz, die von den Gruppen in Chicago und Toronto organisiert wurde, sah wie die vorangegangenen Konferenzen drei Tage für Austausch und Diskussion vor. Am ersten Tag wurden die verschiedenen Aktivitäten der Kampagne des vergangenen Jahres (Kämpfe um Sozialhilfe, Kindergeld, Unterstützung von Sexarbeiterinnen) und die verwendeten Methoden (Petitionen, Demonstrationen, Newsletter usw.) vorgestellt und Bilanz gezogen.

Der zweite Tag des Austauschs hatte die Frage der ›Autonomie‹ zum Thema. Die vorgeschlagene Tagesordnung sah Präsentationen und Diskussionen zu folgenden Themen vor: die Rolle von *Wages Due Lesbians* innerhalb der Kampagne, die Autonomie von Schwarzen Frauen und die Frage der zentralen Persönlichkeiten. In Zusammenhang mit Letzterem sollten die Leitung der internen Organisation, der raison d'être des IFK, und die Beziehungen der Gruppen des Netzwerks zu den zentralen Persönlichkeiten besprochen werden. Außerdem wurde über Publikationen, den Verlag *Falling Wall Press* und die verschiedenen Kunstformen (Musik, Theater, Filme und Videos) diskutiert, die als Werkzeuge allen Gruppen in der Kampagne zur Verfügung stehen sollten. Der dritte Tag war Themen gewidmet, die eine weitere Mobilisierung ermöglichen sollten, wie das *Equal Rights Amendment*, das *Busing*[314], Sozialhilfe und die Unterstützung von Sexarbeiterinnen. Der letzte Abend war für Treffen reserviert, die speziell den autonomen Gruppen innerhalb des Netzwerks gewidmet waren.

Die mediale Berichterstattung konzentrierte sich auf die Unterstützung des Netzwerks für den Kampf der Sexarbeiterinnen, die in den USA und Kanada von der Polizei festgenommen und schikaniert worden waren. Margo St. James, die 1973 die erste organisierte Gruppe von Sexarbeiterinnen, COYOTE, in San Francisco gegründet hatte, war eine der eingeladenen Teilnehmerinnen der Konferenz. Alle Medien der Stadt titelten über die »überraschende« Verbindung zwischen Prostituierten und Hausfrauen.[315]

Die Frage, die mich hier interessiert, ist insbesondere die nach dem Ende des IFK. Warum nahmen einige Gruppenvertreterinnen (darunter Gründungsmitglieder des IFK!) nicht an dieser Konferenz teil und warum zogen sie sich schließlich aus dem Netzwerk zurück? Warum beschlossen die Gruppen, die im Netzwerk verblieben waren, den Namen des Netzwerks zu ändern? Leider habe ich keine fundierten Antworten auf diese Fragen, sondern nur einige Hinweise, die ich dem gesichteten Quellenbestand entnommen habe.

Es scheint, dass sich im Laufe der Zeit die Vorstellungen über die Organisation der internationalen Kampagne, die Funktion der Autonomie der Gruppen sowie ihre Verbindungen zur internationalen Kampagne – also die Auffassungen über die Koordination der Kampagne –, die die verschiedenen zentralen Persönlichkeiten, d.h. die führenden Aktivistinnen, hatten, auseinanderentwickelten. So interpretiere ich zumindest die Frage, die das Toronto *Wages for Housework Committee* in einem Brief an die Frauen des Netzwerks stellte: »Wie soll mit der Kampagne weiter verfahren werden wenn es zu Unstimmigkeiten zwischen den zentralen Persönlichkeiten des Netzwerks kommt?«[316]

Wie Silvia Federici in dem Interview im Epilog des Buches andeutet, scheint es auch die Tendenz gegeben zu haben, »die Rolle der Führung starr, zu zentralistisch und zu hierarchisch zu interpretieren. Dies wäre nicht möglich gewesen, wenn es sich um eine Massenbewegung gehandelt hätte, in der die Menschen eigenständig Entscheidungen treffen, ohne auf die Erlaubnis der Führung zu warten«.

In jedem Fall scheint es in dieser Keimzelle der Fraueninternationale, in der Frühzeit der zweiten feministischen Bewegung, keinen geeigneten Ort oder Mechanismus für den Fall gegeben zu haben, dass sich die zentralen Persönlichkeiten, die in vier verschiedenen Ländern auf zwei Kontinenten durch einen Ozean getrennt lebten, nicht einig waren. Unter diesen Umständen wurde ein neues Kapitel aufgeschlagen und das des IFK, diesem Vorläufer einer feministischen ›Internationale‹, nahm sein Ende. Aber lasst uns nicht vorzeitig zum Ende springen, sondern uns einige der Errungenschaften der Bewegung ansehen. Schauen wir uns an, wie diese neue feministische Denkrichtung, die Perspektive von »Lohn für Hausarbeit«, in die Tat umgesetzt wurde.

ZWEITER TEIL

Politische Mobilisierung rund um die unsichtbare Arbeit von Frauen

Überblick

Wie wurde die Perspektive von »Lohn für Hausarbeit« während des Bestehens des IFK in politische Aktionen umgesetzt? In den folgenden Kapiteln werden einige Beispiele für solche Mobilisierungen vorgestellt.

Die Gruppen der Lohn-für-Hausarbeit-Bewegung engagierten sich zwischen 1972 und 1977 in einer großen Bandbreite an Kämpfen. Bereits im Gründungsjahr des IFK beschrieb Mariarosa Dalla Costa das breite Spektrum möglicher Aktionsfelder: Um Kämpfe zu organisieren müsse man alle Orte entdecken, an denen die häusliche Arbeitskraft von Frauen ausgebeutet wird, auch ohne dass dies ersichtlich ist. Die Verausgabung dieser Arbeit, die als »natürlich« gilt, sei der Preis, den das Kapital Frauen zahlen ließ und zahlen lasse.[317]

Dalla Costa nennt als Beispiel die Schule: Selbst wenn Hausfrauen nicht Teil der Schulen oder des Arbeitsmarkts sind, »enthalten« diese Orte auch ihre Arbeit. Denn Schüler*innen und Arbeitnehmer*innen werden hier »mit Essen versorgt, [ihnen werden] die Kleider gebügelt, die Nasen geputzt von Müttern, Omas, Schwestern oder – falls die Eltern wohlhabend sind – von Dienstmädchen«.[318] Angesichts dieser Beobachtungen wurde den Aktivistinnen bewusst, dass der Bereich der unsichtbaren Frauenarbeit weit über das hinausgeht, was gemeinhin als »Hausarbeit« bezeichnet wird. Nicole Cox und Silvia Federici vom New Yorker *Wages for Housework Committee* beschreiben das Ausmaß der Hausarbeit folgendermaßen:

> »Hausarbeit ist viel mehr als Putzen. Sie beinhaltet, dem Lohnempfänger physisch, emotional und sexuell zu Diensten zu sein und dafür zu sorgen, dass er am nächsten Tag wieder fit zur Arbeit gehen kann. Sie beinhaltet, sich um die Kinder – die zukünftigen Arbeiter*innen – zu kümmern und sie von Geburt an zu unterstützen, sie durch die Schulzeit zu begleiten und sicherzustellen, dass sie mal die Leistung erbringen werden, die im Kapitalismus von ihnen erwartet wird. Das bedeutet, dass hinter jeder Fabrik, jeder Schule, jedem Büro und jedem Bergwerk die unsichtbare Arbeit von Millionen Frauen steckt, die ihr Leben und ihre Arbeit darauf verwendet haben, diese Arbeitskraft, die in den Fabriken, Schulen, Büros und Bergwerken arbeitet, zu produzieren.«[319]

Für die Gruppen von »Lohn für Hausarbeit« ging es demnach darum, sowohl die *privaten* als auch die *öffentlichen* Orte, an denen die reproduktive Arbeit von Frauen unsichtbar »enthalten« ist, zu entdecken, zu benennen und als Felder für politisches Handeln sowie für die Reflexion über das Ausmaß der unbezahlten reproduktiven Arbeit von Frauen auszumachen. Die Aktivistinnen stellten fest, dass die Haus- und Reproduktionsarbeit in Wirklichkeit, um es mit den Worten der verstorbenen haitianischen Soziologin Mireille Neptune Anglade zu sagen, »eine verdeckte und verborgene Subventionierung darstellt, die es der Volkswirtschaft ermöglicht, zu funktionieren«. Männer sind in diesem Rahmen »in der objektiven Position, dass sie von diesen Subventionen profitieren.«[320] Nicole Cox und Silvia Federici argumentieren, dass die Forderung nach einem Lohn für Hausarbeit bedeute, »dass das Kapital für die enorme Menge an sozialen Dienstleistungen zahlen muss, die sich die Arbeitgeber*innen im Moment auf unsere Kosten aneignen.« Am wichtigsten, so fügen sie hinzu, sei jedoch, »dass wir uns mit dem Lohn für Hausarbeit weigern, unsere Arbeit als biologisches Schicksal zu akzeptieren«.[321] Aus ihrer Sicht geht es darum, »auf allen Gebieten gegen die materiellen Wurzeln unserer Abhängigkeit zu kämpfen«.[322]

Die Gruppen des IFK waren in zwei Kategorien von Kämpfen involviert: In solche, die von einer Lohn-für-Hausarbeit-Gruppe *initiiert* und von ihr getragen wurden, und in solche, die von anderen Frauengruppen initiiert und von den Lohn-für-Hausarbeit-Gruppen *unterstützt* wurden. Die letzteren Gruppen sahen solch eine Unterstützung und Beteiligung als Gelegenheiten, um sich mit anderen Frauen und mit Bereichen reproduktiver Arbeit, die bereits Gegenstand von Mobilisierungen waren, solidarisch zu zeigen. Es waren bedeutsame Möglichkeiten, die Perspektive und Forderungen von »Lohn für Hausarbeit« herauszustellen und bekannter zu machen.

Die Kämpfe und Aktionen, die von Lohn-für-Hausarbeit-Gruppen selbst initiiert wurden, lassen sich ebenfalls in zwei Kategorien einteilen: Solche, die von *lokalen* Gruppen des IFK-Netzwerks initiiert wurden, und *gemeinsame* Aktionen, die mit anderen Gruppen des Netzwerks zusammen organisiert wurden. Zu letzteren gehören beispielsweise Mobilisierungen rund um den 1. Mai sowie die Teilnahme am *Internationalen Tribunal zu Gewalt gegen Frauen* (wie im vorherigen Kapitel beschrieben).

In dem kurzen Zeitraum, der Gegenstand dieses Buches ist, gab es eine enorme Vielfalt an Orten, die zu Zielen von Mobilisierungen der Lohn-für-

Hausarbeit-Gruppen wurden und an denen Frauen private (also zu Hause) oder öffentliche (auf dem Arbeitsmarkt oder in ihren gesellschaftlichen Umfeldern) reproduktive Arbeit verrichteten.[323] Bevor wir uns konkreten Aktionen und Mobilisierungen zuwenden, werde ich ein paar Beispiele für diese Vielfalt geben.

Zunächst gab es jene Kämpfe, die die physische Reproduktion und die Bedingungen, unter denen sie ausgeübt wird, betreffen. Die Geburtshilfe, Gynäkologie im Allgemeinen sowie Orte, an denen die Gesundheit der Frauen verwaltet wird, waren das Ziel mehrerer von Lohn-für-Hausarbeit-Gruppen geführter Kämpfe, insbesondere in Italien. Dazu gehörten Mobilisierungen rund um die Bedingungen von Schwangerschaft und Geburt, Abtreibung, Frauengesundheit, Krankenhausstrukturen und Gewalt durch Ärzte.

Andere Kämpfe adressierten die Bedingungen der Mutterarbeit, wie z.B. das Kindergeld, das auch als ›partieller‹ Lohn für die von Frauen zu Hause geleistete Reproduktionsarbeit gesehen wurde, und die Sozialhilfe, die als erste Form eines Lohns für Hausarbeit in der Geschichte betrachtet wurde. Im Fokus dieser Kämpfe standen in erster Linie Migrantinnen und Sozialhilfe beziehende Mütter (darunter viele rassifizierte und lesbische Mütter), welche in ständiger Gefahr leben mussten, das Sorgerecht für ihre Kinder zu verlieren. Die Intersektionalität der Unterdrückungs- und Machtverhältnisse stand im Mittelpunkt einiger dieser Mobilisierungen, etwa in den Kämpfen, die von Gruppen Sozialhilfe empfangender, rassifizierter Frauen initiiert wurden, für die ihre Unterdrückung aufgrund ihrer Klassenzugehörigkeit mit rassistischer und sexistischer Unterdrückung einherging. Die Kämpfe von *Black Women for Wages for Housework* sind dafür beispielhaft.

Auch die Lohnarbeit war expliziter Gegenstand von Aktionen vieler Lohn-für-Hausarbeit-Gruppen: öffentliche Einrichtungen, Krankenhäuser, Fabriken, Restaurants, Büros und die Arbeitsplätze von Sexarbeiterinnen als Orte, an denen Frauen »öffentliche« Reproduktionsarbeit leisteten. Die Aktionen richteten sich an weibliche Angestellte in diesen Branchen und, im Falle der Prostitution, an »Gehsteigarbeiterinnen«.[324] In Zusammenhang mit der Haus- und Reproduktionsarbeit waren, wie im zweiten Kapitel beschrieben, noch weitere Themen Gegenstand von Analysen, Aufsätzen und Mobilisierungen, etwa Gewalt gegen Frauen, die Schule, Sexualität und Vergewaltigung.

Doch kommen wir nun zu einer Auswahl an konkreten Aktionen und der Frage, wie darin die theoretischen und politischen Perspektiven von »Lohn für Hausarbeit« praktisch umgesetzt wurden. Die auf den folgenden Seiten beschriebenen Kämpfe wurden alle von Publikationen begleitet, die die jeweilige Mobilisierung erläuterten.

Die von mir aus einer Vielzahl an Mobilisierungen herausgegriffenen Beispiele habe ich in die zwei Kategorien eingeteilt: Kämpfe, die sich auf die *private* reproduktive Arbeit von Frauen in den Familien beziehen, und Kämpfe, die sich auf die *öffentliche* reproduktive Arbeit von Frauen außerhalb des Hauses beziehen. Erste Kategorie werde ich in Kapitel vier, zweitere in Kapitel fünf behandeln.

VIER
Mobilisierung rund um die unsichtbare Arbeit von Frauen zu Hause

Zu den Kämpfen, die die *private* reproduktive Arbeit von Frauen und die Bedingungen, unter denen sie ausgeübt wird, betreffen, gehörten Mobilisierungen rund um Familienbeihilfen, Sozialhilfe, Gesundheit von Frauen (Mutterschaft, Abtreibung) sowie die Kämpfe lesbischer Mütter.

Familienbeihilfen

Im Kampf um Familienbeihilfen, bzw. Kindergeld führten Gruppen des IFK einen Kampf von Aktivistinnen der ersten Welle des Feminismus fort. Besonders erwähnenswert ist in diesem Zusammenhang der Einsatz von Eleanor Rathbone für die Einführung eines staatlichen Kindergeldsystems in England zwischen 1927 und 1945.[325] 27 Jahre später brachte nun eine erneute Mobilisierung (wie auch die Mobilisierung für höhere Sozialhilfeleistungen für Sozialhilfeempfängerinnen) erneut die wirtschaftliche Abhängigkeit von Frauen zu Hause und außerhalb der Erwerbstätigkeit in die Öffentlichkeit. Diese Kämpfe verdeutlichten die Machtlosigkeit von nicht erwerbstätigen Frauen und boten Gelegenheit, die Forderung nach einem Lohn für Hausarbeit bekanntzumachen und in einigen Ländern, etwa 1973 in England, eine entsprechende Kampagne zu beginnen.

Im Zuge einer Kampagne für ein Kindergeld, die im März 1973 von Vereinen von sozialhilfeabhängigen Müttern ins Leben gerufen und von der englischen Frauenbewegung unterstützt wurde, wurde auch die Forderung nach einem Lohn für Hausarbeit in einer breiten Mobilisierung in die Öffentlichkeit getragen. Dies war der Beginn der internationalen Kampagne für einen Lohn für Hausarbeit, einem der zentralen Ziele des IFK.

1972–1977: Wiederbelebung von Kämpfen in England und Kanada

1972 kündigte die konservative Regierung in Großbritannien ihre Absicht an, das 1945 verabschiedete allgemeine Kindergeld abzuschaffen und durch

Titelseite von *The Family Allowance Under Attack*, von Suzie Fleming, Bristol, The Falling Wall Press/ Power of Women Collective, 1973.

eine Steuergutschrift für unterhaltsberechtigte Kinder zu ersetzen. Das Kindergeld, das bisher unabhängig vom Gehalt ausgezahlt worden war, sollte nun an das Gehalt gekoppelt werden, genauer, an das Gehalt des Ehemannes, sofern dies das einzige Familiengehalt darstellte.

Die Antwort auf dieses Vorhaben lag in einer massiven Mobilisierung der Frauen mit landesweiten Petitionen und Demonstrationen, auf denen Flugblätter verteilt, Sitzstreiks mit Kindern vor dem Hauptpostamt am Trafalgar Square in London abgehalten sowie Zeitungsartikel und Briefe verfasst wurden. Auch die Presse berichtete ausführlich über die Ereignisse.

Was zunächst als eine Art ›Verteidigungskampf‹ begonnen hatte, entwickelte sich schnell zu einer Mobilisierung, in der aktiv eine Erhöhung der Unterstützungsgelder gefordert wurde sowie eine Auszahlung dieser bei dem ersten Kind (bis dato begann die Unterstützung der Frauen erst ab dem zweiten Kind). Außerdem wurde gefordert, dass die Höhe der Beihilfen einkommensunabhängig sein sollten und sie nicht von Sozialhilfeleistungen abgezogen werden.

Schlussendlich zog die englische Regierung 1974 ihren Vorschlag zur Steuergutschrift zurück, behielt das allgemeine Kindergeld bei und weitete Zahlungen aus, sodass Mütter nun schon ab dem ersten Kind unterstützt wurden. Das Kindergeld wurde außerdem um 50 % erhöht, was zahlenmäßig jedoch nur eine geringfügige Erhöhung war, da das Kindergeld 1972 ohnehin niedrig war.[326] Ein weiterer Kampf um die Anpassung des Kindergeldes an die Lebenshaltungskosten wurde 1976 aufgenommen.

Ende 1975 plante die kanadische Regierung, das staatliche Kindergeldsystem zu verändern und die ursprünglich geplante Erhöhung einzufrieren. Das *Toronto Wages for Housework Committee* initiierte daraufhin im Januar 1976 eine Petition, um gegen die geplanten Kürzungen der Kindergeldzahlungen und der Sozialhilfe zu protestieren sowie einen Lohn für Hausarbeit zu fordern.

Die Petition (auf Englisch, Französisch, Italienisch, Portugiesisch und Spanisch) wurde von der Gruppe *Wages Due Lesbians* unterstützt, die erstmals die Auswirkungen der Kürzungen auf Lesben in Kanada öffentlich machte. Die Petition wurde zudem von mehreren anderen Organisationen unterstützt, die sich zu der *Coalition Against Cutbacks* zusammenschlossen. Im Frühjahr 1976 und dann am 1. Mai 1976 fanden Demonstrationen statt, um gegen das Einfrieren der Sozialleistungen anzukämpfen. In Toronto kam es an verschiedenen Orten wie Einkaufszentren oder Parks zu Kundgebungen, auf denen Reden verschiedener Gruppen von Frauen in mehreren Sprachen gehalten wurden.[327]

Für die Lohn-für-Hausarbeit-Gruppen in England und im englischsprachigen Kanada waren diese Mobilisierungen eine Gelegenheit, die Notwendigkeit der finanziellen Unabhängigkeit von Frauen auf eine neue Art und Weise zu thematisieren und die Forderung nach einem Lohn für Hausarbeit sowie die politische Perspektive der Forderung bekannter zu machen. Um ein Bild davon zu erhalten, wie diese Vision sich in den Mobilisierungen zeigte, werden wir uns einige der damaligen Texte ansehen.[328]

Das Kindergeld: ein ›partieller‹ Lohn für Hausarbeit

Der Aufschrei, mit dem der Versuch der Regierung, das Kindergeld zu kürzen, begleitet wurde, kam für viele überraschend, ging es doch vermeintlich nur um geringe Geldbeträge. Allerdings handelte es sich um Beträge, die Mütter *regelmäßig* jede Woche (in England) oder jeden Monat (in Kanada) per Post und an *ihren Namen* adressiert erhielten. Es war häufig dank dieser Beträge, dass sie kurzfristige Engpässe in den Familienbudgets überbücken konnten, bis die Löhne der Ehemänner ausgezahlt wurden. Für Frauen, die Vollzeit zu Hause arbeiteten, waren es häufig die einzigen Beträge, die nicht über den Ehemann liefen, um die sie also nicht bitten mussten, die sie direkt erhielten und über die sie (zumindest theoretisch) keine Rechenschaft ablegen mussten: »Der einzige Betrag, den wir als unser Eigentum betrachten können [...] und der einzige Betrag, auf den wir uns verlassen können«.[329] Für viele Frauen in dieser Situation war das Kindergeld ihr Leben lang, bis sie im offiziellen Rentenalter ihre Altersrente erhielten, der einzige Geldbetrag, der ausdrücklich an sie ausgezahlt wurde.

CALLING ALL WOMEN CALLING ALL WOMEN

Hands Off the Family Allowance

No increase in Baby Bonus

The $220,000,000. Baby Bonus increase we were all expecting has fallen victim to the government's "anti-inflation program". Why have they seen fit to make one of their biggest cutbacks from the pittance they give mothers? As always, we women are the ones expected to do without, to put ourselves last, and sacrifice "for the good of others". WHAT BETTER WAY FOR TRUDEAU TO LAUNCH HIS "LOWERED EXPECTATIONS WAY OF LIFE" THAN BY TAKING MONEY AWAY FROM MOTHERS, THE SYMBOLS OF SELF-DENIAL!

We refuse to be a good example

We know it means EVEN MORE WORK, AND LESS FOR OURSELVES AND OUR CHILDREN. It also means we are more of a discipline on the men so many of us depend on. Nurses said "dedication won't pay the rent" and have fought for well-earned increases across the country. Teachers are refusing the blackmail of paying for cutbacks in education and are going on strike. All around us others are demanding their share of society's wealth which OUR UNPAID WORK IN THE HOME HELPS CREATE.

We want our increase too

And we need it more than most. Many of us are sole-support mothers and $36.00 a year per child- little as it is- does make a difference. Much more than anyone with a 10% surtax on their $30,000. salary can begin to imagine! And for those of us with husbands, the Family Allowance is often THE ONLY MONEY WE CAN CALL OUR OWN, the only recognition that we WORK in our homes.

Our house work is worth money like any other work

Hands Off The Family Allowances, **Kampagne des** ***Toronto Wages for Housework Committee,*** **1976.**

Als die Regierung dann ankündigte, das Kindergeld mit dem Lohn des Ehepartners auszahlen zu wollen, sorgte dies entsprechend für große Verärgerung. Mit dieser Überlegung wurde die Frage der finanziellen Abhängigkeit der Frauen von Männern allzu offenbar: Insbesondere Vollzeitbeschäftigte zu Hause, Mütter von Kleinkindern und diejenigen, die keinen Nebenjob außerhalb des Hauses annehmen konnten, waren finanziell von ihren Männern abhängig. Die mögliche Änderung entfachte eine öffentliche Debatte über den Geldbedarf von Frauen.

Ausgehend von der Überlegung, wem das Kindergeld ausgezahlt werden sollte, kam die Frage nach einem Lohn für Hausarbeit auf: »Warum nur ein paar Pfennige verlangen? Warum fordern wir nicht ein echtes Einkommen? Wir wollen ein Einkommen vom Staat und nicht von unseren Ehemännern.«[330] Suzie Fleming, eine aktive Mitstreiterin der Kampagne für Kindergeld in England, frühe Aktivistin der zweiten Welle des Feminismus und von »Lohn für Hausarbeit«, berichtet:

> »Einige der Frauen sprachen damals zum ersten Mal öffentlich [über ihre Situation], was ein wirklich wichtiger Moment für uns Frauen war. Es war auch ein wichtiger Moment für die Frauenbewegung in England, denn es war die erste Kampagne, an der wir uns beteiligten, die alle Frauen, die wir trafen, ansprach. Ich war von Anfang an Teil der Frauenbewegung und keine andere unserer bisher erhobenen Forderungen rief eine solche Resonanz hervor.«[331]

Zuvor waren feministische Forderungen, die auf die finanzielle Unabhängigkeit von Frauen abzielten, auf Anreize beschränkt, die die Arbeit von Frauen außer Haus fördern sollten. Die Kampagne für Kindergeld »hat der Idee, dass der Staat mehr für die Arbeit zahlen sollte, welche Frauen bereits leisten – nämlich für die Arbeit im Haus –, einen praktischen Ausdruck verliehen«.[332] Hier ein Auszug aus dem Forderungspapier der Gruppe *Power of Women*:

> »Wir fordern Kindergeld:
>
> Weil wir ein Recht auf eigenes Geld haben. […]
>
> Weil die Ehe, solange wir kein eigenes Geld haben, nur eine höfliche Form der Prostitution ist […] und in der Ehe weiterhin mehr Vergewaltigungen stattfinden werden als in den Hinterhöfen. […]
>
> Weil wir Macht brauchen, um die schlechtesten Jobs in der Industrie abzulehnen. […]
>
> Wir haben das Recht auf viel mehr als das erbärmlich geringe Kindergeld. […]
>
> Das Kindergeld ist nicht für die Familie da. Es ist das Geld der Frauen. Kindergeld [ist] ein Recht, […] das Recht der Frauen auf Geld. Angestellte Frauen müssen Geld für ihre volle Arbeitswoche erhalten.«[333]

In Kanada fand der Kampf gegen das 1976 angekündigte Einfrieren des Kindergeldes vor dem Hintergrund von Sparmaßnahmen und Lohnkontrollen zur Eindämmung der Inflation statt. Kürzungen betrafen auch das Arbeitslosengeld, die Sozialhilfe, die Kinderbetreuung, die Gesundheitsversorgung und soziale Dienstleistungen. Der Kampf setzte sich für eine Erhöhung des Kindergeldes ein, unabhängig von Familieneinkommen und Sozialhilfe und auch unabhängig von einem eventuellen garantierten Mindesteinkommen, »das den Frauen nichts für ihre Arbeit zu Hause garantiert«.[334] Das *Toronto Wages for Housework Committee* befürwortete daher einen staatlich finanzierten Lohn für Hausarbeit.

Die liberale Regierung musste schließlich dem Druck nachgeben und das Kindergeld wurde im Januar 1977 an die Lebenshaltungskosten angepasst. Diese Maßnahme wurde vom *Toronto Wages for Housework Committee* als »ein Sieg für alle Frauen, die für eigenes Geld kämpfen«[335] gefeiert.

Das Kindergeld wurde von den Lohn-für-Hausarbeit-Gruppen als eine Art ›partieller‹ Lohn betrachtet, als »der einzige allgemeine Lohn, den Mütter als Anerkennung für einen Teil [ihrer] Arbeit zu Hause erhalten«.[336] Sie forderten seine Ausweitung auf einen vollen Lohn für Hausarbeit für alle Hausfrauen, und zwar unabhängig davon, ob sie Mütter sind oder nicht. Es war eine Frage der Autonomie; es ging darum, dass Frauen nicht länger von ihrem Ehemann abhängig sein sollten, und darum, ihnen die Möglichkeit zu geben, sich gegen einen doppelten Arbeitstag zu entscheiden, bei dem sie in den meisten Fällen dazu gezwungen waren, einen zweiten Job im Niedriglohnsektor anzunehmen.

»Coming out with Wages for Housework«: Unterstützung lesbischer Frauen

Ungewöhnlich an dieser Protestbewegung war, dass auch die im *Toronto Wages for Housework Committee* zusammengeschlossenen lesbischen Frauen, die *Wages Due Lesbians*, die Mobilisierung öffentlich unterstützten. Zum ersten Mal sprachen Lesben, die sich weigerten, ihr Lesbischsein weiter zu verbergen, öffentlich darüber, wie sich die Kürzungen auf ihr Leben auswirkten. »Coming out with Wages for Housework« – so lautete der Slogan auf den Buttons, die *Wages Due Lesbians* während der Mobilisierung für das Kindergeld 1976 verteilten. Sie unterstützten den Protest, weil sie sich, als Lesben, von steigenden Preisen, sinkenden Löhnen und dem Abbau sozialer Dienstleistungen bedroht fühlten.

Sie fühlten sich in mehrerlei Hinsicht bedroht. Zum einen waren viele lesbische Frauen (die nicht so viel verdienten wie Männer), um sich und oft

»Die Regierung Trudeau setzt die Einkommenssteuer für Arme aus«, »... Jetzt müssen wir nur noch herausfinden, wie wir ein Einkommen erwirtschaften können.« Zeichnung, die vom *Toronto Wages for Housework Committee* während der Kampagne gegen die Erhöhung des Kindergeldes verwendet wurde (CWMA, Box 625.9).

auch ihre Kinder zu ernähren, auf staatliche Zuschüsse angewiesen oder auf Löhne aus unterbezahlten Jobs in reinen Frauenberufen – oft im Gesundheits- und Sozialwesen. Doch genau diese Beschäftigungsmöglichkeiten für Frauen standen im Fokus der staatlichen Kürzungen. Die Kürzungen beim Kindergeld, der Sozialhilfe und dem Arbeitslosengeld waren damit Angriffe auf die finanzielle Unabhängigkeit der Frauen von Männern.

Hinzu kam, dass einige der lesbischen Frauen auch Mütter waren, und

> »da wir mit der ständigen Bedrohung leben, das Sorgerecht für unsere Kinder zu verlieren, ist es für uns schwierig, gegen die Kürzungen der Regierung zu kämpfen [...]. Die Existenz vieler Lesben bleibt im Verborgenen. Die Kürzungen der Regierung zwingen uns, noch stärker im Verborgenen zu leben. Wenn die Krise anhält, werden Frauen noch stärker vom Lohn der Männer abhängen. Für Lesben bedeutet dies, dass es schwieriger wird, offen zu kämpfen. Die Unabhängigkeit von Männern, für die wir als lesbische Frauen gekämpft haben, ist in Gefahr!«[337]

Die einzige Lösung für diese Situation ist laut *Wages Due Lesbians* die wirtschaftliche Unabhängigkeit für alle Frauen, damit sie über ihr eigenes Leben entscheiden können und darüber, ob sie lesbisch sein wollen oder nicht. Und hierfür, so schlussfolgerten sie, müssen Frauen für alle Hausarbeit, die sie zu Hause und auf dem Arbeitsmarkt leisten, bezahlt werden:

> »Als Lesben fordern wir einen Lohn für Hausarbeit, damit wir nicht mehr gezwungen sind, unser Lesbischsein zu verbergen. Wir werden nicht zulassen, dass uns weggenommen wird, was wir bereits erkämpft haben, und wir wollen mehr. Nicht nur ein größeres Stück vom Kuchen [...], wir wollen die ganze Bäckerei!«[338]

Die Auseinandersetzung um das Kindergeld bot während des Bestehens des IFK also eine Gelegenheit, die Forderung nach einem echten Lohn für Hausarbeit und eine spezifische politische Vision zu entwickeln. Die Mobilisierung nach der Ankündigung der Kürzungen durch die Regierung zeigte, wie wichtig selbst geringe Geldbeträge für Frauen waren. Es wurde offenbar, wie fragil die finanzielle Unabhängigkeit von Frauen – Müttern, verheirateten, heterosexuellen oder lesbischen Frauen – ist, über wie wenig Geld sie verfügen und in welchem Umfang sie Reproduktionsarbeit innerhalb der Familien leisten. Es waren die Lohn-für-Hausarbeit-Gruppen, die eine zentrale Rolle dabei spielten, in den 1970er-Jahren die Vielschichtigkeit dieses Themas öffentlich zu machen.

Im Jahr 1985 bildete sich in Québec eine Koalition von Frauen, die sich für das Kindergeld einsetzte und gegen die von der Regierung angekündigte Entkoppelung von der Entwicklung der Lebenshaltungskosten wehrte. Wie schon bei den Kämpfen der 1970er-Jahre wurde auch hier deutlich, wie arm und finanziell verwundbar von zu Hause aus arbeitende Frauen waren. Lucie Bélanger und Ginette Boyer stellten bei ihrer Untersuchung dieser Mobilisierung fest,

> »[...] dass Frauen in Québec das Kindergeld eindeutig als Quelle wirtschaftlicher Anerkennung ihrer Arbeit als Mütter verstanden haben. Trotz der relativ geringen Geldbeträge, um die es geht, betrachten sie das Kindergeld als wichtiges Instrument, um die wirtschaftliche Abhängigkeit von ihren Ehepartnern zu durchbrechen.«[339]

Das Kindergeld wurde 1992 in Kanada schließlich auf Bundesebene abgeschafft, dieses Mal, ohne dass es daraufhin zu Protesten kam. Verschiedene Familienförderungsprogramme sollten an seine Stelle treten, darunter erstattungsfähige und nicht erstattungsfähige Steuergutschriften für Kinder – alles in allem selektive Förderprogramme. Damit war die Universalität der Bezuschussung definitiv abgeschafft.[340]

Die Sozialhilfe als erste Form eines Lohns für Hausarbeit

Wurde das Kindergeld von den Gruppen von »Lohn für Hausarbeit« als ›partieller‹ Lohn für Hausarbeit bewertet, so stellte die Sozialhilfe für sie tatsächlich eine erste Form eines wirklichen Lohns für Hausarbeit dar (da sie nicht zwingend an die Existenz von Kindern gebunden war). In Ländern, in denen Kindergeld und Sozialhilfe gezahlt wurden, wurden beide Sozialleistungen von diesen Gruppen als die einzigen staatlichen Geldleistungen gesehen, die Frauen als Gegenleistung für ihre Arbeit zu Hause erhielten, und als die einzigen monatlichen Beträge, auf die sie sich verlassen konnten, ohne einen Mann darum bitten oder einen Nebenjob annehmen zu müssen. In Bezug auf Sozialhilfeleistungen schrieb das *Toronto Wages for Housework Committee*:

> »Dieses Geld hat es einer zunehmenden Anzahl von Frauen ermöglicht, Ehen zu verlassen, wenn sie sie nicht länger ertragen, Kinder zu bekommen, ohne heiraten zu müssen, oder sich zu weigern, einen zweiten Job anzunehmen. Und genau dieses Geld und das bisschen Freiheit, das es uns verschafft, hat die Regierung jetzt im Visier.«[341]

Während der Kampf um das Kindergeld in Kanada in vollem Gange war, kündigte die Provinzregierung von Ontario an, jede Erhöhung des Kindergeldes von der Sozialhilfe abzuziehen, und legte kurz darauf einen Gesetzesentwurf vor, der Sozialhilfe beziehende Frauen dazu »ermutigen« sollte, jede nur mögliche Arbeitsstelle anzunehmen, da ihre Zuwendungen andernfalls gestrichen würden. Dies führte zur Gründung der *Mother-Led Union* – ein Zusammenschluss alleinerziehender Sozialhilfeempfängerinnen – und zu einer Mobilisierung gegen die Pläne der Regierung anlässlich des Internationalen Frauentags 1975. Die *Mother-Led Union* nahm diesen zum Anlass, um ihre Forderungen öffentlich zu machen. Sie wurde vom *Toronto Wages for Housework Committee* unterstützt und beide Gruppen demonstrierten gemeinsam.[342]

Das New Yorker *Wages for Housework Committee* war ebenfalls besonders aktiv, wann immer es um die Verteidigung von sozialhilfeabhängigen Frauen ging. Laut Silvia Federici war dies sogar »das Zentrum unserer Aktivitäten und unserer Kampagne«. Die New Yorker Gruppe war der Auffassung, dass angesichts dessen, dass die Sozialhilfe eine erste Form eines Lohns für Hausarbeit darstellt, es hier um einen Schlüsselkampf der

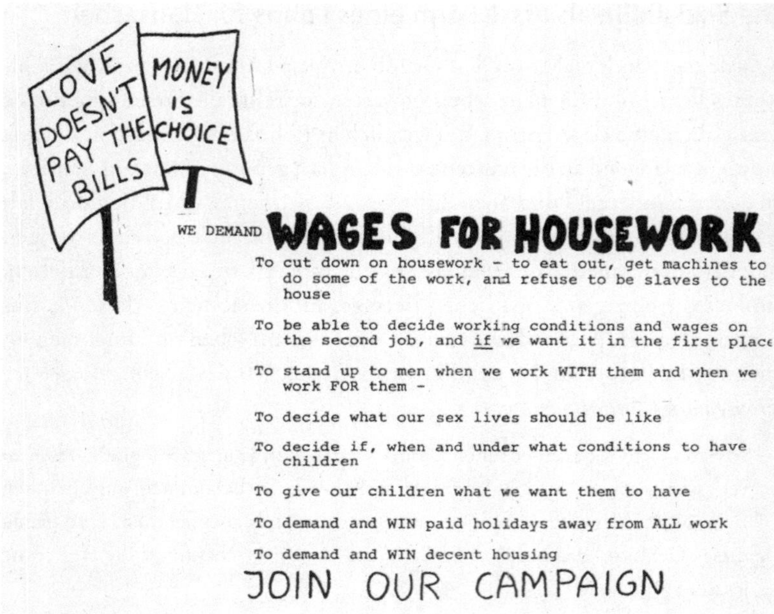

WE DEMAND **WAGES FOR HOUSEWORK**

To cut down on housework – to eat out, get machines to do some of the work, and refuse to be slaves to the house

To be able to decide working conditions and wages on the second job, and if we want it in the first place

To stand up to men when we work WITH them and when we work FOR them –

To decide what our sex lives should be like

To decide if, when and under what conditions to have children

To give our children what we want them to have

To demand and WIN paid holidays away from ALL work

To demand and WIN decent housing

JOIN OUR CAMPAIGN

»Liebe zahlt keine Rechnungen«,
Flugblatt des New Yorker *Wages for Housework Committee*, 1976.

Frauenbewegung ging. Leider, so Silvia Federici, war die amerikanische Frauenbewegung zu diesem Zeitpunkt primär an der Organisierung am Arbeitsplatz interessiert.[343]

In New York kam es im Jahr 1976 zu einer Reihe von Kürzungen der Sozialhilfe, in deren Rahmen sozialhilfeabhängige Mütter dazu gezwungen wurden, den Namen des Vaters ihrer Kinder anzugeben, um weitere Kürzungen zu vermeiden. Die New Yorker Gruppe reagierte darauf mit einer eintägigen Konferenz zu Sozialhilfekürzungen, der »Welfare Conference«, die am 24. April 1976 stattfand. Diese Konferenz, an der auch mehrere afroamerikanische Frauen teilnahmen, gab den Anstoß für die spätere Gründung des *Black Women for Wages for Housework Committee* als eigenständige Gruppe innerhalb des Netzwerks der Lohn-für-Hausarbeit-Gruppen.

Ich werde nun auf einige Texte aus diesen beiden Phasen des Kampfes eingehen. Zunächst auf Dokumente der *Mother-Led Union* in Kanada und daraufhin auf verschiedene Dokumente der »Welfare Conference« in New York. In beiden Ländern wurden Verbindungen zwischen der Forderung nach einem Lohn für Hausarbeit und Sozialhilfeleistungen hergestellt und ein echter Lohn für Hausarbeit anstelle von Sozialhilfe gefordert.

Die Mother-Led Union in Toronto[344]

Anlässlich des Internationalen Frauentags 1975 organisierte die *Mother-Led Union* in Toronto ihre erste Demonstration und eine öffentliche Präsentation ihrer Forderungen gegenüber der Regierung von Ontario. Das *Toronto Wages for Housework Committee*, *Wages Due Lesbians* und eine Koalition von Kindertagesstätten schlossen sich den 150 Frauen der *Mother-Led Union* und ihren Kindern an, um vor dem Parlament zu demonstrieren. Auf Schildern und Flugblättern standen Slogans wie: »If women were paid for all they do, there'd be a lot a wages due« (Wenn Frauen für alles bezahlt würden, was sie tun, wäre eine Menge Lohn fällig), »Welfare women, single women, married women, same struggle – wages for housework!« (Sozialhilfeempfängerinnen, alleinstehende Frauen, verheiratete Frauen, wir kämpfen denselben Kampf: Lohn für Hausarbeit!).

Gegenüber Regierungsvertreter*innen formulierten die Demonstrantinnen drei Forderungen:

1. Fair für die Erziehung ihrer Kinder bezahlt zu werden. Zu diesem Zweck forderten sie die Gleichstellung mit Pflegeeltern – die pro Kind dreimal so viel erhielten wie alle Sozialleistungen zusammen;
2. Auswärts arbeiten zu können, ohne durch Kürzungen der Sozialleistungen hierfür bestraft zu werden;
3. Kostenlose Kindertagesstätten, die von Eltern betrieben werden und ausnahmslos allen Frauen zur Verfügung stehen.

Die erste Forderung, die Anhebung von Sozialhilfeleistungen auf das Niveau der Leistungen für Pflegeeltern, hob hervor, dass die Tatsache, dass die Regierung Pflegeeltern bezahlte, beweise, dass es »*Arbeit* ist, ein Kind zu betreuen«. Die Regierung zahlte sogar dreimal mehr pro Pflegekind, als Sozialhilfe für denselben Zweck ausgezahlt wurde. Die Betreuung der eigenen Kinder sei jedoch genauso viel Arbeit wie die Betreuung der Kinder anderer und wenn Mütter genauso viel verdienen würden wie Pflegeeltern, müssten sie sich nicht mehr mit miserablen Zusatzjobs über Wasser halten, so das Argument der Demonstrantinnen.

Es lag für *Wages Due Lesbians* und das *Toronto Wages for Housework Committee* auf der Hand, diese Forderungen zu unterstützen, denn – um es mit den Worten von Frances Gregory auszudrücken – »[d]iese Frauen forderten nichts Geringeres als einen Lohn für Hausarbeit.«[345]

Die »Wages for Housework and Welfare Conference« in Brooklyn und die Gründung der *Black Women for Wages for Housework*[346]

Die Lohn-für-Hausarbeit-Gruppen sahen in den Pionierkämpfen des US-amerikanischen »Welfare Movement« der 1960er-Jahre den Vorläufer ihrer eigenen Bewegung. Ihr Erfolg bestand darin, Frauen einen ungeahnten Machthebel an die Hand zu geben, um sich aus der Abhängigkeit von einem Mann zu befreien. Zudem wurde es Frauen ermöglicht, die eigene vermeintliche ›Befreiung‹ nicht länger in einem zusätzlichen Job auf dem Arbeitsmarkt suchen zu müssen, der darüber hinaus weit unten auf der Lohnskala angesiedelt ist und zu dem Frauen schlicht und ergreifend gezwungen waren, wenn ihnen nichts anderes mehr übrigblieb.[347]

In der Wirtschaftskrise Mitte der 1970er-Jahre wurden Kürzungen im Sozialhilfesektor angedroht, sodass es als Verpflichtung erschien, für den Erhalt der Errungenschaften der 1960er-Jahre zu kämpfen – und dafür, dass Sozialhilfeleistungen zu einem echten Lohn wurden: zu einem Lohn für Hausarbeit für alle Frauen. Die New Yorker Gruppe sah diesen Kampf als einen Kampf um eine erste Form eines Lohns für Hausarbeit und schrieb ihm größte Bedeutung für die feministische Bewegung zu.[348]

Am 24. April 1976 veranstaltete das *New York Wages for Housework Committee*, dem auch afro-amerikanische Frauen angehörten, in New York eine »Welfare Conference«. An der Konferenz nahmen 150 Frauen aus verschiedenen Stadtteilen New Yorks sowie Delegationen von Frauen aus den *Wages for Housework Collectives* in Chicago, Philadelphia, Cleveland, Boston und Los Angeles teil. Anstelle von staatlichen Sozialleistungen wurde ein wirklicher Lohn für Hausarbeit gefordert.[349] Der Einladungsflyer enthielt folgenden Aufruf:

> »Die Sozialhilfe ist der erste Geldbetrag, den Frauen direkt von der Regierung für die Arbeit zu Hause erhalten [...]. Die Kämpfe der sozialhilfeabhängigen Mütter haben alle Frauen gestärkt, denn sie haben uns den Weg geebnet, um zu fordern, dass Hausarbeit bezahlt wird. Dieses Mal, *mit der Macht der Vielen, werden wir uns einen Lohn erkämpfen*. Nicht nur ein Taschengeld, welches uns immer wieder

Plakat der »Welfare Conference« am 24. April 1976 in Brooklyn, organisiert vom *New York Wages for Housework Committee*. Zeichnung: Lise Nantel (Archiv Silvia Federici).

> weggenommen werden kann, als handele es sich dabei um eine Wohltätigkeit [...]. Kommt und diskutiert darüber, wie wir uns organisieren können, um uns gegen die Kürzungen der Sozialhilfe zu wehren und *von der Regierung einen Lohn für Hausarbeit für alle Frauen zu fordern.*«[350]

Der Aufruf wurde in einer Auflage von 20.000 Exemplaren in englischer und spanischer Sprache in Sozialämtern und auf der Straße verteilt.

Es wurden Erfahrungsberichte von verschiedenen Gruppen von Frauen vorgebracht, die von den Kürzungen der Regierung betroffen waren.[351] Afro-amerikanische Frauen betonten die besondere Bedeutung der Forderung für sie, da ihre Situation in Amerika von Anfang an durch die unbezahlte Arbeit der Sklaverei gekennzeichnet war; lesbische Frauen berichteten von ihrer großen Vulnerabilität als Mütter aufgrund ihrer sexuellen Orientierung, da sie schneller als andere ihren Zweitjob verlieren und Gerichte sie als für die Mutterschaft »ungeeignet« erklären, weil sie sich weigern, mit einem Mann zusammenzuleben. Ältere Frauen sprachen von einem »Zyklus unbezahlter Hausarbeit«, der sich durch das gesamte Leben von Frauen ziehe und sich bis ins hohe Alter als Großmütter, die sich um ihre Enkelkinder kümmern, fortsetze.

Mehrere afro-amerikanische Frauen berichteten über die Machtverhältnisse zwischen Schwarzen und *weißen* Frauen, wobei letztere als ›Damen‹ bezeichnet werden, während Schwarze Frauen als ›Prostituierte‹ deklariert werden. Sie wiesen auf die Tatsache hin, dass für einen großen Teil Schwarzer Frauen die einzige Möglichkeit, eine bezahlte Beschäftigung außerhalb des Hauses zu finden, darin bestand, Hausangestellte im Dienst *weißer* Frauen zu werden. Sie betonten auch, dass sie am untersten Ende

Spanisches Plakat zur Ankündigung eines Demonstrationstags, der vom *New York Wages for Housework Committee* am 29. Juni 1976 organisiert wurde.

der Lohnskala in Amerika stehen und gegen Bürokratie und Kürzungen der Sozialleistungen kämpfen müssen.
Man diskutierte, auf welche Weise man sich in den jeweiligen einzelnen Situationen gegen Kürzungen wehren und für einen Lohn kämpfen konnte. Damit wurde für die Teilnehmerinnen deutlicher, wie ihr eigener Kampf den gemeinsamen Kampf für einen Lohn für Hausarbeit für alle Frauen stärken könnte.

Die »Welfare Conference« trug also dazu bei, die Arbeit der verschiedenen Lohn-für-Hausarbeit-Gruppen in den USA, insbesondere derjenigen, die an der Konferenz teilnahmen, zu konsolidieren. Ihr wichtigstes Ergebnis bestand darin, dass die afro-amerikanischen Teilnehmerinnen der Konferenz im Anschluss eine autonome Gruppe innerhalb der internationalen Kampagne für Lohn für Hausarbeit unter dem Namen *Black Women for Wages for Housework*[352] gründeten.

Für diese afro-amerikanischen Frauen standen die Mobilisierungen in direkter Kontinuität zu den Kämpfen der 1960er-Jahre für Bürgerrechte und soziale Rechte, an denen sie und ihre Mütter aktiv teilgenommen hatten. Diese Kämpfe, die auch das Recht auf Sozialhilfe umfassten, bildeten, wie bereits erwähnt, die Basis für die erste Bewegung für Lohn für Hausarbeit.[353] Die Forderung nach einem solchen Lohn hatte für diese Gruppe Frauen zudem aufgrund ihrer Geschichte als Sklavinnen eine symbolische Bedeutung. Die Figur der »Black Mammy« war die Personifizierung und Verkörperung der Hausarbeit selbst und der gesamten Reproduktionsarbeit (einschließlich sexueller Dienste), zu der Schwarze Frauen von ihren Herren in der Zeit der Sklaverei und danach genötigt worden waren.[354]

Ein weiterer spezifischer Zusammenhang bestand darin, dass das Haus (*homeplace*) und die Arbeit, die Frauen für die Schwarze Gemeinschaft leisteten, eine politische und subversive Dimension hatten: Das Haus war ein sicherer Ort, der vor direkter rassistischer Aggression geschützt war, ein Ort, an dem Solidarität und Organisierung entstehen konnten – mit einem Wort: ein Ort des Widerstands in der *weißen* rassistischen Gesellschaft.[355] Ein Lohn für Hausarbeit konnte in dieser Hinsicht eine angemessene historische Wiedergutmachung darstellen.

Diese Frauen konnten dank der Perspektive von »Lohn für Hausarbeit« eine zusammenhängende Analyse von verschiedenen, sie beherrschenden Machtverhältnissen vornehmen und davon, was es bedeutete, arm, rassifiziert und weiblich, manchmal auch lesbisch und Sexarbeiterin zu sein.[356]

Vol. 1 No. 1 Fall 1977

SAFIRE

"When woman gets her rights man will be right."
-Sojourner Truth, 1867

WAGES FOR HOUSEWORK

BLACK WOMEN for WAGES for HOUSEWORK (USA)

Sept. 1968 – Welfare mothers demanding more money for winter in Ann Arbor, Michigan.

EVERY MOTHER IS A WORKING MOTHER

1975 was International Women's Year. Under the auspices of the UN at a world conference in Mexico, it was declared as the beginning of the United Nations "Decade for Women". From the start that conference was divided between the feminist proposals from the West–and the demands for economic independence from the women of the Third World, the historic claim of Black people for reparations internationally. It chose as its themes "equality, development, and peace". But the question for Black women was equality–compared to what?; development–for us or against us?; peace–how, when we are still hungry?

During the same year prostitute women in all the cities, ports, and towns of France waged a massive strike against being classed as outlaws and unfit mothers, taxed and jailed, raped and beaten and fined, for demanding money for the work that all women are expected to do for free. When they were attacked by French feminists telling them they should find "decent" work–or at least agree to bring prostitution more under government control, the prostitute women of France answered: "We are women like all women."

1975 was also the year of the women's general strike in Iceland. Coming out of factories, offices, schools, and homes, leaving behind switchboards and typewriters and stoves, the women of Iceland left women's work undone. So on the day of October 24, all Iceland came to a halt.

And it was in 1975, at the annual conference of the International Wages for Housework Campaign in London, that Black Women for Wages for Housework was conceived as the way finally to take back what is ours.

But two decades before, Black women of all ages the world over–from Soweto to New York–had come out of our homes claiming our right to a standard of living equal to the wealth in money and technology that our unpaid work building the world's richest and most developed nations had produced. We took to the streets in marches, boycotts, pickets, sit-ins, freedom rides, rallies, and demonstrations; we took up arms in every possible way demanding food, shelter, clothing, health, education, justice, and peace. With one voice we said it was costing us too much to live among the people we loved in the cities and fields which our own hands had produced. We said ya basta–enough. Uhuru–freedom

continued on p. 2.

Die Zeitschrift *Safire* der Gruppe *Black Women for Wages for Housework*.

Leider gelang es der »Welfare Conference« nicht, die schrittweise Abschaffung der Sozialhilfe in den USA aufzuhalten, die ab 1976 eingeleitet wurde. Die Unterstützung für Familien mit Kindern wurde 1993 fast vollständig abgeschafft, und die Empfängerinnen entsprechender Hilfen wurden zunehmend stigmatisiert.

Frauengesundheit und die »Verwaltung« der Gesundheit von Frauen

Zur Zeit des IFK befassten sich die Gruppen, die sich für einen Lohn für Hausarbeit einsetzten, auch mit dem Thema Frauengesundheit, insbesondere mit den Aspekten, die mit den Bedingungen zusammenhängen, unter denen Reproduktionsarbeit ausgeübt wird: die Bedingungen für Geburt, Abtreibung und Empfängnisverhütung. Auch die »Leiden« durch Hausarbeit, d. h. die Beschwerden, die sich aus den Bedingungen ihrer Ausübung ergeben (Isolation, Depression, Unterdrückung), wurden ins Visier genommen.

Die Anfang der 1970er-Jahre beginnende zweite Welle des Feminismus intervenierte mit ihren Kämpfen massiv in diesen Bereich. Sie rief eine ganze Bewegung für die Gesundheit von Frauen hervor, die die verschiedenen Missstände skandalisierte: das Abtreibungsverbot, das Fehlen von Informationen über Verhütungsmittel, die barbarischen Geburtsbedingungen, die Medikalisierung des Fortpflanzungszyklus und der psychischen Gesundheit von Frauen, der Verlust der Kontrolle über den eigenen Körper, die Verdrängung von Hebammen, der Machtmissbrauch der Ärzte u.v.m. Neben der Skandalisierung entwickelten Frauen auch innovative Alternativen wie Frauengesundheitszentren, Selbsthilfepraktiken und feministische Therapien.

Die Entwicklung eines stärkeren Bewusstseins für die Bedingungen ihrer eigenen Gesundheit führte bei vielen Frauen zu jener Zeit dazu, dass sie sich zunehmend über ihren Status als Bürgerinnen zweiter Klasse bewusst wurden. »In Bezug auf die Entwicklung eines feministischen Bewusstseins stellt die Gesundheit für viele Frauen einen Ausgangspunkt dar, um zu verstehen, welch vielfältige Auswirkungen ihr Status als Frau hat: die sozioökonomische und kulturelle Ungleichheit sowie die Realität der Doppelarbeit und ihre Auswirkungen auf die körperliche und geistige Gesundheit«, so Francine Saillant und Françoise Courville.[357]

Die italienische Frauenbewegung bildete hier keine Ausnahme.[358] Die Lohn-für-Hausarbeit-Gruppen waren hier besonders aktiv in den Bereichen: Mobilisierung gegen Abtreibungsverbote (insbesondere anlässlich der Abtreibungsprozesse ab 1973), Anprangerung der Praktiken in der Geburtshilfe und Gynäkologie sowie der Gewalt der Ärzte in diesem Bereich und der Verwaltung von Frauengesundheit durch die Gesundheitsinstitutionen im Allgemeinen. Zu diesen Kämpfen kamen die Kämpfe der New Yorker Lohn-für-Hausarbeit-Gruppe gegen Zwangssterilisationen von vor allem armen und rassifizierten Frauen hinzu.

Im Folgenden werden die besonderen Aspekte einiger dieser Kämpfe zusammengefasst – speziell in Bezug auf Abtreibung, Zwangssterilisation und die Anprangerung medizinischer Praktiken – sowie die Verbindungen zwischen den Bereichen Gesundheit und Hausarbeit herausgearbeitet.[359]

Abtreibung

Die Kampagne für freie, kostenlose und medizinisch unterstützte Abtreibung prägte auch die Mobilisierung von Lohn-für-Hausarbeit-Gruppen in Italien. Juni 1973: *Lotta Femminista* demonstrierte in Padua anlässlich eines Prozesses gegen eine Frau, die abgetrieben hatte. Februar 1974: Vor dem Gericht in Trient kam es zu einer Demonstration, als 263 Frauen wegen Abtreibung angeklagt wurden. Januar 1975: Demonstration in Florenz

Vogliamo decidere noi (Es liegt an uns, zu entscheiden), Broschüre von *Lotta Femminista*, März 1974 (Archiv Mariarosa Dalla Costa).

am Rande eines Polizeieinsatzes in einer Klinik, die Abtreibungen durchführte. April 1976: In Padua starb eine 27-jährige Frau an den Folgen einer Abtreibung. Die Aktivistinnen besetzten Universitätsgebäude, in denen Gynäkologie gelehrt und praktiziert wurde. Weitere große Demonstrationen folgten in Rom, Padua, Bologna, Trient, Mailand und Turin. Bei den Demonstrationen in Florenz, Trient und Padua wurden neben Parolen zu Forderungen für das Recht auf Abtreibung auch solche für einen Lohn für Hausarbeit skandiert.[360]

Am 1. Mai 1976 erreichte die Kampagne für Lohn für Hausarbeit den Süden des Landes, wo in Neapel eine landesweite Demonstration für das Recht auf Abtreibung und Lohn für Hausarbeit stattfand. Dreitausend Frauen zogen durch die Straßen, die Demonstration endete mit einer Fackelprozession, begleitet von einem Lied: »Tremate! Tremate! Le steghe son tornate, et non per essere bruciate me per essere pagate!« (Zittert! Zittert! Die Hexen sind zurück! Und zwar nicht, um verbrannt zu werden, sondern um bezahlt zu werden!)[361] – weil »der Kampf für Lohn für Hausarbeit und der Kampf für freie und kostenlose Abtreibung schon immer ein und derselbe Kampf waren«, so die Lohn-für-Hausarbeit-Aktivistinnen in Italien.[362]

Inwiefern die Themen Abtreibung und Hausarbeit für die Lohn-für-Hausarbeit-Gruppen verknüpft waren, zeigte sich auf ihren Demonstrationen:

> »Entweder ist es ein Kind für den Staat, oder es ist eine Abtreibung und damit ein Verbrechen.«
> »Sie verteidigen den Fötus, um das Kind auszubeuten.«
> »Sex zu haben ist Hausarbeit. Sex unter diesen Bedingungen, ohne Sicherheitsvorkehrungen (Gesetze, sichere und unbedenkliche Verhütungsmittel), birgt dazu ein sehr hohes Risiko. In Italien gibt es jedes Jahr drei Millionen Abtreibungen! Unter diesen Bedingungen gegen unseren Willen schwanger zu werden, ist ein Arbeitsunfall.«

Mit der für die damalige Zeit üblichen Leidenschaft wurden Entschädigungen gefordert:

> »Wir fordern vom Staat eine Entschädigung für jede Schwangerschaft gegen unseren Willen sowie einen Schadensersatz für jede Abtreibung, die wir gezwungenermaßen vornehmen lassen müssen. […]«
> »Lohn für Hausarbeit, damit wir selbst entscheiden können, ob, wann und wie wir ein Kind haben wollen!«[363]

»Die Hexen sind zurück«. *Conquistiamo il potere di star bene* (wörtlich: Erobern wir die Macht, uns gut zu fühlen), Handbuch zur reproduktiven Gesundheit von Frauen vom *Collettivo per il salario contre il lavoro domestico-S.Dona*, Padua, Februar 1977.

Auf allen Demonstrationen, »von den Slogans bis zu den kurzen Statements«, verbanden die Gruppen von »Lohn für Hausarbeit« die Frage der Abtreibung mit der Frage der Arbeit. Da Sexualität integraler Bestandteil der Reproduktionsarbeit ist, wurde eine ungewollte Schwangerschaft als Unfall bei der (Haus-)Arbeit betrachtet und Geburtenkontrolle (Verhütungsmittel, Abtreibungen) als Kontrolle des Arbeitstempos und der Arbeitsbedingungen. Die englische Gruppe *Power of Women* erklärte die Bedeutung der Kämpfe für das Recht auf Abtreibung aus der Perspektive von »Lohn für Hausarbeit«:

> »Die Perspektive von ›Lohn für Hausarbeit‹ ist nicht einfach eine Analyse all der von Frauen geleisteten Arbeit, ausgehend von der Hausarbeit. Sie macht unseren politischen Kampf gegen die ›Frauenarbeit‹ innerhalb und außerhalb des Hauses zwingend erforderlich. Das Recht auf Abtreibung ist eine notwendige Bedingung für unsere Macht, die Größe unserer Familien zu bestimmen, und damit auch für die Macht, das Ausmaß unserer Arbeit zu kontrollieren. Der Kampf für Abtreibung ist daher Teil des *umfassenden Kampfes gegen ›unsere‹ Arbeit* und damit Teil

> des einzigen Weges, der zu mehr Macht für Frauen führen wird, da er Frauen auf der Grundlage unserer gemeinsamen Ausbeutung vereint.«[364]

Die Lohn-für-Hausarbeit-Gruppen gingen in diesem Kampf weiter als andere feministische Gruppen, insbesondere indem sie eine Entschädigung für ungewollte Schwangerschaften und Abtreibungen vom Staat forderten.

Zwangssterilisationen

Einige Lohn-für-Hausarbeit-Gruppen engagierten sich auch für die andere Seite des Abtreibungskampfes, nämlich im Kampf gegen Zwangssterilisationen. Ihnen war von Anfang an bewusst, dass zur selben Zeit, als einige Frauen das Recht auf Abtreibung forderten, andere, meist arme und rassifizierte Frauen gegen Zwangssterilisationen kämpften. Ein Kampf, der sich nur auf das Recht auf Abtreibung konzentriert, ohne in eine umfassendere Kampfperspektive eingebettet zu sein und eine Analyse der verschiedenen Ebenen der Macht zwischen Frauen mitzudenken, wurde als rassistisch eingestuft. In der ersten Ausgabe der Zeitung des englischen Lohn-für-Hausarbeit-Kollektivs *Power of Women* wurde deutlich gemacht: »Wir lehnen es als rassistisch ab, Geburtenkontrolle mit reproduktiver Selbstbestimmung gleichzusetzen, während überall Bevölkerungskontrolle dazu benutzt wird, insbesondere Frauen in der Dritten Welt das Recht vorzuenthalten, Kinder zu *bekommen.*«[365]

In den ersten Dokumenten der Gruppe *Lotta Femminista* in Padua werden diese beiden Themen – Recht auf Abtreibung und Zwangssterilisation – als zwei Seiten ein- und derselben »Politik der Kontrolle weiblicher Fortpflanzungsfunktion und dadurch des Arbeitskräfteangebots« aufgefasst.[366] Das Abtreibungsverbot wurde als eine Politik der Zwangsreproduktion zugunsten der gesellschaftlichen und wirtschaftlichen Organisation des Kapitalismus und seines Bedarfs an Arbeitskräften betrachtet, während Zwangssterilisationen als Eugenik angesehen wurden.

Als Beispiel wurden die Frauen in Puerto Rico angeführt, die seit den 1930er-Jahren »als Versuchskaninchen für Experimente mit der Antibabypille dienten, bevor diese in den USA auf den Markt gebracht wurde«.[367] Diese Experimente fanden im Rahmen einer Politik der massiven Bevölkerungskontrolle statt, 1975 schätzte man, dass 35 % der Puerto Ricanerinnen sterilisiert waren.[368]

Arme Sozialhilfeempfängerinnen, insbesondere rassifizierte Frauen und Immigrantinnen in den USA, wurden von der New Yorker Lohn-für-

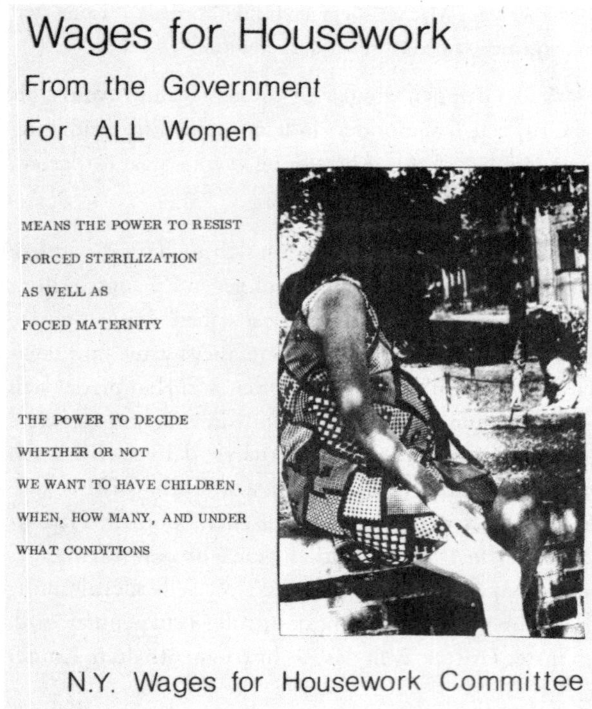

Broschüre des *New York Wages for Housework Committee* über Zwangssterilisationen, 1976.

Hausarbeit-Gruppe unterstützt. Die Gruppe prangerte an, dass ›Familienplanung‹ in Wirklichkeit eine staatliche Politik zur Sterilisierung von Frauen sei, die mit öffentlichen Geldern finanziert werde: »In den USA sind es Sozialhilfeempfängerinnen und insbesondere Schwarze Frauen, auf die die Regierung mit ihrer Sterilisierungspolitik abzielt«, hieß es in einer Broschüre, die 1976 vom New Yorker *Wages for Housework Committee* verteilt wurde.

Weiter hieß es, dass Frauen, viele davon in sehr jungem Alter, aus angeblich »medizinischen Gründen« sterilisiert wurden. Andere wurden unter Androhung der Kürzung ihrer Sozialhilfeleistungen gezwungen, ihre »Zustimmung« zur Sterilisation nach der Geburt oder nach einer Abtreibung zu geben. Anderen wurde gesagt, dass die Sterilisation »die einzige wirksame Verhütungsmethode« sei und dass sie rückgängig gemacht werden könne. Das *New York Wages for Housework Committee* argumentierte, dass Sterilisation auf keinen Fall eine Wahlmöglichkeit darstellen dürfe, solange Frauen kein Geld haben, um so viele Kinder zu bekommen, wie sie gerne hätten: »Der Kampf gegen Sterilisation und für körperliche Selbstbestimmung beginnt damit, dass wir unser eigenes Geld bekommen, Geld, für das wir nicht härter arbeiten müssen, um es zu erhalten. [...] Ein staatlicher Lohn für Hausarbeit für alle Frauen [...] bedeutet die Möglichkeit, Kinder zu bekommen, ohne mit unserem Leben für sie zahlen zu müssen.« Frauen würde damit die Möglichkeit gegeben, sich für oder gegen Kinder zu entscheiden.

Ein Lohn für Hausarbeit würde auch bedeuten, die Menge der Hausarbeit reduzieren zu können, Zeit für sich selbst zu haben, öffentliche Kinderbetreuung und Urlaub verlangen zu können, die Möglichkeit zu haben, einen zweiten Job abzulehnen. Er würde es zudem ermöglichen, kostenlose medizinische Versorgung, einschließlich Geburtshilfe und Verhütungsmethoden, die den Körper und die Sexualität der Frauen nicht zerstören, einzufordern. Ein Lohn für Hausarbeit würde Frauen also die Möglichkeit geben, die Macht über ihren Körper, ihre Sexualität und ihr Leben zurückzugewinnen.

Verurteilung medizinischer Praktiken

Der Kampf für die Entkriminalisierung von Abtreibungen in Italien, dem Sitz des Vatikans, war ein schwieriger Kampf, da er ins Zentrum der Frage nach der Unabhängigkeit der Frauen und ihrer körperlichen Selbstbestimmung zielte. Er erschütterte die italienische Gesellschaft sowohl im Norden als auch im Süden, die politische Rechte und die politische Linke – einschließlich der »revolutionären Linken« – und stellte die familiären und medizinischen Institutionen sowie die Beziehungen zwischen Männern und Frauen auf den Kopf. Der Kampf für freie und kostenlose Abtreibungen zeigte allzu deutlich, wie sehr Frauen in Bezug auf ihren Körper, ihre Sexualität und ihre reproduktive Gesundheit entfremdet waren.

Dieser Kampf wurde von einem weiteren Kampf begleitet: dem Kampf gegen die Macht der Ärzte und die barbarischen Entbindungspraktiken in Krankenhäusern. Er führte auch dazu, dass ein Gegenmodell geschaffen wurde: Alternative, autonome Gesundheitspraktiken wurden entwickelt, etwa selbstverwaltete Gesundheitszentren für Frauen, die *consultori*, in denen auch Abtreibungen durchgeführt wurden. Frauen wurde beigebracht, wie sie sich selbst untersuchen können, wie man ein Spekulum benutzt, wie man die häufigsten Krankheiten erkennt und wie man sie behandelt. Außerdem wurde ihnen gezeigt, wie man Diaphragmen und andere Verhütungsmittel einsetzt.

Diese *consultori*, die ursprünglich als Anlaufstelle für ambulante Behandlungen für Frauen gedacht waren, wurden schnell zu Orten für die Organisierung weiterer Kämpfe, insbesondere gegen die medizinischen Strukturen, die die Gesundheit von Frauen verwalten.

> »Es versteht sich von selbst, dass der Kampf um Gesundheit im umfassenden Sinne eine feministische Organisierung innerhalb und außerhalb der Krankenhäuser und der verschiedenen Gesundheitseinrichtungen voraussetzt, die die Verbindung zwischen den Frauen, die zur Entbindung oder zur Abtreibung kommen, und den Frauen, die dort als Krankenpflegerinnen, Hebammen, Telefonistinnen oder Putzfrauen arbeiten, ermöglicht. In den letzten Jahren haben sich diese Frauen tatsächlich zunehmend in direktem Kontakt mit externen feministischen Gruppen mobilisiert.«[369]

Die Bündnisse zwischen Patientinnen, Krankenhausangestellten (Krankenpflegerinnen, Hebammen) und Aktivistinnen feministischer Gruppen, die bei verschiedenen Mobilisierungen geknüpft wurden, waren von zentraler Bedeutung dabei, Frauen, die der Abtreibung beschuldigt wurden, und Krankenpflegerinnen, die vor Gericht standen, zu unterstützen sowie Ärzte in der Geburtshilfe und Geburtsbedingungen anzuprangern.

Ein beispielhafter Fall war die von der Lohn-für-Hausarbeit-Gruppe in Ferrara organisierte Mobilisierung im städtischen Krankenhaus. Die Gruppe kritisierte öffentlich die barbarischen Geburtshilfepraktiken in dem Krankenhaus und die Ärzte, die diese Praktiken durchführten. Die Ärzte reagierten mit Verleumdungsklagen gegen die Gruppe, auf die Gerichtsverfahren folgten. Die Gruppe organisierte ihrerseits feministische Versammlungen innerhalb des Krankenhauses, besetzte einen Flügel des Krankenhauses und wurde dabei von Ärztinnen des Krankenhauses unterstützt. Dies sind nur einige der Höhepunkte dieses Kampfes, der von 1972 bis zum Ende des Jahrzehnts die Öffentlichkeit beschäftigte.[370]

Die Ferrara-Gruppe ging so weit, vor dem *Internationalen Tribunal zu Gewalt gegen Frauen* im März 1976 in Brüssel über die Situation in dem Krankenhaus zu berichten.[371] In ihrer Aussage sprach die Gruppe über die Gründe für die Gewalt gegen Frauen in Krankenhäusern während der Entbindung, indem sie sie mit der Situation der Machtlosigkeit von Frauen

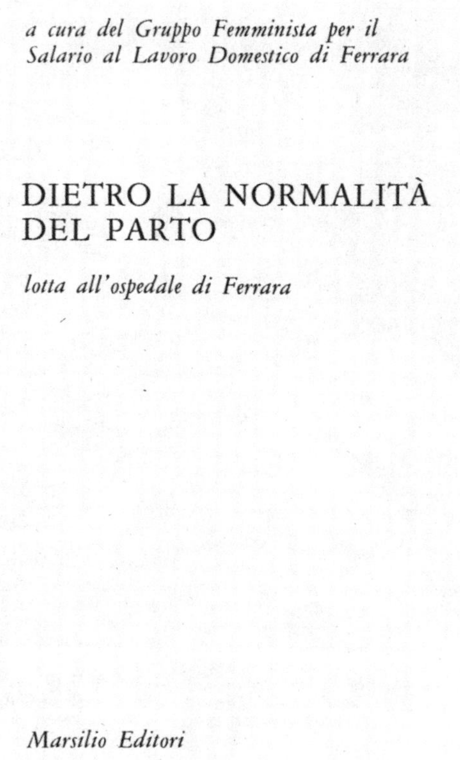

a cura del Gruppo Femminista per il Salario al Lavoro Domestico di Ferrara

DIETRO LA NORMALITÀ DEL PARTO

lotta all'ospedale di Ferrara

Marsilio Editori

Titelseite des Buches *Dietro la normalità del parto* (Hinter der Normalität der Entbindung), eine Sammlung von Zeugenaussagen und Dokumenten im Zusammenhang mit dem Kampf der *Gruppo Femminista per il salario al lavoro domestico di Ferrara* im Krankenhaus von Ferrara (Venedig: Marsilio Editori, 1978).

zu Hause verknüpfte. Das Schicksal der Frauen im Krankenhaus sei nur ein Spiegelbild dessen, was sie zu Hause jeden Tag zu ertragen gezwungen seien:

> »Zu Hause wird all unsere körperliche, emotionale, intellektuelle und auch sexuelle Energie im Namen der Familie ausgebeutet. Von uns wird dann erwartet, dass wir uns auch im Krankenhaus ruhig und unterwürfig verhalten. [...] Wir haben erkannt, dass das Opfer, das für andere zu erbringen wir ständig aufgefordert werden, niemandem hilft; es zerstört vielmehr unser Leben und das Leben unserer Kinder. Die Hausarbeit ist die Grundlage unserer Sklaverei. Die Kampagne für Lohn für Hausarbeit geht an die wahre Ursache – die Verletzlichkeit aufgrund des Fehlen eigenen Geldes – und stärkt alle Kämpfe, die wir wo auch immer führen – sei es in der Fabrik, im Krankenhaus, zu Hause oder auf der Straße.«[372]

Titelseite von *Motherhood, Lesbianism and Child Custody. The Case for Wages for Housework*, von Francie Wyland, Toronto, Wages Due Lesbians, 1976.

Da diese Mobilisierung von einer Lohn-für-Hausarbeit-Gruppe angeführt wurde, traten die ihr zugrunde liegende Perspektive und Strategie in außergewöhnlicher Weise hervor.

Kämpfe lesbischer Mütter

Die autonomen Gruppen *Wages Due Lesbians* waren während des Bestehens des IFK (wie auch danach) innerhalb der Lohn-für-Hausarbeit-Bewegung sowohl theoretisch, wie im zweiten Kapitel beschrieben, als auch aktivistisch tätig. Sie verknüpften das Lesbischsein mit der Forderung nach einem Lohn für Hausarbeit und nahmen die Unterstützung unterschiedlicher Mobilisierungen zum Anlass, diese Verbindung zu verdeutlichen: etwa bei den Kämpfen für Kindergeld oder gegen staatliche Kürzungen der Sozialhilfe, bei den Demonstrationen zum 1. Mai oder auch durch die Organisation einer internationalen Konferenz.[373] Wie wir im nächsten Kapitel sehen werden, unterstützten sie auch Kämpfe von Lohnarbeiterinnen sowie der neuen Gruppen, die Sexarbeiterinnen gegründet hatten.

Wages Due Lesbians waren, insbesondere in Toronto, außerdem sehr aktiv in der Organisation und Mobilisierung von lesbischen Müttern, denen aufgrund von Armut und/oder Diskriminierung der Entzug des Sorgerechts für ihre Kinder drohte. Sie forderten Lohn für Hausarbeit, um zu verhindern, dass Frauen aufgrund von Armut das Sorgerecht entzogen würde und sie somit gezwungen wären, sich von einem Mann abhängig zu machen.

> »Eine der härtesten Strafen, die Lesben für das Verlassen des ›rechten Weges‹ auferlegt wird, ist der Verlust des Sorgerechts für unsere Kinder. Uns werden, genau wie Prostituierten, Sozialhilfeempfängerinnen, Migrantinnen, Frauen mit Behinderungen, Gefängnisinsassinnen und/oder geistig verwirrten Frauen jeden Tag unsere Kinder weggenommen. Jeder kann uns als ›untauglich‹ bezeichnen. Und diesem Risiko sieht sich in zunehmendem Maße *jede* Frau, die sich weigert, ihre Kinder in einer Kernfamilie aufzuziehen, ausgesetzt.«

So beschrieb Francie Wyland, aktives Mitglied der Gruppe *Wages Due Lesbians*, einer autonomen Gruppe innerhalb des *Toronto Wages for Housework Committee* und des IFK, die Situation vieler lesbischer Mütter während der »Los Angeles Gay Pride Rally« am 26. Juli 1977.[374] Im Jahr 1976 gab sie eine Broschüre mit dem Titel »Motherhood, Lesbianism, and Child Custody. The Case for Wages for Housework« heraus, die später mehrmals neu aufgelegt wurde.[375]

Wages Due Lesbians war sowohl in den Medien als auch auf verschiedenen Plattformen präsent und nutzte diese Präsenz, um auf die Situation lesbischer Mütter aufmerksam zu machen und um Geld für eine lesbische Mutter zu sammeln, die vor Gericht um das Sorgerecht für ihre Kinder kämpfte. Die Gruppe entwickelte sich bald zu einem Anlaufpunkt für Ratschläge und Rechtsberatung sowie moralische Unterstützung für Lesben in ähnlichen Fällen. 1978 gründete die Gruppe den *Lesbian Mothers' Defense*

Fund, der neun Jahre lang existierte, sowie den Newsletter *Grapevine*.[376] Eine Historikerin der Lesbenbewegung in Kanada, Becki L. Ross, schreibt:

> »Der *Lesbian Mothers' Defense Fund* wurde gegründet, um erste Rechtsgutachten und Informationen bei Sorgerechtskämpfen in Kanada und den USA bereitzustellen und Empfehlungen für die Wahl von Anwälten, finanzielle Unterstützung und Ratschläge von Gleichgesinnten zu geben. Er hat in den bemerkenswerten neun Jahren seines Bestehens unzähligen Frauen geholfen. Er stellte seine Arbeit 1987 offiziell ein.«[377]

Die weibliche Haus- und Reproduktionsarbeit geht weit über das Haus und die Familie hinaus. Sie findet sich letztlich in allen Bereichen der Gesellschaft. In welcher Weise wurde also die Perspektive von »Lohn für Hausarbeit« in den Bereichen der unsichtbaren Arbeit von Frauen außerhalb des Hauses in politische Kämpfe umgesetzt?

FÜNF

Mobilisierung rund um die außerhäusliche unsichtbare Arbeit von Frauen

Der Bereich der reproduktiven Arbeit von Frauen reicht über den privaten Rahmen der Familie hinaus und findet sich, wie bereits gezeigt, auch in der öffentlichen Sphäre – sei es auf dem Arbeitsmarkt oder in gesellschaftlichen Institutionen. Auch hier spielt die unsichtbare Haus- und Reproduktionsarbeit von Frauen in vielerlei Weisen eine Rolle.

Den Gruppen des IFK ging es jedoch nicht nur darum, das weite Feld der unsichtbaren und unbezahlten reproduktiven Arbeit von Frauen aufzudecken, sondern vor allem darum, ein Hauptmerkmal weiblicher Lohnarbeit herauszustellen: die Tatsache, dass Frauen hier in Wirklichkeit jene Tätigkeiten der reproduktiven Arbeit, welche sie zu Hause verrichten, fortsetzen (als Hausangestellte, Betreuerinnen, Pflegerinnen, Kellnerinnen, Wäscherinnen, Friseurinnen, Sekretärinnen, Erzieherinnen, Psychologinnen usw.). Hier geht es also um die *öffentliche* Seite der Reproduktionsarbeit.

Dieses spezifische Charakteristikum von Frauenberufen in den Blick zu nehmen, wurde zu einem zentralen Merkmal der zweiten Welle des Feminismus und war Gegenstand zahlreicher Reden und Mobilisierungen. Der Kampf für »gleiche Löhne« ist Ausdruck dieses Fokus, auch wenn dabei nur selten die ›zweite Seite‹ dieses Aspekts, die Nicht-Entlohnung der privaten Arbeit von Frauen, thematisiert wurde.[378] Ganz anders die Gruppen des IFK, die diese weibliche Arbeit zum Ausgangspunkt für politische Mobilisierung und Reflexion auch über die private unsichtbare Arbeit von Frauen machten.

Mobilisierung an Orten der Lohnarbeit

Die zur Veranschaulichung der in diesem Buch behandelten Auseinandersetzungen ausgewählten Orte der Mobilisierung finden sich in den folgenden Bereichen: Krankenhausdienste, Sozialeinrichtungen, Frauenhäuser,

Fabriken, Restaurants und Sexarbeit. Die hier relevanten Frauengruppen waren Angestellte, manchmal Kundinnen und im Fall der Sexarbeit Sexarbeiterinnen. Im Gegensatz zu der sonstigen feministischen Bewegung unterstützten die Lohn-für-Hausarbeit-Gruppen explizit die sich in Kanada und den USA gründenden Gruppen von Sexarbeiterinnen und ihre Forderungen. Sexarbeit war innerhalb des IFK Gegenstand von Überlegungen und Analysen, da Sexarbeit als Teil der öffentlichen reproduktiven Arbeit von Frauen verstanden wurde. Solidarität mit diesen Arbeiterinnen und ihren Forderungen war dadurch sozusagen selbstverständlich, wie wir weiter unten noch sehen werden.

Kämpfe im Maimonides Community Mental Health Center in Brooklyn

Kämpfe an Orten der Lohnarbeit wurden teils von Mitgliedern der Lohn-für-Hausarbeit-Gruppen selbst initiiert, welche dort ihren Lebensunterhalt verdienten. So auch 1975 im Maimonides Community Mental Health Center in Brooklyn, wo gegen die dort vorherrschende sexistische Arbeitsorganisation aufbegehrt wurde.[379]

Mitte der 1970er-Jahre arbeitete Jane Hirschmann, eine der Aktivistinnen der New Yorker Gruppe, als Sozialarbeiterin in dieser kleinen, fortschrittlichen psychiatrischen Klinik. Nach und nach merkte sie, dass sie als professionelle Sozialarbeiterin »in Wirklichkeit in einer anderen, größeren

Joan Ennis vom New Yorker *Wages for Housework Committee* zum Zeitpunkt der Kämpfe im Maimonides Community Mental Health Center in Brooklyn in den Jahren 1974–1975. Foto: Angelo Pacifici, *The Soho Weekly News*, 15. Januar 1976, S. 11.

Küche« arbeitete: »Die meisten von Frauen besetzten Arbeitsplätze – ob als Krankenpflegerinnen, Stewardessen, Sekretärinnen oder Lehrerinnen – sind Erweiterungen der Hausarbeit«.[380]

Eine Umstrukturierung der Arbeitsaufgaben innerhalb ihres Teams gab ihr die Gelegenheit, die Perspektive von »Lohn für Hausarbeit« in ihrem eigenen Lohnarbeitsumfeld einzubringen. In der Klinik löste diese Reorganisation – bei der zwölf neue Verwaltungsstellen mit zwölf Männern besetzt wurden – einen Konflikt aus. Zu diesem Zeitpunkt, im Herbst 1974, waren bereits vier weibliche Angestellte des psychiatrischen Zentrums zusammen mit Jane Hirschmann an den Ideen von »Lohn für Hausarbeit« interessiert. Bald stießen zwei weitere Frauen zu ihnen. Anstatt zu fordern, dass die neuen Verwaltungsstellen von Frauen besetzt werden sollten, wollten sie zunächst gemeinsam mit ihren Kolleginnen alle von Frauen besetzten Stellen in ihrem Arbeitsumfeld unter dem Gesichtspunkt von »Lohn für Hausarbeit« bewerten. Sie stellten fest, dass es Analogien zwischen den Aufgaben gab, die Frauen in Familien verrichteten, und denen, die sie in diesem Krankenhaus ausübten:

> »Wir erkannten, dass der Großteil unserer Arbeit unbezahlt war und mit unserer weiblichen Rolle zusammenhing und wir in Wirklichkeit wie Hausfrauen behandelt wurden. Das psychiatrische Zentrum nutzt diese Ausweitung unserer Familienrolle, um uns zu noch mehr Mehrarbeit anzutreiben, für die sie uns nicht bezahlen.«[381]

Diese Situation traf für alle Frauenarbeitsplätze zu, ganz gleich auf welcher Ebene der Hierarchie. Das Ergebnis ihrer Untersuchung stellten sie in mehreren Sitzungen dem Personal vor und nach vielen Diskussionen (darunter ein vom Arbeitgeber bezahlter Studientag zum Thema Sexismus in der Klinik) einigte man sich auf eine Liste von Forderungen, welche dem Klinikdirektor vorgelegt wurde. »Schließlich«, so Jane Hirschmann, »kam die Direktion mit überarbeiteten Aufgabenbeschreibungen zu uns [...], eine davon, die Büroarbeit betreffend, erstreckte sich über fünf Seiten. Sie beinhaltete Dinge wie dem Chef einen Lunch zu bereiten, eine Aufgabe, die eindeutig mit dem Geschlecht in Verbindung steht.«[382]

Dieser Kampf ermöglichte es, die Stichhaltigkeit der Perspektive von »Lohn für Hausarbeit« auch für den Bereich außerhalb des Hauses, also für den Arbeitsmarkt, unter Beweis zu stellen. Eine weitere Besonderheit war seine Vorgehensweise: die Taktik des autonomen Kampfes am Arbeitsplatz. Es handelte sich um einen Kampf von Frauen jenseits der örtlichen Gewerkschaft und ihrer klassischen Forderungen für Frauen:

> »›Lohn für Hausarbeit‹ ist eine Sichtweise, die Verbindungen herstellt, wo dies nicht möglich schien. Wenn wir uns beispielsweise dafür entschieden hätten, nur dafür zu kämpfen, die zwölf Stellen auch für Frauen zu öffnen, hätten sich nur sehr wenige Frauen an dem Kampf beteiligt. Die meisten Frauen können und werden sich nicht auf solche Stellen bewerben. Als wir jedoch anfingen, über unsere Arbeit zu diskutieren, über all die Aufgaben, die wir unbezahlt erledigen, und darüber, wie unsere Weiblichkeit mit diesen Aufgaben verknüpft ist, konnten wir anfangen, Allianzen zu schmieden. Sekretärinnen konnten zu Wort kommen und über ihre Probleme sprechen, so wie auch ausgebildete Sozialarbeiterinnen und Psychologinnen. Wo zuvor Misstrauen, Eifersucht und Schweigen herrschten, entstand nun ein Gefühl des Vertrauens und der Einheit. Wir konnten über die verschiedenen Privilegien diskutieren, die die Einrichtung uns bietet und die uns spalten – etwa bekommen ›Fachleute‹ vier und ›Ungelernte‹ zwei oder drei Wochen Urlaub. Wir nahmen all diese Unterschiede zur Kenntnis und stellten Forderungen auf, die allen Frauen zugutekämen.«[383]

Dieser am Arbeitsplatz stattfindende Kampf ist bemerkenswert, weil er ein Vorläufer der gewerkschaftlichen Kämpfe in verschiedenen Ländern war, in denen es um die »systemische« Diskriminierung bei Arbeitsplätzen und Löhnen ging, was in Québec als »Operation Lohngerechtigkeit« bezeichnet wurde. In anderen Ländern wurde zu diesem Zweck vom »gleichen Wert« einer Arbeit gesprochen.[384]

Der Kampf der Arbeiterinnen in der Solari-Fabrik (Udine, Italien)[385]

Beim Kampf in der Solari-Fabrik handelte es sich um einen Kampf von Arbeiterinnen einer norditalienischen Uhrenfabrik, in der 50 % der Beschäftigten weiblich war. Die Fabrik war gewerkschaftlich organisiert, aber die Gewerkschaft hatte eine Besonderheit der Arbeit der Frauen stets ignoriert: ihren »doppelten Arbeitstag«. Einige von ihnen beschlossen im Frühjahr 1974, einen Kampf rund um ihre Gesundheit zu organisieren. Sie trafen sich und wandten sich an das Komitee für Lohn für Hausarbeit in Padua, um gynäkologische Beratung zu erhalten (sie hatten aus der Zeitung erfahren, dass das Komitee ein Gesundheitszentrum für Frauen errichtet hatte). Das Treffen fand nach der Arbeit in der Fabrik statt. Eine Sozialarbeiterin, die in der Fabrik arbeitete, berichtete darüber wie folgt:

»Die Genossinnen erklärten uns viele Dinge, die seitdem in die Praxis umgesetzt wurden. Zum Beispiel zu zweit oder zu dritt zum Gynäkologen gehen, um ein Minimum an Macht als Individuum und somit eine größere Garantie für die Qualität der Untersuchung zu haben; verlangen, dass wir gesiezt werden und nicht geduzt, um eine respektvollere und distanziertere Beziehung herzustellen; verlangen, dass unsere Fragen mit ernsthaften Erklärungen beantwortet werden und nicht mit ausweichenden wie zum Beispiel: ›Sie würden das sowieso nicht verstehen‹. Sie erklärten uns, dass der Arzt keine neutrale, ›über den Dingen stehende‹ Person ist, in dessen Hände wir unseren Körper vertrauensvoll legen können, damit er uns wie ein Zauberer heilt. Der Arzt repräsentiert eine Klasse, die stets der Macht und dem System gedient hat, weshalb man ihm als solchem gegenübertreten muss. Diese Zerstörung des Mythos des Arztes war uns fortan sehr nützlich.«[386]

Die Arbeiterinnen begannen, miteinander über ihre Gesundheitsprobleme zu sprechen – sie zu diskutieren und einander Fragen zu stellen – und zwar ohne die Vermittlung von Gewerkschaften oder Ärzten. Dabei stellten sie fest, dass sie einige Krankheiten hatten, die nie behandelt wurden (Vaginitis, Zervizitis, Vaginalausfluss, Entzündungen u.a.). Daraufhin beschlossen sie, dass »es an der Zeit war, Behandlungen einzufordern«. ›Ja‹ zu Vorsorgeuntersuchungen für Brust- und Gebärmutterhalskrebs (Pap-Test), aber ohne dafür zwei unbezahlte halbe Arbeitstage zu verlieren. »Die Zeit für Gesundheitsvorsorge sollte während der Arbeitszeit in der Fabrik genommen werden«, schrieben sie.

»Stundenlang im Wartezimmer eines Arztes warten, zur INAM (Sozialversicherung) gehen, anstehen, sich untersuchen lassen, sich behandeln lassen: Das ist Arbeit und keine Freizeit. Es ist Hausarbeit, es ist die Zeit, die wir verwenden, um unsere Körper wieder in Ordnung zu bringen – Körper, die andere tagtäglich zu Hause und in der Fabrik ausbeuten.«[387]

Die Zeit für die Gesundheitsfürsorge sollte daher während der Arbeitszeit in der Fabrik genommen werden und die Arbeiterinnen sollten für die Zeit, die sie für Arztbesuche aufwenden, bezahlt werden. Daraufhin wurde von den Frauen in der Fabrik eine »Kommission für Frauengesundheit« gegründet. Ihr Ziel war es, das Problem der Zahlungen für regelmäßige Arztbesuche zu lösen, aber auch über die gemeinsamen Probleme der Arbeiterinnen zu sprechen und diese öffentlich zu machen.

Vonseiten der Gewerkschaft und der Arbeitgeber gab es Widerstand. Dennoch erreichten die Frauen durch ihre Entschlossenheit schließlich die offizielle Anerkennung der Frauengesundheitskommission und, dank dieses Kampfes, einige grundlegende Errungenschaften:

> »Bezahlte Tage für Arztbesuche; Ausweitung der Präventivmedizin (Gynäkologie) für alle Frauen in den beiden Fabriken; kostenlose und auf Verträglichkeit geprüfte Verhütungsmittel, die von der Krankenversicherung bewilligt und unter gynäkologischer Kontrolle ausgegeben werden; Ausweitung der Gesundheitsmaßnahmen auf die Ehefrauen der Arbeiter, die Hausarbeiterinnen. So können sie samstags ihre Rolle als Hausfrauen mit ihren Ehemännern tauschen.«[388]

Die Mobilisierung der Arbeiterinnen, die sich überwiegend jenseits der Fabrikgewerkschaft organisierten, führte in der Folge zu einer Mobilisierung der männlichen Arbeiter, die sich fragten, warum sie nicht ebenfalls für ihre Gesundheitsvorsorge bezahlt würden. Die Arbeiterinnen bemerkten rückblickend: »Dieses Mal ist es unserem Kampf gelungen, auch den männlichen Arbeitern eine politische Handlungsrichtung zu geben.«[389]

Dieser Kampf der weiblichen Fabrikarbeiterinnen ist insofern beispielhaft, als dass er konkret von einem Lohn-für-Hausarbeit-Komitee unterstützt wurde. Das Komitee in Padua, das von den Frauen kontaktiert wurde, um Ratschläge für ihre Gesundheit zu erteilen, war ein wichtiger Faktor in der Mobilisierung der Arbeiterinnen, nicht nur in Bezug auf die Frage der Gesundheit, sondern auch in Bezug auf die Hausarbeit: die langen Wartezeiten beim Arzt, die Untersuchung selbst, die durchgeführte Behandlung – all das wurde als Arbeitszeit gesehen. »Das ist Arbeit. Hausarbeit: Wir verbringen Stunden damit, unseren Körper wieder funktionstüchtig zu machen, einen Körper, den andere zerstören, jeden Tag, in der Fabrik und zu Hause.«[390]

Das Komitee für »Lohn für Hausarbeit« in Padua trug zudem dazu bei, den Kampf öffentlich zu machen, insbesondere durch seine Zeitung *Le operaie della casa*. Andere Publikationen des IFK verbreiteten die Informationen im gesamten Netzwerk.

Ein Kampf von Krankenpflegerinnen in England[391]

Im Frühjahr und Sommer 1974 organisierten Krankenpflegerinnen in England einen in vielerlei Hinsicht bemerkenswerten Kampf. Erstmals wurden Lohnforderungen mit der Androhung von Aktionen, etwa Arbeitsniederlegungen, verknüpft, wie es im industriellen Sektor der Wirtschaft üblich war. In Krankenhäusern wurden Aktionskomitees gebildet, die die verschiedenen Kategorien von Krankenpflegerinnen vertraten und die Gewerkschaften und Berufsverbände außen vor ließen. Es wurden landesweite Demonstrationen und in mehreren Städten Versammlungen organisiert, die von anderen Arbeitnehmer*innen unterstützt wurden. Es bildete sich eine staatliche Untersuchungskommission, die schließlich einen Bericht mit Empfehlungen für Lohnerhöhungen, differenziert nach Kategorien von Krankenpflegerinnen, vorlegte. Doch Beobachterinnen merkten an:

> »Wichtiger noch als der Abschlussbericht war die Botschaft, die durch die weitreichenden Aktionen der Krankenpflegerinnen während ihres Kampfes vermittelt wurde: dass sich Krankenpflegerinnen nicht länger von der Illusion ihres ›Professionalismus‹ davon abhalten lassen, ihre niedrigen Löhne und miserablen Arbeitsbedingungen zu hinterfragen. Sie würden sich nicht länger erpressen lassen – eine Erpressung, die immer wieder gegen Menschen im Dienstleistungssektor und insbesondere gegen Frauen eingesetzt wird und vorgibt, dass der Kampf für deine eigenen Interessen die Interessen eines anderen gefährde.«[392]

Die Londoner Gruppe *Power of Women*, von der einige Aktivistinnen selbst Krankenpflegerinnen waren, unterstützte diesen Kampf: nicht nur, um ihn publik zu machen, sondern auch, um die Verbindungen zwischen ihrem Kampf und dem anderer Frauen aufzuzeigen, »und andere Frauen begannen die Wirkmacht, die die Krankenpflegerinnen erreicht hatten, auch als ihre eigene zu begreifen«.[393] *Power of Women* analysierte die Situation wie folgt: Die Arbeit in Krankenhäusern sei bezahlte Hausarbeit. Die Arbeiterinnen kümmern sich um sehr kleine Kinder, sehr alte Menschen und um Kranke aller Altersgruppen.[394] Ihre Aufgaben seien jedoch fragmentiert, und verschiedene Personen führen diese Arbeit aus: einige kochen, andere putzen, wieder andere sorgen für das Wohlbefinden der Patienten*innen. Krankenpflegerinnen verabreichen Medikamente und führen Behandlungen durch – etwas, das Hausfrauen traditionell schon immer gemacht haben. Arbeit in Krankenhäusern sei industrielle Hausarbeit, die nach dem Modell einer Fabrik ausgeführt werde, in der verschiedene Aufgaben von verschiedenen Personen in unterschiedlichen Uniformen und Lohngruppen ausgeübt werden.

Die hierarchische Arbeitsteilung im Krankenhaus werde zudem durch den Mythos der ›Professionalität‹ verstärkt. Bis vor Kurzem verstanden

***Power of Women* (Zeitschrift des *Power of Women Collective* in London), Vol. 1, Nr. 2, Juli-August 1974, publiziert anlässlich des Kampfes der Krankenpflegerinnen.**

sich nur sehr wenige Krankenpflegerinnen als Arbeiterinnen. Ihnen wurde gesagt, sie seien Profis, gebildet und auf ›wissenschaftliches‹ Know-How spezialisiert, genau wie Ärzte. Kurz, es handele sich nicht um eine Arbeit, sondern um eine Berufung, eine Art Ruf Gottes. Dementsprechend werde diese Arbeit in vielen Ländern der Welt von Nonnen ausgeführt.

In Wirklichkeit ende die Ausbildung, die Krankenpflegerinnen erhalten, jedoch frühzeitig, damit sie nicht auf die Idee kommen, die Autorität des Arztes infrage zu stellen – obwohl die Krankenpflegerinnen oft mehr Erfahrung haben als er und echtes Wissen über den Zustand der Patient*innen. Ein Aspekt dieser Hierarchie sei also die untergeordnete Stellung der Krankenpflegerin und die überlegene und autoritäre Stellung des Arztes, die dadurch verschleiert werde, dass beide als ›professionell‹ bezeichnet werden.

Auch andere Hierarchien in Krankenhäusern wurden untersucht, etwa die Hierarchien zwischen den Krankenpflegeberufen selbst. So wurden beispielsweise die Positionen am untersten Ende der Gehaltsstufe in der Krankenhausarbeit häufig an Migrantinnen vergeben.

Der Kampf der Krankenpflegerinnen im Sommer 1974 stellte daher die komplette Funktionsweise des Krankenhaussystems infrage. Die Krankenpflegerinnen wurden hierdurch letztlich weniger erpressbar:

> »Sie erschüttern die Konditionierung, die wir als Frau erhalten haben und die mit der Konditionierung als Krankenpflegerinnen weiter verstärkt wurde. Frauen werden immer dazu erzogen, sich für alles verantwortlich zu fühlen, was den Menschen, für die sie verantwortlich sind, zustößt, und sich schuldig zu fühlen, wenn sie sich um ihre eigenen Bedürfnisse kümmern. Das ist das direkte Ergebnis davon, dass unsere Arbeit zu Hause nicht entlohnt wird [...]. Wenn die Bedürfnisse von Frauen und die Bedürfnisse anderer in Konflikt zu geraten scheinen wird den Frauen das Gefühl vermittelt, dass sie egoistisch, undankbar und mitleidlos sind, wenn sie ihre eigenen Interessen verfolgen.«[395]

Die Analyse fasst diese Verknüpfung zwischen der Arbeit von Frauen im Dienstleistungssektor und der Arbeit von Frauen zu Hause folgendermaßen zusammen:

> »Die Arbeit der Krankenpflegerinnen besteht darin, eine Arbeitskraft, die beschädigt wurde, im Krankenhaus zu reparieren und zu reproduzieren. Alle Dienstleisterinnen verrichten auf die eine oder andere Weise die gleiche Arbeit: Sie produzieren nicht Dinge, sondern Menschen, also die Arbeitskraft, von der das Kapital abhängt. Der entscheidendste Ort, an dem diese Arbeit stattfindet, das Fundament, auf dem alle anderen Arten von Dienstleistungen beruhen und das sie für ihre Arbeit voraussetzen, ist das Haus [...]. Lehrerinnen, Krankenpflegerinnen und andere Krankenhausangestellte sind überwiegend Frauen, die aus dem Haus gegangen sind, um diese Reproduktionsarbeit gegen Lohn zu verrichten. Ihre Arbeit ist vergesellschaftet und wird direkt vom Kapital beaufsichtigt und kontrolliert, aber es handelt sich in beiden Situationen um die gleiche Arbeit – um eine Spezialisierung in einer der Tätigkeiten der Hausfrauenarbeit.«[396]

Die Art der Organisation des Lebens innerhalb des Kapitalismus habe diesem System immer den Anschein von Natürlichkeit verliehen, als ob keine Alternative möglich sei. Der Kampf der Arbeiterinnen im Dienstleistungssektor zeige, dass dies keineswegs der Fall ist. Ihre Forderungen und ihre Weigerung, weiterhin unter den gleichen Bedingungen zu arbeiten, erschüttern den Status quo und untergraben die »natürliche Ordnung der Dinge«.

Dabei seien die Berufe der Lehrerin und der Krankenpflegerin am ehesten mit der Situation von Frauen zu Hause vergleichbar: weil die Lehrerin für die Entwicklung der Persönlichkeit und die Zukunft des Kindes verantwortlich ist und weil die Krankenpflegerin für das körperliche Wohlbefinden der Menschen verantwortlich ist. Hausfrauen und Mütter werden für beides verantwortlich gemacht. Diese intime Verbindung zu anderen Menschen mache sie erpressbar. »Die Krankenpflegerinnen haben bewiesen, dass sie sich trotz dieser Erpressung […] organisieren und ihre gesellschaftliche Macht behaupten können. In diesem Sinne haben sie den Hausfrauen gezeigt, was auch für sie möglich ist.«[397] Auch sie können von ihren eigenen Bedingungen ausgehend kämpfen, auch sie können diese Art von Einschüchterung beenden. Die Krankenpflegerinnen haben damit einen Weg aufgezeigt, wie eine neue Machtposition aufgebaut werden kann, für sich selbst und für alle Frauen – »die Macht, die wir erlangen können, wenn wir alle zusammen Geld verlangen und uns weigern, aus Liebe zu arbeiten«.[398]

Dass sich die entlohnten und die nicht entlohnten Frauen gegenseitig Macht verleihen können, beruhe auf der Tatsache, dass es sich in Wirklichkeit um dieselben Personen handle. Sobald sie zu Hause sind, werden diese angestellten Frauen alle zu Hausfrauen. Hier werde also eine potenzielle Kraft vorgestellt, die sie vereinen könnte. Die Krankenpflegerinnen bedrohen mit ihrem Kampf die jahrhundertealte Rolle der Frau. Im weiteren Sinne sei er eine Bedrohung der gesamten unsichtbaren Arbeit, die in den Familien geleistet wird.

Die Forderung nach einem Lohn für Hausarbeit überall dort zu stellen, wo sie geleistet wird, erfordere jedoch einen sehr weitgehenden und neuartigen Organisationsgrad. »Es geht darum, dieses Netzwerk von Kämpfen in einer *öffentlichen, massiven und internationalen Kampagne* zu verbinden.«[399] Eine Kampagne für Lohn für Hausarbeit könne diese Massenbewegung aufbauen und allen Frauen zugutekommen. Die Analyse endet mit diesen Worten: »Die Kosten der Liebe steigen!«[400]

Trinkgeld vor Gericht: Kämpfe von Kellnerinnen in Kanada

Der Kampf der Restaurantkellnerinnen in Toronto im Jahr 1977 war einer der Kämpfe, in denen die Torontoer Lohn-für-Hausarbeit-Gruppe am aktivsten war. Einige in der Gruppe waren Restaurantkellnerinnen und eine unter ihnen, Ellen Agger, ergriff die Initiative, um das »Waitresses' Action Committee« zu gründen, das im Laufe der Zeit von einer großen Zahl von Akteur*innen in der Provinz Ontario unterstützt wurde.[401]

Der entscheidende Auslöser war die Ankündigung der Regierung von Ontario im März 1976, den Mindestlohn auf 2,65 $ pro Stunde anzuheben. Zusätzlich beschloss die Regierung jedoch, die geltenden Bestimmungen zu ändern und eine neue Kategorie von Arbeitnehmer*innen einzuführen: diejenigen, die in eben dafür vorgesehenen Betrieben Alkohol ausschenken. Die Regierung sah einen niedrigeren Mindestlohn von 2,50 $ für sie vor, unter dem Vorwand, dass sie Trinkgelder erhielten. Die Regierung reagierte damit auf den Druck der Tourismusindustrie, die sich über den hohen Mindestlohn in Ontario im Vergleich zu den USA beschwerte. Da es sich um eine regulatorische Änderung und nicht um eine Gesetzesänderung handelte, war keine öffentliche Diskussion oder Konsultation vorgesehen.

Die betroffenen Personen, die in der Tourismus- und Gastronomiebranche zum Mindestlohn arbeiteten, waren zu 80 % Frauen, die kaum gewerkschaftlich organisiert waren. Es handelte sie überwiegend um ungelernte Migrantinnen, die ihre Familien als Alleinverdienerinnen ernährten, indem sie als Kellnerinnen, Reinigungskräfte in Hotels, Garderobiere, Bardamen oder Ähnliches arbeiteten. Sie verrichteten im Grunde genommen die gleiche Art von Arbeit auf dem Arbeitsmarkt, die andere zu Hause kostenlos erledigten. Es handelte sich also um denselben Typus von Arbeiterin: »Die Vollzeit-Hausfrau, Sekretärin oder Krankenpflegerin von heute ist die Kellnerin von gestern oder morgen.«[402] Männer, die in der Gastronomie und im Tourismus tätig sind, arbeiten in der Regel in gehobeneren Einrichtungen und profitieren somit von höheren Trinkgeldern.

Im Dezember 1976 wurde das »Waitresses' Action Committee« von Kellnerinnen gegründet, die in der Torontoer Lohn-für-Hausarbeit-Gruppe aktiv waren. Ihnen schlossen sich weitere Kellnerinnen und Verbündete an. Im Januar 1977 begann die Mobilisierung, mit der sie das Ende gestaffelter Mindestlöhne, eine Lohnerhöhung für alle und einen Lohn für all die unsichtbare Arbeit, die Kellnerinnen unentgeltlich verrichten müssen (Tische Decken, Reinigen von Uniformen usw.) forderten. Auch wurde ein Brief verfasst, der den Ministern für Arbeit und für Industrie und Handel vorgelegt werden sollte und an verschiedene Gruppen verschickt wurde, um Unterstützung zu erhalten; mehr als dreißig Gruppen

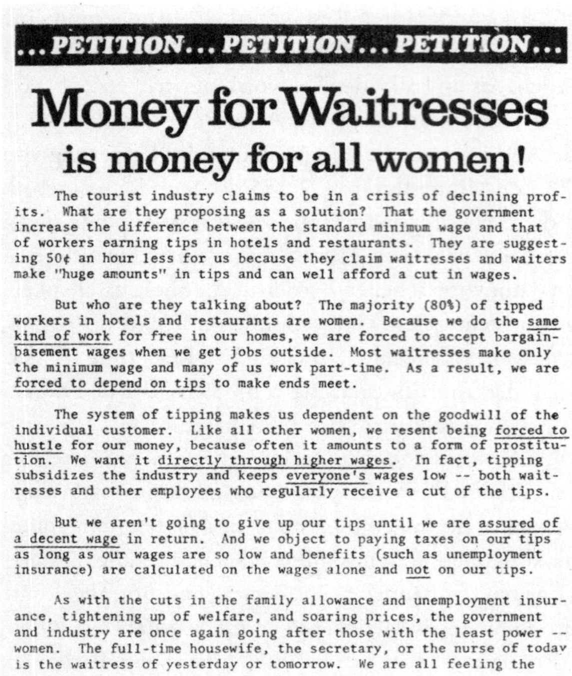

...PETITION... PETITION... PETITION...

Money for Waitresses is money for all women!

The tourist industry claims to be in a crisis of declining profits. What are they proposing as a solution? That the government increase the difference between the standard minimum wage and that of workers earning tips in hotels and restaurants. They are suggesting 50¢ an hour less for us because they claim waitresses and waiters make "huge amounts" in tips and can well afford a cut in wages.

But who are they talking about? The majority (80%) of tipped workers in hotels and restaurants are women. Because we do the same kind of work for free in our homes, we are forced to accept bargain-basement wages when we get jobs outside. Most waitresses make only the minimum wage and many of us work part-time. As a result, we are forced to depend on tips to make ends meet.

The system of tipping makes us dependent on the goodwill of the individual customer. Like all other women, we resent being forced to hustle for our money, because often it amounts to a form of prostitution. We want it directly through higher wages. In fact, tipping subsidizes the industry and keeps everyone's wages low -- both waitresses and other employees who regularly receive a cut of the tips.

But we aren't going to give up our tips until we are assured of a decent wage in return. And we object to paying taxes on our tips as long as our wages are so low and benefits (such as unemployment insurance) are calculated on the wages alone and not on our tips.

As with the cuts in the family allowance and unemployment insurance, tightening up of welfare, and soaring prices, the government and industry are once again going after those with the least power -- women. The full-time housewife, the secretary, or the nurse of today is the waitress of yesterday or tomorrow. We are all feeling the

Petition des »Waitresses' Action Committee«, Wages for Housework Campaign, Januar 1977 (CWMA, Box 625.4).

unterzeichneten ihn, u.a. der *Ontario Women's Status Council* und die *Pay Equality Coalition*.[403] Die Forderungen erhielten jedoch nicht nur öffentlichen Zuspruch von Kellnerinnen. Auch Gruppen der Frauenbewegung, Bürgerinitiativen bis hin zu Rechtsberatungsstellen und Arbeitsämtern unterstützten die Forderungen.

Frauen aus dem Netzwerk der Lohn-für-Hausarbeit-Gruppen in Toronto leisteten entscheidende Hilfe bei der Ausarbeitung der Position und der Forderungen der Kellnerinnen sowie bei der Organisation der Unterstützungskampagne. Die Mobilisierung erfuhr außerdem eine breite Berichterstattung in den Medien. Finanziert wurde die Aktion durch persönliche Spenden, Aufrufe an Befürworterinnen und Unterstützerinnen, durch Gewerkschaften in Ontario und durch die Bevölkerung.

Eine der Forderungen, die zudem durch eine Petition verstärkt wurde, beinhaltete ein Treffen mit dem Arbeitsminister. Angesichts des allgemeinen Aufschreis wurde einer Delegation ein Treffen mit der Leiterin des Frauenbüros ermöglicht. Man versprach den Delegierten, eine öffentliche Anhörung zu dem Thema zu organisieren.

In den verschiedenen Dokumenten, die im Rahmen dieser breiten Mobilisierung veröffentlicht wurden, wurde das Trinkgeldsystem angeprangert, welches bloß auf dem Wohlwollen der Gäste und oftmals dem Sexappeal der Kellnerinnen beruhe und je nach Art des Lokals und der Region variiere. Dieses System sei in Wirklichkeit eine versteckte Subvention für die Industrie, denn es drücke lediglich die Löhne der Kellnerinnen. Und obwohl das Trinkgeld willkürlich sei und nicht gesetzlich reguliert, müsse es als Einkommen versteuert werden.

Der Brief, der den Ministern für Arbeit und Tourismus vorgelegt wurde, beinhaltete auch die Forderung, die zahlreichen versteckten und unbezahlten Aspekte der Arbeit der Kellnerinnen zu bezahlen.[404] Diese Mobilisierungsbeispiele nahmen damit bereits die Inhalte der »Operation Lohngerechtigkeit« vorweg, welche über ein Jahrzehnt später in den verschiedensten Unternehmen umgesetzt werden und dank derer eine Reihe von Arbeitnehmerinnen finanzielle Entschädigungen erhalten würde.[405]

Einstellungsvoraussetzungen

Im Dienstleistungsbereich, einschließlich des Gaststättengewerbes, werde von Frauen ein gewisses Maß an sexueller Arbeit erwartet (um Trinkgelder zu erhalten, müsse man attraktiv sein; um eingestellt zu werden, müsse man seinen Körper vom Manager begutachten lassen; um den Job zu behalten, werden von einem sexuelle Gefälligkeiten und Flirts abverlangt). Entsprechende Beschwerden vor der Menschenrechtskommission in Ontario gegen Betreiber von Gaststätten belegen dies.

Vorbereitung auf die Arbeit

Die physische Erscheinung, insbesondere bei Frauen, sei in solchen Einrichtungen von größter Bedeutung. Mehrere Stunden müssen für den Kauf und die Pflege von Kleidung aufgewendet werden. Zudem seien Anforderungen an das persönliche Erscheinungsbild nachzukommen (Haarschnitt, Make-up usw.), was ebenfalls mehrere Stunden unbezahlter Arbeit bedeute.

Tisch eindecken

Ein Teil der Arbeit von Kellnerinnen bestehe darin, die Tische einzudecken und einen oder mehrere Bereiche des Restaurants zu reinigen. Für diese Aufgabe werde im Allgemeinen offiziell nur sehr wenig Zeit zur Verfügung gestellt, sodass die Arbeitszeiten verlängert werden müssen, um sie zu erfüllen. Diese Arbeit finde keine materielle Anerkennung auf dem Gehaltsscheck. Es handele sich um eine kostenlose Arbeit, die direkt dem Arbeitgeber zugutekomme und sich am Ende einer Woche auf mehrere Stunden summiere.

Übernahme unbezahlter Rechnungen

Kellnerinnen werden in der Regel für unbezahlte Rechnungen der Gäste verantwortlich gemacht, was sie dazu zwinge, sich wie ein Wachhund zu verhalten und ihre Gäste zu beobachten. Der Arbeitgeber verlange manchmal eine Übernahme der offenen Rechnungen von den Kellnerinnen, auch wenn es ihm gesetzlich untersagt ist, solche Beträge von ihrem Lohn abzuziehen. Wenn sie sich weigern, den Betrag zu erstatten, und entlassen werden, haben die Kellnerinnen jedoch keine rechtliche Handhabe gegen ihren Arbeitgeber.

Arbeit als Kassiererin

Obwohl Kellnerinnen für das Servieren von Speisen und Getränken eingestellt werden, werde von ihnen oft erwartet, dass sie auch das Abkassieren übernehmen, sodass der Arbeitgeber ein weiteres Gehalt einsparen kann.

Praxis der Trinkgeldumlage

Eine der häufigsten und ›heimtückischsten‹ Praktiken sei die Trinkgeldumlage. In Betrieben, die diese Praxis betreiben, seien die Kellnerinnen verpflichtet, einen bestimmten Prozentsatz ihres Trinkgeldes an den Arbeitgeber oder andere Angestellte zu zahlen, andernfalls drohe ihnen die Entlassung. Das Trinkgeld diene hier als Lohnsubvention für die anderen Beschäftigten, deren Löhn andernfalls vom Besitzer erhöht werden müssten.

Pausen

In vielen Betrieben gebe es nur wenige Angestellte, sodass Kellnerinnen keine Zeit haben, die gesetzlich vorgeschriebene Pause einzuhalten (eine halbe Stunde nach fünf Stunden Arbeit). Die Konsequenz sei, dass sie selten für ihre Pausenzeit entlohnt werden. Hier handele es sich also um eine weitere kostenlose Arbeitsleistung für die Arbeitgeber.

Bedienung von Minderjährigen und Betrunkenen

Die Kellnerinnen seien rechtlich dafür verantwortlich, wenn sie Minderjährigen oder scheinbar berauschten Personen Alkohol servieren, was sie in eine Zwickmühle bringe: Einerseits dränge der Chef sie, so viele Menschen wie möglich zu bedienen, andererseits liege es an ihnen, zu beurteilen, wen sie bedienen sollen. Selbst wenn Türsteher speziell für dieses Aussortieren eingestellt werden, müssen Kellnerinnen am Ende die Konsequenzen tragen.

Das »Waitresses' Action Committee« forderte schließlich einen einheitlichen Mindestlohn für alle, ohne Ausnahmen; die Abschaffung der Sonderregelung für Kellnerinnen und andere Angestellte, die Trinkgelder erhalten; die Bezahlung für unentgeltliche Arbeit, die im Rahmen der Arbeit der Kellnerinnen geleistet wird; ein Verbot der Praxis der Trinkgeldumlage; den gesetzlichen Schutz vor Arbeitgebern, die Kellnerinnen dazu zwingen wollen, die Rechnung von flüchtigen Gästen zu bezahlen; sowie die alleinige Verantwortung der Gaststätte für die Getränke, die an minderjährige oder berauschte Gäste ausgegeben werden. Das sorgfältig formulierte und argumentierte Dokument, das der Regierung vorgelegt wurde, enthielt darüber hinaus verschiedene Aussagen von Kellnerinnen und Statistiken über die unterschiedlich hohen Löhne, die Männer und Frauen in anderen Branchen und Dienstleistungsberufen sowie Kellnerinnen erhielten, die gewerkschaftlich oder nicht organisiert waren und in großen oder kleinen Hotels und Restaurants arbeiteten.

Diese Mobilisierung, die von einer Untergruppe des *Toronto Wages for Housework Committee* initiiert wurde, ist ein weiteres Beispiel für die Umsetzung der Perspektive von »Lohn für Hausarbeit« an einem Ort der Lohnarbeit, an dem Frauen öffentliche Reproduktionsarbeit leisteten. Die Rede, die bei dieser Gelegenheit gehalten wurde, beleuchtete die Bereiche der Haus- und Reproduktionsarbeit von Frauen, die hier auf unsichtbare oder versteckte Weise geleistet und daher nicht bezahlt wurden, was in der Regel den Arbeitgebern zugutekam. Ellen Agger, Kellnerin und Initiatorin des »Waitresses' Action Committee«, sagte über diesen Kampf:

> »[Die Arbeit einer Kellnerin] besteht darin, anderen Menschen zu dienen und sie zufrieden zu stellen, aber eben in einem öffentlichen und nicht in einem privaten Rahmen. Aus diesem Grund bezeichne ich sie als Hausarbeit. Frauen werden von

> Geburt an dazu erzogen, dies zu tun. Tatsächlich ist unsere Identität sehr eng mit dieser Arbeit verknüpft, ob wir Sekretärinnen, Mütter, Krankenpflegerinnen, Kellnerinnen oder Vollzeit-Hausfrauen sind.«

Die Bezahlung von Haus- und Reproduktionsarbeit, so ihre eindeutige Schlussfolgerung, bedeute, dass man »beginnt, diese Verbindung zwischen unserer Rolle als Frauen und der Arbeit, die wir tun, aufzulösen«.[406]

Unterstützung für »Gehsteigarbeiterinnen«[407]

Mariarosa Dalla Costa erinnert sich an die feministische Ideologie der 1970er-Jahre in Bezug auf die Frage der Sexarbeit:

> »In der feministischen Bewegung der 1970er-Jahre gab es im Prinzip zwei Positionen zu Prostitution: Die eine lehnte Prostitution ab, die andere forderte, das Selbstbestimmungsrecht von Frauen anzuerkennen. Diese seien am besten dazu in der Lage, zu beurteilen, welcher Arbeit sie unter den gegebenen gesellschaftlichen Restriktionen für Frauen nachgehen wollen. Diejenigen, die die zweite Position vertraten, hielten es für wichtig, die Debatte von moralischen Fragen zu befreien und den Arbeitsaspekt der Prostitution stärker zu betonen. Seitdem wird der Begriff Sexarbeiterinnen für Prostituierte verwendet, womit das Recht der Frauen auf ihre Entscheidungsfreiheit und Selbstbestimmung bekräftigt wird.«[408]

Die Lohn-für-Hausarbeit-Bewegung vertrat von Anfang an die zweite Position und unterstützte den Kampf der ersten sich bildenden Gruppen von Sexarbeiterinnen.[409]

Während der 1970er-Jahre traten Sexarbeiterinnen in die Öffentlichkeit und schlossen sich zusammen, um ihre Rechte als Menschen und als Arbeiterinnen einzufordern. Die Gruppe COYOTE (*Call Off Your Old Tired Ethics*) aus San Francisco gründete sich auf Initiative von der ehemaligen Sexarbeiterin Margo St. James 1973 (am Muttertag!) als erste organisierte Gruppe von Sexarbeiterinnen, um die Entkriminalisierung ihrer Arbeit und das Ende der polizeilichen Schikanen zu fordern. In Frankreich kam es 1975 zu Kirchenbesetzungen (Saint-Nizier in Lyon und Saint-Bernard in Paris) durch Sexarbeiterinnen, die die polizeiliche Repression und Korruption anprangerten.[410] Es gründeten sich weitere Gruppen von Sexarbeiterinnen: PUMA (*Prostitutes Union of Massachusetts*) 1975 in Boston und BEAVER (*Basic Education And Vital Equal Rights*) 1977 in Toronto. Alle drei Gruppen (COYOTE, PUMA und BEAVER) wurden, wie wir auf

WOMEN SAY:
HANDS OFF US AND OUR CHILDREN!

On July 16 in London, women are putting the government on trial for rape. Organized by Women Against Rape, the protest is against a recent appeals court decision to aquit a soldier convicted of raping a woman. The judges overturned the guilty verdict because a criminal record would ruin the soldier's career.

On July 15 in Los Angeles, women are hitting the streets of Hollywood to protest the intensification of the police attack against the women and children working as street prostitutes, particularly the sweep arrests of juvenile prostitutes, and to demand the $3-1/2 million earmarked for a new police station in Hollywood.

In London, in Los Angeles and internationally, women and children are resisting the state's increasing violence against us, violence aimed at forcing us to work for free.

HANDS OFF PROSTITUTES!

Whether or not we enjoy it, our sexuality is part of the housework the state requires women to do to keep our partners "gratified," to keep them working. Because men have more money and power, sex is a bargaining point between us and them -- for room and board, cash or better treatment. Those of us who are prostitutes are also making a bargain -- but we demand cash and we make men pay. Cash for our sexual work gives us the money and therefore the power to be independent from men.

Increasingly our children have been making the same struggle. Many of our sons and daughters, refusing the powerlessness of economic dependence, refusing the poverty imposed by the Welfare Department, have gone to the street demanding men pay for their sexual work. The "moral pillars" of society abhor the visibility of "juvenile" street prostitution. They do not abhor our daughters' and sons' invisible poverty and powerlessness; they do not abhor the child abuse committed daily by the Welfare Department; they do not abhor the invisible rape and abuse within the family which many of our children struggle to escape through street prostitution.

The sweep arrests of young prostitutes in Hollywood and the constant harassment of prostitute women are the state's response to our fight to be paid, our fight to be independent. An attack on prostitutes is an attack on all women's right to demand compensation of any kind for our sexual work; it is an attack on our bargaining power.

HANDS OFF ALL WOMEN!

The state's most violent attack on our refusal of free sexual work is rape. Rape is forced labor - labor for which we can demand nothing, labor which we cannot refuse. It is a violation of our bodies and our power.

By acquitting the soldier, the British government is giving the army license to rape women, to push us back into the home to work for free. The price we must pay for being out on the street is either rape by a stranger or rape by the man with whom we went out for "protection." Rape keeps us working at home and on the street -- for free.

The decision by the British court comes as no surprise to us in the US. In Madison, Wisconsin, a juvenile court judge recently gave probation to a young man convicted of raping a young woman in school, claiming that rape is a normal reaction to the free sexual environment. A New Jersey man was acquitted of raping his wife because being raped in marriage is just part of the job. In the US as in Britain, the government is serving notice to all women that lesbian or straight, married or single, professional prostitute or not, we must all provide free sex on demand, that rape is part of our working conditions.

HANDS OFF OURSELVES AND OUR CHILDREN!

Flugblatt des *Los Angeles Wages for Housework Committee*, »Women say: Hands Off …«, das sich insbesondere gegen die Belästigung von Sexarbeiterinnen wendet, 1977 (CWMA, Box 624.27).

den folgenden Seiten lesen werden, während des Bestehens des IFK immer wieder von Lohn-für-Hausarbeit-Gruppen unterstützt.[411]

Im Januar 1977 wurde San Francisco Schauplatz einer groß angelegten Repressionswelle und es fanden Polizeirazzien im Straßensexarbeiterinnenmilieu statt. Im Monat darauf organisierten die Lohn-Für-Hausarbeit-Komitees von San Francisco und Los Angeles in Zusammenarbeit mit der Sexarbeiterinnengruppe COYOTE eine Mobilisierung rund um eine gemeinsame Erklärung, die dem Board of Supervisors von San Francisco vorgelegt werden sollte. Die Erklärung, die von rund 50 Organisationen unterzeichnet wurde, forderte ein Ende der Belästigung von Sexarbeiterinnen auf der Straße, die Abschaffung aller Gesetze, die Sexarbeit verbieten, Amnestie für alle Sexarbeiterinnen und die Löschung ihrer Strafregister. Zu den ersten Gruppen, die die Erklärung unterstützten, gehörten *Black Women for Wages for Housework* aus Brooklyn und *Wages Due Lesbians* aus Toronto.

Mitte April 1977 fand in Chicago die internationale Konferenz des IFK statt.[412] Zu den Gästen gehörte auch Margo St. James, die für ihren Kampf einhellige Unterstützung erhielt. Sie argumentierte, dass die Gruppen COYOTE und »Lohn für Hausarbeit« eine gemeinsame Basis teilten in ihrem Kampf für die wirtschaftliche und finanzielle Absicherung von Frauen. Die *Chicago Tribune* titelte: »Prostituierte und Hausfrauen vereinen sich und bilden eine erstaunliche Schwesternschaft!«[413]

In Kanada, im Sommer 1977, gab die Stadtverwaltung von Toronto der Polizei grünes Licht für ein hartes Durchgreifen und eine Razzia in der Yonge Street, einer Einkaufsstraße, in der sich mehrere Vergnügungslokale befanden. Das Ziel waren Massagesalons. Den Kunden und Besitzern wurde vorgeworfen, dass sie unmoralische Einrichtungen betrieben oder besuchten. Die Stadt plante die Schließung dieser Einrichtungen. Auch Sexshops und Stripbars waren betroffen. Zwischen Mitte Juli und Anfang September wurden 224 Anklagen erhoben. Im Laufe des Jahres 1977 wurden insgesamt 1.700 Anklagen wegen allgemeinen unmoralischen Verhaltens erhoben, die sich vor allem gegen angebliche Sexarbeiterinnen richteten.[414]

Das *Toronto Housework Pay Committee* stellte Daten zu den Verhaftungen und Razzien zusammen und unterstützte die Forderungen der Sexarbeiterinnen. Judy Ramirez, die Sprecherin der Gruppe, entwickelte eine feministische Analyse der Situation.[415] Das Komitee lud Margo St. James zu einer Reihe von Veranstaltungen in der Stadt ein, die vom 25. November bis zum 1. Dezember stattfanden, und unterstützte die Gründung der ersten kanadischen Gruppe zur Verteidigung der Rechte von Sexarbeiterinnen, BEAVER, im November desselben Jahres.[416]

Warum haben die Gruppen der Bewegung die Sexarbeiterinnen so spontan unterstützt? Welche Verbindungen wurden zwischen der Situation der Hausfrauen und der Situation der Sexarbeiterinnen gezogen?

Die Polizeiaktionen zur sogenannten »Säuberung« (!) der Straßen wurden laut den Komitees von »Lohn für Hausarbeit« in erster Linie durchgeführt, um Frauen für das ›Verbrechen‹ zu bestrafen, für sich und

HOUSEWIVES & HOOKERS COME TOGETHER

Housewives do it for love. Hookers do it for money. Right? Wrong. Between Nov.25 and Dec.1 housewives and hookers will be appearing together to start setting the record straight.

In our society, sexuality is a commodity all women are forced to "sell" in one way or another. Our poverty as women leaves us little choice. Hookers get hard cash for their sexual services while other women get a roof over their heads or a night out.

An act of exchange is involved in both cases, but neither housewives nor hookers are recognized as workers. Neither has many rights under the law. A wife can be raped by her husband and she has no legal recourse whatsoever. Hookers are subject to harassment and arrest at the whim of police and politicians. Both groups of women are treated like second class citizens.

But housewives everywhere are demanding recognition of their work in the home and financial independence from men. And hookers are demanding an end to the hypocrisy which makes payment for their sexual (house)work a criminal activity.

Housewives and hookers are each other's natural allies. Especially now when women are paying the highest price for the mounting "economic crisis". Tight money is stretched by more free work in the home and the income of hookers is jeopardized by street crackdowns everywhere.

To help strengthen this alliance, the Wages for Housework Campaign has planned a series of events in Toronto featuring Margo St. James, ex-hooker and tireless campaigner for the decriminalization of prostitution.

"Every little girl learns by the time she's five how to put the hustle on her Daddy for a new toy."
- Margo St. James, ex-hooker and founder of COYOTE (Call Off Your Old Tired Ethics)

"'My grandmother once said of being a housewife, 'I'm a slave during the day and a whore at night.'"
- Judith Ramirez, spokeswoman for the Wages for Housework Campaign

Fotos von Margo St. James und Judy Ramirez, »Housewives & Hookers Come Together«, *Wages for Housework Campaign Bulletin*, Vol. 1, Nr. 4, Sommer 1977.

ihre Kinder Geld zum Leben zu beschaffen. Ihr Verbrechen bestehe in der Weigerung, arm zu sein.

Straßensexarbeiterinnen werden schikaniert, weil »Prostitution entlarvt, dass Sexualität Arbeit ist, die bezahlt werden müsste«.[417] Gleichzeitig sei es jedoch kein Verbrechen, wenn weibliche sexuelle ›Reize‹ von der Werbeindustrie und in einigen von Frauen ausgeübten Berufen genutzt werden, um Kunden zu gewinnen und den Verkauf zu steigern.

Es dauerte nicht lange, bis die Gruppe *Black Women for Wages for Housework* sich mit dem Kampf der Sexarbeiterinnen zu identifizieren begann. Der Kampf gegen die Schikanen durch die Polizei, gegen Übergriffe, Gefängnis- und Geldstrafen, der Vorwurf, ›Rabenmütter‹ zu sein, die Gefahr, dass man ihnen ihre Kinder wegnimmt, die Suche nach Geld, um ihre Familien zu ernähren – all das waren die täglichen Kämpfe sowohl von Schwarzen Frauen als auch von Sexarbeiterinnen:

> »Prostitution ist kein Vergnügen. Prostitution IST ARBEIT [...]. Sie ist die Arbeit, zu der Schwarze Frauen auf den Plantagen gezwungen wurden und zu der wir auch heute noch gezwungen werden [...]. Wir werden gezwungen, unsere sexuellen Dienstleistungen auf der Straße, in Hotels und Massagesalons oder in unseren Wohnungen zu verkaufen – also einer zweiten Arbeit, der Prostitution, nachzugehen –, weil wir für die erste Arbeit, die wir als Frauen verrichten, nicht bezahlt werden: die Hausarbeit, die Arbeit, andere zu produzieren und sich um sie zu kümmern, damit wir alle arbeiten können und für den Mann Gewinne erwirtschaften. Prostitution ist einer der Wege, den Schwarze Frauen zunehmend gehen, um sich der Armut und der Abhängigkeit von Männern zu entziehen, die darauf zurückzuführen sind, dass wir für diese erste Arbeit nicht bezahlt werden.«[418]

Konnte irgendeine Schwarze Frau von sich behaupten, über der Sexarbeit zu stehen?, fragte die Gruppe *Black Women for Wages for Housework*. Der Rassismus sorge dafür, dass Schwarze Frauen darauf herabgewürdigt werden, diejenigen zu sein, die von allen am wenigsten Geld zur Verfügung haben, die geringsten Möglichkeiten haben, eine Arbeit zu finden, den schlechtesten Zugang zu Bildung haben, die schlechtesten Unterkünfte bewohnen, die ersten sind, die getötet oder inhaftiert werden; kurz gesagt, Schwarze Frauen seien in jedem Fall der Sexarbeit verdächtig. Kommt es zu einer Razzia, können Schwarze Frauen, die sich zufällig in der Gegend aufhalten, damit rechnen, dass sie die ersten sind, die angehalten werden. »Für die Jagd auf Schwarze Frauen ist immer Saison.« Der Grund, warum wir zu all dem nicht Nein sagen können, schrieben sie, sei ihre Armut. »Kein Geld, um Nein zu sagen, um in der Lage zu sein, selbst zu entscheiden, wo und wie wir leben wollen und mit wem wir schlafen wollen.«

> »Indem sie sich selbst organisieren, indem sie mit ihren Organisationen öffentlich in Erscheinung treten, wo immer sie können, sagen Prostituierte, ebenso wie Schwarze Frauen, durch ihr Handeln, dass wir eine Geschichte zu erzählen haben, die Geschichte eines Kampfes, den wir führen, um unabhängig zu sein. Wie die französischen Prostituierten in Lyon sagen: ›Wir sind Frauen wie alle anderen‹.«[419]

Black Women for Wages for Housework unterstützte spontan die Sexarbeiterinnen: »Geld für Prostituierte ist Geld für Schwarze Frauen!«. Das *English Collective of Prostitutes* und die *Wages Due Lesbians* aus Toronto und London erklärten: »Der Angriff der Regierungen auf Prostituierte auf der ganzen Welt ist ein Angriff auf das Recht jeder Frau, selbst zu bestimmen, ob und unter welchen Bedingungen sie Sex mit Männern haben will.«[420] Die Gruppen erklärten, dass auch Lesben von jedem in einer Autoritätsposition schikaniert werden, weil sie das Verbrechen begehen, ein Sexualleben zu haben, das ihren eigenen Bedürfnissen entspricht. »Jede Frau, die aus der Reihe tanzt, wird genau so behandelt.«[421] Sie wiesen darauf hin, dass viele der Frauen, die als Prostituierte arbeiten, ebenfalls lesbisch seien und denselben Kampf gegen kostenlose sexuelle Dienstleistungen auf Bestellung führen. »Wir alle unterstützen den Kampf der Prostituierten gegen Belästigung und Polizeirazzien«. »Frauen, ob lesbisch oder hetero, ob Prostituierte oder nicht, sind überall Hausfrauen, Dienerinnen der Welt. Wir haben ein Recht auf Geld für diese Arbeit und darauf, es auf eine Weise zu erhalten, die für Frauen zugänglich ist.«[422]

Judy Ramirez vom *Toronto Wages for Housework Committee* war ebenfalls der Meinung, dass Razzien und die Verhaftung von Sexarbeiterinnen darauf abzielen, Sexarbeiterinnen wieder auf den rechten Weg zu bringen, da sie zu sichtbar und vor allem zu zahlreich wurden:

> »Politiker haben das ›älteste Gewerbe der Welt‹ stets toleriert, solange Prostituierte von anderen Frauen isoliert blieben. Sie galten immer als Symbol für den weiblichen Verfall, gerade damit wir anderen Frauen umsonst verfügbar sind. Und das nicht nur im Bett. Für viele von uns ist es ein ›Rundum-Deal‹, der Kochen, Putzen, Einkaufen und Kindererziehung umfasst. Doch die Dinge sind im Begriff, sich zu ändern. Frauen haben ihre Löhne auf verschiedene Weise eingefordert, und in allen Großstädten ist derselbe ›alarmierende‹ Anstieg der Prostitutionsrate festzustellen. Dies gilt auch für die Kämpfe um Sozialhilfe, Kindertagesstätten, Arbeitslosenversicherung und Kindergeld.«[423]

Für die Lohn-für-Hausarbeit-Gruppen war der Kampf der Sexarbeiterinnen ein Kampf um das Recht auf wirtschaftliches Überleben. Er war die Weigerung, arm zu sein. Denn »nichts ist erniedrigender, als kein Geld zu haben«, so Judy Ramirez abschließend.

An dieser Stelle muss betont werden, dass in Kanada im Jahr 1977 außer dem *Toronto Wages for Housework Committee* und den *Wages Due Lesbians* nur wenige feministische Gruppen, wenn überhaupt, Sexarbeit auf diese Art und Weise analysierten. Die meisten verstanden sie ganz im Gegenteil als *die* weibliche Degradierung schlechthin.[424]

Die Perspektive von »Lohn für Hausarbeit« und ihre aktive Umsetzung in die Tat waren also in vielerlei Hinsicht innovativ. Zunächst einmal gelang es dieser Allianz zwischen »solidarischen Hausfrauen und Huren«, die beiden großen, jahrhundertealten weiblichen Archetypen herauszufordern und zu dekonstruieren: die Mutter und die Hure, die ›guten‹ Frauen auf der einen und die ›schlechten‹ auf der anderen Seite.[425] Wie die feministische Autorin Gail Pheterson später analysierte, handelt es sich um eine ungleiche soziale Klassifizierung, die das Patriarchat vornimmt, um die Sexualität der Frauen zu kontrollieren. Es konstruiert das »Stigma der Hure«, um Frauen daran zu hindern, sich miteinander zu solidarisieren.[426] Dieses ›unnatürliche‹ Bündnis stellte also eine starke symbolische Grenzüberschreitung dar.

Darüber hinaus waren auch rassifizierte Frauen – die immer unter dem Verdacht der Sexarbeit standen – sowie lesbische Frauen (die als »böse«, weil der Familie entflohen, und »pervers« eingestuft wurden) Teil der Allianz »solidarischer Hausfrauen und Huren«, welche die Grenzen zwischen bösen, guten und perversen Frauen, seien sie nun *weiß* oder Schwarz, niederriss. Damit lag eine weitere enorme Grenzüberschreitung vor, da alle diese Frauen mit ihren Forderungen in ihren jeweiligen Situationen eine Bedrohung für die Reproduktion der Familie und die Machtstrukturen darstellten, die auf der Spaltung zwischen Frauen beruhen.

Kämpfe im Sozialwesen und in den Gemeinden

Aus der Perspektive der Bewegung »Lohn für Hausarbeit« ist die Gemeinde, d.h. das soziale Umfeld, in der Haus- oder Reproduktionsarbeit der Frauen verrichtet wird, in der die Arbeitskräfte reproduziert werden, Teil der »gesellschaftlichen Fabrik«[427].

> »Die Gemeinde ist der Ort, an dem Reichtum in Form von Konsum vorhanden ist. Häuser, Verkehrsmittel, Supermärkte, Krankenhäuser, Sozialämter etc. All dies sind Orte, an denen wir unsere Macht organisieren können. All dies sind Gelegenheiten des Kampfes, um uns das, was uns gehört, wieder anzueignen. All dies sind Kämpfe um Lohn für Hausarbeit.

> Frauen sind eindeutig die ersten Protagonistinnen dieser Kämpfe, weil wir zuallererst in der Gemeinschaft leben und arbeiten, und deshalb können wir unsere Macht am besten in der Gemeinschaft organisieren.«[428]

Die Frage der kommunalen Einrichtungen und Dienstleistungen war daher ebenfalls Gegenstand von Überlegungen und Kämpfen von Gruppen der Bewegung während des Bestehens des IFK. Zwei Beispiele, eines aus Italien und eines aus Kanada, scheinen in diesem Kontext besonders bedeutsam.

Überlegungen zu kommunalen Einrichtungen in der Region Emilia (Italien)

1974 hatte die norditalienische Region Emilia eine kommunistische Regierung. Die in der Region angebotenen sozialen Dienstleistungen galten als Erfolgssymbole. »Es waren Frauen, die an der Spitze dieser Kämpfe standen und ihre Protagonistinnen darstellten«, heißt es in dem Text von *Lotta Femminista* (Gruppe aus Modena), dem die folgenden Informationen entnommen sind.[429]

Zu dieser Zeit gab es in mehreren Städten in der Region Hausbesetzungen, um menschenwürdige Unterkünfte zu verlangen. Andere Aktionen forderten den Bau von Kinderkrippen und Kindergärten, und Arbeiterinnen und Angestellte kämpften dafür, dass ihre Arbeitgeber einen Teil der Kosten für diese Dienstleistungen übernahmen. Für die Gruppe *Lotta Femminista* aus Modena bedeuteten die Kämpfe, an denen vor allem Frauen beteiligt waren, eine Infragestellung der »versteckten, aber nicht minder erdrückenden Ausbeutung, die sie zu Hause erleiden«. Es handelte sich um

»Bekämpft die Ausbeuter! Die Nonnen waren lange genug selbstlos, sie wollen einen Lohn!« *Le Operaie della casa* 2–3 (September-Dezember 1976, S. 18).

Kämpfe, um »die Last der Hausarbeit zu verringern [und] ein Minimum an Bewegungsfreiheit zu gewinnen«. Die Gruppe stellte jedoch fest, dass »an der Leitung der Kämpfe fast nie Frauen beteiligt waren« und so fragten sie sich: »Lohnen sich diese Kämpfe?«.

Die von *Lotta Femminista* geleistete Analyse fasst zunächst die Position der Gruppe zur Frage der Hausarbeit zusammen: Solange die Hausarbeit als Gegenleistung für den Unterhalt oder – im Falle der eigenen Berufstätigkeit – als Gegenleistung für eine »moralische Anerkennung« geleistet wird, befinden sich Frauen in einer ungleichen Position gegenüber Männern. Diese unterlegene Position wirkt sich auf Frauen aus, wenn sie sich auf dem Arbeitsmarkt bewerben. »Wir haben es satt, abhängig zu sein [...]. Wir wollen auf allen Gebieten gegen die materiellen Wurzeln unserer Abhängigkeit kämpfen.«

Ausgehend von dieser Analyse schlussfolgert *Lotta Femminista*, dass ein Lohn für Hausarbeit es ermöglichen würde, »unsere *finanzielle Autonomie* zu erlangen; er würde uns zumindest die Möglichkeit geben, weniger anstrengende Arbeiten zu wählen und aus dem Zustand der ›Machtlosigkeit‹ herauszutreten, den wir überall vorfinden.«

Lotta Femminista stellt fest, dass »die Existenz der kostenlosen Hausarbeit heute die Möglichkeiten der Ausweitung der sozialen Dienste, welche Hausarbeit übernehmen, einschränkt«. Solange Frauen die Reproduktionsarbeit unentgeltlich leisten, werde die öffentliche Hand kaum geneigt sein, diese Arbeit zu vergesellschaften. Es wird darauf hingewiesen, dass der Trend eher dahin geht, Frauen zu Teilzeitarbeit zu ermutigen, familiäre Unterstützungsmodelle zu entwickeln (anstatt eine Reihe von Aufgaben zu vergesellschaften) und Kranke, Alte und Behinderte aus den Einrichtungen in die Familien zurückzuholen. All diese Trends zeigen, dass, solange Frauen ihre Dienste zu Hause unentgeltlich leisten, die sozialen Dienstleistungen und kommunalen Einrichtungen immer mangelhaft sein werden.

Lotta Femminista analysiert auch die Art der kollektiven Dienstleistungen, die von der Kommunistischen Partei Italiens in Emilia eingeführt wurden, wo große Anstrengungen unternommen wurden, um soziale Infrastrukturen und soziale Dienstleistungen zu schaffen: Das Hauptziel der Behörden bestand darin, durch dieses Mittel Frauen den Zugang zu bezahlter Arbeit zu erleichtern, als »großer Schritt auf dem Weg zur ›Emanzipation‹«. Für *Lotta Femminista* ist dies jedoch nur eine Teillösung: »Diese Art von sozialen Diensten, sowohl in ihrer Konzeption als auch in ihren

Zielen, intendiert die Befreiung der Frau ausschließlich im Sinne einer Freistellung für die Arbeit außerhalb des Hauses.« Dies zeige sich daran, dass Schulen und Kindergärten nur zu Zeiten der Erwerbsarbeit geöffnet sind, dass es keine Pläne zur Vergesellschaftung der Hausarbeit gibt, die die Arbeitsbelastung von Frauen verringern würden, dass die Rückführung von Personen aus Einrichtungen in die Familien die Arbeitsbelastung von Frauen erheblich erhöht usw.

Die detaillierte Untersuchung des Systems der sozialen Dienstleistungen in Emilia führt die Gruppe wieder zu ihrer Ausgangsfrage zurück: »Welche Bedeutung hat der Kampf der Frauen um soziale Dienstleistungen? Wie lassen sich diese Kämpfe mit der Forderung nach einem Lohn für Hausarbeit verbinden?« Die besondere Situation in Emilia, das im Vergleich zu anderen Regionen auf eine größere soziale Infrastruktur setzte, veranlasst *Lotta Femminista* dazu, zusätzliche Lösungen zur Entlohnung für Hausarbeit zu untersuchen:

> »Geld zu verlangen ist ein Ziel, das viele Frauen (vor allem Hausfrauen, Heimarbeiterinnen, junge Frauen auf Arbeitssuche usw.) als möglich und glaubwürdig sehen. Denn es trifft unmittelbar auf das als dramatisch empfundene Bedürfnis nach Geld, nach *wirtschaftlicher Unabhängigkeit*. Aber viele Frauen verdienen bereits einen (wenn auch geringen) Lohn in der Fabrik, im Büro, im Kaufhaus oder im Dienstleistungsgewerbe; diese Frauen setzen genauso dringend und dramatisch die *Notwendigkeit, sich von der Doppelarbeit zu befreien,* auf die Tagesordnung und kämpfen dafür, den oft 14-stündigen oder noch längeren Arbeitstag *jetzt* zu verkürzen; sie fordern Dienstleistungen, die sie sofort zumindest von einem Teil der Hausarbeit befreien.«

Für *Lotta Femminista* sind das die beiden Aspekte der Forderung nach Lohn für Hausarbeit: eigenes Geld für sich zur Verfügung zu haben und die Arbeitszeit zu verkürzen. Diese beiden Aspekte

> »[...] müssen zusammen und als zusammengehörend in der allgemeinen Perspektive des Kampfes gegen (kostenlose) Hausarbeit vorangetrieben werden [...]. Es geht uns nicht darum, aus dem Nichts heraus einen allgemeinen Kampf von Frauen für Löhne zu starten. In England wäre es niemals möglich gewesen, von einer Lohnkampagne zu sprechen, wenn Frauen nicht zuvor bereits breit mobilisiert worden wären, um das Kindergeld zu verteidigen. Wir wollen in einer autonomen Organisierung von Frauen Momente des Kampfes und der Mobilisierung oder des Bruchs aufgreifen, die es ermöglichen, bestimmte, aber begrenzte Konflikte

auf die beiden Aspekte des Kampfes um Lohn für Hausarbeit zu lenken, die wir oben genannt haben (d.h. Lohn und Arbeitsreduzierung).«

Lotta Femminista sagt im Wesentlichen, dass je nach Kontext und Umständen unterschiedliche Artikulationen der Frage nach dem Lohn für die Hausarbeit gefunden werden müssen. Kämpfe für mehr und bessere soziale Dienste und kommunale Einrichtungen seien dann relevant, wenn sie darauf abzielen, den Arbeitstag von Frauen zu verkürzen und sie von der Hausarbeit zu befreien.

Unterstützung für ein Frauenhaus: Nellie's Women's Hostel in Toronto

Unter den Kämpfen in den Gemeinden, die von Lohn-für-Hausarbeit-Gruppen organisiert oder unterstützt wurden, ist der Kampf für den Erhalt des Nellie's Women's Hostel, eines Frauenhauses in Toronto, besonders hervorzuheben. Dieser Kampf wurde vom *Toronto Wages for Housework Committee* unterstützt und hat hinsichtlich dieser Untersuchung den Vorteil, dass er gut dokumentiert ist.[430]

Das Nellie's Women's Hostel war eine Zufluchtsstätte für Frauen in Not: Frauen, die sich in einer Krise befinden, kein Geld und kein Dach über dem Kopf haben, vergewaltigt wurden und dringend Unterstützung benötigen, konnten hier einige Tage Unterschlupf finden. Es wurde 1974 in Toronto von einigen Frauen mit einem schmalen Budget und nur wenigen Mitarbeiterinnen eröffnet und es kamen von Jahr zu Jahr mehr Nutzerinnen.

Im August 1976, vor dem Hintergrund drakonischer Kürzungen im Sozialwesen und angesichts der drohenden Gefahr, dass das Frauenhaus aus Platzgründen Frauen absagen oder sogar vollständig schließen müssen würde, beschlossen das Personal und die Bewohnerinnen, die Räumlichkeiten zu besetzen. Sie forderten eine garantierte öffentliche Finanzierung, um kurz- und langfristige Unterkünfte für Frauen in Not anbieten zu können. Während es in der Stadt 1.184 Notbetten für Männer gab, standen nur 77 für Frauen zur Verfügung.

In der Pressemitteilung, in der das Ereignis angekündigt wurde, betonten die Besetzerinnen, dass das Nellie's ein typischer Fall sei: Die fehlende Finanzierung sei nur »die Spitze des Eisbergs dessen, wie die Regierung ihre Kürzungen auf dem Rücken der Frauen durchführt«.

»Bei Nellie's ist die Arbeit des Personals im Grunde genommen Hausarbeit, die für andere Frauen geleistet wird. Wir halten ein Haus offen, in dem Frauen

Briefkopf des Nellie's Women's Hostel

Unterkunft, Verpflegung und ein freundliches Ohr finden [...]. Aber Hausarbeit ist billig [...]. Daran erinnern uns unsere niedrigen Löhne, unsere langen Arbeitszeiten und unsere Erschöpfung am Ende einer zu langen Schicht mit zu wenig Personal, weil wir uns kein weiteres Personal leisten können [...]. Die Trennung zwischen dem Personal und den Bewohnerinnen ist immer weniger ersichtlich [...]. Mit dieser Besetzung wollen wir den eklatanten Mangel an Unterkünften für Frauen sichtbar machen.«[431]

Die Besetzerinnen forderten die Bevölkerung auf, eine Petition zu unterzeichnen und an Zeitungen zu schreiben, um ihre Unterstützung zu bekunden. Es wurde auch darum gebeten, sich den Besetzerinnen anzuschließen und Matratzen, Bettwäsche, Lebensmittel, Küchenutensilien, Spielzeug und Geld für dringende Bedürfnisse mitzubringen. Der Aufruf, sich den Besetzerinnen anzuschließen, wurde gehört.[432] Die Mobilisierung wurde verstärkt und mehrere Briefe wurden in den drei Tageszeitungen der Stadt veröffentlicht. Während der ersten (der zwei) Wochen der Besetzung wurde jeden Nachmittag ein anderthalbstündiges ›Sonderprogramm‹ vom *Wages for Housework Committee* vor Ort organisiert, das aus Filmen, Komödien, weiteren Unterhaltungsformaten und Diskussionsrunden bestand. Mehrere Vertreterinnen von Angestellten kommunaler Dienste, die sich in Gruppen organisiert hatten, da sie ebenfalls von den Kürzungen betroffen waren, schlossen sich der Besetzung an.

Am Ende eines Treffens zur Unterstützung und zur Reflexion über die Finanzierung von Nellie's, an dem rund 30 kommunale Gruppen teilnahmen, wurde eine Unterstützungserklärung abgegeben: »In Supporting Nellie's, We Support Ourselves« (Indem wir Nellie's unterstützen, unterstützen wir uns selbst).[433] Die Erklärung war an alle drei Regierungsebenen in Kanada (Stadt, Provinz, Bund) gerichtet und wurde von 53 Gruppen mitunterzeichnet.

In der Erklärung heißt es, dass die Kürzungen der Regierung beim Kindergeld und der Sozialhilfe sowie das Einfrieren der Mittel für Kindertagesstätten für den Anstieg der Hilfsanfragen in den Notunterkünften verantwortlich seien. Die Situation im Nellie's Women's Hostel spiegele in dieser Hinsicht das Leben von Frauen und die Krise wider, in der sich viele von und für Frauen betriebene Einrichtungen befinden. Die meisten dieser Dienste adressieren grundlegende Bedürfnissen wie Wohnen, Sozialhilfe, Kinderbetreuung, Rechtshilfe, Familienplanung, Gesundheit und Pflege von Menschen mit Behinderungen, und kümmern sich um den Status von Indigenen und Migrant*innen, um Opfer von Vergewaltigungen und Gewalt gegen Frauen, um Selbstmordprävention u.v.m.

In der Erklärung heißt es: »*Keine Regierungsebene übernimmt derzeit die Verantwortung für die Finanzierung dieser Dienste*«, da die Bereitstellung dieser Dienste als »einfache ›Frauenarbeit‹ [...] der gleichen Art, wie sie zu Hause kostenlos geleistet wird« angesehen werde. Es sei höchste Zeit, »dass die verschiedenen Regierungsebenen ihre Prioritäten neu bewerten und den Wert der Dienstleistungen, die durch ›Frauenarbeit‹ erbracht werden, anerkennen«, so die Schlussfolgerung der Erklärung.

Dieses Positionspapier wurde von einer Delegation aus 60 Frauen, Kindern und einigen Männern dem Bürgermeister von Toronto und dem Premierminister von Ontario vorgelegt. Über das Ereignis wurde in den Medien ausführlich berichtet, wodurch die öffentliche Aufmerksamkeit für die Krise, in der sich das Frauenhaus befand, aufrechterhalten wurde. Zweieinhalb Monate später, im Oktober 1976, trug die Mobilisierung schließlich Früchte. Zu ihren unmittelbaren Erfolgen gehörte, dass das Nellie's Women's Hostel nun als Notunterkunft (für Unterkunft und Verpflegung) anerkannt und finanziert werden sollte. Die Politiker*innen versicherten den Mitarbeiterinnen, dass die Notunterkunft nie wieder wegen Geldmangels geschlossen werden müsse. Die Metropolverwaltung genehmigte zudem eine Studie über die Notwendigkeit einer langfristigen Unterbringungspolitik für Frauen in Not.

Der von den Mitarbeiterinnen des Frauenhauses verfasste Abschlussbericht stellt jedoch fest, dass die gesamte Arbeit der psychologischen Intervention, Beratung, Empfehlung und Begleitung, die zu einer Notunterkunft gehört, weiterhin kostenlos erbracht werde. »Die Lösung für unsere Situation liegt letztendlich im Kampf um die Anerkennung der *gesamten* Frauenarbeit«, heißt es in dem Bericht.[434] Der Kampf habe gezeigt, wie sehr die Arbeit von Frauen als selbstverständlich gelte und wie viel Geld Regierungen auf dem Rücken von Frauen einsparten.

In dem Bericht heißt es weiter, dass unter den vielen Gruppen, die Unterstützung geleistet haben, zuallererst das *Wages for Housework Committee* in Toronto zu nennen sei. Zudem bedankte sich die Personalleiterin in einem Brief an die Sprecherin des Komitees persönlich für ihr großes Engagement bei der Mobilisierung, das entscheidend dazu beigetragen habe, den Konflikt in die Öffentlichkeit zu tragen und »dem Kampf zu einem riesigen Erfolg zu verhelfen«.[435]

Schließlich sei noch erwähnt, dass zu den aktivsten Unterstützungsgruppen der Mobilisierung und Besetzung die Gruppe *Wages Due Lesbians* gehörte, die dem *Toronto Wages for Housework Committee* angegliedert war. Auch diese Gruppe verstand die Situation im Nellie's Shelter als Hinweis auf eine weitaus größere Krise im Bereich der sozialen Dienste, insbesondere derjenigen, die von und für Frauen erbracht werden. Viele Lesben nahmen diese Dienste in Anspruch, insbesondere solche, die nach dem Verlassen unerträglicher Familienverhältnisse mittellos waren. Mit derartigen Kürzungen bei den Dienstleistungen für Frauen in Schwierigkeiten wurde es für sie noch komplizierter, solchen Situationen zu entfliehen. Der Slogan der Mobilisierung galt auch für sie: Nellie's zu unterstützen bedeutet, Lesben zu unterstützen. *Wages Due Lesbians* beschrieb ihre diversen Unterstützungstätigkeiten:

> »Die lesbischen Mitarbeiterinnen, Bewohnerinnen und Unterstützerinnen von Nellie's halfen bei der Organisation der Besetzung, indem wir Briefe an Zeitungen schrieben und unsere eigenen Schilder in der großen Demonstration zum Queen's Park [Sitz der Provinzregierung] trugen. Zur Unterstützung des Kampfes bei Nellie's sprachen wir als Rednerinnen, um unseren Überdruss aufgrund der Kürzungen zum Ausdruck zu bringen.«[436]

Wages Due Lesbians und das *Toronto Wages for Housework Committee* waren auch in einer Reihe weiterer Kämpfe und selbstverwalteter Dienstleistungen in Toronto aktiv. Dazu gehören die Unterstützung von Mobilisierungen zum Thema Wohnen, die Beteiligung an der Veröffentlichung eines Leitfadens für Hausfrauen zur Arbeitslosenversicherung, Dienstleistungen für Hausfrauen und migrantische Hausangestellte, der Kampf gegen Vergewaltigung, der Fonds zur Verteidigung lesbischer Mütter u.a.

Die Aktivitäten des *Toronto Wages for Housework Committee* und der Gruppe *Wages Due Lesbians* konnten hier nur angerissen werden.[437] Das Gleiche gilt höchstwahrscheinlich auch für die Mobilisierungen anderer Lohn-für-Hausarbeit-Gruppen, die Teil des IFK waren. Die beiden zurückliegenden Kapitel bieten, wie bereits angedeutet, nur einen Überblick über die Kämpfe und Mobilisierungen für einen Lohn für Hausarbeit, die während des Bestehens des IFK, d.h. von 1972 bis 1977, stattfanden und deren Dokumentation mir zugänglich war.

Es gab jedoch auch noch andere Gruppen, die diese politische Perspektive im selben Zeitraum ihrem politischen Handeln zugrunde legten und im Umfeld des IFK agierten. Zu nennen sind hier die Berliner Gruppe »Lohn für Hausarbeit«, auf die wir im nächsten Kapitel kurz eingehen, und das Genfer Kollektiv *L'Insoumise*, auf das wir im Folgenden ausführlicher eingehen. Beide Gruppen forderten auf ihre Weise einen Lohn für Hausarbeit. Wie es das Kollektiv *L'Insoumise* formulierte: »Es gibt nicht nur eine Art, unsere Forderung nach einem Lohn für Hausarbeit auszudrücken.«

SECHS
Aktivitäten von Gruppen an der Peripherie des Netzwerks: Lohn für Hausarbeit in Berlin und L'Insoumise in Genf

> »Unser Problem ist nicht in erster Linie, dass man uns zu Püppchen gemacht hat, sondern zu Dienerinnen. Unser Kampf richtet sich nicht gegen die Koketterie oder gegen alle Männer, sondern gegen die Ausbeutung unserer Arbeit, 24 Stunden am Tag.«[438]

Die meisten, wenn nicht sogar alle westlichen feministischen Gruppen diskutierten in den 1970er-Jahren die Frage der Hausarbeit. Die meisten dieser Gruppen stimmten zwar der in *Die Macht der Frauen und der gesellschaftliche Umsturz* dargelegten Analyse zu, zögerten jedoch, sich für die Forderung nach einem Lohn für Hausarbeit zu engagieren, und entschieden sich schließlich gegen eine solche Mobilisierung. Der häufigste Grund für diese Entscheidung war die Sorge, dass ein Lohn für Hausarbeit die Frauen ans Haus fesseln würde. Die meisten Gruppen, die sowohl die politische Perspektive von »Lohn für Hausarbeit« als auch das konkrete Engagement im Kampf für einen Lohn befürworteten, traten dem Internationalen Kollektiv bei, aber nicht alle. Einige zogen es vor, an der Peripherie des Netzwerks aktiv zu sein. Dies gilt insbesondere für das Kollektiv *L'Insoumise* aus Genf und die Gruppe »Lohn für Hausarbeit« aus Berlin, die Gegenstand dieses Kapitels sind.

Die frankophonen Aktivistinnen aus Québec gehörten zu denen, die sich schlussendlich dagegen entschieden, für einen Lohn für Hausarbeit zu kämpfen. Einige ihrer Initiativen sind jedoch Beispiele für eine zweideutige Haltung, die einerseits darin bestand, Hausarbeit als Arbeit anzuerkennen, sich andererseits aber dagegen aussprach, sie auch entlohnt sehen zu wollen.

Initiativen im französischsprachigen Québec

Der Höhepunkt der Nordamerika-Tour von Mariarosa Dalla Costa und Selma James, die darauf abzielte, die Perspektive und Forderung nach Lohn für Hausarbeit in Nordamerika zu lancieren, war das Feministische Symposium, das im Juni 1973 in Montreal stattfand. Dort wurde einstimmig eine Resolution zur Unterstützung von »Lohn für Hausarbeit« verabschiedet.[439] Da die Resolution in Montreal verabschiedet wurde, könnte man annehmen, dass sich dort auch Lohn-für-Hausarbeit-Gruppen gebildet hätten. Tatsächlich bildete sich jedoch nur eine einzige Gruppe, und zwar das englischsprachige *Montreal Power of Women Collective*; in Französisch-Québec hingegen keine einzige.[440] Ein Treffen und ein Interview mit Mariarosa Dalla Costa und Selma James, die vom *Centre des femmes* organisiert wurden, waren die einzigen Initiativen, die von frankophonen Feministinnen während der Nordamerika-Tour im Frühjahr 1973 organisiert wurden (so wurde es zumindest überliefert).[441]

Obwohl es im französischsprachigen Québec keine feministischen Gruppen gab, die sich ausschließlich für einen Lohn für Hausarbeit einsetzten, wurden dennoch Initiativen zur Bewusstseinsbildung in dieser Richtung gestartet. Ein beispielhafter Fall ist das *Théâtre des cuisines*.

Das *Théâtre des cuisines* begann 1974 mit seiner Arbeit. Dieses feministische Theaterkollektiv wollte »kämpferisches Theater mit Frauen machen, das sich mit der spezifischen Ausbeutung von Frauen befasst«, und »die am meisten ausgebeuteten und isolierten Frauen erreichen«.[442] Sein Ziel war es, vor politischen Gruppen, in Stadtvierteln, an Arbeitsplätzen, für streikende Frauen, für Frauenkomitees in Gewerkschaften, Elternkomitees und in Schulen zu spielen.[443] Nachdem das *Théâtre des cuisines* ein Stück über das Thema Abtreibung produziert hatte, befasste es sich mit dem Thema Hausarbeit:

> »Wir hatten zunächst Bedenken, ein Stück über ein Thema zu machen, das nicht mit einem bereits bestehenden Kampf in Verbindung steht (es gibt in Québec keine Organisation, die konkrete Aktionen zum Thema Hausarbeit durchführt). Wir halten es jedoch für sehr wichtig, die Hausarbeit als Grundlage für die Ausbeutung von Frauen zu thematisieren. Wir sind der Meinung, dass, selbst wenn es keinen organisierten Kampf gibt, dies kein Grund ist, das Thema zu umgehen. […] Wir wollen über die Rolle der Hausarbeit in unserer Gesellschaft sprechen, sagen, unter welchen Bedingungen sie geleistet wird und wer davon profitiert.

Titelseite von *Moman travaille pas, a trop d'ouvrage*, vom *Théâtre des cuisines*, Montréal, Éditions du remue-ménage, 1976.

Wir wollen auch anderen Frauen sagen, dass jede von ihnen in ihrer Küche eine Arbeit leistet, die für die Allgemeinheit unverzichtbar ist und anerkannt werden sollte. Wir wissen, dass das ein großes Vorhaben ist, aber die Herausforderung spornt uns an.«[444]

Das Stück wurde am 8. März 1975 uraufgeführt. Dank einer geringen finanziellen Unterstützung wurde es in Montreal und auch in der Region aufgeführt. Es erregte großes Interesse und führte zu hitzigen Diskussionen. Die Autorinnen, die in der ersten Fassung die Schauspielerinnen sagen ließen, dass sie einen Lohn für die Hausarbeit forderten, änderten aufgrund von negativen Reaktionen bei einigen Aufführungen das Drehbuch und nahmen die Szene, in der dieser Lohn gefordert wurde, ganz heraus.[445] Die Autorinnen begründeten die Streichung folgendermaßen:

> »Nach einiger Zeit sahen wir uns nicht mehr in der Lage, die Leitung der Debatte mit dem Publikum zu übernehmen. Die Idee, die wir lancierten, die Idee des Lohns, hatte Auswirkungen, die wir nicht mehr kontrollieren konnten. Wir beschlossen daher, die Szene so zu verändern, dass unsere Hausfrauen am Ende des Prozesses nicht mehr nach einem Lohn fragten.
>
> Es ist jedoch eine heikle Angelegenheit, zu zeigen, dass Hausarbeit eine Arbeit ist, ohne über ihre Bezahlung zu sprechen. Wir wissen, dass es immer noch Unklarheiten gibt, aber im Moment ziehen wir es vor, uns an das zu halten, wofür wir wirklich argumentieren können. Wenn wir jemals neue Einsichten zu diesem Thema haben, wird es vielleicht eine dritte Version geben.«[446]

Diese Episode der feministischen Geschichtsschreibung von Québec zeigt, wie heftig manche Feministinnen auf die Idee reagierten, Hausarbeit zu entlohnen. Sie würde wahrscheinlich auch heute noch ähnliche Reaktionen hervorrufen.[447]

Die feministische Strömung, der ich zu dieser Zeit angehörte und die durch die *Intergroupe* (1975–1976) vertreten wurde, ging, zusammen mit dem *Théâtre des cuisines*, am weitesten in der Frage der Bezahlung von Hausarbeit. Allerdings wollte sie eine bestimmte Schwelle nicht überschreiten: Man teilte die allgemeine Perspektive von »Lohn für Hausarbeit«, unterstützte aber nicht die konkrete Kampagne zur Einforderung eines solchen.

Die *Intergroupe* war ein Bündnis autonomer Frauengruppen in Montreal, das aus der *Front de libération des femmes* (1969–1971) und dem *Centre des femmes* (1972–1975) hervorgegangen war und sich aus folgenden Gruppen zusammensetzte: *Comité de lutte pour l'avortement et la contraception libre et gratuits, Centre de santé des femmes du quartier Plateau-Mont-Royal, Théâtre des cuisines, Centre de documentation féministe* und dem Verlag *Éditions du remue-ménage*. Ein gemeinsamer Text benennt den Konsens, der sie in dieser Frage verband, aber auch die Grenzen dieses Konsenses. Es handelt sich um das Manifest *La lutte des ménagères est la lutte de toute la classe ouvrière* (auf Deutsch: Der Kampf der Hausfrauen ist der Kampf der gesamten Arbeiterklasse), das am 8. März 1976 anlässlich des internationalen Frauentags in Montreal vor Gewerkschafts-, Nachbarschafts- und feministischen Gruppen verlesen wurde.[448] Das Manifest beschreibt »das spezifische Ausbeutungsverhältnis, das Hausfrauen mit dem Kapital eingehen« und präzisiert, dass »wir immer davon ausgehend kämpfen müssen, wie wir unter kapitalistischer Ausbeutung leiden, d.h. ausgehend

Plakat von Lise Nantel »Ménagères et travailleuses« (Hausfrauen und Arbeiter*innen), 1974.

von unserem Verhältnis zum Kapital.« In diesem Fall war die Ausbeutung mit der Hausarbeit verbunden.

Man könnte hier das Manifest des *Théâtre des cuisines* paraphrasieren, in dem es über die zweite Version des Stücks heißt, es sei schräg oder zumindest herausfordernd, »zu beweisen, dass Hausarbeit Arbeit ist, ohne über ihre Bezahlung zu sprechen«. Das Manifest der *Intergroupe* spiegelt die Vorbehalte gegen die Strategie der Entlohnung von Hausarbeit wider, die in diesem Bündnis herrschten, welches ein »antikapitalistisches und antipatriarchales« Denken entwickeln wollte. Die Spaltung in »Ja zur Perspektive, Nein zur Lohnkampagne« war auch an anderen Orten als Québec eine große Herausforderung.[449]

Die Gruppe Lohn für Hausarbeit in Berlin

Das Genfer Kollektiv *L'Insoumise* forderte den Lohn für Hausarbeit und »bewegte sich in die gleiche Richtung wie die anderen Gruppen des Netzwerks [des IFK], ging aber einen ganz anderen Weg«. Einen »Sonderweg«, wie es eine Ex-Insoumise ausdrückte. Dasselbe gilt für die Gruppe »Lohn für Hausarbeit« in Berlin (damals noch West-Berlin).

Diese Gruppen, die sich mit der Perspektive von »Lohn für Hausarbeit« identifizierten, aber nicht formell Teil des IFK waren, blieben stets in Kontakt mit Aktivistinnen der Gruppen des Netzwerks. Die Verbindungen wurden insbesondere durch den Austausch von Briefen, dokumentarischem Material, Berichten über lokale und internationale Situationen oder durch gegenseitige Besuche hergestellt. Die Gruppen studierten das Dokumentationsmaterial des IFK, übersetzten es in ihre jeweiligen Sprachen und erstellten auch eigene Dokumente.

In Deutschland gab es einige Gruppen und Einzelpersonen, die sich für einen Lohn für Hausarbeit einsetzten, etwa in München (um Gisela Erler), Bremen (um Ute Brockhaus), Bielefeld (Claudia von Werlhof und Maria Mies), Göttingen (Hannelore Schröder) und in Hamburg.[450] Diese Gruppen blieben jedoch weiter vom IFK entfernt als die Westberliner Gruppe und existierten nur kurze Zeit.[451]

Die Gründung

Die Berliner Gruppe »Lohn für Hausarbeit« wurde 1975 gegründet. Bereits 1973 war *Die Macht der Frauen und der gesellschaftliche Umsturz* ins Deutsche übersetzt worden.[452] Im Jahr darauf wurden verschiedene italienische, englische und französische Texte der IFK-Gruppen, darunter auch das Gründungsmanifest des IFK, ins Deutsche übersetzt.[453]

Die Gründung der Berliner Gruppe wurde von Gisela Bock initiiert. Sie hatte Mariarosa Dalla Costa und Aktivistinnen der *Lotta Femminista* 1972 während eines Aufenthalts in Italien kennengelernt. Sie hatte zudem Selma James und einige Aktivistinnen aus ihrer Gruppe getroffen, als diese zu dieser Zeit in Deutschland Vorträge hielten. Während eines einjährigen Aufenthalts an der Harvard-Universität in den USA 1974/75 (wo sie über die amerikanischen Arbeiter- und Frauenbewegungen forschte) lernte sie Silvia Federici und amerikanische und kanadische Aktivistinnen (wie Judy Ramirez) der Lohn-für-Hausarbeit-Gruppen kennen.

Die Berliner Gruppe, die sich nach Gisela Bocks Rückkehr aus den USA bildete, hatte etwa 20 Mitglieder. Viele von ihnen waren zeitgleich auch anderweitig aktiv: In Lesbengruppen, mit Sexarbeiterinnen, mit afrodeutschen oder türkischen Frauen in Berlin, im Gesundheitsbereich oder im akademischen Umfeld der feministischen Studien.[454] Diese

AN ALLE REGIERUNGEN

Frauen in aller Welt kündigen an:
Wir putzen eure Häuser und Fabriken. Wir ziehen die nächste Generation Arbeiter für euch groß. Wir versorgen unsere Männer, damit sie imstande sind, für euch zu arbeiten: wir sind die Hausfrauen der Welt. Als Dank für unsere Arbeit habt ihr bisher immer nur von uns verlangt, noch mehr zu arbeiten.

Wir kündigen hiermit an, daß wir für unsere Arbeit bezahlt werden wollen. Wir wollen Lohn für jede schmutzige Toilette, für jede schmerzhafte Geburt, für jede freche Anmacherei und Vergewaltigung, für jede Tasse Kaffee und für jedes Lächeln. Und wenn wir nicht bekommen, was wir wollen, dann werden wir einfach streiken.

Wir haben unseren Kindern beigebracht, ordentliche Bürger zu werden und eure Gesetze zu respektieren. Aber ihr sperrt sie in Fabriken, Gefängnisse und Küchen. Unsere Kinder haben mehr verdient, als ihr ihnen bieten könnt, und wir werden ihnen beibringen, mehr zu erwarten. Wir haben Kinder geboren, wenn ihr mehr Arbeiter brauchtet, und ihr habt uns sterilisiert, wenn ihr keine mehr brauchtet. Von jetzt an ist unser Bauch nicht mehr Staatseigentum. Wir haben geschrubbt und gebohnert und geölt und gewachst und poliert, bis uns Arme und Rücken wehtaten, und zum Dank habt ihr immer neuen Dreck geschaffen. Jetzt könnt ihr in eurem Dreck verkommen. Wir haben in der Isolation des Hauses gearbeitet, wenn ihr uns da brauchtet, und wir haben einen zweiten Job angenommen, wenn ihr uns da brauchtet. Jetzt wollen wir es sein, die entscheiden, WANN wir arbeiten, WIE wir arbeiten und FÜR WEN wir arbeiten. Wir wollen sogar entscheiden, daß wir ÜBERHAUPT NICHT ARBEITEN – wie ihr. Wir sind Lehrerinnen, Krankenschwestern, Sekretärinnen, Prostituierte, Schauspielerinnen, Kindergärtnerinnen, Hostessen, Kellnerinnen und Mädchen für jeden Dreck, wir haben geschwitzt, während ihr reich wurdet. Jetzt wollen wir den Reichtum zurück, den wir geschaffen haben.

WIR WOLLEN IHN BAR, RÜCKWIRKEND UND SOFORT UND ZWAR VOLLSTÄNDIG. WIR FORDERN VOM STAAT LOHN FÜR HAUSARBEIT FÜR ALLE FRAUEN

- um die Hausarbeit zu verringern, um essen zu gehen, um Maschinen endlich für uns arbeiten zu lassen und um unser Dasein als Haussklavinnen zu verweigern.
- um die Bedingungen und den Lohn für den außerhäuslichen zweiten Arbeitsplatz bestimmen zu können, um entscheiden zu können, ob wir überhaupt diese zweite Arbeit wollen.
- um den Männern entgegentreten zu können, wenn wir MIT IHNEN und wenn wir FÜR SIE arbeiten – Geld heißt Unabhängigkeit
- um zu bestimmen, was für eine Sexualität wir wollen
- um zu bestimmen, wann und zu welchen Bedingungen wir Kinder haben wollen
- um unseren Kindern das zu geben, was wir für richtig halten
- um anständige Wohnungen zu verlangen und zu bekommen
- um bezahlten Urlaub zu verlangen und zu bekommen VON ALLER ARBEIT !

Kampagne für Lohn für Hausarbeit

V.i.S.d.P.: Mona Glokler, 1 Berlin 12, Bleibtreustr. 48

»An Alle Regierungen« der Gruppe »Lohn für Hausarbeit« in Berlin (Archiv Silvia Federici).

Berliner Frauen, darunter auch migrantische Frauen, die sich »Lohn für Hausarbeit« anschlossen, brachten ihr Engagement auf vielfältige Weise in die Kampagne für Lohn für Hausarbeit ein. Sie versuchten sich hierbei besonders auf die unterschiedlichen Dimensionen der Situation von Frauen und des Feminismus zu beziehen und diese in die Kampagne zu integrieren.

Aktivitäten zur Verbreitung und Information

Die Berliner Gruppe, die in enger Verbindung mit der Bremer Gruppe stand, konzentrierte sich vor allem auf Aktivitäten zur Bekanntmachung und Bewerbung: öffentliche Auftritte von Gruppenmitgliedern, Vorträge in ganz Deutschland, darunter auch mehrere Vorträge von Selma James. Selma James kam zwischen 1975 und 1979 drei Mal nach Deutschland, einige Male in Begleitung von Wilmette Brown von der Gruppe *Black Women for Wages for Housework*,[455] die eine unschätzbare Hilfe bei der Gründung einer ähnlichen Gruppe in Deutschland war. Darüber hinaus führten die Aktivistinnen Interviews mit Journalist*innen und schrieben Artikel für Zeitungen und Zeitschriften. Sie sprachen auch mit einer Hausfrauengewerkschaft und anderen Frauengruppen, die sich für die Perspektive von »Lohn für Hausarbeit« interessierten.

Die Aktivitäten der Berliner Gruppe erreichten zwischen Ende 1975 und Ende 1978 ihren Höhepunkt. Sie bestanden zum einen darin, regelmäßig Artikel in der weit verbreiteten radikalfeministischen Monatszeitschrift *Courage* zu veröffentlichen (1976–1984, mit einer geschätzten Auflage von 70.000 Exemplaren). Dadurch wurde einer breiten Leser*innenschaft die Forderung nach einem Lohn für Hausarbeit vorgestellt und erläutert. Drei Ausgaben waren diesem Thema gewidmet, unter Berücksichtigung weiterer feministischer Themen, zu denen die Gruppe beitrug (z. B. zur Situation von Roma-Frauen).

Zum anderen bestanden die Aktivitäten der Berliner Gruppe darin, Podiumsdiskussionen über Hausarbeit und die Forderung nach einem Lohn für Hausarbeit anlässlich der ersten (1976) und zweiten (1977) Sommeruniversität für Frauen[456] zu organisieren, die eine breite Debatte über das Thema in Gang setzten und dazu beitrugen, dass Publikationen von Autorinnen der Berliner Gruppe viel Aufmerksamkeit erhielten. Die meistgelesene Publikation war (und ist immer noch) »Arbeit aus Liebe – Liebe aus Arbeit: Zur Entstehung der Hausarbeit im Kapitalismus«, geschrieben von Gisela Bock und Barbara Duden im Jahr 1976 (siehe Kasten).[457]

Hausarbeit hat eine Geschichte[458]

Einer der wichtigsten Beiträge der Historikerinnen Gisela Bock und Barbara Duden der Berliner Gruppe »Lohn für Hausarbeit« zu der theoretischen Perspektive bestand darin, die Hausarbeit ›historisiert‹ zu haben – mit anderen Worten, sie der Zuordnung zu den Kategorien ›Natur‹ oder ›Liebe‹, in die sie Mitte der 1970er-Jahre fest eingeschrieben war, entrissen und ihre historische Dimension herausgehoben zu haben. Tatsächlich blieb zu Beginn der zweiten Welle des Feminismus die Idee weit verbreitet, dass Hausarbeit natürlich sei, ohne eigene Geschichte und demnach nicht Teil der Gesellschaftsgeschichte (ähnlich wie Sexualität und die Geburt von Kindern).

In ihrem Essay stellen Bock und Duden ausgehend von der Hausarbeit bestimmte fundamentale Charakteristika der Geschichte der Frauenarbeit vor. Sie zeigen auf, dass die Geschichte der Hausarbeit noch recht jung ist und ihre Entstehung mit der Zeit der Entstehung des Kapitalismus im 17. und 18. Jahrhundert korrespondiert: »In dieser Zeit scheint sich fast alles, was Hausarbeit heute ausmacht, verändert zu haben: was es ist, wer sie tut, wie sie getan wird; die Einstellung zu ihr, ihre sozioökonomische Bedeutung, ihre Beziehung zur gesellschaftlichen und natürlichen Umwelt. Selbst der Begriff Hausarbeit scheint vor dieser Zeit nicht zu existieren, wie auch der moderne Begriff der Familie erst mit dem Aufkommen der bürgerlichen Familie im Europa des 17./18. Jahrhunderts entsteht.« (S. 122)

Nach Gisela Bocks Einführung kommt ein von Barbara Duden verfasster Teil, in dem sie verschiedene Aspekte der prä-kapitalistischen Gesellschaft während des europäischen *Ancien Régime* untersucht: die zentrale Bedeutung der Frauenarbeit in der Ökonomie dieser Zeit, das Fehlen einer Mutterrolle, die gesellschaftliche Macht der Frau und ihr Widerstand gegenüber der Etablierung des Kapitalismus, und schließlich ihr Verhältnis zum Mann innerhalb der Ehe. Der dritte und vierte Abschnitt, wiederum von Gisela Bock verfasst, sind der Untersuchung der graduellen Etablierung der Hausarbeit in den USA (mit Parallelen in Deutschland), wie man sie heute kennt, gewidmet – als »Frauenarbeit«, »natürlich«, »aus Liebe« und kostenlos verrichtet sowie als funktionales Moment in der Entwicklung des Kapitalismus –, ausgehend vom späten 19. Jahrhundert bis in die 1930er-Jahre hinein. Bock analysiert unter anderem die »home economics movement« (Hauswirtschaftsbewegung), deren Ziel die Professionalisierung der Hausarbeit war. Dabei sollte die »wissenschaftliche Betriebsführung« (Taylorismus) auf die Reproduktion zu Hause angewandt werden. Um diese grundlegenden Veränderungen in Bezug auf die Arbeit von Frauen, die sich in nur wenigen Generationen vollzogen, zu verstehen, muss das Verhältnis von Hausarbeit und Kapitalismus untersucht werden. Das diesen Veränderungen zugrundliegende Ziel war die Verbesserung und Sicherung der Produktivität und Qualität der Arbeitskraft. Das Haus wurde demnach »Teil einer großen Fabrik für die Produktion von Bürgern«, wie es in einem 1912 erschienenen Buch über »Home Efficiency« heißt (vgl. S. 165). Talcott Parsons, der wohlbekannte und von Gisela Bock zitierte amerikanische Soziologe, äußert sich 1955 ähnlich: »Familien sind ›Fabriken‹, die menschliche Persönlichkeiten produzieren« (vgl. S. 166) – anders ausgedrückt, »gesellschaftliche Fabriken«.

Gisela Bock betont:

> »Die moderne Hausarbeit, die die Produktion dieser ›menschlichen Maschine‹ (einschließlich der dazu nötigen Sexualität) ebenso umfaßt wie ihre Reproduktion (einschließlich von Konsumarbeit und unmeßbaren Liebesdiensten) war neu und lag weit jenseits von feudalen oder gar ›naturhaften‹ Relikten. Sie wurde durch die Industrialisierung nicht etwa tendenziell aufgehoben, sondern überhaupt erst erforderlich gemacht.« (S. 166)
>
> »[...] [D]ie moderne Familie [vollendete sich jetzt] als Organisationsform der unbezahlten weiblichen Hausarbeit, der Hausarbeit als natürlicher und damit natürlich unbezahlter Arbeit der Frau, und diese, wie das bundesrepublikanische ›Gleichberechtigungs‹-Gesetz von 1957 scheinbar so poetisch sagt, als das ›Herz der Familie‹.« (S. 168)

Die Autorin fasst zusammen: »[D]er Übergang von der frühen, pauperistischen Phase der Kapitalakkumulation [...] zum Reformkapitalismus des 20. Jahrhunderts [...] war nur möglich auf Kosten der Frauen und als Reaktion auf ihre Kämpfe, die Frauenbewegung, seit der Mitte des 19. Jahrhundert: nämlich durch die Schaffung, Verallgemeinerung und Institutionalisierung der Hausarbeit« (S. 177), eine Arbeit, die Frauen der Reproduktion der Arbeitskraft unterwarf.

Dies sind nur ein paar der wichtigsten Argumentationslinien des Essays, welcher 1976 einen enormen Einfluss hatte, als er bei der Vorlesung zur ersten Sommeruniversität für Frauen an der Freien Universität in Berlin vorgestellt wurde. »Arbeit aus Liebe – Liebe aus Arbeit: Zur Entstehung der Hausarbeit im Kapitalismus« war ein Pionierwerk, das das Denksystem der Lohn-für-Hausarbeit-Strömung und das Feld der Frauengeschichte um eine neue Dimension ergänzte. Die in diesem Aufsatz dargestellte Geschichte wurde in der Folgezeit durch umfangreiche Forschungsarbeiten untermauert.

Auch die Anwesenheit und Teilnahme mehrerer Aktivistinnen von Lohn-für-Hausarbeit-Gruppen aus Italien, den USA und Großbritannien an der Sommeruniversität für Frauen im Jahr 1977 ist in diesem Kontext von Bedeutung.[459] Denn dies zeigt, welche Bedeutung die Berliner Gruppe der Zusammenarbeit mit dem IFK beimaß.[460]

Die Berliner Gruppe stellte ihre Arbeit jedoch 1979, zu einem Zeitpunkt, zu dem sich die meisten feministischen Gruppen in Berlin (und auch anderswo) in einer Krise befanden, ein. Laut Gisela Bock war dies »das Ende der ersten Phase des neuen Feminismus«. Sie fügt hinzu: »In Berlin gab es auch eine große geografische Mobilität unter den Mitgliedern. Alle mussten aktivistische Tätigkeiten finden, die näher an ihrem Alltag und ihrer Arbeit lagen.«[461]

Das Ende ihres Engagements in der Berliner Gruppe sei jedoch durch mehr als mangelnde Zeit und die Notwendigkeit, den eigenen Lebensunterhalt zu verdienen, begründet gewesen, so Bock:

> »Es begannen sich organisatorische Probleme innerhalb der internationalen Kampagne für einen Lohn für Hausarbeit abzuzeichnen. Im Laufe der Monate nahmen Konflikte, Abspaltungen, Ausschlüsse und ein Prozess der Zentralisierung der Führung immer weiter zu.[462] Darüber hinaus verlor die Forderung nach einem Lohn für Hausarbeit allmählich zunehmend an Attraktivität für die Frauenbewegung generell, zumal sie von der gesamten Linken – Marxisten, Sozialdemokraten, Kommunisten und Grünen – zunehmend abgelehnt wurde. Aufgrund dieser Kombination von Voraussetzungen erschienen die Perspektive und Strategie von ›Lohn für Hausarbeit‹ den Aktivistinnen zunehmend als utopisch.«

Mit der Auflösung der Berliner Gruppe im Jahr 1979 verschwand auch die öffentliche Forderung nach einem Lohn für Hausarbeit in Deutschland.

Sie blieb jedoch weiterhin präsent, so Gisela Bock, allerdings nicht mehr in organisierter Form und als politische Strategie und Praxis, sondern als theoretisches Werkzeug für historische und kulturelle, soziologische und politische Analysen. »Und von Zeit zu Zeit«, bemerkt sie abschließend, »taucht die Forderung in verschiedenen und manchmal unerwarteten Formen wieder auf, entweder in den westlichen Metropolen (auch in Deutschland) oder auch weltweit, wenn es um die unendliche, unbezahlte oder schlecht bezahlte Arbeit geht, die in erster Linie von Frauen verrichtet wird«.

L'Insoumise in Genf

1974 wurde das Kollektiv *L'Insoumise de Genève* gegründet.[463] Seine Mitglieder, die Insoumises (auf Deutsch in etwa: die Unbeugsamen), etwa 15 Frauen, stammten größtenteils aus der Protestbewegung von 1968 und ihren Gruppierungen, die sie zu kritisieren begannen und nach und nach verließen. Die meisten von ihnen waren Akademikerinnen, einige stammten aus bürgerlichen, andere aus einfachen Familien, die von den ersten Maßnahmen zur Demokratisierung des Studiums profitiert hatten. Eine von ihnen war 1971 eine der Gründerinnen des *Mouvement de libération des femmes* (MLF) in Genf, die anderen schlossen sich diesem kurz darauf an.

Die Entstehung

Das Kollektiv *L'Insoumise* wurde zwischen 1972 und 1975 gegründet, 1975 erschien zudem die erste Ausgabe der Zeitung *L'Insoumise*, die von dem Kollektiv herausgegeben wurde. In dieser Zeit entwickelte die Gruppe auf der Grundlage verschiedener Lektüren und persönlicher Erfahrungen der einzelnen Mitglieder nach und nach ihre Ansichten zum Thema Lohn für Hausarbeit. Im Rahmen des MLF beteiligten sich manche von ihnen an der Redaktion zweier Zeitschriften: *De fil en aiguille* (1973) sowie *De mère en fille* (1974), welche aus den Diskussionen der *Groupe de mères* (Müttergruppe), einer Untergruppe des MLF, hervorgegangen war.

Ab dem Jahr 1975, dem von den Vereinten Nationen ausgerufenen Internationalen Jahr der Frau, gaben die Insoumises ihre eigene Zeitung *L'Insoumise* heraus, die bis ins Jahr 1978 veröffentlicht wurde. Die Aktivistinnen nahmen zwar an den Versammlungen und Aktionen des MLF teil, hatten aber gleichzeitig begonnen, sich separat zu treffen, um »heraus-

L'ONU ET L'ANNEE INTERNATIONALE DE LA FEMME

L'ONU nous a fait cadeau d'une année: 1975.

• Est-ce vraiment **pour nous?**

Certainement pas. **C'est une sonnette d'alarme pour les gouvernements et les patrons.** L'exploitation éhontée et sans scrupules qu'ils ont fait des femmes jusqu'à maintenant ne peut plus continuer. Il faut changer quelques "détails". Ils ne veulent plus être des exploiteurs féroces... ils veulent nous écouter et se pencher sur nous, des vrais pères, en somme.

"Promouvoir l'égalité, intégrer la femme dans l'effort de développement, renforcer le rôle de la femme dans la paix mondiale." Ils veulent une femme "new-look". Après l'échec de leur politique de limitation des naissances dans les pays sous-développés, ils pensent qu'en intégrant les femmes, à tous les niveaux, ils interrompront leur fonction de poules pondeuses.

Pendant un an, on va donc nous disséquer, nous passer au peigne fin, nous analyser, nous interpréter... On va multiplier les ministres et les commissions chargées de la condition féminine, et une déclaration universelle des droits de la femme sera votée.

Et puis, cette année **de la femme!** , la femme au singulier n'existe pas, ce qui est réel c'est notre condition commune d'exploitées: "la femme" est une abstraction des hommes, une espèce d'exorcisme pour cacher le fait que les femmes, ensemble, ont déjà lutté, ont déjà trouvé leur place de protagonistes dans la lutte de classe

• C'est **à cause de nous**, de nos luttes, de la croissance du mouvement des femmes dans tous les pays du monde.

Les femmes ont fait grève, ont occupé des usines, ont contesté radicalement le système d'exploitation dans les usines, mis fin à des conditions de travail incroyables.

Les femmes ont lutté partout pour l'avortement libre et gratuit, en revendiquant la libre disposition de leur corps, qui signifie refus de la maternité capitaliste, de la médecine capitaliste, de la sexualité faite par et pour les hommes.

Les femmes ont lutté pour leur autonomie financière, brisé le mythe de la vocation de mère-ménagère, dévouée et soumise, en réclamant un salaire pour le travail ménager; elles ont osé dire que faire la mère, c'est travailler, que faire les courses, c'est travailler. Elles ont pris conscience de combien elles sont indispensables par leur travail à la maison, au fonctionnement de toute la société.

Les femmes ne sont pas des sans-travail qui réclament un emploi, ou les conditions minimum pour accepter un emploi, mais des productrices sans revenu qui revendiquent la possibilité de ne pas vivre à la charge d'un autre, père ou mari.

Nous avons fait exploser partout nos refus et nos exigences par des luttes ouvertes, mais aussi le plus souvent encore par des comportements individuels défensifs de refus de certaines contraintes qui nous sont faites.

Nous avons battu le record de l'absentéisme au travail, dans les pays développés nous avons de moins en moins d'enfants, tandis que dans les pays du tiers monde, nous résistons à prendre des moyens contraceptifs et nous continuons à faire beaucoup d'enfants, nous désertons la campagne pour la ville, nous changeons énormément d'emploi, nous sommes (malheureusement) majoritaires dans les asiles psychiatriques, nous battons les records des tentatives de suicide, nous divorçons de plus en plus...

Ces comportements sont des refus, des formes de résistance importantes et qui souvent représentent les seuls moyens de défense qui nous restent.

Pour nous il s'agit de sortir de l'isolement de lutter différemment, de passer à l'offensive.

Pour eux, il s'agit de remettre de l'ordre et d'éliminer ces symptômes de "malaise" chez les femmes.

♀♀♀♀♀♀

Erste Ausgabe der Zeitung *Insoumises*, 1975, die später in *L'Insoumise* umbenannt wurde.

zufinden, wie die Verbindung zwischen dem Klassenkampf und dem feministischen Kampf zu denken ist«.

Das Buch *Potere femminile e sovversione sociale* von Mariarosa Dalla Costa und Selma James erreichte die Reihen der Insoumises zum einen über deren Verbindungen zu den italienischen Bewegungen der außerparlamentarischen Linken mit operaistischer Ausrichtung, denen Mariarosa Dalla Costa nahestand, und zum anderen über die Verbindungen zu Selma James und der Gruppe *Power of Women* in London. Über diese Kanäle erfuhren sie von dem Buch, dessen Lektüre sie »begeisterte«.

Daraufhin wurden Kontakte zu einem progressiven Verleger in Genf, François Grounauer, der Dokumente von Protestbewegungen herausgab, geknüpft, um das Buch ins Französische übersetzen zu lassen und zu veröffentlichen.[464] Das Buch wurde schnell zu einer Art ›Bibel‹ für die Gruppe, die später zu *L'Insoumise* wurde. Schon bald wurde ein Treffen im Tessin organisiert, an dem Feministinnen aus dem Tessin und aus Zürich teilnahmen, die an der Perspektive von »Lohn für Hausarbeit« interessiert waren, sowie Mariarosa Dalla Costa, die von einigen Frauen der *Lotta Femminista* aus Padua begleitet wurde.[465]

Die Gründung der Gruppe *L'Insoumise* ging also zu großen Teilen auf Mariarosa Dalla Costa zurück. Ihre Mitglieder (die mitunter unterschiedliche ›ideologische‹ Hintergründe hatten) hielten im Anschluss an das Treffen Verbindungen zu *Lotta Femminista* aufrecht, lasen deren Veröffentlichungen, nahmen an Treffen mit den Aktivistinnen in Italien teil und verfolgten generell mit großem Interesse ihre Aktivitäten. Diese Umstände führten schließlich zur Gründung des Kollektivs.

> »Wir waren auf der Suche nach einer ›marxistischen‹ Perspektive für unser feministisches Engagement und fanden sie in der Strategie von ›Lohn für Hausarbeit‹ – die wir immer als Strategie ›gegen‹ die kostenlose Hausarbeit von Frauen erläuterten. Auch unterzeichneten wir unsere Texte manchmal mit ›Collectif Salaire contre le travail ménager‹ [Kollektiv Lohn gegen Hausarbeit]. Diese Strategie ermöglichte es zudem, eines der großen Tabus unter Frauen aufzugreifen,

***Insoumise*-Banner mit einigen Insoumises. Foto: Viviane Gonik, Genf.**

> nämlich das des eigenen Geldes. Die Entdeckung dieser Strategie beflügelte uns und ermöglichte es uns, stärker im MLF aktiv zu werden, ohne ›Sektierertum‹ zu praktizieren oder die Polemiken zu provozieren, die diese Forderung in der Bewegung auslöste.«

Zu den Insoumises gehörten Aktivistinnen, die in die breitere Bewegung des MLF in Genf integriert waren. »Mehrere von uns gehörten zu den Initiatorinnen einiger der ›großen‹ Aktionen, die unter dem Kürzel MLF durchgeführt wurden, das aus einer Ansammlung von kleinen Gruppen bestand, die sich in Vollversammlungen, bei konkreten Aktionen und bei der Verwaltung des Centre femmes zusammenfanden«. Die Insoumises führten oft den Kampf im MLF an, »denn wir waren fast alle Vollzeitaktivistinnen, sehr jung, die von Gelegenheitsjobs, Stipendien, Arbeitslosengeld usw. lebten«. Die Tatsache, dass einige von ihnen Mütter wurden, hat ihren Lebensstil nicht verändert. »Im Gegenteil, man konnte andere ›Quellen‹ wie die Sozialhilfe nutzen, um Geld zu beschaffen, ohne einen doppelten Arbeitstag bewältigen zu müssen.«

Die Gruppe setzte sich aus Frauen mit unterschiedlichen aktivistischen Interessen zusammen: In erster Linie ging es um die Strategie von »Lohn für Hausarbeit«, aber es wurden auch die Themen Frauengesundheit, Geburt, Abtreibung, Verhütung, Sexualität, Lesbentum und Repression adressiert. Die Themen wurden in einem besonderen ›Stil‹ angegangen, dem sogenannten ›Insoumise-Stil‹, einem »radikalen und frechen« Stil, der die Gruppe in ihren Überlegungen und Aktionen kennzeichnete. Was die Insoumises vom MLF unterschied, war,

> »dass wir die populäre Forderung nach ›Gleichheit‹ infragestellten. Wir bezeichneten ›die Familie‹ als den Ort der Ausbeutung schlechthin. Wir interessierten uns nicht für Forderungen wie ›den Zugang von Frauen zu bezahlter Arbeit fördern‹, ›die Hausarbeit mit den Männern teilen‹ usw. Unsere Position war: Finanzielle Unabhängigkeit für Frauen, ja, aber nicht um den Preis eines doppelten Arbeitstages. Arbeitsteilung mit Männern ja, aber wir müssen zuerst gesellschaftliche Macht für Frauen aufbauen, damit sie in der Lage sind, diese kollektiv durchzusetzen. Wir lehnten es ab, die individuelle Aushandlung der Aufgabenteilung in der Partnerschaft, bei der jede Frau, die zu viel tut, dann selbst daran schuld ist, als Wunderlösung zu propagieren, auch wenn wir auf die ein oder andere Weise auch selbst damit konfrontiert waren. Alle restlichen Forderungen, d.h. die meisten, wurden von allen geteilt.«[466]

Für die Insoumises war ein Lohn für Hausarbeit »eine Möglichkeit, das Schicksal unserer Mütter zu ›rächen‹ und der Arbeit vergangener, gegenwärtiger und zukünftiger Generationen von Müttern und Großmüttern wieder Würde zu verleihen«.

> »Wir wollten nicht länger, wie die meisten von ihnen, in der Unterwerfung unter patriarchale Werte und Strukturen leben müssen. Aber im Gegensatz zum vorherrschenden Feminismus der 1970er-Jahre (der die Hausarbeit verteufelte) schätzten wir sowohl die Arbeit, die alle Frauen zu Hause leisteten, als auch die Entwicklung von Verhaltensweisen und Zeichen der Ablehnung dieser nicht anerkannten, unbezahlten und den Frauen vorbehaltenen Arbeitsbelastung (Zunahme der von Frauen eingereichten Scheidungen, Rückgang der Geburtenrate, Recht auf Abtreibung, Ansturm von Frauen auf höhere Bildung usw.).«

Wie sah dieser »ziemlich andere Weg« bei der Umsetzung von »Lohn für Hausarbeit«, den die Insoumises einschlugen, aus? Wie verstanden sie den Lohn? Ein internes Dokument, *La perspective du salaire ménager* (Die Perspektive des Haushaltslohns), gibt hierüber Auskunft:

> »Durch die Perspektive von ›Lohn für Hausarbeit‹ können wir zum ersten Mal das fragmentierte Leben der Frauen – mit seinen scheinbar getrennten Komponenten – als Ganzes begreifen. Zum Beispiel wollen wir die Kontrolle über unsere Körper erlangen. Aber diese Kontrolle bedeutet, dass wir die Macht haben, eine Geburtenkontrolle zu fordern, die unseren Körper nicht vergiftet; Kinder zu bekommen, wann wir sie wollen, unabhängig von unserer Abhängigkeit von einem Mann und unserer Sklaverei zu Hause; in der Lage zu sein, Kinder ohne ständige finanzielle Engpässe und Haushaltskrisen großzuziehen; nicht gezwungen zu sein, in der Heterosexualität gefangen zu bleiben; nicht gezwungen zu sein, sich an ein Fließband zu stellen. Wenn wir in unserer Nachbarschaft eine Kinderkrippe organisieren und die Gemeinde bitten, diese zu finanzieren, ist das ein Lohn für Hausarbeit. Es gibt nicht nur eine Möglichkeit, unsere Forderung nach Lohn für Hausarbeit auszudrücken. In der Medizin, in den sozialen Dienstleistungen – in allem kann man sich mit der Perspektive von ›Lohn für Hausarbeit‹ organisieren.«[467]

Das Kollektiv *L'Insoumise* initiierte zwischen 1974 und 1979 in Genf eine große Anzahl von Kämpfen. Laut den Insoumises, mit denen ich mich getroffen habe, lässt sich das Leben der Gruppe in zwei Phasen unterteilen:

1. die Zeit von 1975 bis 1978, die aktivste Periode, die durch mehrere Besetzungen gekennzeichnet ist;
2. die Zeit ab 1978/79, die durch den Zerfall des Kollektivs in mehrere kleine Gruppen gekennzeichnet ist. In dieser Zeit gründeten Frauen aus dem MLF, die darüber hinausgehen wollten, nur Forderungen zu stellen, alternative, selbstverwaltete Strukturen, die Unterstützung und Informationen für Frauen anboten. Beispiele hierfür sind *Dispensaire des femmes* (Gesundheitszentrum für Frauen), *Viol-secours* (Anlaufstelle für Opfer von Vergewaltigungen), *SOS Femmes battues* (Zentrum für von häuslicher Gewalt betroffene Frauen). »Mit der Zeit verlor das MLF an Bedeutung. Und nach und nach bezeichnete sich niemand mehr als dem MLF zugehörig«, sagte eine von ihnen.

Bedeutende Kämpfe und Veröffentlichungen, 1975–1979

Die Insoumises haben sich durch – oftmals direkte – Aktionen hervorgetan, aber auch durch ihre Reflexions- und Informationsarbeit. Beispielsweise produzierten sie eine Zeitung, *L'Insoumise*, von der zwischen 1975 und 1978 zehn Ausgaben erschienen. Die Gruppe hat auch mehrere Texte von italienischen, englischen und amerikanischen Gruppen der Bewegung »Lohn für Hausarbeit« ins Französische übersetzt, angefangen bei der wichtigen Textanthologie *Le foyer de l'insurrection*. Auch *Le operaie della casa* von Mariarosa Dalla Costa wurde von einer der Insoumises übersetzt, aber nie veröffentlicht und der Text zirkulierte nur in begrenzter Auflage als Druckvorlage. Das Kollektiv produzierte weitere Publikationen, die eher auf die einzelnen Aktionen der Gruppe zugeschnitten waren.

Doch werfen wir zunächst einen Blick auf diese Aktionen. Die bevorzugte Methode war die direkte Aktion.

> »Wir hatten uns gegen eine Kampagne für Lohn für Hausarbeit wie in England oder Italien entschieden. Wir haben auch keine Lobbyarbeit betrieben, wie das beispielsweise die englische Gruppe tat, die auf Strukturen, Gesetze usw. einwirken wollte. Aber wir fanden Artikulationsmöglichkeiten, wie z. B. die Forderung nach 2.000 Francs für alle Mütter für drei Jahre. Wir sind auch nicht zu Gewerkschaften gegangen, um sie davon zu überzeugen, unsere Forderung in ihr Aktionsprogramm aufzunehmen. Wir wollten kein Bündnis mit ihnen eingehen, sondern eher Aktionseinheiten bilden. Wir waren eher auf direkte Aktionen und alternative autonome Lösungen ausgerichtet. Während zum Beispiel der Kampf

für kostenlose gynäkologische Untersuchungen aussichtslos schien, bauten in Genf einige Insoumises und MLF-Frauen eine Frauenambulanz auf. Dasselbe gilt für Kindertagesstätten. Anstatt den Staat aufzufordern, Kinderkrippen einzurichten, zog man es vor, ›wilde‹ Kindergärten zu gründen. Wir suchten nach ›anderen‹ Wegen, um die Gesundheit von Frauen und die Kinderbetreuung sicherzustellen. Tatsächlich waren wir Teil einer breiteren Bewegung zur Schaffung alternativer Lebens- und Arbeitsstrukturen.«

Die Kampf- und Aktionsfelder der Insoumises waren vielfältig. Dazu gehörten:

1. Aktionen zu den Themen Abtreibung, Verhütung, Gesundheit und Mutterschaft;
2. Aktionen mit Lohnarbeiterinnen (mit Fabrikarbeiterinnen von Bulova und Lip sowie mit Krankenpflegerinnen im Genfer Kantonsspital);
3. Aktionen gegen Repressionen und die Haftbedingungen weiblicher Gefangener;
4. Aktionen gegen Vergewaltigung, sexuelle Belästigung und Gewalt gegen Frauen;
5. punktuelle Besetzungen von Regierungseinrichtungen (Sozialämtern und Arbeitslosenämtern) und bestimmten öffentlichen Orten (wie dem Büro der *Christlich-Demokratischen Partei* oder einer stillgelegten Kneipe[468], um daraus ein Frauenzentrum zu machen);
6. »Post-Insoumise«-Aktionen.

Durch den Zerfall des Kollektivs entstanden die Gruppen *Vanille-Fraise*, *Radio Pleine-Lune*, und *Blé et Tchador*. Im Folgenden werden die Aktionen, an denen das Kollektiv *L'Insoumise* teilnahm oder die es initiierte, auf Basis der mir zur Verfügung stehenden Informationen vorgestellt.

Abtreibung, Verhütung und medizinische Selbstverwaltung

In der Schweiz war Abtreibung zu dieser Zeit illegal.[469] In der Praxis galt, dass, um eine Abtreibung durchführen zu lassen, ein Gynäkologe und ein weiterer Arzt, der als vom Staat ausgewählter ›Experte‹ fungierte, vorher zustimmen mussten. Aufgrund der unklaren Gesetzeslage konnte jeder der 25 Kantone, die die Schweiz bilden, in Bezug auf Abtreibungen mehr oder weniger frei nach Belieben verfahren. In fünf dieser Kantone war es

»Gutschein für eine von den Vereinten Nationen bezahlte Abtreibung im Rahmen des Jahres der Frau. Der Generalsekretär«. Produziert vom Kollektiv *L'Insoumise*.

problemlos möglich, eine Abtreibung zu erhalten. Da Genf in einem dieser Kantone lag, kamen Frauen aus Frankreich oder Italien (wo Abtreibungen illegal waren), um dort eine Abtreibung vornehmen zu lassen. Der Preis für eine Abtreibung lag bei etwa 1.000 Schweizer Franken.

Anlässlich des UNO-Jahres der Frau 1975 ergriffen die Insoumises eine kühne Initiative: Sie druckten und verteilten einen Gutschein für eine von den Vereinten Nationen im Rahmen des Jahres der Frau bezahlte Abtreibung, der mit »der Generalsekretär« unterzeichnet war (vgl. Abbildung).

Daraufhin nahmen sie an einer von Frauen verschiedener MLFs in der Schweiz organisierten Aktion teil, stürmten das Parlament in Bern und unterbrachen eine Debatte über Abtreibungen, indem sie von der Publikumstribüne aus schmutzige Windeln auf die Köpfe der Parlamentarier*innen warfen.

Am 2. Oktober 1975 besetzten sie den Sitz der *Christlich-Demokratischen Partei*, die »die Abtreibungsdebatte in der letzten Kammersitzung blockiert« und »für ein neues Gesetz gegen Abtreibungen gestimmt« hatte. Die Besetzung bot zudem Gelegenheit, eine Zeitung über die Aktion herauszugeben.[470] Nicht nur wagten sie es, die Druckmaschinen und das Papier der Partei für den Druck zu verwenden und Pressemitteilungen an die Medien weiterzuleiten, sie nutzten zudem auch die Telefonleitungen der Partei, um mit Frauen der Bewegung auf der ganzen Welt zu telefonieren.

Da der Kampf um das Recht auf Abtreibung eigentlich umfassender ist, indem er auch die Krankenhauspraktiken und die Verhütung betrifft und sich »gegen Experten und Gynäkologen-Vampire« richtet,[471] demonstrierten sie am 24. April 1976 in Zürich unter dem Motto »Organisieren wir unsere kollektive Weigerung, für gynäkologische Untersuchungen zu bezahlen«.[472] Sie wandten sich damit gegen die Kürzungen bei den Krankenkassen, die dazu führten, dass künftig jede Frau für ihre gynäkologischen Untersuchungen selbst aufkommen sollte. Im Jahr 1978 beteiligten sie sich an der Bildung einer Untergruppe der MLF mit dem Namen «Attaque aux gynécologues» (»Angriff auf die Gynäkologen«). Parallel dazu wurde eine Datei mit Gynäkologen angelegt, die bereit waren, Abtreibungen vorzunehmen, sowie mit den jeweiligen Bedingungen, die sie stellten, den von ihnen verlangten Preisen usw. Der Kampf umfasste auch Aktionen im Bereich der Empfängnisverhütung: die Infragestellung der Pille und die Weigerung, Versuchskaninchen zu spielen.[473] Andere Aktionen zielten darauf ab, Geburten in der Entbindungsstation des Genfer Kantonsspitals humaner zu gestalten und zu entmedikalisieren, was schließlich 1978 zur Gründung einer Frauengesundheitseinrichtung (*Dispensaire Autonome des Femmes*) führte.

Von »zornigen Müttern« zu »schlechten Müttern«

Eine der bedeutendsten Aktionen des Kollektivs *L'Insoumise* adressierte das Schicksal von Müttern. Dies widerlegt die regelmäßig über die Feministinnen der 1970er-Jahre kolportierte Vorstellung, dass sie die Frage der Mutterschaft zurückgewiesen oder ignoriert hätten. Die Insoumises wandten sich an »schlechte Mütter« und an »wütende Mütter«. Wer waren diese schlechten Mütter?

> »Schlechte Mütter sind diejenigen, die von der Gesellschaft und den Anständigen als schlecht angesehen werden, weil sie nicht genau das tun, was der Staat, die Familie, die Kirche oder die Bullen von ihnen wollen. Für ihre Kinder sind sie die besten Mütter der Welt, denn sie sind lebendig, sie stinken nicht nach Resignation und Aufopferung, sondern duften nach Revolte und Freiheit!«[474]

Am 19. Januar 1978 besetzten die Insoumises zur Unterstützung einer Mitstreiterin die Räumlichkeiten der Arbeitslosenkasse, dem kantonalen Arbeitsamt – ohne Zweifel für eine dieser »schlechten Mütter« –, die gerade entbunden hatte und der das Amt die vorgesehenen Leistungen verweigerte. Da »Frauen nie arbeitslos sind«, forderten die Insoumises:

Gutschein zum Muttertag: Zum Anlass des Muttertags schenken euch der Staat, das Patriarchat, eure lieben Kinder und Ehemänner 365 unbezahlte Hausarbeitstage. Les Insoumises. Foto: Viviane Gonik, Genf

1. ab sofort 16 Wochen bezahlten Mutterschaftsurlaub für alle Frauen;
2. eine Leistung – oder einen Lohn – von 2.000 Franken pro Monat für alle Mütter.[475]

Der Kampf wurde (teilweise) an Ort und Stelle gewonnen: Die »schlechte Mutter« erhielt ihre Zahlungen. Fazit: »Die Besetzerinnen und Besetzer der Kasse konnten sich vor Ort von der Wirksamkeit der direkten Aktion überzeugen.«[476] Die Forderung nach 2.000 Franken pro Monat für alle Mütter wurde daraufhin von den Insoumises in die Öffentlichkeit getragen: »Mütter, wenn ihr die 2.000 Franken in möglichst kurzer Zeit haben wollt, kommt zur Versammlung am 15. März um 20.30 Uhr ins Frauenzentrum.« Warum die Forderung nach 2.000 Franken?

2.000 Franken pro Monat für Freiräume

Es sind größtenteils diese Mobilisierungen der offensiven Mütterbewegung anlässlich einzelner Aktionen, die den Wiedererkennungswert der Schweizer Art des Kampfes für einen Lohn für Hausarbeit bildeten. Die Diskussion über die Forderung nach 2.000 Franken pro Monat für drei Jahre und darüber, wie Frauen diese Summe verwenden würden, bestimmte diesen Kampf inhaltlich.[477]

Im Gegensatz zur Kritik der Gegnerinnen von »Lohn für Hausarbeit« sah die Zeitung *L'Insoumise* in den 2.000 Franken pro Monat eine Mög-

2000 FR

POUR TOUTES LES MÈRES

En 1978, nous, femmes, voulons dire très haut ce que des milliers de femmes pensent depuis longtemps:

Quand nous faisons un enfant, nous avons besoin d'argent pour vivre.

Quand nous avons un enfant, nous sommes de plus en plus nombreuses à refuser

- la dépendance économique d'un homme (dans ou hors du mariage), avec la dégradation des relations qu'elle entraîne
- le travail à l'extérieur, c'est-à-dire pour nous la double journée de travail et, pour l'enfant, la crèche ou le gardiennage: double fatigue pour nous, discipline pour l'enfant.

Nous nous retrouvons de plus en plus nombreuses

- au chômage où nous subissons sans cesse des brimades et des menaces
- à l'assistance où nous devons pleurer misère et subir encore des contrôles et des humiliations.

Dépendance, fatigue, brimades, ça suffit !

Nous voulons 2000 francs par mois pour toutes les mères pendant les trois premières années de l'enfant.

L'Insoumise, Nr. 8, Februar 1978, S. 7.

lichkeit, den Frauen mehr Wahlmöglichkeiten zu geben: »2.000 Franken pro Monat, die uns jeden Monat in ›cash‹ zur Verfügung stehen, würden es uns erlauben, das Leben ein wenig anders anzugehen. Das ist zwar nicht alles, was wir wollen, aber es geht in die richtige Richtung«. Weiter heißt es in der Zeitung dazu: »Wir könnten uns dafür entscheiden, ein bisschen, aber nicht zu viel, außerhalb zu arbeiten, um noch mehr Geld zu bekommen [...]. Wir könnten uns auch dafür entscheiden, unsere Hausarbeit zu verändern. [...] Wenn wir uns für ein Kind entscheiden, entscheiden wir uns immer auch dafür, Hausarbeit zu erledigen [...]. [Sie] zu verändern, bedeutet nicht nur, sie zu rationalisieren und weniger zu tun, sondern sie auch qualitativ zu verändern, sie so zu vergesellschaften, wie wir es wollen (und nicht, wie der Staat es uns aufzwingen möchte).«[478]

Und *L'Insoumise* gibt Hinweise auf diese Vergesellschaftung der Hausarbeit »wie wir es wollen«, Wege, die bereits von einer wachsenden Anzahl von Frauen eingeschlagen wurden, »auch ohne die 2.000 Franken zu erhalten«:

- ›wilde‹ Kindergärten und Schulen;
- das Wohnen in Kommunen, von denen einige nur aus Frauen bestehen;
- Genossenschaftsgärten für eine gesündere Ernährung;
- alternative Heilmethoden, die im Frauenhaus bereits praktiziert werden;
- Humanisierung der Geburtshilfe (eine entsprechende Gruppe hat sich bereits im *Centre femmes* hierfür zusammengefunden).

All dies waren Beispiele für Freiräume für die dort arbeitenden Frauen – leider ohne dass sie dafür bezahlt würden, weshalb sie zusätzlich außerhalb des Hauses arbeiten mussten, um über die Runden zu kommen. Es waren also Räume der Freiheit, aber auch Räume der Armut. Das Genfer Kollektiv forderte 2.000 Franken pro Monat für Mütter, um »alles so machen zu können, wie *wir* es wollen, wie *wir* es entscheiden, *wir allein* [...]. Wir fordern ganz genau dafür Geld.«[479]

Diese Veränderung der Hausarbeit, des täglichen Lebens, sollte Frauen auch ermöglichen, andere Dinge zu tun: »Kunst in all ihren Formen auszuüben, auf die Straße zu gehen, ab und an nach Paris zu fahren, öfter mal die *L'Insoumise* hervorzuholen, in den öffentlichen Parks nach wütenden Müttern Ausschau zu halten usw.« Im Gegensatz zu dem, was Gegnerinnen eines Lohns für Hausarbeit befürchten, würde ein solcher Lohn die Frauen nicht an den Herd fesseln, sondern sie vielmehr wirklich aus dem Haus holen, denn: »Wir sind schlechte Mütter. *Wir liebten das Leben, bevor wir Kinder hatten*, und auch wenn Kinder ein unermessliches Vergnügen, eine drakonische Verpflichtung und eine endlose Arbeit in unserem Leben sind, auch wenn sie einen übergroßen Platz einnehmen und eine enorme Last darstellen, *sind sie nicht alles für uns.*« [Hervorhebungen im Original]. Das heißt: »Wir tanzen, wir denken, wir trinken, wir rauchen, wir schreiben, wir reisen, wir kämpfen, wir beleidigen, wir besetzen, wir demonstrieren, wir spielen, wir lachen [...]. Wir sind schlechte Mütter, und wir wollen dafür einen Lohn!«[480] Wie es in einem *Insoumise*-Sprichwort heißt: »Geld macht nicht glücklich, aber es hilft«.[481]

Von der Liste wütender Mütter zum Unterstützungsnetzwerk wütender Mütter

Im Laufe der 2.000-Franken-Kampagne erschufen die Insoumises zwei neuartige Instrumente: Erstens eine Liste wütender Mütter, »für alle Mütter , die [...] sich gemeinsam verteidigen wollen, um ihr Recht einzufordern«:

> »Das bedeutet, dass möglichst viele Frauen sich selbst und anderen direkte Solidarität zusichern, d.h. dass sie untereinander eine Beziehung der gegenseitigen aktiven Hilfe und Unterstützung aufbauen, ohne dass es auf der einen Seite jene, die Unterstützung geben, und auf der anderen Seite jene, die Unterstützung erhalten, gibt. Die LISTE WÜTENDER MÜTTER ermöglicht es uns, schnell miteinander in Kontakt zu treten und gemeinsam zu handeln, wenn es nötig ist, wenn eine Frau darum bittet [...]. Unsere erste Forderung, auf die wir alle unsere Aktionen fokussieren werden: 2.000 FRANKEN PRO MONAT FÜR ALLE MÜTTER FÜR DREI JAHRE. Und für die Zeit, wenn unsere Kinder älter als drei Jahre sind, und für diejenigen, deren Kinder bereits älter als drei Jahre sind, werden wir bald mit weiteren Forderungen kommen!«[482]

Ein weiteres Instrument war das Netzwerk zur gegenseitigen Unterstützung, das zum Ziel hatte, »eine starke und offensive Bewegung der Mütter zu werden«:

> »Das oberste Ziel der wütenden Mütter ist es, weniger isoliert zu sein und damit stärker gegenüber den verschiedenen ›Autoritäten‹, mit denen wir es zu tun haben, auftreten zu können: Arbeitslosenkasse, Sozialhilfe, Arbeitgeber, Ärzte, Verwalter [...]. Das Unterstützungsnetzwerk wütender Mütter würde es uns ermöglichen, uns an andere Frauen zu wenden, wenn wir in Not oder in Schwierigkeiten sind [...] oder schließlich eine öffentliche Aktion durchzuführen, um das zu erreichen, was wir wollen.«[483]

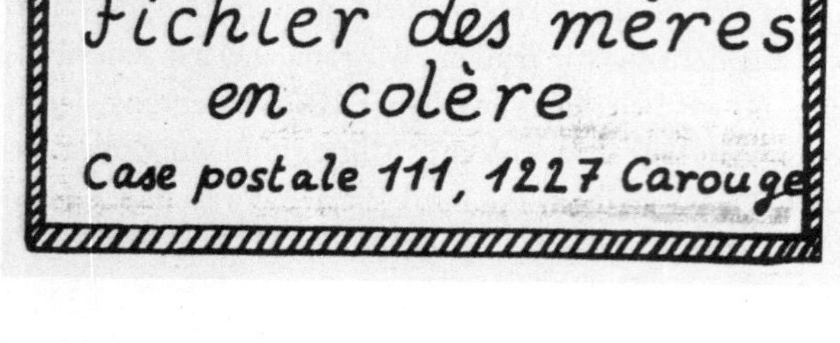

Liste wütender Mütter

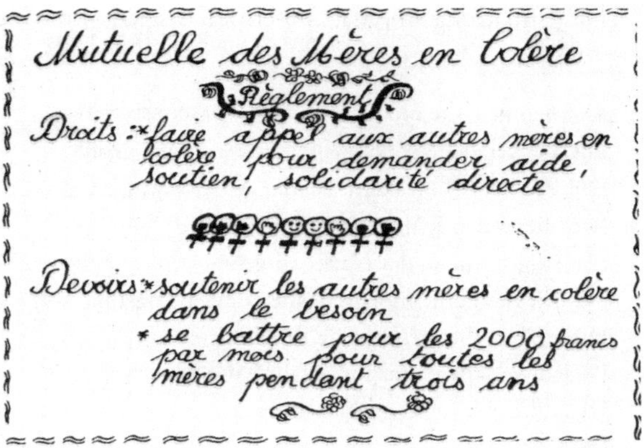
Mutuelle des Mères en Colère
Règlement
Droits :* faire appel aux autres mères en colère pour demander aide, soutien, solidarité directe
Devoirs :* soutenir les autres mères en colère dans le besoin
* se battre pour les 2000 francs par mois pour toutes les mères pendant trois ans

Netzwerk wütender Mütter zur gegenseitigen Unterstützung: Rechte und Pflichten

Am 1. Juni 1978 »besetzte« das frisch gegründete Unterstützungsnetzwerk das BUCAS (das Bureau Central d'Aide Sociale, das Sozialhilfeamt), um eine Mutter zu unterstützen, die seit zwei Monaten keine Sozialhilfe mehr erhalten hatte. »Wir betraten das BUCAS um 10 Uhr morgens mit unseren Kindern, ihrem Spielzeug und Verpflegung und verließen es mittags mit dem, was wir wollten. Von nun an werden Mütter, die sich im BUCAS vorstellen, besser behandelt.«[484]

Am 12. und 13. Mai des folgenden Jahres (1979) organisierte das Kollektiv *L'Insoumise* einen Kongress der schlechten Mütter, um »ein für alle Mal die in der Schweiz lebenden Mütter für Diskussionen und sofortige gemeinsame Aktionen zusammenzubringen. Dieser Kongress wird also sowohl ein Tag der Diskussionen als auch ein Tag der Aktionen aller Art sein.«[485]

Es wurde eine Kongresszeitung, das *Journal du Congrès des mauvaises mères*, herausgegeben und ein Einladungsflugblatt veröffentlicht. Um den Kongress auch für Frauen aus der Deutschschweiz zugänglich zu machen, wurde ein Gutschein gedruckt und an interessierte Frauen verteilt, eine Art gefälschter Passierschein, der ihnen die kostenlose Anreise nach Genf mit dem Zug erlaubte. »Und es hat funktioniert! Die Frauen kamen mit dem Zug zu diesem Kongress, ohne zu bezahlen. Das war auch im Sinne des Lohn-Gedankens«, sagte eine der Organisatorinnen. Und so kam es, dass 200 Frauen aus allen Kantonen am Kongress der schlechten Mütter teilnahmen.

Das Einladungsflugblatt beschrieb die Art von Müttern, die man vereinen wollte:

»Diejenigen, die nicht so sind, wie sie sein sollen
Die, die versuchen, so zu leben, wie es ihnen gefällt
Die, die überall meckern, bei der Arbeitslosigkeit, den Steuern, der Arbeit
Die, die in den Läden klauen
Diejenigen, die in der Nacht ausgehen
Die, die das gerne möchten, aber zu viel Angst haben
Diejenigen, die gerne große Reisen machen würden
Diejenigen, die nicht nur für ihr Kind leben
Die, die den Muttertag hassen
Diejenigen, die noch gehorchen, was sich aber bald ändern wird ...
Kommt am 12. und 13. Mai nach Genf.«[486]

Parallel zu alledem bot die Zeitung *L'Insoumise* »Merkblätter« an, um Frauen und Müttern zu erklären, wie die Arbeitslosenversicherung und die Sozialhilfe funktionieren und vor allem, wie sie Zugang dazu erhalten können, etwa: »Wie man als Mutter an Geld kommt«.[487] Die Schlussfolgerung lautete, ohne Illusionen:

»Die Moral dieser Geschichten ist, dass Sozialhilfe, Arbeitslosengeld und soziale Dienstleistungen nicht dazu da sind, uns zu helfen. Sie sind vielmehr ein weiterer Feind. Es ist ein Regime des Betrugs und der Willkür [...]. In jedem Fall besteht die einzige Sicherheit unserer Meinung nach darin, sehr gute Freundinnen zu haben, mit denen man über all diese Dinge sprechen und mit denen man gegebenenfalls auch handeln und sich direkt verteidigen kann.«[488]

Es wurde zu autonomem Handeln ermutigt:

»Wir wollen gleich sagen, dass für uns der parlamentarische Weg zu lang ist. Wir wissen, dass es andere Wege gibt, um das zu erreichen, was wir wollen. Wenn wir uns als Mütter Macht nehmen, wenn wir unsere Interessen bösartig vertreten, wenn wir wissen, wie wir uns Gehör verschaffen, werden unsere Forderungen ein anderes Gewicht bekommen. Kurzum, wir müssen eine starke und offensive Mütterbewegung werden.«[489]

In diesem Geiste wurden die Liste wütender Mütter und das Netzwerk zur gegenseitigen Unterstützung gegründet.

Aktionen unter abhängig beschäftigten Arbeitnehmerinnen

Das Kollektiv *L'Insoumise* hat auch versucht, gewerkschaftlich organisierte Frauen in Arbeitskonflikten zu unterstützen. Drei dieser Versuche sind erwähnenswert: Unterstützung der »Lip-Frauen«, der »Bulova-Frauen« und der »aufständischen Krankenpflegerinnen« (den Insoumise-Krankenpflegerinnen).

Um 1975 erregte ein Arbeitskonflikt in Frankreich großes Aufsehen. Es handelte sich um den Streik bei Lip, einer Uhrenfabrik in Besançon. Dieser lange Konflikt motivierte die Arbeiterinnen, aktiv zu werden, und so veröffentlichten sie eine Sammlung von Zeugenaussagen unter dem Titel »Lip au féminin«, welche in der feministischen Welt auf großes Interesse stieß.[490] Die Frauen des Kollektivs »Lohn für Hausarbeit« in Genf hatten nach der Lektüre dieser Sammlung die Idee, wie sie es nannten, »unsere politische Perspektive mit diesen Frauen zu konfrontieren. Wir wollten unsere politische Theorie, die uns so richtig erschien, in das Frauenkollektiv von Lip einbringen, um zu sehen, wie sie dort ankommen würde. Also gingen wir zu ihnen.« Das Treffen fand im September 1975 in Besançon statt. Das Protokoll des Austauschs in Form eines offenen Briefs an diese Frauen wurde zunächst als Broschüre veröffentlicht und dann *Le foyer de l'insurrection* (Der Brennpunkt des Aufstands) beigefügt.[491]

Die Insoumises versuchten auch, sich mit Frauen der Bulova-Fabrik, einem anderen Uhrenhersteller, zusammenzusetzen, als die Fabrik im April 1976 besetzt wurde. 75 % der Belegschaft war weiblich. Dieser Annäherungsversuch scheiterte jedoch am männlichen Gewerkschaftsestablishment, das den Insoumises, die sich mit den Arbeiterinnen treffen wollten, den Zutritt verweigerte. Die Gruppe sah in diesem Handeln der Gewerkschaft ein Zeichen dafür, dass den Arbeiterinnen in diesem Kampf wenig Raum und Autonomie zugestanden wurde. Die Insoumises beschlossen daraufhin, ihnen eine Ausgabe ihrer Zeitung zu widmen, in der sie Fragen über die Notwendigkeit der Autonomie des Frauenkampfes sowie über die Frage der Hausarbeit und ihrer Entlohnung aufwarfen. Später trafen sich die Insoumises schließlich mit Frauen der Bulova, allerdings in einem Freizeitzentrum in Neuenburg, wo sie mit ihnen über die Fragen diskutierten, die sie in der Zeitung angesprochen hatten.[492]

Zuletzt gab es die Operation »Infirmières Insoumises«, ein Kampf von Krankenpflegerinnen – unter ihnen drei Insoumises – gegen Arbeitsüberlastung, der im Sommer 1977 im siebten Stock des Genfer Kantonsspitals begann: »Anlässlich des Personalmangels während des Sommers ermöglichten die Kämpfe im siebten Stock, die Arbeitsbedingungen und die Machtverhältnisse, die in der Klinik herrschten, zu thematisieren.«[493] *L'Insoumise* unterstützte und berichtete in ihrer Zeitung über diesen Kampf, ohne als Gruppe zu intervenieren.

Die Insoumises, die diese Aktionen bei den gewerkschaftlich organisierten Frauen initiiert hatten, zogen Bilanz: Die Intervention der Insoumises wurde mit Erstaunen und sogar Belustigung aufgenommen! Diese streikenden Frauen waren in erster Linie in ihren Gewerkschaften engagiert und wollten vor allem ihren Kampf um bessere Arbeitsbedingungen und höhere Löhne gewinnen, » alles Dinge, die die Insoumises nicht ändern konnten «. Die Verbindung konnte daher nicht aufrecht erhalten werden.

Der Anteil der Insoumises (von denen mindestens drei als Krankenpflegerinnen arbeiteten) an diesem Kampf scheint darin bestanden zu haben, in ihrer Zeitung sowohl Erzählungen als auch Analysen des Kampfes zu veröffentlichen, was in eine Art Untersuchung des Berufs der Krankenpflegerin mündete.[494] Die Zeitung diente als Vehikel für diese Analyse und auch zur Darstellung der Forderung: »3 Tage Arbeit pro Woche und 2.500 Franken pro Monat.« Das Kollektiv *L'Insoumise* intervenierte jedoch nicht direkt als Gruppe.

Aktionen gegen die Unterdrückung von und Gewalt gegen Frauen

In Reaktion auf den Selbstmord einer 20-jährigen Frau, die drei Monate lang im Genfer Gefängnis Champ-Dollon inhaftiert gewesen war, am 7. April 1978, begannen 30 Frauen des *Centre femmes*, darunter Insoumises und Frauen von zwei gemischten Gruppen zur Verteidigung von Gefangenen, sich zu organisieren. Bei Demonstrationen vor dem Gefängnis tauschten sich die Aktivistinnen mit den Häftlingen über ihr Schicksal, ihre Haftbedingungen – darunter auch Einzelhaft – und ihre Forderungen aus. Ein Hungerstreik innerhalb des Gefängnisses unterstützte die außerhalb stattfindenden Aktionen. *L'Insoumise* berichtete über all diese Aktivitäten und ließ Insassinnen zu Wort kommen.[495]

Diese Solidarität mit und Unterstützung von weiblichen Gefangenen fand in einem allgemeinen Klima der Repression statt, das ab 1978 ganz Europa erfasste, insbesondere Deutschland und Italien, aber auch Frankreich und die Schweiz. Aktivistinnen und Aktivisten wurden verhaftet und politi-

Unterstützung weiblicher Gefangener. Foto: Viviane Gonik, Genf.

sche Gruppen streng überwacht, kurzum, es breitete sich mehr oder weniger überall ein Klima des Misstrauens aus: Es war der Anfang vom Ende der »Leichtigkeit«. Die großen Protestbewegungen, die seit einem Jahrzehnt die westliche Gesellschaft erschütterten, verloren in Europa an Schwung, während die Macht und ihr Unterdrückungsapparat sich organisierten.

In dieser Zeit stellten die Insoumises eine Verbindung zwischen der Repression in der Gesellschaft und der Repression her, die seit jeher auf Frauen lastet und letztlich jede Selbstbestimmung untergräbt: Frauen mussten stets Männer und die Gewalt, die diese jederzeit gegen sie ausüben können, fürchten. Vergewaltigung, Belästigung und Gewalt wurden die neuen Herausforderungen im feministischen Kampf. Statt Gefängnisstrafen für Täter forderte die Gruppe Entschädigungen für das den Betroffenen zugefügte Leid:

> »Für uns sind auch Schadensersatz und Schmerzensgeld eine Möglichkeit. Dies ist ein für Frauen durchaus interessanter Weg, denn wir sind der Meinung, dass unsere Arbeit und unser Körper einen Preis haben, einen hohen, der stets zu niedrig angesetzt wird, aber in jedem Fall gibt es einen Preis! Und 50.000 Franken

zu bekommen, wenn ich vergewaltigt wurde, stärkt mich mehr, als einen Mann ins Gefängnis zu schicken (welches ich abreißen will).«[496]

Aus dem MLF ging eine neue Gruppe hervor, die *Solidarité-Femmes en Détresse* (Solidarität für Frauen in Not). Die Zeitung *L'Insoumise* veröffentlichte ihre Bitte um finanzielle Unterstützung für ein Netzwerk von Unterkünften für vergewaltigte Frauen.[497] Sie suchte zudem nach Möglichkeiten der »kollektiven Selbstverteidigung«, d. h. »wie wir die Kraft, die aus unserer solidarischen und kämpferischen Gemeinschaft erwächst, anders einsetzen können«. Solche Möglichkeiten werden in Form von »Handzetteln« vorgestellt (Was tun nach einer Vergewaltigung oder Belästigung, was enthält ein Anti-Vergewaltigungsset, usw.).[498]

In der Dezemberausgabe 1978 von *L'Insoumise* wurde angekündigt, dass das Kollektiv »beschlossen hat, seine vielfältigen Aktivitäten um eine Sprechstunde im Frauenzentrum an jedem Samstagmorgen zu erweitern«. Es wurde betont, dass *Insoumise* »KEIN SOZIALDIENST, sondern eine etwas bösartige Solidaritätsgruppe von Frauen ist, welche darauf abzielt, sich gegenseitig zu helfen, um das zu bekommen, was wir zum Leben brauchen, damit wir etwas weniger unterdrückt werden«. Die Gruppe erklärt, dass sie sich »auf eine Reihe von ›Themen‹ beschränken [wird], in denen sie etwas mehr Erfahrung [hat]« – eben jene, in denen die Insoumises sich auch bisher am stärksten engagiert hatten:

- **Geld**geschichten, Arbeitslosigkeit, Sozialhilfe etc.;
- **unsere Körper**, wir selbst, unsere Gesundheit;
- **Mutterschaft** (alleinerziehende oder alleinstehende Mütter, Sorgerecht usw.);
- **Repression** durch die Polizei, Gefängnisse etc. und Selbstverteidigung gegen diese Repression;
- das gesamte Thema der **Gewalt gegen Frauen** (Vergewaltigung, Belästigung usw.), über das wir derzeit diskutieren, um unserer Wut Gehör zu verschaffen, unsere kollektive Selbstverteidigung zu organisieren etc.[499]

Die Auseinandersetzung mit dem Thema Repression mündete 1979 in die Veröffentlichung von *L'échappée belle*, einem Praxis-Handbuch zur Bekämpfung der damals herrschenden Repression, ein »praktisches und juristisches Handbuch zur Selbstverteidigung: Wie man sich gegenüber

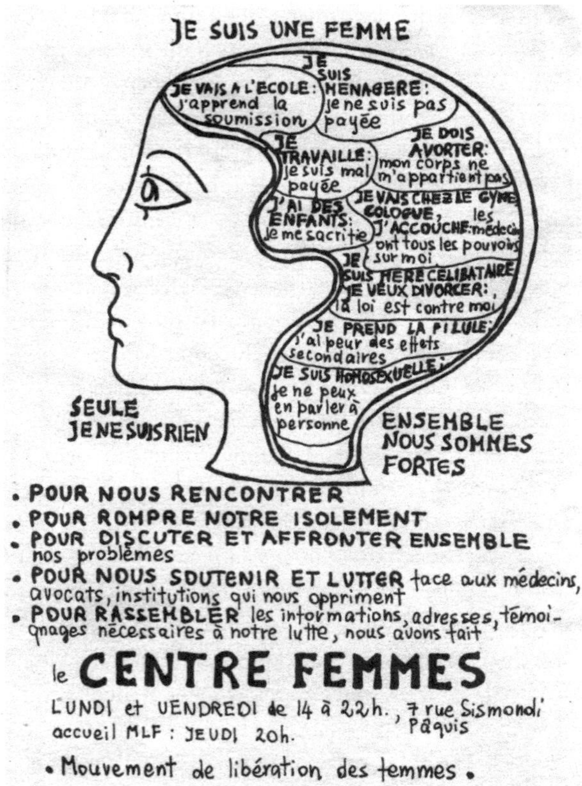

Gehirn einer Frau. Ausschnitt aus einem Flugblatt des MLF-Genf, 1974. Foto: Viviane Gonik, Genf.

Gesetzen, Bullen und Richtern verhält«.[500] Da die Broschüre von den Insoumises »auf der Grundlage ihrer Erfahrungen mit ›Delinquenz‹ und Repression« erstellt worden war, wurde sie aus Sicherheitsgründen nicht unterzeichnet.

Die Perspektive der Insoumises auf »Lohn für Hausarbeit«

»Wir haben nicht direkt für den Lohn für Hausarbeit geworben, wie in Italien, England und Kanada, aber wir haben einige Ausdrucksformen für die Kampagne gefunden, wie zum Beispiel die Forderung nach 2.000 Francs pro Monat für alle Mütter für drei Jahre«, erzählten mir die Insoumises.

Diese ›Ausdrucksformen‹ der Lohn-für-Hausarbeit-Perspektive prägten den Geist jeder Aktion, wie auch die Praxis der Gruppe *Les Insoumises* selbst. »Wir haben den Lohn für Hausarbeit ›praktiziert‹«, so eine der Insoumises. »Alle unsere Aktionen wurden als eine Art ›Wiederaneignung‹ des Lohns für Hausarbeit interpretiert, den wir hätten bekommen sollen, aber nicht bekommen haben. Wir haben uns diesen Lohn dort geholt, wo er uns nicht gegeben wurde und wo wir ihn hätten bekommen sollen!« In eben dieser Weise sollten ihrer Meinung nach die Besetzung des BUCAS und der kantonalen Arbeitslosenkasse verstanden werden, ebenso wie die Produktion der Passierscheine für kostenlose Zugfahrten im Rahmen der Organisation des Kongresses schlechter Mütter, die Besetzung der Räumlichkeiten für das *Centre-femmes* und Weiteres.

Die Idee der ›Wiederaneignung‹ des ihnen zustehenden Lohns stand ihrer Meinung nach im Zusammenhang mit dem Konzept der »gesellschaftlichen Wiederaneignung« des gesellschaftlichen Reichtums, das in den 1970er-Jahren in Italien populär wurde.[501] *L'Insoumise* berichtete dementsprechend häufig über von Frauen begangene Ladendiebstähle und veröffentlichte ihre Erfahrungsberichte. Die Insoumises interpretieren solche Taten als Wiederaneignung eines Lohns für die Hausarbeit: »Wenn ich stehle, dann weil ich eine Hausfrau bin, weil meine Arbeit nicht bezahlt wird, weil ich, wie so viele andere, von dem niedrigen Lohn meines Mannes abhänge.«[502]

Jedoch warf diese spezifische Ausprägung der Lohn-für-Hausarbeit-Perspektive auch Fragen auf. In einem internen Dokument, »Nous, collectif pour le salaire ménager«, das 1977 verfasst wurde, heißt es:

> »Aber diese Praxis, zweideutige oder undurchsichtige Ereignisse im Sinne eines Lohns für Hausarbeit zu interpretieren, diese Brille, die auf unsere Nasen gesetzt wird, das mag eine Weile lang gut gehen. […] Ich möchte diese Worte, Lohn für Hausarbeit, auf transparente Weise praktizieren können, sodass jeder sofort die Verbindung zwischen uns, dem, was wir denken, und dem, was wir tun, verstehen kann.
>
> Hierzu wird es bald kommen …«[503]

Dass das Kollektiv *L'Insoumise* nicht als solches für den Lohn für Hausarbeit kämpfte, wie es andere Gruppen im Netzwerk des IFK taten, ist zum Teil auf lokale Gegebenheiten zurückzuführen, genauer gesagt auf den Kontext der Stadt Genf selbst, »ein äußerst begrenzter und starrer politischer Raum«:

> »Es stimmt, in Genf laden uns, anders als in England und noch mehr in Italien, die Gegebenheiten nicht dazu ein, direkt für den Lohn für Hausarbeit zu kämpfen. Um konkrete Ziele, konkrete Machthebel zu finden, müsste man mühsam sozialistische Anträge, Gesetzgebungen für alleinstehende Mütter usw. durchsetzen. Währenddessen sind frauenfeindliche medizinische Projekte viel präsenter. Sie werden von der Entbindungsstation des Kantonsspitals direkt an uns herangetragen und fordern uns fortlaufend dazu auf, den Kampf fortzusetzen und zu reagieren. Im Übrigen ist es sicherlich auch unseren zahlreichen Kämpfen zu verdanken, dass es vergleichsweise leicht war, rund um die Entbindungsstation Informationen zu beschaffen und zu mobilisieren.«

Aus diesen Gründen zogen die Insoumises es vor, zusammen mit den »schlechten Müttern« 2.000 Francs pro Monat für die ersten drei Jahre zu fordern und alle Aktionen von Frauen, die ihnen gefielen, zu unterstützen und zu fördern – ob kollektive Kämpfe oder individuelle Gesten der Rebellion (Ladendiebstahl, Absentismus) –, die sie als Bewegungen in Richtung eines Lohns für Hausarbeit interpretierten. Fünfzehn Jahre später, als sie in ihren Erinnerungen schwelgten, berichteten mir einige Insoumises: »Wir kamen direkt zur Sache, indem wir Alternativen schufen. Wir lebten in einer Gemeinschaft, waren leicht zu mobilisieren, hatten Rückenwind und fühlten, dass wir die Macht hatten, unsere Lebensbedingungen sofort zu ändern.« Und eine Insoumise fügte hinzu:

> »Ich hatte irgendwann einmal ein Problem mit der Arbeit, während ich schwanger war. Ich ging mit ein paar Freundinnen zu meinem Arbeitgeber, dem Leiter des Gesundheitsministeriums in Genf, um mit ihm darüber zu sprechen. An einem Punkt sagte er: ›Was wollen Sie genau? Denn ich will nicht, dass die MLF vor meinem Fenster aufläuft!‹ Es war klar, dass er Angst hatte. Und ich habe bekommen, was ich wollte, ich weiß nicht mehr genau, was. So wurden Forderungen zu Geld gemacht. Man spürte die Macht der Frauen …«

Für das Kollektiv *L'Insoumise* gibt es »nichts im Leben einer Frau, das nicht darauf beruht, dass sie im Haushalt nicht entlohnt wird, und folglich gibt es auch keinen Ort, an dem der Kampf von Frauen um Geld nicht geführt werden kann. Die Perspektive von ›Lohn für Hausarbeit‹ umfasst die gesamte Arbeitswoche einer Frau, in der Fabrik und in der Küche«. Dementsprechend wollten die Insoumises den Lohn überall an diesen Orten »praktizieren«.

Im Jahr 2013 zog eine von ihnen eine Bilanz der Jahre des Bestehens des Kollektivs:

> »Für uns war diese ›Insoumise- und MLF-Periode‹ Teil einer breiteren Bewegung zur Politisierung des Alltagslebens. Wir kämpften für Ideen, während wir uns hier und jetzt dafür einsetzten, unser Leben zu verändern (Ablehnung der Ehe, Ablehnung der ausbeutenden Lohnarbeit, Leben in Frauengemeinschaften, radikaler Protest gegen die Gesellschaft, die sexistische Arbeitsteilung, die männliche Dominanz, die dominante Sexualität, das patriarchale und kapitalistische System). Während der 1970er-Jahre glaubten wir aufrichtig, dass eine Revolution möglich sei!«

Andere Horizonte

Die Kerngruppe *Les Insoumises*, aus der ab 1979 mehrere kleine Gruppen hervorgingen, wandte sich nach und nach von der Strategie von »Lohn für Hausarbeit« ab, die ihnen als immer schwieriger umsetzbar und als zu sehr auf »unsere Schweizer Realität als Frauen des Nordens« fokussiert erschien. In einer Zeit, als Schweizer multinationale Unternehmen überall auf der Welt ihr Unwesen trieben, empfanden die Insoumises es als notwendig, einen feministischen Standpunkt zu allem zu entwickeln, und nicht nur

»Was für ein Unglück! Ich bin nicht mehr Teil der gesellschaftlichen Realität.« Les Insoumises.

zur Situation der Frauen: zur Weltwirtschaftspolitik, zur internationalen Politik, zur Unterentwicklung usw.

Bereits im Jahr 1976 hatten einige Insoumises dieses Bedürfnis, ihren Fokus über die »Schweizer Realität von Frauen des Nordens« hinaus auszuweiten. Eine große Umweltkatastrophe in der norditalienischen Kleinstadt Seveso in der Nähe von Mailand wirkte als Katalysator für die Sensibilisierung für Umweltfragen: Bei der Explosion eines Reaktors in einer Chemiefabrik waren mehrere Tonnen Dioxin in einer giftigen Wolke freigesetzt worden, die sich über die Umgebung legte.[504] Die Vegetation war verwüstet, Hunderte von Menschen mussten evakuiert werden und schwangere Frauen waren befugt, Abtreibungen vornehmen zu lassen. Die Fabrik gehörte zu Givaudan, einem Genfer Unternehmen, das Teil des multinationalen Schweizer Konzerns Hoffmann La Roche war.

Daraufhin bildete sich in Genf eine Gruppe des MLF, die Arbeitsgruppe Seveso, an der auch Insoumises teilnahmen. Vor Ort wurden Umfragen unter Frauen und Fabrikarbeiterinnen durchgeführt und Studien über die Gefahren von Dioxin und seine Verwendung in zahlreichen Kosmetika und Medikamenten zusammengestellt. Hoffmann La Roche wurde zusammen mit einigen anderen multinationalen Schweizer Unternehmen an den Pranger gestellt. Ein 80-seitiges Dokument wurde veröffentlicht: *Seveso est partout* (Serveso ist überall).[505] Die Umweltkatastrophe wurde als »schreckliche Aggression gegen den Körper der Frau« gesehen:

> »Wir müssen nun in umfassenderer Weise über unsere körperliche Selbstbestimmung nachdenken [...]: Nicht nur Männer und Ärzte greifen unsere Körper an, sondern auch multinationale Konzerne! Welch schlimmerer Angriff auf den Körper von Frauen, auf die Kinder von Frauen als der von Hoffman-La Roche in Seveso! [...] Seveso ist überall, aber Frauen sind es auch. Schreibt uns, kommt zum Diskutieren, organisieren wir uns alle gemeinsam.«[506]

Erinnern wir uns daran, dass die Umweltbewegung 1976 noch in den Kinderschuhen steckte.

Die aus *L'Insoumise* hervorgegangenen Initiativen hatten auch andere Schwerpunkte. Die Gruppe *Blé et Tchador* (Weizen und Tschador) beispielsweise befasste sich mit Frauen in Entwicklungsländern, Frauen, die unter islamischen Gesetzen leben, multinationalen Lebensmittelkonzernen (Nestlé, ein Schweizer Konzern), Nahrungsmittelspekulation, Hunger, Agrarpolitik und anderen Themen. *Radio Pleine Lune* (Radio Vollmond),

»die freie Radiostation für Frauen«, bot Aktivistinnen die Gelegenheit, über alle möglichen Themen zu sprechen, und eröffnete somit eine »radikale« und feministische Sicht auf das Leben. Insoumises waren auch an der Gründung der Lesbengruppe *Vanille Fraise* (Vanille Erdbeere) beteiligt, die die Zeitschrift *CLIT 007* (*concentré lesbien irrésistiblement toxique,* auf Deutsch in etwa: unwiderstehlich giftiges Lesbenkonzentrat) herausgab.

Die Insoumises schlugen also ausgehend von der ursprünglichen Gruppe unterschiedliche Richtungen ein. So beteiligten sich einige von ihnen später an der Entwicklung internationaler Netzwerke zum Thema Frauengesundheit, an der Entwicklung der lokalen und internationalen Lesbenbewegung oder an der Schaffung von ›Alternativen‹ wie den Frauenkliniken und anderen Einrichtungen zur Unterstützung und Hilfe für Frauen. Andere zogen mit ihren Familien nach Nicaragua, um dort zu leben und sich zu engagieren. Eine einzige Frau setzte ihr Engagement im Bereich der Hausarbeit fort, diesmal im Rahmen einer beruflichen Tätigkeit, als eine der Redakteurinnen der Zeitschrift *Ménage-toi* (10 Ausgaben von 1985 bis 1995) und anderer Veröffentlichungen des *Syndicat des personnes actives au foyer à temps plein ou à temps partiel à Genève*. Dabei ging es nicht darum, einen Lohn für die Hausarbeit zu fordern, sondern vielmehr darum, den wirtschaftlichen Wert der Hausarbeit zu erfassen und auf die Anerkennung der Kompetenzen, die Frauen durch die Erfahrung der Haus- und Mutterarbeit erwerben, hinzuwirken.

Vierzig Jahre nach Beginn des Abenteuers *Insoumise-MLF* in Genf machen die befragten Insoumise-Frauen deutlich, dass ihnen sehr bewusst ist, dass diese Jahre für sie und viele andere Frauen in vielerlei Hinsicht eine grundlegende Erfahrung waren, die sie in ihrem weiteren persönlichen, aktivistischen und beruflichen Leben geleitet hat. Trotz dieser großen Aktivität der Insoumises, vor allem wenn man die relativ kurze Zeitspanne bedenkt, in der sie stattfand, gibt es in der feministischen Geschichtsschreibung nur wenige Spuren dieses ganz und gar einzigartigen Kollektivs.[507]

Abschließend …

»Wenn wir die Hausarbeit verstanden haben, haben wir die Ökonomie verstanden.«

Claudia von Werlhof[508]

Die Perspektive von »Lohn für Hausarbeit« war zu Beginn der zweiten feministischen Welle im Westen eine völlig neuartige Denkschule und ein Werkzeugkasten für politische Aktionen. Sie ging damit weit über das hinaus, was ihr oft vorgeworfen wurde, nämlich bloß eine partielle, reformistische oder sogar reaktionäre Forderung nach Geld zu sein, die dem eigentlichen Ziel der Gleichstellung der Frauen in der Gesellschaft zuwiderlaufe. Ich hoffe, dass es diesem Buch gelungen ist, einige Missverständnisse in dieser Hinsicht auszuräumen.

Wie sich gezeigt hat, wurde »Lohn für Hausarbeit« in den Gruppen, die das *Internationale Feministische Kollektiv* bildeten oder an dessen Peripherie angesiedelt waren, nicht als politische Plattform für monetäre Forderungen gesehen, für Verhandlungen oder Lobbyarbeit.[509] Er hatte vielmehr symbolisches Potenzial, das darauf basierte, dass durch die Forderung nach einer Entlohnung der Hausarbeit das Ausmaß der Unsichtbarkeit der weltweit geleisteten privaten und öffentlichen reproduktiven Arbeit sichtbar wurde, ebenso wie ihre Unentgeltlichkeit und der Profit, den die kapitalistische Wirtschaft daraus zieht. Kurz gesagt, sie enthüllte die verdeckte Seite der Lohngesellschaft.

Die Kampagne für einen Lohn für Hausarbeit verfolgte ein großes Ziel: Sie wollte die Menschen, die in der Haus- und Sorgearbeit tätig sind, vereinen – also in erster Linie Frauen –, um ihre Situation der Abhängigkeit zu verändern, Machtverhältnissen entgegenzuwirken und eine Umverteilung des von ihnen erwirtschafteten Wohlstands zu erwirken. Auch die meisten der Frauen, die einer Lohnarbeit nachgingen, wurden bei ihrer Rückkehr nach Hause erneut zu Hausfrauen, nachdem sie tagsüber spezialisierte

Tätigkeiten ausgeübt hatten, die mit der Hausarbeit verbunden waren. Entlohnte und nicht entlohnte Frauen waren in Wirklichkeit in der gleichen Situation! Dies war eine potenziell vereinende Kraft und hierin lag die Stärke der Forderung nach einem Lohn für Hausarbeit.

Die Kämpfe wurden somit zu Gelegenheiten, mit der Hausarbeit verbundene Aspekte zu politisieren: Kindergeld, Sozialhilfe, Abtreibung und Frauengesundheit, Sexualität, öffentliche Einrichtungen, Frauenhäuser, die Situation von Krankenpflegerinnen, Lehrerinnen, Kellnerinnen, Lesben, Sexarbeiterinnen usw. Die Forderungen waren nicht immer monetärer Art. Sie konnten unterschiedliche Formen annehmen und sich z.B. auch auf die Lebensbedingungen, sprich auf die Arbeitsbedingungen der Hausfrauen beziehen: gesunder und bezahlbarer Wohnraum, kostenlose Verkehrsmittel, gut erreichbare Dienstleistungen, Grünflächen, Kindergärten auch für Hausfrauen und alle Dienstleistungen, die die Hausarbeitszeit verkürzen können. Insgesamt blieb der Lohn für Hausarbeit eher eine allgemeine Kampfperspektive als eine konkrete Forderung.

Die politische Analyse von »Lohn für Hausarbeit« beförderte eine Reihe von theoretischen und strategischen Einsichten, die für die im Entstehen begriffene zweite Welle des Feminismus neu waren. Dazu gehörte auch eine integrierte Sicht auf die verschiedenen Unterdrückungsformen, die die Wahrnehmung der Kategorie ›Frau‹ als einheitlich hinter sich ließ. Insbesondere durch die autonome Organisierung der einzelnen Gruppen zielte die Strategie darauf ab, Allianzen über rassistische und ethnische Barrieren hinweg, über Spaltungen entlang von Klasse und Alter, zwischen »guten« und »schlechten« Frauen, zwischen »schönen« und »hässlichen« Frauen, zwischen Lesben und Heterosexuellen, zwischen Frauen, die zu Hause, und Frauen, die außerhalb des Hauses arbeiten, zwischen »Müttern, Huren und Lesben« hinweg aufzubauen. Durch die Verkörperung dieser Denkweise in verschiedenen Kämpfen haben die Lohn-für-Hausarbeit-Gruppen versucht, aus einer Perspektive heraus zu handeln, die man heute als intersektional bezeichnen würde. In einigen Fällen erreichten sie dadurch neuartige symbolische Überschreitungen und Brüche ökonomischer Regeln, sowohl im Hinblick auf das Patriarchat, als auch im Hinblick auf die Entlohnung.

Eine Hypothese

Könnte es sein, dass eben diese Überschreitungen die feindseligen, oft sehr emotionalen Reaktionen erklären, die die Idee eines Lohns für Hausarbeit bei so vielen Feministinnen hervorrief, jenseits der geäußerten Argumente?[510] Diese Frage stellt sich zumindest als Hypothese und wir folgen damit einer Spur, der die Anthropologin Louise Tassé seinerzeit nachging. Als sie Anfang der 1980er-Jahre »das Paradoxon der Hausarbeit« untersuchte, schrieb sie, dass die »Objektivierung« der Hausarbeit durch die Forderung, dass sie wie jede andere Arbeit bezahlt werden soll, auf die Symbolik dieser Arbeit verweise, »d. h. genauer gesagt auf die Transgression der Ideologien über die gesellschaftliche Rolle der Frau«. Ihr zufolge spielten und spielen sich noch immer »die feministischen Kämpfe um die Entlohnung der Hausarbeit im Rahmen dieser Transgression ab«. Sie schlussfolgert: »Eine Analyse der Symbolik der Hausarbeit als politische Ethik der Familie steht noch aus.«[511]

Viele der Grenzüberschreitungen, die von der Bewegung »Lohn für Hausarbeit« vorgenommen wurden, können diese Hypothese tatsächlich stützen. Da ist zunächst das Tabu des Geldes. Es ist bekannt, dass Frauen traditionell ein schwieriges Verhältnis zu Geld haben, vor allem wenn es als Gegenleistung für Dienste verlangt wird, die bisher unentgeltlich geleistet wurden, etwa im Rahmen des unmittelbaren oder erweiterten Familienkreises. Die weibliche »Arbeit aus Liebe«, die von der Selbstaufopferung und -hingabe der Frauen geprägt war, wurde zu tatsächlicher Arbeit, für die wie für jede andere Arbeit auch eine Gegenleistung in Form von Geld verlangt wurde. Die Tugenden der Frauen hatten ihren Preis. Dies war das erste gebrochene Tabu. Man denke nur an das Unbehagen, das damals das Logo der Bewegung auslöste, das das biologische Symbol der Frau mit einer geballten Faust und einem Bündel Dollarnoten (oder, je nach Land, Lire, Schweizer Franken oder D-Mark) zeigte.[512] Doch die Analyse der Haus- und Reproduktionsarbeit durch das Prisma der Arbeit bedeutete in der Praxis nicht nur, die Vertragsbedingungen der Institution Ehe und das ihr zugrunde liegende Machtverhältnis zu verändern, sondern auch das Lohnsystem des Kapitalismus selbst: Die Forderung nach einem Lohn für Hausarbeit stellte alle traditionellen Maßstäbe für Lohn und Arbeit, die diesem System zugrunde liegen, auf den Kopf.

Obwohl viele in der damaligen Frauenbewegung diese Dienste als Arbeit betrachteten, gingen nur wenige über die Anprangerung ihrer Unentgeltlichkeit hinaus und zogen es vor, direkt an der Front der Lohnarbeit und für mehr Kinderbetreuung zu kämpfen. Zu Beginn der zweiten Welle des Feminismus ging es darum, »aus der Melassegrube der Küche« unserer Mütter herauszukommen, »aus diesen Küchen der Hilflosigkeit herauszukommen, sie aus unserem Leben und aus unseren Köpfen zu streichen«, um zu zeigen, dass Frauen in der Lage waren, sich von ihrer traditionellen Rolle zu lösen – indem man einer weiteren, zweiten Arbeit nachging.[513] Der Weg zur Emanzipation, der in der zweiten Welle des Feminismus mehrheitlich propagiert wurde, ging also mit der Abwehr der ›abstoßenden‹ Hausfrauen einher.[514] Einen Lohn für etwas zu fordern, was von vielen auf diese Weise wahrgenommen wurde, musste daher zwangsläufig dazu führen, das Bild einer abstoßenden Schreckensfigur im Garten der zweiten Welle des Feminismus aufzustellen. Und eben dieses Gespenst rief »Lohn für Hausarbeit« dann in der Tat in der Frauenbewegung hervor.

Die Haus- und Reproduktionsarbeit durch das Prisma der Arbeit zu analysieren und gewerkschaftliche Strategien anzuwenden, stellte das gesamte Wertesystem, auf dem die jahrhundertealte Rolle der Hausfrau beruhte, auf den Kopf. Einen Lohn zu fordern, bedeutete zunächst, sich selbst als Arbeiterin zu begreifen. In der Folge bedeutete es, neue Möglichkeiten zu entdecken, wie z. B. Arbeitsbedingungen zu bekämpfen und auszuhandeln, die Dauer und den Umfang des Arbeitstages festzulegen und gegebenenfalls die Arbeit zu verweigern. Diese Arbeit mit einem Preisschild zu versehen, würde es ermöglichen, die Quantität und Qualität der erbrachten und zu erbringenden Leistungen auszuhandeln. Die Forderung nach einem Lohn bedeutete nicht nur, die individuelle Freiheitssphäre auszuhandeln, sondern auch die Vorstellung zu zerstören, dass die Hausarbeit integraler Teil der »Natur« der Frau sei.

Kurzum, Hausarbeit im Sinne des Arbeitsbegriffs zu verstehen und zu quantifizieren, hatte bedeutsame subversive strategische Implikationen, es war ein »Counterplanning aus der Küche«, das die gesamte Frage der Haus- und Reproduktionsarbeit politisierte, indem es die Bedingungen der Ehe und der Lohngesellschaft sowie die dem Lohnverhältnis innewohnenden Machtverhältnisse selbst infrage stellte.[515] Es bedeutete, die Unterdrückungsstrukturen der Geschlechter-, Klassen- und Lohnverhältnisse anzugreifen. Dieser Zugang eröffnete sogar Männern die Möglichkeit, Hausarbeit zu verrichten und dafür einen Lohn zu erhalten, wodurch die Haus- und Sorgearbeit – zumindest potenziell – ›entgendert‹ wurde.

Deshalb wurde auch ein Lohn »für die Hausarbeit« gefordert, für jeden Menschen, der sie verrichtet, und nicht ein Lohn »für die Hausfrau«, wie so viele Leute gerne sagten, um den angeblichen ›Essenzialismus‹ der Forderung hervorzuheben. »Lohn für Hausarbeit« hatte das Potenzial, die geschlechtsspezifische Arbeitsteilung zu destabilisieren.

Und dann war da die Frage der Sexualität (in diesem Fall der Heterosexualität). Heterosexualität als eine der vielen Klauseln des ›Arbeitsvertrags‹ der Hausfrauen, d.h. der Ehe, zu betrachten, war mehr als nur ein Tabubruch, es war ein Skandal. Als die *Wages Due Lesbians* 1975 ihr Coming-out-Manifest innerhalb der Lohn-für-Hausarbeit-Bewegung »Fucking Is Work« nannten, bebten die Mauern von Jericho ... Andere Ideen und Aussagen hatten einen ähnlichen Effekt, etwa: »Homosexualität und Heterosexualität sind beides Arbeitsbedingungen ... doch Homosexualität ist die Kontrolle der Arbeiter*innen über die Produktion, nicht das Ende der Arbeit.«[516] Lesbisch zu sein war für die *Wages Due Lesbians* in der Tat eine Organisationsform des Kampfes von Frauen gegen die Arbeit. Lesbianismus und Heterosexualität waren bis dahin noch nie durch dieses Prisma betrachtet worden. Dieser neue Blick ermöglichte es, sexuelle Beziehungen auf neue Weisen zu denken. Dasselbe gilt für die Sexarbeit, die die Lohn-für-Hausarbeit-Gruppen aus der moralischen Sphäre herausholten, um stattdessen den Aspekt der »Arbeit« der Tätigkeit hervorzuheben. Selbst das Lächeln wurde durch die Brille der Arbeit analysiert, als eine implizite Arbeitsbedingung, die von Frauen in den meisten Branchen erwartet wird. Auch wenn in den 1970er-Jahren so viele Aspekte der Situation der Frauen infrage gestellt wurden, war es vielleicht noch nicht möglich, die intimsten Beziehungen so grundlegend und vor allem so schnell zu hinterfragen.

Der intersektionale Ansatz einiger Mobilisierungen der Lohn-für-Hausarbeit-Bewegung zählt ebenfalls zu den aufwühlenden und grenzüberschreitenden Aspekten der Perspektive. Dazu gehören die »widernatürlichen« Allianzen, die im Laufe der Kämpfe der Bewegung entstanden und die wir bereits erwähnt haben: die Allianz zwischen »solidarischen Hausfrauen und Huren«, welche die absolute Trennung zwischen den beiden großen patriarchalen weiblichen Archetypen überwand, die Trennung zwischen der »guten« und der »bösen« Frau, die eine Solidarisierung zwischen diesen Gruppen stets unterbunden hatte. Diese Allianzen, welche arme rassifizierte Frauen (die immer unter dem Verdacht der »Prostitution« stehen) und Lesben (die »Familienflüchtlingen«) für die gemeinsame Sache gewinnen konnten, dekonstruierten und sprengten auch weitere Barrieren zwischen »bösen«, »guten« und »perversen« Frauen, seien sie nun *weiß* oder Schwarz. Die Überwindung dieser Schranken ermutigte auch »schlechte Mütter«, die nicht nur für andere lebten, so zu leben, wie sie es wollten.

Mehrere der Themen, die Gegenstand von Mobilisierungen der Lohn-für-Hausarbeit-Gruppen und ihrer Dokumente, die diese erklärten, waren, stellten wirksame Transgressionen mit großer symbolischer Bedeutung dar, mit dem Potenzial, die Familie und ihre Reproduktion ernsthaft infrage zu stellen. Könnte dieser Umstand den heftigen Widerstand gegen die Strategie von »Lohn für Hausarbeit« erklären? Tatsächlich gingen damals relativ wenige Aktivistinnen über die reine Forderung und die Ängste, die sie hervorrufen konnte, hinaus, um einen Schritt zurückzutreten und die gesamte politische Perspektive zu betrachten, die der Frage von »Lohn für Hausarbeit« zugrunde lag. Hätten sie diese besser verstanden, hätte das Schicksal des Vorschlags für einen Lohn für Hausarbeit vielleicht anders ausgesehen. Zumindest möchte ich das gerne glauben.

Ein Ausgangspunkt, um die Reproduktion auf globaler Ebene zu verstehen

Die Frage der Reproduktionsarbeit war für die Theoretikerinnen und Aktivistinnen der Lohn-für-Hausarbeit-Gruppen ein Ausgangspunkt, von dem aus die vielfältigen Facetten der fehlenden Macht von Frauen über ihr persönliches Leben und in der Gesellschaft als Ganzes verstanden und neu zusammengesetzt werden konnten. Dabei wurde offenbar, dass Frauen weltweit in unterschiedlichen Beziehungen zu dieser Arbeit standen. Sie war auch ein Ausgangspunkt, von dem aus Widerstand organisiert werden konnte. In den Worten der damaligen Aktivistinnen ging es darum, die Macht der Frauen ausgehend von ihrer gemeinsamen Schwäche zu organisieren: dem fehlenden Zugang zu Geld, der Tatsache, dass ihre Arbeit unsichtbar gemacht wurde, dass sie nicht für all ihre Arbeit bezahlt wurden und daher keinen Zugang zum gesellschaftlichen Reichtum hatten, den sie doch mitgeschaffen hatten. Es ging darum, den Frauen wieder Würde und Macht zu verleihen, unabhängig davon, wie unterschiedlich die Beziehung jeder einzelnen Frau zu dieser Arbeit aufgrund rassistischer, ethnischer, klassistischer Zuordnungen oder ihrem Aufenthalt im globalen Süden oder Norden war. Und zudem ging es, wie Silvia Federici zusammenfasste, darum, »in der kollektiven Vorstellung neu zu definieren, was diese Arbeit bedeutete«.[517]

Der politische Ansatz von »Lohn für Hausarbeit« war in Wirklichkeit eine feministische Theorie der Reproduktion. Eine Theorie, um die globale Reproduktion und die zentrale Rolle, die eine große Mehrheit von Frauen und Nicht-Entlohnten darin spielt, zu verstehen. Eine innovative Theorie, um zu verstehen, wie das sozioökonomische System des Kapitalismus durch diese Arbeit reproduziert wird, um die Stellung der Lohnlosen und ihre Aufteilung in Geschlechter, Rassen und Klassen zu verstehen sowie ihre Rolle in dieser Lohngesellschaft und die Möglichkeiten, sich dieser Rolle zu widersetzen.

Diese Darstellung der theoretischen Werke dieser Denkrichtung und ihrer Erprobung in der Praxis zielt natürlich nicht darauf ab, die Debatte über einen Lohn für Hausarbeit in den Begriffen der 1970er-Jahre neu zu eröffnen; vielmehr sollen die Ressourcen dieser Perspektive, die in der Geschichte der zweiten Welle des Feminismus einzigartig sind, aufgezeigt werden. Insbesondere bietet sie einen historischen Hintergrund für viele aktuelle Debatten, etwa über Haus- und Familienarbeit, Care-Arbeit, Arbeitsteilung, Vereinbarkeit von Beruf und Familie, Anerkennung von erworbenen Kenntnissen und Fähigkeiten, Sexualität als Arbeit, internationale geschlechtsspezifische Arbeitsteilung, neue Klassen- und Machtverhältnisse unter Frauen, Intersektionalität von Kämpfen, Veränderung der vorherrschenden Wirtschafts- und Umweltmodelle usw.

Und dieses Buch verfolgt noch eine weitere Absicht: Da die Frauenbewegung seit der zweiten Welle des Feminismus die soziale Reproduktion nicht zu einem echten Kampfgebiet gemacht hat, könnte dieses Buch eine Gelegenheit bieten, über die Entwicklung der Frage auf globaler Ebene und ihre derzeitige Krise nachzudenken, von der in der Einleitung in diesem Buch schon die Rede war. Auch wenn der Ansatz und das Vokabular heute weitaus weniger gebräuchlich sind, könnte die Perspektive von »Lohn für Hausarbeit« dennoch viele Wege aufzeigen, aus denen sich Werkzeuge für die Gegenwart ableiten ließen.[518]

Ohne den Inhalt der Interviews mit den Theoretikerinnen Mariarosa Dalla Costa und Silvia Federici vorwegnehmen zu wollen, die die soziale Reproduktion aus einer breiteren Perspektive betrachten, können wir hier schon einmal die Konjunktur umreißen, die zu jener ›Krise der Reproduktion‹ Ende des 20. und Anfang des 21. Jahrhunderts geführt hat, und die sich als eine der Dynamiken der Globalisierung selbst erweist.[519] Wie wir sehen werden, steht diese sich verändernde Konjunktur mit den strategischen Entscheidungen der Frauenbewegung in Bezug auf die Arbeit in Zusammenhang. Die aktuelle Krise der Reproduktion könnte den Texten von »Lohn für Hausarbeit« erneute Relevanz verleihen.

Krise der sozialen Reproduktion

Die ›Krise der Reproduktion‹ im häuslichen und privaten Bereich in der nördlichen Hemisphäre ist auf mehrere Faktoren zurückzuführen, insbesondere auf den massiven Eintritt von Frauen – auch von Müttern kleiner Kinder – in den Arbeitsmarkt ab Mitte des 20. Jahrhunderts. Mariarosa Dalla Costa zufolge wurde dieser massive Eintritt durch zwei Bedingungen ermöglicht: Erstens bekamen die Frauen weniger Kinder und zweitens haben sie »andere Frauen unentgeltlich oder unterbezahlt für die Hausarbeit herangezogen«.[520] Ein anderer demografischer Wandel fand zeitgleich zum Rückgang der Geburtenrate statt: die Steigerung der Lebenserwartung, was zu einer Überalterung der Bevölkerung führte, was wiederum eine höhere Nachfrage nach Renten- und Altenpflegeleistungen nach sich zog.

Insbesondere seit den 1990er-Jahren haben die Länder des globalen Nordens – natürlich in sehr unterschiedlichem Ausmaß – unter dem Druck von Frauenbewegungen Maßnahmen zur ›Vereinbarkeit von Beruf und Familie‹ eingeführt: Kindertagesstätten, Elternzeit, flexible Arbeitszeiten, Beurlaubung zur Pflege pflegebedürftiger Angehöriger usw.[521] Diese Maßnahmen, die sich gut an ›stabile‹ und formale Beschäftigungsverhältnisse anpassen lassen, haben den Bedarf bei Weitem nicht gedeckt und die Nachfrage nach Haushaltshilfen und Pflegekräfte für ältere Menschen steigt überall. Der Einsatz von migrantischen (weiblichen) Arbeitskräften folgte auf diese Entwicklung.

Laut der Wirtschaftswissenschaftlerin Lourdes Beneria ist dieses sozialpolitische Modell nördlich des Äquators leichter umsetzbar, wo es eher Zugang zu kostengünstigen Haushaltshilfen gibt, da Frauen dort für wenig Geld und unter prekären Bedingungen arbeiten. Im globalen Süden sei dies jedoch schwieriger, da dort die informelle Wirtschaft eine große Rolle spiele, die durch die neoliberale Politik und die Globalisierung, insbesondere durch die Strukturanpassungsprogramme, immer mehr an Bedeutung gewonnen habe. Privatisierungsprogramme, Kürzungen des staatlichen Haushaltsbudgets und die damit einhergehende Reduzierung staatlicher Maßnahmen fördern die ›Investition‹ in diese Formen der Ausbeutung sowie prekäre, informelle und ungeschützte Jobs.

In einigen Ländern, z.B. in Lateinamerika, seien bis zu 50 % der Bevölkerung in der informellen Wirtschaft tätig (mit einem Spitzenwert von 65 % in Bolivien).[522] Auch die Wanderarbeiter*innen, die dann in den globalen Norden abwandern, waren zuvor meist in diesem Sektor tätig. Vereinbarkeitspolitiken, die für formelle Arbeitsplätze konzipiert sind, können in Volkswirtschaften, in denen der informelle Sektor so stark ausgeprägt ist, nur schwer Fuß fassen.

Um die Reproduktions- und Care-Krise im globalen Norden zu lösen, werde auf migrantische weibliche Arbeitskräfte zurückgegriffen. Die Frauen im globalen Süden, die diesem Ruf folgten, litten ihrerseits unter den Auswirkungen auf ihre eigene Familienorganisation und ihren eigenen Pflegebedarf. Einige Studien geben Aufschluss über die Auswirkungen einer solchen Migration auf Kinder und über die Wunden, die das massive »Abwandern der Gesundheitsversorger*innen in der Dritten Welt« nach sich ziehe.[523] Nach der Abwanderung von Fachkräften (*brain drain*) erleben arme Länder nun eine Abwanderung von Pflegekräften (*care drain*).[524] »Die Migration führt zu einem Transfer des Pflegekapitals eines Migranten/einer Migrantin vom Süden in den Norden.«[525] Sie führe zur Schaffung der neuen Figur der *Caregiver*, der Migrantin, die Sorge leistet. Man spricht von ›globalen Care-Ketten‹. Diese »wichtigste Exportware«, die Arbeit, die sich hinter der Migration verbirgt, wie Silvia Federici es treffend darstellt, wird »in der Berechnung der Schulden der ›Dritten Welt‹ nie berücksichtigt«.[526]

Der Teufelskreis privater Lösungen und die neuen Machtverhältnisse zwischen Frauen

Die neue neoliberale kapitalistische Ordnung, schreibt Lourdes Beneria, verleite dazu, »das individuelle und familiäre Überleben zu privatisieren, da die für die soziale Absicherung geleisteten Anstrengungen reduziert und entuniversalisiert werden. Dies ist nicht nur im Norden, sondern auch im Süden der Fall, auch wenn sich die konkreten Formen und Umstände stark unterscheiden.«[527] Der Rückgriff auf Migrantinnen ist somit Teil der »Privatisierung der sozialen Reproduktion« im Zuge des globalen neoliberalen Kapitalismus.

Die Inanspruchnahme dieser Dienste ist jedoch nur für diejenigen möglich, die sie sich leisten können, während andere »keine Lösung für die mit dem Zeitmanagement verbundenen Spannungen finden [...], und trägt somit zu einem Teufelskreis bei, in dem private Lösungen gemeinsame Bemühungen um die Einführung öffentlicher Maßnahmen verzögern könnten.«[528] Dementsprechend werden von migrierenden Müttern zurückgelassene Kinder hauptsächlich anderen Frauen anvertraut, die, wenn sie selbst auswärts arbeiten, ihrerseits andere Ressourcen finden müssen, in der Regel wiederum eine Frau, die verfügbarer und in der Regel ärmer ist als sie, um sich um die Kinder der ersten Frau zu kümmern. Der Einsatz von migrantischer Arbeitskraft bedeutet auch, dass auf »internationaler Ebene eine klassistische und rassistische Dichotomie bei der Haus- und Betreuungsarbeit« entsteht, bei der die Empfänger dieser Dienste von der Arbeit profitieren, »ohne jedoch die Reproduktionskosten derselben zu tragen«.[529]

Und so schließt sich der Teufelskreis der Reproduktionsarbeit und dreht sich weiter um sich selbst ... und führt zu einer »neuen weltweiten Arbeitsteilung, diesmal bezogen auf die Reproduktionssphäre«, zu einer neuen Hierarchisierung unter Frauen und einem Machtverhältnis zwischen den Klassen.[530]

Die Frauenbewegung im Norden, die sich im Bereich der Arbeit vor allem auf das Lohnverhältnis, auf die ›Vereinbarkeit‹ von Beruf und Familie konzentriert hatte sowie auf die (private) Arbeitsteilung, wurde von dieser Krise der Reproduktion unvorbereitet getroffen. Elsa Galerand und Danièle Kergoat schreiben dazu:

> »Der Forderungskatalog der *Marche mondiale des femmes* (MMF) kann als Beispiel dienen, um diese Schwierigkeit zu veranschaulichen. [...] Abgesehen davon, dass die Frage der Arbeit und der Arbeitsorganisation in der gemeinsamen Kampfplattform der MMF kaum eine Rolle spielt (und generell in der Oppositionsbewegung gegen die liberale Globalisierung, was an sich schon fragwürdig ist), zielen die wenigen Forderungen, die sich auf Arbeit beziehen, auf die Beschäftigung ab (Zugang zu Beschäftigung, Ausbildung, Gleichstellung, Parität oder Lohngerechtigkeit), während die Frage der Hausarbeit vernachlässigt wird. Die Anprangerung ihrer Unsichtbarmachung, ihrer Nicht-Teilung und der

> Überlastung, die sie für Frauen darstellt, zieht sich zwar durch die gesamte Rede der MMF. Die Aktivistinnen fordern eine Aufteilung der Hausarbeit, aber diese Forderung bleibt so symbolisch, dass keine konkreten Maßnahmen genannt werden, um von der Idee einer Neudefinition des Verhältnisses von Männern und Frauen zur Hausarbeit zu einer Umsetzung in der Realität zu gelangen.«[531]

Elsa Galerand stellt eine »misslungene Artikulation« von Hausarbeit und Lohnarbeit fest und hinterfragt die Kampfstrategien, »die das Problem der Hausarbeit umgehen«. Diese verzögern ihrer Meinung nach »die Suche nach kollektiven Lösungen zugunsten der *weißen*, mittleren und wohlhabenden Klassen, die sie [die Hausarbeit] auslagern können«, und verschärfen so die Widersprüche zwischen Frauen. Diese Strategien würden den »Kampf an allen Fronten [schwächen], da sie nicht nur die geschlechtsspezifische Arbeitsteilung nicht adressieren, sondern auch die klassistischen und rassistischen Ausbeutungsverhältnisse übersehen, die sich zwischen Frauen insbesondere im häuslichen Bereich gebildet haben«.[532]

Folgen der Ausklammerung der Reproduktionsarbeit

Zusammenfassend lässt sich sagen, dass die strategische Entscheidung der Frauenbewegung, die Frage der Hausarbeit und der sozialen Reproduktion außen vor zu lassen, indem sie sie nicht zu einem echten Kampfgebiet machte, zumindest unangenehme Auswirkungen hatte. Diese Auswirkungen waren, um es kurz zu machen, die Privatisierung der sozialen Reproduktion, die die Suche nach kollektiven Lösungen verzögert; die Vorteile für die *weißen* Klassen im Norden, wobei die beschäftigten Arbeitskräfte die Kosten für die Reproduktion in ihren eigenen Haushalten selbst tragen müssen; die Hervorbringung einer neuen Hierarchie unter Frauen und eines rassistischen und klassistischen Machtverhältnisses zwischen ihnen und somit die Beteiligung an etwas, das in der Geschichte des Kapitalismus ein Novum darstellt: an einem direkten (nicht durch Männer vermittelten) Ausbeutungsverhältnis zwischen Frauen.[533] Und nicht zuletzt lässt der Rückgriff auf Migrantinnen die in heterosexuellen Haushalten vorherrschenden Geschlechternormen unberührt.[534]

Diese strategischen Entscheidungen der Frauenbewegung verfehlten Galerand zufolge zwei Schlüsselziele der Kämpfe der feministischen Bewegung: die geschlechtsspezifische Arbeitsteilung und »die klassistischen und rassistischen Ausbeutungsverhältnisse [...], die sich zwischen Frauen insbesondere im häuslichen Bereich ausgebildet haben«. Die Soziologin Danièle Kergoat fordert uns ihrerseits auf, »die Hausarbeit wieder in den Mittelpunkt unserer Überlegungen über Emanzipation zu stellen«.[535]

Man scheint sich nicht daran zu erinnern, aber befinden wir uns hier nicht im Herzen der Problematik, die Anfang der 1970er-Jahre von der Bewegung »Lohn für Hausarbeit« entwickelt wurde? Diese Erkenntnisse sind jenen erstaunlich ähnlich, zu denen bereits Theoretikerinnen von »Lohn für Hausarbeit«, insbesondere Mariarosa Dalla Costa und Silvia Federici, gelangt sind.

Letztere bezeichnete den Einsatz von weiblichen Arbeitskräften aus armen Ländern als »neokoloniale[] Lösung der ›Hausarbeits-Frage‹«, die Teil der neuen geschlechtsspezifischen internationalen Arbeitsteilung ist.[536] Was laut Mariarosa Dalla Costa »eine weitere Hierarchisierung unter Frauen« und eine »neue Teilung der reproduktiven Arbeit in der Welt« etabliert. Für Silvia Federici gilt: »Feministische Politik muss sich also gegen die neue internationale Arbeitsteilung und die Globalisierung, die ihr zugrunde liegt, richten.«[537]

Die Theoretikerinnen und Aktivistinnen von »Lohn für Hausarbeit« haben in den 70er-Jahren in ihren Dokumenten und in ihren Mobilisierungen Denkwerkzeuge und Handlungsansätze in diese Richtung entwickelt, wie dieses Buch verdeutlicht. Sie helfen uns dabei, über den Aufbau einer neuen Welt ausgehend von der sozialen Reproduktion nachzudenken – jenem unsichtbaren, unter der Oberfläche verborgenen Teil des wirtschaftlichen Eisbergs[538], auf dem der Kapitalismus und sein ungerechtes System sozialer Beziehungen basiert. Die vorliegende Arbeit ist ein Zeugnis dieser Strömung und will dieses verblasste Kapitel in die Geschichte der feministischen Ideen und Bewegungen wiedereinschreiben und gleichzeitig einen historischen Hintergrund für die feministischen Debatten und Überlegungen zur aktuellen Krise der sozialen Reproduktion anbieten.

Einige der wichtigsten Theoretikerinnen der Lohn-für-Hausarbeit-Bewegung haben, wie in den beiden folgenden Interviews mit Mariarosa Dalla Costa und Silvia Federici ersichtlich wird, seither die Überlegungen weitergeführt und die Perspektive erheblich erweitert, wodurch die ursprüngliche Perspektive eine neue Aktualität erhält.

Epilog: Von gestern bis heute

Der intellektuelle Werdegang von Mariarosa Dalla Costa und Silvia Federici von 1977 bis 2013

Mariarosa Dalla Costa und Silvia Federici bieten uns in den folgenden Interviews eine schonungslose Analyse der globalen Reproduktionskrise, ausgehend von ihrer ursprünglichen Reproduktionstheorie, die sie innerhalb der Lohn-für-Hausarbeit-Bewegung entwickelten. Im Grunde entwickeln diese beiden führenden Theoretikerinnen eine feministische Kritik der neoliberalen kapitalistischen Globalisierung. Sie berichten, wie sich ihre Ausgangsperspektive mit ihrem intellektuellen und aktivistischen Werdegang seit den 1970er-Jahren, also seit dem Ende des IFK, erweitert und verändert hat. Und sie verdeutlichen die Relevanz der Perspektive von »Lohn für Hausarbeit« für ein Verständnis und eine Interpretation feministischer Themen und Herausforderungen der heutigen Zeit.

Interview mit Mariarosa Dalla Costa[539]

Mariarosa Dalla Costa wurde 1943 in Treviso, Italien, geboren. Sie studierte an der Universität Padua, erlangte 1967 den Doktorgrad in Rechtswissenschaften und wurde Professorin am Instituto di Scienze Politiche e Sociali. Sie ist Autorin des Gründungstexts »Donne e sovversione sociale« der Perspektive »Lohn für Hausarbeit«, welcher 1972 zusammen mit »Il posto della donna« von Selma James unter dem Titel »Potere femminile e sovversione sociale« (Die Macht der Frauen und der Umsturz der Gesellschaft) veröffentlicht wurde. Seither wurde das Buch in mehrere Sprachen übersetzt.

Louise Toupin: *Potere femminile* (Die Macht der Frauen) hat in der westlichen feministischen Welt seit seiner Veröffentlichung 1972 auf Italienisch und Englisch sowie den anschließenden Übersetzungen in mehrere Sprachen großen Erfolg auf internationaler Ebene gehabt und in den folgenden

Jahren Feministinnen aller Richtungen letztlich keine Wahl gelassen, als sich zu der in dem Text dargelegten Analyse zu positionieren. Bevor wir uns mit dem eigentlichen Inhalt des Buches befassen, möchte ich mich zunächst mit seinem Entstehungskontext in Italien sowie mit der ideologischen und politischen ›Bewegung‹, in der es entstand, befassen. Kurz, es wäre interessant, den intellektuellen und politischen Kontext zu betrachten, in dem dieses Manifest geschrieben wurde.

Zunächst würde mich interessieren, ob und gegebenenfalls welchen Einfluss die italienische operaistische Strömung, die auch als ›Arbeiterautonomie‹ bezeichnet wird, auf Ihr Denken gehabt hat. Dann würde ich gerne von Ihnen erfahren, welchen Einfluss italienische oder anderssprachige feministische Essays über Hausarbeit, die 1969/1970 zu erscheinen begannen, auf Sie hatten? Beginnen wir mit der ›Arbeiterautonomie‹ bzw. dem Operaismus, der intellektuellen und politischen Strömung der außerparlamentarischen Linken in Italien.

Einige Autoren, wie Yann Moulier – Übersetzer von Mario Tronti, der die italienische operaistische Strömung in Frankreich einführte – zählen Sie zu denjenigen, »die einen bedeutenden Beitrag zur italienischen operaistischen Strömung« geleistet haben. Ein anderer, Harry Cleaver, bezeichnete Sie und Selma James als feministische Theoretikerinnen des »autonomen Marxismus«.[540] Was sagen Sie zu dieser Einschätzung und wie interpretieren Sie sie? Und stimmen Sie der Aussage zu, dass *Potere femminile e sovversione sociale* auf diesem intellektuellen Nährboden gereift ist?

Mariarosa Dalla Costa: Meine politische Bildung beginnt mit dem Operaismus. Ich würde nicht von ›Arbeiterautonomie‹ sprechen, da diese Definition erst Jahre später formuliert wurde, als ich bereits in der feministischen Bewegung aktiv war, in der Bewegung »Lohn für Hausarbeit«. Diese Bewegung stellte von Anfang an und während ihrer gesamten Dauer eine Realität dar, die von männlichen Netzwerken, einschließlich der sogenannten ›Arbeiterautonomie‹, völlig unabhängig war. Aber ich verstehe, warum unser Diskurs heute als ›autonomer Marxismus‹ bezeichnet wird, etwa durch Harry Cleaver und später Nick Witheford.[541] Ausgehend von einer marxistischen Matrix hatten wir den Standpunkt der Autonomie der Klassenbewegung eingenommen – einer Klasse, die wir neu definiert hatten und die die Arbeit von Frauen, die Arbeit der Produktion und Reproduktion der Arbeitskraft einschloss.

Mariarosa Della Costa. Foto: Dario De Bortoli.

Die Diskurse zur Klassenautonomie basierten auf den Werken von C.L.R. James und Raya Dunayewskaya und der Gruppe, die sich um die Zeitschrift *Socialisme ou barbarie* in Frankreich herum zusammengefunden hatte und deren wichtigste Vertreter Cornelius Castoriadis und Claude Lefort waren.[542] Unser Beitrag, meiner und der meiner Mitstreiterinnen aus den Lohn-für-Hausarbeit-Gruppen, bestand darin, den anderen Pol der kapitalistischen Akkumulation entlang der Produktion und Reproduktion der Arbeitskräfte entdeckt zu haben. Mit anderen Worten, uns wurde Anerkennung dafür gezollt, das Haus neben der Fabrik entdeckt zu haben. Wir konnten zeigen, dass die Klasse nicht nur aus Entlohnten, sondern auch aus Nicht-Entlohnten besteht.

Diese Erkenntnis zu berücksichtigen ist heute grundlegend, um die ›Herrschaft des Kapitals‹[543] zu verstehen, das sich von der Welt der Produktion in immer ›strangulierenderen‹ und tödlicheren Formen auf die Welt der Reproduktion ausbreitet. Sie ist ebenso zentral, um das Verhältnis zwischen formeller und informeller Wirtschaft, das Verhältnis zwischen monetärer und nicht-monetärer Ökonomie und das Verhältnis zwischen der ersten und der dritten Welt zu verstehen (ich verwende hier die konventionelle Bezeichnung). Und nicht zuletzt um die Kämpfe zu verstehen, die, aus der Welt der globalen Reproduktion kommend, dazu tendieren, diese Herrschaft zu durchbrechen und andere Kriterien in Bezug auf Produktion, Natur und Leben zu etablieren.

Um deine Frage also zu beantworten: Ja, *Die Macht der Frauen und der Umsturz der Gesellschaft* ist auf diesem intellektuellen ›Nährboden‹ des Operaismus gereift. Allerdings erinnere ich mich auch daran, dass es aufseiten der operaistischen Intellektuellen einen enormen Widerstand gab, als es darum ging, den Begriff der Arbeiterklasse zu erweitern und – wie wir es Anfang der 1970er-Jahre befürworteten – auch die Hausfrauen miteinzubeziehen. Die Theoretiker des Operaismus bestanden darauf, dass das, was wir als Produktion bezeichneten, also die Erzeugung und Reproduktion der Arbeitskraft, eher in die Sphäre der Zirkulation gehörte, wie es von Marx in *Das Kapital* beschrieben wurde. Als sie später von dem ›gesellschaftlichen Arbeiter‹ (operaio sociale) sprachen, bezogen sie sich eher auf verschiedene Typen von Arbeiter*innen im Kontext der Dezentralisierung der Produktion. Sie hatten in der neuen politischen Klassenzusammensetzung Anfang der 1970er-Jahre die Kämpfe der Studierenden und ihre Forderung nach einem Vorlohn, den Kampf der Facharbeiter*innen usw. anerkannt. Aber diese intellektuellen Männer der außerparlamentarischen Linken unterschätzten deutlich die Bedeutung der Hausarbeit. Ich glaube, ihre Vorstellung war, dass das Problem der Frauen durch mehr und besser organisierte Kinderkrippen gelöst werden könnte. Sie glaubten eher an Lösungen in Form von Dienstleistungen. Sie unterschätzten stets das wahre Ausmaß der Reproduktionsarbeit und die Bedeutung des Geldmangels für Frauen, denen diese Arbeit zugeteilt wurde.

Und ich glaube auch, dass die meisten Theoretiker dieser Strömung, nachdem sie *Die Macht der Frauen* gelesen und sich ein vages Bild von der Sache gemacht hatten, nie die weiteren Texte gelesen haben, die wir danach in den Lohn-für-Hausarbeit-Gruppen produziert haben. Ich glaube, dass sie auch heute noch nicht wissen, dass es sie gibt. Das hat zur Folge, dass sie weiterhin die Frage der Reproduktionsarbeit und die gesamte politische Debatte hierüber, welche von den Feministinnen vorangetrieben wird, fast vollständig ignorieren.

In den letzten Jahren jedoch, seit wir uns in einer neuen Phase unserer Analyse befinden, wurden einige unserer jüngsten Arbeiten, sowie die wichtigsten unserer damaligen Arbeiten, ins Englische, Spanische und Japanische übersetzt und werden in Kürze auch in anderen Sprachen verfügbar sein. Dies ermöglicht es uns, weiterhin und hoffentlich besser zu einer internationalen politischen Debatte beizutragen, die sich mit immer dringlicheren und dramatischeren Fragen auseinandersetzen muss.

LT: Lassen Sie uns nun über die feministischen Lektüren sprechen, die »Frauen und der Umsturz der Gesellschaft« inspiriert haben. Welche bedeutenden Aufsätze des westlichen Feminismus zum Thema Hausarbeit waren Anfang 1970 in Italien in Umlauf und Ihnen bekannt, als Sie diesen Text schrieben? Ich denke hier unter anderem an Margaret Benstons »The Political Economy of Women's Liberation« aus dem Jahr 1969, Christine Duponts (Delphy) Werk *L'ennemi principal* aus demselben Jahr und an die Artikel »Housework: Slavery or Labour of Love« von Betsy Warriors und »The Politics of Housework« von Pat Mainardis aus dem Jahr 1970. Kurzum: Welche feministischen Werke haben Sie damals am meisten beeindruckt?

MDC: Ich kannte keines der von dir erwähnten ausländischen feministischen Werke. Es gab einige italienische Werke über die ›Lage der Frau‹ im Allgemeinen und über Abtreibung. Ich denke aber, in Italien und im Ausland war die Zeit reif, dieses Thema zum Explodieren zu bringen, vor allem, weil wir uns in einer Zeit breiter sozialer Rebellionen und Kämpfe aller Art befanden. Zu dieser Zeit befand ich mich tief im politischen Aktivismus und konzentrierte mich auf italienische Analysen, die mit meiner politischen Arbeit in Zusammenhang standen. Mein feministischer Diskurs ergab sich aus der Fülle der Widersprüche, die ich damals während meiner eigenen politischen Tätigkeit erlebte.

Meine politische Tätigkeit begann morgens um vier Uhr – die Uhrzeit, zu der ich aufstehen musste, um vor großen Fabriken Flugblätter zu verteilen – und erstreckte sich bis in die Nacht hinein, und auch auf das Wochenende. Wenn ich nicht von diesem Lebensstil erzählen würde, wäre es vermutlich schwer nachzuvollziehen, warum ich zu dieser Zeit nicht dieses oder jenes Buch über die Frauenfrage, die zu jener Zeit zu erscheinen begannen, gelesen habe. Zudem bin ich Italienerin. Ich hatte damals nur sehr begrenzte Englischkenntnisse. Erst später erlernte ich diese Sprache im Zuge meiner feministischen Tätigkeit, für die ich unter anderem nach Amerika reiste. Ich konnte Französisch, hatte aber keine bedeutsamen oder regelmäßigen Beziehungen zu Frankreich.

LT: Waren Sie zuerst Marxistin und dann Feministin oder waren Sie zuerst Feministin und dann Marxistin? Grundsätzlich interessiert mich, ob es zuerst der Marxismus war, der Sie zur Feministin gemacht hat, oder ob es Ihre Lebenserfahrung war, die Sie zur Feministin gemacht hat, welche dann den Marxismus entdeckte.

MDC: Grundsätzlich bin ich durch mein Gerechtigkeitsideal zum Aktivismus und zur Entdeckung der ›Fabrik‹ gekommen. Ich wollte verstehen, woher das Übel der Welt kam, wo der Ursprung des Mechanismus, in gewisser Weise der *omphalos*[544] des Systems der sozialen Beziehungen lag. Und so traf ich auf den Marxismus in seiner operaistischen Version.[545] Der Marxismus an sich war schon eine große Entdeckung, die mir wesentliche Instrumente zum Verständnis der Welt an die Hand gab und noch immer gibt.

Politischer Aktivismus war die andere große Erfahrung meines Lebens, weil er dem Denken die Koordinaten des Handelns gibt. Aber in diesem Aktivismus erlebte ich, so wie viele andere Frauen in den Gruppen der außerparlamentarischen Linken Anfang der 1970er-Jahre, den Widerspruch, dass ich mich als Frau nicht repräsentiert und verstanden fühlte – weder im Aktivismus noch durch das marxistische Denken. Doch genau das war es, was ich suchte.

Meine Begegnung mit Selma James war in dieser Hinsicht von grundlegender Bedeutung. Aber unsere Wege trennten sich bald, weil wir eine andere Auffassung von politischem Handeln hatten. Um deine Frage zu beantworten: Ja, ich war zuerst Marxistin und dann Feministin, aber ich muss auch hinzufügen, dass meine Suche nach einem anderen Weg als dem, den die damalige Gesellschaft von einer jungen Frau erwartete, ganz klar schon lange vorher begonnen hatte.

LT: *Die Macht der Frauen und der Umsturz der Gesellschaft* umfasst drei Texte: Ihren eigenen Text »Frauen und der Umsturz der Gesellschaft«, der Anfang 1971 geschrieben wurde, einen weiteren Text von Selma James aus dem Jahr 1953, »A Women's Place«, und einen Text über Mutterschaft und Abtreibung der Gruppe *Lotta Femminista* aus Padua, dem eine Einleitung von Selma James vorangestellt ist. Ihr Text »Frauen und der Umsturz der Gesellschaft«, der ab Juni 1971 zirkulierte, ist historisch mit der Gruppe *Lotta Femminista* verbunden und geht deren Gründung voraus.[546] Er war gewissermaßen ausschlaggebend für die Gründung von *Lotta Femminista*. Könnten Sie uns die Umstände der Entstehung dieses Textes erläutern?

MDC: Ich hatte eine erste Version dieses Textes geschrieben, die ich einer Gruppe von Freundinnen, die sich für feministische Themen interessierten, in Form von Kopien zur Diskussion vorlegte. Der Text war mit »Movimento di Lotta femminile di Padova« (»Frauenkampfbewegung von Padua«; das war ein eher improvisierter Name) unterzeichnet und auf Juni 1971 datiert. Diese kleine Gruppe von Freundinnen erkannte sich in der in diesem Text vorgeschlagenen Analyse wieder und kurz darauf wurde aus der Gruppe die *Lotta Femminista*.

Später arbeitete ich den Text aus und beschloss, ihn unter *Potere femminile e sovversione sociale* zu veröffentlichen. Ich dachte, dass es gut wäre, ihn zu veröffentlichen, damit er weiter verbreitet würde. Und so war es auch. Nur hatte ich weder die Zeit noch die ausreichende geistige Ruhe, um eine Reihe von Fragen, die ich gerne besser analysiert und entwickelt hätte, weiter auszuarbeiten, weil ich bereits von meinem sehr intensiven aktivistischen Leben völlig in Anspruch genommen wurde. Und ich muss sagen, dass ich immer noch mit der Zeit kämpfe, auch heute noch, und zwar aus Gründen, die mit denen jener Zeit eng verbunden sind.

Meine Weihnachtsferien 1971 widmete ich der Aufgabe, mit Selma *Potere femminile* noch einmal durchzugehen und dieses Buch fertigzustellen, das sich vor allem an die Bewegung richtete und zu einem Klassiker der feministischen Literatur in den USA wurde. Ich erinnere mich an die mitfühlende Pia, die am letzten Tag des Jahres kam, um uns etwas Spumante und Panettone zu bringen.[547] Und es war ebenfalls ein 31. Dezember, diesmal des Jahres 1995, an dem ich ein weiteres Buch abschloss, in dem ich die Auswirkungen des Neoliberalismus und der Strukturanpassungspolitik auf die Lebensbedingungen der Menschen – und insbesondere der Frauen – angesichts der wirtschaftlichen Globalisierung analysiere.[548]

LT: In einem Beitrag zu einem Symposium in Montréal haben Sie gesagt, dass der italienische Feminismus aufgrund des besonderen italienischen Kontexts Anfang der 1970er-Jahre sicherlich stärker als in anderen Ländern vom Thema der ›Arbeit/Arbeitsverweigerung‹ geprägt war.[549] Ist dies auf den intellektuellen Einfluss der operaistischen Strömung, die die Arbeitsverweigerung zu einem der zentralen Themen ihrer Analysen gemacht hatte, zurückzuführen?

MDC: Das Thema der Arbeitsverweigerung ermöglichte es uns, eine drastische Verkürzung des Arbeitstages zu fordern. Es war der einzige Ansatz, der eine neue Perspektive für Frauen eröffnete. Er bot eine Alternative zu der Perspektive der institutionellen Linken mit ihrer Ideologie der Arbeit, welche Frauen einzig vorschlug, noch einer weiteren Arbeit zu der, die sie bereits zu Hause verrichteten, nachzugehen. Wir prangerten dies an. Um die Arbeit der Frauen anzuerkennen, sollte man mit der Arbeit beginnen, die sie bereits leisteten – der Hausarbeit –, und davon ausgehend eine erhebliche Verkürzung ihres Arbeitstages entwerfen. Gleichzeitig sollte ihre finanzielle Unabhängigkeit mit der wirtschaftlichen Anerkennung ihrer Hausarbeit beginnen. Das Gleiche galt für den Mann, wenn er, wie es manchmal vorkam, derjenige war, der diese Arbeit oder einen Teil davon verrichtete.

LT: Wenn man *Potere femminile e sovversione sociale* liest, ist man erstaunt, die Forderung nach einem Lohn für Hausarbeit in dem Text als solche nicht anzutreffen, außer in einer Fußnote.[550] Heißt das, dass diese Forderung erst nach der Veröffentlichung Ihrer Theorie konkretisiert wurde? Und wenn ja, wann oder bei welcher Gelegenheit entstand sie?

MDC: Ja. Ich denke, unser erstes Ziel war es, eine neue Perspektive für den Kampf zur Verbesserung der Situation der Frauen zu schaffen. Aber die Forderung nach einem Lohn für Hausarbeit zu stellen hat etwas mehr Zeit in Anspruch genommen. Doch auch wenn die Forderung nach einem Lohn erst in einer späteren Ausgabe von *Potere femminile* auftaucht, wurde sie davor schon sehr schnell Bestandteil unserer internen Dokumente.

Ich denke, eine gewisse Unsicherheit in dieser Frage rührte daher, dass wir uns darüber bewusst waren, dass es in weiten Teilen sehr schwierig werden würde, diese Alternative für die Situation der Frauen zu erreichen. Das kapitalistische System basierte genau auf dem Gegenteil, auf dem Gegensatz zwischen entlohnten und den nicht entlohnten Arbeiter*innen, vor allem Frauen, die für die Reproduktion der Arbeitskraft zuständig sind. Das war etwas ganz anderes als die Forderung nach einer Erhöhung eines bereits bestehenden Lohns. Auf der einen Seite mochte unsere Forderung

›unrealistisch‹ erscheinen, auf der anderen Seite aber wussten wir, dass wir, ebenso wie andere kämpfende Teile der Gesellschaft, wirklich eine andere Welt, ein anderes System schaffen wollten, in dem die Unterordnung eines Subjekts – in diesem Fall eines geschlechtsspezifischen Subjekts – unter ein anderes unmöglich gemacht werden würde. Die Forderung nach einem Lohn für Hausarbeit war in dieser Hinsicht die radikalste Forderung, die wir stellen konnten: ein echter Machthebel für Frauen, weil sie eine komplette Umwälzung nicht nur der Lage der Frauen, sondern auch der Nicht-Entlohnten im Allgemeinen, wie letztlich auch die Lage entlohnter Arbeiter*innen bedeutete.

Tatsächlich stellte die Trennung in entlohnte und nicht entlohnte Arbeit die grundlegende Spaltung innerhalb der Arbeiterklasse im weiteren Sinne dar und bildete die Grundlage für alle weiteren Unterteilungen. In diesem Sinne war unsere Forderung der Schlüssel zu der umfassendsten Klassenneuzusammensetzung. Und es war kein Zufall, dass das Kapital gegen eine solche Neuzusammensetzung, die Ausdruck eines internationalen Zyklus von Kämpfen war, die die Wiedervereinigung verschiedener Sektoren der arbeitenden Gesellschaft darstellten, eine Gegenoffensive auf politischer und wirtschaftlicher Ebene startete. Auf globaler Ebene wird diese Gegenoffensive immer unerbittlicher. Jedoch betreten immer mehr Subjekte, sowohl aus der Welt der Nicht-Entlohnten als auch aus der Welt der Entlohnten, die politische Bühne, Subjekte, die ihren Stimmen Gehör verschaffen, wie zum Beispiel die indigenen Völker in Chiapas.

LT: Für Sie liegt die Bedeutung der Entstehung der Frauenbewegung in erster Linie darin, dass sie Ausdruck einer massiven Revolte von Frauen gegen ihre materielle und immaterielle Reproduktionsarbeit ist; sie ist aber auch Ausdruck eines tiefen Bruchs in der Gesellschaftsordnung, eines Bruchs des Gleichgewichts, das Sie als »Abhängigkeitsverhältnis zwischen Gesellschaft und Fabrik« in Italien bezeichnet haben. Was meinten Sie damit?

MDC: Worum es bei der Entfesselung der feministischen Bewegung ging – worüber sich die gesamte feministische Bewegung einig war –, war der Wunsch der Frauen, sich als Person, als gesellschaftliches Individuum zu behaupten. Es war die Geltendmachung ihrer eigenen Reproduktionsbedürfnisse, für sie selbst und nicht alleine zur Bedürfnisbefriedigung anderer. Dies hatte eine enorme Auswirkung auf die Sexualität, die Organisation des eigenen Lebens, die Art und Weise, wie man wohnte (allein? mit anderen Frauen? mit einer Gruppe von Menschen? also nicht unbedingt mit einem Mann), auf die eigenen Fortpflanzungsentscheidungen. In Bezug auf Letzteres haben Frauen in Italien die größtmögliche Ablehnung der Arbeit zum Ausdruck gebracht – auch im Sinne der Selbstwertschätzung.

Die Bedeutung der Entstehung der Frauenbewegung liegt in dem Bruch mit einer rein funktionalen Beziehung zwischen Reproduktion und Produktion, in der Ablehnung von Veränderungen in der Organisation der Reproduktion, die ausschließlich durch Veränderungen in der Produktionswelt bedingt sind (z. B. die Tatsache, dass Frauen je nach den Bedürfnissen der Produktion mehr oder weniger Kinder gebären müssen). Die Bedeutung des Aufkommens der Frauenbewegung liegt in der Behauptung der Autonomie von Frauen als gesellschaftliche Subjekte und im Widerspruch dagegen, dass sie innerhalb der Familie nur Anhängsel von Wirtschaftsprogrammen sind. Ich habe dieses Thema in »Reproduktion und Emigration« weiterentwickelt, wo ich die Haltung des Staates gegenüber der Bevölkerungs- und Emigrationspolitik analysiert habe.[551]

Auf der Ebene der Politik handelte es sich dabei um einen Bruch mit der vorherigen Periode: Der Kampf um die Autonomie der Frauen bedeutete, nicht mehr nur die Kämpfe anderer Subjekte zu unterstützen – in diesem Fall derer, die innerhalb der Fabrik ausgebeutet wurden –, sondern auf dem eigenen Arbeitsterrain zu kämpfen, im Bereich der Hausarbeit, was eine Erweiterung der Kampffront bedeutete und damit den Kampf noch mächtiger werden ließ.

LT: In *Die Macht der Frauen und der Umsturz der Gesellschaft* schreiben Sie, dass Frauen im Kampf gegen die Bedingungen der Reproduktion und gegen die Abhängigkeitsverhältnisse in der Familie nicht nur die Frage nach ihrer eigenen Autonomie stellten, sondern zudem auch eine weitere Dimension eröffneten: die Möglichkeit, die Autonomie anderer zu stärken. Könnten Sie Ihre Gedanken zu diesem Punkt bitte näher erläutern?

MDC: Ich könnte noch Folgendes hinzufügen: Es war kein Zufall, dass so gut wie alle Flugblätter in der Anfangszeit der Frauenbewegung mit der Erwähnung von Frauen, Kindern und alten Menschen endeten. Da Frauen so stark unterdrückt und ausgebeutet wurden, wurden sie im Laufe der Frauenbewegung zu den sensibelsten Verfechterinnen der Anliegen anderer unterdrückter Subjekte. Vor allem Kinder und alte Menschen, die sich in einer Situation der Schwäche befanden und von ihrer Arbeit abhängig waren, wurden zu einem wichtigen Gegenstand ihrer Forderungen. In der Geschichte haben sich Frauen immer wieder mit anderen Unterdrückten identifiziert, ihnen geholfen und sich in ihren Kämpfen auf ihre Seite gestellt.

In diesem Zusammenhang ist es bezeichnend, dass sich beobachten ließ, wie sich in Italien Anfang der 1970er-Jahre der Familiendiskurs auf institutioneller Ebene änderte und auch die Rechte von Kindern sowie von alten, behinderten und kranken Menschen berücksichtigt wurden, sobald die Frage des Feminismus lauter wurde. Ich will nicht behaupten, dass sich die soziale und materielle Situation in Italien hierdurch verbessert hätte. Es wäre in der Tat problematisch, eine solche Aussage zu treffen, vor allem im Hinblick auf die heutige Zeit. Aber die gesellschaftliche und politische Debatte, die wir auslösten, hat auch auf institutioneller Ebene einen neuen Raum zur Berücksichtigung verschiedener unterdrückter Subjekte eröffnet und praktische Initiativen angeregt, die es vorher nicht gab.

LT: Kommen wir zu den theoretischen Neuerungen von *Potere femminile*. Dazu gehört die Entwicklung eines neuen Verständnisses der Rolle der Familie in der kapitalistischen Gesellschaft (als Zentrum der Produktion und nicht nur des Konsums), ein neues Verständnis der Stellung der Frau und ihrer Arbeit (Produzentin und ›Reproduzentin‹ der Arbeitskraft), ein neues Verständnis der Möglichkeiten von Frauen (wenn sie produktive Arbeit leisten, können sie durch die Verweigerung dieser Arbeit die Gesellschaft umstürzen). Frauen werden so als Subjekte – und revolutionäre Subjekte – wieder in die Geschichte eingebracht. Neu ist auch die Forderung nach einem Lohn für Hausarbeit als Machthebel, um »die Reproduktion zu verhandeln«. Stimmen Sie mit dieser Zusammenfassung theoretischer Neuerungen in *Potere femminile* überein? Und was sind Ihrer Meinung nach im Nachhinein die wichtigsten von Ihnen vorgebrachten Punkte?

MDC: Die von dir genannten Punkte sind zentral. Bevor ich auf weitere eingehe, möchte ich daran erinnern, dass *Potere femminile*, wie auch die anderen Texte, die wir produziert haben, innerhalb eines marxistischen Analysehorizonts entstanden, d.h. dass sie einen Diskurs aus einer Klassenperspektive artikulierten, die wir auf unsere Art und Weise erweiterten. Das bedeutet, dass unser bevorzugtes Objekt/Subjekt Frauen waren, die

Individuen als *potenzielle Arbeitskräfte reproduzierten*, d.h. Frauen, die materiell dem Proletariat zuzuordnen waren.

In mehreren Dokumenten und Artikeln haben wir jedoch auch die besondere Prekarität der Klassenzugehörigkeit vieler Frauen hervorgehoben. Seit der Entwicklung der Frauenbewegung bildete die Bewegung einen Ankerpunkt, eine zentrale Referenz in der Schaffung einer neuen Identität für Frauen. Viele Frauen beendeten ihre Ehen, die ihnen einen gewissen sozialen Status garantiert hatten. Von einem Tag auf den anderen standen sie vor der Frage des wirtschaftlichen Überlebens und waren gezwungen, prekäre Arbeiten zu verrichten, da es kaum vorstellbar war, dass die Ehemänner, die sie verlassen hatten, sie finanziell unterstützen würden. Der Kampf der Frauen der Arbeiterklasse (wie wir sie neu definiert hatten) war, da er auf eine radikale Veränderung der Welt abzielte, entscheidend für die Eröffnung neuer Perspektiven und Lebensmöglichkeiten für alle Frauen.

Es gibt noch einen weiteren Punkt in *Potere femminile*, den ich für fundamental halte, insbesondere heute im Kontext der neuen Weltwirtschaftsordnung; es sei mir gestattet, einige Passagen dazu zu zitieren:

> »Seit Marx ist es klar, dass das Kapital durch den Lohn herrscht und sich entwickelt, d.h. dass die Grundlage der kapitalistischen Gesellschaft die Lohnarbeiter und Lohnarbeiterinnen sowie ihre unmittelbare Ausbeutung sind. Von den Organisationen der Arbeiterbewegung ist jedoch niemals erkannt und erst recht niemals in ihre Überlegungen einbezogen worden, dass gerade durch den Lohn die Ausbeutung der Nicht-Lohnarbeiter organisiert wird, der unbezahlten Arbeiterinnen und Arbeiter. Diese Form der Ausbeutung war noch effektiver, weil das Fehlen eines Lohns sie verschleierte, mystifizierte. Das heißt also, der Lohn kommandiert mehr Arbeitsleistungen, als die Tarifverträge in der Fabrik erkennen lassen. *Daher erscheint, was Frauen betrifft, ihre Arbeit als persönliche Dienstleistung außerhalb des Kapitals.*«

Und:

> »Die Herrschaft des Kapitals durch den Lohn zwingt jede arbeitsfähige Person, nach dem Gesetz der Arbeitsteilung so zu funktionieren, wie es unmittelbar oder mittelbar die zeitliche und räumliche Ausweitung der Herrschaft des Kapitals befördert.«[552]

Man kann also sagen, dass das Kapital in der Familie über den Lohn des Mannes die Arbeit der Ehefrau im Haus beherrscht. Aber diese Beziehung kann auch anderswo gesehen werden, sowohl in der Beziehung zwischen Geld- und Nicht-Geldwirtschaft, zwischen der neuen Weltwirtschaft und der Subsistenzwirtschaft, als auch in den neuen Arbeitsteilungen innerhalb der Produktion und Reproduktion. Zum Beispiel herrscht das Kapital durch die Lohnarbeit, die der migrierte Arbeiter in New York findet, auch über die landwirtschaftliche Arbeit der Frau, die in ihrem Dorf bleibt und diese Wirtschaftsstruktur weiter aufrechterhält, was eine Lebensgarantie für den Arbeiter darstellt, wenn er ins Dorf zurückkehren muss oder will.

Es ist wichtig, sich all dies vor Augen zu halten, um im aktuellen globalen Szenario die Kampfzyklen zu erfassen, die darauf abzielen, die kapitalistische Herrschaft zu durchbrechen. Dieses Thema ist nach wie vor zentral in meinen Arbeiten, wie zum Beispiel in »Kapitalismus und Reproduktion«, in »L'indigeno che e'in noi, la terra cui apparteniam« (Der Indigene in uns, das Land, dem wir angehören), in »Neoliberismo, terra e questione alimentare« (Neoliberalismus, Boden und die Ernährungsfrage) und in den Büchern *Donne e politiche del debito* (Frauen und die Politik der Verschuldung) und *Donne, sviluppo e lavoro di riproduzione* (Frauen, Entwicklung und Reproduktionsarbeit), die ich mit meiner Schwester Giovanna Franca herausgegeben habe.[553] Dasselbe Thema steht auch im Mittelpunkt des Buches *Un lavoro d'amore* (Arbeit aus Liebe) von Giovanna Franca, das 1978 in Italien erschien: Sie analysiert insbesondere die Funktion der körperlichen Gewalt seitens des Mannes als Lohnarbeiter, der die unentlohnte Arbeit der Frau befehlen, kontrollieren und disziplinieren muss.[554] Dieses Thema ist auch in den Arbeiten von Silvia Federici zentral.

LT: Wie interpretieren Sie einerseits die enorme internationale Wirkung, die das Buch *Die Macht der Frauen und der Umsturz der Gesellschaft* auf die westliche Frauenbewegung der 1970er-Jahre hatte, und andererseits das Scheitern der damit verbundenen Strategie?

MDC: Meiner Meinung nach war die enorme Wirkung des Buches nicht nur darauf zurückzuführen, dass die Analyse den Nagel auf den Kopf getroffen hatte, sondern auch darauf, dass man spürte, dass sie aus einer lebendigen, aktivistischen Welt stammte und einen Anhaltspunkt für politisches Handeln bot. Das Buch betonte die Idee vom Kapital als gesellschaftlichem Verhältnis, als Klassenverhältnis, das es zu durchbrechen und nicht einfach nur zu verbessern oder als eine bestimmte Menge Reichtum gerechter zu verteilen gilt. Darin lag der Unterschied zwischen revolutionärem Feminismus und reformistischem Feminismus.

Diese Jahre waren Teil eines Zyklus von Kämpfen, die sich ab der zweiten Hälfte der 1960er-Jahre auf internationaler Ebene entwickelten und die auf die Grundlagen und Gleichgewichte des Kapitalismus in Ost und West, Nord und Süd zielten. Vor allem in Italien kam es in den 1970er-Jahren zu einer Massenmobilisierung von Arbeiter*innen, Studierenden, Arbeitslosen, Facharbeiter*innen und Menschen aus anderen Schlüsselsektoren der Arbeitswelt.

Die Frauenbewegung entstand in diesem Kontext von Kämpfen. Aktivistinnen aus verschiedenen Ländern, die mit unserer Perspektive sympathisierten oder sich ihr angeschlossen hatten, beschlossen, *Potere femminile* zu übersetzen und zu verwenden, ebenso wie das umfangreiche Analyse- und Dokumentationsmaterial unserer Gruppen, das aus unseren Zeitungen, Rundbriefen, Flugblättern, selbstständig vervielfältigten Texten oder kleinen Büchern bestand, die für den aktivistischen Gebrauch veröffentlicht und konzipiert wurden.[555]

Durch dieses Erbe sind nicht nur viele Aktivistinnen beeinflusst, sondern auch mehrere Generationen von Frauen, die auf verschiedenen Ebenen in Institutionen oder an der Universität Positionen bekleiden. Sie haben den Diskurs weitergeführt, aber leider meist die Ursprünge, die Quellen und die tatsächliche Reichweite dieses Diskurses ausgeblendet und damit oft in vielerlei Hinsicht die mögliche Existenz und Verbreitung späterer Entwicklungsstufen dieser Art von Analyse behindert.

Warum haben wir nicht ›gesiegt‹? Nun, aus denselben Gründen, aus denen auch die anderen sich im Kampf befindenden Gesellschaftsbereiche nicht gesiegt haben. Weil das kapitalistische System auf einen so starken Zyklus von Kämpfen, der eine sehr wichtige Neuzusammensetzung der Klassenmacht, vor allem zwischen entlohnter und unentlohnter Arbeit, hervorgerufen hatte, mit der Dezentralisierung der Produktion reagierte. Die Produktionsbedingungen änderten sich, es kam zu hoher Arbeitslosigkeit, einer Prekarisierung von Arbeit, Lohnsenkungen und drastischen Kürzungen der Sozialausgaben. Und das gilt für heute umso mehr [Dalla Costa spricht hier über die Mitte der 1990er-Jahre], sodass die Lebensmöglichkeiten generell sehr unsicher wurden.

Die systematische Umsetzung einer weltweiten Strukturanpassungspolitik im Namen der Bewältigung der internationalen Schuldenkrise hat zu einer weltweiten Unterentwicklung der Reproduktion geführt. Die 1980er-Jahre waren in vielen Ländern ein Jahrzehnt voller Aufstände der Bevölkerung und Kämpfen ums tägliche Brot. In Italien waren es Jahre der politischen Unterdrückung und der ›Normalisierung‹. Die Geschichte der feministischen Bewegung für einen Lohn für Hausarbeit und die Werke ihrer Theoretikerinnen kamen in der feministischen Szene und der Frauenkultur im Allgemeinen nicht mehr vor und wurden auch in der universitären Lehre ignoriert. Dies gilt nicht nur für die Werke aus den 1970er-Jahren, sondern auch für die Arbeiten, die in den frühen 1980er-Jahren veröffentlicht wurden und einen Grundstein für die spätere Entwicklung dieses Diskurses bildeten.[556]

In Italien war die Antwort des kapitalistischen Systems in den 1990er-Jahren noch härter, was mit den weltweiten Entwicklungen in Zusammenhang stand. Wie ich in zwei Texten aus jenen Jahren (»Capitalismo e riproduzione« und »Sviluppo e riproduzione«) analysiert habe, erlebten wir in Italien Phänomene wie dass sich Menschen umbringen, weil es an Arbeit mangelt oder weil die einzigen Einkommensmöglichkeiten von kriminellen Organisationen angeboten werden. Wir erlebten Fälle, in denen Menschen versuchten, ihre Organe zu verkaufen, um an Geld zu kommen, Fälle, in denen Mütter ihre Kinder unmittelbar nach der Entbindung aussetzten, wir mussten feststellen, dass ein Großteil der Bevölkerung von Krediten abhing, usw.[557]

Der Golfkrieg stellte eine Art Schock für die italienische Gesellschaft dar. Die Menschen waren erneut mit der Frage konfrontiert, ob sie ihre Söhne in den Krieg schicken sollten. Das führte dazu, dass man sich auf gesellschaftlicher Ebene wieder Gedanken über die Welt, die Auswirkungen dieses Wirtschaftssystems und darüber machte, was man dagegen tun könnte. Es begann eine neue politische Debatte, in der die Möglichkeit diskutiert wurde, andere Produktions-, Konsum- und Lebensverhältnisse sowie andere Beziehungen zur Natur und zu allen Lebewesen aufzubauen. Insbesondere die letztgenannten Themen, auch wenn sie in der Bewegung nach wie vor nur von einer Minderheit debattiert wurden, standen im Widerspruch zum institutionellen Diskurs, der unter den immer strengeren Vorgaben des Internationalen Währungsfonds zur Strukturanpassung die soziale Frage und die Frage des Verhältnisses zur Natur, angefangen bei dem Verhältnis zu Land und Nahrung, völlig ausgeklammert hat.

Die Rebellion in Chiapas und die Bewegung, die sie repräsentiert – und in der Frauen eine tragende Rolle spielen –, sowie viele andere Kämpfe und Bewegungen weltweit, die eine andere Entwicklung anstreben, die vor allem deshalb anders ist, weil sie nicht kapitalistisch ist, sind ein Hinweis, eine Möglichkeit für ein Bündnis. Gleichzeitig handelt es sich hier um ein großes gesellschaftliches und politisches Labor, in dem neue Erfindungen und Formen der Produktion, des Konsums und des Lebens erprobt werden können, für Nicht-Lohnabhängige und Lohnabhängige, Männer und Frauen, weltweit.

LT: Wie würden Sie die Schritte beschreiben, in denen sich Ihr Denken entwickelt hat? Wie hat sich die Perspektive von »Lohn für Hausarbeit« im Zuge der politischen und wirtschaftlichen Entwicklungen in Italien und auf internationaler Ebene verändert und wie würden Sie die Forderung nach einem Lohn für Hausarbeit heute aktualisieren?

MDC: Das erste, was ich über die Entwicklung meines Denkens sagen möchte, ist, dass es nicht in einen absolut linearen Lebensweg, d. h. ohne Unterbrechungen oder Hindernisse, eingebettet war. Nicht nur, dass ich in einem Frauenkörper durch die Welt ging – und das bedeutet biologische Fristen und Bedingungen –, auch meine Arbeit, Verantwortungen und die typischen Schwierigkeiten, die mit dem Geschlecht, dem ich angehöre, zusammenhängen, beschränkten in verschiedenen Phasen meines Lebens meine Möglichkeiten, meine Gedanken und Überlegungen schriftlich festzuhalten. Diese Beschränkungen bildeten jedoch gleichzeitig ein Feld der Inspiration und Analyse. Allein die Tatsache, dass ich ein intellektuelles und aktivistisches Leben bevorzugt habe, war für mich mit ziemlich hohen Kosten und Verzichten aller Art verbunden. Aber alles, was ich getan habe, hätte mit Sicherheit nicht getan werden können, ohne dass es etwas gekostet hätte.

»Unser Erbe sichern …«

MDC: Ende der 1970er- und in den 1980er-Jahren war ich damit beschäftigt, mich mit den Folgen der politischen Repression auseinanderzusetzen: Menschen, darunter auch mir selbst, zu helfen, unser Erbe zu sichern – zu verhindern, dass alles, was wir während unserer politischen Aktivitäten in den 1970er-Jahren produziert hatten, einfach zerstört wurde; mich mit einer politischen Debatte zu beschäftigen, in der die schmerzhafte Notwendigkeit aufkam, unser Netzwerk aufzulösen und unsere Frauenzentren zu schließen.[558]

In den späten 1970er-Jahren ging eine Ära zu Ende. Der auf einem Maximum an Aktivitäten einerseits und dem Mangel an Geld, das jede von uns aufbringen konnte, andererseits beruhende Aktivismus hatte uns an einen Wendepunkt gebracht, an dem wir ihn nicht mehr weiterführen konnten. Es gab, im Gegensatz zu dem, was es heute für verschiedene Fraueninitiativen gibt, keine Finanzierungsmöglichkeiten auf nationaler und internationaler Ebene.

Nebenbei bemerkt frage ich mich, welche Grenzen, Risiken und Ungewissheiten für die aktuellen Initiativen mit einer solchen Finanzierung einhergehen. Es scheint, dass die gleiche Logik, die bezüglich anderer großer Fragen gilt, etwa wenn die Verschlimmerung des Unglücks der Völker der Welt eine Fülle von Initiativen hervorbringt, die aufgrund und um dieses Unglück herum finanziert werden, auch bei der Frauenfrage gültig ist. In der Tat ist es unmöglich, die massive Verschlechterung der Lage der Frauen in der Welt zu übersehen. Es besteht die Gefahr, dass es immer mehr professionelle Unterstützung für Frauen in Notlagen und eine Femokratie gibt, die die Rebellion und die Versuche, radikalere Kämpfe gegen all das aufzubauen, einhegen – Kämpfe gegen genau diese Art von Entwicklungen in ihren neuen neoliberalen Ausprägungen: Strukturanpassungspolitiken, Kriege, fortlaufende Enteignung der Reproduktionsmittel der Bevölkerung, und das alles mit einem einzigen Ziel: Alles muss zur Ware werden, vor allem zur Exportware.

Kehren wir zur Zeit Ende der 1970er-Jahre zurück. Unsere Organisation stand vor der Notwendigkeit, sich weiterzuentwickeln, da klar wurde, dass der Staat uns keinen Lohn für Hausarbeit gewähren würde. Wir hatten jedoch in anderen Bereichen gewonnen: die weibliche Identität wurde nicht mehr nur über Ehe, Familie und Kinder definiert; die weibliche Sexualität wurde nicht mehr nur über Fortpflanzung definiert; Frauenrechte wurden in Bezug auf Gesundheitsfürsorge, Abtreibung und Geburt und generell in Bezug auf die Behandlung in der Geburtshilfe und Gynäkologie durchgesetzt (obwohl in vielen Krankenhäusern in diesem Bereich noch viel zu tun bleibt); wir haben die Änderung des Familiengesetzes und viele andere Dinge erreicht.

Was die Frage der Entlohnung von Hausarbeit und die wirtschaftlichen Bedingungen im Allgemeinen betrifft, so wurden wir nicht nur mit einer negativen Antwort konfrontiert, sondern, wie auch viele andere Bewegungen, mit einer repressiven Antwort. Mich all dem zu stellen, hat viel von meiner Zeit und Aktivität in Anspruch genommen ...

Frauen/Wohlfahrtsstaat/Produktionsweise

MDC: Was meine intellektuelle Produktion in den 1980er-Jahren angeht, so habe ich vor allem das Buch über die Beziehung zwischen Frauen und dem Staat während des New Deals, also als in den USA der Wohlfahrtsstaat ausgebaut wurde, fertiggestellt.[559] Das Buch sollte das sich damals herausbildende Verhältnis Frauen/Wohlfahrtsstaat/Produktionsweise als Vorläufer dessen untersuchen, was bis in die 1970er-Jahre das vorherrschende Modell in den westlichen Ländern prägen sollte. Gleichzeitig deutete ich darin die Kämpfe der Frauen, die dieses Modell ebenso wie die Kämpfe der Arbeiter*innen und Arbeitslosen begleiteten, als Ausdruck des Willens zur Autonomie.

Die 1930er-Jahre bildeten in den USA den Prüfstein für die moderne Familie in Krisenzeiten – mit der Hausfrau, die den Lohn des Mannes (wenn es einen gibt) verwalten musste, die aber auch für die Arbeit außerhalb des Hauses, ob angemeldet oder unter der Hand bezahlt, verfügbar sein und gleichzeitig die Familie vor dem Hintergrund einer hohen männlichen Arbeitslosenquote, einer Prekarisierung des Arbeitsmarktes und eines neuen Sozialversicherungssystems unterstützen musste.

Während die 1930er-Jahre in den USA die Geburtsstunde des Wohlfahrtsstaates waren, waren die 1980er-Jahre der Beginn des Abbaus desselben. Während in den 1930er-Jahren versucht wurde, die Reproduktion der Arbeitskraft im Rahmen eines produktiven und gesellschaftlichen Gesamtplans an die Warenproduktion anzupassen, wurde die Reproduktion in den 80ern der ›freien Initiative‹ der Einzelnen überlassen und die Produktion der Waren in einem internationalen Kontext der Kriegseskalation zunehmend ins Ausland verlagert.

Obwohl sich die Rahmenbedingungen seit den 1930er-Jahren geändert haben, waren die Zwänge für Frauen in den 1980er-Jahren dieselben, wie auch heute noch, nur unter schwierigeren Bedingungen. Wie gelang es Frauen unter diesen Bedingungen weiterhin, ihre Autonomie auszubauen? Ich habe einige Artikel zu diesem Thema verfasst, in denen ich mich auf die öffentlichen Ausgaben oder die Beschäftigungspolitik in Italien konzentrierte.[560] In anderen Artikeln reflektierte ich über die Frauenbewegung der 1970er-Jahre, die von ihr aufgeworfenen entscheidenden Fragen und die von ihr geführten Kämpfe.[561] Diese Überlegungen finden sich auch in anderen, bereits erwähnten Artikeln, etwa in den Artikeln über Staatsausgaben oder Beschäftigung. All diese Arbeiten entstanden unter sehr schwierigen Bedingungen. Ich war stets darum bemüht, zumindest einige Überlegungen festzuhalten, angesichts der massiven Welle von Ereignissen, die unsere Welt – die großen Kämpfe des Feminismus – durch Repression und Normalisierung ersticken würde.

Die Entmystifizierung des Diskurses über Familienstrategien

MDC: Ein weiteres wichtiges Thema, das sich durch mehrere meiner Arbeiten zieht, ist die Entmystifizierung des Diskurses, dass Frauen verschiedene Strategien zur Verfügung stünden, um die Arbeit in der Familie und die Arbeit außerhalb der Familie miteinander zu vereinbaren. Akademikerinnen, die in den 1990er-Jahren die »Doppelpräsenz« von Frauen priesen, erklärten nicht, wie viele von ihnen das Problem der Hausarbeit gelöst hatten.[562]

Ich denke dazu, dass es nicht viele verschiedene Familienstrategien gab und gibt, sondern genau zwei. Und das gilt insbesondere in einem Land wie Italien, in dem es nur ein sehr spärliches und teures Dienstleistungssystem gibt. Entweder gehen Frauen auswärts arbeiten und verzichten darauf, Kinder zu bekommen, wodurch sie den größten und problematischsten Teil der Hausarbeit umgehen; auf diese Weise gelingt es ihnen, Hausarbeit und außerhäusliche Arbeit zu kombinieren. Oder Frauen mit Kindern gehen außer Haus arbeiten und verlassen sich dazu entweder auf die kostenlose Hilfe (eigentlich: Arbeit) anderer, meist nahestehender Frauen oder bezahlen andere Frauen dafür, dass sie einen Teil der Hausarbeit erledigen. In diesem Fall darf das Geld, das diese Frauen erhalten, nicht die Summe übersteigen, die sie selbst verdienen. Daher ist der Geldbetrag, den die Frau erhält, die das Haus betritt, wenn die erste Frau es verlässt, sehr gering.

Das Problem wird also nicht gelöst und führt zu einer zusätzlichen Klassendifferenz unter Frauen. Und, wie ich bereits in Texten aus den frühen 1980er-Jahren geschrieben habe – in denen ich die Umstrukturierung der Produktions- und Reproduktionsarbeit in Italien durch die neuen Einwanderungsströme untersuchte –, waren es nach und nach migrantische Frauen, vor allem aus den Philippinen, die in Italien einen Großteil der Hausarbeit übernahmen, insbesondere die Betreuung von Kindern, älteren, behinderten und kranken Menschen.[563]

LT: Sie haben geschrieben, dass zwei zentrale Begegnungen Ihre intellektuelle Entwicklung ab den 1990er-Jahren geprägt haben: mit indigenen Bewegungen (ausgehend von Ihrer Lektüre von Rigoberta Menchù) und mit Ökofeministinnen (insbesondere Vandana Shiva).[564] Würden Sie sagen, dass diese Begegnungen mit Frauen aus dem globalen Süden eine Wende in Ihrem intellektuellen und aktivistischen Werdegang herbeigeführt haben?

MDC: Im Großen und Ganzen gab es eine Wende. Als ich die Situation von Frauen und Männern in Bezug auf Lohn und Zeit untersuchte, entdeckte ich einen Rahmen, der sich einfach nur verschlechtern würde. Aber bis zu einem gewissen Grad hatte ich auch das Gefühl, dass die Kämpfe auf dem Gebiet der Arbeitszeit und des Lohns zu begrenzt waren, weil sie es dem Kapital überließen, die Art der Welt und die Art des Lebens auf der Erde zu definieren.

Nicht nur hatten wir in der Lohnfrage nicht gewonnen, sondern unser Kampf wurde zudem der Politik der Produktion von Tod und Elend nicht gerecht, die die Reproduktionskräfte der Natur, der Erde und der Körper der Menschen zunehmend ›kastrierte‹. Einerseits war da also unser Kampf um Geld und Zeit, ein Gebiet, auf dem wir kämpfen mussten, andererseits mussten wir aber auch auf einem anderen Gebiet kämpfen, um der Gegenseite nicht vollständig die Oberhand über die Definition dessen zu überlassen, in ›welcher Welt‹ und um ›welches Leben‹ wir kämpften.

Wir mussten uns vor allem der Frage nach dem Land stellen, das immer stärker privatisiert, enteignet und vergiftet wird. Diese Frage bedeutete in erster Linie, darüber nachzudenken, wie aus unserer Sicht eine landwirtschaftliche Lösung aussehen könnte, die für die Menschen auf der Erde akzeptabel ist, d. h. die verhindert, dass sie Gift kaufen müssen, um sich zu ernähren, und stattdessen den Zugang zu ›frischen und gesunden Lebensmitteln‹ ermöglicht, wie es im Slogan einer Bewegung hieß, die sich insbesondere in den 1990er-Jahren sowohl im globalen Süden als auch im globalen Norden der Welt verbreitete.[565]

Diese Frage wurde in Italien und in der ganzen Welt immer wichtiger, wie 1997, 1998 und 1999 bei den Demonstrationen von Landwirt*innen ersichtlich wurde, die mit ihren Tieren und landwirtschaftlichen Erzeugnissen die Straßen besetzten. Sie spielte in meiner Arbeit eine zentrale Rolle, im Rahmen einer Kritik an der neoliberalen Strukturanpassungspolitik, d. h. an dieser Art von Entwicklung.[566] Diese Frage spielt auch eine zentrale

Rolle bei meiner Beschäftigung mit Bewegungen und Initiativen indigener Völker, und des globalen Südens im Allgemeinen, um andere Arten des Wirtschaftens und Lebens aufzubauen. Davon zeugt auch meine Aufmerksamkeit für den Kampf in Chiapas seit seinen Anfängen.

In diesem Zusammenhang möchte ich sagen, dass es zwischen Marcos [dem Führer der zapatistischen Bewegung in Chiapas] und den anderen politischen Führern einen bedeutenden Unterschied gab, den ich sehr geschätzt habe: Er hatte die besonderen Herausforderungen der Frauen, die Mitglieder der Revolutionsarmee sind und unter extrem prekären Bedingungen in den Bergen leben, im Blick, Schwierigkeiten mit ihren Körpern, die jeden Monat menstruieren. Er erkannte und besprach diese biologischen Unterschiede und berücksichtigte sie im Kampf.[567]

LT: Sie haben von einem ›tödlichen Prozess‹ gesprochen, der die kapitalistische Entwicklung heute zunehmend kennzeichnen würde. Was meinen Sie damit?

MDC: Es ist allgemein bekannt, dass die kapitalistische Wirtschaft auf der Produktion von Elend und Tod sowie auf der Entwurzelung und Umsiedlung ganzer Bevölkerungsgruppen aufbaut und sich auf dieser Grundlage weiterentwickelt. Diese Prozesse schwächen die Organisations- und Widerstandsnetzwerke, die die Bevölkerungen aufgebaut haben, d.h. sie schwächen die reproduktiven Kräfte der Bevölkerungen.

Diese Prozesse waren seit den Anfängen der Geschichte des Kapitals, während der Periode der ›ursprünglichen Akkumulation‹, offensichtlich. Auch heute noch finden Landnahmen und Umsiedlungen statt, insbesondere in Zusammenhang mit großen Entwicklungsprojekten der Weltbank (z.B. Wasserkraftprojekte), oder sie finden infolge von Strukturanpassungspolitiken und Preisschwankungen für Agrarprodukte statt, die enorm große Bevölkerungsanteile zur Migration zwingen.

Dann gibt es meiner Meinung nach noch auf einer ganz anderen Ebene eine Art von Politik der Landnahme, die auf Individuen abzielt: Die neuen Reproduktionstechnologien tendieren dazu, das Individuum immer mehr als ein Laborprodukt zu begreifen denn als ein Kind eines biologischen Vaters und einer biologischen Mutter im Kontext ihrer sozialen Beziehungen. Dies ist auch eine Möglichkeit, den Menschen den Kontext dieser Beziehungen, ihre Geschichte und ihr Gedächtnis zu nehmen, welche über die Generationen hinweg weitergegeben werden. Menschen werden ihrer Wurzeln und ihrer Vergangenheit beraubt. Es handelt sich hierbei um eine Politik der Schwächung der Individuen durch die Schwächung ihrer Identität, da sich das allem vorangehende Fundament für diese Identitätsbildung selbst verflüchtigt.

In ähnlicher Weise wird die Politik der Produktion von Tod und der Schaffung von Elend neu konfiguriert. Tod und Elend werden zunehmend durch die kontinuierliche Produktion von Krankheit und Behinderungen aller Art vermittelt, die aus einer Neoliberalisierung des Wissenschaftsbetriebs resultieren, der durch wiederholte Experimente, die niemand autorisiert hat und die bis heute niemand aufhalten konnte, den menschlichen Körper einem neuen Risiko der Erkrankung, an bekannten und unbekannten Krankheiten, aussetzt.

Die ständigen Kriege sind die günstigste Gelegenheit, all dies an einer großen Zahl von lebenden-sterbenden Menschen auszuprobieren. Was auf dem Spiel steht, ist die Unterbrechung der reproduktiven Fähigkeiten des menschlichen Körpers, wie es bereits mit den Körpern anderer Lebewesen – Pflanzen und Tieren – geschehen ist, um die menschlichen Körper immer abhängiger von der ›medizinischen Wissenschaft‹ zu machen, mit anderen Worten, vom ›Markt-Labor‹. Es handelt sich hierbei um ein umfassendes Vorhaben der ›Kastration‹ der Fortpflanzungskräfte der Natur und der Körper aller Lebewesen.

Ich denke, es ist kein Zufall, dass ich während meiner theoretischen und praktischen Auseinandersetzungen mit den Kämpfen der Bevölkerungen gegen das, was ich die Kastration des Bodens nenne, die mit den verschiedenen Etappen der Grünen Revolution bis hin zu den neuen Technologien, der Biotechnologie und der genetischen Manipulation von Lebewesen einherging, wie so viele Frauen auf den medizinischen ›Vorschlag‹ der Hysterektomie gestoßen bin.

LT: In Ihrem intellektuellen Werdegang haben Sie der Frage der Hysterektomie länger Aufmerksamkeit geschenkt. Was hat Sie dazu veranlasst?

MDC: Diese Operation wurde mir, wie vielen anderen Frauen auch, unbegründet vorgeschlagen. Ich hatte die Fähigkeit und die Möglichkeit, die Sache zu überprüfen, und habe mich gegen die Operation entschieden. Aber wie ist es anderen Frauen ergangen? Gespräche, die ich diesbezüglich mit anderen Frauen und Ärzten geführt habe, um die Richtigkeit (oder Unbegründetheit) dieses Vorschlags zu überprüfen, haben mir die Augen geöffnet: Abgesehen von den Fällen, in denen sie wirklich notwendig sein kann, ist die Praxis im 20. Jahrhundert in vielen fortschrittlichen Ländern zu einer Form der Massenkastration von Frauen geworden, und das aus Gründen, die ganz sicher nicht dem Wohl der Frauen dienten.

Es war tatsächlich schockierend zu sehen, wie oft diese Praxis angewandt wurde. Ich erfuhr von all den negativen Folgen, die normalerweise nicht erwähnt werden, wenn Frauen diesem Eingriff unterzogen werden sollen, obwohl es in vielen Fällen alternative, nicht verstümmelnde Lösungen gibt, die den Frauen nicht zur Kenntnis gebracht oder als Wahlmöglichkeiten angeboten werden.

Ich sah, dass die gleiche aggressive und kastrierende Politik, die den Fortpflanzungskräften der Natur-Erde schadet, hier den Fortpflanzungskräften des Natur-Körpers der Frauen schadet, bei dem jedes einzelne Organ mit dem gesamten Körper verbunden ist. Nur ein reduktionistisches, mechanistisches Denken kann diese Kräfte isolieren, Uterus und Eierstöcke isolieren, die Komplexität der Funktionen dieser Organe in Bezug auf den gesamten Körper ignorieren und sie ab einem bestimmten Alter als schlichtweg überflüssig betrachten.

Das Problem der Hysterektomie stellte für mich die dritte Station dar, die dritte Etappe der Kämpfe, die die Lebensreise des weiblichen Körpers betrafen – nach den Kämpfen, die wir um Geburt und Abtreibung herum organisieren mussten. Ich beschloss, das Thema aufzugreifen und die Debatte in Italien zu eröffnen. Nach einigen Monaten einsamer Arbeit bereitete ich meinen ersten längeren Vortrag vor, den ich am 7. Dezember 1997 auf einer nationalen Konferenz von Gynäkolog*innen in Palermo halten sollte, zu der ich eingeladen worden war.[568] Die Konferenz war ein sehr wichtiges Ereignis, da hier der Diskurs einer Frau, einer Feministin, mit dem Diskurs von Ärzt*innen konfrontiert wurde. Anschließend organisierte ich 1998 in Padua ein Kolloquium mit Gynäkolog*innen, aber auch mit Richter*innen zu diesem Thema, an dem sich viele Frauen beteiligten.

Ich hatte unter anderem deshalb Richter*innen eingeladen, weil ich zu dem Schluss gekommen war – und diese These vertrat ich in Padua ebenso wie in meinem Vortrag in Palermo –, dass die ungerechtfertigte Hysterektomie eine Verletzung der psychophysischen Integrität der Person, eine sehr schwere Verletzung der Persönlichkeit darstellt und gleichzeitig eine schreckliche Form der Gewalt, welche die ›medizinische Wissenschaft‹ auf den Körper der Frau ausübt.[569] Ich organisierte anschließend auch in Venedig eine breit angelegte Konferenz unter Beteiligung von Ärzt*innen, Wirtschaftswissenschaftler*innen, Jurist*innen und vielen Frauen zu diesem Thema. Danach wurde ich in Rom und Mailand zu mehreren Medienkongressen eingeladen. Diese Mobilisierung war vor allem eine Gelegenheit, mit französischen Gynäkologinnen in Kontakt zu treten und mich an ihrem großen Kampf für die Beibehaltung des Fachgebiets der medizinischen Gynäkologie zu beteiligen – neben dem der chirurgischen Gynäkologie, die Politik wollte nur die letztere beibehalten. Der Körper der Frau hatte es stets sehr schwer, durch diese auf Männer zugeschnittene Welt zu gehen.

Ich erinnere mich an eine Definition der Frau, die wir in den 1970er-Jahren gaben. Sie lautete in etwa: »Eine Frau ist ein Subjekt, das das, was immer es gerade tut, unterbrechen muss, wenn es einen Notfall in der Familie gibt.« Wieder einmal war ich gezwungen, das zu unterbrechen, was ich gerade tat, nämlich meine Forschung über die Landfrage. In diesem Fall ging es jedoch nicht um die Familie, sondern um meinen eigenen Körper, den Körper einer Frau, die ein weiteres Hindernis überwinden musste, um ihren Lebensweg fortsetzen zu können.

LT: Was waren seit dem Jahr 2000 Ihre intellektuellen und aktivistischen Anliegen?

MDC: Ich habe diese Jahre der Analyse der Diskurse und Kämpfe der Bauern- und Fischerbewegungen im Zuge der Globalisierung gewidmet. In den ersten Jahren konzentrierte ich mich auf die Bauernbewegungen. Ich stellte fest, dass es trotz der harten und langen Kämpfe, die verschiedene Subjekte führten, sehr schwierig war, sich vorzustellen, wie eine Alternative zu dieser Art von Entwicklung, eine andere Idee der gesellschaftlichen Organisation und der Produktion entstehen könnte. Das vorherrschende Modell reproduzierte sich kontinuierlich durch die Enteignung von Land, genau wie zu Beginn des Kapitalismus, aber in neuen Formen, durch die Aneignung und Umwälzung der reproduktiven Kräfte der Natur. Dieses Entwicklungsmodell wird durch verschiedene Arten von Enteignungen fortgesetzt, bei denen Massen von Menschen vertrieben werden. Die Arbeiterschaft wird weltweit neu strukturiert und zu Bedingungen angeordnet, die der Sklaverei ähneln.

Die Umwälzung der Mechanismen der spontanen Reproduktion des Lebens – etwa durch Patente auf Saatgut –, die Staatsverschuldung und die Strukturanpassungsprogramme sind allesamt Bestandteile derselben Strategie, mit der das Kapital eine Ernährungsdiktatur errichten will, die für die Menschen maximale Ausgaben bedeutet und sie in eine totale Erpressungssituation bringt. Das ist die Frage, von der wir ausgehen müssen: Wie können wir diese Diktatur brechen? Andernfalls ist es so, als ob der gesamte Aktivismus und alle Kämpfe auf der Welt sich darauf beschränkten, ein Haus ohne Fundament zu bauen.

Die Bauernbewegung stellte sich dem Problem des Fundaments. Ausgehend von dem Wunsch, die Beziehung zwischen dem menschlichen Leben und der Erde wiederherzustellen, deren Negation das Herzstück der kapitalistischen Entwicklung ist, bedeutete dies, diese Entwicklung umzukehren und die Basis für den Aufbau einer anderen Entwicklung zu legen – ›anders‹ vor allem in dem Sinne, dass sie nicht mehr Hunger und Tod als grundlegende Prämisse voraussetzt.

Die Bauernbewegung setzte die Grundlagen für die Opposition zur Hungerstrategie: Nahrung ist ein Allgemeingut; das bedeutet das Recht der Bevölkerung auf Zugang zu den Quellen der Nahrung – vor allem Land, Wasser und Biodiversität – und ihre grundlegende Freiheit, selbst zu entscheiden, was sie isst und wie sie Nahrung produziert; eine Demokratie kann es nicht ohne Ernährungsdemokratie geben; Ernährungssouveränität ist eine zentrale Quelle von Ernährungssicherheit. Viele weitere Themen waren wichtig für diese Bewegung: eine verantwortungsvolle Landwirtschaft handelt verantwortungsvoll gegenüber anderen Bäuer*innen, Verbraucher*innen und dem Land selbst; die Vorstellung, dass Ernährungssicherheit davon abhängt, dass ausreichend starke Währung vorhanden sein müsse, mit der man Lebensmittel von multinationalen Konzernen kaufen kann, muss zurückgewiesen werden. Aus meiner Sicht war es wichtig, diese Themen nicht so zu behandeln, als ob sie nur den globalen Süden betreffen würden. Weltweit gingen verschiedene Bewegungen in die gleiche Richtung, auch in Italien, und ich untersuchte, was es an Gemeinsamkeiten und Unterschieden gab, insgesamt ähnelten sie einander.[570] In der Zwischenzeit schloss sich eine breite Verbraucherbewegung in den Städten der Bauernbewegung an, sodass, etwa in Italien, zunehmend eine ländlich-urbane Bewegung entstand.[571]

In einem bestimmten Stadium meiner Forschung in diesem Bereich nahm ich an, dass, wenn solche gesellschaftlichen Kräfte in Bezug auf die

Landfrage am Werk waren, ähnliche Kräfte auch in Bezug auf das Meer, die Flüsse, die Seen und das Wasser, das durch die Adern der Erde fließt, am Werk sein mussten. Und ich stieß auf die Bewegung der Fischer*innen, die in den 1970er-Jahren in Kerala, Indien, ihren Anfang genommen hatte und bald eine globale Dimension erreichte.

Zu dieser Begegnung mit dem Meer, dem Ozean, wie auch meiner Begegnung mit der Erde, kam es, weil diese Suche einem Bedürfnis entsprach, das ich tief in mir verspürte, dem Bedürfnis, mein Leben mit dem der Natur zu verbinden.[572] Es war zuallererst eine poetische Begegnung. Es ist kein Zufall, dass ich in dem Buch, das Monica Chilese und ich über den Ozean geschrieben haben, dem Meer einige Verse gewidmet habe.[573]

Die Bewegung der Fischer*innen gegen den gigantischen Fischfang mit Hightech-Booten stellte die Frage nach einem verantwortungsvollen Fischfang, der mit einem Sinn für Grenzen und Verantwortung gegenüber anderen Fischer*innen, den Anrainerstaaten und dem Meer betrieben wird. Die Bewegung der Fischer*innen machte deutlich, dass die organische Verbindung zwischen dem Beruf der Fischer*innen und der Erhaltung des Ökosystems erhalten werden müsse. Sie brachte die Notwendigkeit zum Ausdruck, eine umweltfreundliche – anstelle einer zerstörerischen – Beziehung zum Ökosystem zu entwickeln, und bekräftigte, dass ein tatsächlicher Überfluss möglich ist, wenn die spontane Reproduktion der Quellen und die Zyklen des Lebens verteidigt werden.[574]

LT: Welche Verbindung besteht zwischen dieser Forschung zu Fragen von Land und Meer und Ihrer früheren Forschung zur Situation von Frauen und der Frauenbewegung?

MDC: Die Land- und Meeresfrage, die Frage der Ernährungspolitik einerseits und die Bewegungen für ein alternatives Ernährungssystem andererseits ermöglichten es mir, mich der Frage der Reproduktion zu widmen und sie auf einer höheren Ebene neu aufzurollen. Die Kämpfe um Geld und Zeit waren nicht ausreichend, um uns eine andere Zukunft vorzustellen, die nicht von vornherein den wachsenden Hunger in der Welt annahm. Das vorherrschende Ernährungssystem produziert nicht nur Hunger, sondern auch Krankheiten. In den letzten Jahren kam es immer wieder zu Lebensmittelskandalen. Das Essen, das traditionell eine Quelle der Freude war, wurde zunehmend zu einer Quelle des Misstrauens und der Angst. Die

Bereitstellung von Nahrungsmitteln war eine der wichtigsten Aufgaben der weiblichen Reproduktionsarbeit, doch, wie es der Zufall will, steht diese Aufgabe heute vor vielen neuen Problemen: Nahrungsmittel werden nicht nur knapp, sowohl im Süden als auch im Norden, sondern auch ungesund. Infolgedessen führen Frauen in vielen Regionen Bewegungen an, die sich für den Erhalt von Land und Nahrung einsetzen.

Darüber hinaus haben Frauen, die sich traditionell um die Körper anderer gekümmert haben, durch die Frauenbewegung der 1970er gelernt, sich um ihren eigenen Körper zu kümmern. Sie stellten sich selbstbewusst die Frage nach ihrer Autonomie und der Erfüllung ihrer eigenen Wünsche, anstatt einfach nur für die Befriedigung der Bedürfnisse anderer zu leben.

Im Kampf der Frauen um die Wiederaneignung ihres Körpers ging es nicht nur um die Wiederaneignung des Wissens und der Macht, über Fortpflanzung und ihre Sexualität zu entscheiden. Sie weigerten sich auch, als Maschinen zur Reproduktion der Arbeitskräfte zu fungieren, und wollten sich ihren eigenen Körper als kreativen und begehrenden Körper wiederaneignen. Gegen ein Leben, das ganz der Arbeit gewidmet war, wollten sie sich Zeit für sich selbst nehmen. Gegen eine Weiblichkeit, die nur aus der Bereitschaft besteht, die Bedürfnisse anderer zu befriedigen, wollten sie sich das Recht auf Emotionen zurückerobern.

Und heute steht das Recht auf Emotionen und Empfindungen im Mittelpunkt der Bewegung für eine bäuerliche Landwirtschaft, die sich gegen die Hässlichkeit wehrt, die die Zerstörung von Landschaften mit sich bringt, gegen den Entzug der Empfindungen, die das Land hervorbringt, gegen die Abschaffung und Homogenisierung von Geschmäckern und gegen die Zerstörung von Wissen. Das Recht auf Kreativität und Schönheit ist in dieser Bewegung sehr präsent, ebenso wie das Recht auf Nahrungsmittelsicherheit. Nach diesem langen industriellen und städtischen Winter wird der Körper der Frau und mit ihm der Körper aller anderen nur durch das Aufblühen des Körpers der Erde wieder erblühen können.[575]

An einem bestimmten Punkt meiner Forschung beschloss ich, alle Materialien in meinem Besitz zu ordnen, sowohl die Materialien für den aktivistischen Gebrauch als auch die eher theoretischen Materialien, die ich im Laufe meines Lebens gesammelt oder produziert hatte, um sie als Archiv für neue Generationen anzulegen. Einige Materialien stammen aus den 1970er-Jahren, andere beschäftigen sich eher mit gegenwärtigen Themen. Es gibt viel gedrucktes Material, wie Flugblätter, Broschüren, Noten und

Theaterstücke, aber auch alte Schallplatten, Kassetten und Filme, die ich auf CD oder DVD überspielt habe.

Ich habe mehrere Jahre damit verbracht, alles zu sammeln und zu ordnen, und im September 2011 habe ich das Ganze der Stadtbibliothek von Padua übergeben, da ich mir sicher war, dass man dort Archivarbeit leisten und den Bestand in einigen Monaten der Öffentlichkeit zugänglich machen würde, da ich das Ganze bereits gut geordnet hatte. Dieses Archiv, mit seiner umfangreichen Sammlung, ist nun für junge (und ältere) Generationen zugänglich.

Interview mit Silvia Federici[576]

Silvia Federici wurde 1942 in Parma, Italien, geboren. Seit 1967 lebt sie in den Vereinigten Staaten. Sie erhielt 1980 einen Ph.D. in Philosophie von der State University of New York at Buffalo. Sie ist emeritierte Professorin für Sozialwissenschaften an der Hofstra University (Hempstead, New York) und Autorin mehrerer wichtiger Arbeiten, die die Perspektive von »Lohn für Hausarbeit« untermauern, darunter Wages Against Housework *(Bristol, UK, Falling Wall Press, 1975).*

Louise Toupin: Nach all diesen Jahren, und um den heutigen Feministinnen zu verdeutlichen, was das Projekt »Lohn für Hausarbeit« bedeutete, können Sie uns sagen, welche Lehren wir aus der Zeit des *Internationalen Feministischen Kollektivs* (IFK) ziehen können?

Silvia Federici: Das IFK diente dazu, die internationale Kampagne für einen Lohn für Hausarbeit in Gang zu bringen. Es war also eine sehr starke politische Erfahrung, die das Leben der Frauen, die daran teilgenommen haben, zutiefst geprägt hat.

Um die Bedeutung unserer Teilnahme an diesem politischen Projekt zu verstehen, muss man das allgemeine Klima der damaligen Zeit berücksichtigen. Es war eine revolutionäre Zeit für viele Frauen. Wir kamen aus der Bewegung – der Studentenbewegung, der Bewegung gegen den Krieg, der Bürgerrechtsbewegung und der antikolonialen Bewegung. Wir hatten damals die Gewissheit, Teil eines historischen Transformationsprozesses zu sein. Und darüber hinaus waren wir in der feministischen Bewegung aktiv, die versprach, unser Leben komplett zu verändern. Die Erfahrungen dieser Jahre waren einzigartige Erfahrungen, die nur in besonderen historischen Perioden möglich sind, in denen der ›Boden bebt‹ und die Gesellschaft als Ganzes sich zu erheben scheint.

Was die Erfahrungen in der Kampagne für den Lohn für Hausarbeit betrifft, so lag ihre Kraft darin, dass sie uns ein umfassendes Verständnis der Gesellschaft und der Mechanismen der Ausbeutung vermittelte und gleichzeitig die persönlichsten Aspekte unseres Lebens berührte, während sie uns ermöglichte, uns mit allen anderen Frauen mit einem neuen Sinn von Solidarität zu verbinden. Es war eine Perspektive, die es uns ermöglichte, das gesamte Spektrum der Erfahrungen von Frauen zu erfassen und gleichzeitig darüber hinauszugehen. Hinzu kam das Gefühl der Macht, das sich aus der Tatsache ergab, dass wir ein kollektives Leben lebten, ein Leben, in dem die Frauen ›an erster Stelle standen‹; das war für jede von uns das oberste Interesse.

Und dann war da noch die Freude darüber, dass sich unsere Fähigkeiten und Talente entwickelten: Wir begannen zu lernen, Texte zu schreiben und vor Publikum zu sprechen, Lieder zu schreiben, Poster zu gestalten, Tag für Tag die Zeitungen zu analysieren und unser Leben interessant zu finden.

Die Lehren, die wir hieraus ziehen sollten? Lernen, eine ›nachhaltige Revolution‹ zu kreieren. Die Frauenbewegung hat die Welt auf den Kopf gestellt, aber sie hat nicht die notwendigen Strukturen geschaffen, um ihre Revolution aufrechtzuerhalten. (Ich spreche hier von der strategischen Frage der Reproduktion, die auf der Strecke geblieben ist). Die neuen politischen Generationen von Frauen, wenn sie unsere Arbeit fortsetzen wollen, tun gut daran, das nicht zu vergessen.

LT: Und welche Lehren lassen sich aus der spezifischen Erfahrung des IFK ziehen?

SF: Die Kampagne hat gezeigt, wie wichtig es ist, ein internationales Netzwerk zu haben, das den Austausch von Wissen, Materialien und Kampferfahrungen ermöglicht, uns die Fähigkeit gibt, auf verschiedenen Ebenen zu kooperieren, eine kohärente Vision unseres Kampfes zu vermitteln und regelmäßig die Wirksamkeit unserer Arbeit zu bewerten.

Gleichzeitig hat uns diese Erfahrung die Grenzen jeder Organisation aufgezeigt, die nicht aus einer Massenbewegung hervorgegangen ist. Eine der Grenzen der internationalen Kampagne für einen Lohn für Hausarbeit war die Tendenz, die Rolle der Führung starr, zu zentralistisch und zu hierarchisch zu interpretieren. Dies wäre nicht möglich gewesen, wenn es sich um eine Massenbewegung gehandelt hätte, in der die Menschen eigenständig Entscheidungen treffen, ohne auf die Erlaubnis der Führung zu warten.

Silvia Federici und Louise Toupin Foto: J. Keable.

LT: Wie hat die Perspektive von »Lohn für Hausarbeit« Ihren Aktivismus und Ihren intellektuellen Werdegang nach 1977 beeinflusst?

SF: Die Perspektive hat mir verdeutlicht, dass der Kapitalismus ein Produktionssystem ist, das strukturell von nicht-vertraglicher und unbezahlter Arbeit in all ihren Formen abhängt und davon, die Reproduktion der Arbeitskraft zu entwerten. Der Kapitalismus muss daher ständig Klassen von rechtlosen Arbeiter*innen schaffen, die die Aufgabe haben, die Arbeitskraft zu niedrigen Kosten zu reproduzieren. Aus diesem Grund ist der Kapitalismus historisch gesehen immer ein im Wesentlichen und strukturell sexistisches und rassistisches System gewesen. Sexismus und Rassismus sind keine moralischen Probleme. Sie sind ideologische Systeme und Praktiken, die dazu dienen, Regime unbezahlter Arbeit zu rechtfertigen und zu verschleiern. Unentlohnte Arbeit wird im Rückgriff auf psychologische und mentale Merkmale gerechtfertigt.

Aus diesem Grund sage ich, dass der Kapitalismus nicht reformierbar ist. Die Perspektive von »Lohn für Hausarbeit« hat mir verdeutlicht, dass es dringend notwendig ist, ausgehend von unseren täglichen Kämpfen eine

Alternative zum kapitalistischen System aufzubauen. Daraus leitet sich mein Interesse an der Frage der Gemeingüter (Commons) ab.

Die Perspektive von »Lohn für Hausarbeit« half mir auch, die Funktion von Unterentwicklung und die politische Bedeutung der Umstrukturierung der Weltwirtschaft als Prozess der ›ursprüngliche Akkumulation‹ seit den späten 1970er-Jahren zu verstehen, d.h. als Angriff auf die grundlegendsten Mittel unserer Reproduktion und auf den Wert der Arbeitskraft.[577] Dieses Verständnis wurde durch meinen Aufenthalt in Nigeria Mitte der 1980er-Jahre befördert, wo ich die Auswirkungen der ›Globalisierung‹ – in Form der Schuldenkrise und der Strukturanpassungspolitik – auf die Lebensbedingungen der Bevölkerung beobachten konnte.

Mein Aufenthalt in Nigeria eröffnete mir einen neuen politischen Horizont, weil ich zum ersten Mal in einem Land war, in dem die Mehrheit der Bevölkerung noch immer vom Land lebte und das Land noch immer in gemeinschaftlicher Form besessen wurde. Dort wurde mir klar, dass der Kampf um einen Lohn für Hausarbeit nur ein Aspekt des Kampfes um die Aufwertung der Reproduktionsarbeit und den Aufbau einer Alternative zum Kapitalismus ist.

LT: Könnten Sie diesen Zusammenhang zwischen der Landfrage und dem Lohn für Hausarbeit erklären?

SF: Die Verbindung besteht darin, dass in mehreren Ländern der Kampf von Frauen rund um die Reproduktion mit der Wiederaneignung von Land beginnt, da Land das erste und grundlegendste Mittel zur Reproduktion ist, wobei wir, wenn wir von ›Land‹ sprechen, auch von Wasser, Wäldern, Landwirtschaft und der Produktion von Nahrungsmitteln sprechen.

Anfangs dachte ich, dass die Kämpfe von Frauen um Land das Äquivalent, das Gegenstück, zu »Lohn für Hausarbeit« in den Industrieländern seien. Ich stelle jedoch fest, dass selbst in Europa und Nordamerika der Kampf um Land wieder neu entfacht ist. In New York haben in den letzten Jahren angekommene Migrant*innen aus der Karibik und Lateinamerika (eine neue, durch die Globalisierung bedingte Diaspora) ein Netzwerk von Stadtgärten entstehen lassen, die Lebensmittel produzieren und Menschen aus verschiedenen Ländern zusammenbringen, die eine Gemeinschaft aufbauen und so Ansätze zur Unabhängigkeit vom Markt schaffen. Noch wichtiger ist, dass die Umwelt- und Antiglobalisierungsbewegungen und vor allem der Ökofeminismus uns klar gemacht haben, dass Land und nicht Geld das grundlegende Mittel zur Reproduktion ist. Wenn wir keinen Zugang zu Land haben, haben wir nichts. Wir sind sehr anfällig für Einflussnahmen der Finanzwirtschaft und der Nahrungsmittelindustrie. Natürlich geht es nicht darum, zu Bäuer*innen zu werden, die eifersüchtig ›ihr‹ Land bewachen, aber die Landfrage ist von grundlegender Bedeutung für die Erlangung von Autonomie und auch für die Regeneration des Planeten.

In Nigeria habe ich aus den Kämpfen afrikanischer Frauen gegen die Kolonialisierung und dann gegen die ›Entwicklung‹ gelernt, dass der Verlust von Land einen enormen Machtverlust bedeutet, vor allem für Frauen. Der Zugang zu Land und die Produktion von Ernten – Ernten, die Frauen für ihre eigene Reproduktion und die ihrer Kinder oder für den Verkauf auf dem Markt nutzen konnten – waren die Grundlage für die soziale Macht der Frauen. Bis heute verstärkt diese Enteignung die Abhängigkeit der Frauen von Männern.

Jede neue Phase der ›Entwicklung‹, jedes neue Programm zur wirtschaftlichen Entwicklung beinhaltet unweigerlich die Privatisierung von Land, und Frauen sind die ersten Opfer.

LT: Erzählen Sie uns von Ihrem Aktivismus nach 1977, nach Ihrem Engagement in der New Yorker Lohn-für-Hausarbeit-Gruppe.

SF: Nach dem Ende meiner Aktivitäten in der Lohn-für-Hausarbeit-Kampagne habe ich mich an verschiedenen Bewegungen beteiligt. Ich habe zunächst mit anderen Frauen eine Gruppe gebildet, die die Zeitung *Tap Dance* produzierte, in der wir die wirtschaftlichen und gesellschaftlichen Dimensionen des neoliberalen Projekts, insbesondere des Reaganismus, untersuchten. Mit *Tap Dance* brachten wir auch unseren Protest gegen den Plan zur Rekrutierung von Frauen für die Armee zum Ausdruck, der von liberalen feministischen Organisationen unterstützt wurde.

Ab den 1990er-Jahren war ich Mitglied des Kollektivs *Midnight Notes* und habe an der Produktion mehrerer Ausgaben der Zeitschrift (gleichen Namens) mitgewirkt.[578] Die Zugehörigkeit zu diesem Kollektiv half mir, die ›Schuldenkrise‹ in Nigeria einzuordnen und zu verstehen, dass diese ›Krise‹ das Instrument eines neuen Prozesses der Landnahme und ursprünglichen Akkumulation war.

In Nigeria arbeitete ich mit einer feministischen Organisation namens WIN (*Women in Nigeria*) zusammen und war auch an der Erstellung eines der Dokumente beteiligt, die WIN auf der Konferenz von Nairobi 1985 vorstellte.[579] Ich setzte zudem meine historisch-politische Forschung über die Entwicklung des Kapitalismus fort, die ich in den 1970er-Jahren begonnen hatte. Im Zeitraum 1977–1983 hatte ich zusammen mit der italienischen Feministin Leopoldina Fortunati ein Buch mit dem Titel *The Great Caliban. Story of the Rebel Body in the First Phase of Capitalism* erarbeitet (1984 auf Italienisch veröffentlicht), in dem es um die Neuorganisation der Reproduktion in der Übergangszeit vom Feudalismus zum Kapitalismus geht.[580] Im Zuge dieser Forschung stieß ich auf das, was eines meiner Hauptforschungsgebiete werden würde: die Hexenverfolgung, die die Geschichte der Frauen in der kapitalistischen Gesellschaft im 15. und 16. Jahrhundert einleitete und die für die Festlegung der gesellschaftlichen Position der Frau im Kapitalismus grundlegend war. Um die Beziehung zwischen der Hexenverfolgung und der Entwicklung des Kapitalismus besser zu verstehen, setzte ich meine Forschung über die Zeit des Übergangs vom Feudalismus zum Kapitalismus ausgehend von den sozialen Bewegungen des Mittelalters fort, was zu einem neuen Buch führte: *Caliban and the Witch: Women, The Body and Primitive Accumulation* (Caliban und die Hexe. Frauen, der Körper und die ursprüngliche Akkumulation), das 2004 veröffentlicht wurde.[581]

Ab den 1990er-Jahren habe ich mich auch intensiv mit dem Thema Bildung beschäftigt, teils im Zusammenhang mit meinen Erfahrungen in Nigeria (wo ich erlebte, wie die Weltbank die öffentliche Bildung in Afrika angriff), und zum Teil weil in diesen Jahren in der akademischen Welt der USA ein Kulturkampf stattfand: Konservative Intellektuelle und Lehrende führten einen Kreuzzug gegen alle Bücher und Aufsätze, die den Kanon der ›westlichen Zivilisation‹ kritisierten. Im Jahr 1995 gab ich eine Anthologie mit dem Titel *Enduring Western Civilization. The Construction of the Concept of Western Civilization and Its »Others«* heraus.[582] Mein Ziel in diesem Buch war es, zu zeigen, dass es so etwas wie die ›westliche Zivilisation‹ nicht gibt und dass dieses Konzept eine Fiktion ist, ein Produkt der Ideologie des Kalten Krieges.

Meine Arbeit in diesem Bereich konzentrierte sich jedoch vor allem auf den Kampf gegen die Globalisierung und die Kommerzialisierung von Bildung. Mir ging es darum, den Bildungsabbau in Afrika anzuprangern und

Lehrende und Studierende aus Nordamerika zur organisatorischen Unterstützung des Kampfes der afrikanischen Lehrenden und Studierenden gegen die Strukturanpassung zu mobilisieren. Dazu gründete ich zusammen mit überwiegend aus afrikanischen Ländern stammenden Kolleg*innen eine Organisation namens *Committee for Academic Freedom in Africa* (CAFA), wobei wir unter »akademischer Freiheit« das Recht auf Bildung verstanden. CAFA wurde als Reaktion auf den Angriff gegründet, der im Namen der ›Strukturanpassung‹ auf das Bildungssystem in Afrika und anderen Ländern der ›Dritten Welt‹ in den 1980er- und 1990er-Jahren unternommen wurde. Seither haben wir die gleiche Art von Entwicklung in Europa und auch in den Vereinigten Staaten beobachten können, wo die Kommerzialisierung und ›Korporatisierung‹ des Bildungswesens unvermindert fortgesetzt wird.

Dreizehn Jahre lang war ich Mitherausgeberin des von CAFA veröffentlichten Newsletters, der die Kämpfe von Studierenden und Lehrenden in Afrika gegen die Kürzungen der Bildungsbudgets und die Zerschlagung der öffentlichen Bildungssysteme in den meisten afrikanischen Ländern dokumentierte. Im Jahr 2003, drei Jahre nach der Veröffentlichung des Buches *A Thousand Flowers: Social Struggles Against Structural Adjustment in African Universities*, das ich mitherausgegeben hatte, endeten die Aktivitäten des CAFA und seines Newsletters.[583]

Auch wenn der CAFA-Newsletter keine große Verbreitung fand, spielte er eine sehr wichtige Rolle, da CAFA die einzige Organisation dieser Art außerhalb Afrikas war und der Newsletter die einzige Publikation, die über Jahre hinweg das Wachstum einer panafrikanischen Studentenbewegung dokumentierte. Einige der im Newsletter veröffentlichten Dokumente finden sich in dem Buch *A Thousand Flowers* wieder.

Sieben Jahre lang, von 1995 bis 2002, engagierte ich mich auch im Kampf gegen die Todesstrafe. Zusammen mit anderen kritischen Philosoph*innen gründeten wir 1995 das *Radical Philosophy Association Anti-Death Penalty Project*, dessen Ziel es war, Studierende und Lehrende für diese Sache zu mobilisieren. Mein Hauptanliegen war es, eine feministische Perspektive auf die Todesstrafe zu entwickeln, um Feministinnen und Feministen davon zu überzeugen, sich in diesem Kampf zu engagieren. Wie auch beim Thema Krieg gab es hier zwei einander gegenüberstehende feministische Positionen. Die eine, die liberale Position, sieht den Staat als Beschützer der Frauen und unterstützt die Zusammenarbeit zwischen Frauen und der Polizei für ›sichere‹ Nachbarschaften. Die andere Position lehnt es ab, soziale Probleme als kriminelle Probleme zu behandeln. Sie berücksichtigt die tatsächlichen Ursachen von Verbrechen und hinterfragt die voreingenommene und einseitige Art und Weise, in der Kriminalität in dieser Gesellschaft definiert wird: etwa, dass Arbeitsunfälle und Todesfälle aufgrund von Umweltverschmutzung nie als kriminelle Handlungen betrachtet werden.

LT: Glauben Sie, dass die Analysen von »Lohn für Hausarbeit« heute noch relevant sind? Und wie könnte man sie aktualisieren?

SF: Ja, ich glaube, dass sie immer noch relevant sind, und zwar aus mehreren Gründen. Zunächst einmal ist klar, dass die erste Aufgabe in jedem Kampf darin bestehen muss, einer Agenda zu folgen, die Menschen vereint, sie zusammenbringt und die Hierarchien, die auf der Arbeitsteilung basieren, untergräbt. Darin lag – damals wie heute – die strategische Bedeutung der Lohn-für-Hausarbeit-Strategie, denn die Hausarbeit, die Reproduktionsarbeit, ist ein Thema, das alle Frauen betrifft und daher ein Feld für neue politische Zusammenarbeit zwischen uns sein kann.

Zweitens ist die Perspektive von »Lohn für Hausarbeit« immer noch relevant, weil die kapitalistische Neuordnung der Arbeit, die wir in den 1980er- und 1990er-Jahren erlebt haben (Reaganismus, Thatcherismus, Neoliberalismus, Globalisierung), zu einem direkten Angriff auf die öffentlichen Ressourcen für die Reproduktion (Gesundheit, Bildung, Arbeitsbedingungen usw.) führte, was eine heftige Krise der Reproduktion hervorgerufen hat.

Drittens ist der Bereich der unbezahlten Arbeit in diesen beiden Jahrzehnten nicht kleiner, sondern erheblich größer geworden. Wir haben mit der Verbreitung von Sweatshops ein Wiederaufleben sklavenähnlicher Arbeitsbedingungen selbst in den Industrieländern erlebt, den Übergang von *welfare* zu *workfare*[584], die Entwicklung eines Regimes massenhafter Inhaftierungen in den USA, in dem die Arbeit der Gefangenen oftmals angeeignet wird, eine Überausbeutung und Kriminalisierung von undokumentierten Migrant*innen und den Einsatz von *food for wages*-Programmen in der »Dritten Welt«.[585] Mehr denn je sind unbezahlte Arbeit und die Entwertung der Arbeitskraft – die die Entwertung unseres Lebens selbst ist – ein wesentlicher Bestandteil der kapitalistischen Entwicklung. Die Politik von »Lohn für Hausarbeit« ist also immer noch aktuell.

Heute muss die Perspektive von »Lohn für Hausarbeit« jedoch eine breitere Basis haben. Es geht nicht nur darum, dass Hausarbeit bezahlt wird, sondern auch darum, dass wir andere Reproduktionsmittel brauchen, die weniger anfällig gegenüber finanziellen Einflüssen sind: Häuser, Gesundheitseinrichtungen, Gemeinschaftsräume, städtische Gemeinschaftsgärten, in denen die Menschen säen und ernten können.

Überall ist der Kampf um die Reproduktion offensichtlich ein Kampf um die Wiederaneignung von Land und die Kontrolle über die Gebiete. Alle Dimensionen der Frage nach dem Land sind von grundlegender Bedeutung. Land, Wasser, Luft, Meer sowie Gesundheit und Bildung müssen als Gemeingüter betrachtet werden, die nicht der Logik des Marktes unterworfen sind.

LT: Wie beurteilen Sie die Entwicklung des Feminismus heute?

SF: Es gibt nicht den einen Feminismus, es gibt viele Feminismen. Mit dem Eingreifen der Vereinten Nationen in die feministische Politik haben wir erlebt, wie versucht wurde, die Bewegung zu institutionalisieren, um ihre Kämpfe und ihr subversives Potenzial abzuschwächen und zu neutralisieren. Es wurde auch versucht, das feministische Programm neu zu definieren, um es mit dem neoliberalen Programm kompatibel zu machen. Seit 1975, beginnend mit der UN-Frauenkonferenz in Mexiko-Stadt, haben die Vereinten Nationen versucht, jeden Feminismus zu delegitimieren, der nicht mit den Bedürfnissen des internationalen Kapitals vereinbar ist, so wie die Vereinten Nationen in den 1960er-Jahren versucht haben, die antikoloniale Bewegung zu dominieren, indem sie sicherstellten, dass die Dekolonialisierung mit den Bedürfnissen der ehemaligen Kolonialmächte und der USA vereinbar ist.

Mit ihren Weltfrauenkonferenzen schufen die Vereinten Nationen den sogenannten ›globalen Feminismus‹ (*global feminism*), mit einer Kategorie von Feministinnen, die glaubten, das Recht zu haben, zu definieren, was Frauen wollen, was die Agenda des Feminismus ist, was eine ›legitime Forderung‹ ist und was nicht. Gleichzeitig hat sich der Feminismus internationalisiert. Sein Kampffeld hat sich auf die internationale Ebene verlagert. Und es gibt heute eine feministische Bewegung, die in Lateinamerika als ›populärer Feminismus‹ bezeichnet wird, die sich als Reaktion auf die Liberalisierung der Weltwirtschaft gebildet hat und die außerhalb der institutionellen Zwänge der UNO gewachsen ist und Reproduktionsformen jenseits von Markt und Staat geschaffen hat. Für mich ist das der wahre Feminismus. Ich denke zum Beispiel an die Frauenbewegungen in Chile, Argentinien und Peru, die in den 1980er- und 1990er-Jahren auf Selbstversorgung ausgerichtete und kollektiv organisierte Reproduktionsformen aufgebaut haben.

Der institutionelle Feminismus aber hat meiner Meinung nach viel Schaden angerichtet, weil er das subversive Potenzial der Frauenbewegung neutralisiert und einen Staatsfeminismus geschaffen hat, der dazu diente, viele Frauen zu verwirren und zu entwaffnen. Für den ›globalen Feminismus‹ liegen die Probleme nicht mehr, oder nicht hauptsächlich, in den Politiken, die sich aus der weltweiten Entwicklung des Kapitalismus ergeben, und ihren Auswirkungen auf Frauen, sondern in der Tatsache, dass Frauen im Zuge der Umstrukturierung der Weltwirtschaft im Vergleich zu Männern einen unverhältnismäßig hohen Preis zahlen.

LT: Könnten Sie den letzten Punkt noch weiter erläutern?

SF: Ich meine, dass für den ›globalen Feminismus‹ (jene Feministinnen, die der politischen Agenda der UNO folgen) das Problem nicht die kapitalistische Entwicklung und die Rekolonialisierung sind, die sich aus der Umstrukturierung der Weltwirtschaft ergeben. Das Problem liege vielmehr darin, dass die Politik des Internationalen Währungsfonds und der Weltbank den Frauen eine ›ungleiche Last‹ auferlegt hat. Es wird angenommen, dass die Strukturanpassung und die Globalisierung der Wirtschaft akzeptabler wären, wenn Frauen und Männer gleichermaßen leiden würden. Die Hauptanliegen dieses Feminismus sind die Geschlechterverhältnisse, die vor allem im Kontext der Familie, aber außerhalb der kapitalistischen Verhältnisse betrachtet werden. Ich habe dies in einem Artikel, der jetzt in *Revolution at Point Zero* enthalten ist, ausführlicher erläutert.[586]

LT: Hat der ›westliche‹ Feminismus bei dieser Entwicklung oder Vereinnahmung eine Rolle gespielt?

SF: Das ist zweifellos der Fall. Die europäischen und amerikanischen feministischen Bewegungen haben dabei eine große Rolle gespielt. Aber man sollte nicht vom ›westlichen‹ Feminismus sprechen, als ob er etwas Einheitliches und Monolithisches wäre. Es muss klargestellt werden, dass wir, wenn wir vom westlichen Feminismus sprechen, vom liberalen Feminismus sprechen, der als einziger eine große Sichtbarkeit hat, weil die Medien und das institutionelle politische System ihn anerkennen. Aufgrund der Aktivitäten dieses liberalen Feminismus, die der Politik der Vereinten Nationen entsprechen, wird jeder antikapitalistische Kampf nun aus der offiziellen Frauenbewegung ausgeschlossen.

Der ›globale Feminismus‹ beschränkt sich auf die Frage nach Rechten und den Kampf für gleiche Löhne und Arbeitsbedingungen. Aber wir haben erlebt, dass die Einbindung in die Organisation der Lohnarbeit keinen Beitrag zur wirtschaftlichen und politischen Emanzipation darstellen kann, auch wenn sie eine wirtschaftliche Notwendigkeit darstellt.

Wir haben gesehen, dass der massenhafte Eintritt von Frauen in die Lohnarbeit ihnen mehr Autonomie gegenüber den Männern verschafft, aber die Arbeitsbedingungen kaum verändert hat. Beispielsweise gibt es an den meisten Arbeitsplätzen keine Kinderbetreuungseinrichtungen. Die Arbeitszeiten werden nicht reduziert, im Gegenteil. Heute wird allgemein anerkannt, dass Lohnarbeit immer noch so organisiert ist, als hätten alle, die sie leisten, eine Frau zu Hause. In den USA gibt es nicht einmal einen Mutterschutz, der muss mit jedem Arbeitgeber individuell ausgehandelt werden. Das bedeutet, dass Frauen ihr Geschlecht ignorieren müssen, um eine entlohnte Arbeit ausüben zu können.

LT: Was halten Sie von dem Kampf, die unentlohnte Arbeit von Frauen in den nationalen Bruttoinlandsprodukten der Länder zu berücksichtigen?

SF: Das ist ein legitimer Kampf, aber er hat nur eine sehr begrenzte Reichweite. Ich bin misstrauisch angesichts der Forderung, dass Arbeit ›erfasst‹ statt ›bezahlt‹ wird. Die Frage ist also: Wofür wird sie erfasst? Für eine rein moralische Anerkennung? Oder handelt es sich um eine kompensatorische Geste, die alles unverändert lässt? Ich bin besonders misstrauisch, seit die UN-Organisationen und die UNO selbst diese Empfehlung in der Aktionsplattform von Beijing übernommen haben.[587]

Die Vereinten Nationen haben sich nie gegen die Strukturanpassungspolitik der Weltbank und des Internationalen Währungsfonds in Afrika, Lateinamerika und Asien ausgesprochen, sondern den weltweiten Abbau staatlicher Rentensysteme und anderer Sozialprogramme mitangesehen.

Wie kommt es also, dass diese Organisation ernsthaft über die Kompensation reproduktiver Arbeit nachdenkt? Ich bin versucht, den folgenden Schluss zu ziehen, der durch mehrere historische und politische Beweise gestützt wird: Wenn die Vereinten Nationen eine solche Empfehlung unterstützen, kann sie keine ernsthafte Bedeutung haben, denn die Vereinten Nationen sind in der ›neuen Weltordnung‹ und den Liberalisierungs- und Globalisierungsprogrammen kompromittiert, die auf die Abschaffung aller Formen der Sozialhilfe zielen – was das Leben von Frauen auf der ganzen Welt verwüstet hat.

LT: Was ist davon zu halten, dass die Strategie von »Lohn für Hausarbeit« und die Gruppen, die diesen Kampf getragen haben, in der Geschichtsschreibung in Vergessenheit geraten sind?

SF: Die Situation scheint sich zu ändern. Heute kann man unter Feminist*innen und in den sozialen Bewegungen im Allgemeinen ein großes Interesse an »Lohn für Hausarbeit« und vor allem an der Frage der Reproduktion konstatieren. Auf allen Konferenzen der verschiedenen sozialen Bewegungen, an denen ich in letzter Zeit teilgenommen habe, gab es Workshops zum Thema Lohn für Hausarbeit und Reproduktion. Junge Frauen und Männer, die sich vor einigen Jahren noch nicht für die Lohnfrage interessierten, schreiben nun Dissertationen zu diesem Thema. Interessant ist auch, dass die Theorie, die dem Lohn für Hausarbeit zugrunde liegt – dass Hausarbeit Arbeit ist, die Arbeit der Produktion und Reproduktion von Arbeitskraft, eine gesellschaftlich notwendige Arbeit –, diese Theorie wird nun von der akademischen Welt, der Linken und den meisten Feminist*innen allgemein anerkannt und ist zum ›common sense‹ geworden. Gleichzeitig werden ihre politischen Implikationen jedoch immer noch ignoriert, abgesehen von der Empfehlung, dass Hausarbeit erfasst werden sollte, was aus meiner Sicht kaum befriedigend ist.

Es stimmt jedoch, dass »Lohn für Hausarbeit« ab Ende der 1970er-Jahre und in den Jahren danach von den meisten Feminist*innen fast vergessen wurde. In den USA war eine der Folgen dieses Vergessens der Geschichte, dass es der feministischen Bewegung nicht gelang, sozialhilfebeziehende Frauen vor der Stigmatisierung zu schützen, der sie zunehmend ausgesetzt waren. Sie wurden als Sozialschmarotzerinnen dargestellt und um die Erfolge gebracht, die sie und ihre Mütter in den 1960er-Jahren im Rahmen des *Welfare Movement* erkämpft hatten.[588] Hätte die Frauenbewegung für eine Neudefinition von Hausarbeit gekämpft und sie mit anderen Formen der Arbeit gleichgestellt, wäre es weniger einfach gewesen, sozialhilfebeziehende Frauen zu stigmatisieren (insbesondere in den USA, wo Frauen Leistungen aus dem Programm *Aid for Dependent Children* erhalten) und diese Leistungen zu kürzen.

Dass die politische Strategie des »Lohn für Hausarbeit« vergessen wurde, ist symptomatisch für das Vergessen der gesamten Reproduktionsfrage in den 1980er- und 1990er-Jahren in Nordamerika. Seit Mitte der 1970er-Jahre haben die meisten Feminist*innen in den USA die Reproduktionsfrage als Kampffeld aufgegeben und ihre Anstrengungen auf die Frage der Gleichberechtigung (Equal Rights Amendment) und des Zugangs zu bezahlter Arbeit konzentriert. In der Folge haben Frauen in den USA heute nicht einmal ein Recht, das Frauen überall sonst zuerkannt wird: das Recht auf Mutterschaftsgeld. Wie ich bereits sagte, müssen Frauen in den USA diese Leistung mit ihren Arbeitsgebern individuell aushandeln. Es ist kein Recht, das Eltern staatlich garantiert wird.

Dies ist ein weiterer Grund für die Erschöpfung des radikalen Potenzials der Frauenbewegung. Die Tatsache, dass die Frauenbewegung die Reproduktion als Kampfgebiet aufgegeben hat, bedeutet, dass sie sich selbst nicht mehr reproduzieren kann. Frauen arbeiten nun an zwei Orten: zu Hause und außerhalb des Hauses. Sie haben keine Zeit für politische Mobilisierungen. Ich denke, das ist einer der Gründe, warum die Frauenbewegung die Krise der 1980er-Jahre, als die Rechte aller Arbeitnehmer*innen und alle unsere Lebensbedingungen angegriffen wurden, nicht überlebte und sie ihr nichts entgegensetzen konnte.

Das Ergebnis sehen wir heute: Wir haben viele Sozialhilfeprogramme verloren, arbeiten härter als je zuvor und erledigen weiterhin den Großteil der Hausarbeit (auch wenn Frauen aus der Mittelschicht sich von der Hausarbeit ›befreien‹ konnten, indem sie andere Frauen als Haushaltshilfen anstellten). Kinderbetreuung und Gesundheitsversorgung sind nach wie vor nicht gegeben, es sei denn zu exorbitanten Kosten, die für die meisten Frauen unerschwinglich sind; wir sind sogar zu den ›Armen der Nation‹ geworden (wenn das Konzept der Feminisierung der Armut überhaupt Sinn macht); wir arbeiten so hart, dass wir keine Zeit für Familienbeziehungen haben – von politischer Aktivität ganz zu schweigen. Das ist ein deutlich anderes Szenario als das, für das viele von uns in der Frauenbewegung in den 1970er-Jahren gekämpft haben!

Aber es wird nicht das erste Mal sein, dass die Frauenbewegung abtaucht, wenn man das so ausdrücken kann, um dann wieder an die Oberfläche zu kommen. Denn die Probleme sind weiterhin da. Es wird allen Frauen immer klarer, dass der Zugang zu einem Zweitjob nicht zur Befreiung führt und keine Strategie ist, um das Ziel der Befreiung zu erreichen; genauso wie jetzt klar ist, dass das Wahlrecht ebenfalls nicht Befreiung bedeutet, auch wenn Frauen zu Beginn des 20. Jahrhunderts hart dafür gekämpft haben.

Was das Vergessen der Gruppen angeht, die den Kampf für einen Lohn für Hausarbeit geführt haben, so ändert sich diese Situation, wie bereits gesagt, gerade. Ich sollte hinzufügen, dass diese Gruppen nicht die einzigen waren, die an den Rand gedrängt wurden. Alle feministischen Gruppen, die den Status quo herausforderten, erlitten das gleiche Schicksal. Ich denke zum Beispiel an diejenigen, die Ende der 1970er-Jahre gegen die atomare Aufrüstung kämpften.

All diese Gruppen, die die etablierte Ordnung infrage stellten, wurden zum Teil aufgrund fehlender Medienberichterstattung oder verzerrender Darstellungen ihrer Aktivitäten marginalisiert. Insbesondere aber wurden sie politisch abgedrängt, durch die Finanzierung liberaler Gruppen und ihrer Publikationen sowie durch die Entwicklung des akademischen Feminismus, der den entsprechenden Diskurs über die Bewegung dominiert. Eines Tages werden wir vielleicht besser verstehen, welche Initiativen Regierungen ergriffen haben, um die Zerschlagung feministischer Gruppen, die soziale Hierarchien und Ungleichheiten infrage stellen, herbeizuführen.

Ich möchte jedoch mit einer positiven Bemerkung schließen: Wir können heute einen Wandel bei den jüngeren Generationen von Frauen beobachten. Das hat die Occupy-Bewegung deutlich gezeigt, bei der Frauen eine zentrale Rolle gespielt haben.

LT: Womit beschäftigen Sie sich seit dem Jahr 2000 intellektuell und aktivistisch? Man könnte mit Ihrem Interesse an der Hexenverfolgung beginnen, das 2004 zu einem Buch über dieses Thema führte, *Caliban und die Hexe*, das inzwischen in mehrere Sprachen übersetzt wurde.

SF: Nach meiner Rückkehr aus Nigeria nahm ich meine Arbeit über die Frage der Hexenverfolgung wieder auf und stellte sie in den größeren Zusammenhang der »ursprünglichen Akkumulation« des Kapitalismus.[589] Wie ich in der Einleitung zu *Caliban und die Hexe* erläutere, wurde diese neue Forschung stark davon beeinflusst, dass ich begriff, welche Auswirkungen die Umstrukturierung der Weltwirtschaft hatte, da ich sie in Nigeria hautnah hatte beobachten können.

Das Gefühl, dass wir Zeug*innen einer neuen Phase des Prozesses der ursprünglichen Akkumulation waren, begleitete mich während des Schreibens von *Caliban und die Hexe*, sodass ich die Vergangenheit stets durch das Prisma dieser Erfahrung der ›Globalisierung‹ betrachtete. Ich glaube, dass dies einer der Gründe dafür ist, dass das Buch so erfolgreich war und in mehrere Sprachen übersetzt wurde – Spanisch, Deutsch, Griechisch, Türkisch und Französisch. Derzeit wird es auf Italienisch, Serbisch, Slowenisch, Polnisch und Japanisch übersetzt. Ich hatte wirklich nicht mit diesem Erfolg gerechnet! Aber ich bin überzeugt, dass er darauf zurückzuführen ist, dass das Buch eine historische Analyse und einen theoretischen Rahmen bietet, die auch ein Licht auf die Gegenwart werfen und, was am wichtigsten ist, uns ermöglichen, die tieferen Kräfte und Mechanismen zu erkennen, die der Ausbreitung der kapitalistischen Verhältnisse zugrundeliegen und sie durchziehen.

Als ich mit der Arbeit an diesem Buch begann, hatte ich jedoch keine Ahnung, dass in Teilen Afrikas, Indiens, Nepals und Papua-Neuguineas eine neue Welle von Hexenverfolgungen im Gange war, die eindeutig in den Umwälzungen wurzelte, die durch den Prozess der wirtschaftlichen Liberalisierung verursacht wurden. Angesichts dieser neuen Verfolgungen erkannte ich die Bedeutung meiner Arbeit über den ›Übergang‹ vom Feudalismus zum Kapitalismus. Diese Arbeit gab mir einen Rahmen, in dem ich diese neuen Hexenverfolgungen interpretieren und mit der durch die Globalisierung verursachten starken Zunahme von Gewalt gegen Frauen in Zusammenhang bringen konnte. Insbesondere konnte ich erneut beobachten, dass die Hexenjagd in direktem Zusammenhang mit der Abschaffung kommunaler Systeme von Landbesitz und dem Angriff auf Subsistenzwirtschaften steht, angefangen bei der Subsistenzlandwirtschaft, die in hohem Maße von Frauen betrieben wird und für Millionen von Menschen eine Quelle des Lebensunterhalts und der Autonomie darstellt.

Doch internationale Finanzinstitutionen, insbesondere die Weltbank, die die Idee propagiert, dass die landwirtschaftliche Produktion kommerzialisiert werden sollte und dass nur Geld Wohlstand erzeugt, greifen die Subsistenzlandwirtschaft an. Ich habe mehrere Artikel zu diesem Thema geschrieben, darunter »Hexenverfolgung, Globalisierung und feministische Solidarität im heutigen Afrika«.[590]

Mein Hauptanliegen in den letzten Jahren war es, diese neuen Verfolgungen und die Versuche, alle Formen der Subsistenzproduktion etwa durch Mikrokredite zu zerstören, zu dokumentieren und zu analysieren. Meine Arbeit hat sich in verschiedene Richtungen entwickelt: Zum einen habe ich die Umstrukturierung der globalisierten Wirtschaft und insbesondere die Umstrukturierung der Reproduktion der Arbeitskraft, ihre Auswirkungen auf die Situation von Frauen und den Widerstand von Frauen dagegen weiter analysiert. Mein neues Buch, *Revolution at Point Zero*, versammelt mehrere Artikel, die ich zu diesem Thema geschrieben habe.[591]

Darüber hinaus habe ich mich darauf konzentriert, die Bemühungen von Menschen, vor allem von Frauen, zu dokumentieren, die in verschiedenen Teilen der Welt gemeinschaftliche Formen der Existenz und Produktion schaffen, um die durch die kapitalistische Entwicklung verursachte Verwüstung ihrer Gemeinden zu überstehen und das soziale Gefüge wiederherzustellen, das durch wirtschaftliche Vertreibungen, politische Repressionen und Privatisierungen zerstört wurde. Überall auf der Welt stehen Frauen an vorderster Front, nicht nur um das zu verteidigen, was von den ›Commons‹ übriggeblieben ist, sondern auch, um neue zu schaffen. Dabei handelt es sich nicht nur um eine theoretische Arbeit. Seit den 1990er-Jahren habe ich als Teil einer globalisierungskritischen Bewegung, in der ich mich engagiert habe, mit einem breiten Netzwerk von Menschen zusammengearbeitet, die sich sowohl praktisch als auch theoretisch mit der Frage auseinandersetzen, wie eine ›Politik der Gemeingüter‹ heute aussehen kann und wie wir dazu beitragen können.

Im Hinblick auf meine berufliche Lehrtätigkeit befinde ich mich inzwischen im Ruhestand, unterrichte aber weiterhin in verschiedenen Kontexten durch die Organisation von Workshops zu verschiedenen Themen. Auch schreibe ich und in letzter Zeit habe ich mehrere Reisen unternommen, um meine Bücher zu bewerben. Außerdem bin ich in einem internationalen Netzwerk von Frauen engagiert, die sich auf unterschiedliche Weise mit der Frage der sozialen Reproduktion beschäftigen. Meine Perspektive hat sich seit der Zeit von »Lohn für Hausarbeit« ziemlich erweitert. Ich bin jedoch nach wie vor davon überzeugt, dass diese Perspektive eine mächtige Strategie darstellte, und bin nie von meinen Ansichten zu diesem Thema abgerückt.

Danksagung

Da es zu dem Zeitpunkt, als ich mit meiner Forschung begann, keine Studien zu diesem Thema gab, konnte ich sie in weiten Teilen nur dank all der mündlichen und schriftlichen Interviews mit Aktivistinnen aus der betreffenden Zeit beginnen und zu einem erfolgreichen Abschluss bringen. Ich möchte mich bei all den Personen herzlich bedanken, die mich auf die eine oder andere Weise auf meiner langen Reise durch die Wüste von 1994 bis 2013 unterstützt und mir geholfen haben. Unter denjenigen, die maßgeblich zur Vollendung dieser Unternehmung beigetragen haben, danke ich insbesondere:

Silvia Federici, die mir in der letzten Phase der Synthese dieser Forschung eine wichtige Ressource und Inspirationsquelle war. Sie war die treibende Kraft hinter der Wiederaufnahme der Forschung im Jahr 2012, die ich fast fünfzehn Jahre lang auf Eis gelegt hatte. Silvia war auch 1996 für meine Rekonstruktion der Geschichte der amerikanischen Lohn-für-Hausarbeit-Gruppen zentral. Ihr sei an dieser Stelle für ihre kontinuierliche Präsenz, ihre Unterstützung, ihre Freundlichkeit und ihre beispiellose Verfügbarkeit gedankt.

Ebenso an erster Stelle danke ich Mariarosa Dalla Costa von ganzem Herzen, die ich zuerst kennengelernt habe und die von Anfang an an mein Unternehmen geglaubt hat. Dank ihr konnte ich alle anderen Aktivistinnen für den Lohn für Hausarbeit in Europa und den USA aufspüren, die ich für die Zwecke dieser Forschung getroffen habe. Mariarosa ist das Gedächtnis der Bewegung, da sie unermüdlich daran gearbeitet hat, die Werke der Bewegung zu bewahren, obwohl Italien ab 1978 und in den 1980er-Jahren eine schwierige Phase erlebte und die Bewegung und ihre Theoretikerinnen danach in Vergessenheit gerieten. Die Rekonstruktion der Geschichte des *Internationalen Feministischen Kollektivs* wäre ohne das wertvolle Archiv und die Beratung von Mariarosa, der ich an dieser Stelle dafür danken möchte, schlichtweg nicht möglich gewesen. Ich bin ihr auch sehr dankbar für die Bemühungen, die sie unternommen hat, um mit mir das am Ende dieses Buches stehende Interview zu führen.

Mariarosa hat mich in Padua mit anderen Aktivistinnen und Theoretikerinnen von »Lohn für Hausarbeit« zusammengebracht, insbesondere mit Giovanna Franca Dalla Costa und Leopoldina (Polda) Fortunati. Ich danke den beiden für ihre Gastfreundschaft, ihre Verfügbarkeit und ihre Archive, die sie mir zur Verfügung gestellt haben.

Ein herzlicher Dank geht auch an die Historikerin Gisela Bock, zunächst für ihr Unterstützungsschreiben für mein Postdoc-Forschungsprojekt über die Geschichte des IFK, das 1994 am Europäischen Hochschulinstitut in Florenz eingereicht wurde. Es ist der Bewilligung dieses Projekts zu verdanken, dass ich meine Forschungen aufgenommen habe. In diesem Zusammenhang danke ich auch der Historikerin Olwen Hufton, die in jenem Jahr für das Thema des Europäischen Forums des Instituts mitverantwortlich war, dafür, dass sie mein Vorhaben angenommen und unterstützt hat. An dieser Stelle danke ich Gisela Bock erneut, die für die Berliner Gruppe »Lohn für Hausarbeit« zentral gewesen war und dank derer ich einige Aspekte der Existenz der Berliner Gruppe rekonstruieren konnte.

Ich danke auch den drei dynamischen Insoumises Viviane Luisier, Alda De Giorgi und Suzanne Lerch, die mir im Herbst 1994 ihre Türen, Archive und Erinnerungen öffneten, um die Geschichte von *L'Insoumise*, dieser so einzigartigen Gruppe im aktivistischen Universum von Genf, zu rekonstruieren. Alda De Giorgi war so freundlich, 2013 mit ihren damaligen Mitstreiterinnen die fast zwanzig Jahre zuvor gesammelten Informationen zu überprüfen und auf den neuesten Stand zu bringen. Ebenso danke ich Simona Isler, damals Doktorandin in Geschichte an der Universität Bern, die für mich die Teile ihrer Masterarbeit übersetzte, die sich auf die Zürcher Gruppe von »Lohn für Hausarbeit« beziehen.

Ein besonderer Dank geht an meine alte und liebe Freundin Nicole Lacelle, die Mitte der 1970er-Jahre unsere Gruppe französischsprachiger Feministinnen in Montreal auf die Perspektive von »Lohn für Hausarbeit« aufmerksam machte und uns den Reichtum dieser Perspektive vor Augen führte. Danke, Nicole, dafür und für viele andere Dinge: dass du mir Zugang zu deinem persönlichen Archiv gegeben hast, dass du eine erste Version meiner Forschungsarbeit gelesen und kommentiert hast, dass du ein Skype-Treffen mit Ellen Woodsworth organisiert hast, die heute in Vancouver lebt und in all den Jahren eine Aktivistin von »Lohn für Hausarbeit« und *Wages Due Lesbians* war. Ein großes Dankeschön auch an Ellen, dafür, dass sie die Höhen und Tiefen ihrer damaligen Aktivistinnenrolle mit mir geteilt hat.

Ich danke auch vielen anderen Menschen, die mir in all den Jahren zu irgendeinem Zeitpunkt geholfen und mich unterstützt haben. Die Insoumises haben mich freundlicherweise in Genf untergebracht. Dario De Bortoli überließ mir freundlicherweise seine Unterkunft in Padua und Suzanne Demczuk die ihre in Paris (danke, Irène, dass du den Kontakt hergestellt hast!). Marie-Christine Gaffory, als ›verwaiste‹ Lohn-für-Hausarbeit-Aktivistin in Paris, sowie Véronique O'Leary und Martine Éloy als Aktivistinnen des Frauenzentrums von Montreal, die Mariarosa Dalla Costa und Selma James bei ihrem Besuch in Montreal während ihrer Nordamerika-Tournee im Frühjahr 1973 beherbergt haben, haben dankenswerterweise ihre Erinnerungen mit mir geteilt. Und schließlich danke ich meinem Lebensgefährten Jacques Keable dafür, dass er einen ersten, sehr groben Entwurf dieser Studie gelesen und mir einige nützliche Vorschläge gemacht hat, um die Kohärenz des Ganzen zu verbessern.

In dieser Danksagung darf ich auch die Archivar*innen nicht vergessen. Anfang der 1990er-Jahre schenkte Francie Wyland, eine Aktivistin des inzwischen aufgelösten *Toronto Wages for Housework Committee*, die Archive dieser Gruppe dem Canadian Women's Movement Archive in der Morisset Library der Universität Ottawa. Dieses Archiv enthält auch zahlreiche Dokumente über das Netzwerk der Lohn-für-Hausarbeit-Gruppen. Wylands Bestreben, künftigen Generationen die historischen Spuren dieser Bewegung zu hinterlassen, ist hervorzuheben. Ohne die umfangreichen Dokumente, die dieser Nachlass enthält, wäre es für mich sehr schwierig gewesen, diese Forschung durchzuführen.

Großer Dank geht an die Archivarinnen des Canadian Women's Movement Archive an der Universität Ottawa, Lucie Desjardins und Véronique Paris, für die fleißige Unterstützung im Sommer 2013. Mein Dank gilt auch den Archivarinnen Christine Benfill, Andrea Trudel und Pauline Cadieux-Villeneuve, die es mir bereits 1996 ermöglichten, den damals nur teilweise erschlossenen Bestand »Wages for Housework« an diesem Ort zu sichten.

Schließlich gilt mein Dank den Organisationen, die mich finanziell unterstützt haben. Zunächst dem Human Sciences Research Council of Canada, der mir 1994-1996 ein Postdoc-Stipendium gewährte, das mir unter anderem einen Aufenthalt in Europa ermöglichte, um die Geschichte des europäischen Netzwerks der Lohn-für-Hausarbeit-Gruppen zu rekonstruieren. Sehr dankbar bin ich auch dem *Comité paritaire syndical-patronal sur le perfectionnement des chargé.e.s de cours* der Université du Québec à Montréal (UQAM), das mir im akademischen Jahr 2012-2013 ein Stipendium gewährt hat. Ohne dieses Stipendium, ohne diese gesegnete Zeit, in der ich mich endlich konzentrieren und mich voll und ganz der Synthese all meiner Daten widmen konnte, wäre diese Forschung dem Untergang geweiht gewesen. Ich danke auch den Lehrbeauftragten, die diese sehr interessante Klausel in unserem Arbeitsvertrag erkämpft haben, die eine der wenigen Möglichkeiten ist, die Forschungsaktivitäten von Lehrbeauftragten zu unterstützen.

Großer Dank geht auch an das Team des Verlags Éditions du remue-ménage und die unvergleichliche Professionalität seiner Herausgeberinnen: an Valérie Lefebvre-Faucher für ihren scharfen Blick, ihre intelligenten Kommentare und ihre klugen Vorschläge, die die Gestaltung und den Inhalt dieses Buches erheblich bereichert haben; an Anne Migner-Laurin für ihre Kreativität und die Sorgfalt, mit der sie den Umschlag gestaltet hat; und schließlich an Rachel Bédard für ihre tadellose Arbeit im Endspurt und dafür, dass sie seit fast 35 Jahren das Steuer des feministischen Verlagswesens in Québec so fest und beharrlich in der Hand hält!

Ich bin den Éditions du remue-ménage umso mehr zu Dank verpflichtet, als die Gründung dieses feministischen Verlagshauses 1975-1976 in gewisser Weise der Ursprung dieses Buches ist. Im Gründungsteam, dem ich angehörte und in dem die Ideen der Bewegung für einen Lohn für Hausarbeit diskutiert wurden, lernte ich dieses Gedankengut kennen. Dort entstand auch der Wunsch, die Dokumente dieser Bewegung zu übersetzen und zu veröffentlichen. Vielen Dank an meine Freundinnen aus diesem ersten Team, die den fruchtbaren Boden für dieses Buch bereiteten.

Ein großes Dankeschön geht auch an den Unrast-Verlag und die Lektorin Marie Bickmann, die mein Buch in das Verlagsprogramm und in die von Friederike Beier herausgegebene Reihe »Theorien und Kämpfe der sozialen Reproduktion« aufgenommen haben. Ein besonderer Dank geht an Marie Treperman für die ausgezeichnete Übersetzung. Es ist eine große Ehre für mich zu wissen, dass die Geschichte der Lohn-für-Hausarbeit-Bewegung nun auch in der deutschsprachigen Welt verbreitet und zugänglich gemacht wird. Herzlichen Dank an den Unrast-Verlag! Und ein Danke an Ilse Lenz für das gelungene Vorwort, das ich sehr zu schätzen weiß.

Abschließend die übliche Anmerkung: Alle Auslassungen, sachlichen oder interpretativen Fehler, die in diesem Buch unterlaufen sein könnten, liegen allein in meiner Verantwortung und nicht in der der Personen, die in diesem Buch zitiert werden.

Bibliografie

Archive

1. Archives canadiennes du mouvement des femmes/Canadian Women's Movement Archives (CWMA) – University of Ottawa

   • Fonds des archives canadiennes du mouvement des femmes/Canadian Women's Movement Archives Fund, X10-1
   Serie I: Main Files, Box 115 und 116
   Serie II: Konferenzen, Box 151

   • Wages for Housework; Wages Due Lesbians and Lesbian Mothers' Defense Fund, X10-8
   Serie I: Wages for Housework, Box 624 und 625
   Serie II: Wages Due Lesbians, Box 62, 624, 625, 626, und 627&einrücken&

2. Centro di studi storici sul movimento di liberazione delle donna in Italia (CSSMLDI), Mailand
   Faldone Toscana
   Faldone Sicilia
   Faldone Veneto
   Faldone Emilia Romagna

3. Persönliche Archive

Gisela Bock

Giovanna Franca Dalla Costa

Mariarosa Dalla Costa
   Mariarosa Dalla Costas Archiv befindet sich inzwischen in der Bibliothek Padua Municipal, in der Sammlung »Archivio di Lotta Femminista per il salario al lavoro domestico. Donazione Mariarosa Dalla Costa«, Biblioteca Civica, Centro Culturale Altinate/San Gaetano, Via Altinate 71, 35121 Padova. Tel: 049 8204811. Email: biblioteca.civica@comune.padova.it.

Silvia Federici

Leopoldina Fortunati

Les Insoumises
   Das Archiv des Kollektivs L'Insoumise befindet sich inzwischen in Genf im Protestarchiv (Archives contestataires) und ist im Fonds MLF de Genève inventarisiert, www.archivesmlf.ch.

Nicole Lacelle

Louise Toupin

Zeitschriften der Lohn-für-Hausarbeit-Gruppen

Wages for Housework Campaign Bulletin (Toronto)
Vol. 1, 1 (Juli 1976)
Vol. 1, 2 (Herbst 1976)
Vol. 1, 3 (Frühling 1977)
Vol. 1, 4 (Sommer 1977)
Vol. 2, 1 (Herbst 1977)
Vol. 3, 1 (Sommer-Herbst 1978)
Vol. 4, 1 (Sommer-Herbst 1979)
Vol. 4, 2 (Winter 1979)Vol. 5, 1 (Frühling 1981)

Power of Women Collective (London)
Vol. 1, 1 (März-April 1974)
Vol. 1, 2 (Juli-August 1974)
Vol. 1, 4 (Sommer 1975)
No. 5, 1976

Le operaie della casa (Padua, Italien)
Einzelausgabe, 1. Mai, 1975
No. 0 (November-Dezember 1975/Januar-Februar 1976)
No. 1 (Juni-Juli 1976)
No. 2–3 (September-Dezember 1976)
No. 4 (Januar-April 1977)

Bollettino del Comitato per il Salario al Lavoro Domestico di Trieste
Donne all'attaco, 8. März, 1975
Donne all'attaco, Beilage zu »Le operaie della casa«, November 1977

Coordinamento Emiliano per il Salario al Lavoro Domestico
Bollettino, Einzelausgabe, 1976

Comitato Veneto per il Salario al Lavoro Domestico
Bollettino delle donne 1 (8–10.März, 1974)

Gruppo Femminista per il Salario al Lavoro domestico di Roma
1° Maggio, Einzelausgabe, 1976/1978

Black Women for Wages for Housework (USA)
SAFIRE 1, 1 (Herbst 1977)

Cleveland (Ohio) Wages for Housework Committee
Wages for Housework Newsletter 2 (Januar-Februar 1977)
Wages for Housework Newsletter 3 (März-April 1977)

Oberlin Wages for Housework Committee
The Activist 15, 1 (Sommer 1975)

Los Angeles Wages for Housework Committee
Wages for Housework Newsletter 1, 3 (November 1976)
(Spanische Ausgabe: *Sueldos por Quehaceres del Hogar: Carta de Noticias*)
Wages for Housework Newsletter, Frühling 1977

Boston Wages for Housework Committee
Boston Wages for Housework Newsletter, Frühling 1977

International Feminist Collective
Wages for Housework International Network Newsletter, 1975

L'Insoumise (Genf)
No. 1, 1975
No. 3, April 1976
No. 4, Mai 1976
No. 8, Februar 1978
No. 9, Mai 1978
No. 10, Dezember 1978

Journal du Congrès des Mauvaises mères, Genf, 12–13.Mai, 1979

Journal de l'occupation. »L'occupation du Centre-femme continue«, Genf, Mai 1976

Gruppe »Bezahlt uns die Hausarbeit«, Zürich, und
Gruppe »Salaire pour le travail ménager«, Genf
Payez-nous le travail menager, Einzelausgabe, September 1975
(Ausgabe auf Französisch und Deutsch)

Lieder

Gruppo musicale del Comitato per il Salario al Lavoro Domestico di Padova (zwei Aufnahmen)
Canti di Donne in Lotta (1975)
Amore e Potere: Il Canzoniere Femminista (1977)

Boo Watson
Wages for Housework International Conference Song Book, Toronto 1975
(CWMA, box 115)

Interviews

Gisela Bock

Giovanna Franca Dalla Costa

Mariarosa Dalla Costa

Alda De Giorgi

Silvia Federici

Leopoldina Fortunati

Marie-Christine Gaffory

Nicole Lacelle

Suzanne Lerch

Viviane Luisier

Ellen Woodsworth

Auswahl von Texten, die von Mitgliedern der Gruppen von »Lohn für Hausarbeit« veröffentlicht wurden (1972–77)

Eine vollständige Bibliografie der verwendeten Quellen (die in den Endnoten dieses Buches genannt werden) ist auf Anfrage bei Éditions du remue-ménage (info@editions-rm.ca) erhältlich.

The Activist (Oberlin, Ohio) 15, 1-2 (Frühling 1975). Enthält einige Artikel von Gruppen von »Lohn für Hausarbeit« aus Kanada, den USA und England.

Agger, Ellen. »Address to March 11 Cut-backs Rally«. *Body Politic.* Juni 1976, S. 6.

—. »Hookers Organize«. *Wages for Housework Campaign Bulletin* 3, 1 (Sommer – Herbst 1978).

—. »Smile Honey«. In: *Women Speak Out: May Day Rally Toronto,* Wages for Housework (Hrsg.), S. 25–27. Toronto: Amazon Press, 1975.

—. »Tipping the Wage Scale«. *Wage for Housework Campaign Bulletin* 2, 1 (Herbst1977), S. 4.

Biermann, Pieke. *Das Herz der Familie: Materialien für eine internationale feministische Strategie Nr. 1.* Berlin: Selbstverlag, 1977.

—. *Wir sind Frauen wie andere auch! Prostituierte und ihre Kämpfe.* Reinbek: Rowohlt Verlag, 1980.

Black Women for Wages for Housework. *Money for Prostitutes Is Money for Black Women.* Mimeografie. 25. Januar 1977. CWMA, box 116.

Bock, Gisela. »Lohn für Hausarbeit – Perspektive der Frauenbewegung«. In: *Keiner schiebt uns weg,* Lottemie Doormann (Hrsg.), S. 137–45. Weinheim: Beltz, 1979.

Bock, Gisela / Pieke Biermann. »Auch in Deutschland gibt es jetzt eine Kampagne um Lohn für Hausarbeit vom Staat für alle Frauen«. *Courage* 2–3 (15. März 1977), S. 16–21.

Bock, Gisela / Barbara Duden. »Arbeit aus Liebe – Liebe als Arbeit: Zur Entstehung der Hausarbeit im Kapitalismus«. In: *Frauen und Wissenschaft: Beiträge zur Berliner Sommeruniversität für Frauen, Juli 1976,* S. 118–99. Berlin: Courage Verlag, 1977.

Brown, Wilmette. *The Autonomy of Black Lesbian Women.* Mimeografie. 24. Juli 1976. Collectif L'Insoumise. »Chères amies mères«. *L'Insoumise* 9 (Mai1978), S. 26.

—. »Infirmière: ménagère institutionnalisée«. *L'Insoumise* 9 (Mai1978), S. 16–17.

—. *Le foyer de l'insurrection: Textes sur le salaire pour le travail ménager.* Genf: Collectif L'Insoumise, 1977. Die wichtigste Anthologie der ins Französische übersetzten Texte.

—. *Nous du Collectif pour le salaire ménager.* Mimeografie. 1977. Archives Les Insoumises.

—. »Mauvaises mères«. *L'Insoumise* 10 (Dezember 1978), S. 31.

—. »La morale de ces histoires«. *L'Insoumise* 8 (Februar1978), S. 14.

—. »La perspective du salaire pour le travail ménager«. In *Le foyer de l'insurrection: Textes sur le salaire pour le travail ménager*, S. 7–11. Genf: Collectif L'Insoumise, 1977.

—. »Organisons notre refus collectif de payer les contrôles gynécologiques«. *L'Insoumise* 4 (1976), S. 4.

—. »Réajuster notre balance«. *L'Insoumise* 8 (Februar 1978), S. 13.

—. »Solidarité: Femmes en détresse«. *L'Insoumise* 10 (Dezember 1978), S. 12–13.

—. »2000 Fr par mois pour toutes les mères«. *L'Insoumise* 9 (Mai 1978), S. 29.

Collettivo internazionale femminista (Hrsg.). *Aborto di stato: Strage delle innocenti; A cura del Collettivo internazionale femminista*. Venedig: Marsilio, 1976.

—. *8 marzo 1974, giornata internazionale di lotta delle donne*. Venedig und Padua: Marsilio, 1975.

Collettivo per il salario contro il lavoro domestico-S.Dona'. *Conquistiamo il potere di star bene: Le streghe son tornate*. Padua: CLEUP, Februar 1977.

Dalla Costa, Giovanna Franca. *Un lavoro d'amore: La violenza fisica componente essenziale del »trattamento« maschile nei confronti delle donne*. Rom: Edizioni delle donne, 1978. Englische Übersetzung: *The Work of Love: Unpaid Housework, Poverty and Sexual Violence at the Dawn of the 21st Century*. Brooklyn: Autonomedia, 2008.

Dalla Costa, Mariarosa. *Donne e sovversione sociale*. Deutsche Übersetzung in: Mariarosa Dalla Costa, *Frauen und der Umsturz der Gesellschaft*, Münster, Unrast Verlag 2022.

—. *Le operaie della casa*. Venedig und Padua: Collettivo internazionale femminista/ Marsilio, 1975.

—. »Quartiere, scuola e fabbrica dal punto di vista della donna«. *L'Offensiva: Quaderni di Lotta Femminista* 1 (1972), S. 23–33.

—. »Reproduction and emigration«. *The Commoner* 15 (Winter 2012), S. 95–157. Erstmals erschienen: 1974. www.commoner.org.uk. Deutsche Übersetzung: »Reproduktion und Emigration«. In: Dies.: Frauen und der Umsturz der Gesellschaft, Münster: Unrast Verlag 2022.

—. *Women and the Subversion of the Community: A Mariarosa Dalla Costa Reader*. Oakland, CA, und Brooklyn: PM Press. Deutsche Übersetzung: Mariarosa Dalla Costa, *Frauen und der Umsturz der Gesellschaft*, Münster, Unrast Verlag 2022.

Dalla Costa, Mariarosa / Leopoldina Fortunati. *Brutto Ciao: Direzioni di marcia delle donne negli ultimi 30 anni*. Rom: Edizioni delle donne, 1976.

Dalla Costa, Mariarosa / Selma James. *The Power of Women and the Subversion of the Community*. Bristol: Falling Wall Press, 1972. Deutsche Übersetzung: *Die Macht der Frauen und der Umsturz der Gesellschaft*. Berlin: Merve Verlag, 1973. Enthalten in: Mariarosa Dalla Costa, *Frauen und der Umsturz der Gesellschaft*, Münster, Unrast Verlag 2022.

Edmond, Wendy / Suzie Fleming (Hrsg.). *All Work and No Pay: Women, Housework, and the Wages Due*. London/Bristol: Power of Women Collective/Falling Wall Press, 1975. Eine der wichtigsten englischsprachigen Anthologien.

Federici, Silvia. »Crise et salaire pour le travail ménager«. *Payez-nous le travail ménager*, September 1975, S. 21–29. Übersetzung von »Wages for Housework and the Crisis« von der Zeitschrift der Zürcher Arbeitsgruppe von Lohn für Hausarbeit, Sonderausgabe in Zusammenarbeit mit dem Kollektiv L'Insoumise, Genf.

—. »Introduction à l'édition italienne«. In: *Le foyer de l'insurrection: Textes sur le salaire pour le travail ménager*. Collectif L'Insoumise (Hrsg.), S. 93–97. Genf: Collectif L'Insoumise, 1977 [1975].

—. *Notes on Organisation*. New York Wages for Housework Committee, Mimeografie. April 1975. CWMA, box 624.22.

—. *Wages against Housework*. London/Bristol: Power of Women Collective/Falling Wall Press, 1975. Deutsche Übersetzung: »Lohn gegen Hausarbeit«. In: Dies. *Revolution at Point Zero. Hausarbeit, Reproduktion und feministischer Kampf*, S. 37–48, Münster, Unrast Verlag, 2021.

—. »Why Sexuality Is Work«. In: Silvia Federici, *Revolution at Point Zero: Housework, Reproduction, and Feminist Struggle*, 23–27. Oakland, CA: PM Press; Brooklyn: Common Notions and Autonomedia, 2012 [1975]. Deutsche Übersetzung: »Warum Sexualität Arbeit ist«. In: Dies. *Revolution at Point Zero. Hausarbeit, Reproduktion und feministischer Kampf*, S. 49–54, Münster, Unrast Verlag, 2021.

—. *Women and Welfare*, Mimeografie. Januar1975. CWMA, box 115.

Federici, Silvia / Arien Austin (Hrsg.). *Wages For Housework: The New York Wages For Housework Committee – History, Theory, Documents*. Brooklyn: Autonomedia, 2017.

Federici, Silvia / Nicole Cox. *Counterplanning from the Kitchen*. Bristol: Falling Wall Press, 1975. Deutsche Übersetzung: »Counterplanning aus der Küche«. In: Dies. *Revolution at Point Zero. Hausarbeit, Reproduktion und feministischer Kampf*, S. 55–72. Münster, Unrast Verlag, 2021.

Federici, Silvia / Leopoldina Fortunati. *Il Grande Calibano: Storia del corpo sociale ribelle nelle prima fase del capitale*. Mailand: FrancoAngeli, 1984.

Federici, Silvia / Mariarosa Dalla Costa. *Crisis and Revolution*. Mimeografie. 1976. Silvia Federici Archives.

Federici, Silvia / Rhona Rothman. *Our Mental Health Begins with the Struggle against Housework*. Mimeografie. 1977. Silvia Federici Archives.

Fleming, Suzie. »All Women Are Housewives«. *The Activist* 15, 1–2 (1975), S. 27–33.

—. »Family Allowance: The Women's Money«. In: Wendy Edmond / Suzie Fleming (Hrsg.) *All Work and No Pay: Women, Housework, and the Wages Due*, S. 89–92. London/Bristol: Power of Women Collective/Falling Wall Press, 1975 (Erstmalig erschienen 1973).

—. *The Family Allowance under Attack*. Bristol: Falling Wall Press and the Power of Women Collective, 1973.

Fortunati, Leopoldina. *L'arcano delle riproduzione: Casalinghe, prostitute, operai e capitale.* Venedig: Marsilio, 1981. Englische Übersetzung in: *The Arcane of Reproduction: Housework, Prostitution, Labor and Capital.* Übersetzung von: Hilary Creek. Brooklyn: Autonomedia, 1995.

Gaffory, Marie-Christine. »Le travail ménager«. *Alternatives* 1 (Juni 1977), S. 34–39.

Gregory, Frances. »Mother-Led Union«. In: Wendy Edmond Suzie Fleming (Hrsg.) *All Work and No Pay: Women, Housework, and the Wages Due*, S. 97–99. London/Bristol: Power of Women Collective/Falling Wall Press, 1975.

—. »The Mother-Led Union«. *Power of Women: The Journal of Power of Women Collective* 1, 4 (Sommer1975), S. 4.

Groupe de travail Seveso. *Seveso est partout*. Genf: Groupe de travail Seveso, 1976. Archiv Les Insoumises.

Gruppo Femminista per il Salario al Lavoro Domestico di Ferrara. *Dietro la Normalità del parto: Lotta all'ospedale di Ferrara*. Venedig: Marsilio, 1978.

Hall, Ruth. »Introduction: Women against Rape«. In: Feminist Anthology Collective (Hrsg.) *No Turning Back: Writings from the Women's Liberation Movement, 1975–1980*, S. 216–220. London: Women's Press, 1981 [1976].

—. »Lesbianisme et pouvoir«. In: Collectif L'Insoumise (Hrsg.) *Le foyer de l'insurrection: Textes sur le salaire pour le travail ménager*. S. 109–117. Genf: Collectif L'Insoumise, 1977 [1975].

Hirschmann, Jane. »Organizing on the Second Job«. In: Wendy Edmond / Suzie Fleming (Hrsg.) *All Work and No Pay: Women, Housework, and the Wages Due*, S. 106–115. London/Bristol: Power of Women Collective/Falling Wall Press, 1975.

Intergroupe. »La lutte des ménagères est la lutte de toute la classe ouvrière«. In: Véronique O'Leary / Louise Toupin (Hrsg.), *Québécoises Deboutte!* Vol. 1. *Une anthologie de textes du Front de libération des femmes (1969–1971) et du Centre des femmes (1972–1975)*, S. 208–12. Montreal: Remue-ménage, 1982. Ebenfalls in: Micheline Dumont und Louise Toupin (Hrsg.), *La pensée féministe au Québec: Anthologie, 1900–1985*, S. 471–480. Montreal: Remue-ménage, 2003 [1976].

International Feminist Collective. »International: The IFC Statement«. *Power of Women* 1, 1 (März–April 1974), S. 14.

International Feminist Collective und Montreal Power of Women Collective. *Wages for Housework Notebooks* 1 (1975). CWMA, box 115.

International Feminist Collective und New York Wages for Housework Committee. *Wages for Housework Notebooks* 2 (1975). CWMA, box 115.

International Feminist Collective und Toronto Wages for Housework Collective. *Women in Struggle* 1 and 2 (1975). CWMA, box 115.

International Feminist Collective, Comitato Triveneto per il Salario al Lavoro Domestico, und New York Wages for Housework Committee. *Women in Struggle* 3, »Italy Now« (1976). CWMA, box 115.

International Wages for Housework Campaign. *Mothers' Money.* Sonderausgabe zum Muttertag, Frühling1978. CWMA, box 624.19.

James, Selma. »A Woman's Place«. In: Mariarosa Dalla Costa / Selma James (Hrsg.), *The Power of Women and the Subversion of the Community*, S. 55–77. Bristol: Falling Wall Press, 1972 [1953].

—. »The Family Allowance Campaign: Tactic and Strategy«. *Women in Struggle* 1 (1975), S. 17–21. CWMA, box 115.

—. »Introduction«. In: Mariarosa Dalla Costa / Selma James (Hrsg.), *The Power of Women and the Subversion of the Community*, S. 1–17. Bristol: Falling Wall Press, 1972.

—. *Sex, Race and Class.* Bristol: Falling Wall Press/Race Today Publications, 1975. http://www.libcom.org/library/ sex-race-class-james-selma. Deutsche Übersetzung: Zum Verhältnis von Geschlecht, Rasse und Klasse. In: Power of Woman Collective / Lotta Femminista: *Frauen in der Offensive – Lohn für Hausarbeit oder: Auch Berufstätigkeit macht nicht frei*, München, Trikont Verlag: 1974.

—. *Sex, Race, and Class: The Perspective of Winning; A Selection of Writings, 1952–2011.* Oakland, CA: PM Press; Brooklyn: Common Notions, 2012.

—. »Wageless of the World«. In: Wendy Edmond / Suzie Fleming (Hrsg.), *All Work and No Pay: Women, Housework, and the Wages Due*, S. 25–34. London/Bristol: Power of Women Collective/Falling Wall Press, 1975.

—. *Women, the Unions and Work.* London: Notting Hill Women's Liberation Workshop Group, 1972.

—. »Women, the Unions and Work, or What Is Not to Be Done«. *Radical America* 7, 4–5 (Juli-Oktober 1973), S. 51–72.

La Vie en rose. Dossier »Gagner son ciel ou gagner sa vie? Le salaire au travail ménager«. *La Vie en rose* (März–Mai 1981), S. 13–25. Sammlung französischer Übersetzungen wichtiger Texte von Lohn für Hausarbeit.

Le operaie della casa. »La lutte des ouvrières de l'usine Solari à Udine«. In: Collectif L'Insoumise (Hrsg.) *Le foyer de l'insurrection: Textes sur le salaire pour le travail ménager*, S. 15–17. Genf: Collectif L'Insoumise, 1977.

Lesbian Women, Power of Women – London. »Lesbian Women: Love and Power«. In: Wendy Edmond / Suzie Fleming (Hrsg.) *All Work and No Pay: Women, Housework, and the Wages Due*, S. 46–48. London/Bristol: Power of Women Collective/Falling Wall Press, 1975.

Lohn für Hausarbeit. *Frauen in der Offensive: Lohn für die Hausarbeit oder: Auch Berufstätigkeit macht nicht frei.* Mit einem Vorwort der Herausgeberin Gisela Erler. München: Trikont, 1974. Übersetzung von Gisela Erler und Gina Gierth von Texten des Power of Woman Collective aus London, von Lotta Femminista aus Italien, inklusive des IFK-Manifests von 1972, und von Brigitte Galtier aus Paris.

Los Angeles Wages for Housework Committee. *Nationwide Campaign: Put Housewives on Uncle Sam's Payroll.* Mimeografie. October 18, 1976. Silvia Federici Archiv.

—. *Women's Declaration of Independence*. Mimeografie. Mai 21, 1976. (Manifest und Petition für Löhne für Hausarbeit) CWMA, box 624.27.

Lotta Femminista. *Contro gli assegni familiari, per il salario al lavoro domestico*. Sonderausgabe, September 1973. Volantone (Pamphlet).

—. *Donne, referendum, divorzio. Vogliamo dedidera noi*. Mimeografie. März 1974. Mariarosa Dalla Costa Archiv.

—. *Il Personale è politico: Quaderni di Lotta Femminista* 2. Turin: Musolini, 1973.

—. *L'Offensiva: Quaderni di Lotta Femminista* 1. Turin: Musolini, 1972.

—. *Processo per aborto*. Mimeografie. 12. März, 1973. Mariarosa Dalla Costa Archiv.

Lotta Femminista – Modena. *I servizi sociali e le donne in Emilia*. Mimeografie. Modena, 1974.

Miles, Angela. »Economism and Feminism: Hidden in the Household; On the Domestic Labour Debate; A Comment«. In: Pat Armstrong (Hrsg.), *Feminist Marxism or Marxist Feminism: A Debate*, S. 39–50. Toronto: Garamond Press, 1985.

Modern Times Collective. »The Social Factory«. *The Activist* 15, 1–2 (1975), S. 38–41.

Montreal Power of Women Collective. »To All Wages for Housework Groups Present at the February Conference in Montreal, 1975«. Mimeografie. 1975. CWMA, box 624.8.

Morato, Laura / Carla Fabbri, mit einem Beitrag von Mariarosa Dalla Costa. »Rôle du mouvement pour le salaire au travail ménager dans le mouvement féministe italien«. In: Louise Vandelac (Hrsg.), *L'Italie au féminisme*, S. 143–50. Paris: Tierce, 1978.

Movimento di Lotta Femminista – Ferrara. *Basta Tacere! Testimonianze di donne: Parto, aborto, gravidanza, maternità*. Mimeografie. Ferrara, Oktober 1974.

Movimento di Lotta Femminile – Padova. *Manifesto programmatico per la lotta delle casalinga nel quartiere*. Mimeografie. Juli 1971 (CSSMLDI). Englische Übersetzung: »Programmatic Manifesto for the Struggle of Housewives in the Neighborhood«. *Socialist Revolution* 9, 2–3 (Mai-Juni1972), S. 85–90.

Movimento di Lotta Femminile (Lotta Femminista) – Padova. »Maternità e aborto«. In: Mariarosa Dalla Costa / Selma James (Hrsg.), *Potere femminile e sovversione sociale: Con »Il posto della donna« di Selma James*, S. 103–111. Venedig: Marsilio, 1972 [June 1971].

Nellie's Women's Hostel. »Why an Emergency Occupation at Nellie's?« Mimeografie. 1976. CWMA, box 624.1.

—. »In Supporting Nellie's, We Support Ourselves«. Mimeografie. 1976. CWMA, box 624.21.

—. »Report on Nellie's Struggle«. Mimeografie. November 1976. CWMA, boxes 624.21 and 116.

New York Wages for Housework Committee. »Forced Sterilization«. *Wages for Housework from the Government for All Women*. Broschüre, o.D. Silvia Federici Archiv.

—. *A Woman's Home Is Not Her Castle*. Brochure, o.D.

—. *Wages for Housework and Older Women*. Brochure, o.D.

—. *Wages for Housework Is a Feminist Perspective*, überarbeitete Fassung unter dem Titel: *Theses on Wages for Housework*. Mimeografie. Oktober 1974. Silvia Federici Archiv.

—. *Wages for Housework and Welfare*. Einladungsflyer zur Women and Welfare conference, April 1976. Silvia Federici Archiv.

—. *Come to a Conference Sponsored by the New York Wages for Housework Committee, Saturday, April 24, 10a.m. – 6p.m.* Einladungsflugblatt zur Konferenz. 1976. Silvia Federici Archiv.

Nissin, Rina. »Switzerland«. *The Other Woman*, Sonderausgabe, 8. März, 1976.

Power of Women. »Immigration and Population Control«. *Race Today*, Juli 1975.

Power of Women Collective. »The Home and the Hospital«. In: Wendy Edmond / Suzie Fleming (Hrsg.), *All Work and No Pay: Women, Housework, and the Wages Due*, S. 69–88. London/Bristol: Power of Women Collective/Falling Wall Press, 1975.

—. »To the Readers of the Power of Women Journal«. *Wages for Housework International Network Newsletter*, 1975, S. 1. CWMA, box 624.28.

—. »The State Is the Biggest Pimp«. *Power of Women* 5 (1976), S. 14–15.

Prescod, Margaret. *Black Women: Bringing It All Back Home*. Bristol: Falling Wall Press, 1980.

Ramirez, Judy. »Opening Remarks«. In: Wages for Housework (Hrsg.), *Women Speak Out: May Day Rally Toronto*, S. 5–9. Toronto: Amazon Press, 1975.

—. »Hookers Fight Back«. *Wages for Housework Campaign Bulletin* 2, 1 (Herbst 1977), S. 1.

—. »Women Lead Rent Fight«. *Wages for Housework Campaign Bulletin* 1, 3 (Sommer 1977).

Sjoo, Monica. »Married to the State«. In: Wendy Edmond / Suzie Fleming (Hrsg.), *All Work and No Pay: Women, Housework, and the Wages Due*, S. 92–97. London/Bristol: Power of Women Collective/Falling Wall Press, 1975.

Toronto Wages for Housework Campaign of Canada. *In Defense of the Family Allowance: Hands Off the Family Allowance; A Brief Presented to The Hon. Marc Lalonde, Minister of National Health and Welfare*. Mimeografie. 1977. CWMA, box 625.9.

Toronto Wages for Housework Committee. »The Crisis in New York: Women Organize«. *Wages for Housework Campaign Bulletin* 1, 1 (1976), S. 5.

—. »Editorial: Why a Campaign for Wages for Housework?« *Wages for Housework Campaign Bulletin* 1, 1 (Juli 1976), S. 3.

—. Fact Sheet on the Yonge St. Crackdown, Zusammengestellt durch das Toronto Wages for Housework Committee. Mimeografie. 30. November1977. CWMA, box 625.17.

—. »Hands Off the Family Allowance«. *Wages for Housework Campaign Bulletin* 1, 1 (July 1976), S. 1–3.

—. »Housewives & Hookers Come Together«. *Wages for Housework Campaign Bulletin* 1, 4 (Sommer 1977).

—. »Many Support Occupation of Women's Hostel. Women at Nellie's Fight for Survival,« *Wages for Housework Campaign Bulletin* 1, 2 (Herbst1976), S. 4.

—. »Mother-Led Union Demonstration«. *Wages for Housework International Network Newsletter* (1975): 7. CWMA, box 624.28.

—. »Out of Our Bathrobes and into the Streets!« *Wages for Housework Campaign Bulletin* 1, 1 (Juli 1976), S. 6.

—. »Wages for Housework: Questions and Answers«. *The Activist* 15, 1–2 (1975), S. 21–24.

—. *Women's Speak Out: May Day Rally Toronto*. Toronto: Amazon Press, 1975.

Turri, Maria Pia. »La mogli di tutti«. *Il Personale è politico: Quaderni di Lotta Femminista* 2 (1973), S. 51–62.

—. »L'école du point de vue des femmes«. In: Louise Vandelac (Hrsg.), *L'Italie au féminisme*, S. 173–81. Paris: Tierce, 1978.

Vandelac, Louise (Hrsg.). *L'Italie au féminisme*. Paris: Tierce, 1978. Anthologie von Aufsätzen, die z.T. von Mitgliedern der italienischen Lohn-für-Hausarbeits-Gruppen verfasst wurden.

Wages Due Collective, Toronto. »Lesbians and Straights«. In: Wendy Edmond / Suzie Fleming (Hrsg.), *All Work and No Pay: Women, Housework, and the Wages Due*, S. 21–25. London/Bristol: Power of Women Collective/Falling Wall Press, 1975.

—. »Fucking Is Work«. *The Activist* 15, 1–2 (1975), S. 25–26.

Wages Due Lesbians. *Lesbians Join the Family Allowance Protest*. Mimeografie. 1976. CWMA, box 629.9.

—. »Lesbians on the Move«. *Wages for Housework Campaign Bulletin* 2, 1 (Herbst 1977), S. 2.

Wages Due Lesbians London. *Supporting Statements by Wages Due Lesbians*. Mimeografie. 1977. CWMA, box 116.

Wages Due Lesbians Toronto. »Lesbians Struggle at Nellie's Women's Hostel«. *Body Politic*, Oktober 1976.

—. *Sex Is Never Free: Lesbians Support Statement for San Francisco (and All) Prostitutes*. Mimeografie. 1977. CWMA, box 116.

Wages for Housework International Network Newsletter. 1975. CWMA, box 624.28.

Wages for Housework – San Francisco and Los Angeles Wages for Housework Committee. *Statement to the Board of Supervisors San Francisco*. Mimeografie. 15. Februar 1977. CWMA, box 116.

—. *An Attack Against Prostitutes Is an Attack on All Women*. Mimeografie. 1977. CWMA, box 116.

Waitresses' Action Committee. *Brief on the Minimum Wage and a »Tip Differential« to Ontario Ministry of Labour, Ontario Ministry of Industry and Tourism*. Mimeografie. 1977. CWMA, box 116.

—. »Money for Waitresses Is Money for All Women«. Petition, Mimeografie. 1977. CWMA, box 625.4.

—. *Press Release ... Report: Meeting with the Ministry of Labour on the Minimum Wage*. Mimeografie 29. Juni 1977. CWMA, box 116.

Wheeler, Susan. »Women and Political Economy: Wages for Housework«. *Our Generation* 11, 1 (Herbst 1975), S. 44–61.

Witness 1: Italy. »Brutality towards Women Giving Birth«. In: Diana E.H. Russel / Nicole Van de Ven (Hrsg.), *Crimes against Women: Proceedings of the International Tribunal*, S. 34–36. East Palo Alto, CA: Frog in the Well, 1984 [1976].

Woodsworth, Ellen. »Lesbians Want Wages for Housework Too«. In: Wages for Housework (Hrsg.), *Women Speak Out: May Day Rally Toronto*, S. 22–24. Toronto: Amazon Press, 1975.

Wyland, Francie. *Motherhood, Lesbianism, and Child Custody: The Case for Wages for Housework*. Bristol: Falling Wall Press, 1977 [1976].

Endnoten

Einleitung

1 Montreal Power of Women Collective, *To All Wages for Housework Groups Present at the February Conference in Montreal*, 1975 (CWMA, Box 624.8, S.1, Broschüre).

2 Ironische Anspielung auf die argentinischen *Desaparecidos*, Menschen, die aus politischen Gründen von der herrschenden Militärjunta (1977-1983) heimlich verhaftet oder entführt und anschließend gefoltert oder ermordet wurden. Interview mit der Autorin, Oktober 1994.

3 Der Text »Frauen und der Umsturz der Gesellschaft«, bzw. »Women and the Subversion of the Community« ist Teil von Mariarosa Dalla Costa und Selma James (1972*), The Power of Women and the Subversion of the Community*, Bristol, Falling Wall Press. Die deutsche Übersetzung des Artikels erschien 1973 erstmals unter dem Namen *Die Macht der Frauen und der Umsturz der Gesellschaft* im Berliner Merve Verlag (vergriffen). Er ist in überarbeiteter Fassung neu aufgelegt worden als Teil der Aufsatzsammlung Mariarosa Dalla Costa (2022), *Frauen und der Umsturz der Gesellschaft*, Münster, Unrast Verlag.

4 Anmerkung der Übersetzerin: Die Autorin verwendet überwiegend den Begriff ›Neofeminismus‹. Toupin bemerkt dazu in einer Fußnote: »Der Begriff des ›Neofeminismus‹ wurde geprägt, um diese neue Art des Feminismus, die Anfang 1970 entstand, von der vorangegangenen Frauenbewegung abzugrenzen und darauf hinzuweisen, dass es sich nicht um den Beginn des Feminismus handelte, wie man damals zu glauben geneigt war, sondern um das Wiederaufleben bzw. den Beginn einer neuen Phase des Feminismus. Der Neofeminismus wird oft als ›zweite Welle‹ des Feminismus bezeichnet, wobei die erste Welle die Bewegung war, die sich vor den 1960er-Jahren in der westlichen Welt über ein Jahrhundert erstreckte und für das rechtliche, politische und soziale Bürgerrecht der Frauen kämpfte.« Für die deutsche Übersetzung haben wir uns für den hierzulande üblicheren Begriff ›zweite Welle des Feminismus‹ entschieden, bzw. ›zweite feministische Bewegung‹.

5 Hier wird nicht auf Gruppen eingegangen, die in der gleichen Zeit einen ›Hausfrauenlohn‹ forderten, wie z.B. die religiöse Gruppe der Sekte *Les Bérets Blancs*, die in diesen Jahren in Québec ihr Unwesen trieb. Die Gruppe forderte einen solchen Lohn, um die Einrichtung von öffentlichen Kindertagesstätten zu verhindern. Die Strömung »Lohn für Hausarbeit« hatte eine ganz andere Perspektive: Sie forderte einen Lohn für Hausarbeit, unabhängig davon, wer sie verrichtet – Mann oder Frau –, und es ging nicht darum, die Einrichtung von Kindertagesstätten zu verhindern, sondern diese auch für die Kinder von Frauen im Haushalt zugänglich zu machen.

6 Siehe hierzu Danièle Kergoat (2012), *La division du travail entre les sexes*, Kapitel 10 in *Se battre, disent-elles ...*, Paris, La Dispute, S. 203-210. Silvia Federici, eine der führenden Theoretikerinnen der Lohn-für-Hausarbeit-Bewegung, ist der Mei-

nung, dass dieses Urteil heute nuancierter ausfallen sollte. Ihre Vortragsreisen auf dem europäischen Kontinent in den Jahren 2012 und 2013 und insbesondere die Begeisterung, die Studierende und Aktivist*innen für die Analysen der Lohn-für-Hausarbeit-Bewegung zeigten, veranlassen sie zu der Aussage, dass es derzeit ein »erneuertes Interesse« an diesen Analysen gibt. Im Epilog dieses Buches geht sie näher auf diese Frage ein.

7 Collectif L'Insoumise (1977), *Le foyer de l'insurrection. Textes sur le salaire pour le travail ménager*, Genf, Collectif L'Insoumise, S. 109, Fußnote 1.

8 *Fédération des travailleurs du Québec* (1973: Travailleuses et syndiquées, Rapport du Comté FTQ sur la situation de la femme, FTQ, 13. Konvent, 3. bis 7. Dezember; *Confédération des syndicats nationaux* (1976: La lutte des femmes, combat de tous les travailleurs) und *Centrale des enseignants du Québec* (1980: Le droit au travail social pour toutes les femmes, 27. Generalversammlung, 26.-30. Juni). Zudem stammen die Argumente aus dem ›*Schwarzbuch*‹ *zur Stellung der Frau* des Conseil du statut de la femme (1978): Pour les Québécoises: égalité et indépendance, Éditeur officiel du Québec.

9 In Québec sind in diesem Zusammenhang die öffentlichen Kinderbetreuungsdienste und die Elternzeit zu nennen, die die Beteiligung der Väter fördert. Siehe Diane-Gabrielle Tremblay (2010), *Vers la conciliation emploi-famille au Québec: des politiques pour les enfants et/ ou les mères?, Informations sociales*, Nr. 160, S. 106-113.

10 Enquête sociale générale, 2010, aus Statistique Canada (2011), *Femmes au Canada: rapport statistique fondé sur le sexe*. Zitiert in Carole Vincent (2013), »Pourquoi les femmes gagnent-elles moins que les hommes? Synthèse des connaissances tirées de microdonnées canadiennes«, in *Série Synthèses du Réseau canadien des centres de données de recherche*, September, S. 15. Siehe auch für die OECD-Länder: Miranda, Veerle (2011), »Cooking, Caring and Volunteering: Unpaid Work Around the World«, OECD Social, Employment and Migration Working Papers, Nr. 116, OECD Publishing. In Deutschland verbringen Frauen pro Tag im Durchschnitt über 52 Prozent mehr Zeit mit unbezahlter Sorgearbeit als Männer (Anmerk. der Herausgeberin).

11 Ebd., S.18.

12 Seery, Annabelle (2012), *Travail de reproduction sociale, travail rémunéré et mouvement des femmes: constats, perceptions et propositions des jeunes féministes québécoises*, Masterarbeit, Politikwissenschaften, UQAM, S. 69 und (2014), »Famille et travail: constats et propositions des jeunes féminministes au Québec«, *Enfances, Familles, Générations*, Nr. 21, S. 216-236. Siehe auch Annie Cloutier (2011), *Mères au foyer de divers horizons culturels dans le Québec des années 2000. Représentations en matière de choix, d'autonomie et de bien-être*, Masterarbeit, Soziologie, Université Laval, Québec.

13 Seery, Annabelle (2012), S. 70.

14 Siehe das »Dossier Mères au foyer 2.0« in der *Gazette des femmes*, Infobrief vom 4. Juni 2012, E-Zeitschrift des Conseil du statut de la femme du Québec.

15 Siehe Lourdes Beneria (2010), »Travail rémunéré, non rémunéré et mondialisation de la reproduction«, Kap. 4 in Jules Falquet et al., *Le sexe de la mondialisation. Genre, classe, race et nouvelle division du travail*, Paris, Presses de la Fondation nationale de science politique, S. 71-84.

16 Siehe Barbara Ehrenreich und Arlie Russell Hochschild (Hrsg.) (2004), *Global Woman. Nannies, Maids, and Sex Workers in the New Economy*, New York, Henry Holt. Ebenso Arlie Russell Hochschild (2004), »Le nouvel or du monde«, *Nouvelles Questions féministes*, Vol. 23, no 3, S. 59-74.

17 Danièle Kergoat (2000), »Division sexuelle du travail et rapports sociaux de sexe«, in Helena Hirata et al. (2000), *Dictionnaire critique du féminisme*, Paris, PUF, S. 43-44.

18 Federici, Silvia (2021), »Reproduktion und feministische Kämpfe angesichts der neuen internationalen Arbeitsteilung (1999)«, in Dies., *Revolution at Point Zero. Hausarbeit, Reproduktion und feministischer Kampf*, Münster, Unrast Verlag, S. 141.

19 »In Kanada wird über 80 Prozent der unbezahlten Pflege von Frauen geleistet. Viele der pflegenden Angehörigen sind selbst ältere und pflegebedürftige Menschen.« *Les aidantes naturelles doivent prendre soin d'elles-mêmes!*, Le Réseau canadien de santé des femmes.

20 Nancy Guberman, zitiert in Marie Lachance (2012), »Réinventer la famille«, *Gazette des femmes*, Dossier »Mères au foyer 2.0«, 4. Juni.

21 Théâtre des cuisines (1976), *Moman travaille pas, a trop d'ouvrage*, Montréal, Remue-ménage.

22 Siehe dazu den Anfang von Kapitel 6.

23 In der Einleitung zur Anthologie *Québécoises Deboutte!*, die von Véronique O'Leary und mir mitherausgegeben wurde, wird diese Frustration angesprochen. O'Leary, Véronique und Louise Toupin (1982), *Québécoises Deboutte!*, Band 1, *Une anthologie de textes du Front de libération des femmes (1969-1971) et du Centre des femmes (1972-1975)*, Montréal, Remue-ménage, S. 18.

In der Folge wurde meine Frustration während der gesamten 1990er-Jahre und darüber hinaus nur noch größer, als ich mitansehen musste, wie die Problematik der Reproduktionsarbeit in den feministischen soziologischen Studien allmählich an Beachtung verlor und auf die »Bewältigung der doppelten Arbeitstage« reduziert wurde. Dieser Artikel zeugt davon: Toupin, Louise (1996), »Le féminisme et la question des ›mères travailleuses‹. Retour sur le tournant des années 1970«, *Lien social et Politiques*, Nr. 36, Herbst, S. 69-75. Siehe auch, als neueren Ausdruck derselben Frustration, diesen Artikel in der Jubiläumsausgabe von *La Vie en rose*: Toupin, Louise (2005), »L'épouvantouvantail dans le jardin«, *La Vie en rose*, hors série 2005, Montréal, Remue-ménage, S. 70-71.

24 Dalla Costa, Mariarosa und Selma James (1973), »Frauen und der Umsturz der Gesellschaft«, in: Dalla Costa, Mariarosa (2022), *Frauen und der Umsturz der Gesellschaft*, Münster, Unrast Verlag.

25 James, Selma (1975), *Sex, Race, and Class, Bristol, Falling*, Wall Press/Race Today Publications. Die deutsche Übersetzung »Zum Verhältnis von Geschlecht, Rasse und Klasse« erschien 1974 in Galtier, Brigitte; Power of Woman Collective; Lotta Femminista *Frauen in der Offensive – Lohn für Hausarbeit oder: Auch Berufstätigkeit macht nicht frei*, München, Trikont Verlag.

26 Federici, Silvia (1975), *Wages Against Housework*, Bristol, Falling Wall Press. Deutsch: Federici, Silvia (2021), »Lohn gegen Hausarbeit«, in Dies., *Revolution at Point Zero. Hausarbeit, Reproduktion und feministischer Kampf*, Münster, Unrast Verlag.

27 Collectif L'Insoumise (1977), *Le foyer de l'insurrection. Textes sur le salaire pour le travail ménager*, Genf, Collectif L'Insoumise.

28 Das zweite Kapitel befasst sich mit dem theoretischen Beitrag der *Black Women for Wages for Housework.*

29 Siehe Endnote 33 zum Beitrag der Gruppe *Housewives in Dialogue* zu diesem Thema.

30 Zu dieser Gruppe siehe das sechste Kapitel.

31 Es gab jedoch eine Zeitung, *Jamais contentes*, die die Forderung nach Lohn für Hausarbeit unterstützte. Sie existierte allerdings nicht lange (1978-1979).

32 Es war mir nicht möglich, einen Termin mit Selma James zu vereinbaren, die in London immer noch die *International Wages for Housework Campaign* leitet. Abgesehen von den Veröffentlichungen des Verlags Falling Wall Press in Bristol (der eine Reihe von Publikationen der *Wages for Housework*-Gruppen veröffentlicht oder gegebenenfalls aus dem Italienischen ins Englische übersetzt hat) stammen die von mir gesichteten Dokumente über die englischen Gruppen aus meinem persönlichen Archiv oder dem Canadian Women's Movement Archive an der Universität von Ottawa. Sie beziehen sich größtenteils auf den Zeitraum 1972-1977. Daher weist diese Untersuchung deutliche Lücken in Bezug auf die Geschichte der Gruppen in Großbritannien und ihren Einfluss auf das Netzwerk auf.

33 Beispielsweise existiert die *International Wages for Housework Campaign*, deren internationale Koordination in London, England, angesiedelt ist, immer noch, mit Selma James als Sprecherin (siehe www.globalwomenstrike.net/about-us). Neben vielen anderen Aktivitäten führt diese Kerngruppe in mehreren Ländern eine Reihe von Kampagnen durch, die sich mit der Frage der Anerkennung der Reproduktionsarbeit befassen. Eine dieser Kampagnen, die als *International Women Count Network* bekannt ist, war insbesondere auf den Frauenkonferenzen der Vereinten Nationen sehr aktiv, vor allem auf der Konferenz von Nairobi 1985 und der Konferenz von Peking 1995, wobei es dieser Kampagne zu verdanken war, dass in die Abschlusserklärungen Absätze über die Berücksichtigung unbezahlter Arbeit in der Berechnung des BIP verschiedener Länder aufgenommen wurden. Nicht zu vergessen die Arbeit dieser Gruppe im Forum der Nichtregierungsorganisationen auf der UN-Konferenz zur Mitte der Frauendekade 1980 in Kopenhagen. Siehe Suzie Fleming (1986), *Housework for Sale*, London, Housewives in Dialogue, Centrepiece 3, S. 3. Siehe auch Fahnbulleh (1987), *The UN Decade for Women: An Offer We Couldn't Refuse*, London, Housewives in Dialogue, Centrepiece 6, in dem der zehnjährige Kampf um die Berücksichtigung der unbezahlten Arbeit von Frauen bei den Vereinten Nationen beschrieben wird.

Was die *International Wages for Housework Campaign* heute geworden ist, unterscheidet sich stark von dem ursprünglichen Netzwerk. Nur das ursprüngliche Netzwerk, das von 1972 bis 1977 unter dem Namen *Internationales Feministisches Kollektiv* bekannt war, soll hier vorgestellt werden.

34 Das heißt, Mitte der 1990er-Jahre, also zu der Zeit, als ich mit einigen von ihnen Interviews führte.

35 Tatsächlich war diese Periode, die im Feminismus der späten 1970er-Jahre einsetzte, durch die Schaffung von Gruppen mit spezifischen Interessen, speziell im Bereich der öffentlichen Dienstleistungen, gekennzeichnet, die die vorherigen Gruppen mit allgemeinen Interessen ersetzten.

36 Nicole Lacelle, eine in Québec bekannte feministische Soziologin, Ausbilderin und Moderatorin, ist eine der wichtigsten Personen, die die Perspektive von »Lohn für Hausarbeit« in das französischsprachige Québec gebracht hat. Sie ist unter anderem für die französische Übersetzung und Zusammenfassung der wichtigsten Texte der Strömung verantwortlich, die in dem Dossier der feministischen Zeitschrift *La Vie en rose* erschienen sind: »Gagner son ciel ou gagner sa vie? Le salaire au travail ménager«, März-Mai 1981, S. 13-25.

37 Zur Erinnerung: Das Ausgangsmaterial für diese Forschung (Dokumentation und Interviews) wurde zunächst während der Zeit meines Postdoktorandenstipendiums, d. h. zwischen 1994 und 1996, gesammelt. Interviews mit Mariarosa Dalla Costa, Gisela Bock und Silvia Federici wurden bis zum Jahr 2000 schriftlich fortgesetzt. Ich habe das Material dann ab dem Sommer 2012 wieder aufgenommen und aktualisiert, indem ich insbesondere das Canadian Women's Movement Archive durchgesehen habe und mit den meisten der in den 1990er-Jahren interviewten Personen in Kontakt getreten bin.

Erstes Kapitel

38 Das Verbot, die Geschworenenbank zu besetzen, wurde im Juni 1971 aufgehoben, nachdem sieben Aktivistinnen des *Front de libération des femmes du Québec* im März 1971 die Geschworenenbank gestürmt hatten, wofür sie ins Gefängnis kamen. Siehe hierzu Marjolaine Péloquin (2007), *En prison pour la cause des femmes. La conquête du banc des jurés*, Montréal, Remue-ménage.

Für eine Vorstellung davon, wie das Lesbischsein in den 1950er- und 1960er-Jahren im Verbotenen gelebt wurde, siehe Line Chamberland (1996), *Mémoires lesbiennes. Le lesbianisme à Montréal entre 1950 et 1972*, Montréal, Remue-ménage. Siehe auch den ersten Teil von Irène Demczuk und Frank W. Remiggi (Hrsg.) (1998), *Sortir de l'ombre. Histoires des communautés lesbiennes et gaie de Montréal*, Montréal, VLB éditeur.

39 Zur Geschichte der Abtreibung in Québec siehe Louise Desmarais (1999), *Mémoires d'une bataille inachevée. La lutte pour l'avortement au Québec*, Montréal, Trait d'union.

40 »Von 1869 bis 1972 stellte das Strafgesetzbuch vor allem den Aufenthalt einer Prostituierten an einem öffentlichen Ort zum Zweck der Prostitution unter Strafe. In Unterparagraf 175(1)(c) heißt es: ›... begeht eine Handlung der Landstreicherei, wer [...] als öffentliches Mädchen oder Nachtschwärmerin an einem öffentlichen Ort angetroffen wird und, wenn sie dazu aufgefordert wird, darüber keine befriedigende Rechenschaft ablegt‹.« Conseil consultatif canadien de la situation de la femme (1984), *La prostitution au Canada*, S. 23.

41 Siehe dazu die Denkschrift, die Mary Two-Axe Early, eine Mohawk-Frau aus dem Kahnawake-Reservat in Québec und Initiatorin der ersten Forderungen indigener Frauen, 1968 der Commission Royale d'enquête sur la situation de la femme au Canada vorlegte, in: Dumont, Micheline und Louise Toupin (2003), *La pensée féministe au Québec. Anthologie 1900-1985*, Montréal, Remue-ménage, S. 347-350.

42 Im Vergleich dazu liegt die Erwerbsquote der Frauen in Kanada mittlerweile bei über 75 Prozent. Siehe Statistique Canada (2011), *Femmes au Canada: rapport statistique basé sur la sexe*, zitiert in Carole Vincent (2013), »Pourquoi les femmes gagnaient-elles moins que les hommes? Synthèse des connaissances tirées de micro-

données canadiennes«, *Series Synthèses du Réseau canadien des centres de données de recherche*, September, S. 6.

43 Die Zahl für Italien stammt aus Silvia Federici und Leopoldina Fortunati (1982), *High Tide: Women in Motion* (Text von *Feminist Review* abgelehnt. Archiv Leopoldina Fortunati). Darin wird eine Tabelle der OECD über den prozentualen Anteil der Frauen an der Erwerbsbevölkerung in fünf europäischen Ländern zwischen 1963 und 1974 wiedergegeben. Es wird festgestellt, dass die Erwerbsquote der Italienerinnen in diesem Jahrzehnt im Gegensatz zu anderen europäischen Ländern gesunken ist.

44 *Rapport de la Commission Royale d'enquête sur la situation de la femme au Canada*, Ottawa, Information Canada, 1970, S. 38, Abs. 73.

45 Ebd., S. 43, Abs. 92.

46 Benoît, Carmelle et al., *Analyse socio-économique de la ménagère québécoise*, Montréal, Centre de recherche sur la femme, Juni 1972, S. 267.

47 *Rapport du Conseil national du bien-être*, Ottawa, Juni 1972, S. 20, zitiert in Marcelle Dolment und Marcel Barthe (1973), *La femme au Québec*, Montréal, Les Presses Libres, S. 138-141.

48 Ebd., S. 125-138. Marcelle Dolment gründete 1972 die Gruppe *Réseau d'action et d'information pour les femmes* (RAIF), die in einigen Städten Québecs Untergruppierungen hatte. RAIF veröffentlichte ab 1973 mehrere Jahre lang ein Mitteilungsblatt, das hauptsächlich aus kommentierten Zeitungsausschnitten zu aktuellen Ereignissen und den Positionen von RAIF bestand.

49 Lamoureux, Jocelyne, Michèle Gélinas und Katy Tari (1993), *Femmes en mouvement. Trajectoires de l'Association féminine d'éducation et d'action sociale*, 1966-1991, Montréal: Boréal, S. 70.

50 O'Leary, Véronique und Louise Toupin (1982), »Nous sommes le produit d'un contexte«, *Québécoises Deboutte*, Band 1, *Une anthologie de textes du Front de libération des femmes (1969-1971) et du Centre des femmes (1972-1975)*, Montréal, Remue-ménage, S. 49.

51 Das Wort ›autonom‹ bedeutete damals: organisatorische Autonomie (nicht gemischtgeschlechtlich), aber auch Autonomie in Bezug auf politische Parteien, linke Gruppen, traditionelle Frauengruppen, Autonomie des Denkens, des Kampfes, Autonomie des weiblichen Subjekts in der Gesellschaft im Allgemeinen.

52 Der Begriff ›westlich‹ bezieht sich hier der Einfachheit halber auf den geografischen Raum, in dem sich die ersten Gruppen der zweiten Welle des Feminismus herausbildeten, nämlich den Nordatlantik: im Wesentlichen Nordamerika und Westeuropa.

53 Es sei betont, dass es sich hier nur um die drei Strömungen handelt, die zu Beginn der 1970er-Jahre, als die zweite feministische Bewegung entstand, in den Augen der Aktivist*innen *erkennbar* waren, d. h., *bevor* sich der Feminismus in verschiedene Strömungen aufspaltete und verfeinerte, also vor der Kritik am *weißen* westlichen Feminismus durch afroamerikanische Feminist*innen, Chicanas, Frauen aus dem Süden, Lesben usw., die sich im Laufe der 1970er-Jahre bald zu Wort meldeten. Zu diesen frühen Kritiken siehe zum Beispiel die Anthologie von Cherrie Moraga und Gloria Anzaldúa (Hrsg.) (1980), *This Bridge Called My Back: Writings by Radical Women of Color*, New York, Kitchen Table. Es sei auch darauf hingewiesen, dass sich nicht alle Aktivist*innen einer dieser Tendenzen zuordneten.

54 Ich übernehme die skizzierte Typologie aus den frühen 1970er-Jahren, insbesondere von Shulamith Firestone (1972), *La dialectique du sexe*, Paris, Stock, S. 48 und vom Centre des femmes de Montréal in seiner Zeitung *Québécoises Deboutte*, März 1973, S. 2-3 (die Zeitung wurde neu aufgelegt in Véronique O'Leary und Louise Toupin (1983), *Québécoises Deboutte*, Bd. 2, *Collection complète des journaux*, Montréal, Remue-ménage, S. 94-96).

55 Zu den intellektuellen Quellen der frühen frankofonen zweiten feministischen Bewegung in Québec siehe: Véronique O'Leary und Louise Toupin, »Nous sommes le produit d'un contexte«, *Québécoises Deboutte*, Bd. 1, S. 21-50. Siehe auch Marjolaine Péloquin (2007), *En prison pour la cause des femmes. La conquête du banc des jurés*, Montréal, Remue-ménage, insbesondere Kapitel 1, S. 21-33. Darüber hinaus sei auf das bemerkenswerte Werk des Historikers Sean Mills, *The Empire Within. Postcolonial Thought and Political Activism in Sixties Montreal*, Montréal, McGill-Queens's University Press, 2010 hingewiesen. Der Historiker stellt die Entwicklung der Proteste in Montreal während dieser Jahre in Zusammenhang mit der überragenden Rolle dar, die die Dekolonialisierung der Dritten Welt spielte. Kapitel 5 mit dem Titel »Québécoises Deboutte!« behandelt die Anfänge der zweiten feministischen Bewegung in Montreal anhand neuer archivarischer Quellen.

56 Siehe als französisches Beispiel das kollektive Buch *C'est terrible quand on y pense*, Marie-Claire Boons et al. (1983), Paris, Galilée. Für Québec siehe Lucille Beaudry (2004), »Les groupes d'extrême-gauche au Québec et la question des femmes: de l'opposition à la conciliation«, *Bulletin d'histoire politique*, vol. 13, Nr. 1, Herbst, S. 57-64.

57 Siehe die verschiedenen Beiträge in dem Buch von Olivier Filleule und Patricia Roux (Hrsg.) (2009), *Le sexe du militantisme*, Paris, Presses de Sciences po. Siehe zur Rolle aktiver Student*innen im Québecer Ahornfrühling 2012 auch den Artikel von Léa Clermont-Dion, »Femmes de grève«, erschienen in der elektronischen Version der *Gazette des femmes* vom 20. August 2012. Auch Marie-Ève Surprenant und Mylène Bigaouette (Hrsg.) (2013), *Les femmes changent la lutte. Au coeur du printemps québécois*, Montréal: Remue-ménage.

58 Dies bedeutet jedoch keineswegs, dass diejenigen, die in den gemischten Gruppen blieben, sich haben ausbeuten lassen. Der Feminismus drang ab der Wende zu den 1970er-Jahren in alle fortschrittlichen Organisationen, Gewerkschaften, Berufsgruppen und politischen Parteien ein und dies ist in erster Linie den Frauen in diesen Gruppen zu verdanken.

59 Zur Entwicklung der radikalen Strömung in Québec während dieser Jahre siehe »Le féminisme comme pensée autonome«, in: Dumont, Micheline und Louise Toupin (2003), *La pensée féministe au Québec. Anthologie 1900-1985*, Montréal, Remue-ménage, S. 459-462.

60 Der Beginn der feministischen Studien an den amerikanischen Universitäten geht auf die späten 1960er-Jahre zurück. In Montreal gab Marlene Dixon, eine bekannte Figur des amerikanischen Feminismus, 1969 an der McGill University einen viel beachteten Kurs in Soziologie über die *condition féminine*. Auf der französischsprachigen Seite wurde 1972 an der Université du Québec à Montréal (UQAM) ein ebenso beliebter multidisziplinärer Kurs über die Lage der Frauen eingeführt (der den Studierenden angerechnet wurde, aber auf freiwilliger Basis stattfand!).

61 Wie der Titel einer Sonderausgabe einer Zeitschrift im Jahr 1970 belegt: »Befreiung der Frauen: Jahr Null« (*Partisans*, Nr. 54-55, Juli/Oktober).

62 Engels, Friedrich (1983) [1883], *Der Ursprung der Familie, des Privateigentums und des Staats: im Anschluß an Lewis H. Morgans Forschungen*, Berlin, Dietz Verlag.

63 Bebel, August (1883), *Die Frau in der Vergangenheit, Gegenwart und Zukunft*, Zürich, Verl.-Magazin.

64 Erwähnt seien hier nur einige Titel, die zwischen 1968 und 1972 veröffentlicht wurden und später zu Klassikern wurden: Benston, Margaret (1969), »The Political Economy of Women Liberation«, *Monthly Review*, September. In deutscher Übersetzung (1975): »Die Politische Ökonomie der Frauenbefreiung«, in Mitchell Juliet et.al. (Hrsg.) (1970) *Frauenemanzipation: antiautoritäres Missverständnis oder Beitrag zur Konsolidierung der Arbeiterbewegung?*, München, Trikont; Pat Mainardi (1970) [1968], »The Politics of Housework«, in: Robin Morgan (Hrsg.), *Sisterhood Is Powerful*, New York, Vintage Books, S. 447-454; Isabel Larguia (1970) [1969], »Contre le travail invisible«, *Partisans*, Nr. 54-55, Juli/Oktober, S. 206-220; Peggy Morton (1970), »A Woman's Work Is Never Done«, *Leviathan*, Vol. II, Nr. 1, S. 32-37; Christine Dupont (Delphy) (1985) [1970] »Der Hauptfeind« in Alice Schwarzer (Hrsg.) *Lohn:Liebe, Zum Wert der Frauenarbeit*, Frankfurt am Main, Suhrkamp, S. 149-172; Mariarosa Dalla Costa (1971), *Donne e sovversione sociale*, deutsche Übersetzung in Mariarosa Dalla Costa (2022), *Frauen und der Umsturz der Gesellschaft*, Münster, Unrast Verlag; Betsy Warrior (1973) [1971], »Housework: Slavery or Labour of Love«, in: Anne Koedt u. a. (1971), *Radical Feminism*, New York, Quadrangle, S. 208-212.

In Quebec wurde 1972 von einer Gruppe von Aktivistinnen die »Analyse socio-économique de la ménagère québécoise« (Sozioökonomische Analyse der Hausfrau in Quebec) veröffentlicht. Siehe Carmelle Benoit et al. (1972), *Analyse socio-économique de la ménagère québécoise*, Montréal, Centre de recherche sur la femme, 287 Seiten.

65 Selbstverständlich mit der Ausnahme von Simone de Beauvoir. Die Frauengeschichte wird uns später lehren, dass Engels bei Weitem nicht der Einzige war, der über das Thema schrieb, und dass bereits Feministinnen der ›ersten Welle‹ dem Thema Aufsätze widmeten. Man denke nur an Kaethe Schirmacher (1905), *Die Frauenarbeit im Hause. Ihre ökonomische, rechtliche und soziale Wertung*, Gautzsch bei Leipzig, Felix Dietrich Verlag und an Eleanor Rathbone (1986) [1924], *The Disinherited Family*, Bristol, Falling Wall Press, um nur einige zu nennen.

66 Engels, Friedrich (1983) [1883], *Der Ursprung der Familie, des Privateigentums und des Staats: im Anschluß an Lewis H. Morgans Forschungen*, Berlin, Dietz Verlag.

67 Für eine neuere Analyse des Denkens von Rosa Luxemburg siehe die Zusammenfassung von Diane Lamoureux (2010), *Paroles rebelles. Autour de Rosa Luxemburg, Hannah Arendt et Françoise Collin*, Montréal, Remue-ménage, S. 23-79.

68 Clara Zetkin (1980), *Batailles pour les femmes*, Paris, Éditions sociales; Alexandra Kollontai (1978), *Conférences sur la libération des femmes*, Paris, La Brèche, und (1973), *Marxisme et révolution sexuelle*, Paris, Maspéro. Zu Kollontai siehe auch Christine Fauré (1984), »L'utopie de la Femme Nouvelle dans l'oeuvre d'Alexandra Kollontaï«, in *collectif, Stratégies de femmes*, Paris, Tierce, S. 481-488.

69 Die Verurteilung des Feminismus als im Wesentlichen ›bürgerlich‹ durch die Linke ist keineswegs eine Erfindung der 1970er-Jahre. Sie geht angeblich auf die sozialisti-

schen Diskurse zu Beginn des 20. Jahrhunderts zurück. Siehe Françoise Picq (1984), »Le ›féminisme bourgeois‹: une théorie élaborée par les femmes socialistes avant la guerre de 14«, in *collectif, Stratégies de femmes*, Paris, Tierce, S. 391-406.

70 Die kleine Geschichte dieses ›Kalten Krieges‹, den marxistisch-leninistische Gruppen gegen feministische Gruppen in Quebec führten, wird in Véronique O'Leary und Louise Toupin, *Québécoises Deboutte*, Band 1, *Une anthologie de textes du Front de libération des femmes (1969-1971) et du Centre des femmes (1972-1975)*, Montréal, Remue-ménage, S. 34-39, nachgezeichnet.

71 Benston, Margaret (1969), »Political Economy of Women's Liberation«, *Monthly Review*, September. Auszüge daraus erschienen in französischer Übersetzung: »Pour une économie politique de la libération des femmes«, *Partisans*, Nr. 54-55, Juli/Oktober 1970, S. 23-31. In deutscher Übersetzung (1975): »Die Politische Ökonomie der Frauenbefreiung« in Mitchell Juliet et.al. (Hrsg.) (1970) *Frauenemanzipation: antiautoritäres Missverständnis oder Beitrag zur Konsolidierung der Arbeiterbewegung?*, München, Trikont (vergriffen). Für die folgenden Zitate beziehen wir uns auf die von Toupin verwendete französische Fassung.

72 Christine Dupont (1970), »L'ennemi principal«, *Partisans*, Nr. 54-55, Juli/Oktober, S. 157-172. In deutscher Übersetzung: Christine Delphy (1985) [1970] »Der Hauptfeind« in Alice Schwarzer (Hrsg.) *Lohn:Liebe, Zum Wert der Frauenarbeit*, Frankfurt am Main, Suhrkamp, S. 149-172.

73 Dieser Text zirkulierte 1971 und wurde dann zusammen mit dem Text von Selma James, »Il posto delle donna«, im März 1972 unter dem allgemeinen Titel *Potere femminile e sovversione sociale* (Marsilio Editori) veröffentlicht. Beide Texte erschienen dann im Oktober desselben Jahres auf Englisch unter dem Titel *The Power of Women and the Subversion of the Community* (Falling Wall Press). Auf Französisch erschien das Ganze 1973: Mariarosa Dalla Costa und Selma James (1973), *Le pouvoir des femmes et la subversion sociale*, Genf, Librairie Adversaire. Das Buch wurde auch ins Deutsche (1973), Spanische (1975) und Japanische (1980) übersetzt. Auf Deutsch erschienen die Texte erstmals 1973: Mariarosa Dalla Costa und Selma James (1973), *Die Macht der Frauen und der Umsturz der Gesellschaft*, Berlin, Merve Verlag (vergriffen). Der Aufsatz von Mariarosa Dalla Costa ist in überarbeiteter Fassung neu aufgelegt worden als Teil der Aufsatzsammlung: Mariarosa Dalla Costa (2022), *Frauen und der Umsturz der Gesellschaft*, Münster, Unrast Verlag.

74 Christine Dupont (Delphy) (1985) [1970] »Der Hauptfeind« in Alice Schwarzer (Hrsg.) *Lohn:Liebe, Zum Wert der Frauenarbeit*, Frankfurt am Main, Suhrkamp, S. 150. Auch Mariarosa Dalla Costa bestätigte diese Information in einem Interview, das sie mir 1996 gab.

75 Margaret Benston: »Pour une économie politique de la libération des femmes«, *Partisans*, Nr. 54-55, Juli/Oktober 1970, S. 23.

76 Ebd., S. 25 und 28.

77 Ebd., S. 30.

78 Ebd., S. 29.

79 Siehe Ellen Malos (1995) [1980], »Introduction« in Ellen Malos (Hrsg.), *The Politics of Housework*, Cheltenham, New Clarion Press, S. 5. Man beachte auch das Sonderheft zum Gedenken an Margaret Benston, »Women in Science and Technology: The Legacy of Margaret Benston«, *Canadian Woman Studies/Les Cahiers de la femme*, Vol. 13, Nr. 2, Winter 1993.

80 Christine Delphy (1985) [1970] »Der Hauptfeind« in Alice Schwarzer (Hrsg.) *Lohn:Liebe, Zum Wert der Frauenarbeit*, Frankfurt am Main, Suhrkamp, S. 151.

81 Ebd.

82 Ebd., S. 161.

83 Ebd.

84 Sie erinnert in diesem Zusammenhang daran, dass der von Frauen außerhalb der Familie verdiente Lohn lange Zeit dem Ehemann gehörte.

85 Ebd., S. 166.

86 Ebd., S. 163.

87 Ebd., S. 169.

88 Ebd.

89 Er wurde erst spät ins Englische übersetzt (1984).

90 ... der später von ihr selbst weiterentwickelt wurde: Christine Delphy (1998; 2001), *L'ennemi principal, 1- L'économie politique du patriarcat, et 2- Penser le genre*, Paris, Syllepse. Auch von Colette Guillaumin (1992), *Sexe, race et pratique du pouvoir. L'idée de Nature*, Paris, Côté-femmes; Nicole-Claude Mathieu (1991), *L'anatomie politique. Catégorisations et idéologies du sexe*, Paris, Côté-femmes; Paola Tabet (1998), *La construction sociale de l'inégalité des sexes. Des outils et des corps*, Paris, L'Harmattan und (2004), *La grande arnaque: sexualité des femmes et échanges économico-sexuels*, Paris, L'Harmattan. Die Zeitschriften *Questions féministes* (1977-1980) und *Nouvelles Questions féministes* (seit 1981) verbreiteten und verbreiten diese Denkrichtung. In Quebec entwickelten insbesondere Nicole Laurin und Danielle Juteau diese Perspektive weiter: Danielle Juteau und Nicole Laurin (1988), »L'évolution des formes de l'appropriation des femmes: des religieuses aux ›mères porteuses‹«, *The Canadian Review of Sociology and Anthropology/La Revue canadienne de sociologie et d'anthropologie*, vol. 25, Nr. 2, Mai, S. 183-207.

91 Ihre Theorie stieß bei klassischen Marxist*innen auf viel Kritik, insbesondere in der »Domestic Labour Debate«, auf die weiter unten eingegangen wird. Erwähnt sei hier nur der Austausch zwischen Christine Delphy und Michèle Barrett und Mary McIntosh, der in der Zeitschrift *Nouvelles Questions femministes* abgedruckt ist. Michèle Barrett und Mary McIntosh (1982), »Christine Delphy: Towards a Materialist Feminism?«, *Nouvelles Questions Femministes*, Nr. 4, Herbst, S. 35-49, und Christine Delphy (1982), »Un féminisme matérialiste est possible«, ebd., S. 51-86. Erwähnenswert ist auch die Kritik von Maxine Molyneux an Delphys Essay: Maxine Molyneux (1979), »Beyond the Domestic Labour Debate«, *New Left Review*, Nr. 116, Juli-August, S. 3-27.

92 Chabaud-Rychter, Danielle, Dominique Fougeyrollas-Schwebel und Françoise Sonthonnax (1985), *Espace et temps du travail domestique*, Paris, Librairie des Méridiens, S. 131.

93 Kergoat, Danièle (2012) [1992], »À propos des rapports sociaux de sexe«, Kap. 4 in *Se battre, disent-elles...*, Paris, La Dispute, S. 108.

94 Kergoat, Danièle (2000), »Sexual division of work and social relations of sex«, in. Helena Hirata et al., *Dictionnaire critique du féminisme*, Paris, PUF, S. 42.

95 Chabaud-Rychter, Danielle, Dominique Fougeyrollas-Schwebel und Françoise Sonthonnax (1985), *Espace et temps du travail domestique*, Paris, Librairie des Méridiens, S. 131.

96 Diese Formulierung geht auf Jan Windebank zurück, der darüber spricht, was sozialistische und radikale Feministinnen in ihrer jeweiligen Interpretation der Hausarbeit unterscheidet. Jan Windebank (1994), »Comment expliquer le rapport des femmes au foyer et à la famille: les débats français autour du travail domestique«, *Nouvelles Questions féministes*, vol. 15, Nr. 1, S. 19.

97 Die folgenden Zitate sind der deutschen Übersetzung entnommen, die 2022 im Unrast Verlag als Teil der Aufsatzsammlung erschien: Mariarosa Dalla Costa (2022), *Frauen und der Umsturz der Gesellschaft*, Münster, Unrast Verlag.

98 Mies, Maria (1986), *Patriarchy and Accumulation on a World Scale. Women in the Internatinal Division of Labor*, New York, Zed Books, S. 32. Der Text wurde auf Deutsch übersetzt: Mies, Maria (1996), *Patriarchat und Kapital: Frauen in der internationalen Arbeitsteilung*, Zürich, Rotpunktverlag.

99 Wir werden weiter unten sehen, aus welcher überarbeiteten marxistischen Strömung sie stammt, nämlich aus dem operaistischen Marxismus, der eine italienische Besonderheit darstellt. Siehe auch im Epilog das Interview mit Mariarosa Dalla Costa.

100 ... obwohl die Forderung in einem Dokument der Gruppe *Movimento di Lotta Femminile* (später *Lotta Femminista*) vom Juli 1971 mit dem Titel *Manifesto programmatico per la lotta della casalinga nel quartiere* (später übersetzt als »Programmatic Manifesto for the Struggle of Housewives in the Neighborhood«, *Socialist Revolution*, Nr. 9, Mai-Juni 1972, S. 85-90) auftaucht. Daraus lässt sich schließen, dass die Forderung in dieser frühen Phase der Frauenbewegung in Italien zur Debatte stand.

101 Es ist bemerkenswert, dass in diesen frühen Texten, die die Hausarbeit theoretisieren, einschließlich des hier vorgestellten, noch nicht von Gender, dem Geschlecht, die Rede ist, um die patriarchale Ausbeutung zu bezeichnen. Es wird, um diese Unterdrückung zu veranschaulichen, der Begriff ›Kaste‹ verwendet. Die gängige Verwendung des Begriffs ›Geschlecht‹ oder Gender unter feministischen Theoretikerinnen taucht in den folgenden Jahren auf, insbesondere nach dem Erscheinen des Essays von Ann Oakley (1972), *Sex, Gender and Society*, New York, Harper & Row, Harper Colophon. Die französischen feministischen Soziologinnen verwendeten den Begriff ›rapports sociaux de sexe‹ (Geschlechterverhältnisse) und ab dem Jahr 2000 wurde der Begriff ›Gender‹ eingeführt.

102 Für einen Überblick über diese Debatten in Québec siehe den Kasten in der Einleitung dieses Buches, in dem die wichtigsten Einwände gegen einen Lohn für Hausarbeit dargelegt werden. Siehe auch die Stellungnahmen von rund 20 Gruppen (einschließlich politischer Parteien) zu dieser Frage in dem Sonderheft der Zeitschrift *La Vie en rose*, »Gagner son ciel ou gagner sa vie? Le salaire au travail ménager«, März/Mai 1981, S. 13-19.

103 ... z.B. über die Frage, ob Haushalts- oder Hausarbeit Mehrwert schafft oder nicht, ob man die marxistische Werttheorie auf die Hausarbeit anwenden kann oder nicht, ob die Hausarbeit als »gesellschaftlich produktiv« oder nicht bezeichnet werden kann ...

104 Dies ist die Kritik, die Maria Mies in diesem Zusammenhang äußert. Mies, Maria (1986), *Patriarchy and Accumulation on a World Scale. Women in the Internatinal Division of Labor*, New York, Zed Books, S. 33. Siehe auch die ausgezeichnete Zusammenstellung der »Domestic Labour Debate«: Kaluzynska, Eva (1980), »Wiping the Floor with Theory: A Survey of Writings on Housework«, *Feminist*

Review, Nr. 6, S. 27-49. Auch Ellen Malos (Hrsg.) (1995) [1980], »Introduction« in Ellen Malos (Hrsg.), *The Politics of Housework*, Cheltenham, New Clarion Press.

105 Vandelac, Louise (Hrsg.) (1985), *Du travail et de l'amour. Les dessous de la production domestique*, Montréal, Saint-Martin.

106 Siehe u. a. Suzie Fleming (1975), »All Women Are Housewives«, *The Activist*, Bd. 15, Nr. 1-2, S. 27-33.

107 Zum Beispiel in Mariarosa Dalla Costa (1975), »Premisse«, in *Le operaie della casa*. Herausgegeben vom *Internationalen Feministischen Kollektiv*, Marsilio.

108 Edmond, Wendy und Suzie Fleming (1975), »If Women Were Paid for All They Do«, in Wendy Edmond und Suzie Fleming, *All Work and No Pay: Women, Housework, and the Wages Due*, Bristol, Falling Wall Press, S. 9.

109 Bock, Gisela und Barbara Duden (1977), »Arbeit aus Liebe – Liebe als Arbeit: zur Entstehung der Hausarbeit im Kapitalismus«, in *Frauen und Wissenschaft: Beiträge zur Berliner Sommeruniversität für Frauen, Juli 1976*, Berlin, Courage-Verlag, S.118-199. Zur Geschichte dieses Textes und der Gruppe »Lohn für Hausarbeit« siehe Kapitel sechs.

110 Hayden, Dolores (1982), *The Great Domestic Revolution: A History of Feminist Designs for American Homes, Neighborhoods, and Cities*, Cambridge, MIT Press.

111 Ebd., S. 8.

112 Gisela Bock (1995) »Weibliche Armut, Mutterschaft und Rechte von Müttern in der Entstehung des Wohlfahrtsstaats, 1890-1950« in *Geschichte der Frauen*, Frankfurt am Main, Campus-Verlag, S.427-461. Bock fasst darin die einschlägigen Arbeiten von rund zwanzig europäischen Historikerinnen zusammen, die am Europäischen Hochschulinstitut in Florenz zusammengekommen sind und deren Beiträge in der Anthologie Gisela Bock und Pat Thane (Hrsg.) (1991), *Maternity and Gender Policies. Women and the Rise of the European Welfare States, 1880s-1950s*, London/New York, Routledge veröffentlicht sind. Siehe auch die bemerkenswerte Zusammenstellung Bock, Gisela (2005) *Frauen in der europäischen Geschichte: vom Mittelalter bis zur Gegenwart*, München, C.H. Beck.

113 Einige von ihnen forderten offen, dass die Tätigkeit als Mutter mit einem Gehalt vergütet werden sollte. Im Folgenden findet sich eine kurze Zusammenstellung, die sich aus der Lektüre verschiedener Bücher ergeben hat. In Frankreich: Hubertine Auclert im Jahr 1879, Léonie Rouzade im Jahr 1896, Marguerite Durand, Nelly Roussel und Alexandra David-Néel im Jahr 1906. Katti Anker Möller in Norwegen 1915, Ellen Key in Schweden 1909, Käthe Schirmacher in Deutschland 1904. Eleanor Rathbone 1917 und Virginia Woolf 1938 in England und Katherine Anthony 1915, Melusina Fay Pierce ab 1868, Crystal Eastman 1920 in den USA, um nur einige zu nennen.

114 Rathbone, Eleanore (1986), *The Disinherited Family (With an Introductory Essay by Suzie Fleming)*, Bristol, Falling Wall Press. Für eine Biografie über Eleanor Rathbone siehe Johanna Alberti (1996), *Eleanor Rathbone*, London, Sage, Coll. »Women of Ideas«.

115 Auch wenn sie im Laufe der Jahre ihren Diskurs über Kindergeld als Mittel zur Sicherung der finanziellen Unabhängigkeit von Frauen abschwächen und durch Kindergeld für Kinder ersetzen musste, blieb es dabei, dass ihr ursprünglicher Diskurs in erster Linie auf die Anerkennung und Entlohnung der von Frauen in den Familien geleisteten Dienstleistungen abzielte. Siehe insbesondere den aufschlussreichen

Titel dieses Artikels: Eleanor Rathbone (1917), »The Remuneration of Women's Services«, *The Economic Journal*, Nr. 27, März, S. 55-60.

116 Auch in Québec war es ein Kampf von Feministinnen, der verhindern sollte, dass das Kindergeld an Väter ausgezahlt wurde. Siehe Denyse Côté (1993), »Le versement des allocations familiales aux mères québécoises«, in Anita Caron und Lorraine Archambault (Hrsg.), *Thérèse Casgrain, une femme tenace et engagée*, Actes de colloque, Sainte-Foy, Presses de l'Université du Québec, S. 221-237.

117 Insbesondere in Kapitel 4 wird auf den Kampf um das Kindergeld eingegangen.

118 Die Debatten über die Forderung nach Kindergeld und »Muttergeld« im England der Zwischenkriegszeit sind nachzulesen in Johanna Alberti (1989), *Beyond Suffrage: Feminists in War and Peace, 1914-1928*, New York, St. Martin's Press, S. 164-190; Rosalind Delmar (1980), »Afterword«, in Vera Brittain [1940], *Testament of Friendship: The Story of Winifred Holtby*, London, Virago, S. 443-453; Suzie Fleming (1986), »Introduction: Eleanor Rathbone: Spokewoman for a Movement«, in Rathbone, Eleanore (1986), *The Disinherited Family (With an Introductory Essay by Suzie Fleming)*, Bristol, Falling Wall Press S. 443-453; Rosalind Delmar (1980), »Afterword«, in: Ebd., S. 443-453, S. 50-55; Gisela Bock (1995) »Weibliche Armut, Mutterschaft und Rechte von Müttern in der Entstehung des Wohlfahrtsstaats, 1890-1950« in *Geschichte der Frauen*, Frankfurt am Main, Campus-Verlag, S.427-461.

119 Holtby, Winifred (1935), *Women and a Changing Civilization*, New York, Longmans, Green.& Co, S. 94-95. Die Sowjetunion war bei den Progressiven lange Zeit eine Maßstab für die Kollektivierung und Sozialisierung der Hausarbeit.

120 Siehe den Kasten zu diesem Thema in der Einleitung dieses Buches.

121 Ein Beispiel hierfür ist die Debatte, die 1997-1998 in Québec durch die Reform des Einkommenssicherungsprogramms ausgelöst wurde, die die Abschaffung der Nichtverfügbarkeitszulage für Mütter von Kindern im Vorschulalter und ihre obligatorische Eingliederung in Beschäftigungswege vorsah. Siehe Francine Descarries und Christine Corbeil (1997), »Regards sur le discours féministe québécois«, *Le Devoir*, 8. August, S. A-9 und »Comment amenuiser l'ostracisme social des femmes«, *Le Devoir*, 9-10. August. Siehe auch eine Antwort auf ihre Äußerungen: Lucie Bélanger, Huguette Labrecque-Marcoux, Jocelyne Lamoureux und Louise Toupin (1998), »La reconnaissance monétaire du travail familial«, *Relations*, April, S. 84-88.

Zweites Kapitel

122 Toronto Wages for Housework Collective (1976), »Editorial«, *Wages for Housework Campaign Bulletin*, vol.1, no 1, Juli, S. 3.

123 Dalla Costa, Mariarosa (1975), *Le operaie della casa*, Venise-Padoue, Marsilio, S. 72. Eigene Hervorhebung.

124 Die Beziehung der Frauen zur Haus- und Reproduktionsarbeit ist natürlich nicht universell; es gibt tatsächlich »unterschiedliche Beziehungen der Frauen zu dieser Arbeit je nach Rassifizierung, Ethnisierung und Klassenzugehörigkeit«, wie Evelyn Nakano Glen untersucht hat, die erklärt: »Was jedoch nicht variiert, ist, dass diese Reproduktionsarbeit – ob kommerzialisiert oder nicht – als ›weiblich‹ konstruiert wird«, da die rassifizierten-ethnisierten Frauen in diesem Dispositiv »einem bestimmten Platz innerhalb der Organisation der Reproduktionsarbeit zugewiesen

wurden«. Evelyn Nakano Glen (2009), »De la servitude au travail de service: les continuités historiques de la division raciale du travail reproductif payé«, in Elsa Dorlin (Hrsg.) (2009), *Sexe, race, classe, pour une épistémologie de la domination*, Paris, PUF, Coll. »Actuel Marx Confrontations«, S. 27. (Ursprünglich erschienen auf Englisch in *Signs*, vol. 18, Nr. 1, Herbst 1992, S. 1-43).

Die Gruppen *Black Women for Wages for Housework* werden dieses unterschiedliche Verhältnis von Frauen zur Hausarbeit herausstellen und vertiefen, wie später noch gezeigt wird. Nicole Cox und Silvia Federici drücken die unterschiedlichen Bedingungen der Hausarbeit folgendermaßen aus: »Die Bedingungen unserer Arbeit unterscheiden sich von Land zu Land. In einigen Ländern sind wir gezwungen, eine große Zahl an Kindern zu produzieren, in anderen Ländern wird uns gesagt, dass wir das nicht tun sollen, besonders wenn wir Schwarz sind oder von Sozialhilfe leben oder ›Querulant*innen‹ produzieren könnten. In einigen Ländern produzieren wir ungelernte Arbeiter*innen für die Felder, in anderen produzieren wir gelernte Arbeiter*innen und Techniker*innen. Aber in jedem Land sind die unbezahlte Arbeit und die Funktion, die wir für das Kapital ausüben, gleich.« Federici, Silvia (mit Nicole Cox) (2021) [1975] »Counterplanning aus der Küche« in Silvia Federici (2021), *Revolution at Point Zero. Hausarbeit, Reproduktion und feministischer Kampf*, Münster, Unrast Verlag, S. 60.

125 »Rencontre avec deux féminministes marxistes« (Treffen mit zwei marxistischen Feministinnen), *Québécoises Deboutte!*, Vol. 1, Nr. 6, Juni 1973, S. 37. Abgedruckt in Véronique O'Leary und Louise Toupin (1983), *Québécoises Deboutte*, Bd. 2, *Collection complète*, Montréal, Remue-ménage, S. 201.

126 Interview mit der Autorin, Brooklyn, 16. März 1996.

127 Federici, Silvia (2021) [1975], »Lohn gegen Hausarbeit«, in Dies., Revolution at Point Zero. Hausarbeit, Reproduktion und feministischer Kampf, Münster, Unrast Verlag, S. 37.

128 Ebd., S. 37f.

129 Der Operaismus ist eine kritische Strömung des italienischen Kommunismus in den 1960er-Jahren. Zu den historischen Wurzeln dieser Bewegung siehe das Interview mit Mariarosa Dalla Costa im Epilog. Auch Harry Cleaver (1912), *»Das Kapital« politisch lesen*, Wien, Mandelbaum Verlag, Kap. 1, S. 45-62. Für eine Zusammenfassung seiner Hauptkonzepte siehe Harry Cleaver, *Autonomist Marxism*, Vorlesung an der University of Texas. Siehe auch Massimo De Angelis (1993), »Interview with Harry Cleaver«, online verfügbar. Ursprünglich auf Italienisch erschienen in *Vis a vis*, Nr. 1 (Herbst 1993). Schließlich Mario Tronti (2013), *Nous opéraistes. Le »roman de formation« des années 1960 en Italie*, Paris/Lausanne, Éditions d'en bas/Éditions de l'éclat.

130 Federici, Silvia (mit Nicole Cox) (2021) [1975] »Counterplanning aus der Küche« in Silvia Federici (2021) *Revolution at Point Zero. Hausarbeit, Reproduktion und feministischer Kampf*, Münster, Unrast Verlag, S. 61f.

131 Ebd., S. 63

132 James, Selma (1973), »Introduction« in Mariarosa Dalla Costa und Selma James, *The Power of Women*, S. 26.

133 Modern Times Collective (1975), »The Social Factory«, *The Activist*, Vol. 15, Nr. 1-2, S. 38. Dieser Text wurde im Frühjahr 1974 von einigen Mitgliedern des Kollektivs verfasst, einer politischen Gruppe, die in Cleveland tätig war. Zwei der

Mitglieder (Beth Inger und Sydney Ross) bildeten später die Lohn-für-Hausarbeit-Gruppe in Los Angeles.

134 Die Konzepte »gesellschaftliche Fabrik«, »Arbeitsverweigerung« und der strategischen Lohnkämpfe stammen aus der italienischen operaistischen Strömung. Die Lohn-für-Hausarbeit-Gruppe hat sich außerhalb dieser Strömung (und oft sogar in Opposition zu ihr) entwickelt. Silvia Federici wird dazu Folgendes sagen: »Durch, aber auch gegen die in diesen Bewegungen formulierten Kategorien wurde aus unserer Analyse der ›Frauenfrage‹ eine Analyse der Hausarbeit, die wir als entscheidend ansahen für die Bestimmung der Ausbeutung von Frauen im Kapitalismus...« Silvia Federici (2021), *Revolution at Point Zero. Hausarbeit, Reproduktion und feministischer Kampf*, Münster, Unrast Verlag, S. 25.

135 Es handelt sich hierbei um eine Übersetzung des Statements, das am Ende der ersten internationalen Konferenz des *Internationalen Feministischen Kollektivs*, die von der New Yorker Lohn-für-Hausarbeit-Gruppe im Oktober 1974 organisiert wurde, abgegeben wurde und das im nächsten Kapitel besprochen wird: *Wages for Housework is a Feminist Perspective*. (Archiv Silvia Federici)

136 Dalla Costa, Mariarosa (1975), *Le operaie della casa*, Venedig-Padua, Marsilio, S. 17. Das ins Deutsche übersetzte Zitat basiert auf der von Louise Toupin verwendeten Übersetzung von Viviane Luisier aus der Gruppe *Les Insoumises*, die unter den damaligen Aktivist*innen als Druckvorlage zirkulierte, aber letztlich nie veröffentlicht wurde. (Archiv Louise Toupin) Die hier angegebene Seite bezieht sich jedoch auf den italienischen Originaltext, da dies der einzige Text ist, der veröffentlicht wurde.

137 Dalla Costa, Mariarosa (2022), *Frauen und der Umsturz der Gesellschaft*, Münster, Unrast Verlag, S.44f.

138 Dieses Manifest ist abgedruckt in *Power of Women* (Zeitung des englisches Lohn-für-Hausarbeit-Kolletivs), Vol. 1, Nr. 1, März-April 1974, S. 14. Siehe Kapitel 3.

139 Siehe dazu auch die Analysen von Selma James (1975), »Wages of the World«, in Wendy Edmond und Suzie Fleming (Hrsg.), *All Work and No Pay*, Bristol, Falling Wall Press, S. 25-34; *Sex, Race, and Class* (1975), Bristol, Falling Wall Press.

140 Dalla Costa, Mariarosa (1972), »Vorwort zur italienischen Ausgabe von *Die Macht der Frauen und der Umsturz der Gesellschaft* (»Potere femminile e sovversione sociale«)« in Dalla Costa, Mariarosa (2022), *Frauen und der Umsturz der Gesellschaft*, Münster, Unrast Verlag, S. 32f. Hervorhebungen im Original.

141 Silvia Federici (mit Nicole Cox) (2012) [1974] »Counter-Planning from the Kitchen«. Vgl. Silvia Federici (2021), *Revolution at Point Zero. Hausarbeit, Reproduktion und feministischer Kampf*, Münster, Unrast Verlag, S. 55-72.

142 Um diese Definition, die von den Theoretikerinnen von »Lohn für Hausarbeit« entwickelt wurde, zusammenzufassen, verwende ich das Protokoll der Tage, an denen die Kampagne für den Lohn für Hausarbeit in Italien am 8., 9. und 10. März 1974 lanciert wurde, in dem diese Definition erläutert wird. Dieser Bericht findet sich in *Comitato Triveneto per il Salario al Lavoro Domestico* (1975), »8, 9, 10 marzo '74. Un lungo week-end di lotta«, in: *8 marzo 1974. A cura del Collettivo internazionale femminista*, Venedig-Padua, Marsilio, S. 25-41. Eine englische Übersetzung erschien unter dem Titel *A Long Week-End of Struggle* in *Women in Struggle*, Nr. 3, »Italy Now« (Canadian Women's Movement Archives – CWMF – Box 115). Wenn nicht anders angegeben, beziehen sich die Zitate der folgenden Ausführungen auf diese Übersetzung.

143 Dieser Aspekt wird später noch näher erläutert, insbesondere in Kapitel 5, in dem es um die Mobilisierung von Gruppen von »Lohn für Hausarbeit« in der Öffentlichkeit geht. Dazu gehört auch die Unterstützung von Sexarbeiterinnengruppen, die sich in den USA und Kanada zu gründen begannen. Diese Mobilisierungen bieten die Gelegenheit, eine Analyse der »Prostitution« als Arbeit zu untermauern und die Verbindungen zwischen Hausfrauen und Sexarbeiterinnen zu verdeutlichen.

144 Dieser Abschnitt basiert auf Mariarosa Dalla Costa (1975), *Le operaie della casa*, Venedig-Padua, Marsilio, S. 34-54. Sofern nicht anders angegeben, stammen die Zitate aus diesem Text. Zur Übersetzung siehe die Erläuterungen in Endnote 136.

145 Die Gruppe *Wages Due Lesbians* aus Toronto wird zum Thema Geld Folgendes sagen: »Geld ist das Maß der Macht im Kapitalismus. Unser Status als Lohnlose ist in diesem Zusammenhang sowohl das Maß als auch die Ursache unserer Machtlosigkeit.« *Wages Due Collective*, Toronto (1975), *Why Lesbians Want Wages for Housework*, Broschüre, S. 7. (Nicole Lacelle Archiv).

146 *Le operaie della casa* legt Wert darauf, zu verdeutlichen, wie ungenau der Ausdruck ›außerhäusliche Arbeit‹ ist. »Wir verwenden die Bezeichnung ›außerhäusliche Arbeit‹ in ihrer gebräuchlichsten Bedeutung als extrahäusliche Arbeit. Wir möchten jedoch darauf hinweisen, wie ungenau diese Terminologie ist. Hausarbeit findet nämlich nicht nur innerhalb des Hauses statt, sondern zu einem großen Teil auch außerhalb des Hauses. Man denke nur an Aufgaben wie Einkaufen, die Kinder zur Schule bringen, Papiere vom Rathaus abholen, Verwandte im Krankenhaus besuchen usw. Heimarbeit findet auch innerhalb des Hauses statt und ist gleichzeitig außerhäusliche Arbeit. In ähnlicher Weise wird auch die Arbeit der Prostitution größtenteils innerhalb des Hauses verrichtet.« *Le operaie della casa*, S. 19, Fußnote 1.

147 Einer der Slogans der Lohn-für-Hausarbeit-Gruppen lautete: »We are always cheap labor outside the home/Because we are slave labor in the home« (Wir sind immer billige Arbeit außerhalb des Hauses/weil wir Sklavenarbeit im Haus sind). *Wages for Housework International Network Newsletter*, 1975, S. 4. (CWMA, Box 624.28).

148 Die Zitate in diesem Abschnitt stammen aus Federici, Silvia (2021) [1975], »Lohn gegen Hausarbeit«, in Dies., *Revolution at Point Zero. Hausarbeit, Reproduktion und feministischer Kampf*, Münster, Unrast Verlag.

149 Federici, Silvia (mit Nicole Cox) (2021) [1974] »Counterplanning aus der Küche« in Silvia Federici (2021) *Revolution at Point Zero. Hausarbeit, Reproduktion und feministischer Kampf*, Münster, Unrast Verlag, S. 63f.

150 »[...] vor Augen zu führen, dass unsere weiblichen Tugenden bereits einen berechenbaren Geldwert haben« (S. 44): Dieser Satz nimmt vorweg, worauf die Kampagne für ›Lohngerechtigkeit‹ einige Jahrzehnte später in verschiedenen Ländern fokussieren sollte.

151 Es ist wichtig, daran zu erinnern, dass die Institution Ehe in der katholischen Kirche nur aufgelöst werden kann, wenn kein Geschlechtsverkehr stattfindet (etwa aufgrund von Homosexualität). Die reproduktive Sexualität ist für die Kirche also sehr wohl eine Klausel im Ehevertrag ...

152 Dalla Costa, Mariarosa, *Le operaie della casa*, Venedig-Padua, Marsilio, S. 51.

153 Federici, Silvia (2021) [1975] »Warum Sexualität Arbeit ist (1975)«, in: *Revolution at Point Zero*, Münster, Unrast Verlag, S. 50.

154 Silvia Federici (1974), unbetiteltes Dokument, das mit »Capitalism uses people …« beginnt. (Archiv Silvia Federici), S. 1.

155 Dalla Costa, Mariarosa (2022), *Frauen und der Umsturz der Gesellschaft*, Münster, Unrast Verlag, S.49

156 Zu erwähnen sind auch die Analysen von Giovanna Franca Dalla Costa, die insbesondere in *Un lavoro d'amore* festgehalten sind und deren Grundzüge wir weiter unten in diesem Kapitel betrachten werden.

157 Meines Wissens gab es Wages-Due-Lesbians-Gruppen in den folgenden Städten: Toronto, Brooklyn, Philadelphia, London, Winnipeg, Balgonie (Saskatchewan), San Francisco. Die beiden aktivsten während des untersuchten Zeitraums waren jedoch die in Toronto und London. Zum Ursprung des Namens: ›Wages Due‹ als Slogan stammt von einer alten Spardose in Form eines Nudelholzes aus den 1940er-Jahren, die die folgende Aufschrift trug: »If women were paid for all they do, there'd be a lot a wages due« (Wenn Frauen für alles bezahlt würden, was sie tun, wäre eine Menge Lohn fällig) Vgl. Lyn Gamble (1976), »The Great Wages for Housework Debate. How It All Began«, *The Leveller*, November, S. 7.

158 Von dieser Konferenz wird im nächsten Kapitel die Rede sein.

159 Wir konzentrieren uns hier auf diese Dokumente:

– Wages Due Collective, Toronto (1975), »Lesbians and Straights«, in: Wendy Edmond und Suzie Fleming (Hrsg.), *All Work and No Pay*, Bristol, Falling Wall Press, S. 21-24. Dieser Text hatte mehrere Versionen und Titel, darunter »Fucking is Work«, veröffentlicht in *The Activist*, Vol. 15, Nr. 1-2, Frühjahr 1975, S. 25-26;

– Lesbian Women, Power of Women, London (1975), »Lesbian Women: Love and Power«, in: *All Work and No Pay*, Bristol, Falling Wall Press, S. 46-48. Ursprünglich veröffentlicht unter dem Titel »Lesbianism and Wages for Housework«, in: *Power of Women*, Vol. 1, Nr. 4, Sommer 1975, S. 11;

– Hall, Ruth (1975), »Lesbianisme et pouvoir«, in *Le foyer de l'insurrection. Textes sur le salaire pour le travail ménager*, Genf, Collectif L'Insoumise. S. 109-117;

– Woodsworth, Ellen (1975), »Lesbians Want Wages for Housework Too«, in: *Wages for Housework, Women Speak Out. May Day Rally*, Toronto, S. 22-24;

– Wages Due Collective, Toronto (1975), *Why Lesbians Want Wages for Housework*. (Nicole Lacelle Archiv).

Die feministische Zeitung *The Body Politic* in Toronto veröffentlichte mehrere Texte der Gruppe *Wages Due Lesbians*. Siehe die Rezension von Becki L. Ross (1995), *The House That Jill Built. A Lesbian Nation in Formation,* Toronto, University of Toronto Press, S. 258, Fußnote 44.

160 Wages Due Collective, Toronto (1975), »Lesbians and Straights«, in Wendy Edmond und Suzie Fleming (Hrsg.), *All Work and No Pay*, Bristol, Falling Wall Press, S. 21.

161 Ebd., Hervorhebungen im Original.

162 Ebd., S. 21f.

163 Woodsworth, Ellen (1975), »Lesbians Want Wages for Housework Too«, in: *Wages for Housework, Women Speak Out. May Day Rally*, Toronto, S. 23.

164 Dies ist der Titel des in seinen Grundzügen zusammengefassten folgenden Dokuments: Wages Due Collective, Toronto (1975), *Why Lesbians Want Wages for Housework* (Nicole Lacelle Archiv).

165 Ebd., S. 3f.

166 Ebd., S. 5.

167 Präsentation des Textes »Lesbianism and Power« von Ruth Hall durch die Gruppe *Les Insoumises*, in Collectif L'Insoumise (1977), *Le foyer de l'insurrection. Textes sur le salaire pour le travail ménager*, Genf, Collectif L'Insoumise, S. 92.

168 Zu den Denkströmungen Mitte der 1970er-Jahre finden sich u. a. für Kanada: Ross, Becki L. (1995), *The House That Jill Built. A Lesbian Nation in Formation*, Toronto, University of Toronto Press. Für Québec: Hildebran, Andrea (1998), »Genèse d'une communauté lesbienne: un récit des années 1970«, in Irène Demczuk und Frank W. Remiggi (Hrsg.) (1998), *Sortir de l'ombre. Histoires des communautés lesbiennes et gaie de Montréal*, Montréal, VLB éditeur, S. 207-233.

169 Dieser Text wurde auf einem internationalen Treffen vorgestellt, das von der Gruppe *Wages Due Lesbians of Toronto* organisiert und im Juli 1976 in Toronto abgehalten wurde, wie auch im nächsten Kapitel über das *Internationale Feministische Kollektiv* beschrieben wird. Brown, Wilmette (1976), »The Autonomy of Black Lesbian Women«, Toronto, 24. Juli. Dieser Text fand sich im Canadian Women's Movement Archive, als ich es 1996 besuchte. Damals wurde er unter »WFH Toronto, Publics Events« abgelegt. Inzwischen haben die CWMA den Bestand Wages for Housework; Wages Due Lesbians and Lesbian Mothers' Defense Fund (X-10-8) ausführlich verzeichnet. Als ich 2013 alle Referenzen, die ich 1996 aus diesem Bestand gezogen hatte, und ihre neue Einordnung überprüfen wollte, konnte ich diesen Text (den ich damals glücklicherweise fotokopiert hatte) nicht mehr finden. Daher ist er nun Teil meines persönlichen Archivs ... Sofern nicht anders angegeben, stammen alle Zitate aus diesem Text.

170 Barbara Smith ordnet den Text in diese Denktradition ein. Siehe Barbara Smith (1978), »Toward a Black Feminist Criticism«, *The Radical Teacher*, Nr. 7, März, S. 20-27. Online: http://webs.wofford.edu/hitchmoughsa/Toward.html.

171 Es ist bemerkenswert, dass dieser Text von Wilmette Brown aus dem Jahr 1976 dem »Black Feminist Statement« vorausging, das 1977 vom *Combahee River Collective* verfasst wurde, einem Vorzeigetext des afroamerikanischen feministischen Denkens, der diese intersektionale Perspektive der Verschränkung verschiedener Unterdrückungssysteme zum Ausdruck brachte. Es ist u.a. in folgenden Werk zu finden: Smith, Barbara (Hg.): *Home Girl: A Black Feminist Anthology* (New York, Kitchen Table, Women of Color Press, 1983), 272-282. Auf Deutsch in: Natasha A. Kelly (Hg.): *Schwarzer Feminismus. Grundlagentexte.* Münster, Unrast, 2. Auflage 2022, S. 47-60.

172 Zu dem besonderen Verhältnis der afroamerikanischen Frauen zur Hausarbeit, dokumentiert von *Black Women for Wages for Housework*, siehe auch *SAFIRE*, Bd. 1, Nr. 1, Herbst 1977 (Bulletin von *Black Women for Wages for Housework* in den USA, Archiv Silvia Federici). Sowie »Black Women for Wages for Housework« (Archiv Silvia Federici) und Black Women for Wages for Housework (1977), »Money for Prostitutes Is Money for Black Women« (CWMA, Box 624.12). Sowie Margaret Prescod (1980) [1977], *Black Women: Bringing It All Back Home*, Bristol, Falling Wall Press.

173 Mariarosa Dalla Costa (1972), »Quartiere, scuola e fabbrica dal punto di vista della donna«, *L'Offensiva, Quaderni di Lotta Femminista*, no 1, S. 27 und 29. In deutscher Übersetzung: Dalla Costa, Mariarosa »Stadtteil, Schule und Fabrik aus der Sicht

der Frauen« in Brigitte Galtier; Power of Woman Collective; Lotta Femminista (1974) *Frauen in der Offensive – Lohn für Hausarbeit oder: Auch Berufstätigkeit macht nicht frei*, München, Trikont Verlag.

174 Dieser Unterabschnitt stützt sich auf den folgenden Text: Turri, Maria Pia (1978), »L'école du point de vue des femmes«, in Louise Vandelac (Hrsg.), *L'Italie au féminisme*, Paris, Tierce, S. 173-181.

175 Anmerkung der Übersetzerin: Die Aufgaben der französischen Concierge, hier mit der Bezeichnung ›Hausverwalterin‹ übersetzt, unterscheiden sich von den Tätigkeiten einer Hausmeisterin, da ihre Tätigkeit nicht vorwiegend nur manuelle Tätigkeiten umfasst. So ist die/der Concierge auch für den Empfang innerhalb des Gebäudes verantwortlich sowie Ansprechperson für alle möglichen Anliegen der Hausgemeinschaft/Gebäudegemeinschaft.

176 Von den siebzehn Vorschlägen seien hier nur die folgenden erwähnt: »Lasst uns in der Schule unsere Interessen als Frauen mit doppelten Arbeitstagen unterstützen und das Thema Hausarbeit ansprechen«. »Fordern wir, dass die Stunden, die wir als Mütter in der Schule verbringen, vom Staat bezahlt werden«. »Fordern wir den vollen Lohn für jeden Arbeitsausfall, sei es wegen Krankheit der Kinder (ohne Altersgrenze) oder aus familiären Gründen (ohne Tagesgrenze)«. »Setzen wir unser Recht durch, bei eventuellen Abtreibungen, Vergewaltigungen und jeglicher Gewalt in der Familie usw. der Arbeit fern zu bleiben«. »Weigern wir uns, sexistische Lehrbücher zu verwenden, angefangen bei denen, die die Arbeit der Frauen und die Hausarbeit unsichtbar machen oder mystifizieren«. »Organisieren wir ab sofort eine ›Feministische Hilfe‹, die es allen Frauen ermöglicht, sich [...] auf die verschiedenen Instrumente einer feministischen Organisierung zu berufen, um Repressionen (Drohungen, Erpressungen, Entlassungen usw.) zu begegnen«. Siehe ebd., S. 180 für die weiteren Vorschläge.

177 Morato, Laura und Carla Fabbri (unter Mitarbeit von Mariarosa Dalla Costa) (1978), »Rôle du mouvement pour le salaire au travail ménager dans le mouvement féministe italien«, in: Vandelac, Louise (Hrsg.), *L'Italie au féminisme*, Paris, Tierce, S. 148.

178 Dalla Costa, Giovanna Franca (1978), *Un lavoro d'amore. La violenza fisica componente essenziale del »trattamento« maschile nei confronti delle donne*, Rom, Edizioni delle donne, S.104. Sie war auch Mitglied der Lohn-für-Hausarbeit-Gruppe in Padua zur Zeit des *Internationalen Feministischen Kollektivs*. Der Aufsatz wurde in dieser Zeit geschrieben. Er wurde später ins Englische übersetzt: *The Work of Love Unpaid Housework, Poverty and Sexual Violence at the Dawn of the 21st Century*, Brooklyn, Autonomedia, 2008, S.122. Sofern nicht anders angegeben, stammen die Zitate in diesem Abschnitt aus der englischen Übersetzung.

179 Der Heilige Augustinus soll geschrieben haben: »Das Maß der Liebe ist, ohne Maß zu lieben«. Vgl. ebd., Anmerkung der Übersetzerin, S. 53.

180 Es ist anzumerken, dass seit der Niederschrift dieses Buchs (1977) mehrere Veränderungen stattgefunden haben, die vor allem auf die Frauenbewegung zurückzuführen sind. So wurde beispielsweise 1983 in Kanada die Vergewaltigung in der Ehe als Verbrechen anerkannt und in das kanadische Strafgesetzbuch aufgenommen. Häusliche Gewalt und Inzest sind zwar immer noch weit verbreitet, werden aber zunehmend von den Opfern angezeigt und strafrechtlich verfolgt.

181 Was den Beitrag der Theoretikerinnen von »Lohn für Hausarbeit« zur Analyse der Sexarbeit betrifft, muss man zudem die bahnbrechende Analyse von Maria Pia Turri (1972), »La mogli di tutti«, in *Il personale è politico. Quaderni di Lotta Femminista*, Nr. 2, S. 51-62 nennen.

182 Die verabschiedete Resolution kann in Kapitel 3, im Abschnitt über die internationalen Tribunale, nachgelesen werden.

183 Siehe dazu das nächste Kapitel über die Organisierungsstrategie des *Internationalen Feministischen Kollektivs*.

184 James, Selma (1974) »Zum Verhältnis von Geschlecht, Rasse und Klasse« in Brigitte Galtier; Power of Woman Collective; Lotta Femminista (1974) *Frauen in der Offensive – Lohn für Hausarbeit oder: Auch Berufstätigkeit macht nicht frei*, München, Trikont Verlag, S. 43, Hervorhebungen im Original.

185 Ebd. S. 46f., Hervorhebungen im Original.

186 von Werlhof, Claudia (1982), »Der Prolerarier ist tot. Es lebe die Hausfrau?« in Veronika Bennholdt-Thomsen, Maria Mies, Claudia von Werlhof (1992) *Frauen, die letzte Kolonie. Zur Hausfrauisierung der Arbeit*, Zürich, Rotpunktverlag, S. 113.

187 James Selma, »Zum Verhältnis von Geschlecht, Rasse und Klasse« in Brigitte Galtier; Power of Woman Collective; Lotta Femminista (1974) *Frauen in der Offensive – Lohn für Hausarbeit oder: Auch Berufstätigkeit macht nicht frei*, München, Trikont Verlag, S.47.

188 Ebd., S. 48.

189 Ebd.

190 Ebd.

191 Ebd., S. 50.

192 Ebd., S. 51.

193 James, Selma (1975), »Wageless of the World«, in: Wendy Edmond und Suzie Fleming (Hrsg.), *All Work and No Pay. Women, Housework and the Wages Due*, Bristol, Falling Wall Press, S. 25-34. Der Text ist als Vorwort zur lateinamerikanischen Ausgabe von *The Power of Women and the Subversion of the Community* erschienen.

194 Ebd., S. 26.

195 Ebd., S. 27.

196 Ebd., S. 29.

197 Ebd., S. 31f., Hervorhebungen im Original.

198 Da der Zeitraum des Bestehens des *Internationalen Feministischen Kollektivs* die Zeit von 1972 bis 1977 umfasste (den Zeitraum also, den auch dieses Buch adressiert), musste ich mich in diesem Kapitel auf Theoretikerinnen beschränken, die ihre Texte in diesem Zeitraum veröffentlicht haben. Dadurch bleiben leider diejenigen unberücksichtigt, deren Bücher erst später veröffentlicht wurden. Denken wir insbesondere an Leopoldina Fortunati, die 1981 einen wichtigen Essay veröffentlichte, der Teil des Korpus der theoretischen Werke zum Thema Lohn für Hausarbeit ist: Fortunati, Leopoldina (1981), *L'arcano della reproduzione: Casalinghe, prostitute, operai e capitale* (Venedig: Marsilio). Ihr Buch ist auch in englischer Übersetzung erhältlich: *The Arcane of Reproduction. Housework, Prostitution, Labor and Capital*, Brooklyn, Autonomedia, 1995.

Drittes Kapitel

199 Collectif L'Insoumise (1977), *Le foyer de l'insurrection. Textes sur le salaire pour le travail ménager, Collectif L'Insoumise*, Genf, 1977, S. 109, Fußnote 1.

200 Zum italienischen Operaismus siehe das vorhergehende Kapitel, Endnote 129.

201 Das Manifest wurde auf Italienisch und Englisch in Form eines Flugblatts veröffentlicht. Siehe die englische Version in der Zeitung der Londoner Gruppe von »Lohn für Hausarbeit« , *Power of Women Collective, Power of Women*, vol. 1, Nr. 1, April 1974, S. 14.

202 Die italienische Originalausgabe erschien in Italien im März 1972 bei Marsilio und in englischer Sprache im Oktober 1972 bei Falling Wall Press. 2012 veröffentlichte Selma James eine Anthologie ihrer Veröffentlichungen unter dem Titel *Sex, Race and Class, The Perspective of Winning* (PM Press, 2012), in der sie angibt, die Autorin des Textes »Frauen und der Umsturz der Gesellschaft« zu sein. Der Name Mariarosa Dalla Costa wurde daraufhin gestrichen. Mariarosa Dalla Costa berichtigte diese Darstellung in einem offenen Brief, vergleiche dazu ihren Kommentar in Mariarosa Dalla Costa (2022), *Frauen und der Umsturz der Gesellschaft*, Münster, Unrast Verlag. Der Text »A Woman's Place« (Der Platz einer Frau) wurde 1953 in den USA unter zwei Pseudonymen veröffentlicht (die McCarthy-Ära erforderte solche Schutzmaßnahmen), nämlich Marie Brant und Ellen Santori. Man weiß, dass sich hinter diesen Pseudonymen in Wirklichkeit die Namen von Selma James und Filomena Daddario verbargen, die damals eingeladen worden waren, gemeinsam an seiner Ausarbeitung zu arbeiten (siehe Grace Lee Boggs, *Living for Change: An Autobiography*, Minneapolis: University of Minnesota Press, 1998, S. 62). Als der Text 1972 in *The Power of Women and the Subversion of the Community* neu aufgelegt wurde, wurde Selma James als Autorin benannt.

203 Dieses Dokument ist am Ende des Buches *Le pouvoir des femmes et la subversion sociale*, Genf, Librairie Adversaire, S. 135-148 enthalten. Zur Frage der Abtreibung und des Referendums von 1971 in Italien siehe Lucia Chiavola Birnbaum (1986), *Liberazione della donna. Feminism in Italy*, Middletown: Wesleyan University Press, S. 87.

204 *Movimento di Lotta Femminista* – Padova (1971), *Manifesto programmatico per la lotta della casalinga nel quartiere*, Socialist Revolution, Nr. 9, Mai/Juni 1972, S. 85-90.

205 Siehe insbesondere *Quaderni di Lotta Femminista* (Turon, Musolini), von denen zwei Ausgaben im Dezember 1972 und Oktober 1973 unter den Titeln *L'offensiva* und *Il personale è politico* erschienen. Diese Hefte wurden nach der Gründung des IFK veröffentlicht und enthielten neben zahlreichen aktivistischen Aufrufen auch theoretische Texte zu verschiedenen Aspekten der Perspektive von »Lohn für Hausarbeit«, die von Aktivistinnen des neuen Netzwerks verfasst wurden. Sie können im Archivio di Lotta Femminista per il salario al lavoro domestico gefunden werden. Donazione Mariarosa Dalla Costa (Archiv von Lotta Femminista für den Lohn für Hausarbeit. Schenkung von Mariarosa Dalla Costa) in der Biblioteca Civica, Centro Culturale Altinate/San Gaetano, Via Altinate 71, 35121 Padova. Tel.: 049 8204811. Fax: 049 820 4804. E-Mail: biblioteca.civica@comune.padova.it. Gilda Mantovani (mantovanig@comune.padova.it) ist die Leiterin der Bibliothek. Einige dieser Texte werden zu einem späteren Zeitpunkt in anderen Publikationen des Netzwerks ins Englische übersetzt und veröffentlicht.

206 In einem Brief an die Autorin.

207 Zum aktivistischen Lebensweg von Selma James vor 1972 siehe Maud Ann Bracke (2013), *Between the Transnational and the Local: Mapping the Trajectories and Contexts of the Wages for Housework Campaign in 1970s Italian Feminism*, Women's History Review, vol. 22, Nr. 4, S. 627f.

208 Lyn Gamble sagt, dass »S. D.« die Initialen von Selma Deitch, dem Geburtsnamen von Selma James, waren. Lyn Gamble (1976), »The Great Wages for Housework Debate: How It All Began«, *The Leveller*, November, S. 7.

209 James, Selma (1972) *Women, the Unions and Work, Londres, Notting Hill Women's Liberation Workshop Group*. Veröffentlicht unter dem Titel »Women, the Unions and Work, or What Is Not to Be Done«, *Radical America*, Jg. 7, Nr. 4-5, Juli bis Oktober 1973, S. 51-72.

210 Gamble, Lyn (1976), »The Great Wages for Housework Debate: How It All Began«, *The Leveller*, November, S. 7.

211 James, Selma: »Women, the Unions and Work, or What Is Not to Be Done«, *Radical America*, Jg. 7, Nr. 4-5, Juli bis Oktober 1973, S. 51-72. Die Forderungen finden sich auf den Seiten 67 bis 71.

212 James, Selma (1974), »Foreword« (in der amerikanischen Ausgabe von) *Women, the Unions and Work, or What Is Not To Be Done*, Pittsburgh, *Know*, S. 1.

213 Siehe u. a. Lyn Gamble (1976), »The Great Wages for Housework Debate: How It All Began«, *The Leveller*, November; Ellen Malos (1995) [1989], »Introduction« zu Ellen Malos (Hrsg.), *The Politics of Housework*, Cheltenham, New Clarion Press, S. 14; Wilson, Elizabeth und Angela Weir (1986), »A Reply to Selma James«, in Elizabeth Wilson und Angela Weir, *Hidden Agendas. Theory, Politics, and Experience in the Women's Movement*, London/New York, Tavistock, S. 28. Siehe auch die Ausgabe Juli/Oktober 1973 der Zeitschrift *Radical America*, in der weitere Reaktionen auf den fraglichen Text veröffentlicht wurden.

214 Siehe Lyn Gamble (1976), »The Great Wages for Housework Debate: How It All Began«, *The Leveller*, November. Siehe auch in Bezug auf die Londoner Konferenz Sylvine Schmidt und Priscilla Allen (1973), »In Defense of Feminism. A London Conference Report«, *Wages for Housework Notebook*, Nr. 2, Februar, S. 26-56. (CWMA, Box 115).

215 Wilson, Elizabeth und Angela Weir (1986), »A Reply to Selma James«, in Elizabeth Wilson und Angela Weir, *Hidden Agendas. Theory, Politics, and Experience in the Women's Movement*, London/New York, Tavistock, S. 28; Ellen Malos (1995) [1989], »Introduction« zu Ellen Malos (Hrsg.), *The Politics of Housework*, Cheltenham, New Clarion Press, S. 14.

216 Fleming, Suzie (1975), »All Women Are Housewives«, *The Activist*, Vol. 15, Nr. 1-2, S. 27. Zur Kampagne selbst siehe Kapitel 4 in diesem Buch.

217 Gamble, Lyn (1976), »The Great Wages for Housework Debate: How It All Began«, *The Leveller*, November, S. 7.

218 Interview mit Silvia Federici in Brooklyn am 15. März 1996.

219 Federici, Silvia (1984), »Den Feminismus wieder auf die Füße stellen«, in Silvia Federici, *Revolution at Point Zero*, Münster, Unrast-Verlag, S. 91.

220 ... die sie erst 1979 wieder aufnahm, nachdem sie ihre Aktivitäten in der Lohn-für-Hausarbeit-Bewegung beendet hatte. Der Doktortitel war Voraussetzung für das Unterrichten an einer Universität.

221 ... mit der sie 1975 »Counterplanning from the Kitchen« unterzeichnete. Silvia Federici und Nicole Cox (1980) [1975], »Counterplanning from the Kitchen«, in Edith Hoshino Altbach (Hrsg.), *From Feminism to Liberation*, Cambridge, Schenkman, S. 271-286. Deutsche Übersetzung: Federici, Silvia (mit Nicole Cox) (2021) [1975] »Counterplanning aus der Küche« in Silvia Federici (2021), *Revolution at Point Zero. Hausarbeit, Reproduktion und feministischer Kampf*, Münster, Unrast Verlag.

222 Interview mit Silvia Federici in Brooklyn am 15. März 1996.

223 Das *Centre des femmes* wurde 1972 gegründet. Es trat die Nachfolge der *Front de libération des femmes du Québec* (1969-1971), der ersten autonomen Gruppe der zweiten feministischen Bewegung im frankophonen Québec, an.

224 Siehe die Zeitung *Québécoises Deboutte*, Vol. 1, Nr. 6, Juni 1973, S. 29, abgedruckt in der gleichnamigen Anthologie: O'Leary, Véronique und Louise Toupin (1983), *Québécoises Deboutte*, Bd. 2, Collection complète, Montréal, Remue-ménage, S. 190.

225 Der Text des Interviews mit Mariarosa Dalla Costa und Selma James erschien unter dem Titel »Rencontre avec deux féministes marxistes« (Begegnung mit zwei marxistischen Feministinnen). Er ist in der Anthologie *Québécoises Deboutte*, Bd. 2, Collection complète, Montréal, Remue-ménage, S. 190-203 abgedruckt.

226 Mariarosa Dalla Costa, die unter anderem deshalb nach Québec gekommen war, weil sie bei den französischsprachigen Gruppen auf Französisch sprechen konnte, kehrte nach Italien zurück, als am 5. Juni 1973 in Padua ein Abtreibungsprozess eröffnet wurde. *Lotta Femminista* hatte beschlossen, den Prozess zu einem politischen Prozess zu machen, um die Mobilisierung für die Legalisierung der Abtreibung zu beginnen. Sie thematisiert den Abtreibungsprozess in Mariarosa Dalla Costa (2022), *Frauen und der Umsturz der Gesellschaft*, Münster, Unrast Verlag, S. 243f.

227 Zu dieser Zeit war es in Montreal für alle frankophonen gemischten oder autonomen aktivistischen Gruppen inakzeptabel, an Veranstaltungen teilzunehmen, die nur auf Englisch abgehalten wurden. Diese Praxis wurde als koloniale Geste interpretiert, als eine Art Affront gegen die Frankophonen, die die Mehrheit der Bevölkerung Québecs stellten. Auch die Tatsache, dass das Symposium an der McGill University, einer angelsächsischen Hochburg par excellence, stattfand, war nicht gerade dazu geeignet, die Teilnahme frankophoner Frauen an der Veranstaltung zu fördern.

228 Zur Komplexität der Beziehungen zwischen anglophonen und frankophonen Feministinnen in Montreal zu Beginn der zweiten feministischen Bewegung, d. h. um die Wende der 1970er-Jahre, siehe Véronique O'Leary und Louise Toupin, *Québécoises Deboutte*, Bd. 1, Collection complète, Montréal, Remue-ménage, S. 76f. Auch Marjolaine Péloquin (2007), *En prison pour la cause des femmes. La conquête du banc des jurés*, Montréal: Remue-ménage, S. 257-261. Schließlich Sean Mills (2011), »Québécoises Deboutte!«, Kap. 5 in *Contester l'empire. Pensée postcoloniale et militantisme politique à Montréal, 1963-1972*, Montréal, Hurtubise, S. 141-161.

229 Brief von Neva Pandos, Vorsitzende des *Feminist Symposium Committee*, an den *Toronto Women's Caucus*, in dem um Spenden für die Durchführung der Veranstaltung gebeten wird, 15. März 1973. (CWMA, Box 151).

230 Siehe Sean Mills (2011), *Contester l'empire. Pensée postcoloniale et militantisme politique à Montréal, 1963-1972*, Montréal, Hurtubise S. 140. Siehe auch Judy Rebick (2005), *Ten Thousand Roses. The Making of a Feminist Revolution*, Montreal: Penguin Canada, S. 9f.

Anne Cools war außerdem 1984 Senàtorin der Liberalen Partei. Sie verließ 2004 die Liberale Partei und wurde Konservative. Derzeit ist sie eine unabhängige Senatorin. Sie war die erste Person of Color, die in den kanadischen Senat einzog.

231 Für einen Rückblick auf diese Ereignisse siehe Sean Mills (2011), *Contester l'empire. Pensée postcoloniale et militantisme politique à Montréal, 1963-1972*, Montréal, Hurtubise S. 122-127.

232 Tell, Maria (1973), *Interim Report on the Montreal Conference*, June 1-3, S. 1 (CWMA, Heft 115).

233 *Proposed Budget for the Feminist Symposium Féministe*, Montréal, 1973. (CWMA, Heft 151). Im Programm des Symposiums ist die finanzielle Unterstützung durch folgende Organisationen oder Unternehmen angegeben: Regierung von Kanada, Student's Executive Council of McGill, Birks Company Limited, Royal Bank of Canada, Montreal Trust, Steinberg's Limited, Reader's Digest, Hiram Walker & Sons, Greenberg's, Sealtest, Corporation of Professional Social Workers of Quebec (englischer Teil), und sechs Individuen (CWMA, Heft 151).

234 Tell, Maria (1973), *Interim Report on the Montreal Conference*, June 1-3 (CWMA, Heft 115), S. 6.

235 Ebd.

236 Die »teilnehmenden Organisationen« waren: Women's Information & Referral Centre, Women's Centre YWCA, Sororité, Women's Place, Indoor Park. *Official Program* (CWMA, Box 151). Neben der Tatsache, dass die Veranstaltung nur auf Englisch stattfand, gibt es einige andere Aspekte, die das Fehlen von französischsprachigen Teilnehmerinnen erklären können. Aus dem Bericht des Symposiums geht hervor, dass das Organisationskomitee ganz zu Beginn seiner Tätigkeit den Wunsch hatte, die Veranstaltung zweisprachig zu gestalten, weshalb die Konferenz »Feminist Symposium Féministe« genannt wurde. Das Komitee trat an eine französischsprachige Frauengruppe (das *Centre des femmes*?) heran, insistierte aber scheinbar nicht. Man hatte erkannt, wie absurd es war, sich an Französischsprachige wenden zu wollen, wenn die Veranstaltung an der McGill University, der Hochburg der englischsprachigen Kultur in Montreal, stattfinden sollte und alle Podiumsteilnehmerinnen englischsprachig waren. Schließlich blieb nur der Titel der Konferenz zweisprachig und das Komitee beschloss, die Situation in Québec zu ignorieren, allerdings nicht ohne Konflikte, wie ein Vorfall während der Organisation der Konferenz zeigt.

Darin ging es darum, am Eröffnungsabend eine Frau zu ehren. Die Idee dazu kam von Anne Cools: Eine Frau zu ehren, die für Gerechtigkeit gekämpft hatte und an deren Ehrung noch niemand gedacht hatte, hieß es im *Interim Report*. In der Liste der Frauen, die sie zu diesem Zweck vorstellte, war eine Frau aufgeführt, anhand derer offensichtlich wurde, dass es in der Vorbereitungsgruppe »in den politischen Perspektiven auf Québec, auf die Québecerinnen ... einen grundlegenden Unterschied« gab. Diese Frau war Madame Rose, Mutter von zwei berühmten Felquisten, die im Gefängnis saßen (verurteilt für den Tod des damaligen Arbeitsministers von Québec). Der Vorschlag, sie zu ehren, musste abgelehnt werden, da einige drohten, sich aus der Organisation der Konferenz zurückzuziehen: »Die Diskussion offenbarte jedoch einen beunruhigenden Mangel an Verständnis und Sympathie für die Realität in Québec, in der wir lebten, seitens der Frauen, die sich damit zufrieden gaben, das Wort ›Féministe‹ im Titel des Programms zu sehen«. (Maria Tell, *Interim Report on the Montreal Conference*, June 1-3 (CWMA, Heft 115), S. 2). Im Programm des Symposiums sind unter den sieben Frauen aus Montreal, die schließlich geehrt wurden, zwei französischsprachige: Simonne Chartrand (Aktivistin in sozialen Bewegungen) und Pauline Julien (Sängerin).

237 Man darf nicht vergessen, dass es zu Beginn der zweiten feministischen Welle, genauer gesagt bei der *Front de libération des femmes*, zu einem Bruch der organisatorischen Verbindungen zwischen den englisch- und französischsprachigen Feministinnen in Montreal gekommen war, was die Sache nicht einfacher gemacht haben dürfte. Ich danke Martine Éloy an dieser Stelle für ihren Hinweis.

238 Tell, Maria, *Interim Report on the Montreal Conference*, June 1-3 (CWMA, Heft 115), S. 1.

239 Meine Zusammenfassung der Überlegungen während des Treffens beruht auf den Berichten von Maria Tell, *Interim Report on the Montreal Conference*, June 1-3 (CWMA, Heft 115) und Margo (1973), »Feminist Symposium. A New Direction for the Canadian Movement«, *The Other Woman*, vol. 1, Nr. 6, Juli-August, S. 15.

240 Bekannte Figur des damaligen amerikanischen Feminismus und seit 1969 Dozentin für Soziologie der McGill University, wo sie sehr beliebte Vorlesungen über die Soziologie der weiblichen Position hielt. Sie war bei der Gründung der *Montreal Women's Liberation Movement* im selben Jahr einflussreich.

241 Siehe Margo (1973), »Feminist Symposium. A New Direction for the Canadian Movement«, *The Other Woman*, vol. 1, Nr. 6, Juli-August, S. 15.

242 »Unzählige Feministinnen, die anwesend waren, haben mir direkt gesagt, dass sie zu dem Symposium gekommen sind, weil es als feministisch bezeichnet wurde, nur um dann festzustellen, dass es sich nicht um eine feministische, sondern um eine marxistisch orientierte Versammlung handelte«, Dionysia Zerbisias (1973), »Panelists on Women's Symposium Charge Predominant Marxist Bias of Views«, Leserbrief, *The Montreal Gazette*, 15. Juni, S. 8. Siehe auch Gerry Sparrow (1973), »Marxist Feminists Display Power of a Vocal Minority«, *The Montreal Gazette*, 15. Juni, S. 9.

243 Die Informationen über die Gründung von Lohn-für-Hausarbeit-Gruppen in den USA stammen aus Gesprächen mit Silvia Federici in Brooklyn vom 15. und 16. März 1996.

244 Die erste Gruppe wurde *Group 1* oder auch *Book Group* genannt. In den Jahren 1974 und 1975 gab es also zwei Lohn-für-Hausarbeit-Gruppen in Toronto. Zum Schicksal der *Gruppe 1* innerhalb des *Internationalen Feministischen Kollektivs* und zu den Debatten auf der Konferenz in Montreal im Februar 1975 siehe den zweiten Abschnitt dieses Kapitels.

245 Judy Ramirez wurde in New York geboren, lebte in Italien und zog 1968 nach Kanada. Sie war Koordinatorin der Torontoer Lohn-für-Hausarbeit-Gruppe und später Beraterin des *Toronto Immigration Women's Center*.

246 »Frauen außerhalb der Städte, insbesondere in Kanada, wo die Entfernungen so groß sind, sind voneinander und von der Bewegung isoliert. Das Büchermobil ist ein Versuch, diese Isolation zu durchbrechen, indem es Zugang zu feministischen

Materialien und Ideen verschafft und Frauen hilft, miteinander in Kontakt zu kommen. Wir sind ein paar hart arbeitende Frauen, die die Zentralisierung der Frauenbewegung in den Großstädten leid sind.« Dieser Ankündigungstext wurde in *The Other Woman*, Bd. 2, Nr. 5, Juni 1974, abgedruckt. Im Text heißt es weiter: »Wir bezahlen unsere eigenen Reisekosten, aber wir brauchen Hilfe: [...] Geld für Bücher, Regale, Broschüren, Schallplatten, Benzin, Papier und Stifte, etc.«

247 Für einen Bericht über ›Coras‹ ersten Sommer siehe »Cora the Traveling Bookmobile«, *The Other Woman*, Vol. 3, Nr. 2, Herbst 1974, S. 14f.

248 Siehe Kapitel 4 und 5 zu diesem Thema.

249 Siehe im zweiten Teil dieses Kapitels Ausführungen zur Frage der Leitung.

250 Für Argentinien siehe Jo Fisher (1993), *Out of the Shadows. Women, Resistance and Politics in South America*, London, Latin American Bureau. Die Informationen über die Gruppen in Mexiko-Stadt und Argentinien stammen von Silvia Federici. Schriftliches Interview, April 1996.

251 »Indirizzario per la campagna per il salario al lavoro domestico in Italia« (1976), in *Aborto di stato: strage delle innocenti, a cura del Collettivo internazionale feminista, Venedig, Marsilio*, S. 87f. Siehe auch Mariarosa Dalla Costa (2008), »Operaismus, Feminismus und einige Initiativen im Rahmen der Vereinten Nationen«, in: Dies. (2022), *Frauen und der Umsturz der Gesellschaft*, Münster, Unrast Verlag, S. 259-282.

252 Auf diese Gruppe wird im zweiten Teil dieses Kapitels (»Werkzeuge der Mobilisierung«) eingegangen.

253 Zur Geschichte der letztgenannten Gruppe siehe Nina Lopez-Jones (1998) [1987], »Workers: Introducing the English Collective of Prostitutes«, in Frédérique Delacoste und Priscilla Alexander (Hrsg.), *Sex Work. Writings by Women in the Sex Industry*, San Francisco, Cleis Press, 2. Auflage, S. 271-278.

254 Die erwähnten Gruppen erschöpfen nicht die Liste der Gruppen, die es gab.

255 Interview mit Silvia Federici, 16. März 1996.

256 Kollektiv L'Insoumise (1977), *Le foyer de l'insurrection. Textes sur le salaire pour le travail ménager*, Collectif l'Insoumise, Genf, 1977, S. 109, Fußnote 1.

257 Zu den Arbeiter-Internationalen siehe Annie Kriegel (1964), *Les internationales ouvrières* (1864-1943), Paris, Presses universitaires de France, Coll. »Que sais-je?«, Nr. 1129. Zur Sozialistischen Fraueninternationale der Zweiten Internationale siehe Nicole Gabriel, »L'Internationale des femmes socialistes«, *Matériaux pour l'histoire de notre temps*, Nr. 16, 1989, S. 34-41. Zu den Frauen- und feministischen Internationalen des späten 19. und frühen 20. Jahrhunderts siehe Leila J. Rupp (1997), *World of Women: The Making of an International Women's Movement*, Princeton, Princeton University Press.

258 Ich habe in den gesichteten Dokumenten keine nennenswerten Hinweise auf die Finanzierung gefunden. Nur wenige Aspekte der Kampagne »Lohn für Hausarbeit« im Zeitraum 1972-1977 scheinen staatlich finanziert worden zu sein. Ein Beispiel: *Cora the Bookmobile* (Agenda Toronto Conference Wages for Housework, CWMA, Box 624.6).

259 Mir ist nur der erste Newsletter bekannt und ich weiß nicht, ob weitere veröffentlicht wurden (CWMA, Box 624.28). Im CWMA finden sich auch zwei Ausgaben

des *Wages for Housework Notebook*, Nr. 1 und 2, und zwei Ausgaben von *Women in Struggle*, Nr. 1 und 2. (CWMA, Box 115).

260 Die internen Dokumente, die sich mit der Organisierungspolitik des IFK als solcher befassen und die ich finden konnte, sind die folgenden: *The Organisational Perspective of Wages for Housework*, von der *Londoner Power of Women Group* (ohne Datum) (Archiv Silvia Federici); *Notes on Organisation*, von Silvia Federici vom New Yorker *Wages for Housework Collective* (datiert August 1975) (CWMA, Box 624.22); *Proposal of Principles and Forms of Organisation Outline* (ohne Datum) (CWMA, Box 624.1). Ich danke Silvia Federici an dieser Stelle dafür, dass sie diese beiden letzten Dokumente für mich zusammengefasst hat, die durch zahlreiche aufeinanderfolgende Kopiervorgänge, die im Laufe der Jahre ausgehend von einer ursprünglich schon schlechten Druckqualität durchgeführt wurden, praktisch unlesbar geworden waren. Siehe auch *Comitato Triveneto Wages for Housework Committee* (1975), »A Long Week-End of Struggle«, Text enthalten in *Women in Struggle*, Nr. 3, »Italy Now« (CWMA, Box 115).

261 Zu dieser Zeit wurde von linken Gruppen im Allgemeinen der Begriff »Propaganda« verwendet, so auch für die Kampagne für einen Lohn für Hausarbeit. Ich habe mir erlaubt, dieses Wort (das heute stark konnotiert und aus der Mode gekommen ist) durch die Begriffe »Werbung«, »Information« und »Verbreitung« zu ersetzen, die meiner Meinung nach eher der Richtung entsprechen, die man mit der Kampagne einschlagen wollte.

262 Die beiden CDs sind *Canti di Donne in Lotta* (1975) und *Amore e Potere. Il Canzoniere Femminista* (1977); siehe das Lied *Noi donne* auf Youtube, das Zugang zu weiteren Liedern der Gruppo bietet.

263 Die Broschüre *Wages for Housework International Conference Song Book*, Toronto 1975, die die Liedtexte von Boo Watson enthält, wurde auf der *Toronto Conference of the International Feminist Collective* im Oktober 1975 verteilt (CWMA, Box 115).

264 Théâtre des cuisines (1976), *Moman travaille pas, a trop d'ouvrage* (Mama arbeitet nicht, hat zu viel zu tun), Montréal, Remue-ménage. Vgl. Kapitel sechs.

265 Schriftliches Interview mit Silvia Federici, Februar 1996.

266 Das *Comitato Triveneto* (Komitee der drei Venetien) war ein Zusammenschluss von Gruppen von »Lohn für Hausarbeit« aus drei norditalienischen Regionen (Venetien, Julisch Venetien und Trentino-Südtirol). Dieses Komitee ging aus der *Lotta Femminista* hervor, die sich 1973 auflöste.

267 Ein Bericht über diese Tage wurde einige Monate später erstellt: *Comitato Triveneto per il Salario al Lavoro Domestico* (1975), »8, 9, 10 marzo '74. Un lungo week-end di lotta«, in *8 marzo 1974. A cura del Collettivo internazionale femminista*, Venedig-Padua, Marsilio, S. 25-41. Eine englische Übersetzung erschien unter dem Titel »A Long Week-End of Struggle«, enthalten in *Women in Struggle*, Nr. 3, Italy Now (CWMA, Box 115).

268 Dies war eine Entscheidung, die auf einer der internationalen IFK-Konferenzen im Februar 1975 in Montreal getroffen wurde. Siehe unten die Abschnitte über internationale Konferenzen.

269 Siehe *Toronto Wages for Housework Committee* (1975), »Introduction« zu *Women's Speak Out: May Day Rally Toronto*, Toronto, Amazon Press, S. 2.

270 Ramirez, Judy, *Women's Speak Out: May Day Rally Toronto*, *Women's Speak Out: May Day Rally Toronto*, Toronto, Amazon Press, S. 5.

271 Das Flugblatt, das die Gruppe in Los Angeles bei dieser Gelegenheit verteilte, ist am Ende der Textsammlung *May Day Rally Toronto*, S. 38f., abgedruckt. Auch in Wendy Edmond und Suzie Fleming, *All Work and No Pay*, Bristol, Falling Wall Press, unter dem Titel »Sisters: Why March?«, S. 123f.

272 In der Einleitung zu *Women Speak Out: May Day Rally Toronto*, Toronto, Amazon Press, S. 2, gibt uns Judy Ramirez eine Vorstellung von der Organisation dieses Tages: »[...] für die 15 Mitglieder des *Toronto Wages for Housework Committee* bedeutete dies einen unaufhörlichen Strom von Aktivitäten. Wir mieteten ein kleines Büro im Dachgeschoss eines Frauenzentrums und jede von uns steuerte mindestens einen Tageslohn pro Monat bei, um die Kosten zu decken. Wir arbeiteten so hart, wie es uns möglich war, indem wir von der Hausarbeit, der bezahlten Arbeit und unserer Freizeit so viel Zeit wie möglich abknapsten, und entdeckten dabei alle möglichen ›verborgenen‹ Fähigkeiten und Talente.«

273 »Zwei Wochen vor der Kundgebung erschien im *Toronto Star* (Auflage 750.000) ein ganzseitiger Artikel auf der ersten Seite der ›Women's Section‹ mit dem Titel ›Should Housewives be Paid?‹. Darin wurde der Standpunkt des Komitees dargelegt und über unsere Kundgebung und das internationale Netzwerk berichtet. In den folgenden drei Tagen klingelte das Telefon in unserem Büro ununterbrochen [...].« *May Day in Toronto*, Newsletter des internationalen Netzwerks *Wages for Housework*, S. 10 (CWMA, Box 624.28).

274 Dieses Video konnte leider nicht gefunden werden.

275 *Wages for Housework International Network Newsletter*, 1975 (CWMA, Box 624.28), S. 10.

276 *Toronto Wages for Housework Committee*, »Einleitung« zu *May Day Rally Toronto*, Toronto, Amazon Press, S. 3.

277 Siehe »Wages for Housework Demonstrations«, *Power of Women*, Vol. 1, Nr. 4, Sommer 1975, S. 10.

278 »Bristol Leaflet«, in *Wages for Housework, Women Speak Out: May Day Rally Toronto*, Toronto, Amazon Press, S. 35.

279 Siehe Suzie Fleming, »Wages for Housework Demonstrations«, *Power of Women*, Vol. 1, Nr. 4, Sommer 1975, S. 10.

280 »1 Magio feminista in Italia«, *Le operaie della casa*, no 0 bis, November 1975 – Februar 1976, S. 5.

281 Siehe Kapitel vier und fünf.

282 Diana E.H. Russell und Nicole Van de Ven (Hrsg.) (1984) [1976], *Crimes Against Women: Proceedings of the International Tribunal*, East Palo Alto, Frog in the Well, S. 199. Die Resolution wurde von den folgenden Gruppen unterzeichnet: Comitato Triveneto per il Salario al Lavoro Domestico, Coordinamento Emiliano per il Salario al Lavoro Domestico, Wages for Housework Committee, Toronto, Kanada, Wages for Housework Committee, New York, USA, Power of Women Wages for Housework Campaign, London, England. Nach einer Überprüfung scheint das Kollektiv *L'Insoumise* aus Genf nicht am Tribunal teilgenommen zu haben (was der Wortlaut der Resolution vermuten lässt). Die Aussagen der Lohn-für-Hausarbeit-Gruppen finden sich auf den folgenden Seiten: Mestre: S. 87f., Ferrara: S. 34-37; eine andere, nicht näher bezeichnete Lohn-für-Hausarbeit-Gruppe aus Italien: S. 198f.; Kanada (Brief an das Tribunal): S. 88; Wages Due Lesbians London:

S. 43-45. Auf den Inhalt der Berichte der Ferrara-Gruppe wird in Kapitel vier im Abschnitt über Kritik an medizinischen Praktiken eingegangen.

283 Federici, Silvia (1975), *Notes on Organisation* (CWMA, Box 624.22), S. 7.

284 Dieser Abschnitt über die internationalen Konferenzen basiert auf dem Material, das ich zu jeder dieser Konferenzen vor allem im Canadian Women's Movement Archive und in den Archiven verschiedener Personen einsehen konnte. Die Dokumentation über diese Konferenzen ist jedoch von Konferenz zu Konferenz sehr uneinheitlich und in jedem Fall bruchstückhaft, da keine Protokolle gefunden wurden. Ich konnte einige der Debatten, die auf den Konferenzen geführt wurden, anhand von Tagesordnungen, Briefwechseln oder internen Dokumenten, die sich mit der einen oder anderen Konferenz befassten, rekonstruieren. Unter den gegebenen Umständen habe ich mich auf das konzentriert, was ich verstehen konnte und was mein Interesse geweckt hat, wobei Letzteres durch die Dringlichkeit der damals aufgeworfenen Fragen und das, was man heute, zumindest aus meiner Sicht, daraus lernen kann, motiviert war. Siehe CWMA, Boxen 624.4, 624.6 bis 624.10. Für die Konferenz in New York habe ich das persönliche Archiv von Silvia Federici konsultiert. Frauen, die an diesen Konferenzen teilgenommen und sich an den Diskussionen beteiligt haben, könnten natürlich eine andere Sichtweise vermitteln.

285 Toronto Wages for Housework Committee (1975), »Wages for Housework: Questions and Answers«, *The Activist*, vol. 15, Nr. 1-2, S. 21. Diese gemischte politische Gruppe, *New Tendency*, war operaistisch orientiert. Wages for Housework Group II-Toronto, *Herstory*, 1974 (geschrieben für die Internationale Konferenz in New York im Oktober), Broschüre, S. 3 (CWMA, Box 115).

286 Wages for Housework Collective (Group 2), »Statement on Political Differences with Wages for Housework Group 1«, o. D. (geschrieben nach der Konferenz in New York im Oktober 1974 und vor der Konferenz in Montreal im Februar 1975), (CWMA, Box 624.2).

287 Hierbei sollte beachtet werden, dass ich in diesem Absatz nur die Interpretation von Gruppe 2 wiedergebe. Ich konnte keine Dokumente finden, in denen die Interpretation der Gruppe 1 dargelegt wird.

288 Susan Wheeler von der Gruppe in Montreal sagte später in einem Brief: »Was soll auf diesen Konferenzen diskutiert werden? Wenn wir gleich zur Organisation übergehen müssen und keine Lohndiskussionen führen können, wo sollen wir das dann tun, wenn nicht auf diesen Konferenzen?« Susan Wheeler, »To Everyone in the Wages for Housework Network«, Brief vom 1. Juli 1975 (Archiv Silvia Federici).

289 Es handelt sich um das »Statement of Political Differences with Wages for Housework Group 1«. Die Gruppe 1 ihrerseits erstellte zu diesem Zeitpunkt kein solches Dokument, was viele der Gruppen im Netzwerk bedauerten.

290 »... die divergierenden Tendenzen, die auf der Konferenz begraben wurden, stellen Unterschiede in der Akzentuierung dar – zum Beispiel in dem Ausmaß, in dem man die nicht auf einen Lohn bezogenen Aspekte des Kampfes in der Verbreitung der Perspektive hervorhebt, sowie Unterschiede in dem Ausmaß, in dem man die revolutionäre Wirkung der Perspektive als automatisch aus der Forderung nach einem Lohn resultierend betrachtet. Dies sind unterschiedliche Akzentuierungen, die auf einer internationalen Konferenz diskutiert werden sollten. Es sind Tendenzen, die der Perspektive selbst inhärent sind.« *Montreal Power of Women Collective*, »To

All Wages for Housework Groups Present at the February Conference in Montreal 1975«, April 1975, Broschüre, S. 3. (CWMA, Box 624.8).

291 Brief von Silvia Federici an die Teilnehmerinnen, geschrieben nach der Konferenz in Montreal, 17. Mai 1975, beginnend mit »Dear Sisters« (Archiv Silvia Federici).

292 Susan Wheeler, »To Everyone in the Wages for Housework Network«, Brief vom 1. Juli 1975 (Archiv Silvia Federici).

293 Insbesondere der von Ruth Hall von der Londoner Gruppe unterzeichnete Text »Why We Expelled...«. Einige Texte aus dieser Debatte finden sich im Canadian Women's Movement Archive. (CWMA, Box 115, 624.2 und 624.8) Anhand dieser Texte und der Texte aus den persönlichen Archiven von Nicole Lacelle und Silvia Federici konnte ich den Inhalt der Debatten auf der Konferenz in Montreal rekonstruieren. Ich weise noch einmal darauf hin, dass andere Personen, die bei der Debatte anwesend waren (was bei mir nicht der Fall ist), vielleicht eine andere Sichtweise präsentieren würden.

294 *Toronto Wages for Housework Committee,* »Statement RE: Montreal Power of Women Collective«, ohne Datum (wahrscheinlich September 1975), Flugblatt, (CWMA, Box 625.25). Die Gruppe in Montreal löste sich wahrscheinlich kurz darauf auf.

295 Federici, Silvia (1975), *Notes on Organisation* (CWMA, Box 624.22) S. 9.

296 Ebd.

297 Agger, Ellen, »Toronto: The Toronto Wages for Housework Committee«, *Wages for Housework International Network Neswletter*, Broschüre, ohne Datum (wahrscheinlich Sommer 1975), S. 6 (CWMA, Box 624.28). Es gab noch andere Wages-Due-Lesbians-Gruppen, aber die in London und Toronto waren im Untersuchungszeitraum am aktivsten.

298 Hall, Ruth, »Lesbianism and Power«, Collectif L'Insoumise, *Le foyer de l'insurrection. Textes sur le salaire pour le travail ménager*, Genf, Collectif L'Insoumise, 1977, S. 109.

299 Ebd. Siehe das vorherige Kapitel für die Grundzüge ihrer theoretischen Position.

300 Laut den eingesehenen Archivmaterialien zu dieser Konferenz wurden zwei Texte zu diesem Thema vorgestellt. Es handelt sich um Francie Wyland (1975), *Lesbian Separatism VS Wages for Housework*, Broschüre, S. 5 und Quinlan, Judy (1975), *Presentation on Autonomy from Toronto Conference*, S. 2 (CWMA, Box 625.26). Die Frage des »Separatismus« scheint eine strittige Angelegenheit gewesen zu sein, die ich nicht entwirren konnte.

301 Stirling, Heather (1976), »Conference Explores Lesbian Autonomy«, *The Other Woman*, vol. 4, Nr. 5, September, S. 9. Diese Zeitung berichtete über verschiedene Aktivitäten von *Wages Due Lesbians*. Siehe die Rezension von Becki L. Ross (1995), *The House That Jill Built. A Lesbian Nation in Formation*, Toronto, University of Toronto Press, S. 258, Fußnote 44. Für Reaktionen, die *Wages Due Lesbians* bei Aktivistinnen der Lesbenbewegung in Toronto hervorrief, siehe ebd., S. 54.

302 Abschlusserklärung vom Ende der Konferenz in New York, Dokument ohne offensichtlichen Titel, das mit dem Satz »Wages for housework is the feminist perspective ...« beginnt (Archiv Silvia Federici).

303 Tatsächlich enthält die »Network List as of October 1975«, die die Einladungsliste für die Konferenz in Toronto darstellt, 59 Namen von Frauen, die Mitglied in Netzwerkgruppen sind. Zu diesen Mitgliedern kommen noch 20 »Beobachterinnen«

der Konferenz hinzu. Die »Black Feminist Group« und die »Network Lesbians« werden gesondert aufgeführt. Letzterem gehören sechs Frauen an, darunter zwei »Beobachterinnen«. »Network List as of October 1975«, S. 4 (CWMA, Box 115).

304 »Women Plotting to Gain Wages for Housewives«, *Toronto Star*, 18. Oktober 1975.

305 Dies war der Fall bei den afroamerikanischen Sympathisantinnen der New Yorker Gruppe und den französischsprachigen Québecerinnen.

306 *Wages for Housework International Conference Song Book*, Text und Musik von Boo Watson, Toronto 1975 (Archiv Silvia Federici).

307 Bezüglich des Themas Finanzierung: Verschiedene Punkte, die diskutiert werden sollten, geben einen Hinweis darauf, wie knapp die finanziellen Mittel waren angesichts einer groß angelegten aktivistischen Kampagne wie sie das IFK plante: »Anspruch des Netzwerkes auf Gelder aus Vorträgen, Medien, Literaturverkauf usw.; staatliche Finanzierung für bestimmte Aspekte der Kampagne, z.B. Toronto Bookmobile; Generierung von Geldern innerhalb des Netzwerks, z.B. wie unterstützen einzelne Gruppen ihre verschiedenen Initiativen?; allgemeine Mittelbeschaffung außerhalb des Netzwerks und die Deckung der Kosten für diejenigen, die Vortragsreisen unternehmen, usw.« in: »Agenda-Toronto Conference Wages for Nousework Network« (CWMA, Heft 624.6).

308 Auf dem Programm standen zudem Vorträge von *Wages Due Lesbians* und Silvia Federici. Ein Teil des Vortrags, den Silvia Federici damals hielt, findet sich in Federici, Silvia (2021) [1975] »Warum Sexualität Arbeit ist«, in: *Revolution at Point Zero*, Münster, Unrast Verlag.

309 Das Dokument »Division of Labour Around October Conference« enthält eine Liste von Aufgaben, die im Vorfeld der Konferenz zu erledigen waren, sowie Namen derer, die für die Erledigung der einzelnen Aufgaben verantwortlich waren. Es werden vierzehn Aufgaben genannt: »Treffpunkt. Essen. Fahrkarten. Schreibarbeiten. Kommunikation mit dem Netzwerk (Tagesordnung und Ankündigung der Konferenz, zweiter Versand von Details). Vorbereitung von Materialien (Karten, Wegbeschreibung, Essensmöglichkeiten). Tagesbetreuung. Erstellung von Flyern für die öffentliche Sitzung. Medien. Organisatorin/Managerin der Konferenz. Moderatorinnen für Workshops. Anmeldung bei der Konferenz. Büchertisch auf der Konferenz. Recherchen, Recherchen, Recherchen ...«. Im letzteren Fall handelt es sich wahrscheinlich um die Suche nach Finanzierung. »Agenda-Toronto Conference Wages for Nousework Network« (CWMA, Heft 624.6).

310 Interview mit Silvia Federici, Brooklyn, 16. März 1996.

311 In der »Proposed Agenda« der Konferenz werden der 9., 10. und 11. April 1977 als Veranstaltungszeitraum angegeben. Die journalistische Berichterstattung lässt jedoch eher vermuten, dass die tatsächlichen Tage der 15., 16. und 17. April waren.

312 ... wie anhand einer mit diesem Namen unterzeichneten Pressemitteilung deutlich wird, erschienen im *Wages for Housework Campaign Bulletin*, Vol. 3, Nr. 1, S. 1, Sommer/Herbst 1978 (Zeitung der *Toronto Wages for Housework Campaign*). Unter der Schirmherrschaft der *International Wages for Housework Campaign* erschien ein Sonderblatt, das von der Londoner Gruppe *Power of Women* anlässlich des Muttertags im Frühjahr 1978 herausgegeben wurde: *Mother's Money*. Auf der letzten Seite wurde auf die »Main Campaign Addresses« hingewiesen. Es handelt sich um die *Black Women for Wages for Housework* aus Brooklyn und England, das *London Wages*

for Housework Committee, das *Toronto Wages for Housework Committee* und die *Wages Due Lesbians* aus den folgenden Orten: England, Kanada, San Francisco und Philadelphia. Außerdem wurden die Adressen von Lohn-für-Hausarbeit-Gruppen in anderen Städten der USA genannt: Boston, Chicago, Cleveland, Los Angeles, Philadelphia und San Francisco. Daraus lässt sich schließen, dass sich das Netzwerk, das nun *International Wages for Housework Campaign* hieß, aus diesen Gruppen zusammensetzte. Das Bulletin *Mother's Money*, dem diese Liste entnommen ist, befindet sich bei CWMA, Box 624.18.

313 »Proposed Agenda«, 9., 10. und 11. April 1977 (CWMA, Box 624.9). Dies ist abgesehen von der Presseberichterstattung die einzige Aufzeichnung dieser Konferenz, die ich finden konnte.

314 Anmerkung der Übersetzerin: Busing meint die aus den Vereinigten Staaten stammende Praxis, Schulkinder einer bestimmten ethnischen Gruppe per Schulbus in Bezirke, deren Schulen mehrheitlich von Kindern einer anderen ethnischen Gruppe besucht werden, zu befördern.

315 Gorner, Peter (1977), »Prostitutes and Housewives Unite, Forming a Surprising Sisterhood«, *Chicago Tribune*, 17. April. Für mehr Informationen über die Unterstützung des Netzwerks für den Kampf der Sexarbeiterinnen siehe das fünfte Kapitel.

316 Toronto Wages for Housework Committee, *To the Women in the Wages for Housework Network in England, Australia, New Zealand, New York, Boston, Cleveland, Oberlin, Philadelphia, Chicago, San Diego, San Francisco and Los Angeles*, April 1979. (CWMA, Box 624.10)

317 Dalla Costa, Mariarosa »Stadtteil, Schule und Fabrik aus der Sicht der Frauen« in Brigitte Galtier; Power of Woman Collective; Lotta Femminista (1974) *Frauen in der Offensive – Lohn für Hausarbeit oder: Auch Berufstätigkeit macht nicht frei*, München, Trikont Verlag, S. 59.

318 Ebd., S. 57

319 Federici, Silvia (mit Nicole Cox) (2021) [1975] »Counterplanning aus der Küche« in Silvia Federici (2021), *Revolution at Point Zero. Hausarbeit, Reproduktion und feministischer Kampf*, Münster, Unrast Verlag, S. 59.

320 Anglade, Mireille Neptune (1986), *L'autre moitié du développement. À propos du travail des femmes en Haïti*, Port-au-Prince/Montréal, Éditions des Alizés/ERCE, S. 15. Mireille Neptune Anglade starb in Port-au-Prince während des Erdbebens, das Haiti am 12. Januar 2010 erschütterte.

321 Silvia Federici (mit Nicole Cox) (2021) [1975] » Counterplanning aus der Küche«, in Silvia Federici (2021), *Revolution at Point Zero. Hausarbeit, Reproduktion und feministischer Kampf*, Münster, Unrast Verlag, S. 69.

322 Lotta Femminista (Modena) (1974), »Émilie: services sociaux«, in Collectif L'Insoumise, *Le foyer de l'insurrection, Textes sur le salaire pour le travail ménager*, Genf, Collectif L'Insoumise, 1977, S. 21.

323 Ein Hinweis zu den Begriffen, die in diesem Buch in dieser Hinsicht verwendet werden. Der am häufigsten verwendete Begriff von englischsprachigen, französischsprachigen, italienischen und deutschen Aktivistinnen der Lohn-für-Hausarbeit-Bewegung zur Beschreibung der unsichtbaren Arbeit von Frauen war »housework«, »lavoro domestico« oder »Hausarbeit«, womit, wie wir gesehen haben, weit mehr als nur die materiellen Aufgaben gemeint war. Auch ich werde diese Begriffe (in

diesem Fall »Hausarbeit«) verwenden, wenn ich Äußerungen der Aktivistinnen wiedergebe oder ihre Gedanken zusammenfasse. Für die Zwecke der Analyse und zur Unterscheidung und Charakterisierung der unsichtbaren Arbeit von Frauen im Haushalt und außerhalb des Haushalts verwende ich an einigen Stellen die Begriffe »private reproduktive Arbeit«, wenn es um die unsichtbare Arbeit von Frauen zu Hause und die Bedingungen ihrer Ausübung geht, und »öffentliche reproduktive Arbeit«, wenn es um die unsichtbare Arbeit von Frauen außerhalb des Hauses geht, d. h. am Arbeitsplatz oder im gesellschaftlichen Umfeld. Diese analytische Terminologie übernehme ich von Evelyn Nakano Glen (2009), »De la servitude au travail de service: les continuités historiques de la division raciale du travail reproductif payé«, in: Elsa Dorlin (Hrsg.), *Sexe, race, classe, pour une épistémologie de la domination*, Paris, PUF, Coll. »Actuel Marx Confrontations«, S. 22 und 24.

324 Der Ausdruck »Gehsteigarbeiterinnen« ist die Übersetzung des Titels eines Liedes der *Gruppo musicale del Comitato per il Salario al Lavoro Domestico di Padova* (Musikgruppe des Komitees für Lohn für Hausarbeit in Padua). Das Lied stammt aus ihrem Album *Amore e Potere. Canzoniere Femminista*, Mai 1977. Zu finden in Louise Vandelac (Hrsg.), *L'Italie au féminisme,* Paris, Tierce, S. 164. Das Lied kann online angehört werden: <www.youtube.com/watch?v=mWLeWqsrmXY>.

Viertes Kapitel

325 Siehe den Abschnitt über »Feministische Vordenkerinnen von ›Lohn für Hausarbeit‹« am Ende von Kapitel 1.

326 Suzie Fleming (1975), »Family Allowance: The Women's Money«, in Wendy Edmond und Suzie Fleming (Hrsg.), *All Work and No Pay. Women, Housework, and the Wages Due*, Bristol, Falling Wall Press, S. 92.

Zur Höhe der Beträge zu Beginn des Kampfes schreibt sie: »Im Jahr 1972 betrug die Familienbeihilfe 90 p [ca. 2,25 €] für das zweite Kind und jeweils 1 £ [ca. 2,50 €] für das dritte und jedes weitere Kind [pro Woche]. Diese Sätze waren im Verhältnis zu den Lebenshaltungskosten wesentlich niedriger als die Sätze von 1945 und wurden außerdem besteuert.« Suzie Fleming (1986), »Introduction: Eleanor Rathbone: Spokewoman for a Movement«, in Rathbone, Eleanore (1986), *The Disinherited Family (With an Introductory Essay by Suzie Fleming)*, Bristol, Falling Wall Press, S. 117f., Anmerkung 97.

327 Siehe »Hands Off the Family Allowance«, *Wages for Housework Campaign Bulletin*, Bd. 1, Nr. 1, Juli 1976, S. 1-3.

328 Wir befassen uns mit den folgenden Texten:

Texte der englischsprachigen Gruppe:

Suzie Fleming (1975), »Family Allowance: The Women's Money«, in Wendy Edmond und Suzie Fleming (Hrsg.), *All Work and No Pay. Women, Housework, and the Wages Due*, Bristol, Falling Wall Press, S.89-92; Suzie Fleming (1977), Nachbemerkung zu »Offensive contre les allocations familiales«, in *Le foyer de l'insurrection. Textes sur le salaire pour le travail ménager*, Genf, Collectif L'Insoumise, S. 130-131; Suzie Fleming (1975), »All Women Are Housewives«, *The Activist*, Bd. 15, Nr. 2, S. 27-31; Selma James (1973), »The Family Allowance Campaign: Tactic and Strategy«, in *Women in Struggle I*, 1975, S. 17-21 (CWMA, Heft 115).

Texte der kanadischen Gruppen in Toronto:

»Editorial: Why a Campaign for Wages for Housework?«, *Wages for Housework Campaign Bulletin*, vol. 1, Nr. 1, Juli 1976, S. 3; Toronto Wages for Housework Campaign (1977), *In Defense of the Family Allowance: Hands Off the Family Allowance,* A brief presented to The Hon. Marc Lalonde, Minister of National Health and Welfare (CWMA, Box 625.9); Wages Due Lesbians (1976), *Lesbians Join the Family Allowance Protest*, CWMA, Wages Due Lesbians. (CWMA, Box 629.9); Wages Due Collective, Ellen Agger (1976), *Speech Given on March 11th at the Coalition Against Cutbacks Rally*, University of Toronto (CWMA, Box 625.36).

329 Fleming, Suzie (1975), »Family Allowance: The Woman's Money«, in: *All Work and No Pay, Women, Housework, and the Wages Due*, Bristol, Falling Wall Press, S. 90. Rede in London am 8. März 1973.

330 Ebd., S. 91.

331 Fleming, Suzie (1975), »All Women are Housewives«, *The Activist*, Bd. 15, Nr. 1-2, S. 27.

332 Fleming, Suzie (1977), »Offensive contre les allocations familiales«, in: *Le foyer de l'insurrection, Textes sur le salaire pour le travail ménager*, Genf, Collectif L'Insoumise, 1977, S. 117. (Text geschrieben im Juni 1973).

333 James, Selma (1973), »The Family Allowance Campaign: Tactic and Strategy«, in *Women in Struggle I*, 1975, S. 21 (CWMA, Heft 115).

334 Toronto Wages for Housework Campaign (1977), *In Defense of the Family Allowance: Hands Off the Family Allowance*, A brief presented to The Hon. Marc Lalonde, Minister of National Health and Welfare, S. 11 (CWMA, Box 625.9).

335 Ebd., S. 3.

336 Ebd., S. 11.

337 »Address to March 11 Cut-Backs Rally by Ellen Agger«, *Body Politic*, Juni 1976, S. 6.

338 Ebd.

339 Bélanger, Lucie und Ginette Boyer (1989), »Autonomie financière, reconnaissance économique du travail de maternage et crise de l'Etat-providence: la lutte de la Coalition des femmes pour les allocations familiales«, Masterarbeit in Soziologie, Université du Québec à Montréal, S. vii.

340 Es sei noch erwähnt, dass die Lohn-für-Hausarbeit-Gruppen in England und Kanada nicht die einzigen Gruppen des IFK waren, die sich bei der Forderung eines Lohns für Hausarbeit auf das Kindergeld stützten. Als die Regierung im September 1973 in Italien versuchte, die Auszahlung des Kindergelds an Ehemänner zu leisten, reagierte die nationale Koordinierungsstelle der *Lotta Femminista* mit Widerstand in Form einer vierseitigen Zeitung, die in der Mitte eine Anzeige enthielt: »Gegen Kindergeld, für Lohn für Hausarbeit«. Siehe Lotta Femminista (1973), »Contro gli assegni familiari, per il salario al lavoro domestico«, Lotta Femminista, Einzelheft, September. (Archiv Mariarosa Dalla Costa, hinterlegt in der Stadtbibliothek von Padua: biblioteca.civica@comune.padova.it)

341 »Out of Our Bathrobes and into the Streets!«, *Wages for Housework Campaign Bulletin*, Vol. 1, Nr. 1, Juli 1976, S. 6.

342 In gleicher Weise unterstützte die Londoner Gruppe für Lohn für Hausarbeit, *Power of Women*, den Kampf der *unsupported mothers*, die sich in der *Claimants' Union* organisierten, um ihr Recht auf ein unabhängiges Einkommen einzufordern, unabhän-

gig davon, ob sie mit einem Mann zusammenleben oder nicht. Siehe Monica Sjoo (1975), »Married to the State«, in: Wendy Edmond und Suzie Fleming (Hrsg.), *All Work and No Pay, Women, Housework, and the Wages Due*, Bristol, Falling Wall Press, S. 92-97.

343 Die Gründung der *CLUW*, der *Coalition of Labor Union Women*, die sich in den USA für Lohngleichheit am Arbeitsplatz einsetzt, geht auf das Jahr 1974 zurück. Siehe www.cluw.org.

344 In Bezug auf den Kampf der *Mother-Led Union* wurden die folgenden Dokumente herangezogen: Frances Gregory (1975), »Mother-Led Union Demonstration«, *Wages for Housework International Network Newsletter*, S. 6f. (CWMA, Box 624.28); Frances Gregory (1977)[1975], » Mother-Led Union«, in: Wendy Edmond und Suzie Fleming (Hrsg.), *All Work and No Pay, Women, Housework, and the Wages Due*, Bristol, Falling Wall Press, S. 97-99; Frances Gregory (1975), »The Mother-Led Union«, *Power of Women, The Journal of Power of Women Collective*, Vol. 1, Nr. 4, Sommer, S. 4.

345 »Mother-Led Union Demonstration«, *Wages for Housework International Network Newsletter* (CWMA, Box 624.28), S. 7.

346 Im Hinblick auf die »Welfare Conference« der New Yorker Gruppe wurden die folgenden Dokumente konsultiert: Wages for Housework and Welfare (1976), Einladungsheft zur Konferenz (Archiv Silvia Federici); »The Crisis in New York: Women Organize«, *Wages for Housework Campaign Bulletin*, Vol. 1, No 1, 1976, S. 5; »The US: Organizing for Welfare«, *Power of Women*. Zeitschrift der International Wages for Housework Campaign, Nr. 5, 1976, S. 4; »Birth Announcement«, *Power of Women*. Zeitschrift der International Wages for Housework Campaign, Nr. 5, 1976, S. 5.

347 »The Crisis in New York: Women Organize«, *Wages for Housework Campaign Bulletin*, Vol. 1, No 1, 1976, S. 5.

348 Die New Yorker Gruppe war jedoch laut Silvia Federici zu dieser Zeit praktisch die einzige in der feministischen Bewegung, die auf diese Weise dachte, da die Bewegung ihrer Meinung nach eher durch die Organisierung von Frauen am Arbeitsplatz mobilisiert wurde (Interview mit der Autorin, Februar 1996).

349 »The Crisis in New York: Women Organize«, *Wages for Housework Campaign Bulletin*, Vol. 1, No 1, 1976, S. 5.

350 »Come to a Conference Sponsored by The New York Wages for Housework Committee, Saturday, April 24, 10 a.m. – 6 p.m.!, Einladung zur Konferenz. (Archiv Silvia Federici). Hervorhebungen im Original.

351 Der Bericht über die Konferenz stammt aus »The US: Organizing for Welfare«, *Power of Women*, Nr. 5, 1976, S. 4.

352 »Birth Announcement«, *Power of Women*, Bd. 1, Nr. 5, 1976, S. 5.

353 Weitere Einzelheiten zu diesem Thema finden sich in Milwaukee County Welfare Rights Organization (1972), *Welfare Mothers Speak Out*, New York, W.W. Norton Co.

354 Margaret Prescod (1980) [1977], *Black Women: Bringing It All Back Home*, Bristol, Falling Wall Press.

355 Siehe bell hooks (1990), »Homeplace. A Site of Resistance«, in *Yearning, Race, Gender, and Cultural Politics*, Toronto, Between the Lines, S. 41-49. Siehe auch

Angela Davis (1972), »The Black Women's Role in the Community of Slaves«, *The Massachusetts Review*, Vol. 13, Nr. 1-2, »Woman: An Issue«, S. 81-100.

356 Dieser Aspekt wird in Kapitel 2 näher beleuchtet. Siehe insbesondere die Vorstellung des Textes von Wilmette Brown.

357 Saillant, Francine und Françoise Courville (1994), »Des femmes: objets et sujets de l'institution médicale«, in Roberta Mura (Hrsg.), *Critique féministe des disciplines V, Groupe de recherche multidisciplinaire féministe*, Les Cahiers de recherche du GREMF, Université Laval, S. 29.

358 Siehe hierzu in der Anthologie *L'Italie au féminisme*, Paris, Tierce, die Texte in den Kapiteln »Avortement: Mon utérus m'appartient c'est à moi de décider« und »Notre santé et notre corps: des sorcières aux femministes«, S. 37-100. Siehe auch für einen allgemeineren Überblick über die feministischen Kämpfe in Italien während dieser Zeit: Lucia Chiavola Birnbaum (1986), *Liberazione della donna: Feminism in Italy*, Middletown: Wesleyan University Press, S. 79-231.

359 Die folgenden Ausführungen basieren auf folgenden Texten: Lotta Femminista di Padova (1971), »Maternité et avortement«, in: Mariarosa Dalla Costa und Selma James (1973), *Le pouvoir des femmes et la subversion sociale*, Genf, Librairie Adversaire, S. 135-146; Mariarosa Dalla Costa (1975), *Le operaie della casa*, Venise-Padoue, Marsilio; Collettivo internazionale femminista (Hrsg.) (1976), *Aborto di stato: strage delle innocenti, a cura del collettivo internazionale femminista*, Marsilio, 1976; Silvia Federici (1975), »Introduction à l'édition italienne« de *Salaire contre le travail ménager*, in: Collectif L'Insoumise (1977), *Le foyer de l'insurrection, Textes sur le salaire pour le travail ménager*, Genf, Collectif L'Insoumise, 1977, S. 93-97; Gruppo Femminista per il Salario al Lavoro Domestico di Ferrara (1978), *Dietro la normalità. Lotta all'ospedale di Ferrara*, Venedig, Marsilio; Laura Morato, Carla Fabbri und Mariarosa Dalla Costa (1978), »Rôle du mouvement pour le salaire au travail ménager dans le mouvement féministe italien«, in Louise Vandelac (Hrsg.), *L'Italie au féminisme*, Paris, Tierce, S. 143-150; Louise Vandelac (1978), »Les médecins accusent une femme, toutes les femmes accusent les médecins«, ebd, S. 89-93; Witness 1: Italy (1976), »Brutality Towards Women Giving Birth«, in: Diana E.H. Russell und Nicole Van de Ven (Hrsg.) (1984), *Crimes Against Women: Proceedings of the International Tribunal*, East Palo Alto, Frog in the Well, S. 34-36; New York Wages for Housework Committee (o.D.), »Forced Sterilization«, *Wages for Housework from the Government for All Women* (Archiv Silvia Federici); *Wages for Housework International Network Newsletter* (CWMA, Box 624.28).

360 *Aborto di stato: strage delle innocenti, a cura del collettivo internazionale femminista*, Marsilio, 1976, S. 43.

361 *Le operaie della casa*, Nr. 1, Juni/Juli 1976, S. 4.

362 Silvia Federici (1975), »Introduction à l'édition italienne« von *Salaire contre le travail ménager*, in: Collectif L'Insoumise (1977), *Le foyer de l'insurrection. Textes sur le salaire pour le travail ménager*, Genf, Collectif L'Insoumise, 1977, S. 96.

363 Ebd., S. 96f.

364 The Power of Women Collective (1975), »To the Readers of the Power of Women Journal«, *Wages for Housework International Network Newsletter* (CWMA, Box 624.28), S. 1, Hervorhebungen im Original.

365 »Statement of The Power of Women Collective«, *Power of Women*, Bd. 1, Nr. 1, März-April 1974, S. 16, Hervorhebungen im Original.

366 Lotta Femminista, Padua (1971), »Maternité et avortement«, in: Mariarosa Dalla Costa und Selma James (1973), *Le pouvoir des femmes et la subversion sociale*, Genf, Librairie Adversaire, S. 138.

367 Ebd.

368 New York Wages for Housework Committee (o.D.), »Forced Sterilization«, *Wages for Housework from the Government for All Women*, S. 2 (Archiv Silvia Federici); »Forced Sterilizations in Los Angeles & New York«, *Power of Women*, Vol. 1, Nr. 5, 1976, S. 6.

369 Laura Morato, Carla Fabbri und Mariarosa Dalla Costa (1978), »Rôle du mouvement pour le salaire au travail ménager dans le mouvement féministe italien«, in Louise Vandelac (Hrsg.), *L'Italie au féminisme*, Paris, Tierce, S. 146.

370 Dieser Kampf ist dokumentiert in Gruppo Femminista per il Salario al Lavoro Domestico di Ferrara (1978), *Dietro la normalità. Lotta all'ospedale di Ferrara*, Venedig, Marsilio. Für eine französische Zusammenfassung eines Teils dieses Kampfes siehe Louise Vandelac (1978), »Les médecins accusent une femme, tous les femmes accusent les médecins«, in *L'Italie au féminisme*, Paris, Tierce, S. 89-93.

371 Gruppo Femminista per il Salario al Lavoro Domestico di Ferrara (1978), *Dietro la normalità. Lotta all'ospedale di Ferrara*, Venedig, Marsilio, S. 89-93. Siehe auch Diana E.H. Russell et Nicole Van de Ven (Hrsg.) (1984) [1976], *Crimes Against Women: Proceedings of the International Tribunal*, East Palo Alto, Frog in the Well, S. 34-36. Über die Beteiligung der IFK-Gruppen an dem Tribunal siehe Kapitel 3.

372 Ebd., S. 36.

373 Siehe in Kapitel 3 den Abschnitt über die internationale Konferenz von *Wages Due Lesbians* in Toronto, 24. bis 25. Juli 1976.

374 Wages Due Lesbians, »Lesbians on the Move«, *Wages for Housework Campaign Bulletin*, Vol. 2, Nr. 1, Herbst 1977, S. 2. Hervorhebungen im Original.

375 Francie Wyland (1976), *Motherhood, Lesbianism, and Child Custody. The Case for Wages for Housework*, Toronto, Wage Due Lesbians. (CWMA, Box 626.23).

376 Er findet sich im Canadian Women's Movement Archives, Box 626.28. Dieses Archiv verfügt über umfangreiches Material, das von den Gruppen *Wages Due Lesbians* und *Lesbian Mothers' Defense Fund* produziert wurde. Siehe den gleichnamigen Bestand, X10-8, Serien II und III.

377 Becki L. Ross (1995), *The House That Jill Built. A Lesbian Nation In Formation*, Toronto, University of Toronto Press, S. 54. Weitere Texte der Mitglieder von *Wages Due Lesbians* zu diesem Thema sind dort aufgelistet, vgl. S. 258, Fußnote 48.

Fünftes Kapitel

378 Diese Überlegung stammt aus einem Austausch über das Thema mit Nicole Lacelle, der ich hiermit danke.

379 Dieser Bericht basiert auf den folgenden Dokumenten: Jane Hirschmann (1975), »Organizing on the Second Job«, in Wendy Edmond und Suzie Fleming (Hrsg.) (1975), *All Work and No Pay: Women, Housework and the Wages Due*, Bristol, Falling Wall Press, S. 106-115; »Maimonides: Against Women's Unpaid Work« (1975), *Power of Women*, Bd. 1, Nr. 4, Sommer, S. 12.

380 Wendy Schuman (1976), »Brooklyn Women Seek Wages for Housework«, *The New York Times*, 11. Januar.

381 Hirschmann Jane (1975), »Organizing on the Second Job », in Wendy Edmond und Suzie Fleming (Hrsg.) (1975), *All Work and No Pay: Women, Housework and the Wages Due*, Bristol, Falling Wall Press, S. 109.

382 Wendy Schuman, »Brooklyn Women Seek Wages for Housework«, *The New York Times*, 11. Januar.

383 Jane Hirschmann, »Organizing on the Second Job«, in Wendy Edmond und Suzie Fleming (Hrsg.) (1975), *All Work and No Pay: Women, Housework and the Wages Due*, Bristol, Falling Wall Press, S. 112.

384 Siehe hierzu Joan Acker (1989), *Doing Comparable Worth: Gender, Class, and Pay Equity*, Philadelphia, Temple University Press; Heidi Hartmann (Hrsg.) (1985), *Comparable Worth: New Directions for Research, Washington, National Academy Press*; Marie-Claire Dumas und Francine Mayer (Hrsg.) (1989), *Les femmes et l'équité salariale. Un pouvoir à gagner*, Montréal, Remue-ménage.

385 Dieser Bericht stützt sich auf folgende Dokumente: Lotta Femminista aus Modena (1977), »La lutte des ouvrières de l'usine Solari à Udine«, in Collectif L'Insoumise, *Le foyer de l'insurrection, Textes sur le salaire pour le travail ménager*, Genf, Collectif L'Insoumise, 1977, S. 15-17. (Übersetzung eines Artikels aus dem Italienischen, der in der Zeitung *Le operaie della casa*, Nr. 1, Mai 1975, erschienen ist). Sowie Anna Gottardo, »Histoire d'une lutte de femmes en usine«, in Louise Vandelac (Hrsg.) (1978), *L'Italie au féminisme*, Paris, Tierce, S. 96-100. Schließlich ohne Titel, *Power of Women*, vol. 1, Nr. 5, 1976, S. 11-13.

386 Anna Gottardo, »Histoire d'une lutte de femmes en usine«, in Louise Vandelac (Hrsg.) (1978), *L'Italie au féminisme*, Paris, Tierce, S. 97.

387 Zitiert in »La lutte des ouvrières de l'usine Solari à Udine«, in Collectif l'Insoumise. (1977) *Le foyer de l'insurrection, Textes sur le salaire pour le travail ménager*, Genf, Collectif L'Insoumise, 1977, S. 16, und in Anna Gottardo, »Histoire d'une lutte de femmes en usine«, in Louise Vandelac (Hrsg.) (1978), *L'Italie au féminisme*, Paris, Tierce , S. 98.

388 Anna Gottardo, »Histoire d'une lutte de femmes en usine«, in Louise Vandelac (Hrsg.) (1978), *L'Italie au féminisme*, Paris, Tierce, S. 99f.

389 Zitiert in »La lutte des ouvrières de l'usine Solari à Udine«, in Collectif l'Insoumise (1977), *Le foyer de l'insurrection, Textes sur le salaire pour le travail ménager*, Genf, Collectif L'Insoumise, 1977, S. 57.

390 Anna Gottardo, »Histoire d'une lutte de femmes en usine«, in Louise Vandelac (Hrsg.) (1978), *L'Italie au féminisme*, Paris, Tierce, S. 98.

391 Dieser Abschnitt basiert auf der folgenden Dokumentation: Editors, »This Is Nursing: Introduction to a Struggle«, in Wendy Edmond und Suzie Fleming (1975), *All Work and No Pay. Women, Housework, and the Wages Due*, Bristol, Falling Wall Press, S. 61-63; Power of Women Collective (1974), »The Home and the Hospital«, in Ebd., S. 69-88.

392 Editors, »This Is Nursing: Introduction to a Struggle«, in Ebd., S. 63.

393 Suzie Fleming (1975), »All Women Are Housewives«, *The Activist*, Bd. 15, Nr. 1-2, S. 28.

394 Analyse in Power of Women Collective (1974), »The Home and the Hospital«, in: Wendy Edmond und Suzie Fleming (1975), *All Work and No Pay. Women, Housework, and the Wages Due*, Bristol, Falling Wall Press.

395 Ebd., S. 73.

396 Ebd., S 81f.

397 Ebd., S. 84.

398 Ebd., S. 86.

399 Ebd., Hervorhebungen im Original.

400 Ebd., S. 88.

401 Die Informationen über diese Mobilisierung stammen aus folgenden Dokumenten: Waitresses' Action Committee (1977), *Brief on the Minimum Wage and a »Tip Differential« to Ontario Ministry of Labour, Ontario Ministry of Industry and Tourism*, Flugblatt, S. 10; Waitresses' Action Committee (1977), *Press Release... Report: Meeting with the Ministry of Labour on the Minimum Wage*, 29. Juni. Zudem ein Aufruf des Waitresses' Action Committee zur Unterstützung ihres *Brief on The Minimum Wage and a »Tip Differential«,* (o. D.), und ein Schreiben vom 17. April 1977, in dem das Ergebnis des Aufrufs und die geäußerte Unterstützung dokumentiert werden. Alle diese Dokumente sind im Canadian Women's Movement Archive, Canadian Women's Movement Archive Fund, Box 116 (Wages for Housework and Waitresses' Action Committee) zu finden. Die Petition »Money for Waitresses is Money for All Women« befindet sich in Box 625.4. Weitere eingesehene Dokumente: Ellen Agger (1975), »Smile Honey«, in: *Wages for Housework, Women Speak Out, May Day Rally*, Toronto, S. 25-27; Ellen Agger (1977), »Tipping the Wage Scale«, *Wage for Housework Campaign Bulletin*, Vol. 2, Nr. 1, Herbst, S. 4.

402 Petition »Money for Waitresses Is Money for All Women!« (CWMA, Box 625.4).

403 Eine Liste der Unterstützer- und Befürwortergruppen findet sich auf Seite 2 des Schreibens vom 17. April 1977, in dem das Ergebnis des Aufrufs des *Waitresses's Action Committee* und die geäußerte Unterstützung dokumentiert sind. (CWMA, Box 116).

404 Waitresses' Action Committee (1977), *Brief on the Minimum Wage and a »Tip Differential« to Ontario Ministry of Labour, Ontario Ministry of Industry and Tourism*, S. 10.

405 Siehe hierzu Joan Acker (1989), *Doing Comparable Worth: Gender, Class, and Pay Equity*, Philadelphia, Temple University Press; Heidi Hartmann (Hrsg.) (1985), *Comparable Worth: New Directions for Research, Washington, National Academy Press*; Marie-Claire Dumas und Francine Mayer (Hrsg.) (1989), *Les femmes et l'équité salariale. Un pouvoir à gagner*, Montréal, Remue-ménage.

406 Ellen Agger (1975), »Smile Honey«, in Wages for Housework, *Women Speak Out, May Day Rally*, Toronto, S. 25f.

407 Der Ausdruck »Gehsteigarbeiterinnen« ist die Übersetzung des Titels eines Liedes der *Gruppo musicale del Comitato per il Salario al Lavoro Domestico di Padova.*

408 Mariarosa Dalla Costa (2008), »Operaismus, Feminismus und einige Initiativen im Rahmen der Vereinten Nationen«, in: Dies. (2022), *Frauen und der Umsturz der Gesellschaft*, Münster, Unrast Verlag, S. 279f.

409 Zu den ersten Analysen der Sexarbeit durch die Lohn-für-Hausarbeit-Bewegung gehört die von Maria Pia Turri vom Lohn-für-Hausarbeit-Komitee in Padua (1973), »La mogli di tutti«, in: *Il personale è politico. Quaderni di Lotta Femminista*, Nr. 2, S. 51-60. Zudem die Analysen von Giovanna Franca Dalla Costa in *Un lavoro d'amore*, die wir in Kapitel 2 kennengelernt haben. Zuletzt muss noch eine Studie

genannt werden, die ich nicht berücksichtigen konnte, da sie nach dem Ende des IFK (1981) entstand: Leopoldina Fortunati (1995), *The Arcane of Reproduction. Housework, Prostitution, Labor and Capital*, Brooklyn, Autonomedia.

410 Siehe Lilian Mathieu (1999), »Une mobilisation improbable: l'occupation de l'église Saint-Nizier par les prostituées lyonnaises«, in Maria Nengeh Mensah, Claire Thiboutot und Louise Toupin (2011), *Luttes XXX. Inspirations du mouvement des travailleuses du sexe*, Montréal, Remue-ménage, S. 72-80.

411 Es ist hinzuzufügen, dass es ab 1975 das *English Collective of Prostitutes* gab, als eigenständige Gruppe innerhalb des *Power of Women Collective* in London (später *International Wages for Housework Campaign*). Die erste Sprecherin war Selma James. Das *English Collective of Prostitutes* setzte sich aus Frauen mit und ohne Erfahrung in der Sexarbeit zusammen. Dies führte zu Problemen für die Gruppe, insbesondere bei der Teilnahme am ersten Weltkongress der Prostituierten, der 1985 in Amsterdam stattfand. Vgl. Gail Pheterson, Hrsg. (1989) *A Vindication of the Rights of Whores*, Seatle, Cal. Seal Press, S. 36f. Zur Geschichte der Gruppe siehe Nina Lopez-Jones (1998), »Workers: Introducing the English Collective of Prostitutes«, in: Frédérique Delacoste und Priscilla Alexander (1998), *Sex Work. Writings by Women in the Sex Industry*, 2. Auflage, San Francisco, Cleis Press, S. 271-278. Die diesem Abschnitt zugrunde liegenden Informationen stammen u. a. aus dem Canadian Women's Movement Archive, Canadian Women's Movement Archive Fund X-10-1, Series 1, Box 116, »Wages for Housework and Prostitutes«.

412 Siehe Kapitel drei.

413 Laura Green (1977), »Prostitutes Win Allies in Economic Bid«, Chicago Sun-Times, Montag,18. April; Peter Gorner (1977). »Prostitutes and Housewives Unite, Forming a Surprising Sisterhood«, Chicago Tribune, 17. April. Über das Ereignis wurde in der Chicagoer Presse ausführlich berichtet (eine Presseberichterstattung findet sich in den CWMA-Akten, Boxen 625.17 und 116).

414 »Fact Sheet on the Yonge St. Crackdown«, zusammengestellt vom Toronto Wages for Housework Committee, 30 November 1977. (CWMA, Box 625.17). Siehe auch Deborah R. Brock (1998), *Making Work, Making Trouble. Prostitution as a Social Problem*, Toronto, University of Toronto Press, S. 25-43.

415 Judy Ramirez (1977), »Hookers Fight Back«, *Wages for Housework Campaign Bulletin*, Vol. 2, Nr. 1, Herbst, S. 1.

416 Ellen Agger (1978), »Hookers Organize«, *Wages for Housework Campaign Bulletin*, Vol. 3, Nr. 1, Sommer-Herbst. Zu BEAVER siehe einen Text der Gründerin: Margaret Dwight-Spore (1978), »Speaking Up for Our Sisters: Decriminalization of Prostitution«, *Fireweed*, Vol. 1, Nr. 1, S. 23-26. Am Ende dieses Textes wird als Adresse der BEAVER-Gruppe die Adresse des *Toronto Wages for Housework Committee* angegeben, was auf die engen Verbindungen zwischen den beiden Gruppen hinweist. In einem anderen Dokument wird berichtet, dass Judy Ramirez von der Torontoer *Lohn-für-Hausarbeit*-Gruppe an der öffentlichen Vorstellung der BEAVER-Gruppe im November 1977 teilnahm: *International Wages for Housework Campaign*, Mothers' Money, Special Bulletin, Mother's Day, Frühling 1978, S. 6 (CWMA, Box 624.19).

417 Wages for Housework-San Francisco and Los Angeles Wages for Housework Committee, *An Attack Against Prostitutes Is an Attack on All Women* (CWMA, Box 116).

418 Black Women for Wages for Housework (1977), »Money for Prostitutes Is Money for Black Women« (CWMA, Box 624.12). Eine Aktivistin der New Yorker Organisation *Black Women for Wages for Housework* wurde am 16. Juni 1976 vom *Collectif des femmes prostituées* in Paris eingeladen, auf einer großen Kundgebung in der Salle de la Mutualité zu sprechen. Ihre Rede zur Unterstützung der französischen Sexarbeiterinnen wurde in »The State Is The Biggest Pimp«, *Power of Women*, Nr. 5, 1976, S. 15, abgedruckt.

419 Ebd., S. 4.

420 Wages Due Lesbians-London (1977), *Supporting Statements by Wages Due Lesbians*. (CWMA, Box 116).

421 Wages Due Lesbians Toronto (1977), *Sex Is Never Free. Lesbians Support Statement for San Francisco (and all) Prostitutes* (CWMA, Box 116).

422 Wages Due Lesbians-London (1977), *Supporting Statements by Wages Due Lesbians*, (CWMA, Box 116).

423 Judy Ramirez (1977), »Hookers Fight Back«, *Wages for Housework Campaign Bulletin*, Bd. 2, Nr. 1, Herbst, S. 1.

424 ... obwohl die historischen Positionen der Feministinnen zur Sexarbeit in Kanada nicht so geschlossen waren, wie sie es heute sind. Für einen schnellen historischen Rückblick auf diese Positionen insbesondere ab den 1980er-Jahren, siehe Louise Toupin (2012), »Prostitution: Feminist positions of here and of home«, *Le Devoir*, 31. März-1. April, S. 5.

425 Siehe auch Wages for Housework (1977), »Housewives & Hookers Come Together«, *Wages for Housework Campaign Bulletin*, Vol. 1, Nr. 4, Sommer 1977.

426 Gail Pheterson (2001) [1989], *Le prisme de la prostitution*, Paris, L'Harmattan. Pheterson setzte in den folgenden Jahren den Versuch einer »Allianz zwischen Huren, Ehefrauen und Lesben« fort. Siehe Gail Pheterson (2011) [1996], »Alliance entre putains, épouses et gouines«, in: Maria Nengeh Mensah, Claire Thiboutot und Louise Toupin (2011), *Luttes XXX, Inspirations du mouvement des travailleuses du sexe*, Montréal, Remue-ménage, S. 175-180. Zur Provokation, die dieses Bündnis darstellte, siehe die Ausführungen der folgenden Autor*innen: Amandine Guilbert und Rémi Eliçabe (2012), »Inspirations des luttes XXX: cinq fabulations révolutionnaires«, *Réfractions*, Nr. 29, Herbst, S. 78f.

427 Zum Begriff der »gesellschaftlichen Fabrik« siehe Kapitel 2, erster Abschnitt.

428 Silvia Federici (1975), »Crisis and Pay for Housework«, *Pay Us for Housework*, September. (Archiv Silvia Federici). Dies ist der Text der Eröffnungsrede der Montrealer Konferenz des IFK, 21. Februar 1975. Vgl. Kapitel 3.

429 Lotta Femminista (Modena) (1974), »Émilie: services sociaux«, in Collectif L'Insoumise (1977), *Le foyer de l'insurrection. Textes sur le salaire au travail ménager*, Genf: Collectif L'Insoumise, S. 18-40.

430 Das Untersuchungsmaterial für diesen Abschnitt stammt aus dem Canadian Women's Movement Archives, Canadian Women's Movement Archives Fund, Box 116 und aus dem Wages for Housework,Wages Due Lesbians and Lesbian Mothers' Defense Fund, X10-8, Series 1, Box 624.21.

431 »Why an Emergency Occupation at Nellie's?«, o. D., Flugblatt. (CWMA, Box 624.21).

432 »Many Support Occupation of Women's Hostel. Women at Nellie's Fight for Survival«, *The Wages for Housework Campaign Bulletin*, Herbst 1976, Bd. 1, Nr. 2, S. 4.

433 »In Supporting Nellie's, We Support Ourselves«, o. D., Flugblatt. (CWMA, Box 624.21).

434 Report on Nellie's Struggle, November 1976, Broschüre, S. 3 (CWMA, Boxen 624.21 und 116).

435 Brief vom 27. Oktober 1976 von Paula Fainstat an Judith Ramirez. (CWMA, Box 625.3).

436 Wages Due Lesbians (1976), »Lesbians Struggle at Nellie's Women's Hostel«, *Body Politic*, Oktober.

437 Für weitere Informationen siehe Wendy McKeen, »The Wages for Housework Campaign: Its Contribution to Feminist Politics in the Area of Social Welfare in Canada«, *Canadian Review of Social Policy/Revue Canadienne de politique sociale*, Nr. 33, 1994

Sechstes Kapitel

438 Titelseite des Stücks *Moman travaille pas, a trop d'ouvrage* des *Théâtre des cuisines*, Montréal, Remue-ménage, 1976.

439 Vgl. Kapitel 3.

440 Im dritten Kapitel werden einige Umstände genannt, die das Fehlen von französischsprachigen feministischen Gruppen, zumindest auf dem *Feminist Symposium féministe*, das vom 1. bis 3. Juni 1973 an der McGill University stattfand, erklären könnten. Siehe in diesem Zusammenhang den Abschnitt über die Nordamerikatournee von Mariarosa Dalla Costa und Selma James.

441 Die Interviews mit Dalla Costa und James erschienen unter dem Titel »Rencontre avec deux féministes marxistes«. Sie sind in der Anthologie zur Neuauflage der Zeitung des Quebecer Frauenzentrums *Deboutte* abgedruckt. Vgl. die gleichnamige Anthologie: Véronique O'Leary und Louise Toupin (1983), *Québécoises Deboutte*, Bd. 2, Collection complète, Montréal, Remue-ménage, S. 190-203.

442 Théâtre des cuisines (1976), »Manifeste du Théâtre des cuisines (1975)«, in: *Môman travaille pas, a trop d'ouvrage*, Montréal, Remue-ménage, S. 4f.

443 Das *Théâtre des cuisines* hat in den fast vierzig Jahren seines Bestehens verschiedene Phasen durchlaufen. Dieses einzigartige Theater in Québec wird nach wie vor von einer seiner Gründerinnen, Véronique O'Leary, in der Region Bas-Saint-Laurent geleitet und setzt heute seinen kreativen Forschungsprozess im Geiste seiner ursprünglichen Tradition fort: Kunst in und mit der Gemeinschaft und die Produktion von interdisziplinären kollektiven Kreationen, die an der Masken- und Clownkunst orientiert sind, »und ihrer Fähigkeit, unsere Angst vor den ›Autoritäten‹ zu entkräften«, fügt Véronique O'Leary hinzu. Die Aufführungen werden häufig vor Publikum gespielt, das wenig Zugang zum Theater hat. Das *Théâtre des cuisines* bildet auch Nachwuchskünstler*innen aus und bietet Workshops für verschiedene städtische und ländliche Gruppen an. Zu seiner Geschichte und seinen aktuellen Projekten siehe www.theatre descuisines.org.

444 Théâtre des cuisines (1976), »Manifeste du Théâtre des cuisines (1975)«, in: *Môman travaille pas, a trop d'ouvrage*, Montréal, Remue-ménage, S. 4.

445 Véronique O'Leary, Mitbegründerin des *Théâtre des cuisines*, erinnert sich daran, dass einige Feministinnen in den Diskussionen nach den Aufführungen sogar zu weinen begannen, wenn der Lohn für Hausarbeit erwähnt wurde (Telefongespräch vom 5. Mai 2013).

446 Théâtre des cuisines (1976), »Manifeste du Théâtre des cuisines (1975)«, in: *Môman travaille pas, a trop d'ouvrage*, Montréal, Remue-ménage, S. 9. Die Éditions du remue-ménage veröffentlichten dieses Stück des *Théâtre des cuisines* als Auftaktpublikation anlässlich ihrer offiziellen Gründung am 8. März 1976. Beide Versionen des Stücks sind dort zu finden.

447 Siehe eine Rückschau auf diese Debatte in der Jubiläumsausgabe des Magazins *La Vie en rose*. Louise Toupin (2005), »Salaire au travail ménager: L'épouvantouvantouvant dans le jardin«, *La Vie en rose*, Sonderheft, Montréal, Remue-ménage, 2005, S. 70f.

448 Es wurde von Sylvie Dupont vorgetragen, die damals zum Team von Remue-ménage gehörte. Sie gehörte 1980 zum Gründungsteam der feministischen Zeitschrift *La Vie en rose* und war Mitherausgeberin der Sonderausgabe zum 25-jährigen Jubiläum der Zeitschrift. Siehe *La Vie en rose*, Sonderheft, Montréal, Remue-ménage, 2005. Der betreffende Text ist abgedruckt in Véronique O'Leary und Louise Toupin (1982), *Québécoises Deboutte*, Band 1, *Une anthologie de textes du Front de libération des femmes (1969-1971) et du Centre des femmes* (1972-1975), Montréal, Remue-ménage, S. 208-212 und in Micheline Dumont und Louise Toupin (2003), *La pensée féministe au Québec. Anthologie 1900-1985*, Montréal, Remue-ménage, S. 471-480. Die dem Text in diesen beiden Anthologien vorangestellten Darstellungen ordnen ihn in den Kontext der damaligen Zeit ein.

449 Es gab verschiedene weitere feministische Initiativen aus dem französischsprachigen Québec zur Sensibilisierung für die Perspektive der Bewegung »Lohn für Hausarbeit«. Ab 1977 wurde *Le foyer de l'insurrection* durch die Éditions du remue-ménage vertrieben, in der einige Texte der Bewegung »Lohn für Hausarbeit« zusammengefasst sind (die vom Kollektiv L'Insoumise aus Genf ins Französische übersetzt wurden). Erwähnenswert ist auch, dass im März 1981 Auszüge aus den wichtigsten Texten der Perspektive von »Lohn für Hausarbeit« (übersetzt von Nicole Lacelle) in der feministischen Zeitschrift *La Vie en rose* verbreitet wurden: Dossier »Gagner son ciel ou gagner sa vie? Le salaire au travail ménager«, *La Vie en rose*, März/Mai 1981, S. 13-25. In den frühen 1980er-Jahren wurden zu diesem Thema auch in anderen Foren Debatten geführt. Beispielsweise 1983 im Frauenausschuss des *Nationalen Gewerkschaftsbundes*, in der *Women's Association for Education and Social Action*, im *Rat für die Stellung der Frau* (*Women's Forum on Economics*) und in der Frauengruppe der *Gruppierung für den Sozialismus* (*Regroupement for Socialism*). Siehe Martine D'Amours, »Une hypothèse de lutte qui a fait des petites«, *Pour le socialisme*, Nr. 4, Frühjahr 1984, S. 18.

450 Die Informationen über die Berliner Gruppe erhielt ich von Gisela Bock bei Interviews, die am 5. November 1994 in Fiesole (Italien) und am 1. September 1995 in Montreal stattfanden. Diese Interviews wurden 1996 und 2013 in schriftlichen Interviews fortgesetzt. Gisela Bock ist eine international anerkannte Historikerin und emeritierte Professorin der Freien Universität Berlin. Sie hat mehrere Werke zur Geschichte der Frauen verfasst. Erwähnenswert sind Gisela Bock (2002), *Women in European History*, Oxford, Blackwell und (2014), *Geschlechtergeschichten der*

Neuzeit. Ideen, Politik, Praxis, Göttingen: Vandenhoeck & Ruprecht. Es handelt sich um eine Sammlung einiger ihrer wichtigsten Texte.

451 In Ostberlin wurde die Bezahlung von Hausarbeit abgelehnt.

452 Mariarosa Dalla Costa und Selma James (1973), *Die Macht der Frauen und der Umsturz der Gesellschaft*, Übersetzung von Gisela Bock, Berlin, Merve, Nr. 36 der Reihe Internationale Marxistische Diskussion (3. Auflage 1978). Der Merve Verlag wurde 1970 gegründet und war ein neomarxistischer Verlag, der die Werke der neuen italienischen Linken übersetzte und veröffentlichte, darunter operaistische Theoretiker wie Toni Negri, Mario Tronti und Sergio Bologna.

453 *Frauen in der Offensive: Lohn für die Hausarbeit oder: Auch Berufstätigkeit macht nicht frei*, Vorwort und Herausgeberin: Gisela Erler, Übersetzung: Gisela Erler und Gina Gierth, München, Trikont, 1974. Es handelte sich um Texte des *Power of Women Collective* aus London, von *Lotta Femminista* aus Italien, einschließlich des IFK-Manifests von 1972, und von Brigitte Galtier aus Paris. Die meisten dieser Texte waren Übersetzungen aus *L'Offensiva, Quaderni di Lotta Femminista*, Nr. 1 und 2, Turin, Musolini, 1972 und 1973.

454 In diesem Zusammenhang berichtet Gisela Bock: »Priscilla Allen von der *Power of Women Group* in London, die auf englischsprachige Literatur spezialisiert war, konnte für ein halbes Jahr eine Stelle als Universitätsdozentin verschafft werden.« Priscilla Allen ist Mitautorin des *Wages for Housework Notebook*, einer der Publikationen des IFK. (Einzelheiten zu den Veröffentlichungen des IFK finden sich im zweiten Teil von Kapitel 3). Priscilla Allen hat dann mit der Berliner Gruppe bei der Kampagne für Lohn für Hausarbeit zusammengearbeitet.

455 Wilmette Brown ist u. a. die Autorin von *The Autonomy of Black Lesbian Women* (1976). Siehe Kapitel 2 für eine Zusammenfassung dieses Dokuments.

456 Die »Sommeruniversitäten für Frauen« bestanden aus Kursen, Projekten und Veranstaltungen, die außerhalb des regulären Semesters des akademischen Jahres organisiert wurden. Die Durchführung solcher Veranstaltungen in den Jahren 1976 und 1977 an der Freien Universität Berlin war eine der bedeutendsten Aktivitäten der Frauenbewegung dieser Jahre in Deutschland. Die Veranstaltungen fanden jeweils eine Woche lang statt und brachten nach einigen Monaten intensiver Vorbereitung 1976 fast 2.000 und 1977 4.000 Menschen zusammen, um die Situation der Frauen zu studieren und zu diskutieren und die traditionelle Universität zu kritisieren. An diesen Veranstaltungen nahmen Berlinerinnen und Nicht-Berlinerinnen, Studentinnen, Angestellte und Arbeitslose, Hochschullehrerinnen (außer Professorinnen, denn die gab es damals kaum) und Nicht-Hochschullehrerinnen teil; also ein Zusammentreffen zwischen der außeruniversitären Frauenbewegung und den allerersten Anfängen einer Bewegung für feministische Studien an der Universität. Nach 1977 gab es weitere Sommeruniversitäten in Berlin, wie auch in anderen Universitätsstädten in Deutschland.

457 Gisela Bock und Barbara Duden (1976), »Arbeit aus Liebe – Liebe aus Arbeit: Zur Entstehung der Hausarbeit im Kapitalismus«, in: *Frauen und Wissenschaft. Beiträge zur Berliner Sommeruniversität für Frauen*, Juli 1976, Berlin, Courage, 1977, S. 118-199; Auszüge aus diesem Text wurden ins Englische übersetzt und veröffentlicht in Edith Hoshino Altbach (Hrsg.) (1980), *From Feminism to Liberation*, Cambridge, Schenkman (überarbeitete Ausgabe), S. 153-192 und abgedruckt in Development,

Nr. 4 (1984). Eine italienische Übersetzung erschien in Casabella, Nr. XLV/467 (1981).

458 Die Zitate in diesem Kasten stammen aus Gisela Bock und Barbara Duden (1976), »Arbeit aus Liebe – Liebe aus Arbeit: Zur Entstehung der Hausarbeit im Kapitalismus«, in: *Frauen und Wissenschaft. Beiträge zur Berliner Sommeruniversität für Frauen*, Juli 1976, Berlin, Courage, 1977, S. 118-199.

459 Etwa von Ruth Hall (*Wages Due Lesbians*), Margaret Prescod-Roberts (*Black Women for Wages for Housework*), Polda Fortunati (Italien). Aus der Berliner Gruppe waren anwesend: Barbara Duden, Mona Glökler, Pieke Biermann. Siehe auch die Zusammenfassung von Gisela Bock, *Lohn für Hausarbeit: Frauenkämpfe und feministische Strategie* (S. 206-214). Auf den Text von Gisela Bock folgte ein sehr scharfer Angriff gegen den Lohn für Hausarbeit von Alice Schwarzer (1977): »Hausfrauenlohn?« in: EMMA 5, S. 3.

460 Stimmen des IFK waren auch in der Zeitschrift *Courage*, 15. März 1977, S. 20-29, vertreten: Selma James, über alleinerziehende Mütter (Vortrag in Bremen); Anonym, über Mütter-Ehefrauen; Pieke Biermann, über Singles; Mary Brants Rede auf dem Treffen der Sexarbeiterinnen in Paris im Juni 1976; Anonym, über Lesben für Lohn für Hausarbeit; Cornelia Mansfeld, Arbeitgeber Staat; die internationale Kampagne. In derselben Ausgabe von *Courage* findet sich auch der Artikel von Gisela Bock und Pieke Biermann: »Auch in Deutschland gibt es jetzt eine Kampagne um Lohn für Hausarbeit vom Staat für alle Frauen«, S. 16-21. Erwähnenswert ist auch das 1977 erschienene Buch von Pieke Biermann, *Das Herz der Familie. Lohn für Hausarbeit. Materialien für eine internationale feministische Strategie*, Nr. 1, Hannover; und ebenfalls von Pieke Biermann (1980): *»Wir sind Frauen wie andere auch!« Prostituierte und ihre Kämpfe*, Reinbek bei Hamburg: Rowohlt.

461 Gisela Bock selbst interessierte sich in der Folgezeit für die internationale Dimension der Frauengeschichte und -historiographie. Sie ist Gründungsmitglied der *International Federation for Research in Women's History* (1989).

462 Siehe dazu den zweiten Teil von Kapitel 3 über das Ende des IFK.

463 Dieser Abschnitt über die Insoumises zitiert, wenn nicht anders angegeben, ein Interview, das die Autorin im November 1994 in Genf mit drei Aktivistinnen des *Collectif L'Insoumise*, Viviane Luisier, Alda De Giorgi und Suzanne Lerch, führte. Eine Aktualisierung wurde im August 2013 von der Autorin und Alda De Giorgi in enger Zusammenarbeit mit den Insoumises vorgenommen. Außerdem wurden folgende Dokumente eingesehen:

– Collectif L'Insoumise (1977), *Le foyer de l'insurrection. Textes sur le salaire pour le travail ménager,* Genf, Collectif L'Insoumise.

– Mehrere Ausgaben der Zeitung *L'Insoumise*. Siehe die Bibliografie am Ende des Bandes.

– *De mères en filles* (1973), veröffentlicht vom Kollektiv »Femmes mères et ménagères«.

– *Le Journal du Congrès des mauvaises mères*, Mai 1979.

– *Le Journal de l'occupation* (du Centre des femmes), Mai 1976.

– *Avortement: la lutte continue, feuille de l'occupation*

– *Nous, du collectif pour le salaire ménager* (1977).

– *Seveso est partout* (1976)

– *L'échappée belle. Femmes face aux lois, aux flics, aux juges. Manuel pratique* (1979).
– *La perspective du salaire ménager.*

Abgesehen von *Le foyer de l'insurrection* stammen alle Dokumente aus den persönlichen Archiven der Aktivistinnen. Ihnen sei an dieser Stelle herzlich gedankt. Es sei darauf hingewiesen, dass die Archive von *L'Insoumise* jetzt im Archives contestataires hinterlegt und im Fonds MLF in Genf inventarisiert sind, www.archivesmlf.ch.

464 Das Buch wurde 1973 in der Librairie Adversaire veröffentlicht. Es war diese Ausgabe, die in der gesamten französischsprachigen Welt zirkulierte.

465 Es ist zu beachten, dass es in Zürich eine deutschsprachige Schweizer Lohn-für-Hausarbeit-Gruppe gab, die jener Zeit in *Bezahlt uns die Hausarbeit* umbenannt wurde. Die Debatte über den Lohn für Hausarbeit in der Deutschschweiz war Gegenstand der Masterarbeit von Simona Isler an der Universität Bern: Simona Isler (2011), *Zwischen Arbeit und Befreiung. Zur Haus- und Familienarbeitsdebatte der Neuen Frauenbewegung in der Schweiz 1968-1989*, Historisches Institut der Universität Bern. Darin wird unter anderem berichtet, dass Selma James in den 1970er-Jahren mehrmals Festlandeuropa besuchte. Im Jahr 1977 besuchte sie Zürich. In einer in der Dissertation erwähnten Quelle heißt es, » [...] James sei von einer Prostituierten begleitet worden, um zu betonen, dass sexuelle Dienstleistungen Teil der Hausarbeit sei«. (ebd., S. 45). Ich möchte Simona Isler herzlich dafür danken, dass sie auf meine Bitte hin die Abschnitte ihrer Diplomarbeit für die franzsöschische Ausgabe dieses Buchs übersetzt hat, die sich auf die Zürcher Gruppe von »Lohn für Hausarbeit« und die durch diese Forderung ausgelöste Debatte beziehen. Das Treffen der Insoumises mit den Frauen dieser Gruppen in Zürich und im Tessin ermöglichte die Entwicklung von Zusammenarbeit und Austausch. Beispielsweise veröffentlichten die Zürcher Gruppe und *Les Insoumises* im September 1975 gemeinsam *Payez-nous le travail ménager*, eine Einzelausgabe einer Zeitung, die in deutscher und französischer Sprache erschien und von der Gruppe *Bezahlt uns die Hausarbeit*, Zürich, und der Groupe *Salaire pour le travail ménager*, Genf, unterzeichnet wurde. Sie enthielt Beiträge beider Gruppen sowie Silvia Federicis Dokument »Crisis and Pay for Housework« (New York, 1975). 1979 nahmen die Zürcherinnen und Tessinerinnen am Kongress der »schlechten Mütter« teil, der in Genf von den *Insoumises* organisiert wurde. Auf die »schlechten Mütter« wird weiter unten in diesem Kapitel eingegangen.

466 Die Schweizer Gruppe »Lohn für Hausarbeit« in Zürich teilte diesen Blickwinkel und den Zweifel angesichts der vorherrschenden feministischen Strategie der ›Arbeitsteilung‹: »Doch für den Moment ist diese Neuaufteilung der Hausarbeit ein theoretisches Wunschbild. Sie soll nur verhindern, dass wir uns heute gegen unsere Arbeit wehren. Wie jede Ideologie verschleiert sie einen Plan unserer Feinde. Wir sollen glauben, dass all diejenigen, die es nicht geschafft haben, ihre Hausarbeit aufzuteilen, selber schuld und unfähig seien.« Zitiert in Simona Isler (2011), *Zwischen Arbeit und Befreiung. Zur Haus- und Familienarbeitsdebatte der Neuen Frauenbewegung in der Schweiz 1968-1989*, Historisches Institut der Universität Bern., S. 49f.

467 »La perspective du salaire ménager«, o.A., o.D., Broschüre. (Archiv L'Insoumise).

468 Vgl. die vom Schweizer Fernsehen am 4. Mai 1976 produzierte Sendung über diese Bistrobesetzung. Drei Insoumises werden interviewt. In der Reihenfolge ihres Auftritts: Viviane Gonik, Suzanne Lerch und Alda De Giorgi, https://www.rts.ch/

archives/tv/information/un-jour-une-heure/10207129-nous-voulons-un-centre-femmes.html

469 Rina Nissin (1976), »Switzerland«, *The Other Woman*, Sonderausgabe vom 8. März.

470 Avortement: la lutte continue. Feuille de l'occupation, 6 Seiten. (Archiv *L'Insoumise*).

471 *L'Insoumise*, Nr. 9, Mai 1978, S. 13.

472 »Organisons notre refus collectif de payer les contrôles gynécologiques », (Organisieren wir unsere kollektive Weigerung, für gynäkologische Untersuchungen zu bezahlen), *L'Insoumise*, Nr. 4, 1976, S. 4.

473 »J'oubliais toujours de prendre la pilule (1978)«, *L'Insoumise*, Nr. 9, S. 22-25. Das Kollektiv *L'Insoumise* erstellte ein dreiseitiges Informationsblatt zu den Problemen, die durch den Gebrauch von Verhütungsmitteln entstehen können.

474 »Editorial«, *Journal of the Congress of Bad Moms*, Genf, 12.-13. Mai 1979, S. 1.

475 »2000 Fr pour toutes les mères«, *L'Insoumise*, Nr. 8, Februar 1978, S. 7.

476 »Occupation de la caisse cantonale«, ebd., S. 3.

477 Wir sprechen hier von der »Schweizer Art« von »Lohn für Hausarbeit« auch in dem Sinne, dass unseres Wissens nur sehr wenige Gruppen (wenn überhaupt) des IFK die Lohnforderung so genau bezifferten.

478 »2000 francs par mois pour toutes les mères«, *L'Insoumise*, Nr. 9, Mai 1978, S. 29.

479 Ebd., S. 30, Hervorhebungen im Original.

480 »Mauvaises mères«, *L'Insoumise*, Nr. 10, Dezember 1978, S. 31. Diese Worte wurden natürlich geschrieben, bevor sich der bleischwere Anti-Raucher-Fundamentalismus zunächst über Nordamerika und später auch über Europa legte. Es war eine gesegnete Zeit, als das Rauchen zu den irdischen Freuden gehörte, zumal Frauen sich den Zugang zu diesem Vergnügen praktisch gerade erst erkämpft hatten! (Anmerkung der Autorin, nostalgische Ex-Raucherin, aber keine Rauchgegnerin.)

481 »Réajuster notre balance...«, *L'Insoumise*, Nr. 8, Februar 1978, S. 13.

482 »La morale de ces histoires«, *L'Insoumise*, Nr. 8, Februar 1978, S. 14.

483 »Chères amies mères!«, *L'Insoumise*, Nr. 9, Mai 1978, S. 26.

484 »1er juin 78: Occupation du BUCAS« , *L'Insoumise*, Nr. 10, Dezember 1978, S. 32.

485 »Mauvaises mères«, *L'Insoumise*, Nr. 10, Dezember 1978, S. 31.

486 Archiv von *Les Insoumises.*

487 »Fiche pratique 2: Comment obtenir des sous quand on est mère, *L'Insoumise*, Nr. 9, Mai 1978, S. 27.

488 »La morale de ces histoires«, *L'Insoumise*, Nr. 8, Februar 1978, S. 14.

489 Ebd.

490 *Lip au féminin*, Paris, Syros, 1977.

491 Collectif L'Insoumise (1975), »Discussion avec les femmes de LIP«, in: Collectif L'Insoumise (1977), *Le foyer de l'insurrection, Textes sur le salaire pour le travail ménager*, Genf, Collectif L'Insoumise, 1977, S. 140-150.

492 Die Ausgabe *L'Insoumise* Nr. 4 veröffentlichte Auszüge aus einem Gespräch mit einer Frau aus Bulova: »Ich mache keine Politik, ich habe keine politische Agenda. Ich bin einfach eine Frau, das ist so, das kommt von selbst!«, Mai 1976, S. 8-10.

493 Infirmières insoumises, »Lutte au 7e étage«, *L'Insoumise*, Nr. 9, Mai 1978, S. 19.

494 »Infirmière: ménagère institutionnalisée«, Ebd., S. 16f.

495 »Champ-Dollon, 7 heures du soir«; »À bas Champ-Dollon«; »Lettres de détenues« »Paroles de...«; »Prison torture: L'Amtshaus de Berne«, *L'Insoumise*, Nr. 9, Mai 1978, S. 5-12.

496 »Procès pour viol«, *L'Insoumise*, Nr. 10, Dezember 1978, S. 7.

497 »Solidarité femmes en détresse«, Ebd., S. 12-13.

498 »Auto-défense collective des femmes« ; »Fiche pratique après un viol ou une agression«; »Prévention du viol et des agressions«; »Trousse anti-viol«, Ebd., S. 14-21.

499 »De l'insoumission permanente à la permanence de l'insoumise«, Ebd., S. 36.

500 *L'échappée belle. Femmes face aux lois, aux flics, aux juges. Manuel pratique* (1979).

501 Zu Hausbesetzungen, eigenständiger Reduktion von Strom-, Telefon- und Transportrechnungen und »politischen Einkäufen« siehe Yann Collonges und P.G. Randal (1976), *Les autoréductions. Grèves d'usagers et luttes de classes en France et en Italie (1972- 1976)*, Paris, Christian Bourgois. Siehe auch Bruno Ramirez (1975), »The Working Class Struggle Against the Crisis: Self-Reduction of Prices in Italy«, *Radical America*, Bd. 10, Nr. 4, S. 27-34.

502 Siehe »Au bonheur des Dames: Enquête sur le vol dans les grands magasins« von Les Voleuses heureuxes, *L'Insoumise*, Nr. 8, Februar 1978, S. 15f.

503 »Nous collectif pour le salaire ménager«, Broschüre, o. D., S. 2 (Archiv *L'Insoumise*).

504 Dioxin ist ein starkes Gift, das von der US-Armee in Vietnam eingesetzt wurde. Es findet sich in Entlaubungsmitteln, Unkrautvernichtern und vielen Kosmetikprodukten.

505 Seveso-Arbeitsgruppe (Paulette, Josephine, Lili-Marlène, Florette, Emma, Colette, Zoé) (1976), *Seveso est partout*, Genf, (Archiv L'Insoumise)

506 Ebd., S. 76.

507 Bisher wurde die Forderung nach einem Lohn für Hausarbeit durch *L'Insoumise* nur in einer einzigen Studie untersucht, nämlich in der Bachelorarbeit von Sara Camponovo, *La question du salaire dans le cadre du MLF de Genève, une piste pour la libération des femmes?*, Université de Genève, Faculté des Lettres, 2009-2010. Das Kollektif *L'Insoumise* wird in diesen beiden neueren Veröffentlichungen kaum (so gut wie gar nicht) erwähnt: Julie Dardel (2007), *Révolution sexuelle et mouvement de libération des femmes à Genève (1970-1977)*, Lausanne, Anitipodes, sowie in Carole Villiger (2007), »Le Mouvement de libération des femmes de Genève: Du mégaphone à la voix de la raison«, *Schweizerische Zeitschrift für Geschichte*, Bd. 57, Nr. 3, S. 249-271. Die Forderung nach einem Lohn für Hausarbeit werde in der Sekundärliteratur zur Neuen Frauenbewegung in der Schweiz nicht erwähnt, so Simona Isler, die die feministische Debatte über Haus- und Familienarbeit in der Deutschschweiz untersucht hat. Siehe Simona Isler (2011), *Zwischen Arbeit und Befreiung. Zur Haus- und Familienarbeitsdebatte der Neuen Frauenbewegung in der Schweiz 1968-1989*, Historisches Institut der Universität Bern, S.42.

Abschließend ...

508 Claudia von Werlhof »Der Proletarier ist tot. Es lebe die Hausfrau?« In: v. Werlhof, Claudia, Marie Mies und Veronika Bennholdt-Thomsen (1983) *Frauen, die letzte Kolonie*, Hamburg, Rowohlt Taschenbuch Verlag, S. 113.

509 Wendy McKeen, die die Aktivitäten des *Toronto Wages for Housework Committee* (die über den hier untersuchten Zeitraum hinausgehen) untersucht hat, ist der Meinung, dass, »während die tatsächliche Zahlung eines Lohns für Hausarbeit von James und Dalla Costa nie als Selbstzweck gedacht war, sie in Kanada tatsächlich zum Ziel der Kampagne wird«. Wendy McKeen, »The Wages for Housework Campaign: Its Contribution to Feminist Politics in the Area of Social Welfare in Canada«, *Canadian Review of Social Policy/Revue Canadienne de politique sociale*, Nr. 33, 1994, S. 24.

510 Siehe den Kasten in der Einleitung mit einer Liste der wichtigsten Einwände gegen die Strategie von »Lohn für Hausarbeit« in den 1970er-Jahren.

511 Louise Tassé (1983), »Entre la mère et l'eau douce. Le paradoxe du travail ménager«, *Conjoncture politique au Québec*, Nr. 3, Frühjahr, S. 72.

512 Siehe das Logo auf der Titelseite dieses Buches.

513 ... nach den Worten, mit denen das Buch *Du travail et de l'amour. Les dessous de la production domestique* (Louise Vandelac (Hrsg.) (1985), Montréal, Saint-Martin, S. 12) eröffnet wird. Die Metapher der Melasse stammt aus einem bedeutenden literarischen Werk des Feminismus der zweiten Welle in Québec: Louky Bersianik (1976), *L'Euguélionne*, Montréal, La Presse.

514 Dieses Bild der ›abstoßenden Hausfrauen‹ als Grundlage für feministische Forderungen verdanke ich Alda De Giorgi, ausgedrückt in ihrem Text »Le travail domestique, une question centrale dans la vie des femmes en Suisse: Introduction«, *Ménage-toi. Bulletin sur le travail domestique*, Nr. 3, Juni 1989, S. 8. Alda De Giorgi war Mitglied des Kollektivs *L'Insoumise*. Zu dieser Gruppe siehe Kapitel 6.

515 Zur Erinnerung: Das grundlegende Buch der Strömung »Lohn für Hausarbeit« hieß *The Power of Women and the Subversion of the Community*. Der darin enthaltene Aufsatz »Frauen und der Umsturz der Gesellschaft« von Mariarosa Dalla Costa ist Teil der Aufsatzsammlung: Mariarosa Dalla Costa (2022), *Frauen und der Umsturz der Gesellschaft*, Münster, Unrast Verlag. Einer der zentralen Aufsätze der Strömung hieß »Counterplanning from the Kitchen«. Deutsche Übersetzung: Federici, Silvia (mit Nicole Cox) (2021) [1975] »Counterplanning aus der Küche« in Silvia Federici (2021), *Revolution at Point Zero. Hausarbeit, Reproduktion und feministischer Kampf*, Münster, Unrast Verlag.

516 Federici, Silvia (2021) [1975], »Lohn gegen Hausarbeit«, in: Dies.: *Revolution at Ponit Zero. Hausarbeit, Reproduktion und feministischer Kampf*, Münster, Unrast Verlag, S. 38.

517 »Zu den Ursprüngen des patriarchalen Kapitalismus«, Interview mit Silvia Federici, von Tessa Echeverria und Andrew Sernatinger, *Black Sheep, A Socialist Podcast*, Dezember 2013.

518 Roland Pfefferkorn untersucht das Phänomen der abrupten Verdrängung eines Klassendiskurses seit den späten 1970er-Jahren in der Sozialanalyse: Roland Pfefferkorn (2007), *Inégalités et rapports sociaux. Rapports de classes, rapports de sexes*, Paris, La Dispute. Der Autor stellt fest, dass in mehreren Studien nun eine »Rückkehr der Klassen« zu verzeichnen ist, was vor allem auf die Sozialforen zurückzuführen sei. Und auf die Bewegung der *Empörten*, würde ich hinzufügen.

519 Die aktuelle Krise hat jedoch wenig mit der Krise zu tun, die die bürgerlichen Klassen in den westlichen Ländern Ende des 19. und Anfang des 20. Jahrhunderts erlebten, als sie ratlos waren angesichts der extremen Mobilität ihrer Dienstbo-

ten, die sich beeilten, ihre Häuser zu verlassen, sobald sich andere Arbeitsplätze auftaten (Kriegsbeschäftigungen, Fabriken, Kaufhäuser, Büros usw.). Für Kanada siehe Claudette Lacelle (1987), *Les domestiques en milieu urbain canadien au XIXe siècle*, Ottawa, Environnement Canada-Parcs, Ministère des Approvisionnements et Services Canada. Siehe auch Catherine Charron (2007), *La question du travail domestique au début du XXe siècle au Québec. Un enjeu à la Fédération nationale Saint-Jean-Baptiste, 1900-1927*, Magisterarbeit (Geschichte), Université Laval. Zur Krise der Reproduktion als Folge der Globalisierung siehe die Schlussfolgerung in Jules Falquet et al. (Hrsg.) (2010), *Le sexe de la mondialisation. Genre, classe, race et nouvelle division du travail*, Paris, Presses de la Fondation nationale de science politique, S. 275-278.

520 »Das heißt, dass weibliche außerhäusliche Arbeit nur um den Preis möglich wurde, dass die Hausarbeit auf das Mindestmaß reduziert wurde oder indem eine weitere Hierarchisierung unter Frauen stattfand. Der Widerspruch des weiblichen Schicksals begründete einen weiteren Widerspruch und blieb somit ungelöst. Auf dieses alte Problem gab es kaum strategische Antworten und die wenigen Strategien, die versucht wurden, waren im Vergleich zur Vergangenheit alles andere als innovativ.« Mariarosa Dalla Costa (1988), »La femme entre la famille et les politiques d'emploi en Italie«, *Les Cahiers de l'APRE*, Nr. 7, April-Mai, S. 123.

521 Die folgenden Absätze über die Entwicklung der Reproduktionskrise seit den 1990er-Jahren basieren auf Lourdes Beneria (2010), »Travail rénuméré, non rémunéré et mondialisation de la reproduction«, Kap. 4 in Jules Falquet et al. (Hrsg.) (2010), *Le sexe de la mondialisation. Genre, classe, race et nouvelle division du travail*, Paris, Presses de la Fondation nationale de science politique, insbesondere S. 71-79.

522 Ebd., S. 75.

523 Uma S. Devi, Lise Widding Isaksen und Arlie R. Hochschild (2010), »La crise mondiale du care: point de vue de la mère et de l'enfant«, in: Ebd., S. 133. Siehe auch Rhacel Salazar Parrenas (2005), *Children of Global Migration: Transnational Families and Gendered Woes*, Palo Alto, Stanford University Press. Zu den positiven/negativen Auswirkungen dieser Migrationen auf Frauen und ihre »transnationalen Haushalte« siehe Laura Oso-Casas (2008), »Migration, Gender and Transnational Foyers«, in: Jules Falquet et al., *Femmes, genre, migrations et mondialisation: un état des problématiques*, Paris, CEDREF, Université Paris Diderot-Paris 7.

524 Siehe Barbara Ehrenreich und Arlie Russell Hochschild (Hrsg.) (2004), *Global Woman: Nannies, Maids and Sex Workers in the New Economy*, New York, Metropolitan/Owl Book, Henry Holt and Co.

525 Uma S. Devi, Lise Widding Isaksen und Arlie R. Hochschild (2010), »La crise mondiale du care: point de vue de la mère et de l'enfant«, in: Jules Falquet et al. (Hrsg.) (2010), *Le sexe de la mondialisation. Genre, classe, race et nouvelle division du travail*, Paris, Presses de la Fondation nationale de science politique, S. 129.

526 Silvia Federici (2021) [1999], »Reproduktion und feministische Kämpfe angesichts der neuen Arbeitsteilung«, in: Dies.: *Revolution at Ponit Zero. Hausarbeit, Reproduktion und feministischer Kampf*, Münster, Unrast Verlag, S. 137. Siehe auch Mariarosa Dalla Costa (2022) [2007], »Die Autonomie von Frauen und die Entlohnung von Care-Arbeit«, in: Dies.: *Frauen und der Umsturz der Gesellschaft*, Münster, Unrast Verlag, S. 213-238 und Arlie Russell Hochschild (2000), »Global

Care Chain and Emotional Surplus Value«, in Will Hutton und Anthony Giddens (Hrsg.), *On the Edge: Living with Global Capitalism*, London, Jonathan Cape.

527 Lourdes Beneria (2010), »Travail rémunéré, non rémunéré et mondialisation de la reproduction«, in: Jules Falquet et al. (Hrsg.) (2010), *Le sexe de la mondialisation. Genre, classe, race et nouvelle division du travail*, Paris, Presses de la Fondation nationale de science politique, S. 72.

528 Ebd., S. 79.

529 Laura Oso-Casas (2008), »Migration, genre et foyers transnationaux«, in: Ebd., S. 132 und 129.

530 Dalla Costa, Mariarosa (2012), »Die Autonomie von Frauen und die Entlohnung von Care-Arbeit«, in: Dies.: *Frauen und der Umsturz der Gesellschaft*, Münster, Unrast Verlag, S. 228.

531 Elsa Galerand und Danièle Kergoat (2008), »Le potentiel subversif du rapport des femmes au travail«, *Nouvelles Questions féministes*, vol. 27, Nr. 2, S. 78.

532 Elsa Galerand, IRESMO (2012), »Mouvements féminministes et articulation des rapports sociaux. Entretien avec Elsa Galerand, sociologue«, IRESMO (Institut de recherche, d'étude et de formation sur le syndicalisme et les mouvements sociaux). Online: https://iresmo.jimdofree.com/2012/06/14/mouvements-f%C3%A9ministes-et-articulation-des-rapports-sociaux/.

533 Vergleiche die Dissertation von Danièle Kergoat: »Zeitgleich zur Prekarisierung und Verarmung einer wachsenden Zahl von Frauen [...] kommt es zu einer Zunahme des wirtschaftlichen, kulturellen und sozialen Kapitals eines nicht zu vernachlässigenden Anteils der erwerbstätigen Frauen. So entsteht zum ersten Mal in der Geschichte des Kapitalismus eine Klasse von Frauen, deren Interessen in direktem Gegensatz (nicht wie früher durch Männer vermittelt: Vater, Ehemann, Liebhaber ...) zu den Interessen derjenigen stehen, die von der Zunahme von Teilzeitarbeit, sehr schlecht bezahlten und sozial nicht anerkannten Dienstleistungsjobs und ganz allgemein von prekären Arbeitsverhältnissen betroffen sind.« Danièle Kergoat (2000), »Division sexuelle du travail et rapports sociaux de sexe«, in: Helena Hirata et al., Dictionnaire critique du féminisme, Paris, PUF, S. 43f.

534 Eleonore Kofman (2008), »Genre, migrations, social reproduction and Welfare State«, in: Jules Falquet et al. (Hrsg.) (2010), *Le sexe de la mondialisation. Genre, classe, race et nouvelle division du travail*, Paris, Presses de la Fondation nationale de science politique, S. 106.

535 Danièle Kergoat (2012), »Penser l'émancipation«, in *Se battre, disent-elles...*, Paris, La Dispute, S. 238.

536 Silvia Federici (2021) [1999], »Reproduktion und feministische Kämpfe angesichts der neuen Arbeitsteilung«, in: Dies.: *Revolution at Ponit Zero. Hausarbeit, Reproduktion und feministsicher Kampf*, Münster, Unrast Verlag, S. 141.

537 Ebd., S. 143. Für eine Weiterführung dieser Überlegungen siehe Caroline Ibos (2012), »Délégation des tâches domestiques et rapports de domination«, Métropolitiques, 6. Juni. Online: https://metropolitiques.eu/La-mondialisation-du-care.html

538 Das Bild des »wirtschaftlichen Eisbergs« stammt aus J.K. Gibson-Graham, *The Ende of Capitalism (as We Knew It): A Feminist Critique of Political Economy*, Malden, MA, und Oxford, UK: Blackwell, 1996

Epilog

539 Auszüge aus einem Interview mit Mariarosa Dalla Costa, das zwischen 1996 und 1998 geführt und 2013 vervollständigt wurde. Das ursprüngliche Interview, das in der ersten Phase der Vorbereitung zu diesem Buch entstand, musste in der Endphase gekürzt werden. Ich hoffe, dass ich die organische Gesamtlogik nichtsdestotrotz beibehalten konnte.

540 Yann Moulier, »Avertissement pour Ouvriers et capital de Mario Tronti«, in: Mario Tronti (1977), *Ouvriers et capital*, Paris, Christian Bourgois, S. 13, Fußnote 7. Dieses Buch ist ein Klassiker des italienischen Operaismus und sein Autor ist einer der prägenden Denker dieser Strömung. Sein neuestes Buch ist Mario Tronti (2013), *Nous, opéraistes. Le ›roman de la formation‹ des années 1960 en Italie*, Paris/Lausanne, Éditions de l'Éclat/Éditions d'en bas. Siehe auch Harry Cleaver (1979), *Reading Capital Politically*, Austin, Texas University Press.

541 Nick Witheford (1996), »Cicli e circuiti di lotta nel capitalismo high-tech (I)«, *Vis a vis*, Nr. 4, S. 61 und 64.

542 Eine Einführung in das Denken von C.L.R. James, der in Trinidad geboren wurde und in den 1950er und 1960er-Jahren eine wichtige Figur der anti-kolonialen Bewegung war, bietet ein Dossier, das die Zeitschrift *Radical America* (Bd. 4, Nr. 4, 1970) zu diesem Thema zusammengestellt hat und in dem Auszüge aus seinen Werken zu finden sind. Was die Beiträge von Raya Dunayevskaya betrifft, siehe ihren Beitrag zur Frauenfrage: *Women's Liberation and the Dialectics of Revolution: Reaching the Future*, Detroit, Wayne State University Press, 1996 (1. Auflage 1985).

Im Zusammenhang mit *Socialisme ou barbarie* sei darauf hingewiesen, dass es sich dabei um den Namen einer Gruppe und einer gleichnamigen Zeitschrift handelt, die von März 1949 bis 1965 herausgegeben wurde. Die Ziele und das Programm dieser Gruppe finden sich in Cornelius Castoriadis (1973): »Conceptions et programme de Socialisme ou Barbarie«, in: Ders.: *La société bureaucratique 2: la révolution contre la bureaucratie*, Paris, UGE, 10/18, S. 395-417.

543 Der comando capitalistico, hier mit »Herrschaft des Kapitals« übersetzt, ist ein grundlegendes Konzept der Arbeiterautonomie. Der Begriff wurde in Italien von marxistischen Autonomen geprägt, um über die kapitalistische Herrschaft zu sprechen. Er diskutiert sowohl die Herrschaft selbst als auch diejenigen, die beherrscht werden und die sich dieser Herrschaft widersetzen, sie herausfordern und brechen können. Der Begriff umfasst also nicht nur die Fähigkeit des Kapitals, die Gesellschaft zu befehlen und zu beherrschen, sondern auch und vor allem die Mittel, die von den Arbeiter*innen in ihren Kämpfen eingesetzt werden, um diese Fähigkeit des Kapitals, die Gesellschaft zu beherrschen, zu untergraben und zu brechen. Ich danke Harry Cleaver, einem Experten für das »Autonomie«-Denken, für die Übermittlung der Grundzüge der unter diesem Begriff geführten Debatte.

544 Aus dem Griechischen stammender Begriff, der mit ›Nabel der Welt‹ übersetzt werden kann.

545 Für Hinweise zum operaistischen Marxismus siehe Endnote 129.

546 Siehe dazu Kapitel 3, Abschnitt zu den Umständen der Entstehung des *Internationalen Feministischen Kollektivs*.

547 Pia Turri, eine Grundschullehrerin und Aktivistin der Bewegung »Lohn für Hausarbeit«. Sie war sehr aktiv und verfasste unter anderem die ersten Schriften zur Frage der Sexarbeit aus der Perspektive von »Lohn für Hausarbeit«.Vgl. »Le mogli di

tutti«, in: *Il Personale è Politico, Quaderni di Lotta Femminista*, Nr. 2, Turin, Musolini, Oktober 1973, S. 51-62. Außerdem verdanken wir ihr einen wichtigen Beitrag zur Frage der Schule aus der Perspektive von »Lohn für Hausarbeit«. Kapitel 2, Abschnitt VII fasst ihre Gedanken zusammen.

548 Das hier besprochene Buch wurde unter folgendem Titel ins Englische übersetzt: *Women, Development and Labor of Reproduction. Struggles and Movements*, Lawrenceville, Africa World Press, 1997.

549 Es handelt sich um ein Kolloquium, das am 16. und 17. November 1984 an der Université du Québec in Montréal stattfand und dessen Beiträge 1986 unter dem Titel *L'Italie, le philosophe et le gendarme*, herausgegeben von Marie-Blanche Tahon und André Corten, im Verlag VLB erschienen. Seltsamerweise hielt man es in der Veröffentlichung der Beiträge des Kolloquium über den italienischen Operaismus, dessen zentrales Thema laut dem Vorwort zu den Beiträgen die Arbeitsverweigerung war, nicht für angebracht, »den Vortrag von Mariarosa Dalla Costa zu übernehmen, da er zu weit von den verlegerischen Werten entfernt war«, und das, obwohl der Inhalt und der Titel ihres Vortrags genau dieses Thema betrafen: »Refus du travail et travail domestique » (Arbeitsverweigerung und Hausarbeit). Ihr Vortrag wurde später in der Zeitschrift *International Sociology* (Bd. 3, Nr. 1, März 1988, S. 23-34) unter dem Titel »Domestic Labour and the Feminist Movement in Italy since the 1970s« veröffentlicht. Auf Deutsch erschien der Beitrag unter dem Titel »Hausarbeit und die feministische Bewegung in Italien seit den 1970er-Jahren« in Mariarosa Dalla Costa (2022): *Frauen und der Umsturz der Gesellschaft*, Münster, Unrast Verlag, S. 87-103.

550 Vgl. Fußnote 16 auf S. 54f. in Mariarosa Dalla Costa (2022): *Frauen und der Umsturz der Gesellschaft*, Münster, Unrast Verlag.

551 Siehe Mariarosa Dalla Costa (2022) [1977], »Reproduktion und Emigration«, in Ebd., S. 105-153.

552 Mariarosa Dalla Costa: »Frauen und der Umsturz der Gesellschaft«, in: Ebd., S. 44f.

553 Mariarosa Dalla Costa (1995), »Kapitalismus und Reproduktion«, in: Ebd., S. 105-153. Mariarosa Dalla Costa (1997), »L'indigeno che e' in noi, la terra cui apparteniamo«, *Vis a vis*, Nr. 5 (Übersetzung ins Englische unter dem Titel »The Native in Us, the Land We Belong to«, *Common Sense*, Nr. 23, 1998). Online: The Commoner, Nr. 6, 2002 <www.thecommoner.org>. Mariarosa Dalla Costa (1997), »Neoliberismo, terra e questione alimentare«, *Ecologia politica*, Nr. 1, 1997 (ins Englische übersetzt unter dem Titel »Some Notes on Neoliberalism, on Land and on the Food Question«, *Canadian Woman Studies/Les cahiers de la femme*, Bd. 17, Nr. 2, Frühjahr 1997, S. 28-31). Auch in Angela Miles (Hrsg.) (2013), *Women in a Globalizing World: Transforming Equality, Development, Diversity and Peace*, Toronto, Inanna Publication and Education. Mariarosa Dalla Costa und Giovanna F. Dalla Costa (Hrsg.) (1995), *Paying the Price. Women and the Politics of International Economic Strategy*, London, Zed Books. Mariarosa Dalla Costa und Giovanna F. Dalla Costa (Hrsg.) (1999), *Women, Development and Labor of Reproduction. Struggles and Movements*, Trenton/Asmara, Africa World Press.

554 Übersetzt 1991 ins Japanische und 2008 ins Englische: Giovanna Franca Dalla Costa, *The Work of Love*, Brooklyn, Autonomedia. (Eine Zusammenfassung findet sich in Kapitel 2 dieses Buches).

555 Dieses Material wurde von Mariarosa Dalla Costa gesammelt und der Stadtbibliothek von Padua geschenkt. Es ist in folgendem Archiv zu finden: »Archivio di Lotta Femminista per il Salario al Lavoro Domestico. Donazione Mariarosa Dalla Costa«. Anschrift: Biblioteca Civica, Centro Culturale Altinate/San Gaetano, Via Altinate 71, 35121 Padova. Tel.: 049 8204811. Fax: 049 820 4804. E-Mail: biblioteca.civica@comune.padova.it; Gilda Mantovani ist die Leiterin der Bibliothek.

556 Siehe Leopoldina Fortunati (1981), *L'arcano delle riproduzione: Casalinghe, prostitute, operai e capitale*, Venedig, Marsilio, in englischer Übersetzung: *The Arcane of Reproduction: Housework, Prostitution, Labor and Capital*, Brooklyn, Autonomedia, 1995. Siehe auch Silvia Federici und Leopoldina Fortunati (1984), *Il Grande Calibano. Storia del corpo sociale ribelle nelle prima fase del capitale*, Mailand, FrancoAngeli; Mariarosa Dalla Costa (1985), »Familie, Wohlfahrt und der New Deal«, in: Dies. (2022): *Frauen und der Umsturz der Gesellschaft*, Münster, Unrast Verlag, S. 175-183.

557 Vergleiche Mariarosa Dalla Costa (2022) [1994], »Kapitalismus und Reproduktion«, in Dies. (2022): *Frauen und der Umsturz der Gesellschaft*, Münster, Unrast Verlag, S. 283-297; und »Sviluppo e riproduzione« in englischer Übersetzung (1997): »Development and Reproduction«, in: Mariarosa Dalla Costa und Giovanna Franca Dalla Costa (Hrsg.), *Women, Development and Labour of Reproduction. Struggles and Movements*, Lawrenceville, Africa World Press. Online: The Commoner, Nr. 10, 2003, www.thecommoner.org.

558 Nach der Ermordung des italienischen Politikers Aldo Moro durch die Roten Brigaden im Jahr 1978 erlebte Italien eine beispiellose Welle der Repression, infolge derer jeder politische Aktivismus über Jahre stark behindert wurde.

559 Es handelt sich um das Buch Mariarosa Dalla Costa (1983), *Famiglia, welfare e stato tra progressismo e New Deal*, Mailand, FrancoAngeli (3. Auflage 1997). Siehe auch Mariarosa Dalla Costa 2022 [1985]: »Familie, Wohlfahrt und der New Deal«, in: Dies. (2022): *Frauen und der Umsturz der Gesellschaft*, Münster, Unrast Verlag, S. 175-183.

560 Insbesondere Mariarosa Dalla Costa, »Percorsi femminili e politica della riproduzione delle forza-lavora negli anni '70«, in *La Critica sociologica*, Nr. 61, 1982; »Politiche del lavoro e livelli di reddito. E le donne?«, in *Sociologia del lavoro*, Nr. 26-27, 1985-1986; »Fuori dal mulinello«, in AAVV, *Crisi delle politiche e politiche nella crisi*, Neapel, Libreria L'Ateneo, 198; »La femme entre la famille et les politiques de l'emploi en Italie«, in *Les rapports sociaux de sexe: problématiques, méthodologies, champs d'analyses, Actes de la table ronde internationale des 4-5 et 6 novembre 1987*, Cahiers de l'APRE, Nr. 7, April-Mai 1988, Paris.

561 Mariarosa Dalla Costa, »Domestic Labour in the Feminist Movement in Italy since the 1970s«, *International Sociology*, Vol. 3, Nr. 1, März 1988; »Emergenza femminista negli anni '70 e percorsi di rifiuto sottesi«, in G. Guizzardi and S. Sterpi (Hrsg.), *La società italiana, crisi di un sistema*, Mailand, FrancoAngeli, 1981; »Percorsi femminili e politica della riproduzione delle forza-lavora negli anni '70«, in *La Critica sociologica*, Nr. 61, 1982.

562 Der von italienischen Wissenschaftlerinnen verwendete Begriff der »Doppelpräsenz« (doppia presenza) entspricht weitgehend den Ausdrücken »Vereinbarkeit von Beruf und Familie« oder »doppelter Arbeitstag«. Für eine Kritik an diesen Begriffen siehe Louise Toupin (1996), »Le féminisme et la question des ›mères

travailleuses‹. Retour sur le tournant des années 1970«, *Lien social et Politiques*, Nr. 36, Herbst, S. 69-75.

563 Siehe Mariarosa Dalla Costa (2022) [1980]: »Immigration, Emigration und die Klassenzusammensetzung im Italien der 1970er-Jahre«, in: Dies. (2022): *Frauen und der Umsturz der Gesellschaft*, Münster, Unrast Verlag, S. 155-173. Dieser Artikel ist eine Ergänzung zu einem früheren Artikel, der sich unter anderem mit der Emigration befasst: Mariarosa Dalla Costa (2022) [1977], »Reproduktion und Emigration«, in Ebd., S. 105-153.

564 Elisabeth Burgos (1984), *Rigoberta Menchú. Leben in Guatemala*, Bornheim-Merten, Lamuv Verlag. Vandana Shiva (1989), *Das Geschlecht des Lebens*, Berlin: Rotbuch-Verlag; Vandana Shiva und Maria Mies (1995), *Ökofeminismus, Beiträge zur Praxis und Theorie*, Zürich, Rotpunktverlag.

565 Es handelt sich um *Via Campesina* und die *Community Food Security Coalition*. Für weitere Beispiele siehe den Artikel: Mariarosa Dalla Costa (1997), »L'indigeno che e' in noi, la terra cui apparteniamo«, *Vis a vis*, Nr. 5 (Übersetzung ins Englische unter dem Titel »The Native in Us, the Land We Belong to«, *Common Sense*, Nr. 23, 1998). Online: The Commoner, Nr. 6, 2002 <www.thecommoner.org>.

566 Vgl. Mariarosa Dalla Costa (1995), »Kapitalismus und Reproduktion«, in: Dies. (2022): *Frauen und der Umsturz der Gesellschaft*, Münster, Unrast Verlag, S. 105-153; »Development and Reproduction«, *Common Sense*, Nr. 17, 1995; »Some Notes on Neoliberalism, on Land and on the Food Question«, *Canadian Woman Studies/Les Cahiers de la femme*, Frühjahr 1997; »L'indigeno che e' in noi, la terra cui apparteniamo«, *Vis a vis*, Nr. 5 (Übersetzung ins Englische unter dem Titel »The Native in Us, the Land We Belong to«, *Common Sense*, Nr. 23, 1998). Online: The Commoner, Nr. 6, 2002 <www.thecommoner.org>; Mariarosa Dalla Costa und Giovanna Franca Dalla Costa (Hrsg.), *Paying the Price: Women and the Politics of International Economical Strategy*, London, Zed Books, 1995; *Women, Development and Labour of Reproduction: Struggles and Movements*, Lawrenceville, Africa World Press, 1997.

567 Marcos spricht ausdrücklich über die Menstruation von Frauen in seinem Buch *Yo Marcos*, Mexico City, Editiones del Milenio, 1994.

568 Mariarosa Dalla Costa, »L'isterectomia: Un punto di vista di donna su risvolti storici e quesiti etici«, Vortrag auf dem von der *Società Italiana di Ginecologia e Ostetricia* organisierten Kongress in Palermo, 7. Dezember 1997. Siehe auch Mariarosa Dalla Costa (Hrsg.) (2002), *Isterectomia. Il problema sociale di un abuso contro le donne*, Mailand, Franco Angeli, 3. Auflage (1. Auflage 1998). Englische Übersetzung unter dem Titel *Gynocide, Capitalist Patriarchy and the Medical Abuse of Women*, Brooklyn, Autonomedia, 2007.

569 »Verletzung der Persönlichkeit« laut dem italienischen Strafgesetzbuch in Art. 582 und »sehr schwer« in Art. 583, Abs. 2, Nr. 3.

570 Mariarosa Dalla Costa und Dario De Bortoli (2005), »For Another Agriculture and Another Food Policy in Italy«, *The Commoner*, Nr. 10, Frühjahr/Sommer.

571 Mehrere von Mariarosa Dalla Costa verfasste Artikel zu diesen Themen wurden in einem Buch auf Spanisch veröffentlicht: Mariarosa Dalla Costa (2009), *Dinero, perlas y flores en la reproduccion feminista*, Madrid, Akal. Einige dieser Artikel sind in englischer Übersetzung in der Online-Zeitschrift *The Commoner* zu finden. Darunter: »The Native in Us, the Land We Belong to«, Nr. 6, 2002; »Development

and Reproduction«, Nr. 10, 2003; »Seven Good Reasons to Say Locality«, Nr. 6, 2002; »Reruralize the World«, Nr. 12, 2007; »Two Baskets for Change«, Nr. 12, 2007; »Food as Common and Community«, Nr. 12, 2007; »Food Sovereignty, Peasants, and Women«, Nr. 13, 2008; »So That Fish May Flop in Vegetable Gardens«, Nr. 15, 2012; »Rustic and Ethical« wurde in *Ephemera. Theory and Politics in Organization* veröffentlicht, Vol. 7, No. 1, April 2007 (www.ephemeraweb.org). Siehe auch Mariarosa Dalla Costa (2013), »Some Notes on Neoliberalism, on Land and on the Food Question«, in Angela Miles (Hrsg.) (2013), *Women in a Globalizing World: Transforming Equality, Development, Diversity and Peace*, Toronto, Inanna Publication and Education. Auf Deutsch liegt vor: Mariarosa Dalla Costa (1995), »Kapitalismus und Reproduktion«, in: Dies. (2022): *Frauen und der Umsturz der Gesellschaft*, Münster, Unrast Verlag, S. 105-153.

572 Mariarosa Dalla Costa (2022) [2002], »Die Tür zum Garten«, in: Dies. (2022): *Frauen und der Umsturz der Gesellschaft*, Münster, Unrast Verlag, S. 299-323.

573 Mariarosa Dalla Costa und Monica Chilese (2005), *Nostra madre Oceano. Questioni e lotte del movimento dei pescatori*, Rom, DeriveApprodi (bei Common Notions 2015 auf Englisch erschienen).

574 Mariarosa Dalla Costa (2008), »Fishermen and Women for Food Sovereignty«, *The Commoner*, Nr. 13.

575 Mariarosa Dalla Costa (2006), »La sostenibilidad de la reproduccion. De la luchas por la renta a la salvaguardia de la vida«, in *Laboratorio feminista, Transformaciones del trabajo desde una perspectiva feminista. Produccion, reproduccion, deseo, consumo*, Madrid, Terradenadie Ediciones. Zu den jüngsten Artikeln von Mariarosa Dalla Costa über die Situation der Frauen gehören (2022) [2007]: »Wem gehört der weibliche Körper?«, in: Dies. (2022), *Frauen und der Umsturz der Gesellschaft*, Münster, Unrast Verlag, S. 239-257; und (2022) [2007]: »Die Autonomie von Frauen und die Entlohnung von Care-Arbeit«, in: Ebd., S. 213-237; und (2022) [2008]: »Operaismus, Feminismus und einige Initiativen der Vereinten Nationen«, in: Ebd., S. 259-281.

576 Dieses Interview mit Silvia Federici wurde zunächst 1996 geführt und 2013 vervollständigt.

577 Anm. der Autorin: Die ursprüngliche Akkumulation bezieht sich bei Marx auf den Ursprung des Kapitals und die Bildung des Proletariats in der Frühphase des Kapitalismus (16.-17. Jh.). Die Bildung des Proletariats erfolgte unter anderem durch die Vertreibung der Bäuer*innen vom Land, die gewaltsame Aneignung von Gemeindeland, das für die kollektive Nutzung bestimmt war, und dessen Nutzung für private und kommerzielle Zwecke. Die ursprüngliche Akkumulation bezieht sich also insbesondere auf die Vertreibung der Bevölkerung, die diese Gemeinschaftsflächen nutzte (Einhegungen in England im 16. Jahrhundert), ihre Verdrängung in die Städte und ihre anschließende Proletarisierung. Dies entspricht dem Übergang von der kommunalen Landwirtschaft, die den Menschen die Mittel für ihre Reproduktion sicherte, zu einem System des Privateigentums an Grund und Boden. Dies war die Voraussetzung für den Übergang vom Feudalismus zum Kapitalismus.

578 *Midnight Notes* war ein Kollektiv mit Mitgliedern aus mehreren Ländern, das aus der Anti-Atomkraft-Bewegung der späten 1970er-Jahre hervorgegangen war. Fast dreißig Jahre lang legte *Midnight Notes* eine Analyse der kapitalistischen Entwicklung vor, die – ähnlich wie die Perspektive von »Lohn für Hausarbeit« – die Zentra-

lität bezahlter Arbeit im Klassenkampf und in der kapitalistischen Akkumulation bestritt (Anmerkung von Silvia Federici). Siehe www.zerowork.org.

579 Dies war die dritte Frauenkonferenz der Vereinten Nationen, wobei die erste Konferenz 1975 in Mexiko-Stadt stattfand und die zweite, die sogenannte »Mid-Decade of Women«, in Kopenhagen im Jahr 1980.

580 Silvia Federici und Leopoldina Fortunati (1984), *Il Grande Calibano. Storia del corpo sociale ribelle nella prima fase del capitale*, Mailand, FrancoAngeli. Leopoldina Fortunati war eine Aktivistin der Padua-Gruppe der Lohn-für-Hausarbeit-Bewegung. Sie forschte im Bereich der Technologie aus der Perspektive von »Lohn für Hausarbeit«, nachdem sie 1981 ein wichtiges Werk veröffentlicht hatte, das zum intellektuellen Erbe der Perspektive von »Lohn für Hausarbeit« gehört: *L'arcano della reproduzione: Casalinghe, prostitute, operai e capitale* (1981), Venedig: Marsilio. Dieses Buch wurde 1995 ins Englische übersetzt: *The Arcane of Reproduction. Housework, Prostitution, Labor and Capital*, Brooklyn, Autonomedia. Ich habe dieses Buch nicht in meiner Darstellung berücksichtigt, da es nach dem Zeitraum dieser Studie, d.h. während des Bestehens des *Internationalen Feministischen Kollektivs* (1972-1977), veröffentlicht wurde. Für einen Überblick über Fortunatis weitere Werke und neuere Veröffentlichungen siehe: https://www.leopoldinafortunati.it/.

581 Dieses Buch wurde 2017 auch auf Deutsch veröffentlicht: *Caliban und die Hexe. Frauen, der Körper und die ursprüngliche Akkumulation,* Wien, Mandelbaum Verlag.

582 Silvia Federici (Hrsg.) (1995), *Enduring Western Civilization. The Construction of the Concept of Western Civilization and Its »Others«*, Westport, Praeger.

583 Federici, Silvia et al. (2000), *A Thousand Flowers: Social Struggles Against Structural Adjustment in African University*, Trenton, Africa World Press.

584 Sozialsystem, das von Leistungsempfänger*innen eine gewisse Form von Arbeit oder die Teilnahme an einer Ausbildung verlangt.

585 Es handelt sich um ein von USAID (der US-amerikanischen Agentur für internationale Entwicklung) verwaltetes Programm, das in vielen Ländern Afrikas und Südamerikas durchgeführt wurde und bei dem die Arbeiter*innen nicht mit einem Geldlohn, sondern mit Nahrungsmitteln bezahlt wurden.

586 Es handelt sich um Silvia Federici (2021) [2008]: »Die Reproduktion der Arbeitskraft in der Weltwirtschaft und die unvollendete feministische Revolution«, in: Silvia Federici (2021), *Revolution at Point Zero. Hausarbeit, Reproduktion und feministischer Kampf*, Münster, Unrast Verlag, S. 167-194.

587 Dies ist die Plattform, die auf der UN-Frauenkonferenz 1995 in Peking verabschiedet wurde.

588 Siehe Milwaukee County Welfare Rights Organization (1972), *Welfare Mothers Speak Out*, New York, W. W. Norton Co.

589 Vgl. Endnote 577.

590 Silvia Federici (2019) [2008], »Hexenverfolgung, Globalisierung und feministische Solidarität im heutigen Afrika«, in: Dies.: *Hexenjagd. Die Angst vor der Macht der Frauen*. Münster, Unrast Verlag, S. 79-109.

591 Silvia Federici (2021), *Revolution at Point Zero. Hausarbeit, Reproduktion und feministischer Kampf*, Münster, Unrast Verlag.

Lise Vogel

Marxismus und Frauenunterdrückung

Auf dem Weg zu einer umfassenden Theorie

324 Seiten | 19,80 €
ISBN 978-3-89771-312-3

Inspiriert durch die Zweite Frauenbewegung unternimmt Lise Vogel Anfang der 1980er Jahre den Versuch, eine Theorie der Frauenunterdrückung zu erarbeiten. Sie will die vielfältigen, in verschiedene Richtungen strebenden und sich verzettelnden Diskussionen der sozialistischen Frauen auf ein gemeinsames marxistisch begründetes Ziel hin orientieren. Doch Vogels kritisches Studium früher marxscher Texte sowie ihre – bis heute aktuelle – Analyse der folgenreichen Übernahme von Thesen, die Lewis Morgan 1877 in die Welt gestellt hatte, ergibt eine ernüchternde Bilanz: Fast überall wurde das Thema der Frauenarbeit bzw. der Teilhabe von Frauen am kapitalistischen Reproduktionsprozess vergessen, verschwiegen, ignoriert ...

»Ein sehr dichtes, theorielastiges und dennoch leicht lesbares Buch; ein absolutes Muss zum Thema Gender und Reproduktionsarbeit.«
Karin Schönpflug, Weiberdiwan

UNRAST Verlag | www.unrast-verlag.de | kontakt@unrast-verlag.de   UNRAST